Marcel Machill
Markus Beiler
Johannes R. Gerstner (Hg.)

Medienfreiheit nach der Wende

Marcel Machill
Markus Beiler
Johannes R. Gerstner (Hg.)

Medienfreiheit nach der Wende

Entwicklung von Medienlandschaft, Medienpolitik und Journalismus in Ostdeutschland

UVK Verlagsgesellschaft mbH

Die Buchveröffentlichung wurde von der Medienstiftung der Sparkasse Leipzig finanziell gefördert (www.leipziger-medienstiftung.de).

medienstiftung

der sparkasse leipzig

Bibliografische Information der Deutschen Nationalbibliothek
Die Deutsche Nationalbibliothek verzeichnet diese Publikation in der Deutschen Nationalbibliografie; detaillierte bibliografische Daten sind im Internet über http://dnb.d-nb.de abrufbar.

ISBN 978-3-86764-267-5

Einbandgestaltung: Susanne Fuellhaas, Konstanz
Satz: Markus Beiler, Leipzig
Lektorat: Ingrid Lipfert, Leipzig
Druck: Bookstation GmbH, Sipplingen

UVK Verlagsgesellschaft mbH
Schützenstr. 24 · 78462 Konstanz
Tel.: 07531-9053-0 · Fax: 07531-9053-98
www.uvk.de

Inhalt

Vorwort

Mit John Miltons *Areopagitica* aus dem Jahr 1644 erhielt der Ruf nach Freiheit der Presse erstmals einen prägnanten und häufig zitierten Ausdruck. Milton geißelte in seiner enthusiastischen Streitrede das englische Parlament, das in einem Gesetz verschärfte Zensurmaßnahmen beschlossen hatte. »Derjenige, der ein gutes Buch vernichtet«, schrieb Milton, »tötet die Vernunft selbst.«

Für die Freiheit der Medien ist seither und bis auf den heutigen Tag immer wieder leidenschaftlich gestritten worden. Weil die Medienfreiheit auch heute noch von Herrschenden immer wieder und mit allen Mitteln bekämpft wird. Der Grund für diesen Antagonismus liegt auf der Hand: Freie Medien sind – und das nicht nur in der Theorie – Verbindungs- und Kontrollorgan zwischen Volk und Regierung. Freie Medien befähigen selbstbestimmte Bürger zur politischen Teilhabe. Freie Medien schließlich beobachten und gestalten die Bildung der Öffentlichen Meinung. In demokratisch und pluralistisch organisierten Gemeinwesen sind freie Medien unverzichtbar.

Das Grundrecht auf Medienfreiheit ist in der *Allgemeinen Erklärung der Menschenrechte* der Vereinten Nationen und in der *Europäischen Menschenrechtskonvention* aus dem Jahr 1950 fest verankert. Doch Papier ist geduldig. Das zeigt nicht zuletzt das Beispiel der früheren DDR, die Medienfreiheit zwar verfassungsrechtlich garantierte, dieses Grundrecht aber in der Praxis sehr eigenwillig interpretierte. Mauer und Stacheldraht haben Menschen zwar daran gehindert, ihr Land zu verlassen, den Zugang zu den westlichen Medien haben sie nicht verhindern können und so hat die SED-Führung am Ende die Rechnung ohne das Volk gemacht. Der über einen langen Zeitraum aufgestaute Wunsch der DDR-Bürger nach einer unabhängigen und kritischen Berichterstattung kulminierte in dem offenen Ruf nach Medienfreiheit, den die Großdemonstrationen im Herbst 1989 aufgriffen und dabei am Ende zur friedlichen Ablösung des Regimes beigetragen haben.

An diesem Punkt setzt der vorliegende Band an, der die Entwicklung des Mediensystems und der neu gewonnenen Medienfreiheit in Ostdeutschland seit 1989 analysiert. Er dokumentiert erstmals umfassend die fundamentale Neuordnung des Mediensystems in allen relevanten Bereichen: Rundfunk, Presse und Verlage, Filmwirtschaft, Internet, Medienkompetenz und Medienausbildung. Im Umfeld des zwanzigsten Jubiläums der Deutschen Wiedervereinigung markieren die Autoren die Entwicklung eines der zentralen Bausteine unserer Demokratie.

Ermöglicht wird die Herausgabe dieses Bandes nicht zuletzt durch die *Medienstiftung der Sparkasse Leipzig*, die sich seit ihrer Gründung im Jahr 2001 für die Förderung der Medien einsetzt – von der Unterstützung des journalistischen Nachwuchses über die Aus- und Weiterbildung im Medienbereich bis hin zur angewandten Medienforschung. Die Stifter halten diese drei Komponenten für die Förderung freier Medien für unverzichtbar.

Das Thema *Medienfreiheit* fördert die *Leipziger Medienstiftung* zudem durch die jährliche Vergabe des *Preises für die Freiheit und Zukunft der Medien.* Zu den internationalen Trägern des *Leipziger Medienpreises* zählen u.a. Anna Politkowskaja, Seymour Hersh, Roberto Saviano und James Nachtwey.

Dieser im Jahr 2001 erstmals gestiftete Preis zeichnet Persönlichkeiten und Institutionen aus, die sich mit Risikobereitschaft, hohem persönlichen Engagement, mit Beharrlichkeit, Mut und demokratischer Überzeugung für die Sicherung und Entwicklung der Medienfreiheit einsetzen

Wenn die jüngere Geschichte eines lehrt, so dies, dass der mutige und persönliche Einsatz für Ideale und Überzeugungen nicht vergebens ist. »20 Jahre Medienfreiheit in Ostdeutschland«, diese Geschichte der Neuordnung der Medienlandschaft in den neuen Bundesländern belegt dies eindrücklich.

Dr. Harald Langenfeld
Vorstandsvorsitzender Medienstiftung der Sparkasse Leipzig

I. Einleitung: 20 Jahre freie Medien in Ostdeutschland

Marcel Machill/Markus Beiler/Johannes R. Gerstner

Bestandsaufnahme von Medienlandschaft, Medienpolitik und Journalismus in Ostdeutschland nach der Wende

Es hätte auch anders kommen können. Stellen wir uns für einen kurzen Augenblick eine bundesdeutsche Medienlandschaft vor, in der es einen großen öffentlich-rechtlichen Rundfunksender für die ostdeutschen Bundesländer mit einzelnen Funkhäusern in den Landeshauptstädten gibt. Stellen wir uns zweitens eine Tageszeitung vor, die in Konkurrenz zu dem Qualitätsblatt aus München OSTDEUTSCHE ZEITUNG heißt und regional verwurzelt eine Pressestimme für ganz Deutschland ist – bloß mit einer ostdeutschen Perspektive. Und stellen wir uns drittens, dies mag besonders viel Phantasie erfordern, weitsichtige Medien- und Bildungspolitiker vor, die in der Wendezeit ganz selbstverständlich erkannt haben, dass es an einer ostdeutschen Universität ein großes und gut ausgestattetes Institut für Journalistik geben sollte, an dem die Journalistinnen und Journalisten der kommenden Nachwendejahre ausgebildet werden.

Es ist nicht so gekommen. Die medienpolitischen Weichen sind in der Wendezeit 1989/90 und den Jahren danach so gestellt worden, dass die ostdeutsche Medienlandschaft in anderen Farben erblüht ist. Zwanzig Jahre nach Vollendung der Deutschen Einheit ist es geboten nachzuvollziehen, wie diese Entwicklung verlaufen ist und welche Weichenstellungen für die *nächsten* Jahre vor dem Hintergrund der gemachten Erfahrungen zu empfehlen sind.

Das Jubiläum der Deutschen Einheit am 3. Oktober 2010 ist zweifelsohne auch eine Gelegenheit zum Feiern: Zwanzig Jahre Deutsche Einheit bedeuten zwanzig Jahre Medienfreiheit in Ostdeutschland. Dieses gilt es, auch als der Analyse verpflichtete Wissenschaftler, anzuerkennen. Und so können Journalisten, Medienmacher, Medienaufseher und Journalistenausbilder einen Augenblick innehalten und das Erreichte mit Stolz genießen.

Journalistikwissenschaftler hingegen sollten nach dem Prinzip des »kritischen Feierns« den Analysefokus schärfer stellen und somit unterhalb der – nach wie vor gültigen – Erkenntnis, dass zwanzig Jahre Medienfreiheit ein Wert an sich sind, die Entwicklung der ostdeutschen Medienlandschaft als ein Analysefeld begreifen, dessen Ertrag Hilfestellung für künftiges Handeln geben kann.

Ostdeutschland als medienpolitisches Labor

Die demokratische Reife eines Staates lässt sich an der Qualität seiner Medienpolitik messen. Da die geronnene Medienpolitik in Form von Gesetzen und Verordnungen die Rahmenbedingungen für die in dem Mediensystem agierenden Journalisten bilden und genau diese Journalisten in ihrer Ausübung der Vierten Macht im Staate wiederum diejenigen zu kontrollieren haben, die den Rahmen aufgespannt haben, ist Medienpolitik ein sensibles Feld. Regierungen, die einen reifen demokratischen Staat lenken und selbst in diesem entspannt-erwachsenen Sinne handeln, können die Medienpolitik frei von »persönlichen« Machtinteressen halten und ausschließlich so ausrichten, dass sie den Kommunikationsbedürfnissen der Bevölkerung entspricht. Selbstverständlich gibt es dabei nicht *die* Kommunikationsbedürfnisse, sondern eine effektive und ethisch fundierte Medienpolitik hat für einen »Interessenausgleich im Sinne der betroffenen Allgemeinheit« (Dröge/Kopper 1991: 123) zu sorgen.

Während die DDR-Medienpolitik unter die Rubrik der kommunistischen Kommunikationspolitik zu subsumieren ist, bei der es darum ging, »als kollektiver Organisator der sozialistischen Umgestaltung [...] die Massen zu bekehren und zu missionieren« (Koszyk/Pruys 1981: 120), war die westdeutsche Medienpolitik der 50er- bis 80er-Jahre in vielen Bereichen gekennzeichnet durch Auseinandersetzungen über Ziele und Maßnahmen. Freilich muss über Ziele und Maßnahmen demokratisch gestritten werden, denn es geht darum, in der Medienordnung »bestimmte Wertvorstellungen durch entsprechende politische Maßnahmen zu verwirklichen« (Saxer 1983: 36). Das Problem ist dabei, dass sich die zu verwirklichenden Wertvorstellungen selten dem Primat der Kommunikationsbedürfnisse der Bevölkerung unterordnen, sondern dass »sehr häufig Zielvorstellungen aus anderen Bereichen in die medienpolitischen Entscheidungen hineinprojiziert werden« (Langenbucher 1986: 92). Die medienpolitische Forschung – ebenfalls geprägt durch Protagonisten mit sehr unterschiedlichen Wertvorstellungen – hat die ideologischen Grabenkämpfe und die institutionelle Zerrissenheit in Westdeutschland in den 50er- bis 80er-Jahren intensiv analysiert (z.B. Kopper 1992). Haben die verantwortlichen Medienpolitiker 1989/90 die Forschungserkenntnisse beachtet? Haben sich die aus Westdeutschland kommenden Entscheidungsträger beispielsweise zurückgehalten, als es um die Schaffung der neuen Medienaufsichtsbehörden, also den Landesmedienanstalten, in den neuen Bundesländern ging? Welche Lizenzen wurden mit welcher inhaltlichen Ausrichtung an welche Rundfunkveranstalter ausgegeben (und welche Machtinteressen sollten dadurch bedient werden)? Wurden die spezifischen ostdeutschen Erfahrungen mit einer zentral gelenkten Medienpolitik bei der Neufassung der Landespressegesetze berücksichtigt?

Medienpolitische Analysen unmittelbar nach der Wende

Das Bundesinnenministerium hatte im Rahmen von Sachverständigengutachten zu Problembereichen der Medienpolitik nicht lange nach dem Einheitsvertrag eine Expertise in Auftrag gegeben: »Der europäische Markt und die Einheit Deutschlands in ihren Folgen für die Struktur und Vielfalt der Presse [...]« (Kopper 1993). Ein wesentliches Ergebnis dieser Studie bestand in dem Nachweis, dass aufgrund der neuen Eigentümerstruktur der Presse im Rahmen des Einigungsprozesses zum ersten Mal in Deutschland Strukturmerkmale von Zeitungsketten – in Analogie zur den »Newspaper Chains« in den USA – zu erkennen waren. Sie boten, so wurde dargelegt, den neu gewachsenen Eigentümergesellschaften (aufgrund der neuartigen Standort- und Marktverteilung) eine erhebliche Steigerung interner Rationalisierungspotenziale.

Die weiteren Jahre zeigten, dass solche Vorteile auch genutzt wurden. Diese programmierten Rationalisierungseffekte beginnen seit der anhaltenden Zeitungskrise in Deutschland in den Jahren ab 2001 auch nach außen hin und für die Allgemeinheit sichtbar zu werden (redaktionelle Pool-Lösungen z.B. beim Kölner Verlagshaus Neven du Mont sowie bei der Mediengruppe der Westdeutschen Allgemeinen Zeitung, beide mit Zeitungen in West- und Ostdeutschland).

Die zweite wichtige Erkenntnis der damaligen Expertise bestand in der Feststellung, dass in Ostdeutschland eine breite Verteilung von Investitionskapital europäischer Verlagshäuser ausgeschlossen blieb – ganz anders als in allen übrigen in die Demokratie entlassenen vormaligen Satellitenstaaten der Sowjetunion. Obwohl das Interesse europäischer Verlage vorhanden war in Ostdeutschland zu investieren, gab es nach der Schlussfolgerung der Studie ein intensives Zusammenspiel der beteiligten nationalen Institutionen (einschließlich der Regierungen auf Bundes- und Landesebene sowie von Einzelpolitikern) um eine ausschließlich *nationale* Investitionsdynamik sicherzustellen.

Die damalige Expertise schlug der Regierung angesichts der erkennbar tiefreichenden Strukturveränderungen eine Stärkung des empirischen Berichtswesens zu den Folgeentwicklungen vor. Tatsächlich hat sich in dieser Richtung keine Änderung der Politik der Bundesregierung ergeben. Es ereignete sich vielmehr das Gegenteil: Ein wichtiges Instrument zur Beobachtung der Zeitungsmärkte, nämlich die 1975 eingeführte und auf Tageszeitungsunternehmen zugeschnittene Pressestatistik, wurde durch Kabinettsbeschluss im Januar 1996 ausgesetzt.

Dieses Beispiel zeigt, dass medienpolitische Entscheidungsträger nicht auf die medienpolitische Forschung gehört haben und unterstreicht zugleich deren Notwendigkeit, zu der die vorliegende Analyse beitragen will.

Medienpolitik des vereinten Deutschlands: ein blinder Fleck für die Kommunikationswissenschaft?

Der Prozess der Deutschen Wiedervereinigung ist politikwissenschaftlich breit und tief analysiert worden (Jesse/Mitter 1992; Korte 1994; Schroeder 2006) und an dieser Stelle müssen nicht die Vorteile und die wohl überwiegenden Nachteile des sehr schnellen politischen Einigungsprozesses diskutiert zu werden. Bemerkenswert ist jedoch, dass es bei der Aufarbeitung des Prozesses der Entwicklung von Medienlandschaft, Medienpolitik und Journalismus eine Beißhemmung der kommunikationswissenschaftlichen Forschung gibt. So stellt Boßmann (2009: 139), der mit einem Aufsatz über die Wirkung des Rundfunkstaatsvertrages im vereinten Deutschland nach 20 Jahren zumindest einen Auftakt zu einer gleichzeitig historischen und zukunftweisenden Analyse der medienpolitischen Geschehnisse gegeben hat, ernüchternd fest: »Auffällig ist, dass zusammenfassende Analysen, die der medienpolitischen, medienrechtlichen und medienwirtschaftlichen Situation Ostdeutschlands gewidmet sind, und Vergleiche zur Entwicklung im Westen zulassen, derzeit nicht vorliegen.«

Woran mag das liegen? Haben die politischen und wirtschaftlichen Akteure im Feld – »Feld« hier im Sinne empirischer Sozialforschung verstanden – ein Interesse daran, eine solche Analyse gerade *nicht* zu fördern? Eine Erklärung ist, dass die Landesmedienanstalten, die als Medienaufsichtsbehörden selbst medienpolitische und medienrechtliche Akteure sind, zu den wichtigsten Finanziers der ansonsten beklagenswert ausgestatteten Universitätsinstitute geworden sind. Vor diesem Hintergrund mögen sich manche Lehrstühle, die im vorauseilenden Gehorsam auf Gelder für Drittmittelforschung blicken, zurückhalten. Aber auch unabhängig von diesem externen Einfluss ist die medienpolitische Forschung in den vergangenen 20 Jahren – bei allem Respekt ob der Steigerung des theoretischen Niveaus im deutschsprachigen Wissenschaftsraum – äußerst zahm geworden.

Dabei bietet gerade die Entwicklung der ostdeutschen Medienlandschaft eine gute Gelegenheit, auf der einen Seite positive medienpolitische Innovation und auf der anderen Seite negative machtpolitische Einflussnahmen zu analysieren. Aus diesem Grund hat der Lehrstuhl für Journalistik II der Universität Leipzig in einem anderthalb Jahre dauernden Forschungsprojekt die zwanzigjährige Entwicklung des freien Mediensystems in den neuen Ländern seit dem Mauerfall umfassend aufgearbeitet, dokumentiert und kritisch analysiert. Die Ergebnisse dieses Forschungsprojekts liegen mit diesem Sammelband vor, dessen Struktur bewusst so angelegt ist, dass Sachverhalte mitunter in zwei oder drei Kapiteln betrachtet werden. Diese pointierte Redundanz ergibt beispielsweise Sinn, wenn die Entstehung und Entwicklung von Rundfunkstrukturen einmal im Kontext der Medienaufsichtsbehörden und einmal im Kontext der wirtschaftlich orientierten Medienmacher analysiert werden.

Im Rahmen des Projekts wurden Literatur, Originalquellen und Dokumente berücksichtigt und es wurde in öffentlichen und nicht-öffentliche Archiven recherchiert. Zudem wurden 408 Experten – ehemalige und aktuelle Verantwortliche in den Medien und der Medienpolitik sowie weitere Akteure und Zeitzeugen – mittels ausführlicher Leitfadengespräche teilweise mehrfach befragt. Die insgesamt 435 Interviews wurden von 34 Projektmitarbeitern im Zeitraum vom 25. August 2009 bis 22. April 2010 geführt. Davon fanden 238 telefonisch (54,7 Prozent) statt, 196 persönlich (45,1 Prozent) und eines schriftlich (0,2 Prozent). Damit liegt die umfangreichste Befragung zur 20-jährigen Entwicklung des ostdeutschen Mediensystems vor.

Medienrecht und Medienaufsicht

In der DDR existierte kein umfassendes Mediengesetz, das Rechte und Pflichten der Medien hätte regeln können. Am 5. Februar 1990 verabschiedete die Volkskammer den Beschluss über die Gewährleistung der Meinungs-, Informations- und Medienfreiheit als Übergangslösung bis zu einem noch zu erarbeitenden Mediengesetz. Die Wiedervereinigung machte dessen Ausarbeitung obsolet. Stattdessen beschäftigten sich die neu entstandenen Länder mit der Schaffung von Gesetzen für Presse und Rundfunk. Dabei stellt sich die Frage, ob diese medienrechtlichen Grundlagen tatsächlich auf die neuen Länder zugeschnitten oder einfach vom Westen kopiert worden sind.

Im Bereich der *Presse* ist zu konstatieren, dass die ostdeutschen Länder im Wesentlichen die westdeutschen Regelungen übernahmen. Sie orientierten sich dabei am Modellentwurf der Innenministerkonferenz aus dem Jahr 1963 und die Landtagsfraktionen wurden bei der Entwicklung der Pressegesetze zudem von westdeutschen Parteikollegen und unabhängigen Experten unterstützt. Die Pressegesetze enthalten somit prinzipiell die gleichen Regelungen wie ihre westdeutschen Vorgänger. In Berlin galt das Westberliner Pressegesetz gleichzeitig für den Ostteil der Stadt. Dennoch besitzen die ostdeutschen Pressegesetze, die nach unterschiedlich intensiven Debatten zwischen 1991 und 1993 verabschiedet wurden, teilweise auch Besonderheiten.

In Brandenburg konnte erst- und bisher einmalig in Deutschland die *innere Pressefreiheit* in einem Gesetz verankert werden, was als Innovation gelten kann. Auch in allen anderen neuen Bundesländern gab es Versuche, die innere Pressefreiheit rechtlich zu verankern. Dies scheiterte jedoch an den Mehrheitsverhältnissen in den vier damalig von der CDU geführten anderen neuen Ländern. Die Initiatoren SPD, PDS bzw.

Bündnis 90/Die Grünen konnten sich hier nicht durchsetzen. In Brandenburg wurde die gesetzliche Festschreibung der inneren Pressefreiheit durch die Ampelkoalition aus SPD, FDP und Bündnis 90/Die Grünen in der ersten Legislaturperiode möglich.

Die innere Pressefreiheit zielt auf die Unabhängigkeit der Redaktion von der Verlagslinie und die Möglichkeit der Redakteure, auch der eigenen Gesinnung folgen zu dürfen. Sie befindet sich in einem Spannungsverhältnis zum Recht des Verlegers, über die grundsätzliche Ausrichtung seines Blatts zu entscheiden, und in einem Konflikt zur ökonomischen Fundierung der Presse (Ricker 2004: 246f.; Seiler 1999: 15). In Brandenburg kündigten Verleger nach der Veröffentlichung des Gesetzentwurfs Klagen und Standortwechsel an (Klöppel 1992). Zudem drohte das CDU-geführte Bundesinnenministerium mit der Einführung eines Presserechtsrahmengesetzes, das innere Pressefreiheit gänzlich ausgeschlossen hätte (Kull 1995: 555).

Das brandenburgische Pressegesetz regelt die »Zusammenarbeit zwischen Verleger und Redaktion« sowie die »Stellung des Redakteurs« in Paragraf 4. Demnach hat der Verleger bzw. Herausgeber die Pflicht, publizistische Grundsätze schriftlich aufzustellen und mindestens einmal jährlich zu veröffentlichen. Zusätzlich können »nähere Einzelheiten zur Abgrenzung der Aufgaben und Verantwortlichkeiten von Verlag und Redaktion […] in einer Vereinbarung […] festgelegt werden« (Abs. 1, Satz 3). Dem externen Druck ist es geschuldet, dass der Begriff »Redaktionsstatut« und eine Soll-Formulierung nicht in das Gesetz aufgenommen wurden. Insofern wurde das Pressegesetz eines Teils seines innovativen Kerns beraubt. Festgeschrieben wurde jedoch, dass kein Redakteur gezwungen werden darf, gegen seine eigene Meinung zu publizieren und dass ihm deshalb keine Nachteile entstehen dürfen (Abs. 2). Brandenburg hat somit als einziges Land den Gesinnungsschutz rechtlich zumindest in Ansätzen normiert und ihm eine besondere Bedeutung verliehen.

Als notwendig kann die gesetzliche Verankerung einer umfassenden inneren Pressefreiheit in allen neuen Ländern angesichts der starken Pressekonzentration gelten, die sich bereits während des Gesetzgebungsverfahrens abzeichnete: Wo eine außenpluralistische Vielfalt Grenzen erfährt, muss das Augenmerk auf binnenpluralistische Regelungen fallen. Hier haben es die Länder bislang versäumt, unabhängigen Journalismus zu stärken.

Eine zweite, wenn auch mehr symbolische Besonderheit existiert im sächsischen Pressegesetz. Paragraf 3 zur öffentlichen Aufgabe der Presse erhielt im Vergleich zu den Regelungen der anderen Länder den Zusatz, dass die Presse gehalten ist, die Erfüllung ihrer öffentlichen Aufgabe »nicht durch Belastungen aus der Vergangenheit zu gefährden« (Abs. 3). Diese *Erinnerung an die Unfreiheit der Presse in der DDR* bzw. Vergangenheitsklausel ging auf eine Initiative der CDU zurück. Kritisiert wurde, dass die Formulierung im Gegensatz zum Grundgesetz stehe, während die Befürworter den appellierenden Charakter betonten, der nicht gegen die Pressefreiheit verstoße.

In Sachsen-Anhalt enthielt das Pressegesetz bis 2005 eine einzigartige Präambel, die auf einen Vorschlag der SPD zurückging und darauf hinwies, dass »die Menschen in Sachsen-Anhalt mehr als ein halbes Jahrhundert lang die Presse als ein Instrument staatlicher Unterdrückung erlebt haben«, was an die Unfreiheit der Medien sowohl in der DDR als auch im Nationalsozialismus erinnert.

Insgesamt können die ostdeutschen Pressegesetze als konservativ gelten – ohne nennenswerte Innovationen, ohne Lehren aus den westdeutschen Pendants sowie ohne Berücksichtigung von Erfordernissen der heutigen Zeit und ostdeutscher Spezifika.

Pionier ist Ostdeutschland bei Gesetzen zur *Informationsfreiheit*, die Bürgern wie auch Journalisten grundsätzlich Zugang zu allen in den öffentlichen Verwaltungen existierenden Informationen gewährleisten und damit auch der demokratischen Meinungs- und Willensbildung dienen sollen. Das erste Informationsfreiheitsgesetz in Deutschland ist im Land Brandenburg im März 1998 in Kraft getreten (Akteneinsichts- und Informationszugangsgesetz), das somit nicht nur im Bereich der inneren Pressefreiheit Vorreiter ist (Löffler/Wenzel/Sedelmeier 2006: 187). Das Recht der Einsicht in Akten und amtliche Unterlagen von Behörden und Verwaltungseinrichtungen des Landes wurde zuvor sogar bereits in die Verfassung von 1992 aufgenommen (Art. 21 Abs. 4). Bis heute würdigt kein anderes Land noch die Bundesrepublik als Ganzes die Informationsfreiheit in derartiger Weise in ihren Verfassungen.

Bis auf den durchgängig von der CDU regierten Freistaat Sachsen besitzen inzwischen alle ostdeutschen Länder Informationsfreiheitsgesetze. In Westdeutschland sind es nur sechs Bundesländer. Die großen Flächenländer, die seit längerem von der CDU bzw. CSU regiert werden, Niedersachsen, Hessen, Baden-Württemberg und Bayern lassen entsprechende Regelungen vermissen. Auf Bundesebene etablierte die rot-grüne Regierung zum 1. Januar 2006 ein Informationsfreiheitsgesetz. Die nahezu flächendeckende Verbreitung von Informationsfreiheitsgesetzen in Ostdeutschland und deren Vorreiterrolle mag eine Reminiszenz an die Freiheitsbewegung der Wendezeit sein.

Das Gesetz zur Regelung des Zugangs zu Informationen für das Land Mecklenburg-Vorpommern profitiert von seiner späten Verabschiedung im Juli 2006. Denn hier wurde das Informationsantragsverfahren bei einer Behörde ausführlich geregelt. Das im Juni 2008 in Sachsen-Anhalt als letztes in den neuen Bundesländern verabschiedete Informationszugangsgesetz erlaubt Kosten von bis zu 1000 Euro für eine Anfrage, während andere Länder eine Begrenzung auf maximal 500 Euro vorsehen.

Wie im Presserecht wurden auch im *Rundfunkbereich* die westdeutschen Regelungen und Modelle weitgehend von den neuen Ländern übernommen. Der Einigungsvertrag zwischen der Bundesrepublik und der DDR (EinigVtr) bezog sich nur auf den RUNDFUNK DER DDR und den DEUTSCHEN FERNSEHFUNK, die gemäß Art. 36 in einer gemeinschaftlichen, staatsunabhängigen Einrichtung unter Leitung eines Rundfunkbeauftragten bis zum 31. Dezember 1991 von den Ländern »aufzulösen oder in Anstalten des öffentlichen Rechts einzelner oder mehrerer Länder überzuführen« war. Dies geschah mit der Gründung des MITTELDEUTSCHEN RUNDFUNKS für Sachsen, Sachsen-Anhalt und Thüringen, der Gründung des OSTDEUTSCHEN RUNDFUNKS BRANDENBURG und dem Beitritt Mecklenburg-Vorpommerns zum NORDDEUTSCHEN RUNDFUNK.

Den alten Ländern folgend wurde neben dem öffentlich-rechtlichen Rundfunk auch der im Westen erst wenige Jahre zuvor eingeführte private Rundfunk in einem dualen System zugelassen. Seinen sichtbaren Ausdruck erhielt die gemeinsame Rundfunkordnung durch die Unterzeichnung des »Staatsvertrags über den Rundfunk im vereinten Deutschland« vom 31. August 1991, der am 1. Januar 1992 in Kraft trat und das Ziel hatte, in den alten und neuen Ländern gleichermaßen geltendes staatsvertragliches Rundfunkrecht aus Gründen einheitlicher Lebensverhältnisse zu schaffen und dies dadurch zu gewährleisten, dass wesentliche Teile aus den Staatsverträgen der alten Länder übernommen wurden (Boßmann 2009).

Damit konnte kein eigenständiges ostdeutsches Rundfunksystem wachsen, sondern es wurde übergestülpt. Weder ostdeutsche Spezifika noch Überlegungen für neue gesamtdeutsche Regelungen konnten so berücksichtigt werden. So blieben auch Reformen im Westen aus und bereits identifizierte Probleme des Rundfunks in den alten Ländern wurden im Osten kopiert. Gründe hierfür waren, dass viele politische

Entscheidungsträger aus dem Westen kamen, systemkonservativ eingestellt waren, »vorgefasste juristische Meinungen« (Schiwy 1991: 37) mitbrachten, die Wiedervereinigung ohne Innovationsdruck administrativ organisieren wollten (Hoffmann-Riem 1991a: 14f.) und sich zudem unter Zeitdruck glaubten (Graf/Graf 1991: 7).

Im Bereich des Privatrundfunks haben die neuen Länder bei der Ausgestaltung der *Landesmediengesetze* die bereits bestehenden westdeutschen »Schablonen« (Hoffmann-Riem 1991b: 481) genutzt. Wie in den alten Ländern haben die neuen Länder im Zuge der Etablierung des dualen Rundfunksystems die Zulassung und Aufsicht privaten Rundfunks *Landesmedienanstalten* übertragen, deren westdeutsche Pendants gerade erst etabliert worden waren. Dabei gab es konkrete Patenschaften mit den alten Ländern. So orientierte sich z.B. Sachsen an Bayern, Thüringen an Hessen und Sachsen-Anhalt an Niedersachsen (Kresse 1992: 63; Henle 1993: 68; Schurig 1993: 77).

Sachsen-Anhalt kopierte dabei das niedersächsische Privatrundfunkgesetz gleich so gründlich, dass erst in einer Ausschusssitzung des Landtags festgestellt wurde, dass im Gesetzentwurf als Sitz der sachsen-anhaltinischen Medienanstalt Hannover vorzufinden war (Interview Schurig bei Friedrich/Hommel in diesem Band). Weiterhin führte ein Relikt aus Niedersachsen dazu, dass in Sachsen-Anhalt nur landesweiter, aber kein lokaler Rundfunk zugelassen werden durfte, obwohl die Voraussetzungen andere waren: Im Gegensatz zu Niedersachsen existierte in Sachsen-Anhalt eine weniger vielfältige Lokalzeitungslandschaft.

Der Direktor der Berliner Anstalt für Kabelkommunikation, Dr. Hans Hege, der von der Direktorenkonferenz der Landesmedienanstalten noch vor der Wiedervereinigung federführend mit den Fragen für eine künftige Rundfunkordnung betraut worden war (Ring 2000: 199), regte an, wie bei den öffentlich-rechtlichen Anstalten auch bei den Landesmedienanstalten Mehrländerlösungen anzustreben, zumal die ostdeutschen Länder kleiner als die der alten Bundesrepublik sind (Hege 1990: 23). Doch das westdeutsche föderale Klein-Klein setzte sich nicht zuletzt aus politischen und standortbezogenen Gründen auch im Osten fort, womit finanzschwache Anstalten entstanden. Nur in Berlin und Brandenburg konnte bei der Medienaufsicht eine Zwei-Länder-Anstalt etabliert werden. Hoffnungen auf eine übersichtlichere Aufsichtsstruktur zumindest in Ostdeutschland erfüllten sich somit nicht. An eine gesamtdeutsche Neuordnung der privaten Rundfunkaufsicht war gleich gar nicht zu denken.

Zwar sind die ostdeutschen Landemedienanstalten prinzipiell als staatsunabhängige, öffentlich-rechtliche Einrichtungen konzipiert worden, doch waren sie im Laufe ihres Bestehens unterschiedlichen Einflussversuchen durch die Politik ausgesetzt. Am gravierendsten waren die Interventionen in Sachsen. Die Sächsische Landesanstalt für privaten Rundfunk und neue Medien (SLM) sah sich massiven Interventionen der CDU-Staatsregierung ausgesetzt, die darauf abzielten, die SLM zu disziplinieren und direkten Einfluss zu erlangen. Zunächst war die SLM nach dem bayerischen Vorbild aus einer mit gesellschaftlich-relevanten Vertretern besetzten Versammlung, einem Direktor und einem Verwaltungsrat aufgebaut. Der SLM-Direktor Detlef Kühn (FDP) wurde gegen den Willen des damaligen Ministerpräsidenten Kurt Biedenkopf von der Versammlung gewählt (vorgesehen war der damalige Medienreferent der Staatskanzlei) und zeigte sich in der Folgezeit widerspenstig gegenüber der Regierung. Biedenkopf hatte versucht, die Wahl des Direktors durch persönliche Intervention in seinem Sinn zu beeinflussen, was als »ein bis dahin einmaliger Vorgang im bundesdeutschen Privatrundfunkgeschehen« (Ott 1992: 34) gelten kann.

Auch ein als Versammlungsvorsitzender von der CDU auserkorener Landtagsabgeordneter wurde von der sich überfahren fühlenden Versammlung nicht gewählt, sondern stattdessen ein unabhängiger Superintendent. Auch beim Vorsitz des Verwaltungsrats konnte sich die CDU nicht durchsetzen. Im Nachhinein kann es als beachtlich gelten, dass sich die SLM in ihrer Gründungsphase den massiven Beeinflussungsversuchen der CDU widersetzen konnte, indem sich bis dato im Westen nicht gekannte Allianzen bildeten. Die medienpolitische Gesetzgebung der CDU zielte in der Folge darauf ab, die Organstruktur der SLM zu ändern und sich der Versammlung und des Direktors Kühn zu entledigen.

Die CDU versuchte 1996 mit einer Gesetzesänderung der Versammlung und dem Direktor die wesentlichen Kompetenzen zu entziehen und einem leichter von der Staatskanzlei zu beeinflussenden fünfköpfigen Medienrat zu übertragen; der Verwaltungsrat wurde aufgelöst. Während Befürworter des Medienratsmodells betonen, dass sich Entscheidungen schneller und sachbezogener treffen ließen, wird von anderen das Versammlungsmodell aufgrund seiner Pluralität als demokratischer und staatsferner angesehen. Das Wahlverfahren zum Medienrat ermöglichte es der CDU zudem, drei der fünf Mitglieder des Medienrats zu bestimmen. Präsident des Medienrats wurde der ehemalige Referent der CDU-Generalsekretäre Rühe und Hintze, Otto Altendorfer. Nach einer Normenkontrollklage von SPD und PDS wurde zwar zunächst die ursprüngliche Organstruktur wieder eingesetzt, doch einigten sich CDU und SPD 1998 auf eine Änderung des umstrittenen und als verfassungswidrig erklärten Wahlverfahrens zum Medienrat, so dass das Medienratsmodell doch durchgesetzt wurde. Die Versammlung wurde zu einem Beratergremium degradiert, der Direktor durch einen schwachen Geschäftsführer ohne Organstatus ersetzt. Bemerkenswert ist auch, dass 2003 die Gewerkschaft ver.di auf Antrag der CDU ihren Sitz in der ohnehin geschwächten Versammlung verlor.

Der hohe Staatseinfluss auf die Medienanstalt in Sachsen zeigt sich auch daran, dass die SLM nicht nur wie in anderen Ländern der Rechtsaufsicht der obersten Landesbehörde, also der Staatskanzlei unterliegt, sondern diese nach der Reform sogar ein Weisungsrecht hat, was vom Sächsischen Verfassungsgericht gebilligt wurde (epd medien 1997: 12). Zudem hat die Staatsregierung seit der Gründung der SLM einen Sitz in der Versammlung, was auch nicht bei jeder Medienanstalt üblich ist.

2004 gab es auch in Sachsen-Anhalt einen Versuch der CDU/FDP-Landesregierung, ähnlich wie in Sachsen das Versammlungsmodell abzuschaffen und einen fünfköpfigen Medienrat zu installieren, der jedoch nicht weiterverfolgt wurde. Die Thüringer Landesmedienanstalt (TLM) wurde in der zweiten Legislaturperiode von einer Großen Koalition straffer an die Staatsaufsicht angebunden: So wurde das Recht der Landesregierung, einen Vertreter in die Versammlung zu entsenden, auf die Ausschüsse ausgeweitet und die Landesregierung mit dem Recht der Ersatzvornahme ausgestattet. Damit kann sie nach einer Rechtsverletzung eine Anweisung, die die TLM nicht eigenständig ausführt, selbst vornehmen. Unter der folgenden CDU-Alleinregierung setzte diese ein Entsenderecht für den Bund der Vertriebenen in die Versammlung durch, ohne mit der TLM Rücksprache gehalten zu haben (Bartsch 2002: 18). Zudem wurde 1999 von der Regierung mit Jochen Fasco ein Vertreter in die Versammlung entsendet, der vorher in der Staatskanzlei mit der Aufsicht über die TLM befasst war – seit 2007 ist er Direktor der TLM.

Bei der Zulassung des privaten Rundfunks war bei den Landesmedienanstalten Eile geboten, um den Rückstand zu den bereits sendenden öffentlich-rechtlichen Anstalten nicht zu groß werden zu lassen. Der Plan, privaten und öffentlich-rechtlichen Rundfunk gleichzeitig im Januar 1992 starten zu lassen, scheiterte (Kresse 1992: 55). Die Bewerber für die ausgeschriebenen terrestrischen Hörfunkfrequenzen nutzten die

Unerfahrenheit der neuen Medienanstalten aus und machten mitunter nicht nur in inhaltlichen Fragen, sondern auch bei Gesellschafterstrukturen falsche Angaben (Kühn 2003). So besaß z.B. Holtzbrinck zum Zeitpunkt des Antrags auf eine Hörfunklizenz über Strohmänner 40 statt der angegebenen und maximal erlaubten 15 Prozent an Antenne Thüringen (Ott 1993: 19). Letztlich stimmte die Versammlung den Beteiligungsverhältnissen aber unter geringen Auflagen zu (TLM 1997: 22). Daneben gab es auch Einflussversuche auf die Gremien seitens der Medienwirtschaft, am massivsten in Sachsen, das nach Berlin als wirtschaftlich attraktivster Hörfunkmarkt galt. Die Medienanstalten versuchten kaum, neuartige Betreibermodelle zu fördern, die von denen im Westen abwichen. Stattdessen wurden die bekannten finanzkräftigen Unternehmen aus den alten Ländern bevorzugt, die teilweise über mehrere Länder hinweg eine Meinungsmacht aufbauen konnten, etwa Holtzbrinck in ganz Mitteldeutschland. Ostdeutsche Besonderheiten zu berücksichtigen und den Trägern der politischen und gesellschaftlichen Wende besondere Artikulationschancen einzuräumen, wurde versäumt.

Den neuen ostdeutschen Anstalten mit Ausnahme der Medienanstalt Berlin-Brandenburg (MABB) gelang es nicht, bundesweites Privatfernsehen zu etablieren: Die Ausschreibung der terrestrischen Frequenzen war oft mit der Auflage von Lokalfenstern verbunden, der die Sender teilweise nicht nachkommen wollten. Zudem überholte sich die terrestrische Verbreitung bald durch Satelliten- und Kabelempfang, weshalb die bundesweiten Privatsender kein Interesse mehr an einer kostspieligen und mit Auflagen versehenen terrestrischen Verbreitung hatten.

Die Aufsicht des privaten Rundfunks durch die Landesmedienanstalten krankt an dem bereits aus dem Westen bekannten systemimmanenten Widerspruch, dass die Anstalten sowohl für die Kontrolle als auch die Förderung des Privatfunks zuständig sind. Alle ostdeutschen Landesmedienanstalten üben ihre Aufsicht laut eigener Auskunft informell, mehr als Ratgeber und mit Blick auf die Wirtschaftlichkeit der Anbieter aus, ohne wirksame Sanktionen. Dies hinterlässt Zweifel an der Effektivität als Aufsichtsinstitutionen.

Inzwischen übernehmen die Landesmedienanstalten mit ihren finanziellen Mitteln immer mehr Aufgaben, die nicht originär in ihren Kompetenzbereich gehören. Die neuen Aufgaben finden sich im Bereich der Förderaufgaben, dem Bürgerrundfunk und der Medienkompetenzvermittlung.

Insgesamt ist festzuhalten, dass die Landesmedienanstalten in Ostdeutschland mit Problemen konfrontiert waren und sind, die ihnen teilweise von der Politik beim Klonen aus dem Westen in ihren Gencode einprogrammiert worden sind.

Entwicklung der Presselandschaft

Während im Presserecht oder der Rundfunkordnung nach der Wende in Ostdeutschland westdeutsche Regelungen und Modelle übernommen worden sind, wurden die Strukturen des in der DDR geschaffenen Pressemarkts nicht nur in ihren wesentlichen Ausprägungen konserviert, sondern negativ verstärkt; der Pressemarkt geriet zugleich in die Hände westdeutscher Großverlage. Das Ergebnis ist eine heute *hochkonzentrierte, monopolartige Presselandschaft* in den neuen Ländern. Horst Röper fasste bereits kurz nach der Wiedervereinigung allegorisch zusammen: »Im Osten hat sich eine Zeitungslandschaft entwickelt, die an die ehemalige Agrarstruktur erinnert – riesige Monokulturen, in denen nur eine Pflanze gedeiht« (1992: 34).

Zum Ende der DDR gab es 39 Tageszeitungen, die alle von Parteien und Massenorganisationen herausgegeben wurden. Darunter dominierten die 14 SED-Bezirkszeitungen mit einer Gesamtauflage von 54 Prozent der Tagespresse (Pürer/Raabe 1996: 375). Diese besaßen das Monopol der örtlichen Berichterstattung. Wenngleich die Lokalteile mit einer Seite täglich dürftig waren, boten sie den Lesern immerhin regelmäßige Informationen über das lokale Geschehen in ihrem Kreis.

Mit der politischen Umbruchphase kam es zu einer *kurzen Zeitungsblüte* mit zahlreichen Neugründungen und einer einmaligen lokalen Vielfalt. Blüte und Dynamik dieser bürgerbewegten, lokalen Alternativpublizistik – auch in Form von Wochen- und Anzeigenblättern – waren wichtig für die Festigung der Zivilgesellschaft in der DDR. Jedoch spiegelt sich in der anschließenden Nichtbeachtung der Niedergang der gesamten Bürgerbewegung in der Übergangs- und ersten Einheitszeit. Das intellektuelle Geschehen der Bürgerbewegung, das sich in politischen Gruppierungen wie dem Bündnis 90 artikulierte, aber eben auch in dieser Alternativpresse Ausdruck fand, wurde im Westen kaum rezipiert. Eine Ausnahme dieses von West nach Ost gerichteten Einbahnstraßenblicks, den wir bei vielen Strukturentscheidungen in der (Medien-)Politik feststellen, war bei der Partei Die Grünen zu beobachten, die gar bereit waren, ihre in Westdeutschland gewachsene Partei zu fusionieren und somit in Kooperation mit dem Bündnis 90 neu zu erschaffen.

Von wenigen Initiativen der Bürgerrechtsbewegungen abgesehen, handelte es sich um die Expansion westdeutscher Verlage (Röper/Pätzold 1993: 22). Der ostdeutsche Pressemarkt befand sich somit schon rasch nach der Wiedervereinigung wesentlich in der Hand westdeutscher Verlage, die den Markt insbesondere in Grenzgebieten über die Herausgabe von Lokalausgaben ihrer eigenen Zeitungen sowie durch Zeitungsneugründungen und durch Kooperationen mit den ehemaligen SED-Bezirkszeitungen erschlossen hatten. Diese waren mit ihren für westdeutsche Verhältnisse sehr hohen Auflagen und großen Verbreitungsgebieten sowie ihrer hohen Leser-Blatt-Bindung, die sie trotz ihrer Vergangenheit aufgrund eines schnellen publizistischen Wandels besaßen, attraktiv.

Rasch nach der Wiedervereinigung kam es zu einem Zeitungssterben und zu einer starken Konzentration, aus denen die ehemaligen SED-Bezirkszeitungen unter ihren neuen westdeutschen Eigentümern als Gewinner hervorgingen. Hier wiederholte sich in ähnlicher Weise ein Prozess, der vier Jahrzehnte zuvor in der Bundesrepublik zu beobachten war, als es die neuen Zeitungen schwer hatten, sich gegen die etablierten Lizenzzeitungen zu behaupten. Vor dieser Erfahrung ist die *Privatisierungspolitik der Treuhandanstalt*, die als Hauptursache für die Konzentrationswelle verantwortlich gemacht werden muss (Rager 1992: 24f.), besonders zu kritisieren. Für eine wissenschaftliche Analyse des Verkaufsprozesses der ehemaligen Bezirkszeitungen ist es höchst problematisch, dass die entsprechenden Treuhand-Akten nicht verfügbar sind. Laut Auskunft des Bundesarchivs haben die betreffenden Akten zurzeit noch einen Sperrvermerk.

Die Treuhandanstalt war nach Art. 25 EinigVtr zuständig, die früheren volkseigenen Betriebe, zu denen die Bezirkszeitungen seit Lösung von der SED gehörten, wettbewerblich zu strukturieren und zu privatisieren. Der Berliner Verlag und die beiden größten Bezirkszeitungen FREIE PRESSE in Chemnitz und MITTELDEUTSCHE ZEITUNG in Halle waren da schon an der Treuhand vorbei veräußert worden. Die Vergabekriterien der Treuhand waren die Höhe des Kaufgebots, das vorgelegte Sanierungs- und Investitionskonzept und der Erhalt von Arbeitsplätzen (Treuhandanstalt 1994: 998f.). Sie ließ sich darüber hinaus von den Regeln leiten, dass sich kein Bewerber an mehr als einer Zeitung beteiligen sollte und die Verbreitungsgebiete der zu erwerbenden und der kaufenden Zeitung nicht aneinandergrenzen sollten (Pürer/Raabe

1996: 447-450). Dennoch konnte sich Springer an drei und die Stuttgarter Zeitungsgruppe an zwei ehemaligen Bezirkszeitungen beteiligen. Gruner+Jahr durfte sich noch mehrheitlich an der SÄCHSISCHEN ZEITUNG beteiligen, obwohl der Verlag bereits zur Hälfte den Berliner Verlag mit der BERLINER ZEITUNG und der BZ AM ABEND erworben hatte. Auch die Verbreitungsgebiete lagen etwa im Fall der von den die LÜBECKER NACHRICHTEN erworbenen OSTSEE-ZEITUNG nebeneinander.

An der Privatisierungspolitik der Treuhand ist darüber hinaus zu kritisieren, dass die Zeitungen verkauft worden sind, wie sie waren. Es fand also z.B. keine Aufteilung der großen Verbreitungsgebiete oder ein getrennter Verkauf der Druckereien statt. Außerdem verkaufte die Treuhand die Zeitungen bis auf drei Verlage jeweils nur an einen neuen Eigentümer. Hier wurde somit versäumt, eine binnenpluralistische Verlegerstruktur zu schaffen, die die mangelnde Angebotsvielfalt abgemildert hätte. Außerdem traten bis auf eine Ausnahme nur westdeutsche Großverlage als Käufer in Erscheinung. Eine mittelständische Verlegerstruktur, selbständige Lokal- oder Heimatzeitungen wie in den alten Bundesländern konnten sich im Osten nicht etablieren.

Während eines einmaligen Vorgangs in der deutschen Pressegeschichte, dem »Ostthüringer Zeitungskrieg« zeigte sich die Treuhand auch machtlos: Weil die WAZ-Gruppe bereits an der THÜRINGER ALLGEMEINEN zu 50 Prozent beteiligt war und sich nicht mit der von der Treuhand vorgeschlagenen Kompromisslösung einverstanden zeigte, sich bei den OSTTHÜRINGER NACHRICHTEN (OTN) auf eine Minderheitsbeteiligung von 24,9 Prozent statt der bereits erworbenen 40 Prozent zu beschränken, gründete sie die OSTTHÜRINGER ZEITUNG (OTZ). Diese »neue« Zeitung übernahm fast alle Mitarbeiter und den Abonnentenstamm und erschien nahezu in der gleichen Gestalt, während die OTN als leere Hülle zurückblieb. Die Auseinandersetzung mit der Treuhand endete im Wesentlichen zugunsten der WAZ-Gruppe, der eine 40-prozentige Beiteiligung an der OTZ zugestanden wurde und die eine zweistellige Millionensumme für die OTN bekam (Schneider 1992: 129f.).

»Dank« der Treuhand wurden die wesentlichen Strukturen des von der SED geschaffenen Pressemarkts dauerhaft festgeschrieben. Die Privatisierungspraxis ist das wohl prominenteste Beispiele für – fast fahrlässig – nicht genutzte Möglichkeiten zur Gestaltung eines publizistisch vielfältigen ostdeutschen Mediensystems. Ebenso wie mitunter bei der Pressefusionskontrolle durch das Bundeskartellamt zeigte sich auch an diesem Beispiel, wie problematisch es ist, wenn medienwissenschaftlicher Sachverstand fehlt und ökonomische Aspekte statt publizistische im Vordergrund stehen oder diese von politischen Entscheidungsträgern erst gar nicht erkannt werden. Die Treuhandanstalt und die Politik haben dabei nicht nur der ostdeutschen, sondern auch der gesamtdeutschen Presselandschaft nachhaltig geschadet. Sechs der zehn größten deutschen Regionalzeitungen finden sich nunmehr in Ostdeutschland. 1996 kam fast jedes zweite Zeitungsexemplar in Ostdeutschland von den damals fünf größten West-Verlagen Springer, WAZ, Verlagsgruppe Süddeutscher Verlag, DuMont Schauberg und Verlagsgruppe Stuttgarter Zeitung. Bei der Abonnementpresse waren es sogar drei von vier Tageszeitungsexemplaren, im Westen dagegen mit etwa vier von zehn deutlich weniger (Schneider 1998: 136).

Die Bezirkszeitungen haben zur fortschreitenden Pressekonzentration ihr Übriges beigetragen, indem sie ihre jungen Konkurrenten über *gespaltene Vertriebspreise* aus dem Markt drängten oder ihnen die Nutzung ihrer Druckereien verweigerten oder durch ungünstige Nutzungszeiten erschwerten. Der nachrangigen Wettbewerbsposition konnten die neuen Titel aufgrund der von der Treuhand zementierten Dominanz der ehemaligen Bezirkszeitungen nichts entgegensetzen. Zwar hatten sich die westdeutschen Verlage in Goodwill-Klauseln verpflichtet, die Marktmacht der erworbenen Zeitungen nicht gegen Konkurrenten auszunutzen oder eine Verdrängungsstrategie zu fahren, doch wurden diese mehrfach gebrochen und kaum kontrolliert (Schneider 1998: 179).

Im Ergebnis sind heute die ehemaligen SED-Bezirkszeitungen dominanter als zuvor. Ihre Verbreitungsgebiete orientieren sich noch immer an den ehemaligen DDR-Regierungsbezirken, in denen sie nach wie vor mit wenigen Ausnahmen das Monopol der lokalen Berichterstattung haben. Damit sind in Ostdeutschland Einzeitungskreise im Jahr 2008 mit 71 Prozent die Regel; die Zeitungsdichte liegt im Osten mit im Mittel 1,32 merklich unter der gesamtdeutschen von 1,52 (Schütz 2009: 476). Den ehemaligen Bezirkszeitungen gelang es zudem, ihre Marktdominanz auch auf das Segment der *Anzeigenblätter* zu übertragen. Somit ist es auch hier der Medienpolitik nicht gelungen, durch entsprechende Maßnahmen Konkurrenz erwachsen zu lassen. In den letzten zehn Jahren ging der *Konzentrationsprozess unterschwellig* weiter, indem bei Mantelteilen zusammengearbeitet wurde oder diese übernommen wurden und indem in der Landesberichterstattung kollaboriert oder Lokalredaktionen zusammengelegt wurden. Dadurch droht dem ohnehin hochkonzentrierten ostdeutschen Zeitungsmarkt ein weiterer Verlust an publizistischer Vielfalt.

Eine besondere Auffälligkeit des gesamtdeutschen Pressemarkts nach der Wiedervereinigung ist das Fehlen von *überregionaler Berichterstattungskompetenz* im Osten. Das NEUE DEUTSCHLAND und die JUNGE WELT haben ihre Bedeutung mit wenigen Zehntausend verbreiteten Exemplaren verloren. Die BERLINER ZEITUNG kommt über den Status einer Regionalzeitung nicht hinaus. Keine der anderen großen ehemaligen Bezirkszeitungen konnte sich zu einem Blatt wandeln, das über das eigentliche Verbreitungsgebiet Bedeutung erlangt hätte. Die wenigen Versuche, überregionale Titel zu lancieren, scheiterten sowohl in der Tagespresse als auch als Wochenzeitung. Damit lässt sich hinsichtlich der überregionalen Relevanz im Pressesektor von einem strukturellen Ungleichgewicht zwischen West und Ost sprechen. Eine Zeitung für Gesamtdeutschland mit ostdeutscher Perspektive gibt es nicht. Die Reichweite überregionaler Tageszeitungen in Ostdeutschland ist mit einem Anteil von 2,9 Prozent an der Bevölkerung weniger als halb so groß wie im Westen (6,4 Prozent; Goldbeck 2005: 158). Natürlich handelt es sich hierbei letztlich um Marktprozesse, d.h. auch die Nachfrageseite in Form der Leserschaft trägt Verantwortung für diese Situation. Ob letztlich jedoch Preise, Inhalte, Schreiber oder Sichtweisen ausschlaggebend sind, kann nicht beantwortet werden.

Wirtschaftlich haben die ostdeutschen Tageszeitungen – regional unterschiedlich stark ausgeprägt – mit der höheren Arbeitslosigkeit in den neuen Ländern und dem damit geringeren Durchschnittseinkommen, einem schwächer ausgeprägten Einzelhandel sowie den Folgen des Bevölkerungsschunds und der demografischen Entwicklung zu kämpfen. 2008 trugen die ostdeutschen Regionalzeitungen zum Umsatz aller deutschen Regionalzeitungen noch nicht einmal ein Achtel bei, obwohl im Osten gut ein Fünftel der Bevölkerung wohnt. Beim Werbeumsatz erreichen sie pro Monatsstück nur etwas mehr als die Hälfte des Westniveaus; am stark gestiegenen Werbeaufkommen in den 90er-Jahren konnten sie also nicht gleichermaßen partizipieren (Keller 2009: 34). Die Vertriebspreise machen daher gegenüber den Werbeeinnahmen einen größeren Anteil am Umsatz der ostdeutschen Tageszeitungen als bei westdeutschen aus. Der Spielraum für Preiserhöhungen erscheint aber inzwischen nahezu ausgeschöpft (Keller 2008: 23).

Die schwierigere wirtschaftliche Lage der ostdeutschen Zeitungen mag zwar im Nachhinein Monopole und größere Verbreitungsgebiete rechtfertigen, es erklärt aber nicht, warum als Ausgleich nicht die Binnenpluralität gestärkt worden ist. Aufgrund der ökonomischen Situation haben ostdeutsche Tageszeitungen in letzter Zeit Sparmaßnahmen ergriffen wie die Auslagerung oder Zusammenlegung von Redaktionen, Kündigungen oder den Ausstieg aus Tarifbindungen. Vor diesem Hintergrund wird in der Debatte auch über staatliche Subventionen, Stiftungsmodelle oder Gebührenfinanzierung nachgedacht (Weichert/ Kramp 2009: 7). In Bezug auf die Presselandschaft Ostdeutschlands ergibt sich nach 20 Jahren eine Bilanz, die vielerorts Sorgen um die noch junge Medienfreiheit bereiten muss.

Entwicklung der Rundfunklandschaft und Produktionswirtschaft

Die ostdeutsche Rundfunklandschaft hat sich mit der Wende radikal verändert. Demokratische Grundstrukturen sind auch hier das Leitmotiv. Die Bewertung der Veränderung fällt aber umso differenzierter aus, je enger man den Maßstab für Medienfreiheit setzt.

Von einer staatlichen Lenkung kann im *öffentlich-rechtlichen Rundfunk* 20 Jahre nach der Wende keine Rede mehr sein, von einer Staatsferne, die das öffentlich-rechtliche System charakterisieren soll, aber auch nicht. Dies ist kein rein ostdeutsches Problem, sondern kennzeichnet die gesamtdeutsche Rundfunklandschaft. Allerdings hätte man vor 20 Jahren die Möglichkeit gehabt, durch umfassende Reformen neu zu starten. Das ist nicht passiert. Das alte System wurde auf den neuen Teil Deutschlands angewendet, mit allen Schwächen, die schon in der alten Bundesrepublik seit Jahren sichtbar waren. Daher ist es nicht übertrieben, wenn Autoren wie Ilona Wuschig von »verpassten Chancen« (2005: 141) sprechen.

Natürlich war die Situation nicht einfach. Roland Tichy, damals medienpolitischer Berater des Übergangskonstrukts der so genannten »Einrichtung«, dem Konglomerat aus den Rundfunkmedien der DDR, findet deutliche Worte für die Zwänge der Zeit: »Sie müssen sich vorstellen, Sie sitzen in einer abstürzenden Maschine und sollen noch irgendwo etwas anderes retten« (Interview Tichy bei Hoff/Holzschuh/Lewandowski/Peters in diesem Band). Mit in dem abstürzenden Flugzeug saß der verantwortliche Rundfunkbeauftragte der neuen Bundesländer, Rudolf Mühlfenzl, der ab 15. Oktober 1990 die Neuordnung des Rundfunks betrieb. Mühlfenzl, vorher Chef der Bayerischen Landeszentrale für neue Medien, kollidierte mehrfach mit dem Ideal der Staatsferne. Er war Mitglied der CSU (Stein 2000: 129), bereits bei seiner Ernennung zum Fernsehchefredakteur des BAYERISCHEN RUNDFUNKS 1969 galt seine Personalie als umstritten und parteipolitisch motiviert (DER SPIEGEL 1970: 38f.). Eine Lenkung der Besetzung der Stelle des ostdeutschen Rundfunkbeauftragten lässt sich heute nur schwer nachweisen, die Umstände sind allerdings einer genaueren Betrachtung wert.

Mühlfenzl kam durch Günther von Lojewski, dem damaligen Intendanten des SENDER FREIES BERLIN (SFB), ins Gespräch (Interview Lojewski bei Hoff/Holzschuh/Lewandowski/Peters in diesem Band). Das offizielle Vorschlagsrecht lag laut § 36 des Einigungsvertrags in den Händen des DDR-Ministerpräsidenten, das Wahlrecht bei der Volkskammer. Ministerpräsident Lothar de Maizière hatte keinen Vorschlag. Der Einigungsvertrag sah in diesem Fall vor, dass die einzelnen ostdeutschen Länder einschließlich Berlins über die Personalie entscheiden sollten. Der damalige Bundesminister ohne besonderen Aufgabenbereich, Günther Krause (CDU), schlug Mühlfenzl vor (Stein 2000: 130).

Das Problem war, dass zu diesem Zeitpunkt noch keine demokratisch gewählten Ministerpräsidenten der neuen Bundesländer verfügbar waren und so »formal nicht wahlberechtigte Vertreter der Landesbevollmächtigten« (Törne 1996: 302) über den Gestalter des freiheitlichen Rundfunks in Ostdeutschland entschieden. Mühlfenzl agierte als Kopf der »Einrichtung« mit der Unterstützung von zwölf Experten – alle aus Westdeutschland. Angesichts dieser Begleitumstände verwundert es nicht, wenn statt einer Systemreform ein althergebrachtes Muster auf den neuen Teil Deutschlands übertragen wurde.

Die Gründung des MDR zeigt, wie Staatsnähe nicht verhindert, sondern zementiert wurde. Sollte anfangs die Einrichtung einer Dreiländeranstalt an einer geplanten Kooperation des öffentlich-rechtlichen Rundfunks in Thüringen mit dem HESSISCHEN RUNDFUNK scheitern, änderte sich die Situation durch einen hessischen SPD-Wahlsieg. Mit einem SPD-regierten Land wollte man im CDU-geführten Thüringen nicht kooperieren. So unterschrieben die drei CDU-Ministerpräsidenten von Sachsen, Sachsen-Anhalt und Thüringen (Kresse 1992: 53; Funkkorrespondenz 1991a: 6) den Staatsvertrag zur Gründung des MITTELDEUTSCHEN RUNDFUNKS (MDR-StVertr) im Juni 1991.

Kontroll- und Aufsichtsfunktion übernahm übergangsweise ein Rundfunkbeirat. Dieser vereinte Rundfunk- und Verwaltungsrat in einem einzigen Gremium. Dessen neun Mitglieder wurden laut § 45 MDR-StVertr schlicht von den drei Landesparlamenten bestimmt. Gewaltenteilung und Staatsferne waren so nicht gegeben. Dieses Supergremium traf auch die Entscheidungen, die den Charakter der Rundfunkanstalt bis auf Weiteres bestimmen sollten (Brinkmann 1994: 165). Bis auf einen stammten alle Gründungsdirektoren inklusive Intendant aus Westdeutschland. Die Parteinähe häuft sich erneut auffällig zu Gunsten der CDU: sechs der acht Direktoren waren entweder Parteiangehörige der CDU oder galten zumindest als CDU-nah (Stein 2000: 143; Funkkorrespondenz 1991b: 8).

Doch auch nach der Einsetzung des regulären Rundfunkrats und des Verwaltungsrats bleibt Parteieneinfluss spürbar und stetiger Grund zur Kritik an den Kontrollmechanismen des öffentlich-rechtlichen Rundfunks. Ein Mechanismus, der den jeweils regierenden Parteien zumindest teilweise die Möglichkeit zur Beeinflussung der Zusammensetzung der Kontrollgremien gibt. Wie im Fall des MDR, wo turnusgemäß zusätzlich zu den Mitgliedern aus den Landesparlamenten und den Landesregierungen die gesetzgebenden Körperschaften der Länder noch einmal acht »gesellschaftlich bedeutsame Organisationen und Gruppen« bestimmen dürfen, die jeweils ein Mitglied entsenden (§ 19 Abs. 3 MDR-StVertr).

Parteienkalkül hat nicht überall funktioniert. Ebenfalls als Dreiländeranstalt plante man eine Norddeutsche Rundfunkanstalt (NORA), die kurz vor der Unterzeichnung der Verträge scheiterte. Mitglieder der Anstalt sollten die Länder Berlin, Brandenburg und Mecklenburg-Vorpommern sein. Beobachter konstatierten »Druck der Bonner CDU-Zentrale« (Meyn 1991: 2) zu Gunsten der Lösung NORA. Dennoch unterschrieb der CDU-Ministerpräsident von Mecklenburg-Vorpommern, Alfred Gomolka, die Verträge nicht. Der Koalitionspartner FDP und die Opposition setzten Ende 1991 eine Integration in das Verbreitungsgebiet des NDR durch. Neben dem Widerstand der Opposition dürfte allerdings auch die Angst vor einem Zusammenschluss mit dem in finanziellen Nöten steckenden SFB und Respekt vor Berlin als einflussreiche Metropole Gründe gewesen sein (Scheringer 2002: 40).

Wo sind neben den verpassten Möglichkeiten die genutzten Chancen im öffentlich-rechtlichen Rundfunk? Die Geschichte des DEUTSCHLANDRADIO zeigt, wie aus einem überholten System durch einen Neuanfang ein publizistischer Gewinn für ganz Deutschland entstand. Mit der Wende war die Daseinsberechtigung der Sender RADIO IM AMERIKANISCHEN SEKTOR (RIAS) und DEUTSCHLANDFUNK (DLF) abgelaufen. Beide Sender hatten zum Auftrag, Informationen aus Westdeutschland in die DDR und andere Länder auszustrahlen. Dazu kam, dass die Zukunft des ostdeutschen Rundfunksenders DEUTSCHLANDSENDER

KULTUR (DS KULTUR) nicht geklärt war. Zu diesem Zeitpunkt befand sich der Zusammenschluss der beiden Sender STIMME DER DDR und RADIO DDR 2 noch in der Obhut von Mühlfenzls Übergangslösung »Einrichtung«. Nachdem das ZDF 1991 erste Begehrlichkeiten geäußert hatte – der Fernsehsender wollte sein Programmangebot um einen Hörfunksender erweitern – führte man schließlich die drei Sender zum DEUTSCHLANDRADIO zusammen. Ab 1994 sendete die öffentlich-rechtliche Anstalt aus Berlin und Köln ein nationales Hörfunkprogramm mit den beiden Sendern DEUTSCHLANDRADIO BERLIN und DEUTSCHLANDFUNK. Der entsprechende Staatsvertrag bezeichnet die Förderung der »Zusammengehörigkeit im vereinten Deutschland« (§ 6 Abs. 3 DLR-STV) als Ziel der öffentlich-rechtlichen Einrichtung.

Als Besonderheit kann hier gelten, dass im neuen Sender tatsächlich zwei westdeutsche und ein ostdeutsches Medium vereint wurden. Eine Situation, in der sich auch die beteiligten Journalisten »unter psychischen Schmerzen« (Elitz 1995: 5) miteinander arrangieren mussten. Trotz der Schwierigkeiten kann der Zusammenschluss inzwischen als das gelten, was sich der damalige Vorsitzende der Rundfunkkommission der Länder, Rudolf Scharping von dem Konstrukt versprochen hatte: »ein Stück Verwirklichung der deutschen Einheit« (epd 1993: 10).

Kämpfte man besonders im öffentlich-rechtlichen Rundfunkbereich damit, vorhandene Strukturen zu integrieren oder abzuwickeln, sah die Situation im *privaten Rundfunk* anders aus. Um »Altlasten« musste man sich nicht kümmern. Rundfunk in der DDR war Staatssache – Privatfunk existierte nicht, nur die bereits bestehenden Privatsender in West-Berlin mussten in ein neues System eingegliedert werden. Und so war es möglich, den privaten Rundfunk als integrativen Bestandteil des dualen Systems neu aufzubauen. Eine Masterstrategie zur Errichtung der neuen Rundfunkträgerschaft in Ostdeutschland gab es nicht.

Die Folge war, dass sich im Bereich der *Privatradios* in den verschiedenen Bundesländern der Markt auf wenige Anbieter konzentrierte, bestimmend waren der Holtzbrinck-Konzern und die RTL-Group. Dies geschah teilweise durch Tricks: In Thüringen hatte der Holtzbrinck-Konzern mehr Beteiligungen als bei der zuständigen Landesmedienanstalt angegeben (Ott 1993). Auch wurden vorgeschriebene Wortanteile – bestimmend für die Meinungsvielfalt – oft nicht erreicht.

In der Folge verringerten die Landesmedienanstalten die Wortanteile (Beispiel Thüringen: TLM 1999: 21). In den meisten Ländern verließen sich die Verantwortlichen bei den Landesmedienanstalten auf den Außenpluralismus, bei dem die Meinungsvielfalt auch durch andere Medien, wie dem privatkommerziellen Lokalfernsehen, hergestellt werden sollte (Interview Mayer bei Reiser/Storz in diesem Band). Doch diese publizistische Alternative ist nicht belastbar, wirtschaftlich sieht es für die Veranstalter von privatkommerziellem Lokalfernsehen teilweise »katastrophal« (BLM 2006: 197) aus, wie ein Veranstalter aus Sachsen-Anhalt die eigene Situation beschreibt. Die *privatkommerziellen Fernsehanbieter* arbeiten defizitär. In Sachsen-Anhalt lag der durchschnittliche Kostendeckungsgrad 2004 bei 96 Prozent (BLM 2006: 196f.), in Berlin und Brandenburg 2006 bei nur 90 Prozent (BLM 2008: 193). Nur in Sachsen arbeiteten die Sender im Jahr 2006 insgesamt mit einem Kostendeckungsgrad von 104 Prozent (BLM 2008: 258). Dem geringen wirtschaftlichen Erfolg steht eine hohe Nutzung gegenüber. In Mecklenburg-Vorpommern liegt der weiteste Seherkreis (Programmnutzung innerhalb von zwei Wochen) z.B. bei maximal 85 Prozent (ALM 2008: 135), in Sachsen-Anhalt bei 81 Prozent (Enigma GfK 2006: 21).

Die großen Privatsender in Deutschland, bestimmt durch die RTL-Group und die ProSiebenSat.1 Media AG, erfreuen sich ebenfalls besonderer Beliebtheit. Die Nutzung dieser Privatsender ist in Ostdeutschland vergleichbar zu der im Westen und im Schnitt sogar noch etwas höher. 2009 hatte der Sender RTL im Osten einen Marktanteil von 13,5 Prozent (West: 12,5 Prozent), SAT.1 lag bei 10,9 Prozent (West: 10,4 Prozent; Zubayr/Gerhard 2010: 109). Aufgrund dieser breiten Akzeptanz ist es erstaunlich, dass kaum ein Sender die Möglichkeit genutzt hat, im Osten auch vor Ort zu sein. Nur RTL hat mit dem Landesstudio Ost, einer 100-prozentigen Tochter, eine redaktionelle Dependance in Leipzig. Ein neuer überregionaler Privatsender hat sich nach der Wende in Ostdeutschland nicht gegründet. Eine ostdeutsche Perspektive, wie sie als Beitrag der ostdeutschen Landesrundfunkanstalten zum überregionalen Programm der ARD erkennbar ist, findet man bei den privaten überregionalen Programmen kaum.

Eine Diskussion der Rundfunklandschaft in Ostdeutschland ist erst dann vollständig, wenn man auch den kleinsten Teil betrachtet: *Bürgerrundfunk*, der nicht aus professionellen Strukturen entsteht, sondern den Bürgern selbst eine Beteiligung erlaubt, um eine Gegenöffentlichkeit zu den etablierten Medien zu schaffen. Das soll durch Freie Radios oder Offene Kanäle geschehen. Soweit die Theorie der Bürgermedien – unterschiedliche Handhabung der Organisation und Förderung in den zuständigen Landesmedienanstalten beeinflussen diese basisdemokratische Komponente des Rundfunksystems.

In Sachsen hat der Bürgerrundfunk mit Problemen zu kämpfen. Eine umfassende finanzielle Förderung durch die Landesmedienanstalten wie in Berlin oder Thüringen findet hier nicht statt. Entsprechend schwierig ist die Situation. Ein Versuch, die sächsischen Freien Radios aus dem Markt zu drängen, wäre Anfang 2010 fast geglückt. Die marktbestimmenden privatkommerziellen Senderketten nahmen die Bürgerradios zeitweise einfach vom Sender. Das war möglich, da sich das private APOLLO RADIO aufgrund lizenzrechtlicher Bestimmungen die Frequenzen mit den Freien Radios teilt (Reiher 2009). APOLLO RADIO ist eine Kooperation der großen sächsischen Senderketten, auf die sich die Konkurrenten nur eingelassen haben, um freie Frequenzen zu blockieren und Wettbewerber so aus dem konsolidierten Markt zu halten (DIE TAGESZEITUNG 2009). Bis Ende 2009 übernahm der private Sender die kompletten Sendekosten (MDR 2010). Danach schickte APOLLO RADIO Rechnungen, die von den Freien Radios nicht bezahlt werden konnten. Die Landesmedienanstalt verweigerte eine Unterstützung mit Verweis auf das sächsische Privatrundfunkgesetz, in dem eine Finanzierung nicht vorgesehen ist (DIE TAGESZEITUNG 2009). Als Konsequenz schaltete APOLLO RADIO am 17. April 2010 die Sender einfach ab. Erst am 14. Mai 2010 konnte das Programm wieder über die terrestrischen Frequenzen ausgestrahlt werden, die freien Radios hatten sich direkt mit dem Sendenetzbetreiber verständigt (SOS 2010).

In den anderen ostdeutschen Bundesländern erfahren Bürgermedien mehr Unterstützung. In Thüringen werden die Kosten größtenteils komplett von der Landesmedienanstalt getragen, auch in Berlin hat sich die Landesmedienanstalt zu einer Komplettförderung eines trimedialen Mediums entschieden. In Mecklenburg-Vorpommern werden ebenfalls Offene Kanäle mit bis zu 100 Prozent finanziert, die Offenen Fernsehkanäle in Sachsen-Anhalt fördert die dortige Landesmedienanstalt mit der Übernahme von ca. 90 Prozent der Sendekosten.

Wie wichtig eine geschickte Standortpolitik und medienpolitische Entscheidungen sind, zeigt sich im Bereich der *Filmwirtschaft* in Ostdeutschland. Diese ist von Förderung existenziell abhängig. Die Probleme ähnelten denen im öffentlich-rechtlichen Rundfunk. Staatlich gelenkte Strukturen mussten in ein freiheitliches System überführt werden. Die staatlichen DEFA-Betriebe wurden über die Treuhand an Investoren weitergegeben, einige mussten liquidiert werden (Trotz 1996: 27-29; Eisenhauer 1992: 132), viele wurden neu gegründet. 1994 gab es allein in Sachsen mindestens 73 Produktionsunternehmen (Sächsisches Staatsministerium für Wissenschaft und Kunst 1994: 11).

Öffentlich-rechtliche Sender tragen im Schnitt Produktionskosten von Filmprojekten zu 25 Prozent (Castendyk 2008: 54). Damit sind die öffentlich-rechtlichen Sender ein wesentlicher Wirtschaftsfaktor, an ihren Standorten siedeln sich viele Produktionsunternehmen an. In Thüringen hat sich durch den öffentlich-rechtlichen Kinderkanal KIKA eine Landschaft von Kinder- und Jugendfilmproduktionsunternehmen gebildet. Es gilt als Kindermedienland (Schmidt 2007: 67).

Die öffentlich-rechtlichen Sendeanstalten wissen um diese Abhängigkeit und verstärken sie durch lizenzrechtliche Bestimmungen. Produzenten übertragen zwangsweise die Rechte inklusive Wiederholungen und Verwertung im Internet an die öffentlich-rechtlichen Sender und können so nun eingeschränkt an der finanziellen Verwertung teilhaben. Die Sender sehen darin eine selbstverständliche Gegenleistung für ihr finanzielles Engagement. Produzenten beklagen, dass sie sich so auch bei erfolgreichen Produktionen kaum einen finanziellen Grundstock aufbauen können (Berg/Hickethier 1994: 103). Sie sind also immer wieder auf die Kooperationen mit den öffentlich-rechtlichen Anstalten angewiesen, um überleben zu können.

Digitalisierungen

Nicht nur inhaltlich und organisatorisch, auch technisch hat sich der Rundfunk in den vergangenen 20 Jahren verändert. Das Stichwort ist Digitalisierung. Im Fernsehbereich kann man hier von einem Erfolg sprechen, das digitale Radio ist hingegen gescheitert. Der Grund sind medienpolitische Fehlentscheidungen, die man in Ostdeutschland exemplarisch beobachten konnte.

1995 starteten zwei Pilotprojekte (in Baden-Württemberg und in Berlin-Brandenburg) mit der Übertragung von *digitalem Hörfunk* (Digital Audio Broadcasting – DAB). Das Ziel war, sämtlichen Hörfunk in Deutschland im Jahr 2010 digital anzubieten. DAB begann als Hörfunk ohne Hörer. Geräte waren teuer oder nicht erhältlich. Daran hat sich kaum etwas geändert. Im Jahr 2002 zählt der Oberste Rechnungshof in Bayern bundesweit 15.000 DAB-Geräte. Insgesamt haben die Europäische Union, der Bund, die Länder und der Gebührenzahler zu diesem Zeitpunkt jedes einzelne davon mit über 15.000 Euro bezuschusst, rechnet man die Entwicklungskosten um (ORH 2002: 191f.).

Eine Kooperation zwischen den Landesmedienanstalten in Mitteldeutschland und dem MDR, die in einem Gesamtprojekt wesentlich effizienter hätte handeln können, kam nicht zustande. Zwischen 1996 und 1997 nahmen vier einzelne Pilotprojekte, drei getragen durch die Landesmedienanstalten in Mitteldeutschland und ein eigenes Projekt des MDR, den Betrieb auf. Die Entscheidung, die teuren Geräte nicht an Testnutzer zu verleihen, sondern zu verkaufen, führte zu einer geringen Resonanz. Insgesamt nahmen 1060 Hörer teil (Richter/Trottberger 1999: 24; Kern/Rudolph/Schüller/Stepputat/Ufer 1999: 7). Allein in Thüringen hatten die Verantwortlichen mit 2000 Nutzern gerechnet Kern/Rudolph/Schüller/Stepputat/Ufer 1999: 7).

Der Grund, warum Sachsen-Anhalt mit 700 Nutzern vergleichsweise erfolgreich war, liegt an einer technischen Entscheidung. Hier ermöglichte die Nutzung eines leistungsfähigen Übertragungsbands den Empfang in Wohnungen. In Sachsen und Thüringen mussten sich die Nutzer auf schwache Signalstärken einlassen. Der Regelbetrieb, der bis 2003 in allen ostdeutschen Ländern aufgenommen wurde, änderte nicht viel an der fehlenden Durchsetzung von DAB. Bundesweit existieren nach Expertenschätzung nur 500.000 Geräte. Wie wenig das ist, zeigt der Blick auf die etwa 300 Millionen analogen UKW-Geräte in Deutschland (Elitz 2006: 6). Die Konsequenz: Landesmedienanstalten zogen sich aus der Subventionierung der Sendekosten für private Anbieter zurück, viele Betreiber stellen ihr Angebot ein. Im Jahr 2010 wurden große Teile der Sendeanlagen abgeschaltet (Digitalradio.de 2010). Der Nachfolger DAB+ wird nach einer Entscheidung der Kommission zur Ermittlung des Finanzbedarfs der Landesrundfunkanstalten ohne öffentlich-rechtliche Beteiligung starten.

Weit überzeugender lief die *Digitalisierung im Fernsehbereich* ab. Programmvielfalt und eine mehrgleisige Empfangssituation für digitale Fernsehinhalte über Kabel, Satellit und Antenne führten dazu, dass mittlerweile 55 Prozent der TV-Haushalte in Deutschland auf irgendeinem Weg digitale Signale empfangen (Hamann 2009: 46-50). Die digitale Übertragung über Antenne (Digital Video Broadcasting Terrestrial – DVB-T) ist inzwischen Standard, das analoge Signal abgeschaltet. Bis 2012 rechnen die Landesmedienanstalten im Satellitenbereich mit einer kompletten digitalen Umstellung (ZAK 2009). Im Kabel versprechen technische Vorteile wie eine Übertragung im hochauflösenden HD-Standard und ein breites digitales Programmangebot eine Beschleunigung der Digitalisierungsbereitschaft der Kunden. Dennoch: Neue Übertragungsmöglichkeiten könnten die bisherigen Digitalisierungsanstrengungen einholen. IPTV, also Fernsehen über Internetleitungen, kann bei entsprechend hohen Übertragungsbandbreiten bereits angeboten werden und den nächsten heftigen Digitalisierungsschub bringen.

Das *Internet* sorgte bereits Mitte der 1990er-Jahre für eine Revolution. Ganz alltäglich informiert sich heute das Publikum im Internet, auch in Ostdeutschland. Dennoch lassen sich Unterschiede bei der Nutzung zwischen Ost und West feststellen. Im Schnitt sind 72 Prozent aller Deutschen online. Bei einer Betrachtung der einzelnen Bundesländer zeigt sich, dass in Brandenburg, dem ostdeutschen Land mit der höchsten Nutzung, lediglich 67,8 Prozent der Einwohner online sind. Schlusslicht ist Mecklenburg-Vorpommern mit 62,7 Prozent (Initiative D21/TNS Infratest 2010).

Ostdeutsche Anbieter versorgen das Publikum mit Informationen, die oft nur vermeintlich journalistisch sind. Eine Überprüfung von 544 Online-Angeboten Ende 2009 (Eismann/Knäpper/Reibling in diesem Band) bringt Ernüchterndes zutage. Die überprüften Angebote aus den Medienbereichen Print, Rundfunk und Nur-Online hielten zum größten Teil dem Klassifizierungsversuch als journalistische Angebote nicht stand. Nur 38 Prozent, 204 Angebote, erfüllten die Anforderungen an ein journalistisches Produkt. Dies sind Internetauftritte, die autonom (also unabhängig) vollständige, aktuelle Beiträge ohne werblichen Charakter kostenfrei regelmäßig einem breiten Publikum zur Verfügung stellen.

Im Bereich Print können viele Angebote nicht als journalistisch gelten, da z.B. ostdeutsche Publikumszeitschriften im Internet oft nur Leseproben anbieten und so das Kriterium der Vollständigkeit nicht erfüllen. Auch werden die Beiträge meist in zu langen Abständen aktualisiert. Ausnahme sind die Online-Ableger der 43 identifizierten ostdeutscher Tageszeitungen, die bis auf ein Angebot alle die Ansprüche an ein journalistisches Produkt erfüllten.

Ostdeutsche Rundfunkanbieter erkennen das Potenzial des Internets als Informationskanal nur eingeschränkt. 268 Rundfunkveranstalter wurden in der Studie identifiziert. 69 Veranstalter waren überhaupt nicht im Internet präsent, von den verbleibenden 199 Veranstaltern hatte zwar jeder ein Online-Angebot, weniger als die Hälfte (44 Prozent) konnten allerdings als journalistisch gelten. Größtenteils nutzten die Anbieter ihre Seiten lediglich für Programmhinweise, eigene Online-Inhalte wurden selten aktualisiert.

Betrachtet man die Angebote, die ausschließlich online Inhalte verbreiten, also Angebote ohne ein Muttermedium aus den Bereichen Print oder Rundfunk, kommt man zu einem vernichtenden Urteil. Nur 23 Prozent der 183 gefundenen Angebote erfüllen die journalistischen Kriterien. Es scheiterte meist an der Vollständigkeit des Angebotes – etwa, wenn ausschließlich Termine angekündigt wurden – und an der Autonomie. Es handelte sich größtenteils nicht um unabhängige Medien, sondern um PR-Organe von Städten oder Interessensverbänden wie Industrie- und Handelskammern.

Die als journalistisch klassifizierten Online-Angebote haben mit großen Problemen zu kämpfen – Geld und Personal. Von beidem haben die untersuchten Redaktionen zu wenig. Im Schnitt arbeiten ein bis drei Mitarbeiter bei Online-Angeboten im Printbereich, bei den privaten Rundfunkanbietern ist es in der Regel nur ein Mitarbeiter. Beim öffentlich-rechtlichen Rundfunk wird etwas mehr Aufwand betrieben, allerdings laufen hier nach Angaben der befragten Verantwortlichen die Arbeiten am Online-Produkt meist dezentral ab, genaue Angaben können so nicht gemacht werden. Im Nur-Online-Bereich schwanken die Zahlen zwischen einem und 13 Mitarbeitern.

Journalisten, Ausbildung und Medienkompetenz

Eine medienpolitische Analyse eines Mediensystems darf sich nicht nur mit den Strukturen und Institutionen beschäftigen, sondern muss auch die Journalisten als diejenigen, die die konkreten Inhalte erarbeiten, einbeziehen. Dabei wirkt sich das jeweilige politisch-gesellschaftliche System auf die Arbeit der Journalisten aus: Die Journalisten in der DDR waren »Funktionär der Partei der Arbeiterklasse […] und der sozialistischen Staatsmacht« (Autorenkollektiv der Sektion Journalistik der Karl-Marx-Universität Leipzig 1984: 111), waren also instrumenteller Bestandteil der Politik, anstatt diese zu kritisieren und zu kontrollieren. Dies wurde u.a. über eine gesteuerte Auswahl des journalistischen Nachwuchses, die zentralistische Ausbildung, inhaltliche Vorgaben des Staates bzw. der SED sowie die »Schere im Kopf« (Holzweißig 1997: 125) erreicht.

Binnen kürzester Zeit fand mit dem Umbruch des politisch-gesellschaftlichen Systems auch ein radikaler Wandel der Aufgabe der Journalisten statt, die nun durch wahrheitsgemäße und kritische Information zum Funktionieren der Demokratie beitragen sollten. Aus medienpolitischer Perspektive ist daher von Bedeutung, inwieweit dies von den in der DDR sozialisierten Journalisten, die teilweise bereits Jahrzehnte ihren Beruf unter anderen Bedingungen ausgeübt hatten, geleistet werden konnte. Diese Frage stellt sich insbesondere vor dem Hintergrund, dass auch 20 Jahre nach der Wiedervereinigung ein großer Teil der ostdeutschen Journalisten in der DDR ausgebildet worden sind. Ende 1992 waren es gut drei Fünftel (61 Prozent). Ungefähr jeweils ein Fünftel stammte aus dem alten Bundesgebiet oder war Berufsanfänger aus den neuen Ländern, die erst seit 1990 begonnen hatten, hauptberuflich journalistisch zu arbeiten (18 bzw. 21 Prozent). Überdurchschnittlich hoch war der Anteil ehemaliger DDR-Journalisten bei den 15 früheren SED-Bezirkszeitungen mit sieben Zehnteln (71 Prozent; Schneider/Schönbach/Stürzebecher 1994: 157-159).

Die meisten DDR-Journalisten verblieben also »auf ihrem Posten und vollzogen in kürzester Zeit eine Kehrtwendung« (Streul 1996: 445), betrieben eine »Berufssicherungsstrategie« (Mosebach 1996: 110). Ein Grund für den *hohen Anteil verbliebener DDR-Journalisten* bei den ostdeutschen Tageszeitungen kann auch in den Bedingungen der Treuhandanstalt gesehen werden, die bei der Privatisierung der ehemaligen SED-Bezirkszeitungen Beschäftigungsgarantien verlangte, und dem Interesse der neuen Eigentümer, die Zeitungen ohne größere Probleme weiterzuführen. Viele »alte« Journalisten relativierten, verdrängten, rechtfertigten oder beschönigten dabei ihre Arbeit in der DDR (ebd.). Es verblieben auch ehemalige *Inoffizielle Mitarbeiter des Ministeriums für Staatssicherheit* in den Redaktionen. Wie das Beispiel der BERLINER ZEITUNG zeigt, ist aber von einer geringen Anzahl Inoffizieller Mitarbeiter bei Zeitungen in der DDR auszugehen, weil sich ihr Einsatz aufgrund der Sozialisation der Journalisten und anderer Kontrolleinflüsse zumeist erübrigte (Kluge/Birkefeld/Müller 1997: 88). Bei den meisten Verlagen gab es keine generelle Stasi-Überprüfung, sondern es wurden den Redakteuren lediglich Abstandserklärungen vorgelegt. Insgesamt muss festgestellt werden, dass die Art und Weise der Berufsausübung der Journalisten in der DDR bis heute nicht umfassend aufgearbeitet worden ist, weder von den Journalisten selbst, den Medienunternehmen, der Wissenschaft noch von der Medienpolitik.

Die aufgrund der unterschiedlichen Ausbildung und *Rollenauffassung* wahrscheinlichen Unterschiede zwischen Ost- und Westjournalisten zeigten sich wenige Jahre nach der Wiedervereinigung geringer ausgeprägt als erwartet. So kamen Schneider/Schönbach/Stürzebecher (1994:

226) im Rahmen einer repräsentativen Befragung zu dem Urteil, dass bereits in den ersten Jahren ein Wandel der ostdeutschen Journalisten im Rollenverständnis stattgefunden hat. Die repräsentative Journalistenumfrage von Weischenberg/Löffelholz/Scholl (1993; 1994) ergab dennoch, dass ostdeutsche Journalisten weniger eine Kritik- und Kontrollfunktion anstrebten als ihre westdeutschen Kollegen (Scholl/Weischenberg 1998: 238f.).

Dies zeigt sich auch an den journalistischen Produkten selbst: Eine Inhaltsanalyse der Lokalberichterstattung der ostdeutschen Tageszeitungen von Möhring (2001) ergab eine *Schwäche hinsichtlich Konfliktbereitschaft und kritischer Kommentierung*. Dies mag auch an der Angewohnheit der ostdeutschen Journalisten aus DDR-Zeiten gelegen haben, »grundsätzlich das wichtigste zwischen den Zeilen« (Steiner 1994: 36) zu schreiben. Zudem ermittelte Möhring (2001), dass mit der verinnerlichten Fixierung auf Obrigkeitsentscheidungen eine Ausrichtung auf die Exekutive und die Ausblendung von Bereichen der Zivilgesellschaft bestand. Dennoch habe im Großen und Ganzen eine Anpassung an westdeutsche Berichterstattungsmuster stattgefunden. Dies erklärt sich auch damit, dass die nachkommenden Journalisten anders ausgebildet und sozialisiert worden sind und auch Kollegen aus dem Westen hinzugekommen sind.

Die Angleichung von Ost und West zeigt auch die für dieses Forschungsprojekt zur Verfügung gestellte spezielle Auswertung der letzten repräsentativen im Jahr 2005 durchgeführten Befragung »Journalisten in Deutschland« von Weischenberg/Malik/Scholl (2006), die in ihren veröffentlichten Daten gar nicht mehr zwischen Ost- und Westjournalisten unterscheidet. Danach stimmen 89 Prozent der ostdeutschen Journalisten der Aussage voll und ganz oder überwiegend zu, dass sie das Publikum möglichst neutral und präzise informieren wollen. Dies entspricht dem Anteil unter allen deutschen Journalisten. Drei Viertel der ostdeutschen Journalisten wollen die Realität so abbilden, wie sie ist (74 Prozent aller Journalisten). 73 Prozent der Journalisten im Osten stimmen der Aussage zu, Kritik an Missständen üben zu wollen. Dies ist inzwischen ein höherer Anteil als unter allen deutschen Journalisten (58 Prozent). 27 Prozent der ostdeutschen Journalisten streben an, Politik, Wirtschaft und Gesellschaft zu kontrollieren und damit geringfügig mehr als unter allen Journalisten (24 Prozent).

Für 2005 kann nach einer Schätzung von weniger als 6000 hauptberuflich fest oder frei tätigen Journalisten in Ostdeutschland ausgegangen werden (Jeschke/Rehse/Richter in diesem Band auf der Basis der zur

Verfügung gestellten Daten aus der Befragung von Weischenberg/Malik/Scholl 2006). Damit gibt es in Ostdeutschland bezogen auf den Bevölkerungsanteil weniger Journalisten – trotz der Bundes- und Medienhauptstadt Berlin. Dies zeigt, dass der Osten als Medienstandort strukturschwächer ist und ist gleichzeitig Ausdruck der höheren Medienkonzentration wie im Bereich der Tagespresse.

Da nach 1995 keine größere Studie mehr speziell zu ostdeutschen Journalisten durchgeführt wurde und aufgrund der ehemals anderen Berufssituation sowie der Besonderheiten des ostdeutschen Mediensystems, wurden im Rahmen dieses Forschungsprojekts 73 Journalisten aus den Bereichen Print, Hörfunk, Fernsehen, Nachrichtenagentur und Online in Ostdeutschland qualitativ zu Arbeitsalltag und Selbstverständnis befragt (Jeschke/Rehse/Richter in diesem Band). Als wichtigste Ergebnisse lassen sich festhalten: Alle befragten Journalisten beklagen eine *immense und stressige Arbeitsbelastung*. 50 bis 60 Arbeitsstunden pro Woche sind bei Journalisten in Ostdeutschland nicht selten. Bereits die zur Verfügung gestellten Daten der fünf Jahre älteren repräsentativen Befragung »Journalismus in Deutschland« ergeben im Durchschnitt 48 Stunden und zeigen, dass nur 44 Prozent der ostdeutschen Journalisten sehr oder eher zufrieden mit der täglichen Arbeitsbelastung sind (48 Prozent unter allen Journalisten). Zeitungsredakteure müssen häufig eine komplette Lokalseite in Eigenregie bestücken.

Die in diesem Forschungsprojekt befragten Journalisten befürchten, dass die Arbeitslast durch Stellenkürzungen und Umstrukturierungen noch weiter zunehmen wird. In der hohen Arbeitsbelastung und der Zunahme nicht-originär journalistischer Aufgaben sehen sie den Hauptgrund, dass eine intensive Recherche nicht mehr möglich ist, von investigativer Recherche ganz zu schweigen. Auf diese ernste Gefahr für die Ausgabenerfüllung und die Qualität der Berichterstattung weisen auch Machill/Beiler/Zenker (2008) in ihrer Multimethodenstudie zur journalistischen Recherche für den gesamtdeutschen Journalismus hin. Für freie Journalisten rechnet sich das geringe Honorar nicht mehr für aufwändige Recherchen. Die Konsequenz der widrigen Umstände ist eine sich ausbreitende Frustration, bei der der Job nur noch als Job betrachtet wird, hinter dem der einstige Idealismus zurücksteht.

Die meisten befragten ostdeutschen Journalisten warnen vor neuen Gefahren für die noch junge Medienfreiheit durch *Einflussnahmen und -versuche seitens der Wirtschaft und Politik*. Insbesondere die Lokalzeitungsjournalisten weisen auf den spürbaren Druck von Anzeigenkunden hin, mitunter verstoße die eigene Anzeigenabteilung gegen die Trennung von werblichen und redaktionellen Inhalten. Auch Journalisten des privaten (lokalen) Fernsehens erfahren Einfluss der Werbewirtschaft. Politische Einflussversuche gibt es wiederum sehr direkt im Lokalen sowie auch über höhere Hierarchieebenen. Hier kritisieren die befragten Journalisten, dass viele leitende Redakteure Mitglieder oder Sympathisanten von Parteien sind und in den Aufsichtsgremien des öffentlich-rechtlichen Rundfunks jene Personen und Gruppen sitzen, die man eigentlich zu kritisieren habe. Auch Einschränkungen durch die politische Ausrichtung der Zeitung werden genannt, was auf das Problem einer neuen »Schere im Kopf« und der inneren Pressefreiheit verweist.

Die Neuordnung des Mediensystems der DDR brachte nicht nur das Ende einer ideologisch bestimmten Arbeitsweise der ostdeutschen Journalisten, sondern auch einen Umbruch der *Ausbildungsinstitutionen.* Journalisten durften in der DDR nur an der Sektion Journalistik der Karl-Marx-Universität Leipzig und der ebenfalls in Leipzig sitzenden Fachschule für Journalistik des »Verbands der Journalisten der DDR« (VDJ) ausgebildet werden. In Potsdam-Babelsberg konzentrierte sich an der Hochschule für Film und Fernsehen (HFF) »Konrad Wolf« die künstlerisch-gestaltende Ausbildung. Dieses zentralistische und auf lediglich zwei Teilbereiche der Kommunikations- und Medienwissenschaft ausgerichtete System der medienorientierten Ausbildung erfuhr nach der Wende auch durch die neue föderale Struktur eine Dezentralisierung und quantitative Ausweitung sowie gleichzeitig inhaltliche Pluralisierung.

Während der Bestand der HFF mit der Überführung auf das Land Brandenburg und Empfehlungen des Wissenschaftsrats relativ schnell sichergestellt war, stand die Journalistenausbildung in Leipzig in Frage. Zwar hatte das *»Rote Kloster«* (Klump 1991) noch versucht, sich von innen heraus zu reformieren, doch war das letztlich aufgrund des ideologisch vorbelasteten Personals unmöglich. Die sächsische Landesregierung unter Kurt Biedenkopf beschloss zunächst ein Ende des Studienbetriebs. Nach einem Hungerstreik von Studenten und Dozenten und vielfältigem Protest von allen Seiten, wurde jedoch eine Reformierung der Sektion unter Leitung von Karl Friedrich Reimers von der Hochschule für Fernsehen und Film München möglich, dessen Lebensweg sich schon zuvor mit dem von Biedenkopf und dem damaligen Wissenschaftsminister Hans Joachim Meyer überschnitten hatte. Nichtsdestotrotz wäre es den Verantwortlichen in Sachsen am liebsten gewesen, »mit der akademischen Journalisten-Ausbildung an der Universität Leipzig ›einfach Schluss zu machen‹ – und umso entschiedener auf der grünen Hochschul-Wiese in Dresden und an einigen anderen Hochschulorten – voran Mittweida – kleine, bescheidene, wohl handhabbare Neuanfänge […] zu starten« (Reimers 2003: 4). Die Reformierung mündete in die Gründung des Instituts für Kommunikations- und Medienwissenschaft am 3. Dezember 1993, in dem die Journalistenausbildung neben anderen Teildisziplinen nur noch einen von fünf Bereichen darstellte. In Leipzig konnte ab 31. Mai 1995 auch das erste terrestrisch ausgestrahlte universitätseigene Ausbildungsradio in Deutschland MEPHISTO 97.6 etabliert werden, das zugleich als Lokalradio sendete.

An der TU Dresden kam es mit der Einrichtung des Instituts für Kommunikationswissenschaft 1993 zu einer Neugründung eines kommunikations- und medienwissenschaftlichen Instituts in den neuen Ländern. An der Hochschule Mittweida entstanden Medienstudiengänge, die stark an die Person Altendorfer geknüpft sind, der zuvor u.a. medienpolitische Arbeit für die CDU verrichtet hatte. Damit wurde in Sachsen die Chance vertan, die Medienausbildung an einem großen, gut ausgestatteten Institut zu ballen.

Zum Wintersemester 2009/10 existierten an Hochschulen und Akademien in Ostdeutschland 136 *Medienstudiengänge* mit staatlich anerkannten Abschlüssen (Übersicht siehe Winzer in diesem Band). Dieser nachhaltige Boom an Medienstudiengängen mit wachsenden Studierendenzahlen stellt keine ostdeutsche Besonderheit dar, sondern hat generelle gesellschaftliche Ursachen in der heutigen Medien- und Informationswelt. Zudem können Hochschulen und die Politik mit Medienstudiengängen, die mit einem positiven Image besetzt sind, eine »kostenneutrale Profilbildung« (Ruhrmann/Kohring/Görke/Maier/Woelke 2000: 293) betreiben. Problematisch ist jedoch, dass an der notwendigen finanziellen Ausstattung in der Regel gespart wird, was weniger auffällt, als wenn in naturwissenschaftlichen Studiengängen die Labore fehlen, und dass teilweise Etikettenschwindel betrieben wird, indem inhaltlich nicht einschlägige Studiengänge ein Medien-Label erhalten.

Einen allgemeinen Journalistik-Studiengang an einer Universität gibt es in den neuen Ländern nach wie vor nur in Leipzig. Daneben sind an Fachhochschulen auf bestimmte Mediengattungen, Inhalte oder anderweitig spezialisierte journalistische Studiengänge zu finden. Die Universität Leipzig musste allerdings im Zuge der Bachelor-/Master-Reform ihren grundständigen Diplomstudiengang in einen auf einem »fachfremden« Bachelor- aufbauenden dreijährigen nicht-konsekutiven Master-Studiengang umstellen. Nach wie vor ist ein verkürztes journalistisches Volontariat von neun bis zwölf Monaten integraler Bestandteil des Journalistik-Studiums. Damit gibt es zwanzig Jahre nach der Wende und weniger als anderthalb Jahrzehnte nach dem Neustart in Leipzig seit dem Wintersemester 2007/08 keinen grundständigen und allgemeinen Journalistik-Studiengang auf universitärer Ebene mehr in Ostdeutschland. Dies ist angesichts der Bedeutung von Journalisten für die Demokratie und im Hinblick auf eine Qualitätssicherung im Journalismus bedenklich und gleichzeitig nachteilig für Ostdeutschland als ohnehin strukturschwachen Medienstandort.

Im Bereich der *Journalistenausbildung* etablierte sich auch in Ostdeutschland ein zugangsoffenes System mit den drei wesentlichen Wegen Volontariat, Journalistenschule und der zuvor behandelten hochschulschulgebundenen Ausbildung. 2005 hatten nach der gesonderten Auswertung der Studie von Weischenberg/Malik/Scholl (2006) 54 Prozent der in Ostdeutschland tätigen Journalisten ein Volontariat absolviert, 14 Prozent eine Journalistenschule besucht und 39 bzw. 13 Prozent Journalistik oder Kommunikations- und Medienwissenschaft studiert (Mehrfachnennungen möglich). Der im Vergleich zu den gesamtdeutschen Zahlen fast drei Mal so große Anteil von Journalisten mit Journalistik-Studium dürfte ein Relikt der zentralistischen DDR-Ausbildung sein.

Insgesamt gibt es in Ostdeutschland sieben *Journalistenschulen*, davon jedoch nur drei außerhalb von Berlin, was mit der geringen Finanzkraft der Medien bzw. anderer möglicher Träger in den neuen Ländern und der hohen Konzentration zusammenhängen dürfte. Die 1959 als »Deutsche Journalistenschule« in der DDR gegründete, 1965 umbenannte »Fachschule für Journalistik« des VDJ wurde Ende 1990 abgewickelt (Martin 2007). Im Speckgürtel Berlins entstand 2001 die trimedial ausbildende »ems – Electronic Media School« in Potsdam-Babelsberg, die paritätisch mehrheitlich vom RBB und der Medienanstalt Berlin-Brandenburg getragen wird. Damit rückte der OSTDEUTSCHE RUNDFUNK BRANDENBURG bzw. nach der Fusion mit dem SENDER FREIES BERLIN der RBB von dem üblichen Hausvolontariat ab, wofür – neben einer Ausbildungsprofessionalisierung und einer Lösung von den Produktionszwängen – letztlich sicher auch finanzielle Gründe eine Rolle gespielt haben: So erhalten die ems-Volontäre eine verhältnismäßig niedrige, untertarifliche monatliche Ausbildungsvergütung von derzeit 800 Euro brutto. Da die Volontäre nach ihrer Ausbildung in der Regel bei öffentlich-rechtlichen Sendern tätig werden (MABB 2008: 28), ist die finanzielle Beteiligung der MABB zumindest fraglich, weil sie als Medienanstalt für die Aufsicht und Förderung privaten Rundfunks zuständig ist. Die anderen beiden Journalistenschulen, die Hallesche Europäische Journalistenschule für Multimediale Autorenschaft/Alfred Neven DuMont (HALESMA/A.N.D.) und die Mitteldeutsche Journalistenschule Mittweida, kooperieren mit Hochschulen.

Einen breiten Bevölkerungskreis sollen die *Medienkompetenzprojekte der ostdeutschen Landesmedienanstalten* ansprechen (Winzer in diesem Band). Sie sind somit komplementär zur Ausbildung an den Hochschulen und in Journalistenschulen zu sehen. Die Landesmedienanstalten fanden hier nach der Phase des Aufbaus des privaten Rundfunks ein neues Aufgabenfeld für die Zukunft, das teilweise erst nachträglich gesetzlich verankert wurde. Bei der Medienkompetenzförderung konnten die Landesmedienanstalten auf keinerlei Vorläufer zurückgreifen, da die Medienpädagogik in der DDR keine Rolle gespielt hatte. Deshalb orientierte man sich größtenteils an westdeutschen Modellen.

Die Projekte der ostdeutschen Landesmedienanstalten werden entweder selbst initiiert und betrieben wie in Thüringen und Sachsen-Anhalt oder es werden nach dem Subsidiaritätsprinzip Projekte freier Träger finanziell unterstützt wie in Berlin-Brandenburg und Mecklenburg-Vorpommern. Während erstere weniger flexibel auf Veränderungen reagieren können, sind letztere als weniger nachhaltig anzusehen. Einen Sonderweg unter den ostdeutschen Landesmedienanstalten hat die SLM beschritten, indem seit 1997 mit den Sächsischen Ausbildungs- und Erprobungskanälen (SAEK) ausschließlich ein Großprojekt gefördert wird. Vier von fünf ostdeutschen Landesmedienanstalten setzen mobile medienpädagogische Angebote ein, um flächendeckend tätig werden zu können.

Insgesamt zeichnet sich Ostdeutschland heute durch ein pluralistisches Aus- und Weiterbildungssystem im Bereich Medien aus, das nicht mehr wie in der DDR zentralistisch, ideologisch und einer kleinen Elite vorbehalten ist.

Fazit

In mehreren Bereichen hat sich gezeigt, dass die *Staatsferne* als Grundprinzip einer freiheitlichen Medienlandschaft alles andere als gesichert ist. Bereits in den Anfängen der Neuordnung des Rundfunksystems haben Parteien massiv Einfluss genommen. Das gilt für die Abwicklung des staatlichen Rundfunks in der Ära Mühlfenzl ebenso wie für den

Zuschnitt von ARD-Rundfunkanstalten. Auch nach dieser Anfangszeit blieb und bleibt die Einflussnahme bestehen. In verschiedenen Aufsichtsgremien der öffentlich-rechtlichen Anstalten werden Sitze gesteuert vergeben; nicht die Gesellschaft, sondern die Politik kann sich dort artikulieren und Entscheidungen beeinflussen. Dasselbe gilt für das zweite Bein des dualen Systems, den privaten Rundfunk. Über Landesmedienanstalten kann man hier Einflussnahme beobachten. Ein Beispiel ist die sächsische Landesmedienanstalt, in der die CDU-Landesregierung nach vergeblichen Versuchen der Übernahme ein ganzes Gremium entmachtete.

Natürlich ist es schwierig, parteipolitische Einflussnahme auf Gremien auszuschließen. Jedes Mitglied, auch das von beteiligten Verbänden, ist ein Zoon Politikon mit seiner eigenen politischen Denkrichtung. Die Gremien könnten noch weiter demokratisiert werden, indem »medienpolitische Schöffen« berufen werden. Laien, die als Nutzer (und Beitragszahler) die Gelegenheit erhalten, losgelöst von politischen Verbänden und Gruppen Gremienarbeit mitzubestimmen. Ein Prinzip, dem die deutsche Rechtsprechung vertraut, könnte auch im Rundfunksystem für eine ausgewogenere Entscheidungsfindung stehen.

Zwei weitere Schlagworte charakterisieren die vergangenen 20 Jahre Medienfreiheit in Ostdeutschland: Konzentration und Fusionen. Vordergründig besteht zwischen beiden Begriffen ein kausaler Zusammenhang: Fusionen führen zu Konzentration. Eine Bewertung kann allerdings nur erfolgen, wenn diese Erscheinungen differenziert in den verschiedenen Bereichen betrachtet werden.

Konzentrationen im Bereich der privatrechtlich organisierten Medien (besonders Presse und Radio) kennzeichnen den ostdeutschen Markt und bedrohen die Meinungsvielfalt. Westdeutsche Presseverlage teilten den Zeitungsmarkt unter sich auf. Die Vergabepraxis der Treuhand ließ Neugründern – besonders aus der ehemaligen DDR – keine Chance. Im Radiobereich übernahmen die Holtzbrinck-Gruppe und RTL weite Teile Ostdeutschlands. Die Unternehmen wie auch die aufsichtsführenden Landesmedienanstalten hielten sich teilweise nicht an gesetzliche Vorgaben und schufen so Meinungsmonopole. Begründet wurde dies oft mit wirtschaftlichen Notwendigkeiten, da angesichts von Strukturschwächen kleinere eigenständige Unternehmer nicht hätten überleben können. Dass dies zwar mit Mühen verbunden ist, aber in einigen Fällen machbar, zeigt der private Lokalfernsehmarkt, der überwiegend aus kleinteiligen Unternehmern vor Ort besteht.

Im Pressebereich wurde versäumt, die Binnenpluralität zu stärken. Innerhalb der sowieso monopolisierten Strukturen sind Redaktionen zusammengelegt worden. Personalstämme wurden verkleinert. Eine Möglichkeit, diesen Gefahren für die Meinungsfreiheit entgegenzusteuern, existiert bereits – wenn auch nur in Brandenburg und nur in Ansätzen. Hier wurde die Chance bei der Neugestaltung des Pressegesetzes genutzt und die innere Pressefreiheit juristisch verankert. Eine notwendige Maßnahme. Denn wenn Meinungsvielfalt nicht mehr durch Außenpluralismus garantiert werden kann, muss es innerhalb der publizistischen Strukturen die Möglichkeit geben, verschiedenen Meinungen publizistisch zu verbreiten. In allen anderen ostdeutschen Ländern sollte in Form von Gesetzesreformen reagiert werden, um zumindest diese erste »lebensrettende Maßnahme« einzuleiten.

Auf der Suche nach längerfristigen Lösungen wird gerne auf die Vorteile des dualen Rundfunksystems geschaut. Ein starker öffentlich-rechtlicher Rundfunk, der im Gesamten zu einer Außenpluralität beiträgt: Wäre dies nicht auch im Pressebereich denkbar? Das Konzept der öffentlich-rechtlichen Zeitungen ist wohl zu utopisch um realisierbar zu sein. Allerdings könnte durch Anschubsubventionierungen kleinerer Anbieter ein publizistischer Gegenpol zu Unternehmensgruppen geschaffen werden – besonders in Zeiten, in denen Journalismus nicht mehr auf Papier und Vertriebswege im klassischen Sinn angewiesen ist.

Im Rundfunkbereich gibt es eine Lösung. Bürgermedien, also Offene Kanäle und nichtkommerzielles Radio, sind dazu gedacht, eine Gegenöffentlichkeit herzustellen. Angesichts von Entwicklungen wie in Sachsen, wo Bürgerradios ohne Unterstützung der Landesmedienanstalt in Gefahr geraten, zeigt sich, dass hier eine Stärkung dieser Art der Meinungsvielfalt einsetzen muss. Bürgermedien sind kein Ersatz für professionelle Medien – ebenso wenig wie Blogs – aber sie tragen zu einer vielfältigen Medienlandschaft bei. Wird ihre Arbeit durch Geld und andere Hilfen wie eine gute und stetige Aus- und Weiterbildung der Teilnehmer und eine subventionierte Beratung durch professionelle Journalisten unterstützt, könnten Fehler bei der Gestaltung der kommerziellen Radiolandschaft wieder gut gemacht werden.

Konzentrationen im Bereich der öffentlich-rechtlichen Rundfunkveranstalter waren ebenfalls prägend für die vergangenen Jahre in Ostdeutschland. Mittlerweile gibt es keine Landesrundfunkanstalt mehr, die exklusiv ein einziges ostdeutsches Bundesland versorgt. Die Fusionen führten hier nicht zu einer Schwächung der Vielfalt, sondern sorgten dafür, dass in größeren Strukturen, sowohl organisatorisch als auch wirtschaftlich, der Rundfunkauftrag erfüllt werden kann. Dass diese Fusionen immer vor dem Hintergrund politischer Sympathien und Antipathien abliefen, sei nun einmal dahingestellt. Gerade hier könnte auch der westliche Teil Deutschlands von den Erfahrungen lernen und über Landesgrenzen und Eitelkeiten hinweg mit großen Mehrländeranstalten wirtschaftlich sinnvoll die Grundversorgung leisten.

Solche Lehren könnten im Übrigen auch auf anderer Ebene gezogen werden. *Landesmedienanstalten* arbeiten noch immer genau in den ihnen vorgegebenen Landesgrenzen – mit einer glänzenden Ausnahme im Osten (Medienanstalt Berlin-Brandenburg) und einer im Westen (Medienanstalt Hamburg/Schleswig-Holstein). Pläne zur Gründung von Mehrländeranstalten in Ostdeutschland sind bereits in den Anfängen wieder aufgegeben worden. Warum? Gerade die Landesmedienanstalten haben Grund, sich neu aufzustellen, die Aufgaben neu zu verteilen und in größeren Verbünden gezielter gegen Konzentrationserscheinungen vorzugehen. Diese ähneln sich zumindest im Radiobereich in jedem Bundesland.

Landesmedienanstalten sind Gebilde, die sowohl etwas überwachen als auch fördern sollen. Durch diese Doppelaufgabe sind sie meist dazu übergegangen, sich mehr als Förderer denn als Bewacher zu sehen. Neue Aufgaben werden übernommen, um der medienpolitischen Bedeutung weiterhin gerecht zu werden. Dazu gehören auch Medienkompetenzprogramme. Ob dies legitime Aufgabe einer Aufsichtsinstitution ist, bleibt fragwürdig. Insgesamt wäre es ratsam, das System und die Aufgaben der Landesmedienanstalten neu zu überdenken und den Aufsichtsgedanken wieder zu stärken. Eine Möglichkeit wäre es, die einzelnen Aufgaben auf verschiedene Schultern zu verteilen. So könnten Interessenverbände der privaten Rundfunkmedienbetreiber gefördert werden, damit diese eigenverantwortlich zum Beispiel die technische Entwicklung des privaten Rundfunks unterstützen und die Medienkompetenz im Bereich Kultus und Erziehung angesiedelt wird, wo sie inhaltlich auch hingehört. Damit blieben die Landesmedienanstalten als unabhängige Überwacher, die in größeren Strukturen organisiert die Möglichkeit hätten, besser Monopolisierung und Medienkonzentration zu beobachten und zu bekämpfen.

Ist bislang größtenteils von übergreifenden strukturellen Gefahren für die Meinungsvielfalt die Rede gewesen, darf der Blick in das System der *Journalistenausbildung* nicht fehlen. In Ostdeutschland wurde das vorbelastete Lehrsystem in eine Ausbildung zum demokratisch eingebundenen Medienschaffenden gewandelt. 136 Medienstudiengänge scheinen vordergründig für ein breites Angebot zu sorgen. Der genaue Blick relativiert. Meist wird die Ausbildung unter ungünstigen Bedingungen geleistet, knappe Mittel und schlechte personelle wie sachliche Ausstattung führen dazu, dass trotz der Vielzahl an Ausbildungswegen kein einziger grundständiger allgemeiner Journalistik-Studiengang auf universitärer Ebene in Ostdeutschland mehr existiert. Viele andere Medienstudiengänge sind mehr oder weniger Etikettenschwindel und eignen sich kaum dazu, einen Beitrag zu einem funktionierenden Mediensystem zu leisten. Sieben Journalistenschulen bilden in Ostdeutschland für den praktischen Journalistenberuf aus, allerdings befinden sich drei davon allein in Berlin. Der Rest Ostdeutschlands kann damit als unterversorgt gelten.

Die Zahlen zeigen, dass Journalistenausbildung in Ostdeutschland in weiten Teilen in den Betrieben selbst über Praktika und Volontariate geleistet werden muss. Das ist angesichts der bereits angesprochenen Probleme der Medienkonzentration bedenklich. Hier muss zweigleisig mit medien- und bildungspolitischen Maßnahmen reagiert werden. Einerseits müssen die Ausbildungsmöglichkeiten außerhalb der Betriebe – an Hochschulen und an Journalistenschulen – unterstützt und gefördert werden. Nur so kann garantiert werden, dass ein fundiertes Erlernen eines Medienberufes möglich ist, losgelöst von wirtschaftlichen und ideologischen Zwängen in den Medienbetrieben. Flankierend dazu ist es notwendig, Journalistenaus- und -weiterbildung in den Betrieben zu unterstützen. Auch dafür wären, bei entsprechender Ausstattung, die bereits genannten akademischen Einrichtungen die richtigen Ansprechpartner. Diese können durch Akademien oder Summer Schools gezielt die Kompetenz in speziellen Bereichen wie Recherche oder Informationsaufbereitung erweitern.

Doch eine fundiertere Kompetenzvermittlung allein wird nicht helfen. Die Frustration unter den ostdeutschen Journalisten nimmt zu. In einem solchen Klima ist es schwierig, Medienvielfalt und Medienfreiheit im täglichen Beruf zu leben. Ein Ausweg – neben den bereits angesprochenen Strukturänderungen – könnten sinnvolle Reorganisationen von Redaktionen sein, die trotz einer geringen Personaldichte dennoch die Erfüllung der publizistischen Aufgabe ermöglicht.

Blühende Landschaften, auch blühende Medienlandschaften, waren ein Traum, den man vor 20 Jahren noch für realistisch hielt. Heute hat uns die Realität eingeholt. Falsche oder auch parteienpolitisch-egoistische medienpolitische Entscheidungen führten dazu, dass nur ein Teil der Saat aufging, ein anderer Teil nicht die Erträge brachte, die man sich und auch der ostdeutschen Bevölkerung von der Neuordnung versprach. 20 Jahre nach der Wende ist es nun Zeit, über eine neue, medienpolitische Wende nachzudenken. Diese Analyse und der vorliegende Band sollen mit einem umfassenden Überblick ihren Beitrag dazu leisten, verpasste Chancen zu erkennen und neue Wege zur Gestaltung zu gehen.

Literatur

ALM – Arbeitsgemeinschaft der Landesmedienanstalten in der Bundesrepublik Deutschland (Hrsg.) (2008): *ALM Jahrbuch 2007. Landesmedienanstalten und privater Rundfunk in Deutschland.* Berlin: Vistas.

Autorenkollektiv der Sektion Journalistik der Karl-Marx-Universität Leipzig (Hrsg.) (1984): *Wörterbuch der sozialistischen Journalistik.* Leipzig: Karl-Marx-Universität.

Bartsch, Michael (2002): Vertreibung ins Medienparadies. In: *DIE TAGESZEITUNG* vom 12.12., S. 18.

Berg, Jan/Hickethier, Knut (1994): *Filmproduktion. Filmförderung. Filmfinanzierung.* Berlin: Sigma-Medienwissenschaft.

BLM – Bayerische Landeszentrale für Neue Medien (2006): *Beschäftigte und wirtschaftliche Lage des Rundfunks in Deutschland 2004. Studie im Auftrag der Direktorenkonferenz der Landesmedienanstalten (DLM) vom Deutschen Institut für Wirtschaftsforschung (DIW) in Kooperation mit dem Hans-Bredow-Institut und der Arbeitsgruppe Kommunikationsforschung München (AKM).* Berlin: Vistas.

BLM – Bayerische Landeszentrale für Neue Medien (2008): *Wirtschaftliche Lage des Rundfunks in Deutschland 2006/2007. Studie im Auftrag der Landesmedienanstalten Bayerische Landeszentrale für neue Medien (BLM), Landesanstalt für Kommunikation Baden-Württemberg (LFK), Medienanstalt Berlin-Brandenburg (MABB), Medienanstalt Hamburg-Schleswig-Holstein (MA HSH), Hessische Landesanstalt für Privaten Rundfunk (LPR Hessen), Landesanstalt für Medien Nordrhein-Westfalen (LfM), Landeszentrale für Medien und Kommunikation Rheinland-Pfalz (LMK), Sächsische Landesanstalt für privaten Rundfunk und neue Medien (SLM).* Berlin: Vistas.

Boßmann, Claus Peter (2009): Der Staatsvertrag über den Rundfunk im vereinten Deutschland – Ereignis und Wirkung nach fast 20 Jahren. In: Knothe, Matthias/Potthast, Klaus-Peter (Hrsg.): *Das Wunder von Mainz – Rundfunk als gestaltete Freiheit. Festschrift für Hans-Dieter Drewitz.* Hamburger Schriften zum Medien-, Urheber- und Telekommunikationsrecht, Band 2. Baden-Baden: Nomos, S. 139-148.

Brinkmann, Michael (1994): *Das neue Recht des MITTELDEUTSCHEN RUNDFUNKS.* Frankfurt am Main: Peter Lang.

Castendyk, Oliver (2008): *Die deutsche Filmförderung. Eine Evaluation.* Konstanz: UVK.

DER SPIEGEL (1970): Mit Gewalt. In: *DER SPIEGEL*, Nr. 52, S. 38-39.

DIE TAGESZEITUNG (2009): *Sächsische Bürgerradios von Abschaltung bedroht.* Online unter http://www.taz.de/1/archiv/print-archiv/printressorts/digi-artikel/?ressort=fl&dig=2009%2F11%2F02%2Fa0031&cHash=96423c46a8 (aufgerufen am 23.4.2010).

Digitalradio.de (2010): *Senderstandorte in Deutschland.* Online unter: http://www.digitalradio.de/fileadmin/Gemeinsame_Dateien/PDF/Fact_Sheets/DAB-Sender_in_Deutschland.pdf (aufgerufen am 25.3.2010).

Dröge, Franz/Kopper, Gerd G. (1991): *Der Medien-Prozess. Zur Struktur innerer Errungenschaften der bürgerlichen Gesellschaft.* Opladen: Westdeutscher Verlag.

Eisenhauer, Hans Robert (1992): *Filmförderung in Berlin und Brandenburg.* München: Ölschläger.

Elitz, Ernst (1995): *Chancen und Probleme einer Fusionierung von Rundfunkanstalten. Das Beispiel DEUTSCHLANDRADIO.* Reihe Arbeitspapiere des Instituts für Rundfunkökonomie an der Universität zu Köln, Heft 34. Köln: Institut für Rundfunkökonomie.

Elitz, Ernst (2006): Das Radio will kein Rundfunkmuseum sein. In: *Funkkorrespondenz*, Heft 40, S. 6-8.

Enigma GfK Medien- und Marketingforschung (2006): *Reichweiten Analyse. Lokale Fernsehanbieter in Sachsen-Anhalt.* Online unter: http://www.lra.de/Presse/pdf/reichweitenanalyse_47.pdf (aufgerufen am 22.2.2010).

epd (1993): Staatsverträge über Nationalen Hörfunk in Berlin unterzeichnet. In: *epd*, Heft 47, S. 10.

epd medien (1997): Sächsisches Privatfunkgesetz teilweise verfassungswidrig. In: *epd medien*, Heft 53, S. 11-12.

Funkkorrespondenz (1991a): Landesparlamente ratifizieren MDR-Staatsvertrag. In: *Funkkorrespondenz*, Heft 26, S. 6.

Funkkorrespondenz (1991b): Westdeutsche Führungsetage. Direktorenposten beim MDR: Intendant Udo Reiter setzt seine Liste durch. In: *Funkkorrespondenz*, Heft 34, S. 7-9.

Goldbeck, Kerstin (2005): Leistungsdaten für die Zeitung. In: BDZV (Hrsg.): *Zeitungen 2005.* Berlin: ZV Zeitungs-Verlag, S. 154-167.

Graf, Andreas/Graf, Heike (1991): Der Medienkontrollrat – Insel der Stabilität im medienpolitischen Schlachtenlärm. In: Claus, Werner (Hrsg.): *Medien-Wende – Wende-Medien. Dokumentation des Wandels im DDR-Journalismus Oktober '89 – Oktober '90.* Berlin: Vistas, S. 7-15.

Hamann, Andreas (2009): Aktueller Stand der Digitalisierung in den deutschen TV-Haushalten. In: ZAK – Kommission für Zulassung und Aufsicht der Landesmedienanstalten (Hrsg.): *Digitalisierungsbericht 2009.* Berlin: Vistas, S. 46-55.

Hege, Hans (1990): Duales Rundfunksystem in einem vereinigten Deutschland. In: Die Landesmedienanstalten (Hrsg.): *DLM-Jahrbuch 89/90: Privater Rundfunk in Deutschland.* München: Reinhard Fischer, S. 15-23.

Henle, Victor (1993): Der ungleich-gleiche Thüringer und hessische Löwe. In: Direktorenkonferenz der Landesmedienanstalten (Hrsg.): *DLM-Jahrbuch. 1992. Privater Rundfunk in Deutschland.* München: Reinhard Fischer, S. 68-76.

Hoffmann-Riem, Wolfgang (1991a): *Personalrecht der Rundfunkaufsicht. Zum Status und dienstrechtlichen Spielraum von grundrechtssichernden Anstalten des öffentlichen Rechts.* Baden-Baden: Nomos.

Hoffmann-Riem, Wolfgang (1991b): Die Entwicklung der Medien und des Medienrechts im Gebiet der ehemaligen DDR. In: *Archiv für Presserecht, 21./22. Jg.,* Heft 2, S. 472-481.

Holzweißig, Gunter (1997): *Zensur ohne Zensor. Die SED-Informationspolitik.* Bonn: Bouvier.

Initiative D21/TNS Infratest (2010): *(N)ONLINER-Atlas 2010 – Eine Topographie des digitalen Grabens durch Deutschland.* Online unter: http://www.initiatived21.de/wp-content/uploads/2010/06/NONLINER2010.pdf (aufgerufen am 3.7.2010).

Jesse, Eckhard/Mitter, Armin (Hrsg.) (1992): *Die Gestaltung der deutschen Einheit. Geschichte-Politik-Gesellschaft.* Bonn: Bouvier.

Keller, Dieter (2008): Zur wirtschaftlichen Lage der deutschen Zeitungen. In: BDZV (Hrsg.): *Zeitungen 2008.* Bonn: ZV Zeitungs-Verlag, S. 66-91.

Keller, Dieter (2009): Schwierige Zeiten – Zur wirtschaftlichen Lage der deutschen Zeitungen. In: BDZV (Hrsg.): *Zeitungen 2009.* Bonn: ZV Zeitungs-Verlag, S. 30-108.

Kern, Roberto/Rudolph, Bernd/Schüller, Jürgen/Stepputat, Olaf/Ufer, Uwe (1999): *DAB-Pilotprojekte in Mitteldeutschland.* Online unter: http://www.slm-online.de/psk/slmo/dokukategorien/dokumanagement/psfile/file/91/bericht3c8b6f0bb027e.pdf (aufgerufen am 5.1.2010).

Klöppel, Klaus (1992): Chance oder Bremsklotz? Diskussion um Landespressegesetzentwurf in Brandenburg. In: *Publizistik & Kunst, 41. Jg.,* Heft 4, S. 25.

Kluge, Ulrich/Birkefeld, Steffen/Müller, Silvia (1997): *Willfährige Propagandisten. MfS und Bezirksparteizeitungen: »BERLINER ZEITUNG«, »SÄCHSISCHE ZEITUNG«, »NEUER TAG«.* Stuttgart: Steiner.

Klump, Brigitte (1991): *Das rote Kloster. Als Zögling in der Kaderschmiede der Stasi.* München: Herbig.

Kopper, Gerd G. (1992): *Medien- und Kommunikationspolitik der Bundesrepublik Deutschland. Ein chronologisches Handbuch 1944-1988.* München: Saur.

Kopper, Gerd G. (1993): *Der europäische Markt und die Einheit Deutschlands in ihren Folgen für die Struktur und Vielfalt der Presse – insbesondere Abonnement-Tageszeitungen in der Bundesrepublik Deutschland unter besonderer Berücksichtigung internationaler Verflechtungen. Bestandsaufnahme, Tendenzen, Risiken, Chancen.* Unveröffentlichtes Gutachten für den Bundesminister des Innern in vier Bänden. Dortmund: Universität.

Korte, Karl-Rudolf (1994): *Die Chance genutzt? Die Politik zur Einheit Deutschlands.* Frankfurt am Main: Campus.

Koszyk, Kurt/Pruys, Karl Hugo (1981): *Handbuch der Massenkommunikation.* München: Saur.

Kresse, Hermann (1992): *Die Rundfunkordnung in den neuen Bundesländern.* Stuttgart: Schäffer-Poeschel.

Kühn, Detlef (2003): Den Privaten eine Anstalt: Gründung und erste Jahre der SLM. In: Frey-Vor, Gerlinde/Steinmetz, Rüdiger (Hrsg.): *Rundfunk in Ostdeutschland. Erinnerungen – Analysen – Meinungen.* Konstanz: UVK, S. 91-108.

Kull, Edgar (1995): Freedom within the media. Von deutschen Anfängen zu europäischen Weiterungen. In: *Archiv für Presserecht, 26. Jg.,* Heft 3, S. 551-559.

Langenbucher, Wolfgang R. (1986): Kommunikationspolitik. Wer braucht sie – Wer macht sie? In: Gottschlich, Maximilian (Hrsg.): *Politik und Massenkommunikation. Ansichten zu einem komplexen Verhältnis.* Wien: Böhlau, S. 91-100.

Löffler, Martin/Wenzel, Karl Egbert/Sedelmeier, Klaus (2006): *Presserecht. Kommentar zu den Landespressegesetzen der Bundesrepublik Deutschland.* München: Beck.

MABB – Medienanstalt Berlin-Brandenburg (2008): *Geschäftsbericht 2007. Schwerpunktthema: Lokales Fernsehen in Berlin und Brandenburg.* Online unter: http://www.mabb.de/fileadmin/user_upload/pdf/mabb-GB07-100908.pdf (aufgerufen am 2.6.2010).

Machill, Marcel/Beiler, Markus/Zenker, Martin (2008). *Journalistische Recherche im Internet. Bestandsaufnahme journalistischer Arbeitsweisen in Zeitungen, Hörfunk, Fernsehen und Online.* Berlin: Vistas.

Martin, Julia (2007): Der Berufsverband der Journalisten in der DDR (VDJ). In: Wilke, Jürgen (Hrsg.): *Journalisten und Journalismus in der DDR.* Köln: Böhlau, S. 7-78.

MDR – MITTELDEUTSCHER RUNDFUNK (2010): *Freie Radios protestieren gegen Abschaltung.* Online unter: http://www.mdr.de/sachsen/chemnitz/7259768.html (aufgerufen am 23.4.2010).

Meyn, Hermann (1991): Bei wem es funkt, entscheidet Kohl. In: *DEUTSCHES ALLGEMEINES SONNTAGSBLATT,* Nr. 8 vom 22.2., S. 2.

Möhring, Wiebke (2001): *Die Lokalberichterstattung in den neuen Bundesländern. Orientierung im gesellschaftlichen Wandel.* Reihe Medien-Skripten, Band 36. München: Reinhard Fischer.

Mosebach, Bernd (1996): *Alles bewältigt? Ehemalige Journalisten der DDR arbeiten ihre Vergangenheit auf.* Frankfurt am Main: Peter Lang.

ORH – Bayerischer Oberster Rechnungshof (2002): *Jahresbericht 2002.* Online unter: http://www.orh.bayern.de/files/Jahresberichte/2002/Jahresbericht2002.pdf (aufgerufen am 5.4.2010).

Ott, Klaus (1992): Nachhilfe vonnöten. In: *journalist,* Heft 2, S. 33-35.

Ott, Klaus (1993): Eine Frage von Partnerschaft. Wenn jemand ein Radio gründen will..., muß er die richtigen Leute kennen. Das Beispiel Thüringen. In: *SÜDDEUTSCHE ZEITUNG* vom 23.11., S. 19.

Pürer, Heinz/Raabe, Johannes (1996): *Medien in Deutschland. Band 1: Presse.* 2. Auflage. Konstanz: UVK.

Rager, Günther (1992): *Publizistische Vielfalt zwischen Markt und Politik. Mehr Medien – mehr Inhalte?* Düsseldorf: Econ.

Reiher, Bernd (2009): Vom Recht keinen Gebrauch gemacht: Martin Deitenbeck, die SLM und Radio blau. In: *Leipziger Internet Zeitung* vom 23.10. Online unter: http://www.l-iz.de/Bildung/Medien/2009/10/Martin-Deitenbeck-die-SLM-und-Radio-blau.html (aufgerufen am 28.6.2010).

Reimers, Karl Friedrich (2003): *Kommunikations- und Medienwissenschaft an der Universität Leipzig: Gründungs-Fachbereich ab 1991, Institutsaufbau ab 1993, Anmerkungen zur Situation 2003.* Unveröffentlichtes Dokument. Medienarchiv des Instituts für Kommunikations- und Medienwissenschaft der Universität Leipzig.

Richter, Michael/Trottberger, Johannes (Hrsg.) (1999): *Digital-Radio Sachsen-Anhalt. Projektdokumentation und Akzeptanzuntersuchung.* Berlin: Vistas.

Ricker, Reinhart (2004): Innere Pressefreiheit. In: Noelle-Neumann, Elisabeth/Schulz, Winfried/Wilke, Jürgen (Hrsg.): *Fischer Lexikon Publizistik Massenkommunikation.* Frankfurt am Main: Fischer, S. 246-248.

Ring, Wolf-Dieter (2000): Die Aufbauarbeit der DLM in den neuen Ländern. In: Tichy, Roland/Dietl, Sylvia (Hrsg.): *Deutschland einig Rundfunkland? Eine Dokumentation zur Wiedervereinigung des deutschen Rundfunksystems 1989-1991.* München: Reinhard Fischer, S. 199-209.

Röper, Horst (1992): Im Schatten der Riesen. In: *journalist,* Heft 8, S. 34-36.

Röper, Horst/Pätzold, Ulrich (1993): *Medienkonzentration in Deutschland.* Düsseldorf: Europäisches Medieninstitut.

Ruhrmann, Georg/Kohring, Matthias/Görke, Alexander/Maier, Michaela/Woelke, Jens (2000): Im Osten was Neues? Ein Beitrag zur Standortbestimmung der Kommunikations- und Medienwissenschaft. In: *Publizistik, 45. Jg.,* Heft 3, S. 283-309.

Sächsisches Staatsministerium für Wissenschaft und Kunst (1994): *Film in Sachsen. Ausbildung, Produktion und Vertrieb.* Leipzig: Universitätsverlag.

Saxer, Ulrich (1983): Systematische Kommunikationspolitik. Strukturen einer kommunikationswissenschaftlichen Teildisziplin. In: Rühl, Manfred/Stuiber, Heinz-Werner (Hrsg.): *Kommunikationspolitik in Forschung und Anwendung.* Düsseldorf: Droste, S. 33-45.

Scheringer, Johann (2002): Das Beste im Norden? In: Plog, Jobst (Hrsg.): *10 Jahre NDR in Mecklenburg-Vorpommern.* Hamburg: NDR, S. 39-41.

Schiwy, Peter (1991): Verpaßte Chancen – Neue Sender in alten Schuhe. In: Mahle, Walter A. (Hrsg.): *Medien im vereinten Deutschland. Nationale und internationale Perspektiven.* München: Ölschläger, S. 35-38.

Schmidt, Manfred (2007): Filmkultur im Auftrag der Länder. In: Reiter, Udo/Struve, Günter (Hrsg.): *ARD-Filmbuch.* Online unter: http://www.daserste.de/service/ARD-Filmbuch.pdf (aufgerufen am 23.3.2010).

Schneider, Beate (1992): *Strukturen, Anpassungsprobleme und Entwicklungschancen der Presse auf dem Gebiet der neuen Bundesländer (einschließlich des Gebiets des früheren Berlin-Ost). Band 1.* Unveröffentlichter Forschungsbericht für den Bundesminister des Innern in 5 Bänden. Hannover: Hochschule für Musik und Theater.

Schneider, Beate (1998): *Wenn das Blatt sich wendet: Die Tagespresse in den neuen Bundesländern.* Baden-Baden: Nomos.

Schneider, Beate/Schönbach, Klaus/Stürzebecher, Dieter (1994): Ergebnisse einer Repräsentativbefragung zur Struktur, sozialen Lage und zu den Einstellungen von Journalisten in den neuen Bundesländern. In: Böckelmann, Frank/Mast, Claudia/Schneider, Beate (Hrsg.): *Journalismus in den neuen Ländern. Ein Berufsstand zwischen Aufbruch und Anpassung.* Konstanz: UVK, S. 143-230.

Scholl, Armin/Weischenberg, Siegfried (1998): *Journalismus in der Gesellschaft. Theorie, Methodologie und Empirie.* Opladen: Westdeutscher Verlag.

Schroeder, Klaus (2006): *Die veränderte Republik. Deutschland nach der Wiedervereinigung.* München: Vögel.

Schütz, Walter J. (2009): Redaktionelle und verlegerische Struktur der deutschen Tagespresse. In: *Media Perspektiven,* Heft 9, S. 454-493.

Schurig, Christian (1993): Sachsen-Anhalt. In: Direktorenkonferenz der Landesmedienanstalten (Hrsg.): *DLM-Jahrbuch. 1992. Privater Rundfunk in Deutschland.* München: Reinhard Fischer, S. 77-80.

Seiler, Wolfgang (1999): Verfassungsrechtliche Grenzen der Normierung innerer Pressefreiheit. In: *Archiv für Presserecht, 30. Jg.,* Heft 1, S. 7-18.

SOS – Rette dein freies Radio (2010): *Radio Blau, Radio T und coloRadio nehmen Sendebetrieb auf UKW wieder auf.* Online unter: http://radio.fueralle.org/2010/05/radio-blau-radio-t-und-coloradio-nehmen-sendebetrieb-auf-ukw-wieder-auf.html#more (aufgerufen am 28.6.2010).

Stein, Reiner (2000): *Vom Fernsehen und Radio der DDR zur ARD. Die Entwicklung und Neuordnung des Rundfunkwesens in den Neuen Bundesländern.* Marburg: Tectum.

Steiner, Klaus (1994): Wossi-Lehre. In: *Medium Magazin,* Heft 10, S. 36.

Streul, Irene Charlotte (1996): Die Medien. In: Niedermayer, Oskar (Hrsg.): *Intermediäre Strukturen in Ostdeutschland. Beiträge zu den Berichten der Kommission für die Erforschung des sozialen und politischen Wandels in den neuen Bundesländern.* Opladen: Leske + Budrich, S. 443-463.

TLM – Thüringer Landesmedienanstalt (1997): *Geschäftsbericht 1996.* Arnstadt: TLM.

TLM – Thüringer Landesmedienanstalt (1999): *Geschäftsbericht der Thüringer Landesmedienanstalt 1998.* Arnstadt: TLM.

Törne, Lars von (1996): Mühlfenzl oder Eine westdeutsche Medienpolitik nach Gutsherrenart. In: Dümcke, Wolfgang/Vilmar, Fritz (Hrsg.): *Kolonialisierung der DDR – Kritische Analysen und Alternativen des Einigungsprozesses.* Münster: Agenda, S. 299-317.

Treuhandanstalt (Hrsg.) (1994): *Dokumentation 1990-1994, Bd. 6.* Berlin: Treuhandanstalt.

Trotz, Lydia (1996): *Filmförderung in den neuen Bundesländern. Eine vergleichende Analyse.* Beiträge zur Film- und Fernsehwissenschaft, Band 48. Berlin: Vistas.

Weichert, Stephan/Kramp, Leif (2009): *Das Verschwinden der Zeitung. Internationale Trends und medienpolitische Problemfelder.* Berlin: Friedrich-Ebert-Stiftung.

Weischenberg, Siegfried/Löffelholz, Martin/Scholl, Armin (1993): Journalismus in Deutschland. Design und erste Befunde der Kommunikatorstudie. In: *Media Perspektiven,* Heft 1, S. 21-33.

Weischenberg, Siegfried/Löffelholz, Martin/Scholl, Armin (1994): Merkmale und Einstellungen von Journalisten. Journalismus in Deutschland II. In: *Media Perspektiven,* Heft 4, S. 154-167.

Weischenberg, Siegfried/Malik, Maja/Scholl, Armin (2006): *Die Souffleure der Mediengesellschaft. Report über die Journalisten in Deutschland.* Konstanz: UVK.

Wuschig, Ilona (2005): *Anspruch ohne Wirklichkeit. 15 Jahre Medien in Ostdeutschland.* Münster: Lit.

ZAK – Kommission für Zulassung und Aufsicht der Landesmedienanstalten (2009): *Landesmedienanstalten schlagen vor: Ende Analog-TV via Sat im Frühjahr 2012.* Pressemitteilung vom 14.12.

Zubayr, Camille/Gerhard, Heinz (2010): Tendenzen im Zuschauerverhalten. Fernsehgewohnheiten und Fernsehreichweiten im Jahr 2009 In: *Media Perspektiven,* Heft 3, S. 106-118.

Julia Reinard/Johannes Schiller

Die Rolle der Medien in der Wendezeit 1989/90

Das Timing wirkt wie geplant für den Fernsehabend: Um 18:53 Uhr beginnt Politbüromitglied Günter Schabowski in unbeholfenen und bürokratieschwangeren Sätzen die neuen Reiseregelungen zu erläutern (Zentrum für Zeithistorische Forschung e.V./Bundeszentrale für politische Bildung/DEUTSCHLANDRADIO 2010). Er spricht von einer Regelung, »die es jedem Bürger der DDR möglich macht, über Grenzübergangspunkte der DDR auszureisen«. Stimmengewirr setzt ein im Saal des Pressezentrums in der Ost-Berliner Mohrenstraße, BILD-Zeitungs-Reporter Peter Brinkmann fragt: »Ab sofort?« Doch Schabowski kann keine präzise Antwort geben, er hat den Zettel mit der Reiseregelung selbst noch nicht gelesen. Er trägt ihren Wortlaut vor und stellt folgenschwer fest: »Das tritt nach meiner Kenntnis [...] ist das sofort, unverzüglich.« Schabowski hebt damit die für die Meldung vorgesehene Sperrfrist – 10. November, 4 Uhr morgens – auf. Bedeutender aber: Er gibt den Journalisten Interpretationsspielraum. Ursprünglich war geplant, den Ausreisedruck der Bevölkerung weg von den Grenzanlagen auf die Dienststellen von MfS und Volkspolizei zu lenken, die die entsprechenden Genehmigungen erteilen sollten. Jetzt verselbstständigten sich die Ereignisse, vor allem wegen der Berichte in den Westmedien.

Das DDR-Fernsehen übertrug Schabowskis gesamte Pressekonferenz live, die »Aktuelle Kamera« berichtete über die neuen Reiseregelungen, auch ZDF-heute um 19 Uhr hatte die Meldung im Programm. Was fehlte, waren Interpretationen, welche Auswirkungen die neuen Reiseregelungen haben würden. Um 19:41 Uhr wagte sich dpa mit dem Meldungskopf vor »Grenze ist offen« (zitiert nach Hertle 2004: 176). Die »Tagesschau« um 20 Uhr setzte die Meldung an Platz eins und blendete die Schlagzeile »DDR öffnet Grenze« ein. Das DDR-Fernsehen versuchte sich ein letztes Mal als Bremser. Es unterbrach das laufende Programm und wies mehrmals auf die notwendige Genehmigung der Volkspolizeikreisämter hin, die erst am nächsten Tag wieder geöffnet hätten. Doch wie in einem Deutungswettkampf eröffnete »Tagesthemen«-Moderator Hanns Joachim Friedrichs um 22:42 Uhr die Sendung mit den Worten: »Die Tore in der Mauer stehen weit offen.« Robin Lautenbachs Live-Reportage zeigte Bilder des noch geschlossenen Grenzübergangs an der Invalidenstraße, gleichzeitig berichteten Augenzeugen den Millionen Fernsehzuschauern jedoch von der Bornholmer Straße. Dort hatten bereits gegen 21:30 Uhr die ersten DDR-Bürger die Grenze überquert. Erst dieser Bericht setzte die Neugierigen in Bewegung. Gegen 23 Uhr begann der massenhafte Sturm auf die Grenzübergänge, der Geschichte machte (Hertle 2004: 181).

Der Fall der Mauer in dieser Nacht war Folge der Berichterstattung in den Westmedien, die das Ereignis »als Motor maßgeblich mit herbeiführten« (Hertle 2004: 176). Die westdeutschen Medien waren am 9. November also Maueröffner, aber welche Rolle spielten sie in den Monaten davor, welche danach? Wie lange blieben die DDR-Medien »stärkste Waffe der Partei« (Holzweißig 2002), wann berichteten sie frei und unabhängig? Im Folgenden sollen die Rollen, die West- und DDR-Medien in der Zeit zwischen den Kommunalwahlen im Mai 1989 und dem Tag der Deutschen Einheit am 3. Oktober 1990 gespielt haben, nachgezeichnet werden.

Von Sommer bis Herbst 2009 wurden dafür Experteninterviews (Liebold/Trinczek 2009: 35-38) mit 34 Personen geführt, die 1989/90 entweder für westdeutsche Medien über die DDR berichteten oder für DDR-Medien arbeiteten. Die Gesprächspartner wurden so ausgewählt, dass Journalisten aller Mediengattungen vertreten waren. Auch sechs DDR-Bürgerrechtler wurden interviewt, um über die Zusammenarbeit mit den Medien Auskunft zu erhalten. Den episodischen Interviews lagen Themenkomplexe zugrunde, so dass die Reihenfolge der Fragen und die Dauer des Gesprächs variieren konnten (Lamnek 2005: 362f.).

Aus den Interviews und der wissenschaftlichen Literatur lassen sich mehrere Rollen der Medien herausarbeiten. Als erstes soll es darum gehen, wie die Westmedien eine Gegenöffentlichkeit zur Berichterstattung der DDR-Medien herstellten. Anschließend wird gezeigt, dass die Berichte der bundesdeutschen Medien wie ein Schutzschirm für die Bürgerrechtler wirkten, der Repressionen des SED-Regimes hemmte. Die mit dem Machtwechsel von Erich Honecker zu Egon Krenz Mitte

Oktober vollzogene politische Wende[1] wurde von einer Medien-Wende begleitet. Es folgten Wochen, die DDR-Radiojournalist Ingolf Rackwitz wie viele seiner Kollegen, als »freieste Zeit des Journalismus« in Erinnerung behielt. Nachdem das Vertrauen in die DDR-Medien noch im Herbst 1989 auf einem Tiefpunkt war, gewannen sie als Lebenshelfer im gesellschaftlichen Umbruch wieder an Gewicht. Abschließend soll untersucht werden, ob Medien Brücken in die deutsche Einheit bauten.

1. Unter dem Schutzschirm der Westmedien

In der DDR existierten 1989 zwei Fernsehprogramme, fünf Radiostationen und eine zentral gelenkte Nachrichtenagentur. Die SED gab eine landesweite und 15 Bezirkszeitungen heraus, hinzu kamen Publikationen von parteinahen gesellschaftlichen Gruppen wie dem Gewerkschaftsbund FDGB oder der Jugendorganisation FDJ. Die Blockparteien zeichneten für weitere 18 Zeitungen verantwortlich (Holzweißig 1990: 73f.) – alle standen unter Anleitung der SED. Einmal in der Woche gab die Agitationskommission den Medien Vorgaben für die nächsten Tage, zum Teil bestimmte sie sogar die Seitenaufmachung oder diktierte die Kommentare der Nachrichtenagentur ALLGEMEINER DEUTSCHER NACHRICHTENDIENST (ADN; Wilke 2007: 290-300). Besonders die Leitmedien wurden eng geführt: die Tageszeitung NEUES DEUTSCHLAND, laut Kopf »Organ des Zentralkomitees der Sozialistischen Einheitspartei Deutschlands«, sowie die Nachrichtensendung »Aktuelle Kamera« und der ADN.

Die Medien berichteten nicht über oppositionelle Bewegungen, nach Gesetzeslage konnte es so etwas wie politische Opposition gar nicht geben. Deswegen brachten Bürgerrechtler – wie ihre Kollegen aus Osteuropa – Bücher und Periodika im Selbstverlag (aus dem Russischen: Samisdat) heraus. Allerdings blieb deren Bedeutung in der DDR immer hinter der in anderen Ländern zurück. Das lag an der Besonderheit eines gemeinsamen Kommunikationsraumes von DDR und Bundesrepublik. Deutschsprachige Medienangebote aus dem Westen waren im Osten omnipräsent: allen voran Radio und Fernsehen (Kowalczuk 2002:

[1] »Wende« ist der von DDR-Funktionären eingeführte Begriff, er zielt auf innersystemische Veränderungen; anders der Ausdruck »Friedliche Revolution«, der verwendet wird, um die gesamtgesellschaftlichen Entwicklungen von 1989/90 zu beschreiben (Kowalczuk 2009: 536-539).

31-41). Vier von fünf DDR-Bürgern konnten neben den gleichgeschalteten heimischen Sendern auch West-Fernsehen empfangen (Hesse 1988: 41). Anders als in den Anfangsjahren der DDR, duldete das der SED-Staat seit den 1970er-Jahren sogar (Linke 1987: 56). Westliche Druckerzeugnisse durften dagegen nicht eingeführt werden. Zugang zu Zeitungen und Zeitschriften erhielten nur ausgewählte Funktionäre aus Politik und Medien, die sich intensiv mit der Berichterstattung auseinandersetzten. Breitenwirkung entfaltete die westdeutsche Presse in der DDR daher nicht.

Da sie mit selbst gedruckten Beiträgen nur wenige DDR-Bürger erreichten, wandten sich einige Oppositionsgruppen bewusst an westdeutsche Medien. »Meine Haltung war immer: Wenn wir etwas zu veröffentlichen oder zu kritisieren haben, können wir das nur über die Westmedien, weil das wieder in die DDR zurückkommt«, sagt Ralf Hirsch, in den 1980ern Pressesprecher der Initiative Frieden und Menschenrechte. So sahen und hörten DDR-Bürger vor allem in einschlägigen Sendungen wie »Kennzeichen D« im ZDF oder dem ARD-Magazin »Kontraste« von Ereignissen, die im eigenen Land verschwiegen wurden. Im Laufe des Jahres drängten die Entwicklungen in der DDR zunehmend in die Nachrichtensendungen und griffen Raum zur besten Sendezeit.

Die durch Medien der Bundesrepublik entstandene Öffentlichkeit schützte Bürgerrechtler vor Repressionen durch Polizei und Staatssicherheit. Ulrike Poppe erlebte das am eigenen Leib: 1983 war sie gemeinsam mit Bärbel Bohley unter dem Vorwurf des Landesverrats aufgrund von »unerlaubter Nachrichtenübermittlung« verhaftet worden. Westmedien berichteten über den Fall, es kam zu internationalen Protesten, nach kurzer Zeit wurden die beiden Frauen freigelassen. Gleichwohl gab es Grenzen für diesen Schutz. Roland Jahn wurde zum Beispiel 1983 trotz seiner Bekanntheit gewaltsam ausgebürgert.

Das erste große Medienecho in der Bundesrepublik riefen die systematischen Kontrollen der Kommunalwahlen vom 7. Mai 1989 durch Oppositionelle hervor. Während in der Bundesrepublik von Anfang an kritisch über den Wahlausgang berichtet wurde (Tagesschau, 7.5.1989), erklangen in den DDR-Medien die bekannten Töne: »Im 40. Jahr des Sozialismus ein klares Votum für den Sozialismus« (JUNGE WELT 1989).

Die Wahlfälschungen werden häufig als Anfang vom Ende beschrieben, denn für die Bürger bedeuteten sie den »Abstieg ihres politischen Systems auf das Niveau von Bananenrepubliken« (Ludes 1990: 35). Die gefälschten Wahlen boten immer wieder Anlass zu Demonstrationen.

Die Berichterstattung westdeutscher Medien nahm nach den gefälschten Wahlen zu, entwickelte sich aber erst durch die Thematisierung der wachsenden Fluchtwelle zu einer Art »Transmissionsriemen« (Hertle 2004: 184) der Ereignisse. Als in den Sommermonaten die Zahl der Flüchtlinge emporschnellte, berichteten die Westmedien beinahe täglich. Im August verließen mehr als 20.000 Menschen die DDR (Wendt 1991: 393).

Die DDR-Medien verschwiegen diese Fluchtwelle anfangs völlig, später verunglimpften sie die Flüchtlinge sogar. Ein in vielen Medien Anfang Oktober verbreiteter ADN-Kommentar polemisierte, diese Menschen hätten sich selbst aus der Gesellschaft ausgegrenzt: »Man sollte ihnen deshalb keine Träne nachweinen« (NEUES DEUTSCHLAND 1989a). Diese Haltung nahm die Bevölkerung Politikern und Medien übel; sie flohen weiterhin zu Tausenden und straften die eigenen Medien mit Nicht-Beachtung: Die »Aktuelle Kamera« lockte bis September 1989 durchschnittlich nicht einmal mehr zehn Prozent der Bürger vor den Fernseher (eigene Berechnung nach DRA 2010). Die DDR-Medien bestärkten den wachsenden Unmut der Bevölkerung und beschleunigten womöglich sogar ungewollt die Ereignisse.

Im Spätsommer 1989 gewann der »Medien-Schutzschirm«, den der Oppositionelle Rolf Henrich beschreibt, eine neue Dimension. Die am 10. September gegründete Vereinigung Neues Forum setzte auf die Medienerfahrung, die die beteiligten Bürgerrechtler von Bärbel Bohley über den Biologen Jens Reich bis hin zum Rechtsanwalt Henrich gesammelt hatten. Sie verteilten ihren Gründungsaufruf nicht nur an DDR-Bürger, sondern gezielt an westdeutsche Korrespondenten. In vielen Bezirken der DDR gründeten sich Gruppen des Neuen Forums. »Plötzlich stand die ganze Republik unter diesem Schutzschirm, also auch die kleine ängstliche Gruppe in Guben, für die sich sonst kein West-Journalist interessiert hat«, sagt Henrich.

Als Drohkulisse gegenüber den DDR-Behörden wirkten die westdeutschen Medien sogar noch lange nach dem Mauerfall. Im Januar wollten ein paar Engagierte ein neues Wochenblatt mit Titel DIE LEIPZIGER ANDERE ZEITUNG (DAZ) herausbringen, ihnen wurde aber die Druckgenehmigung verweigert. Erst, als die Gründer drohten, westdeutsche Medien zu informieren, erhielten sie die Erlaubnis.

Am schnellsten nutzten die neuen Freiräume in den Umbruchsmonaten die Jugendprogramme der DDR: der Radiosender DT64 sowie die Fernsehsendung »Elf 99«. Jugendradio-Redakteur Ingolf Rackwitz sagt, vor 1989 seien es vor allem die »geschickten Musikzusammenstellungen« gewesen, die DT64 ausgezeichnet hätten. Ab Oktober 1989 versuchten die Redakteure dann, die Stimmung der Straße aufzunehmen. Rackwitz fuhr am 9. Oktober 1989 mit Kollegen nach Leipzig, um von der Montagsdemonstration zu berichten. Zu dieser Zeit schrieben nur einzelne, lokale Tageszeitungen sehr zurückhaltend über die Massenproteste, meist wurden die Demonstranten diffamiert. Die Redaktionsleitung bremste Rackwitz jedoch aus, so dass die Reportage erst Tage später ausgestrahlt wurde. Von der Demonstration eine Woche später berichtete DT64 dann zeitnah (Ulrich/Wagner 1993: 231). Im Jugendprogramm »Elf 99«, das erst im September auf Sendung gegangen war, reagierten die jungen Redakteure ähnlich. Jan Carpentier, einer von ihnen, sagt, ab Oktober hätten sie »bewusst gegen den Stachel geleckt«.

In den bundesdeutschen Medien hatte die DDR ab September Hochkonjunktur: Bis zum Mauerfall sendete die ARD sieben »Brennpunkte«, das Zweite brachte sieben ZDF-»Spezial« über die Vorgänge im Nachbarstaat (Schuhbauer 2001: 94). Am wichtigsten für die DDR-Bevölkerung blieben jedoch die Nachrichten. Am 10. Oktober strahlte die »Tagesschau« dunkle und etwas unscharfe Bilder vom Vorabend in Leipzig aus. Die beiden DDR-Oppositionellen Aram Radomski und Siegbert Schefke hatten für die ARD verdeckt gefilmt, als 70.000 Menschen friedlich über den Innenstadtring gezogen waren. Weil die Sicherheitskräfte nicht eingriffen, gingen die Ereignisse als »Tag der Entscheidung« (Kowalczuk 2009: 401) in die Geschichte der Friedlichen Revolution ein. Die Bilder der Demonstration wirkten wie ein Vorbild und strahlten über die Westmedien in die Wohnzimmer der DDR-Bevölkerung. Die »Aktuelle Kamera« zeigte keine Bilder aus Leipzig und berichtete auch sonst nicht über die Demonstration. Einziges Zugeständnis: ein Leipziger Arbeiter durfte vorsichtig mehr Dialog im Land fordern (Aktuelle Kamera, 10.10.1989).

Die bundesdeutschen Zeitungsjournalisten Peter Jochen Winters und Peter Pragal sagen, die Berichte der Medien in den turbulenten Wochen hätten wie ein Bindeglied zwischen den verschiedenen oppositionellen Gruppen gewirkt. Diese Annahme bestreitet Bürgerrechtler Rainer Eckert, der sich in der Ost-SPD engagierte. Wahrscheinlich ist, dass die Medien nicht die rund 500 Oppositionellen vernetzten, die seit Jahren aktiv waren. Diese Gruppe nutzte als Kommunikationskanal eher persönliche Kontakte, Veröffentlichungen in den Samisdat-Blättern oder aber die Umweltbibliotheken, die im ganzen Land verteilt waren und unabhängigen Kulturzentren glichen. Für diejenigen aber, die – um Rolf Henrichs Beispiel aufzunehmen – in Guben an der polnischen Grenze eine Gruppe des Neuen Forums initiierten, wirkte die Berichterstattung in zwei Richtungen: Sie wurden wahrgenommen, weil sie in den Medien erschienen, und nahmen gleichzeitig wahr, was andere wagten und erreichten.

Die Staats- und Parteiführung versuchte am 18. Oktober 1989 noch einmal, das Ruder herumzureißen: Egon Krenz übernahm von Erich Honecker den Posten des SED-Generalsekretärs und Politbüro-Chefs. Joachim Herrmann, ZK-Sekretär für Agitation und Propaganda, wurde des Amtes enthoben. In seiner Antrittsrede sprach Krenz vom »ernstgemeinten innenpolitischen Dialog«, sagte aber gleichzeitig: »Unsere Presse kann nicht Tribüne eines richtungslosen, anarchischen Geredes werden« (NEUES DEUTSCHLAND 1989b). Einen Tag später fand die letzte Argumentation, wie die Anleitung der Medien durch das Zentralkomitee hieß, statt. Wie üblich sprach der Leiter der Abteilung Agitation, Heinz Geggel. Er äußerte sich über die neuen Aufgaben, die der Presse nun bevorstünden, und sagte den folgenschweren Satz: »Wir werden der Presse nicht mehr reinreden« (Bürger 1990: 227).

Die Vorgaben fielen weg, es entstand ein Machtvakuum, das die Journalisten je nach Anbindung an örtliche Funktionäre, Offenheit der Chefredaktion und eigenem Mut füllten. Der Medien-Wandel wurde bemerkt und belohnt: Fast die Hälfte der Bevölkerung schaltete ab November die Hauptausgabe der »Aktuellen Kamera« um 19:30 Uhr ein (DRA 2010).[2] Selbst die Zeitungen wurden so stark nachgefragt, dass sie mit einem Mal knapp wurden (Kowalczuk 2009: 414).

2. »Der freieste Journalismus«

»Wir waren frei, freier geht's nicht in dieser Zeit!«, sagt der ehemalige DT64-Intendant Dietmar Ringel. Die meisten der interviewten DDR-Journalisten betonen die Freiheit von Vorgaben und Kontrollen. Zwar hatte es auch zuvor in vielen Redaktionen Diskussionen gegeben, wie Kostas Kipuros von der LEIPZIGER VOLKSZEITUNG und Hans-Dieter Schütt, bis 1989 Chefredakteur der JUNGEN WELT, berichten. Doch erst ab Oktober schlugen sich die kritischen Töne auch auf den Zeitungsseiten oder im Programm nieder. Manfred Pohl, ab 1990 Chefredakteur

2 Sehbeteiligung für die »Aktuelle Kamera« im Monatsmittel: Oktober 1989: 22 Prozent, November: 44 Prozent, Dezember: 42 Prozent, Januar 1990: 46 Prozent, Februar: 42 Prozent (eigene Berechnung nach DRA 2010).

der »Aktuellen Kamera«, meint in Anspielung auf spätere wirtschaftliche Zwänge oder die Gremien des öffentlich-rechtlichen Rundfunks: »Das war wahrscheinlich der freieste Journalismus, der in Deutschland, nicht nur in der DDR, je gemacht worden ist.«

Die Journalisten öffneten sich dem, was in den sozialistischen Foren geschah, sie berichteten aber auch von Demonstrationen und Aufrufen, interviewten Mitglieder der neuen politischen Gruppen und legitimierten damit im Nachhinein die Bürgerbewegungen und deren Aktionsformen. Darüber hinaus entdeckten einige Redakteure den investigativen Journalismus, vor allem das Jugendfernsehen »Elf 99« wurde dadurch bekannt. Das Team verlangte und erhielt Einlass in die abgeschottete Funktionärssiedlung Wandlitz (Elf 99-spezial, 23.11.1989) oder drehte im Stasi-Wachregiment Feliks Dzierzynski (Elf 99-spezial, 6.12.1989) und in der Sendung vom 28. Oktober wurde der Vorsitzende des »Freien Deutschen Gewerkschaftsbunds«, Harry Tisch, von Gästen im Publikum erfolgreich zum Rücktritt aufgefordert.

Die neue Freiheit wirkte auch in den Redaktionshierarchien. Die Mitarbeiter von DT64 wählten die Leitung ab und setzten eine neue ein. Drucker und Redaktion der in Erfurt erscheinenden Bezirkszeitung DAS VOLK wählten aus ihrer Mitte Sergej Lochthofen zum neuen Chefredakteur. Überall im Land mussten leitende Redakteure und Chefredakteure ihre Sessel räumen.

Trotz dieser Entwicklungen ist festzuhalten: Die DDR-Staats- und Parteimedien befreiten sich im Herbst 1989 nicht selbst aus den Ketten des SED-Regimes. Sie waren eher Getriebene, als treibende Kraft. An der Spitze des gesellschaftlichen Umbruchs standen die neu gegründeten oppositionellen Gruppen.

3. DDR-Medien: Begleiter in Umbruchswirren

Die Zeit zwischen Mauerfall und Tag der Deutschen Einheit ist im Rückblick manchmal als kurzes Jahr der Anarchie bezeichnet worden. Mehrmals stand die DDR-Wirtschaft kurz vor dem Zusammenbruch, über Monate gab es mit dem Zentralen Runden Tisch eine Art Nebenregierung. Lange war der Weg, den die DDR nehmen würde, vollkommen unklar. Zwischen Mauerfall und Volkskammerwahl verließen deutlich mehr als eine viertel Million DDR-Bürger ihre Heimat (Wendt 1991: 393).

In dieser Zeit der Umbrüche verstanden sich besonders die DDR-Medien als ständige Begleiter ihres Publikums. Auch deshalb, weil an den revolutionären Ereignissen nur ein kleiner Teil der Gesamtbevölkerung aktiv mitwirkte und zum Beispiel auf der Straße für Reformen demonstrierte. »Die meisten sahen über ihren Fernseher wieder nur zu, was unmittelbar vor ihrer Haustür geschah« (Hanke 1990: 323). In dieser Zeit habe das DDR-Fernsehen den Leuten dabei geholfen »Orientierung zu finden«, sagt Jan Carpentier. Der Reporter des Jugendfernsehmagazins »Elf 99« wurde »Hilfe suchend« auf der Straße angesprochen. Es sei damals darum gegangen, den Menschen das Gefühl zu geben, »dass sie an Veränderungen beteiligt sind«.

Die Redaktion des Jugendradios DT64 lieferte lange Wortstrecken. Sie verstand sich als »Interessensvertreter« der Hörer und ließ sich die Themen von ihnen vorgeben, sagt der damals neu gewählte DT64-Intendant Dietmar Ringel: »Erstmal haben sich die Hörer eins-zu-eins im Programm wiedergefunden. Wir haben ihre Meinungen transportiert und zwar ungefiltert. Vorher ging das nur in einem bestimmten Rahmen«. Der Wissensvorsprung der Journalisten war oft minimal, sagt Zeitungsmacher Lochthofen. Manchmal habe sich der Leser abends eine Frage gestellt, »dann stand am Morgen schon in der Zeitung die Antwort.«

Serviceberichte und informierende Darstellungsformen bildeten den wichtigsten Teil der Berichterstattung. Mit Meinungsbeiträgen hielten sich viele DDR-Journalisten nach den Erfahrungen mit dem verordneten Meinungsjournalismus der SED eher zurück. Gesprächssendungen im Rundfunk und Interviews in den Printmedien gewannen an Bedeutung. Der ehemalige JUNGE-WELT-Chefredakteur, Hans-Dieter Schütt, sagt, dass die Redakteure lernten, zuzuhören. »Bisher haben immer wir das Sagen gehabt und haben die Meinung vorgegeben. Jetzt höre ich einfach mal zu, was andere sagen.« Es war das Ende eines vom Hochmut seiner Protagonisten geprägten Staats- und Parteijournalismus.

Am 1. Dezember 1989 strich die Volkskammer die führende Rolle der SED aus der Verfassung, wenige Tage später trafen sich erstmals Vertreter der oppositionellen Bewegungen am Zentralen Runden Tisch und Ende Dezember beschloss der Ministerrat, dass alle Gruppen Zugang zu den Massenmedien erhalten sollten. »Die alten Befehlslinien der Parteien zu ihrer Presse zerfielen in wenigen Wochen« (Grubitzsch 1990: 143). Allerdings räumten die einstigen Parteiblätter nur gemächlich Platz auf ihren Seiten und übergaben sie in die redaktionelle Verantwortung oppositioneller Gruppen.

Die LEIPZIGER VOLKSZEITUNG ließ das Neue Forum und Demokratie Jetzt von Mitte Dezember an jedes Wochenende eine Doppelseite unter dem Titel »Hier spricht die Opposition« in Eigenregie gestalten. Das einstige Leitmedium ADN öffnete den früher sakrosankten Verbreitungsweg für Fremdautoren aus der Opposition. Eine der ersten, die schrieben, war die Mitbegründerin des Neuen Forums, Bärbel Bohley. »Es ging um die politischen Programme oder die Vorstellungen [von der Zukunft]. Das wurde alles völlig unbearbeitet an die Öffentlichkeit gegeben«, sagt Rainer Höhling, damals ADN-Redakteur.

Die Berichterstattung der DDR-Medien diente der Bürgerbewegung in dieser Zeit fast schon als »Gradmesser« für die Offenheit der Gesellschaft, sagt Ulrike Poppe, Mitbegründerin von Demokratie Jetzt. »Je offener die Medien mit den Geschehnissen umgehen, umso weiter ist die Öffnung dieser Gesellschaft fortgeschritten.« Obwohl es schrittweise einfacher wurde, für Reformideen Öffentlichkeit auch in den DDR-Medien herzustellen, kam es ab Beginn des Jahres 1990 zum Gründungsboom alternativer Zeitungen und Zeitschriften. Mehrere Dutzend neue Titel färbten den »Blätterwald bunter« (Grubitzsch 1990: 146-150). Zu den größten Zeitungen dieser Art gehörte die DAZ, die mit Regionalausgaben unter anderem in Ost-Berlin, Magdeburg und Leipzig erschien. Die einzelnen Redaktionen arbeiteten unabhängig voneinander.

In Leipzig waren die 40.000 Exemplare Startauflage der Wochenzeitung schon am ersten Tag ausverkauft. Die DAZ sei dem »hohen demokratischen und kritischen Anspruch der gewaltlosen Revolution des Herbstes 1989 in der DDR verpflichtet«, heißt es im Redaktionsstatut (zitiert nach Heller 1991). Die Redaktion verstand sich als politisch unabhängig. Sie legte den Fokus gezielt auf Themen, die vorher »unterbelichtet« waren wie Umwelt, Frauenrechte oder alternative Kultur, sagt DAZ-Redakteur Carsten Heller.

DAZ und Co scheiterten genau wie die Zeitungen der ehemaligen Blockparteien schnell an den Realitäten des Mediengeschäfts. Gewinner waren die von westdeutschen Großverlagen gehätschelten, ehemaligen SED-Bezirkszeitungen, die den Markt bis heute dominieren. Von den neu gegründeten Zeitungen überlebte keine einzige. Möglicherweise haben die neuen Blätter aber zumindest geholfen, den Wandel der ehemaligen DDR-Parteimedien zu beschleunigen.

Mit dem Machtverlust der SED gewann die Aufarbeitung der Diktatur als Thema für die Medien an Bedeutung. Die Umweltsünden zum Beispiel im Uranbergbau der Wismut oder im Chemiepark Bitterfeld-Wolfen wurden einer »Bestandsaufnahme« unterzogen, sagt DT64-

Redakteur Andreas Ulrich. Außerdem holte die DDR-Gesellschaft nach, was in der Sowjetunion schon seit Jahren stattfand: eine kritische Auseinandersetzung mit dem Stalinismus der 1950er-Jahre. Das Jugendradio DT64 übertrug eine Lesung aus dem Buch »Schwierigkeiten mit der Wahrheit« von Walter Janka. »All diese Menschen, die im Laufe der Jahrzehnte über irgendwelche Klingen springen mussten oder die Lager in der Sowjetunion waren plötzlich Thema«, sagt Ulrich. Auch die Doppelmoral der SED-Führungsclique füllte Zeitungsseiten und Sendeminuten. In einer investigativen Reportage berichtete DAS VOLK über einen SED-Bezirkssekretär, der sich den Weg zum eigenen Jagdhaus auf Staatskosten hatte asphaltieren lassen.

Zur Ikone des Fernsehumbruchs machten die Zuschauer aber ELF 99-Reporter Jan Carpentier. Für das Jugendmagazin berichtete er aus der Waldsiedlung des SED-Politbüros in Wandlitz bei Berlin (Elf 99-spezial, 23.11.1989). Die Reportage »Einzug ins Paradies« zeigte erstmals, wie die Parteigrößen – abgeschottet vom Volk – lebten. Weil im Film auch der vermeintliche Luxus von Miele-Spülmaschine und West-Badarmaturen zu sehen waren, begriffen die Zuschauer ihn als Abrechnung mit den SED-Bonzen. Wenige Tage nach der Sendung schwappte ein wahrer »Tsunami von Briefen« in die Elf-99-Redaktion (Carpentier 2009). »Der Tenor unisono: Jetzt muss aufgeräumt werden! Überall! Schonungslos! Nieder mit den Privilegien!«. Für die Zuschauer übernahm Reporter Carpentier ungewollt eine Art Stellvertreterrolle als Rächer der entrechteten DDR-Bürger.

Zu vielen Aufarbeitungsthemen hatten die DDR-Medien einen direkteren Zugang als die Westmedien, weil sie näher am Geschehen waren und Gerüchte kannten, die schon zu DDR-Zeiten kursierten. Indem sie eine kritische Öffentlichkeit herstellten, begünstigten sie ein Klima, in dem ein Prozess der Aufarbeitung jüngster deutscher Geschichte in Gang kommen konnte.

Ein Sonderfall scheint dagegen das Thema Staatssicherheit zu sein. Hier gibt es Anzeichen, dass die bundesdeutschen Medien stärker an der Aufarbeitung beteiligt waren. Deppendorf stellt zum Beispiel die Reportage von ARD-Korrespondent Claus Richter über die Besetzung der Leipziger Stasi-Zentrale durch Bürgerrechtler Anfang Dezember 1989 heraus, welche die »Ohnmacht des ansonsten allmächtigen Sicherheitsapparates« zeigte (1990: 353). Die »Aktuelle Kamera« berichtete nicht über das Ereignis.

4. Lebenshelfer und demokratische Teilhabe

Ab Anfang Januar 1990 übertrug das DDR-Fernsehen die Diskussionen des Zentralen Runden Tisches in voller Länge. Die Sitzungen wurden zu einem »öffentlichen Lernort für Demokratie« und öffentlichem Handeln, konstatiert Kowalczuk: »Erstmals haben Millionen Fernsehzuschauer demokratische Aushandlungsprozesse in eigener Sache mitverfolgen können« (2009: 497f.). Mitte Januar entschieden Vertreter des Runden Tisches und der Volkskammer, die Wahlen zur Volkskammer auf den 18. März 1990 vorzuziehen. Damit standen die DDR-Medien, genau wie Parteien und politische Gruppierungen vor einer Herausforderung: Nur knapp zwei Monate blieben bis zum Wahltermin.

Die Zeitungen der ehemaligen Blockparteien schlugen sich meist auf die Seite ihrer Parteien und versuchten sich als Wahlkampfhelfer. Die katholische Wochenzeitung TAG DES HERRN teilte ihren Lesern zum Beispiel mit, dass die CDU ihre »politische Heimat« sei, an der sie sich bei den Wahlen »orientieren« sollten, sagt Matthias Holluba, damals Redakteur des Blatts. NEUES DEUTSCHLAND verstand sich zu dem Zeitpunkt zwar schon nicht mehr als Organ der SED-Führungsclique, ergriff aber laut damaligem Vize-Chefredakteur Michael Müller trotzdem eindeutig Partei: »Das war echt Wahlkampf für Links, aber nicht nur für SED-PDS, sondern für das linke Spektrum.«

Als die SED-PDS versuchte, die Bezirkszeitungen im Wahlkampf erneut auf Linie zu bringen, trat sie eine Lawine los. DAS VOLK, ehemaliges Organ der SED-Bezirksleitung Erfurt, erklärte sich Mitte Januar als eines der ersten Blätter für unabhängig. Die Redaktion habe sich damit gegen das »unnatürliche Meinungsmonopol« der SED-PDS wehren wollen, begründet der langjährige Chefredakteur Sergej Lochthofen. Die Zeitung nannte sich in THÜRINGER ALLGEMEINE um; alle anderen Bezirkszeitungen folgten ihr in den kommenden Wochen in die Unabhängigkeit, einige änderten auch ihre Titel.

DDR-Fernsehen und -Hörfunk orientierten sich an den öffentlich-rechtlichen Vorbildern der Bundesrepublik. Im Fernsehen war bereits Ende Dezember eigens eine Wahlredaktion gegründet worden, zur selben Zeit startete auch die Wahl-Sendereihe »Mit dem Gesicht zum Volke«. Die »Aktuelle Kamera« mühte sich darum, alle Parteien und Gruppen »streng dem Proporz folgend« zu berücksichtigen, sagt Manfred Pohl, Redaktionsleiter der Nachrichtensendung. Bei DT64 habe der Grundsatz gegolten, dass »jede Partei gleichberechtigt« ist, erinnert sich Andreas Ulrich. Die Redaktion schickte einen Übertragungswagen durchs Land, so dass die Hörer über die Positionen diskutieren konnten, mit denen die Gruppen und Parteien zur Wahl antraten.

Die ARD veranstaltete öffentliche Hearings, in denen DDR-Bürger den Kandidaten vor der Kamera Fragen stellen konnten. »Wir haben es geahnt, dass das DDR-Fernsehen solche spontanen und kritischen Bürgersendungen nicht plante« (Deppendorf 1990: 353). Auch in dieser Zeit verstanden sich die Westmedien also weiterhin als eine Form von ergänzender Öffentlichkeit für die DDR-Bürger. Der STERN ergriff sogar deutlich Partei für die Gruppen der Bürgerbewegung, die vor der Wahl materiell und organisatorisch viel schlechter gestellt waren als SED-PDS und die Blockparteien. In einem kostenlos verteilten Extraheft stellte die Redaktion zehn neue Gruppen mit ihren Zielen und den wichtigsten Vertretern vor. Prominenteste Gruppe damals war das Neue Forum, das Rolf Henrich mitbegründet hatte. »Wir hatten ja nichts. Wir hatten keine Kopiermaschinen, wir hatten keinen Zugang zu den Druckereien«, sagt Henrich. Eine Million Exemplare des Wahlhefts wurden gedruckt und teilweise direkt vom Lastwagen aus verteilt.

Nach dem überraschenden Wahlsieg der von Kanzler Helmut Kohl geschmiedeten Allianz für Deutschland standen alle Zeichen auf deutscher Einheit. Zum 1. Juli fielen die innerdeutschen Grenzkontrollen weg, es kam zur Wirtschafts- und Währungsunion. De facto war die Einheit Deutschlands da bereits Realität. Die von den DDR-Bürgern geforderte Anpassungsleistung war enorm, weil sie innerhalb kurzer Zeit ein völlig neues Gesellschafts-, Rechts- und Wirtschaftssystem erlernen mussten. Das Wissen über das bundesdeutsche System vermittelten in erster Linie die DDR-Medien. Sie wurden zu Lebenshelfern und Ratgebern des Systemwandels.

»Es wurden die Grundlagen des Lebens geändert. Das konnten die ADN-Kollegen gut vermitteln, die waren selbst davon betroffen. Sie mussten Versicherungen abschließen oder plötzlich ihr Auto ummelden«, sagt ADN-Redakteur Rainer Höhling. In den Redaktionen der bundesdeutschen Nachrichtenagenturen habe man sicher über diese Berichte »geschmunzelt«, aber wenn dpa damals auch die »Ostsicht« vermittelt hätte, wäre ADN »vom Fenster weg gewesen«, resümiert Höhling. Auch die THÜRINGER ALLGEMEINE druckte jeden Tag eine Service-Seite. »Heute Standard auch im Westen«, sagt Lochthofen.

Jugendradio DT64 wurde mit Hörerfragen zum Beispiel zum Arbeitsrecht »überschüttet« und hatte eine »starke Ratgeberfunktion« erinnert sich Andreas Ulrich. Mit Themen wie der wachsenden Arbeitslosigkeit oder der Diskussion über neue Lehrpläne an den Schulen wurde DT64 zu einem »Sender für Leute, die politisch Hilfe gesucht haben«, sagt der ehemalige DT64-Intendant Ringel.

Die westdeutschen Medien erkannten den Informationsbedarf der DDR-Bürger zu Fragen des Systemwandels offenbar nicht. Keiner der befragten West-Journalisten erinnerte sich an spezielle Ratgeberangebote für DDR-Bürger.

5. Brücken in die Deutsche Einheit

Für den DEUTSCHLANDSENDER KULTUR, der im Juni 1990 in Ost-Berlin auf Sendung ging, gehörte die Einheit zum Programm. In den Gründungsleitlinien stand der Auftrag, das Zusammenwachsen von Ost und West zu fördern. Der Sender, der aus den DDR-Hörfunkprogrammen STIMME DER DDR und DDR2 hervorging, richtete sich an Hörer aus der alten Bundesreplik und der DDR gleichermaßen. Damit habe DEUTSCHLANDSENDER KULTUR eine einzigartige »Brückenfunktion« gehabt, sagt die damalige Chefredakteurin Monika Künzel. Der Westen habe »über tägliche Reports aus den neuen Ländern« auch das dortige Alltagsleben kennen gelernt. Umgekehrt hätten die Hörer im Osten Neuigkeiten aus Schwaben oder dem Emsland erhalten. Zur Redaktion gehörten neben DDR-Journalisten bald auch solche von ZDF oder SFB.

Im Sommer 1990 verhandelten Politiker aus der DDR und der Bundesrepublik über den Einigungsvertrag. Die Berichterstattung über diese komplexen Sachverhalte bewerten leitende Journalisten dieser Zeit durchaus kritisch. Der damalige Chefredakteur des WDR-Fernsehens, Ulrich Deppendorf, stellte schon 1990 fest, es habe »keine großflächigen Sendungen« über das »Für und Wider« der Einheit gegeben und »kritische oder ablehnende Stimmen zur Einheit waren nicht mehr so gefragt« (1990: 353). Ex-ZDF-Chefredakteur Klaus Bresser ging ebenfalls davon aus, dass das Fernsehen vor allem in den »dramatischen Tagen des Umsturzes« im Herbst 1989 in Hochform war (1990: 43). Defizite sah er dagegen bei der Debatte um die Folgekosten der Einheit oder im Diskurs um die Formen einer neuen Staatlichkeit.

Durch den rasanten Umbau des Mediensystems – nur wenige originäre DDR-Medien überlebten den Umbruch – konnten diese Medien keine integrierende und Identität stiftende Rolle für die Ostdeutschen übernehmen. Der Medienwissenschaftler Knut Hickethier diagnostizierte, dass durch die Abwicklung des Deutschen Fernsehfunks »auch ein Teil der psychischen Einrichtung des Menschen zerschlagen« (1992: 90) worden sei. Seine Kollegin Ilona Wuschig nannte es ein »Stück Identitätsverlust für die ostdeutschen Hörer und Zuschauer« (2005: 151), originäre Ostmedien hätten ihrer Ansicht nach die Transformation der Gesellschaft erleichtert.

Ein Indiz für die Identifikation mit den DDR-Medien ist der Kampf der Hörer um den Erhalt von Jugendradio DT64. Im September 1990 wurde das Programm von RIAS 1 auf einige der DT64-Frequenzen geschaltet. Es folgten Massenproteste und Hungerstreiks, über die sich selbst der ehemalige DT64-Redakteur Ingolf Rackwitz wundert: »Für ein Radio sind die auf die Straße gegangen! Heute unvorstellbar.«

6. Fazit

Von der Kommunalwahl im Mai 1989 bis zum Tag der Deutschen Einheit im Herbst 1990 übernahmen Westmedien und DDR-Medien mehrere Rollen. Das Fernsehen war dabei am einflussreichsten. ARD und ZDF stellten eine Gegenöffentlichkeit zu den staatlich gelenkten Medien her. Ihre Berichte über die Massenflucht trugen zur Erosion der DDR bei. Über die oppositionelle Szene spannten die Westmedien einen Schutzschirm, der Repressionen seitens der DDR-Sicherheitsbehörden hemmte. Die oppositionellen Gruppen wiederum setzten die Westmedien mit Fortschreiten des gesellschaftlichen Umbruchs bewusster für ihre Ziele ein.

Die Fernsehbilder von der Leipziger Montagsdemonstration formten den 9. Oktober 1989 zum Tag der Entscheidung und beschleunigten die Friedliche Revolution. Am 9. November wiederum übernahmen die Westmedien als »Maueröffner« eine aktive Rolle. Ab der Machtübergabe von Honecker an Krenz Mitte Oktober 1989 begannen auch die DDR-Medien freier zu berichten. Das einsetzende Machtvakuum ermöglichte die wilden Wochen des DDR-Journalismus.

Die DDR-Medien verstanden sich zunehmend als Begleiter ihres Publikums und versuchten die gesellschaftlichen Umbrüche zu vermitteln. Bei den ersten freien Volkskammerwahlen ermöglichten sie die demokratische Teilhabe der DDR-Bürger. Die Westmedien boten zwar eine zusätzliche Perspektive der gesellschaftlichen Umbrüche, verloren aber die herausragende Bedeutung, die sie im Herbst 1989 hatten.

Als nach den Volkskammerwahlen alles auf eine schnelle deutsche Einheit zulief, erfüllten die DDR-Medien die Rolle eines Lebenshelfers und Ratgebers. Mit Serviceberichten erleichterten sie den DDR-Bürgern den Übergang in das gesamtdeutsche System. Die Westmedien gingen auf diesen Informationsbedarf dagegen kaum ein. In Folge der schnellen Übernahme der DDR-Presselandschaft durch Westverlage und der Abwicklung des DDR-Rundfunks gingen die originär ostdeutschen Medienstimmen fast vollständig unter. Die Medien konnten den DDR-Bürgern in den Jahren danach also nicht als Identitätsstifter dienen.

Bis in den Spätherbst 1989 spielten die Westmedien die entscheidende Rolle, weil sie in letzter Konsequenz als Maueröffner den Umbruch begünstigten. In der Folge übernahmen die gewendeten DDR-Medien die bedeutendere Rolle, weil sie als Lebenshelfer den DDR-Bürgern den Übergang ins bundesdeutsche System erleichterten.

Literatur

Bürger, Ulrich (1990): *Das sagen wir natürlich so nicht! Donnerstags-Argus bei Herrn Geggel.* Berlin: Dietz.

Carpentier, Jan (2009): Schockreport im Bonzenviertel. In: *SPIEGEL ONLINE.* Online unter: http://einestages.spiegel.de/static/authoralbumbackground/5203/1/schockreport_im_bonzenviertel.html. 22.10.2009 (aufgerufen am 8.11.2009).

Deppendorf, Ulrich (1990): Die Rolle des Westfernsehens bei der revolutionären Wende. In: Ludes, Peter: *DDR-Fernsehen intern. Von der Honecker-Ära bis »Deutschland einig Fernsehland«.* Berlin: Spiess, S. 349-354.

DRA – Deutsches Rundfunkarchiv (2010): *Schriftgut Zuschauerforschung. Sehbeteiligungskarte.* Online unter: http://www.dra.de/online/bestandsinfos/zuschauerforschung/index.html (aufgerufen am 13.1.2010).

Grubitzsch, Jürgen (1990): Presselandschaft der DDR im Umbruch. Ausgangspunkte, erste Ergebnisse und Perspektiven. In: *Media Perspektiven,* Heft 3, S. 140-155.

Hanke, Helmut (1990): Kommunikation in Aufruhr – Medien im Wandel. In: *Rundfunk und Fernsehen, 38. Jg.,* Heft 2, S. 319-327.

Heller, Carsten (1991): *Entstehung und Entwicklung der regionalen Wochenzeitung »DIE LEIPZIGER ANDERE ZEITUNG« (DAZ).* Unveröffentlichte Diplomarbeit. Leipzig: Universität.

Hertle, Hans-Hermann (2004): Volksaufstand und Herbstrevolution: Die Rolle der Westmedien 1953 und 1989 im Vergleich. In: Bispinck, Henrik (Hrsg.): *Aufstände im Ostblock.* Berlin: Christoph Links, S. 163-192.

Hesse, Kurt R. (1988): *Westmedien in der DDR. Nutzung, Image und Auswirkungen bundesrepublikanischen Hörfunks und Fernsehens.* Köln: Verlag Wissenschaft und Politik.

Hickethier, Knut (1992): Das Zerschlagen der Einrichtung. Der Weg vom Staatsfernsehen der DDR zum Rundfunkföderalismus in den neuen Bundesländern. In: Bohn, Rainer (Hrsg.): *Mauer-Show: das Ende der DDR, die deutsche Einheit und die Medien.* Berlin: Edition Sigma Bohn, S. 71-93.

Holzweißig, Gunter (1990): Massenmedien unter Parteiaufsicht – Lenkungsmechanismen vor der Wende in der DDR. In: *Rundfunk und Fernsehen, 38. Jg.*, Heft 3, S. 365-376.

Holzweißig, Gunter (2002): *Die schärfste Waffe der Partei. Eine Mediengeschichte der DDR.* Köln: Böhlau.

JUNGE WELT (1989): Im 40. Jahr der DDR klares Votum für den Sozialismus! In: *JUNGE WELT* vom 8.5., S. 1.

Kowalczuk, Ilko-Sascha (2002): Von ›aktuell‹ bis ›Zwischenruf‹. Politischer Samisdat in der DDR. In: Kowalczuk, Ilko-Sascha (Hrsg.): *Freiheit und Öffentlichkeit. Politischer Samisdat in der DDR 1985-1989.* Berlin: Robert-Havemann-Gesellschaft, S. 21-104

Kowalczuk, Ilko-Sascha (2009): *Endspiel. Die Revolution von 1989 in der DDR.* Bonn: Bundeszentrale für politische Bildung.

Lamnek, Siegfried (2005): *Qualitative Sozialforschung. Lehrbuch.* 4. vollständig überarbeitete Auflage. Weinheim: Beltz.

Liebold, Renate/Trinczek, Rainer (2009): Experteninterviews. In: Kühl, Stefan/ Strodtholz, Petra/Taffertshofer, Andreas (Hrsg.): *Handbuch Methoden der Organisationsforschung. Quantitative und qualitative Methoden.* Wiesbaden: VS Verlag, S. 32-56.

Linke, Norbert (1987): Die Rezeption der Programme von ARD und ZDF in der DDR als Gegenstand der SED-Kommunikationspolitik. In: *Publizistik, 32. Jg.*, Heft 1, S. 45-68.

Ludes, Peter (1990): *DDR-Fernsehen intern. Von der Honecker-Ära bis ›Deutschland einig Fernsehland‹.* Berlin: Spiess.

NEUES DEUTSCHLAND (1989a): Sich selbst aus unserer Gesellschaft ausgegrenzt. In: *NEUES DEUTSCHLAND* vom 2.10., S. 2.

NEUES DEUTSCHLAND (1989b): Rede des Genossen Egon Krenz. Generalsekretär des Zentralkomitees der SED. In: *NEUES DEUTSCHLAND* 19.10., S. 1-2.

Schuhbauer, Thomas (2001): *Umbruch im Fernsehen, Fernsehen im Umbruch: die Rolle des DDR-Fernsehens in der Revolution und im Prozess der deutschen Vereinigung 1989 – 1990 am Beispiel des Jugendmagazins ›Elf 99‹.* Berlin: Logos.

Ulrich, Andreas/Wagner, Jörg (Hrsg.) (1993): *DT64. Das Buch zum Jugendradio: 1964 – 1993.* Leipzig: Thom.

Wendt, Hartmut (1991): Die deutsch-deutschen Wanderungen. Bilanz einer 40jährigen Geschichte von Flucht und Ausreise. In: *Deutschland Archiv, 24. Jg.*, Heft 4, S. 386-395.

Wilke, Jürgen (2007): *Presseanweisungen im zwanzigsten Jahrhundert. Erster Weltkrieg – Drittes Reich – DDR.* Köln: Böhlau.

Wuschig, Ilona (2005): *Anspruch ohne Wirklichkeit. 15 Jahre Medien in Ostdeutschland.* Münster: Lit.

Zentrum für Zeithistorische Forschung e.V./Bundeszentrale für politische Bildung/DEUTSCHLANDRADIO (2010): *Chronik der Mauer.* Online unter: http://www.chronik-der-mauer.de/index.php/de/Chronical/Index (aufgerufen am 3.1.2010).

Interviews

Brüggemann, Jörg: ehem. Chefredakteur, RIAS 2, West-Berlin; 18.9.2009, telefonisch

Büchel, Dr. Bernhard: ehem. stellv. Chefredakteur, Elf 99; ehem. Intendant, 2. Programm DFF, Ost-Berlin; 11.12.2009, telefonisch

Carpentier, Jan: ehem. Redakteur, Elf 99, Ost-Berlin; 10.10.2009, persönlich

Eckert, Rainer: DDR-Bürgerrechtler, Potsdam; 17.9.2009, persönlich

Funk, Dr. Werner: ehem. Chefredakteur, DER SPIEGEL, Hamburg; 21.9.2009, persönlich

Goldbeck-Löwe, Hans-Günter: ehem. Leiter der Zentralredaktion, RIAS, West-Berlin; 10.10.2009, persönlich

Hano, Horst: ehem. DDR-Korrespondent, ARD-Aktuell, Hamburg; 21.9.2009, persönlich

Heller, Carsten: ehem. Redakteur, DIE LEIPZIGER ANDERE ZEITUNG, Leipzig; 16.9.2009, persönlich

Henrich, Rolf: Mitbegründer Neues Forum, Grünheide (Mark); 1.9.2009, persönlich

Hirsch, Ralf: Mitbegründer Initiative Frieden und Menschenrechte, Ost-Berlin; 15.10.2009, persönlich

Höhling, Rainer: ehem. Redakteur, ADN, Ost-Berlin; 25.8.2009, persönlich

Holluba, Matthias: Redakteur/Chefredakteur, TAG DES HERRN, Leipzig; 16.9.2009, persönlich

Jahn, Roland: Redakteur »Kontraste«; ehem. Kontaktmann zwischen DDR-Opposition und Westmedien, SFB, West-Berlin; 15.10.2009, persönlich

Jancker, Hans-Dieter: ehem. Bezirkskorrespondent Dresden, »Aktuelle Kamera«, Ost-Berlin; 23.9.2009, persönlich

Kipuros, Kostas: Redakteur, LEIPZIGER VOLKSZEITUNG, Leipzig; 30.9.2009, persönlich

Künzel, Dr. Monika: Gründungschefredakteurin, DEUTSCHLANDSENDER KULTUR, Ost-Berlin; 2.12.2009, telefonisch

Lochthofen, Sergej: Gründungschefredakteur, THÜRINGER ALLGEMEINE, Erfurt; 20.10.2009, persönlich

Müller, Michael: ehem. Vize-Chefredakteur, NEUES DEUTSCHLAND, Ost-Berlin; 13.10.2009, persönlich

Nooke, Günter: Mitbegründer Demokratischer Aufbruch, Leipzig; 9.10.2009, persönlich

Pohl, Manfred: ehem. Chefredakteur, »Aktuelle Kamera«, Ost-Berlin; 13.10.2009, persönlich

Poppe, Ulrike: Mitbegründerin Demokratie Jetzt, Ost-Berlin; 16.10.2009, persönlich

Pragal, Peter: ehem. DDR-Korrespondent, STERN, Hamburg; 31.8.2009, persönlich

Rackwitz, Ingolf: ehem. Redakteur, DT64, Ost-Berlin; 16.9.2009, persönlich

Richter, Dr. Claus: ehem. DDR-Korrespondent, ARD-Aktuell, Hamburg, 22.10.2009, telefonisch

Ringel, Dietmar: ehem. Intendant, DT64, Ost-Berlin; 13.10.2009, persönlich

Sager, Dirk: ehem. Leiter »Kennzeichen D«, ZDF, Mainz; 25.11.2009, telefonisch

Schefke, Siegbert: Mitbegründer Umweltbibliothek Berlin, »Kameramann der DDR-Opposition«, Ost-Berlin; 10.9.2009, persönlich

Schütt, Hans-Dieter: ehem. Chefredakteur, JUNGE WELT, Ost-Berlin; 1.12.2009, telefonisch

Schwarz, Ulrich: ehem. DDR-Korrespondent, DER SPIEGEL, Hamburg; 1.9.2009, persönlich

Sello, Tom: ehem. Redakteur, Samisdat UMWELTBLÄTTER, Ost-Berlin; 26.10.2009, persönlich

Steinke, Ernst: ehem. Reise-Korrespondent DDR, RIAS, West-Berlin; 25.8.2009, persönlich

Ulrich, Andreas: ehem. Redaktionsleiter, DT64, Ost-Berlin; 10.10.2009, persönlich

Wildt, Christian: ehem. Reporter, SFB-Hörfunk, West-Berlin; 13.10.2009, persönlich

Winters, Dr. Peter Jochen: ehem. DDR-Korrespondent, FRANKFURTER ALLGEMEINE ZEITUNG, Frankfurt am Main; 20.10.2009, persönlich

II. Medienrecht und Medienaufsicht

Heike Trautloff/Melanie Brühler

Entstehung und Entwicklung der ostdeutschen Landespressegesetze und Rundfunkordnung

Die Grundlage der Medienordnung ist das geltende Recht: Pressegesetze und Rundfunkstaatsvertrag bestimmen die juristische Ausgestaltung von gedruckten und über Fernsehen und Radio publizierten Medien, legen Anforderungen fest und zeigen Grenzen auf. Nach der Wende wurde in der Presse- und Rundfunklandschaft die Frage nach einer neuen Medienordnung aufgeworfen. Sowohl im Presse- als auch im Rundfunkbereich wurden größtenteils die in Westdeutschland erprobten Rechtsgrundlagen für Ostdeutschland adaptiert – trotz einiger innovativer Ideen, von denen allerdings nur die wenigsten in geltendes Recht umgesetzt wurden. So wagte Brandenburg als erstes Land den Schritt, die innere Pressefreiheit aufzunehmen. Anhand von Literatur, Parlamentsdebatten und Interviews mit 31 Experten und Zeitzeugen sollen im Folgenden Entstehung und Entwicklung der Pressegesetze und der Rundfunkordnung in Ostdeutschland rekonstruiert werden.

Der Forderung nach Meinungs- und Pressefreiheit in der DDR (Holzweißig 1999: 596) waren 40 Jahre ohne diese Freiheiten vorausgegangen, auch deswegen, weil in der DDR kein Mediengesetz existierte, das Rechte und Pflichten der Medien hätte regeln können. Stattdessen war die Verfassung maßgebend. Zwar versprach Artikel 27 der Verfassung von 1968 Medienfreiheit, diese unterstand jedoch der Direktion der Staatspartei SED, wie in Artikel 1 festgelegt war (Art. 1 i.V.m. Art. 27 Abs. 1 und 2 DDR-Verfassung von 1968). Dies ermöglichte, den Arbeitsalltag der Medien mittels Anweisungen der Abteilung für Agitation und Propaganda sowie des Nachrichtenangebots durch die staatliche Agentur ALLGEMEINER DEUTSCHER NACHRICHTENDIENST zu lenken (Holzweißig 1991: 50; Holzweißig 1989: 14). Aus Angst vor Zurechtweisung im Falle einer fehlenden Umsetzung herrschte abseits der Staatslenkung das Prinzip der »Schere im Kopf«: Selbstzensur der journalistischen Arbeit hin zum von der Partei anvisierten Ideal (Holzweißig 1999: 573).

Erste Bestrebungen zur Schaffung eines Rundfunk- und Pressegesetzes für die DDR wurden nach Kritik aus den Medien von der CDU forciert. Auch die SED sprach sich für einen breit diskutierten Mediengesetzentwurf aus. Daraufhin verlangte die Sozialdemokratische Partei die Umsetzung der Pressefreiheit in Form eines Gesetzes (NEUE ZEIT 1989; Kutsch 1990: 118; NEUES DEUTSCHLAND 1989; Claus 1991: 23). Konkret wurde das Vorhaben mit der Einberufung einer Gesetzgebungskommission im Dezember 1989, die den so genannten Medienbeschluss als Vorstufe für ein Mediengesetz ausarbeiten sollte (Claus 1991: 9; Baerns 1990: 9). Am 9. Januar 1990 legte das Gremium den Entwurf vor, der am 5. Februar 1990 von der Volkskammer verabschiedet wurde (Kutsch 1990: 136-138). Als Überwachungsinstanz wurde ein Medienkontrollrat einberufen, der allerdings nur Appellationscharakter besaß (Spielhagen 1991: 139).

Die Entwicklungen in der Zeit von Oktober 1989 bis Februar 1990 sind als wichtiges Zeichen für die Bereitschaft, Medienfreiheit zu schaffen, anzusehen. Holzweißig sieht im Medienbeschluss »die Verbindlichkeit jener Grundrechte, die in den Artikeln 27 und 28 der DDR-Verfassung zuvor nur auf dem Papier gestanden haben« (1999: 597). Kull wertet den Beschluss als eine Bewegung hin zum »Verständnis des Grundgesetzes von Meinungsäußerungsfreiheit, Medienfreiheit und Informationsfreiheit« (1990: 82).

1. Medienrechtliche Grundlagen im Bereich Presse

1.1 Die Entstehung der Pressegesetze in den neuen Ländern

Da die Wiedervereinigung die Ausarbeitung eines DDR-Mediengesetzes obsolet machte, beschäftigten sich die neuen Länder fortan mit der Schaffung eigener Pressegesetze. Im Wesentlichen orientierten sie sich an westdeutschen Regelungen. Einzig in Berlin galt das im Westen der

Stadt bestehende Berliner Pressegesetz (BlnPrG) automatisch auch für den Ostteil der Stadt (Interview Merz).

Im Nachbarland Brandenburg brachte die Landesregierung im Juni 1992 in der Ampelkoalition aus SPD, FDP und den Grünen einen Entwurf ein, der auch die innere Pressefreiheit enthielt (Landtag Brandenburg 1992b). Dies wurde von FDP und CDU kritisch beurteilt, während SPD, Linke Liste/PDS und Grüne noch mehr innere Pressefreiheit forderten (Landtag Brandenburg 1992a: 4049, 4057-4062). Mit Änderungen des Hauptausschusses wurde der Entwurf der Landesregierung mehrheitlich angenommen, jedoch auf die Bezeichnung »Redakteursstatut« verzichtet (siehe 1.2.2; Landtag Brandenburg 1993: 40f.). Am 13. Mai 1993 wurde das Brandenburgische Pressegesetz (BbgPG) verabschiedet und von den Machern letztlich als »liberales, aber konservatives Pressegesetz« (Interview Birthler) bezeichnet.

In Mecklenburg-Vorpommern legte die CDU im Oktober 1991 einen Gesetzentwurf vor, der sich am Modellentwurf der Innenministerkonferenz von 1963 orientierte (Landtag Mecklenburg-Vorpommern 1991). In der Debatte hatte die oppositionelle SPD den Versuch unternommen, die innere Pressefreiheit ins Gesetz zu bringen. Mehrheitlich entschiedt sich das Plenum dagegen (Landtag Mecklenburg-Vorpommern 1993: 27). Das Landespressegesetz für das Land Mecklenburg-Vorpommern (LPrG M-V) wurde am 6. Juni 1992 verabschiedet.

Die sächsischen Parteien setzten beim Pressegesetz auf Unterstützung aus den Altbundesländern: Die CDU kooperierte mit Baden-Württemberg und Bayern, die SPD bekam Hilfe aus Nordrhein-Westfalen, Schleswig-Holstein und Niedersachsen (Interviews Ackermann, Grüning, Neupert, Dyrlich). Der erste Entwurf des Gesetzes stammte von der Linken Liste/PDS und enthielt Regelungen zur inneren Pressefreiheit und Pressekonzentration (Sächsischer Landtag 1991b: 1 und 7). Dem entgegen stand der Entwurf der regierenden CDU (Sächsischer Landtag 1991c): Um eine Abgrenzung zur DDR zu schaffen, fügte sie Paragraf 3 ein, der festhielt, dass sich die Redakteure bei ihrer Arbeit »nicht durch Belastungen aus der Vergangenheit zu beeinträchtigen« (Sächsischer Landtag 1991a: 2096) haben. Nachdem der Medien-Ausschuss empfohlen hatte, dem Entwurf der Landesregierung nicht zuzustimmen (Sächsischer Landtag 1992b), zog die CDU ihren Ursprungsentwurf zurück und schlug vor, den neuen Entwurf anzunehmen (Sächsischer Landtag 1992a), so dass das Sächsische Gesetz über die Presse (SächsPresseG) als erstes unter den neuen Ländern am 3. April 1991 verabschiedet werden konnte.

In Sachsen-Anhalt legte die Fraktion der SPD einen Entwurf für ein Pressegesetz vor; stark geprägt von der inneren Pressefreiheit (Landtag Sachsen-Anhalt 1991a: 19). Gleichzeitig brachte die Landesregierung aus CDU und FDP ihren Entwurf ein. Nach der Arbeit des Ausschusses für Kultur und Medien am Entwurf enthielt dieser vom Vorschlag der SPD nur noch die Präambel, die die Unfreiheit der DDR-Medien in Erinnerung ruft (Landtag Sachsen-Anhalt 1991b: 2). Daraufhin wurde der Ausschussentwurf in dieser Version im Plenum mehrheitlich angenommen (Landtag Sachsen-Anhalt 1991c: 1346). Verabschiedet wurde das Pressegesetz für das Land Sachsen-Anhalt am 14. August 1991.

Mit dem Medienbeschluss als Rahmen legten die regierenden Parteien CDU und FDP in Thüringen im März 1991 den Entwurf für ein Pressegesetz vor, der mit Hilfe von Beratern aus Rheinland-Pfalz, Hessen und Bayern entstanden war (Interviews Schwäblein, Enkelmann, Seidel, Zeh). Nach Kritik von SPD und PDS (Thüringer Landtag 1991a: 774-778; Thüringer Landtag 1991b: 34) ergänzte der Ausschuss für Wissenschaft und Kunst Regelungen zur Offenlegungspflicht, ein Zensurverbot und die Pflicht zur sachlichen Richtigkeit (Thüringer Landtag 1991c; Thüringer Landtag 1991b: 43). In dieser Version wurde das Thüringer Pressegesetz (TPG) am 31. Juli 1991 verabschiedet.

1.2 Inhaltliche Ausgestaltung der Landespressegesetze und ihre Entwicklung bis 2009

1.2.1 Inhalte der Pressegesetze

Die Pressegesetze der neuen Bundesländer enthalten im Wesentlichen dieselben Inhalte wie ihre westdeutschen Vorbilder. Darunter befindet sich die Freiheit der Presse, die als Präambel angesehen werden kann, weil dieser Paragraf keine konkreten Aussagen zur Pressefreiheit enthält, aber die folgenden Regelungen prägt (Löffler/Wenzel/Sedelmeier 2006: 41f.). Die Zulassungsfreiheit gewährleistet uneingeschränkten Zugang zum Pressevertrieb, die öffentliche Aufgabe definiert die Presse als Mitwirkende an der Meinungsbildung, und das Recht auf Auskunft sichert der Presse Informationen bei Kommunal- und Landesbehörden zu. Im Gegenzug besteht die Pflicht zur sorgfältigen Arbeit und zur Veröffentlichung eines Impressums, aus dem die wirtschaftlich und redaktionell Verantwortlichen ersichtlich sein müssen. Dies korrespondiert mit der Pflicht zur Offenlegung der Besitzverhältnisse. Die Anforderungen an den verantwortlichen Redakteur sollen »Ansehen und Bedeutung des Amtes« (Löffler/Wenzel/Sedelmeier 2006: 559) hervorheben. Nur in Berlin und Mecklenburg-Vorpommern wird geregelt, dass eine Beschlagnahme von Presseprodukten bei Verstoß gegen das Strafgesetzbuch stattfinden kann. Alle Länder sind zur Ablieferung eines Exemplars bei den Landesbibliotheken verpflichtet. Des Weiteren beschäftigen sich die Pressegesetze mit den Sanktionen für die Nichterfüllung der genannten Anforderungen bzw. Regelungen.

Besonderheiten existieren in Sachsen mit Paragraf 3 (öffentliche Aufgabe), der zur Abgrenzung von der journalistischen Arbeit in der DDR mahnt, sowie in Sachsen-Anhalt mit der Präambel, die an die Unfreiheit der DDR-Medien erinnerte, jedoch im Zuge einer Vereinfachung des Gesetzes 2005 entfiel (Landtag Sachsen-Anhalt 2004a: 82). Im Sächsischen Gesetz heißt es: »Die Presse ist gehalten, die Erfüllung ihrer öffentlichen Aufgabe nach den Absätzen 1 und 2 nicht durch Belastungen aus der Vergangenheit zu gefährden« (§ 3 Abs. 3 SächsPresseG).

1.2.2 Innere Pressefreiheit

Die Grundlagen zur inneren Pressefreiheit sind in der Organisationsform und Arbeitsweise der Printmedien begründet: Zum einen soll die privatwirtschaftlich aufgebaute Presse ökonomisch agieren, zum anderen die in den Pressegesetzen festgeschriebene öffentliche Aufgabe wahrgenommen werden (Seiler 2002: 11). Daraus kann sich ein Konflikt zwischen dem Verleger, der das wirtschaftliche Wohl seines Produkts verfolgt, und der Redaktion ergeben, die der öffentlichen Aufgabe in ihrer Berichterstattung nachkommen will. Die innere Pressefreiheit zielt auf die Mitbestimmung der Redakteure am Verlagsgeschehen und ihre Freiheit in Angelegenheiten der Berichterstattung ab. Umstritten ist sie deswegen, weil dies in das Grundrecht des Verlegers eingreift, seine Meinung frei äußern zu dürfen und eine Richtung für sein Druckwerk festlegen zu können (Seiler 2002: 12).

Dementsprechend kündigten Verleger Klagen an und drohten mit Wechseln des Medienstandorts (Klöppel 1992; Leue 1992). Letztlich trug der äußere Druck dazu bei, die Formulierung »Redaktionsstatut« nicht ins Gesetz aufzunehmen (Interview Schmitz-Jersch). Der Grundsatz, dass kein Redakteur gegen seine Überzeugung schreiben müsse, fand jedoch Eingang ins Gesetz (DIE TAGESZEITUNG 1992): Heute heißt es im Brandenburgischen Pressegesetz: »Kein Redakteur darf veranlasst werden, eine Meinung, die er nicht teilt, als seine eigene zu publizieren« (§ 4 Abs. 2 Satz 1 BbgPG). Ebenso ist heute nur in Paragraf 4 des Brandenburgischen Pressegesetzes festgelegt, dass ein Verleger publizistische Grundsätze festlegen und veröffentlichen soll. Weiteres zur Beziehung zwischen den Aufgaben von Verleger und Redakteur kann freiwillig formuliert werden (AfP 1993: 561).

1.2.3 Informationsfreiheiten: Auskunftsanspruch und Informationsfreiheitsgesetz

Seit Januar 2006 gewährleistet das Gesetz zur Regelung des Zugangs zu Informationen des Bundes (Informationsfreiheitsgesetz – IFG) Bürgern die Möglichkeit auf Informationen aus Verwaltungsangelegenheiten von Ämtern, Behörden und Gerichten. Begrenzt ist dieses Recht durch den Schutz der Sicherheit, die Gefährdung schwebender Verfahren, den Schutz privater Daten und Geschäftsgeheimnisse (Branahl 2008: 74).

Den Anstoß für die gesetzliche Regelung gaben 2004 der Deutsche Journalisten-Verband (DJV), die Deutsche Journalisten-Union (dju), das Netzwerk Recherche, die Anti-Korruptionsliga Transparency International und die Bürgerrechtsorganisation Humanistische Union mit ihrem IFG-Entwurf (Heiser 2006: 25). Im selben Jahr wurde der nunmehr von SPD und Grünen eingebrachte Entwurf im Bundestag diskutiert (Deutscher Bundestag 2004). 2005 waren es Abgeordnete von SPD, den Grünen und der FDP, die das Gesetz unterstützten. Letztlich stimmten SPD und Grüne für das Gesetz, CDU/CSU dagegen, während sich FDP und PDS enthielten (Heiser 2006: 25; Redelfs 2005: 232).

Als Schwachpunkt des Gesetzes wird seine Gebührenregelung bewertet: Je nach Aufwand hat die Behörde das Recht, Kosten bis zu 500 Euro zu erheben. Der DJV beurteilt dies als »Abschreckung« (Heiser 2006: 25). Sowohl von Journalistenvertretern als auch der Projektgruppe Informationsfreiheit beim Bundesbeauftragten für Informationsfreiheit wird außerdem das Fehlen einer Abwägungsklausel bei Betriebs- und Geschäftsgeheimnissen bemängelt (Interviews Gerhold, Redelfs).

In vier ostdeutschen Ländern sowie in Berlin existieren dem Bundes-IFG vergleichbare *Landes*regelungen. Das Berliner Informationsfreiheitsgesetz (BlnIFG) wurde auf den Weg gebracht von der Fraktion der

Grünen im Berliner Parlament (Schubert 2001: 29). Es berücksichtigt die von den Journalistenvertretern gewünschten Ausnahmen der Nichtinformation bei Geschäftsgeheimnissen im Bereich der Gesundheitsgefährdung (§ 8 BlnIFG). Das Brandenburgische Akteneinsichts- und Informationszugangsgesetz (AIG) vom 10. März 1998 ist dem Bundesgesetz in Aufbau und Inhalt sehr ähnlich. Jedoch regelt es, dass eine Behörde die gleiche Art der Information nur bis zu einer Anzahl von 50 Anfragen zu beantworten braucht (§ 8 AIG). Das Gesetz zur Regelung des Zugangs zu Informationen für das Land Mecklenburg-Vorpommern (IFG M-V) vom 10. Juli 2006 enthält nicht nur die dem Bundesgesetz äquivalenten Regelungen zum Schutz bestimmter Daten (§§ 5 bis 8 IFG M-V), sondern regelt auch vergleichsweise ausführlich das Verfahren des Antrages auf Information bei einer Behörde (§§ 10, 11, 12, 14 IFG M-V). Das sachsen-anhaltinische Informationszugangsgesetz (IZG), verabschiedet am 19. Juni 2008, ähnelt in Aufbau und Inhalt stark dem Gesetz aus Mecklenburg-Vorpommern. Im Gegensatz zu anderen Ländern sind in Sachsen-Anhalt jedoch Kosten von bis zu 1000 Euro möglich anstatt bis zu 500 Euro. Am 20. Dezember 2007 verabschiedete der Thüringer Landtag sein Informationsfreiheitsgesetz (ThürIFG). Es bezieht sich nahezu vollständig auf das Bundes-IFG, erweitert dessen Gültigkeit demnach auf die Thüringer Behörden.

1.3 Entwicklungen in den Landespressegesetzen bis 2009

Auffällig in der Entwicklung der Pressegesetze bis 2009 ist das Engagement der rechtsextremistischen Parteien. NPD und DVU versuchten in Brandenburg, Sachsen-Anhalt und Sachsen 1998, 2002 bzw. 2007 die Änderung des Paragrafen 1 hin zu einer Einflussfreiheit von Parteien bzw. des Paragrafen 9 (Offenlegung der Beteiligungsverhältnisse), um den Einfluss von Parteien auf Printprodukte zu verhindern (Landtag Sachsen-Anhalt 1998: 3; Landtag Brandenburg 2004b; Sächsischer Landtag 2007). Um sich selbst die Möglichkeit der Beeinflussung über ein Presseorgan offen zu halten, verlangte z.B. die DVU in Sachsen-Anhalt, dass eine Ausnahme diejenigen Zeitungen darstellten, die von einer Partei herausgegeben werden (Landtag Sachsen-Anhalt 1998a: 3). In allen Fällen sprach sich das Plenum gegen die Umgestaltung aus (Landtag Sachsen-Anhalt 1999: 717; Landtag Brandenburg 2004a: 6850; Sächsischer Landtag 2008: 8298).

Mit der Begründung, mehr Jugendschutz zu gewährleisten, hob der brandenburgische Landtag 2002 die verkürzten Verjährungsfristen für einzelne Bereiche auf (Landtag Brandenburg 2002: 3889). Sie regelten, dass von der Presse begangene Vergehen und Verbrechen bereits nach sechs Monaten bzw. einem Jahr statt drei bzw. 30 Jahren nicht mehr strafrechtlich verfolgt werden können. Auch das Berliner Abgeordnetenhaus stimmte 2002 für diese Änderung, um eine bessere Strafverfolgung zu ermöglichen (Abgeordnetenhaus Berlin 2002; 2003). 1992 und 2004 wurden in Sachsen-Anhalt einige presserechtliche Verjährungsfristen aufgehoben (Landtag Sachsen-Anhalt 1993: 6618f.; 2004b: 3283). Auch in Thüringen wurde das Pressegesetz 2000 hinsichtlich der Verjährung von Straftaten geändert (Thüringer Landtag 2000).

Das mecklenburg-vorpommerische Gesetz hat keine Änderungen seit Bestehen erfahren. Versuche von PDS und SPD, die innere Pressefreiheit aufzunehmen, scheiterten (Interviews Jäger, Bluhm, Friese). In Sachsen sind bis auf einen erfolgloser Antrag der SPD von 1995, der auf die Erweiterung der Rechte von Fotojournalisten abzielte (Sächsischer Landtag 1995; Sächsischer Landtag 1997), keine Änderungen zu beobachten (Interviews Hilker, Mädler). In Sachsen-Anhalt wurde die Präambel, die an die Unfreiheit der DDR-Medien erinnerte, 2005 im Zuge des Ersten Rechts- und Verwaltungsvereinfachungsgesetzes getilgt, da sie »entbehrlich« (Landtag Sachsen-Anhalt 2004a: 82) sei. Seit 1993 wird die Verletzung der Offenlegungspflicht in Thüringen als Ordnungswidrigkeit gewertet, da zunehmend Verleger dieser Anforderung nicht nachkamen (Thüringer Landtag 1992; Thüringer Landtag 1993: 7107).

1.4 Die Zukunft der ostdeutschen Pressegesetze

Momentan sind keine Änderungen der ostdeutschen Pressegesetze geplant. In Berlin wird das Gesetz als änderungsfest betrachtet (Interview Zimmermann). Die Grünen erachten dort ein Mediengesetz für Presse und Rundfunk für möglich, ohne Initiativen zu planen (Interview Ströver). Eine rechtliche Verankerung der Qualität der Zeitungsinhalte strebt die SPD in Mecklenburg-Vorpommern an (Interview Schildt). Ein Mediengesetz wird dort beispielsweise von den Linken als möglich erachtet (Interview Bluhm). Die CDU hingegen sieht dies aufgrund unterschiedlicher Organisationsformen als nicht denkbar an (Interview Jäger).

Aktuell beschäftigt sich die CDU in Sachsen vor dem Hintergrund des Zeitungssterbens mit Subventionierungsmöglichkeiten der Presse (Interview Grüning). Die sächsische Linke sieht das Fehlen der inneren Pressefreiheit weiterhin als Versäumnis an (Interview Hilker). In Sachsen-Anhalt ist für die Zukunft kein einheitliches Regelwerk für Presse und Rundfunk in der Diskussion (Interviews Schomburg, Bischoff).

In Thüringen hingegen war solch ein Mediengesetz von Seiten der SPD angedacht, die jedoch letztlich zur Wahrung der Staatsferne in der Medienlandschaft darauf verzichtete (Interview Döring). Die Thüringer Linke erstrebt die Aufnahme der inneren Pressefreiheit in das Gesetz, plant jedoch vorerst keine Änderungsanträge (Interview Blechschmidt).

1.5 Fazit: Pressefreiheit in den ostdeutschen Pressegesetzen

Betrachtet man die Entwicklung der Pressegesetze in den ostdeutschen Bundesländern, lassen sich drei wesentliche Ergebnisse feststellen: Zunächst haben sich alle Länder für eine an den westdeutschen Pressegesetzen orientierte Medienrechtsordnung entschieden. Des Weiteren ist diese Ordnung charakterisiert durch eine freie Arbeit und Berichterstattung der Printmedien und steht damit im Gegensatz zur Situation vor 1990. Schließlich weisen einige ostdeutsche Pressegesetze Besonderheiten auf: Die Gesetze in Sachsen-Anhalt bzw. Sachsen erinnerten bzw. erinnern an die Situation der unfreien Medien der DDR und halten vor Augen, dass im Gewissen und in der Arbeitsweise der ostdeutschen Journalisten eine Abgrenzung zu dieser Phase stattfinden sollte (§ 3 Abs. 3 SächsPresseG; Präambel LPG Sachsen-Anhalt).

Besondere Bedeutung für ein pressefreiheitliches Ostdeutschland hat Paragraf 1 (Freiheit der Presse), der nicht nur eine herausragende Position einnimmt, sondern auf diese Weise auch ein deutliches Zeichen für einen neuen und freiheitlich geprägten Anfang der ostdeutschen Medien darstellt. Jedoch ergeben sich aus der Interpretation Verständnisprobleme: Bullinger (1991: 471) erinnert daran, dass Paragraf 1 als Freiheit der Verleger gegenüber dem Staat zu werten sei. Anders ausgelegt könnte unter Pressefreiheit jedoch die Unabhängigkeit der Redakteure vom Verleger verstanden werden. Um diese Lücke zu schließen, hat Brandenburg erstmalig Regelungen zur inneren Pressefreiheit eingebracht. Damit weist es eine Weiterentwicklung nicht nur im Vergleich zu den übrigen neuen Ländern auf (in denen teilweise versucht wurde, die innere Pressefreiheit aufzunehmen), sondern auch zu den westdeutschen.

Im Bereich der Informationsfreiheit können die ostdeutschen Länder auf eine dichte Verbreitung blicken (einzig Sachsen besitzt kein IFG). Im Gegensatz zum Bundes-IFG ermöglichen die Landesgesetze teilweise eine einfachere Handhabung von Amtsinformationen.

Für die Zukunft beabsichtigen alle Bundesländer wenig bis keine Änderungen ihrer Pressegesetze. Mögliche Mediengesetze, die die Materien Presse und Rundfunk zusammenfassen, sind allenfalls angedacht, aber nicht geplant. Möglich wäre jedoch, dass einzelne Fraktionen erneut den Versuch unternähmen, die innere Pressefreiheit einzubringen.

Insgesamt betrachtet ist der Übergang der medienrechtlichen Ordnung in Ostdeutschland von einem fehlendem Mediengesetz in der DDR zu Pressegesetzen als Schritt hin zu einer freiheitlichen Regelung auf juristischer Ebene zu werten. Dabei kommt besonders den Ländern Brandenburg, Sachsen und Sachsen-Anhalt eine Schlüsselrolle zu: Ihre Gesetze enthalten völlig neue Regelungen, die eine Abgrenzung zur Situation der Medien in der DDR aufzeigen sollen.

Alle ostdeutschen Bundesländer haben sich indes bemüht, möglichst schnell presserechtliche Rahmenbedingungen zu schaffen, sich in diesem Zusammenhang an den westdeutschen Vorbildern orientiert und auf bewährte Regelungen zurückgegriffen, ohne Diskussionen und Anpassungen an das eigene Land auszulassen.

2. Medienrechtliche Grundlagen im Bereich des Rundfunks

Mit der Vereinigung Deutschlands wurde auch im Bereich des Rundfunks die Frage nach seiner Medienordnung neu aufgeworfen. Dieser Startpunkt stellte Herausforderung und Chance für das Medienrecht in Deutschland dar. Bereits kurz vor der Wende formierte sich in der ostdeutschen Medienlandschaft ein neues Selbstverständnis, das schon bald den Ruf nach einem neuen Mediengesetz und nach personeller Veränderung bei der Generalintendanz für Hörfunk und Fernsehen nach sich zog (Kresse 1992: 3).[1]

[1] Die bisherigen Generalintendanten für Hörfunk und Fernsehen, Adameck und Becker, wurden am 1. Dezember 1989 durch Bentzien und Klein ersetzt, die fortan als Hoffnungsträger für Reformen fungierten.

2.1 Konstituierung einer neuen Rundfunkordnung

Der ehrgeizige Wunsch, ein ostdeutsches Mediengesetz zu schaffen, wurde schnell von politischen Entwicklungen eingeholt. Nach den ersten freien Volkskammer-Wahlen und der Wahl von Lothar de Maizière zum Ministerpräsidenten der DDR im April 1990 entstanden neben dem Medienkontrollrat weitere Institutionen, die auch die medienrechtliche Vereinigung mit der Bundesrepublik vorantreiben sollten: der Volkskammerausschuss für Presse und Medien sowie das Ministerium für Medienpolitik. Diese drei Institutionen teilten sich Zuständigkeiten und verfolgten unterschiedliche Linien, was zwangsläufig zu Konflikten führte: Während der Medienkontrollrat eigene Ideen in die föderale Rundfunkordnung einbringen wollte, lag der Fokus von Medienministerium und -ausschuss primär auf der Abwicklung des Rundfunks der DDR (Kresse 1992: 14).

Im Mai 1990 wurden von Medienkontrollrat und Medienministerium erste Textentwürfe für ein ostdeutsches Rundfunkgesetz ausgearbeitet, doch bereits zu diesem Zeitpunkt war klar, dass dies allenfalls ein Überleitungsgesetz auf dem Weg in eine föderale Rundfunkordnung sein würde. Auch eine Kommission aus vorrangig westdeutschen Experten schuf erste Entwürfe für ein Rundfunkgesetz, die aber als zu staatsnah abgetan wurden (Wille 2003: 137).

Das Rundfunküberleitungsgesetz trat in überarbeiteter Version am 26. September 1990 in Kraft und verlor bereits sieben Tage später durch das Inkrafttreten des Einigungsvertrags (EinigVtr) und des darin enthaltenen Rundfunkartikels seine Gültigkeit. Durch seine Konzentration ausschließlich auf die Rundfunkinstitutionen der DDR verhinderte Artikel 36 EinigVtr eine Reform der deutschen Rundfunkordnung, die auch in den alten Bundesländern hätte greifen können, und blockierte eine schnelle Einführung des dualen Systems; private Rundfunkveranstalter wurden außen vor gelassen.

Im Januar 1992 trat der Staatsvertrag über den Rundfunk im vereinten Deutschland in Kraft, der grundsätzliche Aussagen über den öffentlich-rechtlichen und privaten Rundfunk enthielt, die auch für die neuen Länder von erheblicher Bedeutung waren (Kresse 1992: 57).

2.2 Schaffung eines dualen Rundfunksystems

Mit der deutschen Einheit begann die Phase der Integration auch im Rundfunkbereich. Dabei wurden die zentralistischen Rundfunkinstitutionen der DDR abgewickelt, gleichzeitig wurde in den neuen Ländern eine duale Rundfunkordnung auf Basis des föderalistischen Prinzips errichtet. In diesem Schaffensprozess jedoch ging es retrospektiv vor allem darum, das Recht der alten Bundesländer in die neuen Bundesländer zu überführen; Innovationen wurden nicht geschaffen.

Einige alte Bundesländer übernahmen Patenschaften für die Landesmediengesetze der neuen Länder (Interviews Steinmann, Henle, Kühn). Dennoch konnte auch (oder gerade) mit diesem Mangel an Neuerungen und Reformen die Fortdauer der Grundversorgung gesichert werden (Wille 2003: 142). Artikel 36 EinigVtr durfte gemäß Verfassung keine inhaltlichen Festlegungen hinsichtlich der zukünftigen ostdeutschen Rundfunkordnung treffen, da dies Ländersache ist. Zur Begleitung des Transformationsprozesses wurde die so genannte »Einrichtung« geschaffen, der ein Rundfunkbeauftragter der Länder vorstand[2] und deren Existenz von Vornherein auf Ende Dezember 1991 begrenzt war (Dussel 2004: 296). Ihre Aufgabe bestand vorrangig darin, in der Übergangszeit die Programmgrundversorgung zu gewährleisten, die Einrichtung in Anstalten öffentlichen Rechts zu überführen und sie in Konsequenz zum Ende des Jahres 1991 aufzulösen (Art. 36 Abs. 1 Satz 2 und Abs. 6 EinigVtr).

2.2.1 Öffentlich-rechtlicher Rundfunk

Bereits der Medienbeschluss der Volkskammer veränderte den Status des Rundfunks in der DDR: Der Rundfunk wurde nicht mehr als staatliche Einrichtung angesehen, vielmehr wurden die Rundfunkanstalten nun als unabhängige öffentliche Einrichtungen anerkannt – blieben aber weiterhin Volkseigentum,[3] was im Selbstverständnis der ehemaligen DDR ebenso gut mit »Staatseigentum« übersetzt werden könnte und die geforderte Staatsferne relativierte.

---

2 Da es in der vorgesehenen Frist nicht gelang, diese Position durch die Volkskammer besetzen zu lassen, wählten Sprecher der neuen Länder den Präsidenten der Bayerischen Landeszentrale für neuen Medien, Rudolf Mühlfenzl, zum Rundfunkbeauftragten.

3 Nach Ziffer 11 Satz 2 des Beschlusses der Volkskammer über die Gewährleistung der Meinungs-, Informations- und Medienfreiheit.

Nach der Entscheidung, die westdeutsche Rundfunkordnung weitgehend zu adaptieren, arbeiteten die Länderparlamente in der Übergangsphase bis 1991 unter großem Zeitdruck daran, die gesetzlichen Grundlagen für neue öffentlich-rechtliche Anstalten zu schaffen (Kresse 1992: 39). Dabei wurden mehrere mögliche Zusammenschlüsse ausgelotet, unter anderem eine Fünf-Länder-Anstalt mit dem Namen »Ostdeutscher Rundfunk«. Dieser Vorschlag war von der SPD eingebracht worden, stieß jedoch auf heftige Ablehnung der anderen Parteien: Die zentrale Steuerung weckte ungute Erinnerungen an die DDR-Praxis; genau jene Praxis, von der man sich weit entfernen wollte (Dussel 2004: 297).

Ein komplett gegenläufiger Vorschlag sah vor, alle neuen Länder in bereits bestehende ARD-Anstalten aufzunehmen.[4] Während sich Thüringen für diese Lösung interessierte und mit dem HESSISCHEN RUNDFUNK bereits Kooperationsmöglichkeiten auslotete, wehrten sich besonders die damaligen Ministerpräsidenten von Sachsen und Brandenburg, Kurt Biedenkopf und Manfred Stolpe, gegen diese Lösung: Sie sei politisch inakzeptabel und mit spezifisch ostdeutschen Interessen nicht vereinbar. Aufgrund des Machtverlustes der CDU bei der Landtagswahl 1991 stellte Thüringen die Verhandlungen mit Hessen ein (Kresse 1992: 53).

Stattdessen einigten sich Thüringen, Sachsen und Sachsen-Anhalt Ende Mai 1991 auf die Errichtung einer Dreiländeranstalt, den MITTELDEUTSCHEN RUNDFUNK. Der MDR-Staatsvertrag trat am 1. Juli 1991 in Kraft. Brandenburg verabschiedete im September desselben Jahres das Gesetz über den Rundfunk Brandenburg, der OSTDEUTSCHE RUNDFUNK BRANDENBURG entstand. Zu Beginn des Jahres 1992 wurden MDR und ORB in die ARD aufgenommen und nahmen den Sendebetrieb auf. Der ORB währte allerdings nur wenig mehr als zehn Jahre. Im Mai 2003 fusionierten ORB und der SENDER FREIES BERLIN zum RUNDFUNK BERLIN-BRANDENBURG.

In der Wendezeit war auch die Überlegung aufgeworfen worden, Berlin, Brandenburg und Mecklenburg-Vorpommern zur Nordostdeutschen Rundfunkanstalt (NORA) zusammenzuschließen (Lojewski 2003: 247), jedoch fühlte sich Mecklenburg-Vorpommern enger mit Norddeutschland verbunden und trat deshalb als vierter Partner dem NDR bei. Im März 1992 trat der neue NDR-Staatsvertrag in Kraft. Das ZWEITE DEUTSCHE FERNSEHEN war nur indirekt von der Neugestaltung der

4 Nach diesem Vorschlag sollte Sachsen dem BAYERISCHEN RUNDFUNK, Thüringen dem HESSISCHEN RUNDFUNK, Mecklenburg-Vorpommern dem NORDDEUTSCHEN RUNDFUNK und Sachsen-Anhalt und Brandenburg dem SENDER FREIES BERLIN beitreten.

Rundfunkordnung in Ostdeutschland betroffen: Es reagierte mit der Bildung von Landesstudios in den neuen Bundesländern und in Personalfragen mit der Losung »In dubio pro Ossi« (Fornoff 2003: 125). In puncto Berichterstattung verpflichtet der ZDF-Staatsvertrag den Sender, auch auf spezifisch ostdeutsche Interessen einzugehen (ZDF-StV § 5 Satz 2).

2.2.2 Privater Rundfunk

In Artikel 36 des Einigungsvertrages fand der private Rundfunk keine Erwähnung, da die Ausschreibung von Frequenzen, die Schaffung von Zulassungsbehörden und die Formulierung von Auswahlkriterien für privaten Rundfunk nach Logik des Einigungsvertrages ausschließlich Ländersache sein könne (Kresse 1992: 24). Trotz der Zuständigkeit der Länder musste der Aufbau einer dualen Rundfunkordnung koordiniert und innerhalb eines vom Bundesverfassungsgericht eng gezogenen Rahmens vollzogen werden.

Rechtlich wurde eine damals noch junge Form öffentlich-rechtlicher Anstalten zur Schlüsselinstitution des kommerziellen Rundfunks: die Landesmedienanstalten (Dussel 2004: 272). Aus Gründen der Staatsferne sind sie aus dem klassischen Verwaltungsaufbau ausgegliedert und als Anstalten des öffentlichen Rechts zur Selbstverwaltung befugt (Holznagel/Krone/Jungfleisch 2004: 38). Im Westen der Bundesrepublik Deutschland existieren die Landesmedienanstalten als Zulassungs- und Aufsichtsbehörde für private Rundfunkveranstalter seit Mitte der 80er-Jahre. Mit der Wende sollten diese Strukturen auch im Osten aufgebaut werden (Kühn 2003: 91).

Trotz der Vernachlässigung des privaten Rundfunks durch den Einigungsvertrag setzte die Medienordnung Ostdeutschlands von Beginn an auf den dualen Ansatz (Wille 2003: 140). Besonders in den Teilen Ostdeutschlands, die bisher keinen privaten Rundfunk empfangen konnten, reagierte man begierig auf die Neuerungen (Thoma 2003: 269). Der Einzug des privaten Rundfunks nach Ostdeutschland wurde allerdings durch die erst allmähliche Konstituierung der Länder und die dadurch zähe Schaffung gesetzlicher Zulassungsvoraussetzungen verzögert (Faul 1991: 132). Dieser zeitliche Verzug brachte den Privatrundfunkveranstaltern einige Nachteile: Die besten terrestrischen Frequenzen hatten sich bereits die öffentlich-rechtlichen Rundfunkanstalten gesichert (Interview Henle). Im Mai 1991 verabschiedete Sachsen-Anhalt als erstes der neuen Länder ein Gesetz über den privaten Rundfunk, die anderen Länder folgten. Nur Brandenburg verzichtete zunächst auf die Verabschiedung eines speziellen Gesetzes und schuf erst mit dem Staatsvertrag über die Zusammenarbeit im Bereich des Rundfunks für Berlin und Brandenburg im Mai 1992 eine rechtliche Basis für den privaten Rundfunk (Kresse 1992: 81).

Die späte Errichtung der Landesmedienanstalten in den neuen Ländern ließ den Plan scheitern, den privaten Rundfunk gleichzeitig mit dem öffentlich-rechtlichen Rundfunk im Januar 1992 zu starten (Kresse 1992: 55), der private hinkte dem öffentlich-rechtlichen Rundfunk hinterher.

2.3 Der Wandel der Rundfunkordnung von der Nachwendezeit bis heute

Nach der Konstituierung der Rundfunkordnung in Ostdeutschland war für theoretische Reflexionen keine Zeit – diese wurde von Behördengründungen und der Erhaltung der Handlungsfähigkeit in Anspruch genommen (Interview Kühn). Doch mit Aufnahme des Routinebetriebs zeigte sich allmählich stellenweise Nachbesserungsbedarf. So stellte die Thüringer Landesmedienanstalt bald fest, dass sich die Festsetzung des Wortanteils in Privatsendern auf ein Drittel der Gesamtsendezeit, die im Zuge der Patenschaft aus dem Hessischen übernommen wurde, als illusorisch erwies. Die Maßgabe wurde von Privatsendern nicht eingehalten, da sie konträr zu den Zielgruppenbedürfnissen stand. In der Novellierung des Privatfunkgesetzes Thüringen wurde der Wortanteil deshalb auf 15 Prozent gesenkt, diese Maßgabe wird seitdem streng überwacht (Interview Henle).

Abseits der frühen Nachbesserungen war das Bild der Gesetzesentwicklung vor allem durch neue technologische Entwicklungen geprägt, denen in den Gesetzen Rechnung getragen werden musste. Bestand die Arbeit in den ostdeutschen Landesmedienanstalten zu Beginn vorrangig aus der Frequenzvergabe, machte die Digitalisierung dies bald obsolet – doch brachte sie stattdessen neue Probleme mit sich (Interview Zahrnt) und veränderte die Rolle der LMAs hin zu einer Moderatoren- und Aufsichtsfunktion (Interview Henle).

In der Genesis der Entwicklung der Rechtsgrundlagen können außerhalb der Gründungsjahre keine typisch ostdeutschen Diskussionen oder Besonderheiten beobachtet werden (Interview Fasco). In neuen wie in alten Bundesländern wurde mit Novellierungen auf technischen Fortschritt, wirtschaftliche Entwicklungen, Rezipientenbedürfnisse und Regierungswechsel reagiert (Interviews Zahrnt und Fasco).

2.4 Vergleichende Betrachtung des ost- und westdeutschen Rundfunkrechts

Das ost- und westdeutsche Rundfunkrecht weisen keine signifikanten Differenzen auf – was auch der Tatsache Rechnung trägt, dass in der Übergangsphase ein Großteil des westdeutschen Rundfunkrechts adaptiert und an die neu entstehende ostdeutsche Rundfunklandschaft angepasst wurde (Astheimer 1991: 103). Es gibt keine spezifisch ostdeutschen Regelungen, höchstens solche, die lokaler Entwicklung Rechnung tragen: In Ostdeutschland schließt das Rundfunkrecht Regelungen für lokale und regionale Berichterstattung ein, da es viele kleine Kabelnetzbetreiber gibt und so lokaler und regionaler Rundfunk ermöglicht wird. Spezifisch ostdeutsch ist dies allerdings nicht: Auch in Bayern gibt es diese Regelungen, Lokal- und Regionalfernsehen wird von der Bayerischen Landesmedienanstalt direkt gefördert, während solche Regelungen beispielsweise in Niedersachsen nicht existieren (Interview Lorentz).

2.5 Fazit: Gestaltung des Rundfunkrechts in den neuen Ländern

Der Abnabelungsprozess des ostdeutschen Rundfunkrechts ist abgeschlossen, die Länder haben ein eigenes Selbstbewusstsein entwickelt und schielen nicht mehr nur darauf, was die anderen machen – wie es zu Beginn der Integration durch Patenschaften für die Landesmediengesetze durch die alten Bundesländer der Fall war. Dennoch: Das Schielen zu Beginn der Konstituierung einer ostdeutschen Rundfunkordnung, kombiniert mit dem Zeitdruck, unter dem die mit der Integration beauftragten Gremien standen, erstickte manche innovative Überlegung im Keim.

Die Neuordnung des Rundfunks im Osten Deutschlands war zweifellos eine große Reform. Sie brachte Menschen, die bisher legal nur durch staatliche kontrollierte Medien informiert wurden, ein Stück Freiheit. In der Begründung zum Staatsvertrag über den Mitteldeutschen Rundfunk heißt es, dass die Neuorganisation des Rundfunks in der früheren DDR von besonderer politischer Bedeutung sei, da die Bürger fast 40 Jahre unter einem völlig einseitigen, sich mit dem Staat identifizierenden und die Nachrichtenvielfalt verfälschenden Rundfunk gelitten hätten. Das Ziel sei deshalb, einen staatsunabhängigen, leistungsfähigen und die Interessen der Bürger respektierenden Rundfunk zu schaffen (Wille 2003: 141).

Sicherlich war es nötig und geboten, zuerst die Grundversorgung auch in den neuen Bundesländern zu sichern und dies konnte mit einer Übernahme des Status quo relativ reibungslos erreicht werden. Allerdings führte eben der Mangel an Reibung dazu, dass keine Innovationen geschaffen wurden – weder in den neuen Bundesländern, noch in den alten, die den Umbruchspunkt ebenso für ein Überdenken und Überarbeiten der bestehenden Strukturen hätten nutzen können (Hoffmann-Riem 1991: 472).

Die Adaption einer Rundfunkordnung, die ihre Leistungsfähigkeit in den alten Bundesländern schon unter Beweis gestellt hatte, war in Anbetracht der Zeitnot eine plausible Lösung. Die ostdeutsche Rundfunkordnung funktioniert bereits seit 20 Jahren – ein Zeitpunkt für Reformen und Innovationen ist schließlich nicht festgeschrieben.

Literatur

Abgeordnetenhaus Berlin (2002): *Gesetz zur Änderung des Berliner Pressegesetzes.* Drs. 15/1033 21.11.2002.

Abgeordnetenhaus Berlin (2003): *Inhaltsprotokoll Ausschuss für Verfassungs- und Rechtsangelegenheiten, Immunität und Geschäftsordnung.* Drs. 15/23 5.6.2003.

AfP – Archiv für Presserecht (1990): Medienbeschluß der DDR-Volkskammer. In: *Archiv für Presserecht, 21. Jg.,* Heft 1, S. 23-24.

AfP – Archiv für Presserecht (1993): Potsdamer Landtag verabschiedete Pressegesetz. In: *Archiv für Presserecht, 24. Jg.,* Heft 2, S. 561.

Astheimer, Sabine (1991): Erfahrungen aus der Praxis der Rundfunkaufsicht. In: Gellner, Winand (Hrsg.): *An der Schwelle zu einer neuen deutschen Rundfunkordnung. Grundlagen, Erfahrungen und Entwicklungsmöglichkeiten.* Berlin: Vistas, S. 103-123.

Baerns, Barbara (1990): *Journalismus und Medien in der DDR. Ansätze, Perspektiven, Probleme und Konsequenzen des Wandels.* Königswinter: Jakob-Kaiser-Stiftung.

Bullinger, Martin (1991): Die Entwicklung der Medien und des Medienrechts in den neuen Bundesländern. In: *Archiv für Presserecht, 22. Jg.,* Heft 2, S. 465-613.

Claus, Werner (1991): *Medien-Wende, Wende-Medien? Dokumentation des Wandels im DDR-Journalismus, Oktober '89 – Oktober '90.* Berlin: Vistas.

Deutscher Bundestag (2004): *Gesetzentwurf der Fraktionen SPD und Bündnis 90/Die Grünen.* Drs. 15/4493 14.12.2004.

DIE TAGESZEITUNG (1992). Bitte machen Sie sich frei! Brandenburgs Pressegesetz läßt noch Wünsche offen. In: *DIE TAGESZEITUNG* vom 15.10.

Dussel, Konrad (2004): *Deutsche Rundfunkgeschichte.* Konstanz: UVK.

Eberle, Carl-Eugen/Gersdorf, Hubertus (1993): *Der grenzüberschreitende Rundfunk im deutschen Recht.* Baden-Baden: Nomos.

Faul, Erwin (1991): Die neue Rundfunkordnung Deutschlands. Verkümmert eine nationale Verfassungsaufgabe im Dschungel partikularer Interessensstrategien? In: Gellner, Winand (Hrsg.): *An der Schwelle zu einer neuen deutschen Rundfunkordnung: Grundlagen, Erfahrungen und Entwicklungsmöglichkeiten.* Berlin: Vistas, S. 123-139.

Fornoff, Matthias (2003): Go East! In: *ZDF-Jahrbuch 2003.* Mainz: ZDF, S. 123-125.

Heiser, Sebastian (2006): Das Ende vom Amtsgeheimnis? In: *journalist,* Heft 2, S. 24-25.

Hoffmann-Riem, Wolfgang (1991): Die Entwicklung der Medien und des Medienrechts im Gebiet der ehemaligen DDR. In: *Archiv für Presserecht, 22. Jg.,* Heft 2, S. 472.

Holznagel, Bernd/Krone, Daniel/Jungfleisch, Christiane (2004): *Von den Landesmedienanstalten zur Ländermedienanstalt. Schlussfolgerungen aus einem internationalen Vergleich der Medienaufsicht.* Münster: Lit.

Holzweißig, Gunter (1989): *Massenmedien in der DDR.* Berlin: Holzapfel.

Holzweißig, Gunter (1991): *DDR-Presse unter Parteikontrolle. Kommentierte Dokumentation. Analysen und Berichte des Gesamtdeutschen Instituts 3/1991.* Bonn: Gesamtdeutsches Institut.

Holzweißig, Gunter (1999): Massenmedien in der DDR. In: Wilke, Jürgen (Hrsg.): *Mediengeschichte der Bundesrepublik Deutschland.* Köln: Böhlau, S. 573-601.

Klöppel, Klaus (1992): Chance oder Bremsklotz? Diskussion um Landespressegesetzentwurf in Brandenburg. In: *Publizistik & Kunst, 41. Jg.,* Heft 4.

Kresse, Hermann (1990): *Die Rundfunkordnung in den neuen Bundesländern.* Stuttgart: Schäffer-Poeschel.

Kühn, Detlef (2003): Den Privaten eine Anstalt: Gründung und erste Jahre der SLM. In: Frey-Vor, Gerlinde/Steinmetz, Rüdiger (Hrsg.): *Rundfunk in Ostdeutschland. Erinnerungen – Analysen – Meinungen.* Konstanz: UVK, S. 47-55.

Kull, Edgar (1990): Schritte und Rückschritte auf dem Weg zur Medienfreiheit in der DDR. In: *Archiv für Presserecht, 21. Jg.*, Heft 2, S. 81-84.

Kutsch, Arnulf (1990): Meinungs-, Informations- und Medienfreiheit. Zum Volkskammerbeschluss vom 5. Februar 1990. In: Kutsch, Arnulf (Hrsg.): *Publizistischer und journalistischer Wandel in der DDR. Vom Ende der Ära Honecker bis zu den Volkskammerwahlen im März 1990.* Bochum: Brockmeyer, S. 107-156.

Landtag Brandenburg (1992a): *55. Sitzung.* Drs. 1/55 28.10.1992.

Landtag Brandenburg (1992b): *Gesetzentwurf der Landesregierung. Pressegesetz des Landes Brandenburg.* Drs. 1/1287 15.9.1992.

Landtag Brandenburg (1993): *Verhandlungspunkte und Beschlüsse der 68. Sitzung des Landtages Brandenburg.* Plenarprotokoll 1/68 30.4.1993.

Landtag Brandenburg (2002): *Beschlussprotokoll gemäß § 96 der Geschäftsordnung.* Beschlußprotokoll 3/58 27.6.2002.

Landtag Brandenburg (2004a): *98. Sitzung.* Drs. 3/98 17.6.2004.

Landtag Brandenburg (2004b): *Gesetzentwurf der Fraktion der DVU. Gesetz zur Änderung des Pressegesetzes.* Drs. 3/7616 3.6.2004.

Landtag Mecklenburg-Vorpommern (1991): *Gesetzentwurf der Fraktion der CDU. Entwurf eines Landespressegesetzes.* Drs. 1/774 1.10.1991.

Landtag Mecklenburg-Vorpommern (1993): *Beschlußempfehlung und Bericht des Innenausschusses zu dem Gesetzentwurf der Fraktion der CDU. Entwurf eines Landespressegesetzes.* Drs. 1/3036 14.4.1993.

Landtag Sachsen-Anhalt (1991a): *Antrag der SPD-Fraktion. Entwurf Landespressegesetz Sachsen-Anhalt.* Drs. 1/232 28.2.1991.

Landtag Sachsen-Anhalt (1991b): *Beschlußempfehlung Ausschuß für Kultur und Medien. Entwurf eines Pressegesetzes.* Drs. 1/546 28.6.1991.

Landtag Sachsen-Anhalt (1991c): *19. Sitzung.* Plenarprotokoll 1/19 4.7.1991.

Landtag Sachsen-Anhalt (1993): *56. Sitzung.* Plenarprotokoll 1/56 16.12.1993.

Landtag Sachsen-Anhalt (1998): *Gesetzentwurf Fraktion der DVU. Entwurf eines Zweiten Gesetzes zur Änderung des Pressegesetzes.* Drs. 3/434 12.10.1998.

Landtag Sachsen-Anhalt (1999): *Plenarprotokoll 3/13.* 21.1.1999.

Landtag Sachsen-Anhalt (2004a): *Entwurf eines Ersten Rechts- und Verwaltungsvereinfachungsgesetzes.* Drs. 4/1828 6.10.2004.

Landtag Sachsen-Anhalt (2004b): *44. Sitzung.* Plenarprotokoll 4/44 9.7.2004.

Leue, Gunnar (1992): Ungeliebte Mitbestimmung der Redakteure. In: *JUNGE WELT* vom 2.10.

Lojewski, Günther von (2003): Der SFB im Spagat zwischen Wiedervereinigung und Sparzwang. In: Frey-Vor, Gerlinde/Steinmetz, Rüdiger (Hrsg.): *Rundfunk in Ostdeutschland. Erinnerungen – Analysen – Meinungen.* Konstanz: UVK, S. 245-251.

Löffler, Martin/Wenzel, Karl Egbert/Sedelmeier, Klaus (2006): *Presserecht. Kommentar zu den Landespressegesetzen der Bundesrepublik Deutschland.* München: Beck.

NEUE ZEIT (1989): Wir brauchen öffentliches Denken. Erklärung der Akademie der Künste der DDR. In: *NEUE ZEIT* vom 14.10., S. 2.

NEUES DEUTSCHLAND (1989): Entwurf eines Mediengesetzes wird ausgearbeitet. In: *NEUES DEUTSCHLAND* vom 1.11.

Redelfs, Manfred (2005): Informationsfreiheit. Deutschland als verspätete Nation. In: Ahrweiler, Petra/Thomaß, Barbara (Hrsg.): *Internationale partizipatorische Kommunikationspolitik.* Münster: Lit, S. 201-239.

Schubert, Peter (2001): Glasnost in der Amtsstube. In: *message,* Heft 3, S. 26-37.

Sächsischer Landtag (1991a): *33. Sitzung.* Plenarprotokoll 1/33 19.12.1991.

Sächsischer Landtag (1991b): *Gesetzentwurf der Fraktion Linke Liste/PDS (Landespressegesetz).* Drs. 1/1017 2.12.1991.

Sächsischer Landtag (1991c): *Gesetzentwurf der Staatsregierung (SächsPresseG).* Drs. 1/1160 9.12.1991.

Sächsischer Landtag (1992a): *Änderungsantrag der CDU-Fraktion.* Drs. 1/1418 20.2.1992.

Sächsischer Landtag (1992b): *Beschlußempfehlung und Bericht des Ausschusses Kultur und Medien.* Drs. 1/1380 17.2.1992.

Sächsischer Landtag (1995): *Gesetzentwurf der Fraktion der SPD.* Drs. 2/1313 22.6.1995.

Sächsischer Landtag (1997): *Änderungsantrag der Fraktion der SPD.* Drs. 2/4905 23.1.1997.

Sächsischer Landtag (2007): Gesetz*entwurf der NPD-Fraktion.* Drs. 4/9840 17.9.2007.

Sächsischer Landtag (2008): *101. Sitzung.* Plenarprotokoll 4/101 5.3.2008.

Schauenberg, Oliver (1991): Auf dem Weg zu einer europäischen Medienordnung? In: Gellner, Winand (Hrsg.): *An der Schwelle zu einer neuen deutschen Rundfunkordnung. Grundlagen, Erfahrungen und Entwicklungsmöglichkeiten.* Berlin: Vistas, S. 157-167.

Seiler, Wolfgang (1999): Verfassungsrechtliche Grenzen der Normierung innerer Pressefreiheit. In: *Archiv für Presserecht, 30. Jg.,* Heft 1, S. 7-18.

Spielhagen, Edith (1991): Zur Rolle von Öffentlichkeit. Der Übergang von zentralistischen zum öffentlich-rechtlichen Rundfunksystem in den neuen Bundesländern. In: Gellner, Winand (Hrsg.): *An der Schwelle zu einer neuen deutschen Rundfunkordnung: Grundlagen, Erfahrungen und Entwicklungsmöglichkeiten.* Berlin: Vistas, S. 123-139.

Thoma, Helmut (2003): Vom Underdog zum Marktführer. RTL erlebte mit der Wende seinen Durchbruch. In: Frey-Vor, Gerlinde/Steinmetz, Rüdiger (Hrsg.): *Rundfunk in Ostdeutschland. Erinnerungen – Analysen – Meinungen.* Konstanz: UVK, S. 269-274.

Thüringer Landtag (1991a): *17. Sitzung.* Plenarprotokoll 1/17 19.4.1991.

Thüringer Landtag (1991b): *27. Sitzung.* Plenarprotokoll 1/27 12.7.1991.

Thüringer Landtag (1991c): *Beschlußempfehlung des Ausschusses für Wissenschaft und Kunst zu dem Gesetzentwurf der Fraktionen der FDP und CDU.* Drs. 1/597 10.7.1991.

Thüringer Landtag (1992): *Kleine Anfrage des Abgeordneten Wien. Offenlegung nach dem Pressegesetz.* Drucksache. 1/1515 21.8.1992.

Thüringer Landtag (1993): *93. Sitzung.* Plenarprotokoll 1/93 21.10.1993.

Thüringer Landtag (2000): *26. Sitzung.* Plenarprotokoll 3/26 15.9.2000.

Voß, Peter (2000, Hrsg.): *50 Jahre ARD.* Baden-Baden: Nomos.

Wille, Karola (2003): Vom Werden der Rundfunkordnung in den neuen Bundesländern. In: Frey-Vor, Gerlinde/Steinmetz, Rüdiger (Hrsg.): *Rundfunk in Ostdeutschland. Erinnerungen – Analysen – Meinungen.* Konstanz: UVK, S. 133-145.

Interviews

Ackermann, Leonore: ehem. Vorsitzende Ausschuss für Kultur und Medien im Landtag Sachsen, Dresden, Bündnis 90/Die Grünen; 19.10.2009, telefonisch

Birthler, Wolfgang: ehem. medienpolitischer Sprecher SPD im Landtag Brandenburg, Potsdam; 19.10.2009, persönlich

Bischoff, Norbert: medienpolitischer Sprecher SPD im Landtag Sachsen-Anhalt, Magdeburg; 28.10.2009, telefonisch

Blechschmidt, André: medienpolitischer Sprecher Die Linke im Landtag Thüringen, Erfurt; 5.11.2009, persönlich

Bluhm, Andreas: medienpolitischer Sprecher Die Linke im Landtag Mecklenburg-Vorpommern, Schwerin; 14.10.2009, persönlich

Döring, Dr. Martin: Referent für Bildung, Wissenschaft, Kultur und Medien der SPD im Landtag Thüringen, Erfurt; 9.11.2009, telefonisch

Dyrlich, Benedikt: ehem. medienpolitischer Sprecher SPD im Landtag Sachsen, Dresden; 26.10.2009, telefonisch

Enkelmann, Andreas: ehem. Vorsitzender Ausschuss für Wissenschaft und Kunst im Landtag Thüringen, Erfurt, SPD; 12.10.2009, telefonisch

Fasco, Jochen: Direktor Thüringer Landesmedienanstalt, Erfurt; 9.11.2009, telefonisch

Friese, Siegfried: ehem. medienpolitischer Sprecher SPD im Landtag Mecklenburg-Vorpommern, Schwerin; 16.10.2009, persönlich

Gerhold, Diethelm: Ministerialreferent Projektgruppe Informationsfreiheit Bundesministerium für Datenschutz und Informationsfreiheit, Bonn; 9.10.2009, telefonisch

Grüning, Dr. Uwe: ehem. wissenschaftspolitischer Sprecher CDU im Landtag Sachsen, Dresden; 26.10.2009, persönlich

Henle, Dr. Victor: ehem. Direktor der Thüringer Landesmedienanstalt, Erfurt; 26.10.2009, telefonisch

Hilker, Heiko: medienpolitischer Sprecher Die Linke im Landtag Sachsen, Dresden; 20.10.2009, persönlich

Jäger, Dr. Armin: medienpolitischer Sprecher CDU im Landtag Mecklenburg-Vorpommern, Schwerin; 20.10.2009, telefonisch

Kühn, Detlef: ehem. Direktor der Sächsischen Landesanstalt für privaten Rundfunk und neue Medien, Leipzig; 26.10.2009, telefonisch

Lorentz, Antje: Justiziarin der Medienanstalt Mecklenburg-Vorpommern, Schwerin; 6.10.2009, telefonisch

Mädler, Thomas: ehem. medienpolitischer Sprecher SPD im Landtag Sachsen, Dresden; 6.11.2009, persönlich

Merz, Dr. Kai-Uwe: Pressesprecher und Chef vom Dienst im Presse- und Informationsamt des Landes Berlin; 21.9.2009, telefonisch

Neupert, Dr. Helmuth: ehem. Rundfunkreferent in der Sächsischen Staatskanzlei, Dresden; 22.10.2009, persönlich

Redelfs, Dr. Manfred: Leiter Rechercheabteilung Greenpeace, Hamburg; Gründungsmitglied Netzwerk Recherche, Hamburg; 19.10.2009, telefonisch

Schildt, Ute: ehem. medienpolitische Sprecherin SPD im Landtag Mecklenburg-Vorpommern, Schwerin; 14.10.2009, persönlich

Schmitz-Jersch, Friedhelm: ehem. hauptamtlicher Geschäftsführer der SPD-Landtagsfraktion Brandenburg, Potsdam; 17.11.2009, telefonisch

Schomburg, Reiner: ehem. Mitglied Ausschuss für Kultur und Medien im Landtag Sachsen-Anhalt, CDU, Magdeburg; 4.11.2009, persönlich

Schwäblein, Jörg: ehem. Vorsitzender Ausschuss für Wissenschaft und Kunst im Landtag Thüringen, CDU, Erfurt; 29.10.2009, telefonisch

Seidel, Harald: ehem. kultur- und medienpolitischer Sprecher SPD im Landtag Thüringen, Erfurt; 2.11.2009, persönlich

Steinmann, Joachim: ehem. Direktor der Medienanstalt Mecklenburg-Vorpommern, Schwerin; 15.10.2009, persönlich

Ströver, Alice: medienpolitische Sprecherin Bündnis 90/Die Grünen im Abgeordnetenhaus Berlin; 7.12.2009, telefonisch

Zahrnt, Ingeborg: Justiziarin der Medienanstalt Berlin-Brandenburg, Berlin; 27.10.2009, telefonisch

Zeh, Dr. Klaus: ehem. Vorsitzender des Ausschusses für Wissenschaft, Forschung und Kunst; medienpolitischer Sprecher CDU im Landtag Thüringen, Erfurt; 14.12.2009, telefonisch

Zimmermann, Frank: medienpolitischer Sprecher SPD im Abgeordnetenhaus Berlin; 5.10.2009, telefonisch

Bettina Friedrich/Frank Hommel

Organisation und Arbeit der ostdeutschen Landesmedienanstalten

Nach der Wiedervereinigung war die Einführung eines Nebeneinanders von öffentlich-rechtlichem und privatem Rundfunk in den neuen Ländern gesellschaftlicher wie politischer Konsens. Doch bevor sich privater Rundfunk in Ostdeutschland etablieren konnte, waren die Aufsichtsstrukturen zu installieren, für die das Bundesverfassungsgericht bereits den Rahmen geschaffen hatte: Eine staatsfern organisierte Aufsicht soll Rundfunkfreiheit und Meinungsvielfalt garantieren.

Die Privatrundfunkgesetze der neuen Länder orientierten sich an denen der alten und verfügten die Gründung der Landesmedienanstalten. Entgegen dem Vorschlag des damaligen Direktors der Landesmedienanstalt Berlin, Hans Hege (1990: 23), nur zwei oder drei neue Anstalten zu errichten, entstanden mit der Mehrländeranstalt Berlin-Brandenburg und den Medienanstalten in Mecklenburg-Vorpommern, Sachsen, Sachsen-Anhalt und Thüringen fünf neue Aufsichtsbehörden im dualen System der Bundesrepublik Deutschland. Dieser Beitrag erfasst und bewertet die Tätigkeiten dieser Anstalten seit ihrer Gründung.[1]

1. Strukturen und Aufgaben der Landesmedienanstalten

Strukturen und Aufgaben aller Anstalten ähneln sich. Dem Gebot der Staatsfreiheit des Rundfunks entsprechend sind sie »aus der unmittelbaren Staatsorganisation ausgegliedert« (Gersdorf 1991: 154) und verfügen über das Recht der Selbstverwaltung (Hoffmann-Riem 1991a: 80). Ihre Organisationsstruktur muss die Unabhängigkeit von staatlichen Wei-

[1] Dazu wurden Dokumente gesichtet und analysiert sowie 44 Akteure der Medienaufsicht und Medienpolitik der jeweiligen Bundesländer in Leitfadeninterviews befragt.

sungen sicherstellen. Grundlegende Entscheidungen trifft das *Hauptorgan*, dessen genauer Name von Anstalt zu Anstalt differiert (Hesse 2003: 225). Die Gesetzgeber bedienen sich verschiedener Modelle: Das pluralistische »Versammlungsmodell« sieht ein zahlenmäßig starkes, mit Mitgliedern gesellschaftlich relevanter Gruppen besetztes Gremium vor. Das »Ratsmodell« setzt auf ein kleines Gremium, dessen Mitglieder von den Landtagen gewählt werden (Vahrenhold 1992: 102f.). Das *Exekutivorgan*, meist der Direktor, wird vom Hauptorgan gewählt, setzt dessen Beschlüsse um und leitet die Verwaltung der Anstalt. Ihm wird eine Schlüsselposition nachgesagt (Bumke 1995: 308).

Die *Aufgaben* der Anstalten umfassen laut Baars (1999: 164) erstens Zulassung und Aufsicht des privaten Rundfunks unter Gewährleistung der Meinungsvielfalt und der Einhaltung der Programmanforderungen; zweitens die in den Rundfunkstaatsverträgen spezifizierte Zusammenarbeit der Anstalten bei Belangen bundesweiten Rundfunks und Koordination in Bereichen wie Frequenzplanung; drittens Förderaufgaben bei Medienkompetenz, Bürgermedien und der Weiterentwicklung technischer Standards; schließlich viertens die Sicherstellung der eigenen Funktion. Dafür erhalten die Anstalten laut Rundfinanzierungsstaatsvertrag Anteile der Rundfunkgebühren, die derzeit 1,9275 Prozent der Grund- und 1,8818 Prozent der Fernsehgebühr betragen.

Kritik an der Aufsichtskonstruktion ist diffus. Fechner (2003: 39) attestiert dem Staat einen verfassungsrechtlich bedenklichen Einfluss. Geringe Effektivität erkennt Holgersson (1993: 162), wobei sie als Ursache einen Widerspruch zwischen den Aufgaben Kontrolle und Förderung sieht. Meyn bezeichnet das Zulassungsverfahren als »Frequenzpoker« (2004: 174), bei dem es wie auf einem Basar zugehe.

2. Medienanstalt Berlin-Brandenburg (MABB)

Die Medienanstalt Berlin-Brandenburg (MABB) hatte mit der (West-) Berliner Anstalt für Kabelkommunikation eine Vorgängerin, an die sie nahtlos anschloss. Am 29. Februar 1992 unterzeichneten die Regierungschefs den Staatsvertrag über die Zusammenarbeit zwischen Berlin und Brandenburg im Bereich des Rundfunks (MStV). Der Vertrag, mehrfach novelliert, sieht ein Hauptorgan nach Ratsmodell vor. Berlin und Brandenburg entsenden je drei Mitglieder, das siebente Mitglied – der Vorsitzende – wird von beiden Parlamenten gewählt. Nötig zur

Wahl des Vorsitzenden und der Mitglieder des Rates sind jeweils zwei Drittel der Stimmen. Das Modell wurde anfangs als verfassungsrechtlich bedenklich bezeichnet (Rossen 1992: 414). Mittlerweile haben sich Kritiker wie Medienpolitikerin Alice Ströver (Grüne) arrangiert: »Das ist im Großen und Ganzen politikferner als manche großen Landesmedienanstalten mit einem gesellschaftlichen Gremium.«

Der erste Vorsitzende, Ex-Verfassungsrichter Ernst Benda, wurde mehrfach wiedergewählt und gab sein Amt 2008 ab, auf ihn folgte Jutta Limbach (FK 2009: 14). Direktor ist von Beginn an Hans Hege. 1985 zum Direktor der Anstalt für Kabelkommunikation gewählt, wurde er zuletzt 2009 im Amt bestätigt (MABB 2009b). Damit ist Hege der dienstälteste Direktor aller Landesmedienanstalten. Dies lässt sich erklären unter anderem durch die Kontinuität im Medienrat: Kandidaten, die die nötigen Mehrheiten in Parlamenten auch über die Regierungsfraktionen hinaus erreichen, sind nicht leicht zu finden. Deshalb amtiert die Mehrzahl der Räte mehrere Legislaturen.

Die *Hörfunklandschaft* in Berlin und Brandenburg gilt durch die Vielzahl verfügbarer Frequenzen als umkämpft. 1993 wurden 17 Anbieter gezählt, die Zahl von 43 Bewerbern für die ersten von der MABB ausgeschriebenen Frequenzen dokumentiert das Interesse (Reuth 1993: 10). »Die Aufgabe der Anstalt bestand darin, auch Sender in Brandenburg entstehen zu lassen und zu befördern«, erinnert sich Sascha Bakarinow, Medienreferent der Staatskanzlei Brandenburg. Am 14. Juli 1993 wählte der Medienrat BB RADIO (Burda, Gong) aus (MABB o.J. a). In den folgenden Jahren schrieb der Rat frei werdende Frequenzen umgehend aus. Die Hörfunklandschaft Berlins gilt heute mit mehr als 30 Anbietern als vielfältigste Europas. Der Rat hat neben Formatradio auch alternative Konzepte zugelassen wie:

- Talk- und Info-Radio (NEWS TALK, INFO-RADIO, FAZ-RADIO)
- Gehobenes Unterhaltungsradio (JFK)
- Fremdsprachige und ausländische Programme (METROPOL FM, RADIO RUSSKIJ, VOICE OF AMERICA, NATIONAL PUBLIC RADIO)
- Kinderprogramme (RADIO TEDDY)
- Programme für spezielle Zielgruppen (BLURADIO)
- Spezielle Musikfarben (MOTOR FM, KISS FM, JAZZ-RADIO)
- Anbieter mit christlichem Hintergrund (RADIO PARADISO)

Auch den *regionalen Berliner TV-Markt* prägte eine dynamische Entwicklung mit Anbieter-Insolvenzen 1997 (ALM 1998: 147), 2005 (MABB 2006: 24) und 2009 (BERLINER ZEITUNG 2009: 34). Derzeit sendet in Berlin ein TV-Anbieter stadtweit, in Brandenburg senden 26 TV-Anbieter lokal (MABB o.J. b). Für Aufsehen sorgte 1995 der Antrag auf *bundesweite Programmerlaubnis* des bis dahin über Schleswig-Holstein lizenzierten Veranstalters PRO7. Um Bedenken auszuräumen, sicherte Veranstalter Thomas Kirch Entflechtung zu (Recke 1995: 7f.). Weitere von der MABB lizenzierte bundesweite Programme sind N-TV und MTV (MABB 2008: 20). Dazu kommen mehr als 50 weitere Spartensender.

Ergibt die *Kontrolle der Lizenzbedingungen* erhebliche Änderungen der Gesellschaftsstruktur, wird die Frequenz neu ausgeschrieben. Mitunter entschied sich der Medienrat dann für neue Veranstalter. Die Möglichkeit, bei Verstößen gegen die Lizenzbedingungen wie zu geringem Wortanteil oder Änderung des Finanzierungsmodells die Lizenz zu entziehen, wird auch unter Verweis auf wirtschaftliche Konsequenzen nicht genutzt. Die ehemalige Medienrätin Renate Feyl: » Das Argument Arbeitsplätze war da ganz wichtig.« Dokumentiert sind gerichtliche Auseinandersetzungen mit der Bayerischen Landeszentrale für Neue Medien (BLM) ab 1993, nachdem diese entgegen des Votums der Direktorenkonferenz das Deutsche Sportfernsehen zugelassen hatte (Hepach 1997: 153-157). Als die Konferenz die geänderte Gesellschafterstruktur des DSF akzeptierte, trat deren Vorsitzender, MABB-Direktor Hege, 1995 zurück (BLM o.J.). Die *Programmaufsicht* der Anstalt umfasst auch die Ausführung der Beschlüsse bzw. Empfehlungen der Institutionen der Landesmedienanstalten zu bundesweiten Programmen. Die Handlungen der MABB widersprechen so mitunter ihrer Auffassung (Kotsch 1998: 16). Von 2003 bis 2010 wurden 113 Beanstandungsbescheide erlassen (MABB 2009c). Oft werden Entscheidungen gerichtlich überprüft (MABB 2009a: 20f.). Trotzdem ist Bemühen erkennbar, sich informell zu einigen. Medienrat Hansjürgen Rosenbauer: »Bei Grenzsituationen wird immer erst im Gespräch versucht werden, das zu klären.« Den Einfluss der Programmaufsicht auf die Anbieter bewerten die Akteure selbst als gering (epd medien 2005: 16f.).

Dagegen ermöglicht der Staatsvertrag der Anstalt auch Einfluss auf die öffentlich-rechtliche Rundfunklandschaft, weil er ihr die Aufgabe der *Koordination* aller terrestrischen Sendefrequenzen überträgt. Eine Vorreiterrolle spielt die MABB bei der *Digitalisierung*. Sie koordinierte den weltweit ersten Umstieg vom analogen auf digitalen terrestrischen TV-Empfang (DVB-T). Erste Kanäle wurden im November 2002 umgestellt, im August 2003 war der Umstieg für Berlin abgeschlossen (MABB 2003: 21). Die Zahl terrestrisch empfangbarer TV-Programme stieg von elf auf 27; der Umstieg wurde Vorbild für ganz Deutschland.

Auch zur *Förderung des Medienstandortes* verpflichtet der Staatsvertrag die MABB. So unterstützte sie Brandenburger Lokal-TV-Anbieter beim Aufbau eines Austausch-Portals mit 1,3 Millionen Euro (Wenk 2007: 26) und gründete 2001 zusammen mit dem ORB die Electronic Media School in Potsdam (MABB 2005: 34). Die Schule bildet Volontäre für elektronische Medien aus und Mitarbeiter brandenburgischer Rundfunk-Anbieter weiter. Sie unterhält auch den Ausbildungskanal XENON (MABB 2009a: 31). Die Förderung der *Medienkompetenz* gehört seit 2001 zu den Aufgaben der MABB (Abgeordnetenhaus Berlin 2001: 1). Derzeit lässt die Anstalt in Potsdam ein Medienkompetenz- und Ausbildungszentrum für 5,8 Millionen Euro bauen (epd medien 2009: 7f.). Andere Förderprojekte wie der Prix Europe wurden vom Landesrechnungshof kritisiert (Landtag Brandenburg 2007: 4-7), wobei der Senat dieser Einschätzung widersprach (Abgeordnetenhaus Berlin 2008: 1f.).

Der von der MABB finanzierte OFFENE KANAL BERLIN verfügt über je eine TV- und Hörfunk-Frequenz. Ihre technische Vorreiterrolle will die MABB durch die Förderung des DVB-H-Standards für mobilen Empfang behalten: »Berlin bleibt auch in der Zukunft *die* Pionierstadt der Rundfunk-Übertragungstechnik« (MABB o.J. c, Hervorhebung im Original).

Die MABB zeigt, wie eine Landesmedienanstalt eine aktive Rolle bei der Ausgestaltung der Rundfunklandschaft spielen kann. Mit ihrer Lizenzierungspolitik und mit der Digitalisierung der TV-Übertragung hat sie zu einem breiten Angebot an Rundfunkprogrammen entscheidend beigetragen. Medienrat Hansjürgen Rosenbauer nennt sie »Werkstatt für Neues«. Allerdings zeigt das Beispiel auch Schwächen der Rundfunkaufsicht. Die Vielzahl der Hörfunkprogramme führt nicht zu ähnlicher Angebotsvielfalt (Wichert 2005: 83). Bei der Aufsicht gehen im Zweifel wirtschaftliche Überlegungen vor. Mit anderen Worten: Rein numerische Vielfalt ist nicht gleichzusetzen mit Meinungsvielfalt. Die medienpolitische Rhetorik von »Meinungspluralismus« endet, wenn die Programmaufsicht Vielfaltsbestrebungen der Lizenzierung nicht durchsetzt.

3. Medienanstalt Mecklenburg-Vorpommern (MMV)

Ziel der Medienpolitik Mecklenburg-Vorpommerns war es laut dem damaligen CDU-Medienpolitiker Joachim Steinmann, privatem und öffentlich-rechtlichem Rundfunk zeitgleich die Aufnahme des Programmbetriebs zu ermöglichen. Entsprechend wurden erste Frequenzen ausgeschrieben, bevor die Landesrundfunkzentrale[2] ihre Arbeit aufnahm. Die Anträge waren in der Staatskanzlei einzureichen, Entscheidungen blieben dem Ausschuss vorbehalten. Trotzdem sah Schuler-Harms wegen des Einflusses der Regierungsbehörde »Zweifel an der Einhaltung des Grundsatzes der Staatsfreiheit« (1992: 63). Bei der Bildung des obersten Gremiums entschied sich der Gesetzgeber für ein Modell mit geringer Mitgliederzahl (elf). Verschiedene gesellschaftliche Gruppen sollen sich auf jeweils einen Vertreter im Ausschuss einigen, sonst wählt der Landtag aus den vorgeschlagenen Kandidaten. Auch diese Regelung stieß auf Kritik. Absehbar sei, dass sich einige Gruppen kaum auf einen gemeinsamen Kandidaten einigen könnten. Das ermögliche regelmäßige Landtagsentscheidungen über Entsendungen in den Ausschuss und ziehe die Staatsferne des Gremiums in Zweifel (Schuler-Harms 1992: 69f.). Steinmann wurde Ende 1991 zum ersten Direktor gewählt. Nach einer zweiten Amtszeit löste ihn Uwe Hornauer, zuvor Bezirksbürgermeister in Hamburg-Altona, 2004 ab (LRZ 2004: 12).

Der Gesetzgeber ging bei der *Zulassung des Hörfunks* von zwei landesweiten Programmen aus. Im Februar 1992 erteilte der Ausschuss die Lizenz an RADIO ARKONA (Schulenburg 1992). Die nötige qualifizierte Mehrheit war jedoch nicht erreicht worden, die Entscheidung musste annulliert werden (LRZ 1993: 6). Das verzögerte die Installation privaten Rundfunks im Land erheblich (Steinmann 1993: 84). Erst 1993 ging mit ANTENNE MV schließlich der erste private Hörfunkanbieter auf Sendung (LRZ 1994: 9). Mit der OSTSEEWELLE erhielt 1994 eine zweite landesweite Hörfunkkette die Lizenz (LRZ 1996: 14). Landesweite Anbieter mit Mittelwelle-Frequenzen haben den Programmbetrieb mittlerweile eingestellt (LRZ 2001: 13, LRZ 2003: 17). Für landesweites *Fernsehen* fand sich kein Interessent, was auf die geringe Zahl der Haushalte im Flächenland, geringe Kaufkraft und somit geringe Attraktivität des Werbemarktes bei hohen Verbreitungskosten zurückgeführt wird (ALM 1996: 167). Die Lizenzierung lokalen Rundfunks wurde zunächst lediglich in Pilotprojekten betrieben und ist erst seit dem Jahr 2000 regulär möglich (Gersdorf 2009: 23f.). Im TV-Bereich waren Ende 2009 elf Lizenznehmer mit 13 Programmen registriert (LRZ o.J.).

Zur *Kontrolle* der Einhaltung der Lizenzbedingungen sowie der Einhaltung der Regelungen zu Jugendschutz und Werbung führt die Anstalt

2 Die Medienanstalt Mecklenburg-Vorpommern hieß bis zum Inkrafttreten der jüngsten Novellierung des Landesrundfunkgesetzes im Januar 2010 Landesrundfunkzentrale, ihr oberses Gremium, der Medienausschuss, nannte sich bis dahin Landesrundfunkausschuss.

Stichproben der Inhalte durch (LRZ 2009: 15). Die Analyse hat ergeben, dass der Ausschuss häufig informelle Mittel wählt, um seiner Meinung nach unzulässige Programminhalte zu ändern. Formelle Mittel werden nur in der Hälfte der Fälle gewählt. Der Ausschuss betreibt auch intensiven Austausch mit den Veranstaltern, wenn ein formaler Programmverstoß schwer nachweisbar ist. Das betrifft zum Beispiel den »Treuetest«[3] der OSTSEEWELLE, immer wieder Thema im Ausschuss und bei Gesprächen mit dem Veranstalter (LRZ 2008: 29). »Moralische Aspekte« nehmen laut der Ausschuss-Vorsitzenden Marleen Janew in der Arbeit des Ausschusses eine prominente Stellung ein.

Die *Koordination* der Frequenzen nennt der erste Ausschussvorsitzende Eckart Ohse im Rückblick die wichtigste Aufgabe beim Aufbau der Rundfunklandschaft des Landes. Zur Kooperation mit den Veranstaltern führte die Anstalt Frequenzforen durch, bei denen versucht wurde, den Bedarf an Sendekapazitäten einvernehmlich zu regeln (LRZ 1995: 13). 2000 bezeichnete die Anstalt den Aufbau der analogen terrestrischen Übertragungskapazitäten als weitgehend realisiert (LRZ 2001: 20). Seit 2000 koordinierte die Landesrundfunkzentrale die 2005 begonnene Umstellung von analogem auf digitalen TV-Empfang (ALM 2003: 95f.).

Ein Anliegen der *Förderung* ist es, lokalen und regionalen Rundfunk, welcher für die Meinungsvielfalt des Bundeslands als besonders bedeutend gewertet wird, zu unterstützen, berichtet Direktor Hornauer. Eine der Aktivitäten ist die Unterstützung der Veranstalter bei der Übertragung der Programme zu den Kopfstellen der Kabelnetzbetreiber (LRZ 2005). Ebenfalls dem Lokalfunk zugute kommt die Förderung der Qualifizierung seiner Mitarbeiter, wie sie in Workshops (ALM 2005: 133) oder Tagungen (LRZ 2002: 32) angestrebt wird. Medienkompetenzförderung im Rahmen einer Projektförderung gehört seit 2000 zu den Aufgaben der Landesrundfunkzentrale (LRZ 2001: 23). Offene Kanäle waren in Mecklenburg-Vorpommern zunächst nur versuchsweise zulässig. 1995 ging der von der Landesrundfunkzentrale betriebene NB RADIOTREFF NEUBRANDENBURG auf Sendung (ALM 1996: 167), 1997 folgte in Rostock ROK-TV als Offener Fernsehkanal (ALM 1998: 186). Beide Einrichtungen wurden nach einer Gesetzesnovelle 2000 in Dauereinrichtungen umgewandelt.

Die Anstalt hat zum Aufbau eines nach den (mitunter wirtschaftlich problematischen) Gegebenheiten des Landes funktionierenden dualen Systems beigetragen. Ihre Aufsicht ist als im Rahmen des Üblichen zu

[3] Der Moderator flirtet mit Angerufenen und spielt die Aufnahmen davon deren Partnern vor.

bewerten und wird mit den Prädikaten »gewisser Lokalkolorit« von Ausschussmitglied Petra Willert sowie »keine kühnen Vorreiter« vom ehemaligen Direktor Steinmann beschrieben. Die Potenz der Institution bei der Ausgestaltung der privaten Rundfunklandschaft ist nicht nur verfassungsrechtlich begrenzt, sondern unterliegt auch wirtschaftlichen Bedingungen, die sie selbst schwer steuern kann. So sehen die Akteure die Hauptaufgaben künftig im Bereich der Förderung.

4. Sächsische Landesanstalt für privaten Rundfunk und neue Medien (SLM)

Als zweites ostdeutsches Bundesland verabschiedete Sachsen am 27. Juni 1991 unter einer CDU-Regierung sein Privatrundfunkgesetz, für das Bayern Pate gestanden hatte (Kresse 1992: 63). Für die Medienanstalt schrieb das Gesetz zunächst eine an die bayerische Medienanstalt angelehnte Organstruktur aus Versammlung, Direktor und Verwaltungsrat vor, was später geändert wurde.

Die konstituierende Sitzung der Versammlung der SLM fand am 21. Oktober 1991 in Dresden statt, wobei die CDU klare Personalvorstellungen hatte[4]. Doch die meisten Versammlungsmitglieder wollten nicht bereits im Vorfeld getroffene Entscheidungen absegnen, suchten nach Alternativen und wählten überraschend den Superintendenten Friedhart Vogel zum Versammlungsvorsitzenden (Vogel 2001: 10) und den FDP-Landtagsabgeordneten Detlef Kühn – im dritten Anlauf – zum Direktor (Kühn 2003: 94). Die Wahl Kühns wurde in der Öffentlichkeit als »schwere Niederlage« Biedenkopfs (ebd.: 98) aufgefasst, was zu einem andauernden Konflikt führte, der erst mit der Absetzung Kühns durch die gesetzliche Änderung der Organstruktur der SLM (»Lex Kühn«) 1996 bzw. 1998 endete: Auf Betreiben der CDU wurde 1996 das Versammlungs- durch das Ratsmodell ersetzt, wobei es laut dem ehemaligen medienpolitischen Sprecher der Linkspartei, Heiko Hilker, vor allem darum ging, »eigene treue Leute zu installieren«. So konnten drei der fünf Mitglieder, darunter der Präsident Otto Altendorfer, durch die CDU bestimmt werden (FK 1997: 12).

[4] Versammlungsvorsitzender sollte der CDU-Landtagsabgeordnete Uwe Grüning werden, den Posten des Direktors Helmuth Neupert, damaliger Medienreferent der Staatskanzlei, übernehmen (Kühn 2003: 93).

Nach einer Normenkontrollklage von 42 Landtagsabgeordneten von SPD und PDS wurde die Gesetzesnovelle aufgrund des Wahlmodus für den Medienrat vom Sächsischen Verfassungsgerichtshof für teilweise verfassungswidrig erklärt, der erste Medienrat aufgelöst und die ursprüngliche Struktur zunächst reaktiviert. 1998 einigten sich CDU und SPD endgültig auf das Ratsmodell und konzipierten ein verfassungskonformes Wahlverfahren. Präsident des fünfköpfigen Rates wurde das CDU-Mitglied Kurt-Ulrich Mayer. Seither hat die Versammlung keine Entscheidungsbefugnisse mehr und ist damit Kritikern zufolge ein reines »Abnickorgan« (Interview Hilker). 1999 wurde auf Betreiben der CDU auch der Posten des Direktors abgeschafft, was die Versammlungsvorsitzende Rosenthal als »Verrat an den Zielen von 1989« (epd medien 1999: 15) bezeichnete. Die Funktionen übernahm ein Geschäftsführer ohne Organstellung (Deitenbeck 2001: 22). Es handelt sich also im Falle Sachsens um eine besonders deutliche politische Intervention, um den eigenen Machtanspruch im Bereich der Medienaufsicht zu sichern.

Die Tätigkeit der SLM konzentrierte sich Anfang der 90er-Jahre auf die Etablierung privater Hörfunk- und Fernsehveranstalter. Dabei verfolgte sie im *Hörfunk* eine sehr liberale Lizenzierungspolitik und schrieb alle verfügbaren Frequenzen – darunter auch zahlreiche lokale Ketten – aus (Kühn 1993: 87f.). Kühn berichtet von massiven Beeinflussungsversuchen seitens der Radiolobbyisten, denen die Versammlung aber widerstand (2003: 106). Die SLM wollte den Rückstand zum bereits sendenden Mitteldeutschen Rundfunk schnell aufholen und vergab bereits am 28. April 1992 die erste landesweite Lizenz in Sachsen und damit überhaupt in Ostdeutschland[5] an Radio PSR (u.a. indirekt Springer), das am 1. Juli 1992 auf Sendung ging. Im November 1992 erhielt die von AVE (Holtzbrinck) initiierte ANTENNE SACHSEN (heute HITRADIO RTL) die zweite landesweite Frequenzkette und startete am 19. April 1993 den Sendebetrieb (Landesmedienanstalten 1994: 443). Anfang 1993 folgte die Lizenzierung der zwei Lokalfunkketten: Im Mai 1993 startete die Stadtradiokette (SLP) der Gong-Oschmann-Gruppe, einen Monat später folgten die zweite Lokalfunkkette der ENERGY-Gruppe (NRJ; SLM 1994: 8f.). 1994 lizenzierte die Versammlung mit RADIOROPA ein drittes landesweites Programm mit dem Schwerpunkt Information, was sich nicht rentierte, so dass es sich 1998 zum Musiksender OLDIE.FM wan-

5 Eigentlich hatte RADIO ARKONA in Mecklenburg-Vorpommern die erste Radiolizenz in den neuen Bundesländern bekommen, die aber aufgrund von Formfehlern widerrufen wurde (DLM 1993: 481).

delte (heute R.SA) und 1999 von PSR übernommen wurde (Mayer 2003: 151). Somit wurde Anfang der 90er-Jahre die Grundlage für eine Radiolandschaft gelegt, die zwar nach Berlin die am breitesten aufgestellte, aber letztlich oligopolartig auf zwei Häuser (PSR und HITRADIO RTL)[6] verteilt ist. 2004 wurde ein weiterer landesweiter Sender eingeführt, der die Konzentration verschärfte: APOLLO RADIO wird zusammen von PSR, R.SA, HITRADIO RT, ENERGY und SLP betrieben (ALM 2006: 373) und dient Hilker zufolge der Marktabschottung.

Der Versuch, *bundesweites Privatfernsehen* zu etablieren, scheiterte. Im März 1993 erhielten SAT.1, RTL und VOX terrestrische Frequenzen mit der Auflage, ein halbstündiges Lokalfenster zu finanzieren (SLM 1994: 10f.). Während VOX die Auflagen akzeptierte, legten RTL und SAT.1 Widerspruch ein. RTL strahlte sogar statt des Lokalfensters ein Testbild aus. Kühn sprach daraufhin von »Piratenfunk«, zog die Lizenz zurück und drohte, notfalls mit staatlicher Gewalt gegen RTL vorzugehen (Tiedke 1994: 30f.). Letztlich wurde die »Fehde im Freistaat« (ebd.: 30) von der technischen Entwicklung überholt: Aufgrund des sich immer stärker verbreitenden TV-Empfangs via Satellit sank das Interesse der Veranstalter, in Terrestrik zu investieren.

Trotz der Bemühungen um bundesweite TV-Veranstalter stand früh fest, dass die SLM vor allem für *lokale Fernsehveranstalter* zuständig sein würde, wobei vor allem die Programme in Kabelnetzen eine große Rolle spielen (Mayer 2003: 153f.). Im Jahr 2000 waren 96 Veranstalter in 383 Kabelanlagen lizenziert (ALM 2000: 195). Damit weist Sachsen heute deutschlandweit die größte Vielfalt an lokalen Fernsehveranstaltern auf, welche aber mit wirtschaftlichen Problemen zu kämpfen haben (Mayer 2003: 155) und ist neben Berlin das einzige ostdeutsche Bundesland mit Ballungsraumfernsehen (Seufert/Schulz/Brunn 2008: 22).

Die *Kontrolle* der Anbieter erfolgt aufgrund von Programmbeschwerden und punktuellen Programmanalysen (Mayer 2003: 156). Dabei wendet die SLM häufig ein informelles Vorgehen an, indem sie Kontakt zu den Lizenznehmern sucht, »weil dies Einsichten eher fördert, als mit der medienpolizeilichen Keule zu drohen« (ebd.: 157).

Bereits früh förderte die SLM die *Digitalisierung des Hörfunks*: Schon 1995 wollte sie zwei Herstellern von DAB-Endgeräten Fördermittel in Höhe von neun Millionen DM zur Verfügung stellen, was ihr aber von der Staatskanzlei untersagt wurde (epd/Kifu 1995: 13). 1999 vergab sie nach einem zweijährigen Pilotprojekt erste digitale Kapazitäten und

6 ENERGY bildet Synergien mit PSR, HITRADIO RTL ist wichtigster Gesellschafter bei der SLP.

förderte bis 2006 sechs Hörfunkprogramme, die rein digital oder im Simulcastbetrieb sendeten (SLM 2007: 18). Die Förderung zeigte aber kaum Erfolg: 2005 nannte Mayer DAB ein »siechendes System«, welches »seit Jahren nur durch öffentliche Subventionen am Leben erhalten« werde (Mayer 2005: 2). Als die SLM 2007 ihre DAB-Förderung einstellte (ALM 2008: 437), gaben auch die letzten digital sendenden Programme ihren Betrieb auf (SLM 2009: 32f.). Dennoch fördert die SLM auch die neuesten digitalen Hörfunkstandards DRM+ und DAB+ weiter (ALM 2009: 450). Im Bereich des *digitalen Fernsehens* ist die SLM seit 1999 an dem bei der sachsen-anhaltinischen Medienanstalt angesiedelten Projekt »DVB-T Mitteldeutschland« beteiligt (ALM 2000: 195). 2003 beschloss der Medienrat, DVB-T im Raum Leipzig-Halle zu fördern, was trotz des fehlenden Interesses privater Interessenten 2005 gestartet und zwei Jahre später im restlichen Landesgebiet aufgeschaltet wurde. Da sich auch zu diesem Zeitpunkt keine reichweitenstarken kommerziellen Veranstalter für die Kapazitäten interessierten, initiierte die SLM ein Projekt zur »kleinräumigen DVB-T-Verbreitung« für kleinere Spartenprogramme (ALM 2008: 436; ALM 2009: 449f.).

Im Bereich des *Bürgerrundfunks* ging die SLM eigene Wege: Obwohl es vom Gesetz her möglich gewesen wäre, richtete sie keine Offenen Kanäle ein. Stattdessen verknüpfte sie den Bürgerrundfunk mit der *Vermittlung von Medienkompetenz*, indem sie 1997 die Sächsischen Ausbildungs- und Erprobungskanäle (SAEK) etablierte, die es in ähnlicher Form nur noch in Bayern gibt. Heute bestehen acht SAEK (SLM 2009: 42). Kritik an den SAEK kam 2003 vom Rechnungshof, der bemängelte, die Beauftragung für die Betreibung der SAEK zeige eine »eindeutige Bevorzugung« der Firma W+M 2000 GmbH[7] (epd medien 2003b: 19), was Hilker unverblümt als »Geldwäsche« bezeichnet.

Im Vergleich zur Förderung der SAEK, denen knapp ein Drittel des SLM-Haushalts zur Verfügung gestellt wird (z.B. ALM 2008: 437), fristen die drei *nichtkommerziellen Radios* COLORADIO (Dresden), RADIO T (Chemnitz) und RADIO BLAU (Leipzig), die in Fensterprogrammen privater Sender ausstrahlen, ein Nischendasein und werden kaum gefördert. Eine Besonderheit war die Zulassung des Universitätsradios MEPHISTO 97.6, welches nicht nur als Campusradio, sondern als Leipziger Lokalradio agiert.

[7] Der Geschäftsführer der W+M 2000 GmbH war stellvertretender Bundesvorsitzender der Jungen Union Deutschland und lehrt an der Hochschule Mittweida (ebenso wie der erste Medienratspräsident Otto Altendorfer und der jetzige Medienratspräsident Kurt-Ulrich Mayer).

Die Entwicklung der SLM zeigt, dass die erforderliche Staatsferne in der Rundfunkaufsicht nicht immer gegeben ist, wie die Einflussversuche der CDU auf die Personalbesetzungen der SLM deutlich machten. Eine sehr liberale Lizenzierungspolitik im Hörfunkbereich Anfang der 90er-Jahre, die sich nicht nur auf landesweiten Rundfunk beschränkte, legte den Grundstein für eine private sächsische Rundfunklandschaft, die heute oft als bunt und vielfältig beschrieben wird, de facto aber durch ein Oligopol gekennzeichnet ist. Nach der Phase der Lizenzierungen richtete die SLM ihren Fokus auf die Förderung der Digitalisierung und auf die Vermittlung von Medienkompetenz, wobei sie die »klassischen Bürgermedien« ignorierte und mit den SAEK eigene Wege ging.

5. Medienanstalt Sachsen-Anhalt (MSA)

Der sachsen-anhaltische Landtag verabschiedete als erster der neuen Länder am 22. Mai 1991 ein Privatrundfunkgesetz. Dabei hatte der Gesetzgeber unter einer Regierung aus CDU und FDP wesentliche Grundsatzpositionen des niedersächsischen Landesmediengesetzes übernommen (Schurig 1993: 77). Auf dieser Grundlage konstituierte sich am 9. Oktober 1991 der *Landesrundfunkausschuss* (LRA) als erste Landesmedienanstalt der neuen Länder. Organe der Anstalt, die 2000 in *Medienanstalt Sachsen-Anhalt* (MSA) umbenannt wurde, sind die Versammlung und der Vorstand (FK 1991a: 5), was insofern besonders ist, als dass der Direktor keine Organstellung hat, sondern Teil der Geschäftsstelle ist. Wie sich der erste Vorsitzende Rainer Schomburg erinnert, informierten sein Stellvertreter Lutz Kühn und er sich bei westdeutschen Landesmedienanstalten über deren Aufbau und Struktur. Den damaligen Direktor der baden-württembergischen Landesmedienanstalt Christian Schurig luden sie ein, Geschäftsführer der MSA zu werden, was er bis 2007 blieb.

In der ersten Amtsperiode der Versammlung von 1991 bis 1997 stand die Etablierung einer privaten Rundfunklandschaft im Vordergrund. 1991/1992 wurden die Lizenzen für die zwei zur Verfügung stehenden *landesweiten Hörfunkketten* ausgeschrieben, lokaler Hörfunk war vom Gesetz her nicht vorgesehen. Das Interesse der privaten Veranstalter war groß. Der damalige Vorsitzende des Landtagsausschusses Kultur und Medien, Konrad Breitenborn, wurde »selbst in Gaststätten vom Ober ausgerufen«, weil ihn Interessenten sprechen wollten, doch sei keiner »mit handfesten Geschenken« bedacht worden. Auch Schurig versichert, die Versammlung habe sich nie beeinflussen lassen. Im April 1992 lizenzierte die Versammlung die beiden Vollprogramme RADIO BROCKEN (Holtzbrinck) und RADIO SAW (Verlags- und Mediengesellschaft mbh & Co KG). Beide Veranstalter hatten laut Schurig zugesagt, »erhebliche finanzielle und organisatorische Leistungen zum Aufbau eines Medienstandortes Sachsen-Anhalt zu erbringen«. Nach Testprogrammen nahmen RADIO BROCKEN am 1. Juli 1992 und RADIO SAW am 8. September 1992 den Sendebetrieb auf (Schurig 1993: 78).

Zugleich versuchte die Medienanstalt Anfang der 90er-Jahre, *bundesweites privates Fernsehen* in Sachsen-Anhalt zu etablieren. Am 1. Juli 1992 vergab die Medienanstalt die erste terrestrische Frequenzkette für Privatfernsehen überhaupt in Ostdeutschland an SAT.1 (epd/Kifu 1992a). Mit der Vergabe der zweiten Frequenz versuchte die Versammlung neue Wege zu gehen und lizenzierte im September 1992 überraschend den alternativen Lokalsender FAB (Fernsehen aus Berlin), der ein Low-Budget-Programm mit den Schwerpunkten Kultur, Ratgeber und Ökologie produzierte (epd/Kifu 1992b). Doch weil der Konkurrent RTL die Entscheidung der Medienanstalt aufgrund angeblicher Verfahrensfehler anfocht, durften zunächst weder SAT.1 noch FAB senden. Als RTL seine Klage 1997 zurückzog und die erneute Ausschreibung der Frequenzketten möglich wurde, scheiterte die Aufnahme des Sendebetriebs aber an den Kosten, die der Netzbetreiber Telekom geltend machte und die kein Interessent zahlen wollte (ALM 1998: 253).

Dritter Schwerpunkt in Zulassungsfragen war die Lizenzierung von *kommerziellem Lokalfernsehen*. Dieses war erst 1997 durch ein Pilotprojekt ermöglicht (ALM 1998: 254) und 2000 in geltendes Recht überführt worden (ALM 2000: 208). 2009 hielten noch 14 Veranstalter eine Lizenz (MSA 2009), die, dem aktuellen Direktor der MSA Martin Heine zufolge, »einen wesentlichen Beitrag zur Meinungsvielfalt« leisten.

Zur Verbesserung der Kontrolle entwickelte die MSA mit Unternehmen aus Sachsen-Anhalt das Programmaufsichtssystem *MonicAA* (Modulares nichtlineares computergestütztes Aufzeichnungs- und Auswertungssystem), mit dem analoge wie digitale AV-Signale aufgezeichnet und analysiert werden können (ALM 2000: 206f.). Zur Aufsichtspraxis ist zu konstatieren, dass sich die MSA häufig informeller Instrumentarien, wie Gesprächen mit den Veranstaltern, bedient.

Mit Beginn der zweiten Amtsperiode der Versammlung im Jahr 1997 verlagerten sich die Aufgabenschwerpunkte in Richtung Etablierung der Bürgermedien, Forcierung der digitalen Rundfunkübertragung und

Förderung von Medienkompetenzprojekten. Die Novellierung des Privatrundfunkgesetzes von 1997 unter einer Minderheitsregierung von SPD und Grünen erlaubte die Einführung von *Bürgermedien*, die in Sachsen-Anhalt als Offene Fernsehkanäle und als nichtkommerzielle Lokalradios möglich sind. Bis 2000 wurden acht Offene Fernsehkanäle und drei Freie Radios eingerichtet (Kertscher 2005: 112 und 120).

Ebenfalls seit 1997 legt die MSA einen Schwerpunkt ihrer Arbeit auf die Erprobung und Einführung digitaler Produktions- und Übertragungsverfahren. Dabei galt Sachsen-Anhalt im Bereich der *Digitalisierung des Hörfunks* als Vorreiter: Im April 1999 ging mit ROCKLAND SACHSEN-ANHALT bundesweit der erste digitale Radiosender in den DAB-Regelbetrieb (ALM 2008: 442). Zwischenzeitlich gab es diverse originär digitale Radioangebote in Sachsen-Anhalt, von denen aber nach Einstellung der finanziellen Förderung durch die MSA keines mehr existiert. Heute senden vier Hörfunkprogramme, die zu zwei Veranstaltern gehören, im Simulcastbetrieb, also sowohl digital als auch analog. Des Weiteren erprobte die MSA auch die Digitalisierung der Mittel- und Langwelle (DRM) und die DAB-Weiterentwicklung Digital Multimedia Broadcasting (DMB; ALM 2008: 442). Trotz aller Anstrengungen war die Digitalisierung des Hörfunks bisher nicht von nennenswertem Erfolg gekrönt. Mittlerweile konzetriert sich die MSA auf DAB+, den Nachfolgestandard von DAB: Am 1. Mai 2008 ging ROCKLAND+ als erster Sender in Deutschland mit dem neuen Standard auf Sendung (ALM 2009: 459). In Sachsen-Anhalt scheint man sich der Sonderrolle, die man mit der anhaltenden Förderung des digitalen Radios beschreitet, bewusst. Direktor Martin Heine: »Da ist die MSA ein bisschen Technik-affiner als die Kollegen in anderen Bundesländern.«

Auch beim *digitalen Fernsehen* engagierte sich die MSA seit 1999 mit anderen Partnern beim DVB-T-Projekt Mitteldeutschland. Zeitgleich initiierte sie ein zweijähriges Pilotprojekt für digitales terrestrisches Fernsehen in Sachsen-Anhalt (ALM 2000: 204). Danach wurde das DVB-T-Sendernetz aufgebaut, das seit 2008 nahezu flächendeckend in Sachsen-Anhalt verfügbar ist (ALM 2009: 458f.). Die starken Bemühungen der MSA bei der Digitalisierung des Rundfunks haben dazu geführt, dass mittlerweile der »Lenkungsausschuss Digitaler Rundfunk Mitteldeutschland«, der die Einführung digitaler terrestrischer Rundfunktechnologie (DAB, DRM, DMB, DAB+ und DVB-T) für Mitteldeutschland koordiniert, bei der MSA angesiedelt ist (ALM 2009: 459). Dritter Schwerpunkt in der heutigen Arbeit der MSA ist die *Förderung der*

Medienkompetenz, die seit 2000 ausdrücklich als Aufgabe der MSA im Privatrundfunkgesetz definiert ist.

Nach den Lizenzierungen im Hörfunk Anfang der 90er-Jahre hat sich dic MSA neuen Aufgabenfeldern zugewandt. Da in Sachsen-Anhalt – auch bedingt durch die wirtschaftliche Lage des Landes – nur landesweiter Hörfunk zugelassen wurde, übernehmen die Bürgermedien eine wichtige Rolle im lokalen Bereich, welche die MSA fördert. Daneben konzentriert sie sich auf die Förderung der Medienkompetenz und betreibt weiterhin – im Gegensatz zu anderen Anstalten, die hier zurückhaltender geworden sind – intensiv die Forcierung der Digitalisierung der Rundfunkübertragung für mittlerweile ganz Mitteldeutschland.

6. Thüringer Landesmedienanstalt (TLM)

Am 31. Juli 1991 verabschiedete der Thüringer Landtag unter einer CDU/FDP-Regierung das Thüringer Privatrundfunkgesetz (TPRG), das, wie bereits am Namen erkennbar ist, stark an das Hessische Privatrundfunkgesetz (HPRG) angelehnt war (Henle 1993: 68). Die erste Versammlung der *Thüringer Landesmedienanstalt*, die zur Gründung noch *Thüringer Landesanstalt für privaten Rundfunk* (TLR) hieß, konstituierte sich nach Sachsen-Anhalt und Sachsen als dritte in Ostdeutschland am 5. November 1991 in Arnstadt. Die damals etablierte Organstruktur aus Versammlung und Direktor besteht noch heute.

Zunächst übernahm der erste Versammlungsvorsitzende Olaf Stepputat kommissarisch die Geschäfte des Direktors (FK 1991b: 10), was zu Kritik wegen mangelnder Staatsferne führte, da er als Landtagsvertreter in die Versammlung entsandt worden war. Deshalb wurde Joachim Becker, Justiziar der hessischen Landesmedienanstalt mit den Geschäften betraut (Rössler/Vowe/Henle 2001: 570). 1992 wurde der Jurist Victor Henle zum Direktor gewählt, der 1990 von der bayerischen Staatsverwaltung ins Thüringer Innenministerium gewechselt war (T+F 2007: 7) und fast 15 Jahre die Geschäfte der TLM führte.

Die erste Zeit der TLM stand im Zeichen des Aufbaus des Privatrundfunks, wobei das Gesetz zwei *landesweite Hörfunkketten*, aber keine regionalen Programme vorsah (TLR 1994: 12). Am 30. März 1992 schrieb die TLR die erste landesweite Hörfunkkette aus. Henle berichtet von Einflussversuchen seitens der Privatradiolobby (»Alles, was zu antichambrieren war, wurde antichambriert.«) und unglaubwürdigen

Versprechungen: »Ich habe einmal gesagt: ›Wissen Sie, wenn ich von Ihnen verlangen würde, bitte treten Sie in Unterhose auf, würden Sie das auch tun, bloß damit Sie an eine Lizenz kommen‹.« Am 7. Juli 1992 beschloss die Versammlung, der von AVE (Holtzbrinck) initiierten Anbietergemeinschaft ANTENNE THÜRINGEN die Zulassung zu erteilen, die am 1. Februar 1993 den Sendebetrieb aufnahm (TLR 1994: 11). Im Nachhinein kam der Verdacht auf, dass sich Holtzbrinck der Hilfe von Strohmännern bedient hatte, um den Einfluss über das gesetzlich zulässige Maß von 15 auf 40 Prozent auszudehnen (Ott 1994), was aber folgenlos blieb. Die Ausschreibung der zweiten Kette war trotz der gesetzlichen Vorgabe umstritten. Insbesondere Vertreter von ANTENNE THÜRINGEN und der CDU versuchten, die Etablierung eines Konkurrenzprogramms zu verhindern. Dennoch wurde die Lizenz aufgrund einer Entscheidung der Versammlung im Februar 1994 ausgeschrieben und im Juli 1994 an die aus Einzelbewerbern entstandene Anbietergemeinschaft LANDESWELLE THÜRINGEN vergeben (TLR 1995: 12f.). Am 21. März 1995 ging die Landeswelle auf Sendung (TLM 2003: 16).

Auch in Thüringen versuchte man, *bundesweites Privatfernsehen* zu lizenzieren. Die Realisierung dieses Vorhabens kollidierte jedoch mit der technischen Entwicklung: 1994 waren die bundesweiten Vollprogramme in mehr als 90 Prozent der Thüringer Haushalte durch Satellit empfangbar. Die geringe restliche Reichweite der terrestrischen Frequenzen hätten die Veranstalter mit einem teuren Sendernetz und der Veranstaltung eines Thüringer Regionalfensters erkaufen müssen, wozu keiner der Bewerber bereit war (TLR 1995: 14f.).

Aufgrund des neuen Rundfunkgesetzes konnten 1996 auch die ersten *kommerziellen lokalen Fernsehprogramme* zugelassen werden, die aber stetig mit prekären wirtschaftlichen Schwierigkeiten zu kämpfen hatten und haben (TLM 2001: 16; ALM 2009: 463).

Die *Kontrolle* der Programme erfolgt bei der TLM durch eine systematische Programmanalyse (TLM 2007: 23f.) und konzentriert sich bei den Privatradios auf die Einhaltung der zwei zentralen in den Lizenzen definierten Auflagen der Regionalisierung und eines bestimmten Wortanteils. Dieser lag in den Anfangsjahren bei 30 Prozent – Henle: »Da hat man gemerkt, wie wenig man von kommerziellem Rundfunk eine Ahnung hatte« – und wurde später auf 15 Prozent herabgesetzt (TLM 1998: 16). Die TLM setzt laut Direktor auf eine eher informelle »Aufsicht durch Überzeugung«, die ihr Instrumentarium laut dem derzeitigen Versammlungsvorsitzenden Johannes Haak »dezent« einsetzt. Zentral sind demnach Gespräche zwischen Veranstaltern und Anstalt.

Nach der Etablierung der kommerziellen Anbieter wandelten sich Ende der 90er-Jahre die Schwerpunkte der Arbeit der TLM. 1996 wurden die bis dahin rudimentären Bestimmungen hinsichtlich der *Offenen Kanäle* im Gesetz erweitert. Eine Aufgabe der Thüringer Offenen Kanäle war von Anfang an die Vermittlung von Medienkompetenz (TLM 2001: 10), was auch zu Streit mit Medienanstalten der alten Bundesländer führte, da dies die »Grundidee« der Offenen Kanäle verletzen würde, wie sich der ehemalige Versammlungsvorsitzende Stepputat erinnert. Bei der Einrichtung der Offenen Kanäle spielten auch standortpolitische Überlegungen eine Rolle: So kamen die ersten drei OK nach Gera, Suhl und Leinefelde, wobei der OK GERA der erste Offene Fernsehkanal in Ostdeutschland war. Unter seinem Dach nahm 1998 der erste und bis heute einzige Offene Kinderkanal Deutschlands PIXEL (TV) den Betrieb auf (Henle 1999: 5). Bis 2001 gingen sechs weitere Offene Kanäle auf Sendung (Kertscher 2005: 114f.). Die Auseinandersetzung um *nichtkommerziellen Lokalhörfunk* verlief in Thüringen besonders kontrovers. Das erste freie Radio in Thüringen RADIO F.R.E.I. sendete anfangs noch im rechtsfreien Raum, galt aber nach der Implementierung des Privatrundfunkgesetzes als Piratensender, was zu Konflikten mit der TLM führte. 1996 wurden Freie Radios in einer deutschlandweit einmaligen »Huckepack-Konstruktion« (Kertscher 2005: 115) ermöglicht: Sie erhalten zwar eine eigene Sendelizenz, bedürfen aber der Einbettung in einen Offenen Kanal.[8] So wurden 1999 RADIO F.R.E.I. (Erfurt) und RADIO LOTTE (Weimar) zugelassen (ALM 2000: 224).

Die Bemühungen zur *Digitalisierung der Rundfunkübertragung* wurden in Thüringen weit weniger forciert als in anderen Bundesländern. Anfangs war die TLM an der Erprobung von DAB interessiert, weil »der Mangel an verfügbaren UKW-Frequenzen [in Thüringen] besonders ausgeprägt« (ALM 2000: 221) war und man sich eine Verbesserung der Situation erhoffte. Nach einem zweijährigen Pilotprojekt (ALM 1998: 276) erteilte die Versammlung 1999 erste Zulassungen für digitale Verbreitung an die bereits über UKW verbreiteten Programmen ANTENNE THÜRINGEN und LANDESWELLE THÜRINGEN sowie den Jugendsender TOP 40, der eine zusätzliche UKW-Stützfrequenz in Erfurt erhielt (ALM 2000: 222).

Doch DAB wurde auch in Thüringen kein Erfolg: 2003 gaben ANTENNE THÜRINGEN und LANDESWELLE THÜRINGEN die digitale

8 Dies war ein Kompromiss zwischen unterschiedlichen parteipolitischen Vorstellungen: Wie sich der CDU-Landtagsabgeordnete Jörg Schwäblein erinnert, favorisierte die CDU die Offenen Kanäle, während die SPD die freien Radios unterstützte.

Verbreitung auf. Noch einmal wurde mit ROCKLAND THÜRINGEN ein rein digitaler Anbieter lizenziert, der wie TOP 40 eine Förderung erhielt. Als die Versammlung 2005 beschloss, diese Förderung zugunsten der Medienkompetenzvermittlung und des Bürgerrundfunks einzustellen (epd medien 2004: 18), gaben beide Anbieter ihren digitalen Betrieb auf. Somit gibt es heute in Thüringen keinen digital verbreiteten Hörfunk. Ex-Direktor Henle kritisierte schon früh die extensive Förderung der Digitalisierung und meint, dass die Landesmedienanstalten »viel zu sehr in der Welt arbeiten, was technisch möglich ist, aber nicht berücksichtigen, was wirtschaftlich machbar ist.«

Schwerpunkt der TLM, der seit 1996 bis heute sukzessive ausgebaut wurde, ist die Fokussierung auf die Vermittlung von *Medienkompetenz*, der in der Kampagne vom »Kindermedienland« Deutschlands mündet. Auf Initiative der TLM wurde dies als Anwendungsbereich in das Thüringer Rundfunkgesetz (TRG) von 1996 aufgenommen, ein bis dahin einmaliger Vorgang unter den deutschen Gesetzgebern. Ein Erfolg war es, die im April 2003 neu etablierte *Kommission für Jugendmedienschutz* (KJM) der Arbeitsgemeinschaft der Landesmedienanstalten in Erfurt anzusiedeln (epd medien 2003a: 22), die allerdings später aufgrund der Initiative der bayerischen Landesmedienanstalt BLM nach München verlegt wurde – ein Beispiel für die Konkurrenz unter den Anstalten.

Nach Abschluss der Lizenzierungen, dem faktischen Scheitern der DAB-Einführung und der Etablierung der Bürgermedien fand die TLM in einem Bundesland, in dem der Hörfunk- und Lokalfernsehmarkt gesättigt ist, in der Vermittlung der Medienkompetenz eine neue Hauptaufgabe. Langfristiges Ziel ist es dem amtierenden Direktor Jochen Fasco zufolge, den Medienstandort Thüringen insgesamt zu fördern und dabei konkret das »Land der kurzen Wege für die kurzen Beine« zu werden. Nicht zu vernachlässigen ist dabei, dass die TLM hier auch im Wettbewerb mit anderen Landesmedienanstalten steht.

7. Fazit

Nach der Wiedervereinigung wurden in den ostdeutschen Bundesländern innerhalb kürzester Zeit die Strukturen für das duale Rundfunksystem geschaffen und die fünf neuen Medienaufsichtsinstitutionen gegründet. Heute ist die Privatfunklandschaft trotz Startschwierigkeiten konsolidiert. Dabei gelang es den neuen Landesmedienanstalten jedoch kaum, innovative Antworten auf die Fragen der Privatfunkaufsicht zu finden: So hielt man bis auf Berlin-Brandenburg an der kleinteiligen Privataufsicht pro Bundesland fest. Auch versuchte man nicht, »östlichen Besonderheiten nachhaltig Rechnung zu tragen oder gar den politischen und gesellschaftlichen Trägern des Umbruchs besondere Artikulationschancen einzuräumen« (Hoffmann-Riem 1991b: 481). Stattdessen wurden durch die Vergabekriterien rundfunkerfahrene und finanzkräftige Unternehmen aus den alten Ländern bevorzugt. Schon 1991 prognostizierte Hoffmann-Riem aufgrund der etablierten Privatrundfunkgesetze eine »stromlinienförmige Anpassung des Programms an die auch sonst im Marktrundfunk eingesetzten Erfolgsmuster« (ebd.). Mit dieser Einschätzung hat er die Entwicklung vorweggenommen.

Die Analyse zeigt, dass die Anstalten auf die Gegebenheiten vor Ort reagieren. So haben gute Frequenzausstattung und ein renommierter Medienstandort der Medienanstalt Berlin-Brandenburg erlaubt, ungewöhnlichen Formaten eine Chance zu geben. Im vergleichsweise dicht besiedelten Sachsen führte eine liberale Lizenzierungspolitik zwar zu einer Fülle von Radioprogrammen, die aber de facto ein Oligopol darstellen. In den strukturschwächeren Ländern dagegen setzen die Anstalten eher darauf, zumindest die geringere Vielfalt zu erhalten.

Bis auf Berlin gelang es nicht, bundesweite Fernsehveranstalter in den neuen Bundesländern anzusiedeln. Stattdessen gibt es viele lokale TV-Veranstalter, die von den Anstalten als Korrektoren einer konzentrierten Regionalpresselandschaft verstanden werden. Dabei verfolgen alle Anstalten Standortinteressen. Dies führt zu Verständnis der Aufsicht gegenüber vermeintlichen oder tatsächlichen wirtschaftlichen Zwängen der Anbieter, was sich in einer informellen »weichen Regulierung« äußert. Vielfalt bedeutet so vor allem, die Zahl der Anbieter zu erhalten. Die Angebotsvielfalt – auch im Sinne eines Meinungspluralismus – tritt demgegenüber in den Hintergrund.

Die Kernaufgaben Zulassung und Aufsicht machen nur einen Teil der Tätigkeit der Landesmedienanstalten aus. Nachdem die Phase der Lizenzierungen bis Mitte der 90er-Jahre zum großen Teil abgeschlossen war, wandelten sich die Aufgabenschwerpunkte der Anstalten: Die größten Teile ihrer Mittel fließen mittlerweile in Förderung der Medienkompetenz, der Technik, der Offenen Kanäle und der Ausbildung. Nicht immer lassen sich solche Aktivitäten mit der Sicherung der Rundfunkfreiheit rechtfertigen. Mitunter springen die Anstalten da ein, wo staatliche Mittel knapp geworden sind – und sichern sich mit dieser Erweiterung des Aufgabenkatalogs auch in Zukunft ihr Existenzrecht.

Die Landesmedienanstalten Sachsen, Sachsen-Anhalt und Thüringen haben bereits 2000 eine Kooperation zur Stärkung des Medienstandortes Mitteldeutschland vereinbart (epd medien 2000: 16) und sich in der Arbeitsgemeinschaft der mitteldeutschen Landesmedienanstalten zusammengeschlossen. Gerade in Ostdeutschland mit seinen überwiegend bevölkerungsarmen Ländern und den dadurch bedingt kleinen Anstalten scheint die kleinteilige Aufsichtsstruktur nicht mehr zeitgemäß.

Literatur

Abgeordnetenhaus Berlin (2001): *Vorlage – zur Beschlussfassung – über das Gesetz zu dem Zweiten Staatsvertrag zur Änderung des Staatsvertrages über die Zusammenarbeit zwischen Berlin und Brandenburg im Bereich des Rundfunks.* Vorblatt. Drucksache 14/1100.

Abgeordnetenhaus Berlin (2008): *Vorlage – zur Kenntnisnahme – Prüfung der Medienanstalt Berlin-Brandenburg durch den Rechnungshof von Berlin.* Drucksache 16/1102.

ALM – Arbeitsgemeinschaft der Landesmedienanstalten in Deutschland (1996): *Jahrbuch der Landesmedienanstalten 1995/96. Privater Rundfunk in Deutschland.* München: Reinhard Fischer.

ALM – Arbeitsgemeinschaft der Landesmedienanstalten in Deutschland (1998): *Jahrbuch der Landesmedienanstalten 1997/98. Privater Rundfunk in Deutschland.* München: Reinhard Fischer.

ALM – Arbeitsgemeinschaft der Landesmedienanstalten in Deutschland (2000): *Jahrbuch der Landesmedienanstalten 1999/2000. Privater Rundfunk in Deutschland.* München: Reinhard Fischer.

ALM – Arbeitsgemeinschaft der Landesmedienanstalten in Deutschland (2003): *Privater Rundfunk in Deutschland 2003. Jahrbuch der Landesmedienanstalten.* Berlin: Vistas.

ALM – Arbeitsgemeinschaft der Landesmedienanstalten in Deutschland (2005): *ALM-Jahrbuch 2004. Landesmedienanstalten und privater Rundfunk in Deutschland.* Berlin: Vistas.

ALM – Arbeitsgemeinschaft der Landesmedienanstalten in Deutschland (2006): *ALM-Jahrbuch 2005. Landesmedienanstalten und privater Rundfunk in Deutschland.* Berlin: Vistas.

ALM – Arbeitsgemeinschaft der Landesmedienanstalten in Deutschland (2008): *ALM-Jahrbuch 2007. Landesmedienanstalten und privater Rundfunk in Deutschland.* Berlin: Vistas.

ALM – Arbeitsgemeinschaft der Landesmedienanstalten in Deutschland (2009): *ALM-Jahrbuch 2008. Landesmedienanstalten und privater Rundfunk in Deutschland.* Berlin: Vistas.

Baars, Wibke (1999): *Kooperation und Kommunikation durch Landesmedienanstalten. Eine Analyse ihres Aufgaben- und Funktionsbereichs.* Baden-Baden: Nomos.

BERLINER ZEITUNG (2009): FAB ist insolvent. Berliner TV-Sender sieht sich als Opfer der Finanzkrise. In: *BERLINER ZEITUNG* vom 30.1., S. 34.

BLM – Bayerische Landeszentrale für neue Medien (o. J.): *Historie der BLM.* Online unter: http://www.blm.de/de/pub/die_blm/zeitstrahl/1995.cfm (aufgerufen 31.1.2010).

Bumke, Ulrike (1995): *Die öffentliche Aufgabe der Landesmedienanstalten. Verfassungs- und organisationsrechtliche Überlegungen zur Rechtsstellung einer verselbständigten Verwaltungseinheit.* München: C. H. Beck.

Deitenbeck, Martin (2001): Vom Versammlungs- zum Sachverständigengremium. Die Entwicklung des Sächsischen Privatrundfunkgesetzes (SächsPRG). In: *Themen + Frequenzen,* Heft 4, S. 18-23.

epd/Kifu – Evangelischer Pressedienst/Kirche und Rundfunk (1992a): SAT 1 erhält in Sachsen-Anhalt terrestrische Frequenzen. In: *epd/Kifu,* Heft 52, S. 10.

epd/Kifu – Evangelischer Pressedienst/Kirche und Rundfunk (1992b): Zwei weitere Fernsehprogramme für Sachsen-Anhalt. In: *epd/Kifu,* Heft 77, S. 17.

epd/Kifu – Evangelischer Pressedienst/Kirche und Rundfunk (1995): Staatskanzlei kassiert DAB-Förderbescheide der SLM. In: *epd/Kifu,* Heft 40, S. 13.

epd medien (1999): SLM soll keinen Direktor mehr bekommen. In: *epd medien,* Heft 3, S. 16-17.

epd medien (2000): Mitteldeutsche Medienanstalten wollen enger kooperieren. In: *epd medien,* Heft 37 vom 10.5., S. 16.

epd medien (2003a): Thüringer Landesmedienanstalt zieht nach Erfurt. In: *epd medien,* Heft 17, S. 22-23.

epd medien (2003b): Rechnungshof sieht Unabhängigkeit der SLM gefährdet. In: *epd medien,* Heft 82, S. 19.

epd medien (2004): TLM lehnt Fusion zu mitteldeutscher Medienanstalt ab. In: *epd medien,* Heft 69, S. 18-19.

epd medien (2005): Medienanstalt sieht sich bei Qualitätskontrolle machtlos. In: *epd medien,* Heft 49, S. 16-17.

epd medien (2009): Kritik an Bauprojekt der MABB in Babelsberg. In: *epd medien,* Heft 90, S. 7-8.

Fechner, Johannes (2003): *Die Aufsicht über den Privatrundfunk in Deutschland.* Berlin: Duncker & Humblot.

FK – Funkkorrespondenz (1991a): Sachsen-Anhalt: Reiner Schomburg Vorsitzender der LRA-Versammlung. In: *Funkkorrespondenz,* Heft 43, S. 5.

FK – Funkkorrespondenz (1991b): Thüringer Landesanstalt für privaten Rundfunk gegründet. In: *Funkkorrespondenz,* Heft 45, S. 10.

FK – Funkkorrespondenz (1997): Verfassungsrichter verwerfen SLM-Beschwerde. In: *Funkkorrespondenz,* Heft 15, S. 12-13.

FK – Funkkorrespondenz (2009): Neue Zusammensetzung des MABB-Medienrats geklärt. In: *Funkkorrespondenz*, Heft 10, S. 14-15.

Gersdorf, Hubertus (1991): *Staatsfreiheit des Rundfunks in der dualen Rundfunkordnung Deutschlands*. Berlin. Duncker & Humblot.

Gersdorf, Hubertus (2009): Entwicklung der gesetzlichen Rahmenbedingungen des privaten Rundfunks in Mecklenburg-Vorpommern. In: Landesrundfunkzentrale Mecklenburg-Vorpommern (Hrsg.): *15 Jahre privater Rundfunk in Mecklenburg-Vorpommern. Bestandsaufnahme und Programmanalyse*. Berlin: Vistas, S. 11-38.

Hege, Hans (1990): Duales Rundfunksystem in einem vereinigten Deutschland. In: Die Landesmedienanstalten (Hrsg.): *DLM-Jahrbuch 89/90: Privater Rundfunk in Deutschland*. München: Reinhard Fischer, S. 15-23.

Henle, Victor (1993): Der ungleich-gleiche Thüringer und hessische Löwe. In: Direktorenkonferenz der Landesmedienanstalten (Hrsg.): *DLM-Jahrbuch. 1992. Privater Rundfunk in Deutschland*. München: Reinhard Fischer, S. 68-76.

Henle, Victor (1999): Vorwort. In: Schäfer, Erich/Lakemann, Ulrich: *Offener Fernsehkanal Gera. Wahrnehmung, Nutzung und Bewertung*. TLM-Schriftenreihe, Bd. 6. München: KoPäd, S. 5-6.

Hepach, Stefan (1997): *Der Grundrechtsstatus der Landesmedienanstalten*. Frankfurt: Lang.

Hesse, Albrecht (2003): *Rundfunkrecht*. 3. Auflage. München: Vahlen.

Hoffmann-Riem, Wolfgang (1991a): *Personalrecht der Rundfunkaufsicht. Zum Status und dienstrechtlichen Spielraum von grundrechtssichernden Anstalten des öffentlichen Rechts*. Baden-Baden: Nomos.

Hoffmann-Riem, Wolfgang (1991b): Die Entwicklung der Medien und des Medienrechts im Gebiet der ehemaligen DDR. In: *Archiv für Presserecht*, *22. Jg.*, Heft 2, S. 472-481.

Holgersson, Silke (1993): Programmkontrolle der Landesmedienanstalten. Anspruch und Umsetzung. In: Jarren, Otfried/Schatz, Heribert (Hrsg.): *Landesmedienanstalten – Steuerung der Rundfunkentwicklung?* Münster, Hamburg: Lit, S. 153-165.

Kertscher, Brigitte (2005): *Freie Meinungsäußerung und Medienkompetenz – Bürgerrundfunk in Deutschland. Entwicklung, Strukturen und Funktionen der offenen Hörfunk- und Fernsehkanäle und der nichtkommerziellen lokalen Hörfunksender*. Aachen: Shaker.

Kotsch, Ralph (1998): PRO SIEBEN verspricht Besserung. Dennoch Prüfverfahren gegen Sender. In: *BERLINER ZEITUNG* vom 7.5., S. 16.

Kresse, Hermann (1992): *Die Rundfunkordnung in den neuen Bundesländern*. Stuttgart: Schäffer-Poeschel.

Kühn, Detlef (1993): Sachsen. In: Direktorenkonferenz der Landesmedienanstalten (Hrsg.): *DLM-Jahrbuch. 1992. Privater Rundfunk in Deutschland*. München: Reinhard Fischer, S. 86-89.

Kühn, Detlef (2003): Den Privaten eine Anstalt: Gründung und erste Jahre der SLM. In: Frey-Vor, Gerlinde/Steinmetz, Rüdiger (Hrsg.): *Rundfunk in Ostdeutschland. Erinnerungen – Analysen – Meinungen*. Konstanz: UVK, S. 91-108.

Landesmedienanstalten (1994): *Jahrbuch der Landesmedienanstalten 1993/94.* Privater Rundfunk in Deutschland. München: Reinhard Fischer.

Landtag Brandenburg (2007): *Unterrichtung durch die Landesregierung über die Prüfung ausgewählter Teilbereiche der Haushalts- und Wirtschaftsführung der Medienanstalt Berlin-Brandenburg (MABB) für die Jahre 2002 und 2003.* Drucksache 4/4105.

LRZ – Landesrundfunkzentrale Mecklenburg-Vorpommern (o.J.): *Lizenznehmer.* Online unter: http://www.medienanstalt-mv.de/radiotv/veranstalter.html (aufgerufen am 10.1.2010).

LRZ – Landesrundfunkzentrale Mecklenburg-Vorpommern (1993): *Geschäftsbericht der Landesrundfunkzentrale Mecklenburg-Vorpommern (LRZ)* 1992. Schwerin: LRZ.

LRZ – Landesrundfunkzentrale Mecklenburg-Vorpommern (1994): *Geschäftsbericht 1993 der Landesrundfunkzentrale Mecklenburg-Vorpommern.* Schwerin: LRZ.

LRZ – Landesrundfunkzentrale Mecklenburg-Vorpommern (1995): *Geschäftsbericht 1994 der Landesrundfunkzentrale Mecklenburg-Vorpommern (LRZ).* Schwerin: LRZ.

LRZ – Landesrundfunkzentrale Mecklenburg-Vorpommern (1996): *Geschäftsbericht 1995.* Schwerin: LRZ.

LRZ – Landesrundfunkzentrale Mecklenburg-Vorpommern (2001): *Rechenschaftsbericht 2000 der Landesrundfunkzentrale Mecklenburg-Vorpommern.* Schwerin: LRZ.

LRZ – Landesrundfunkzentrale Mecklenburg-Vorpommern (2002): *Rechenschaftsbericht 2003 der Landesrundfunkzentrale Mecklenburg-Vorpommern.* Schwerin: LRZ.

LRZ – Landesrundfunkzentrale Mecklenburg-Vorpommern (2003): *Rechenschaftsbericht 2003 der Landesrundfunkzentrale Mecklenburg-Vorpommern.* Schwerin: LRZ.

LRZ – Landesrundfunkzentrale Mecklenburg-Vorpommern (2004): *Rechenschaftsbericht 2003 der Landesrundfunkzentrale Mecklenburg-Vorpommern.* Schwerin: LRZ.

LRZ – Landesrundfunkzentrale Mecklenburg-Vorpommern (2005): *Einladung zum Projekt Kopfstellen. Pressemitteilung.* Online unter: http://www.lrz-mv.de/news/veranstaltungen/9.html (aufgerufen 16.1.2010).

LRZ – Landesrundfunkzentrale Mecklenburg-Vorpommern (2008): *Jahresbericht 2007. Eine aktuelle Bestandsaufnahme.* Schwerin: LRZ.

LRZ – Landesrundfunkzentrale Mecklenburg-Vorpommern (2009): *Jahresbericht 2008. Eine aktuelle Bestandsaufnahme.* Schwerin: LRZ.

MABB – Medienanstalt Berlin-Brandenburg (o.J. a): *Geschichte 1993.* Online unter: http://www.mabb.de/die-mabb/geschichte/1993.html (aufgerufen 14.12.2009).

MABB – Medienanstalt Berlin-Brandenburg (o.J. b): *Brandenburger Stadtkanäle.* Online unter: http://www.mabb.de/radio-tv/brandenburger-stadtkanaele.html #c952 (aufgerufen 31.1.2010).

MABB – Medienanstalt Berlin-Brandenburg (o.J. c): *DVB-H.* Online unter: http://www.mabb.de/digitale-welt/dvb-h.html (aufgerufen 31.1.2010).

MABB – Medienanstalt Berlin-Brandenburg (2003): *Berlin goes digital. Der Analog-Digital-Umstieg bei der terrestrischen Fernsehversorgung in Berlin-Brandenburg.* Projektbericht. Online unter: http://www.mabb.de/fileadmin/user_upload/pdf/Projektbericht-250803.pdf (aufgerufen 10.2.2010).

MABB – Medienanstalt Berlin-Brandenburg (2005): *Geschäftsbericht 2004.* Berlin: MABB.

MABB – Medienanstalt Berlin-Brandenburg (2006): *Geschäftsbericht 2005.* Berlin: MABB.

MABB – Medienanstalt Berlin-Brandenburg (2008): *Geschäftsbericht 2007.* Berlin: MABB.

MABB – Medienanstalt Berlin-Brandenburg (2009a): *Geschäftsbericht 2008.* Berlin: MABB.

MABB – Medienanstalt Berlin-Brandenburg (2009b): *Dr. Hans Hege im Amt bestätigt, Pressemitteilung der MABB vom 30. April 2009.* Online unter: http://www.mabb.de/presse-publikationen/archiv/2009/30042009.html (aufgerufen 30.12.2009).

MABB – Medienanstalt Berlin-Brandenburg (2009c): *Zahl der Beanstandungen der MABB.* Angeforderte Auskunft per E-Mail.

Mayer, Kurt-Ulrich (2003): Vielfalt zwischen Fantasie und Wirklichkeit: Höhen und Tiefen privater Programmentwicklung. In: Frey-Vor, Gerlinde/Steinmetz, Rüdiger (Hrsg.): *Rundfunk in Ostdeutschland. Erinnerungen – Analysen – Meinungen.* Konstanz: UVK, S. 145-158.

Mayer, Kurt-Ulrich (2005): Liebe Leserinnen und Leser! In: *Themen + Frequenzen,* Heft 2, S. 2.

Meyn, Hermann (2004): *Massenmedien in Deutschland.* Konstanz: UVK.

MSA – Medienanstalt Sachsen-Anhalt (2009): *Übersicht über alle lizenzierten Veranstalter in Sachsen-Anhalt. Interne Aufstellung.* Angeforderte Auskunft per E-Mail.

Ott, Klaus (1994): Strohmänner im Osten. Wie Holtzbrinck sich Treuhänder in Thüringen besorgte. In: SÜDDEUTSCHE ZEITUNG vom 19.5.

Recke, Martin (1995): Flucht nach vorn. Der Börsen-Coup von Pro Sieben und die MABB. In: *epd/Kifu,* Heft 70, S.7-8.

Reuth, Ralf Georg (1993): Kampf um Frequenzen. In Berlin und Brandenburg geht es um die Chancen des privaten Rundfunks. In: FRANKFURTER ALLGEMEINE ZEITUNG vom 12.6., S. 10.

Rössler, Patrick/Vowe, Gerhard/Henle, Victor (2001): *Das Geräusch der Provinz. Radio in der Region: Festschrift 10 Jahre TLM.* TLM-Schriftenreihe, Bd. 13. München: KoPäd.

Rossen, Helge (1992): Staatsfreie Rundfunkaufsicht? Zur Zusammensetzung und Wahl des Medienrats der Medienanstalt Berlin-Brandenburg. In: *Zeitschrift für Urheber- und Medienrecht, 36. Jg.,* Heft 8/9, S. 408-414.

Schulenburg, Michael (1992): Start im Frühjahr. Erstes Privatradio in Mecklenburg-Vorpommern lizenziert. In: NEUE ZEIT vom 5.12.

Schuler-Harms, Margarete (1992): Privatfunkregulierung in den neuen Bundesländern. In: Hans-Bredow-Institut (Hrsg.): *Das Rundfunkrecht der neuen Bundesländer. Eine kommentierte Dokumentation.* Baden-Baden: Nomos, S. 59-73.

Schurig, Christian (1993): Sachsen-Anhalt. In: Direktorenkonferenz der Landesmedienanstalten (Hrsg.): *DLM-Jahrbuch. 1992. Privater Rundfunk in Deutschland.* München: Reinhard Fischer, S. 77-80.

Seufert, Wolfgang/Schulz, Wolfgang/Brunn, Inka (2008): *Gegenwart und Zukunft des lokalen und regionalen Fernsehens in Ostdeutschland.* Berlin: Vistas.

SLM – Sächsische Landesanstalt für privaten Rundfunk und neue Medien (1994): *Geschäftsbericht für das 1993.* Leipzig: SLM.

SLM – Sächsische Landesanstalt für privaten Rundfunk und neue Medien (2007): *Jahresbericht 2006.* Leipzig: SLM.

SLM – Sächsische Landesanstalt für privaten Rundfunk und neue Medien (2009): *Jahresbericht 2008.* Leipzig: SLM.

Steinmann, Joachim (1993): Mecklenburg-Vorpommern. In: Direktorenkonferenz der Landesmedienanstalten (Hrsg.): *DLM-Jahrbuch. 1992. Privater Rundfunk in Deutschland.* München: Reinhard Fischer, S. 81-85.

T+F – Themen + Frequenzen (2007): Fokus auf die Branche. In: *Themen + Frequenzen,* Heft 1, S. 6-7.

Tiedke, Wolfgang (1994): Fehde im Freistaat. In: *journalist,* Heft 1, S. 30-31.

TLM – Thüringer Landesmedienanstalt (1998): *Geschäftsbericht 1997.* Arnstadt: TLM.

TLM – Thüringer Landesmedienanstalt (2001): *Geschäftsbericht 2000.* Arnstadt: TLM.

TLM – Thüringer Landesmedienanstalt (2003): *Geschäftsbericht 2002.* Erfurt: TLM.

TLM – Thüringer Landesmedienanstalt (2007): *Geschäftsbericht 2006.* Erfurt: TLM.

TLR – Thüringer Landesanstalt für privaten Rundfunk (1994): *Geschäftsbericht 1991 – 1993.* Arnstadt: TLR

TLR – Thüringer Landesanstalt für privaten Rundfunk (1995): *Geschäftsbericht 1994.* Arnstadt: TLR.

Vahrenhold, Olaf (1992): *Die Stellung der Privatrundfunkaufsicht im System staatlicher Aufsicht.* Baden-Baden: Nomos.

Vogel, Friedhart (2001): Vom Pioniergeist geprägt. Die Arbeit der Versammlung von 1991 – 1996. In: *Themen + Frequenzen,* Heft 4, S. 10.

Wenk, Holger (2007): Einmal volltanken bitte. Brandenburgs Lokal-TV wird stärker vernetzt. In: *BERLINER ZEITUNG* vom 3.7, S. 26.

Wichert, Lothar (2005): *Radioprofile in Berlin-Brandenburg. Die privaten und ein öffentlich-rechtliches Programm im Vergleich.* Schriftenreihe der MABB, Band 19. Berlin: Vistas.

Interviews

Ackermann, Leonore: ehem. Vorsitzende Ausschuss Kultur und Medien, Landtag Sachsen (Bündnis 90/Die Grünen), Dresden; 19.10.2009, telefonisch

Bakarinow, Sascha: Medienreferent Staatskanzlei Brandenburg, Potsdam; ehem. Mitarbeiter der MABB, Berlin; 23.11.2009, persönlich

Bischoff, Norbert: ehem. medienpolitischer Sprecher SPD-Fraktion im Landtag Sachsen-Anhalt, Madgeburg; 28.10.2009, telefonisch

Blechschmidt, André: medienpolitischer Sprecher Fraktion Die Linke im Landtag Thüringen, Erfurt; 5.11.2009, persönlich

Bluhm, Andreas: medienpolitischer Sprecher Fraktion Die Linke im Landtag Mecklenburg-Vorpommern, Schwerin; 14.10.2009, persönlich

Bramke, Prof. Dr. Werner: ehem. Vorsitzender Ausschuss Wissenschaft, Hochschule, Kultur und Medien im Landtag Sachsen (PDS), Dresden; 13.10.2009, persönlich

Breitenborn, Prof. Dr. Konrad: ehem. Vorsitzender Ausschuss Kultur und Medien im Landtag Sachsen-Anhalt (FDP), Magdeburg; MSA-Vorstand, Halle; 11.11.2009, telefonisch

Döring, Dr. Martin: Referent für Bildung, Wissenschaft, Kultur und Medien, SPD-Fraktion im Thüringer Landtag, Erfurt; 9.11.2009, telefonisch

Enkelmann, Andreas: ehem. Vorsitzender Ausschuss für Wissenschaft und Kunst (SPD) im Landtag Thüringen, Erfurt; 12.10.2009, telefonisch

Fasco, Jochen: Direktor der TLM, Erfurt; 9.11.2009, telefonisch

Feyl, Renate: Ehem. Medienrätin der MABB, Berlin; 27.11.2009, persönlich

Friese, Siegfried: ehem. medienpolitischer Sprecher SPD-Landtagsfraktion Mecklenburg-Vorpommern, Schwerin; 16.10.2009, persönlich

Grüning, Dr. Uwe: ehem. medienpolitischer Sprecher CDU-Fraktion im Landtag Sachsen, Dresden; Vizepräsident SLM-Medienrat, Leipzig; 26.10.2009, persönlich

Haak, Johannes: Versammlungsvorsitzender TLM, Erfurt; 5.11.2009, persönlich

Hege, Dr. Hans: Direktor der MABB, Berlin; 25.11.2009, persönlich

Heine, Martin: Direktor der MSA, Halle; 13.11.2009, telefonisch

Henle, Dr. Victor: TLM-Gründungsdirektor, Arnstadt/Erfurt; 16.10.2009, telefonisch

Hilker, Heiko: ehem. medienpolitischer Sprecher PDS-Fraktion im Landtag Sachsen, Dresden; 20.10.2009, persönlich

Hornauer, Dr. Uwe: Direktor der LRZ, Schwerin; 12.10.2009, persönlich

Jäger, Dr. Armin: medienpolitischer Sprecher CDU-Fraktion im Landtag Mecklenburg-Vorpommern, Schwerin; 20.10.2009, telefonisch

Janew, Marleen: Vorsitzende Landesrundfunkausschuss Mecklenburg-Vorpommern, Schwerin; 12.12.2009, persönlich

Krech, Dr. Joachim: ehem. medienpolitischer Referent Staatskanzlei Mecklenburg-Vorpommern, Schwerin; 13.10.2009, persönlich

Kühn, Detlef: Gründungsdirektor der SLM, Dresden/Leipzig; 7.10.2009, telefonisch

Mädler, Thomas: ehem. medienpolitischer Sprecher SPD-Fraktion im Landtag Sachsen, Dresden; ehem. Mitglied SLM-Versammlung; stellv. Geschäftsführer der SLM, Leipzig; 6.11.2009, persönlich

Mayer, Kurt-Ulrich, Prof.: Präsident SLM-Medienrat, Leipzig; Mitglied im ersten SLM-Medienrat; 19.11.2009, persönlich

Ohse, Eckart: ehem. Vorsitzender Landesrundfunkausschuss Mecklenburg-Vorpommern, Schwerin; 13.10.2009, persönlich

Reso, Dr. Martin: Wissenschaftlicher Mitarbeiter für Kultur und Medienpolitik PDS-Fraktion im Landtag Sachsen-Anhalt, Halle; 22.10.2009, telefonisch

Reupke, Dr. Dietrich: Medienpolitischer und Rundfunkreferent Senatskanzlei Berlin; 26.11.2009, persönlich

Rosenbauer, Prof. Dr. Hansjürgen: Medienrat MABB, Berlin; 23.11.2009, persönlich

Schildt, Ute: medienpolitische Sprecherin SPD-Fraktion im Landtag Mecklenburg-Vorpommern; Schwerin, 14.10.2009, persönlich

Schomburg, Reiner: ehem. medienpolitischer Sprecher CDU-Fraktion im Landtag Sachsen-Anhalt, Halle; ehem. MSA-Vorstand, Halle; 4.11.2009, persönlich

Schuler-Harms, Prof. Dr. Margarete: Institut für Rechtswissenschaften, Helmut-Schmidt-Universität, Hamburg; 5.10.2009, telefonisch

Schurig, Christian: Gründungsdirektor MSA, Halle; 15.10.2009, persönlich

Schuster, Dr. Gerd: ehem. medienpolitischer Sprecher PDS im Landtag Sachsen-Anhalt, Halle; ehem. Mitglied MSA-Versammlung, Halle; 9.10.2009, telefonisch

Schwäblein, Jörg: ehem. medienpolitischer Sprecher CDU-Fraktion im Landtag Thüringen, Erfurt; ehem. Mitglied TLM-Versammlung, Erfurt; 29.10.2009, telefonisch

Seidel, Harald: ehem. medienpolitischer Sprecher SPD-Fraktion im Thüringer Landtag, Erfurt; ehem. Mitglied der TLM-Versammlung, Erfurt; 2.11.2009, persönlich

Steinhäuser, Albrecht: Versammlungsvorsitzender MSA, Halle; 12.11.2009, telefonisch

Steinmann, Joachim: Gründungsdirektor LRZ, Schwerin; 13.10.2009, persönlich

Stepputat, Olaf: ehem. Versammlungsvorsitzender TLM, Erfurt; 6.11.2009, telefonisch

Ströver, Alice: medienpolitische Sprecherin der Grünen-Fraktion im Abgeordnetenhaus Berlin; 7.12.2009, telefonisch

Tovarek, Katja: Referentin für Medienpolitik in Mecklenburg-Vorpommern, Schwerin, 15.10.2009; persönlich

Vogel, Friedhart: ehem. Versammlungsvorsitzender SLM; ehem. Mitglied im Medienrat der SLM, Leipzig; 3.11.2009, persönlich

Willert, Petra: Mitglied Landesrundfunkausschuss Mecklenburg-Vorpommern, Schwerin; 14.10.2009, persönlich

Zimmermann, Frank: medienpolitischer Sprecher SPD-Fraktion im Abgeordnetenhaus Berlin; 5.10.2009, telefonisch

III. Entwicklung der Presselandschaft

Robert Büssow/Constanze Kretzschmar/
Stephan Lohse/Maike Neupert

Zeitungen und Zeitschriften in Ostdeutschland

1. Die Pressestruktur der DDR bis 1989

1989 erschienen in der DDR insgesamt 39 Tageszeitungen, darunter acht überregionale Tageszeitungen, 15 regionale Abonnementzeitungen im Besitz der SED sowie 14 regionale Blätter der Blockparteien. In jedem der 15 DDR-Verwaltungsbezirke (inklusive Berlin) wurde eine SED-Regionalzeitung, die jeweils eine Monopolstellung für die flächendeckende Lokalberichterstattung besaß, herausgegeben. Weiter gab es 575 Zeitschriften – das ist wenig, wenn man bedenkt, dass zeitgleich in der Bundesrepublik allein im Segment der Publikumszeitschriften 1480 Titel herausgegeben wurden (Autorenkollektiv der Sektion Journalistik der Karl-Marx-Universität 1988: 8; Haller 1994a: 13).

Neben der sozialistischen Staatspartei SED war es nur den vier Blockparteien der Volkskammer sowie den Massenorganisationen erlaubt, eigene Presseerzeugnisse herauszugeben. Für alle Printmedien war eine durch das Presseamt erteilte Lizenz erforderlich, die Auflage, Umfang und auch das Verbreitungsgebiet der Zeitung festlegte. Der Grund war die zentrale politische Rolle der Massenmedien. Die ideologische Führungsposition hatten die Blätter der SED inne, die als »ein entscheidendes Instrument der politischen Führung der Gesellschaft durch die Partei« gesehen wurden (Grubitzsch 1990: 140). Alle Bezirkszeitungen der SED waren der Zentrag unterstellt, der Zentralen Druckerei-, Einkaufs- und Revisionsgesellschaft. Über die Zentrag erhielten alle Zeitungen und Zeitschriften in der DDR auch ihre Papierkontingente. Eine Ausnahme war die Berliner Zeitung, die zum Berliner Verlag gehörte.

Die gesamte DDR-Tagespresse erreichte eine Auflage von 9,8 Millionen Exemplaren, womit eine Auflagendichte von 583 Zeitungen pro 1000 Einwohner zustande kam – weltweit ein Spitzenwert (Halbach 1988: 7). Bei den Zeitschriften lag die Auflage bei 21,4 Millionen Exemplaren pro Erscheinungstag (Grubitzsch 1990: 141). Allein auf die 17 SED-Zeitungen entfielen zuletzt 6,8 Millionen Exemplare, mehr als 70 Prozent der gesamten Zeitungsauflage – gegenüber 815.000 Exemplaren der anderen Parteien. Zählt man die Blätter der sozialistischen Massenorganisationen hinzu, steigt der Anteil der von der SED kontrollierten Auflage auf über 90 Prozent (Schneider 1998: 29). Die höchsten Auflagen erreichten die sieben Zentralorgane der Parteien und Massenorganisationen wie die JUNGE WELT der Jugendorganisation FDJ, die mit 1,5 Millionen Exemplaren auflagenstärkste Zeitung in der DDR. Angesichts der lokalen Dominanz und riesigen Auflagen der SED-Presse erfüllten die Blockparteizeitungen nur eine Feigenblatt-Funktion.

Als problematisch stellte sich nach der politischen Wende eine weitere Besonderheit des Pressesystems heraus: das Vertriebsmonopol von Presseerzeugnissen durch die Ost-Post (Wilke 1992: 52). Alle Publikationen mussten ihre Auflagen zur Zustellung bei der Post abliefern, die allein über die Abonnenten-Kartei der Verlage verfügte. Auch die niedrigen Verkaufspreise – ein monatliches Zeitungsabonnement kostete 1989 etwa drei Ost-Mark – waren staatlich vorgegeben und hoch subventioniert, da Zeitungen als Gegenstände des »täglichen Bedarfs« angesehen wurden (Grubitzsch 1990: 143). Dementsprechend konnten sich viele DDR-Bürger den Bezug gleich mehrerer Tageszeitungen und Zeitschriften leisten: Pro DDR-Haushalt wurden ein bis zwei Tageszeitungen und zusätzlich drei Zeitschriften gelesen (Stiehler 1990: 94).

Im 1990 gegründeten Bundesland Thüringen erschienen bis 1989 insgesamt sechs regionale Tageszeitungen, darunter im Besitz der SED: DAS VOLK als Presseorgan der Partei im Bezirk Erfurt (heute THÜRINGER ALLGEMEINE), in Gera die VOLKSWACHT (heute OSTTHÜRINGER ZEITUNG) und im Bezirk Suhl das FREIE WORT. Letztere war mit einer Auflage von zuletzt 178.500 Stück die kleinste unter allen SED-Bezirkszeitungen. Die drei Zeitungen erschienen in insgesamt 36 Lokalausgaben. Mit drei weiteren Blättern traten die Blockparteien in Erscheinung: Das THÜRINGER TAGEBLATT (CDU), die THÜRINGISCHE LANDESZEITUNG (LDPD) und die THÜRINGER NEUESTEN NACHRICHTEN (NDPD). Mit halb so vielen Ausgaben wie die SED-Blätter belieferten sie alle drei Thüringer Bezirke, erreichten aber gerade einmal eine Auflage von 132.600 Exemplaren gegenüber 821.500 der SED-Zeitungen – das entspricht einem Anteil von 13,9 Prozent. Angesichts der Übermacht der SED-Zeitungen stellten sie keine ernstzunehmende Konkurrenz dar (Schneider 1998: 235-244).

In Brandenburg erschienen neben den drei Bezirkszeitungen der SED – LAUSITZER RUNDSCHAU (Cottbus), NEUER TAG (Frankfurt/ Oder) und MÄRKISCHE VOLKSSTIMME (Potsdam) – zwei Zeitungen der Blockparteien, die BRANDENBURGISCHEN NEUESTEN NACHRICHTEN der NDPD (Bezirk Potsdam) sowie die MÄRKISCHE UNION als Unterausgabe der Dresdner CDU-Bezirkszeitung UNION. Die Gesamtauflage betrug etwa 879.000 Exemplare, von denen die SED-Blätter mit mehr als 850.000 Exemplaren ein klares Übergewicht hatten (Schütz 2004: 770f.). In Teilen Brandenburgs erhältlich war die in Bautzen erscheinende NOWA DOBA. Dabei handelte es sich um die sorbische Tageszeitung, die in einer Kleinstauflage in der Ober- und Niederlausitz verbreitet wurde.

In den drei Bezirken von Mecklenburg-Vorpommern erschienen als Blätter der Blockparteien DER DEMOKRAT (CDU), die NORDDEUTSCHE ZEITUNG (LDPD) und die NORDDEUTSCHEN NEUESTEN NACHRICHTEN (NDPD). Die drei SED-Bezirksblätter waren die OSTSEE-ZEITUNG (Bezirk Rostock), die SCHWERINER VOLKSZEITUNG sowie die FREIE ERDE (heute NORDKURIER, Bezirk Neubrandenburg). Diese insgesamt sechs publizistischen Einheiten gaben 51 Ausgaben heraus und erreichten 1989 eine gemeinsame Auflage von 782.000 Exemplaren. Mit einem Anteil von 89,8 Prozent an der Gesamtauflage dominierten die SED-Bezirkszeitungen die Zeitungslandschaft.

In Sachsen gab es drei SED-Bezirkszeitungen: die FREIE PRESSE (Chemnitz), die SÄCHSISCHE ZEITUNG (Dresden) und die LEIPZIGER VOLKSZEITUNG. Der NDPD gehörten mit den SÄCHSISCHEN NEUESTEN NACHRICHTEN und den MITTELDEUTSCHEN NEUESTEN NACHRICHTEN zwei, der LDPD mit dem SÄCHSISCHEN TAGEBLATT und der CDU mit der UNION jeweils eine Zeitung. Die Partei der sorbischen Minderheit gab die NOWA DOBA heraus. Die acht Blätter erreichten eine Gesamtauflage von 1.898.400 Stück. Auf die drei SED-Bezirkszeitungen entfielen 90,4 Prozent. Insgesamt erschienen in Sachsen 72 redaktionelle Ausgaben (Schütz 1991a: 116).

In Sachsen-Anhalt erschienen zwei Bezirksblätter der SED – die MAGDEBURGER VOLKSSTIMME und die FREIHEIT (heute MITTELDEUTSCHE ZEITUNG) – und jeweils mit der LIBERAL DEMOKRATI-

SCHEN ZEITUNG (LDZ) bzw. dem NEUEN WEG eine Zeitung der LDPD bzw. der CDU. Insgesamt brachten es diese vier publizistischen Einheiten auf 53 redaktionelle Ausgaben und eine Gesamtauflage von 1.138.000 Stück. Dabei war der Anteil der SED-Blätter noch höher als in Sachsen. Auf Grundlage der in Schütz (1991a: 117) veröffentlichten Daten berechnet, vereinten die Bezirkszeitungen mit 1.043.500 Exemplaren 91,7 Prozent aller verkauften Exemplare auf sich. Sowohl in Sachsen als auch im späteren Sachsen-Anhalt waren die SED-Zeitungen besonders auflagenstark. Die FREIE PRESSE war das Bezirksblatt mit den meisten verkauften Exemplaren, gefolgt von der FREIHEIT.

Eine Sonderrolle spielte Berlin. Im Ostteil nahm die BERLINER ZEITUNG die Rolle der regionalen Bezirkszeitung ein. Allerdings verkaufte sie – untypisch für Bezirkszeitungen – 15 Prozent der Auflage außerhalb Berlins (Kapitza 1997: 70). Laut dem ehemaligen Chefredakteur Dieter Kerschek war »das Blatt die Nummer zwei der Partei neben dem Zentralorgan und Staatsanzeiger NEUES DEUTSCHLAND, allerdings mit einem weniger ausgeprägten Sprachrohrcharakter« (zitiert nach Kapitza 1997: 70). Auch sein Nachfolger Hans Eggert sagte Ende 1989, dass die Zeitung nie Organ der Partei- oder der Bezirksleitung gewesen sei (1991: 195). Es erschienen außerdem verschiedene Zentralorgane der Parteien und Massenorganisationen sowie als Besonderheit mit der BZ AM ABEND die einzige Straßenverkaufszeitung der DDR. Damit gab es in Berlin bis zur Wende neun Tageszeitungen mit einer Gesamtauflage von über 3,5 Millionen Exemplaren (Schütz 2004: 767-769).

Nur 59 der 575 DDR-Zeitschriften waren Publikumszeitschriften, die meisten Fachzeitschriften (Haller 1994a: 13). Knapp die Hälfte der Publikumszeitschriften erschien im Berliner Verlag, dem Verlag für die Frau in Leipzig und dem FDJ-Verlag Junge Welt. Die Fachzeitschriften dagegen wurden von staatsnahen Verlagen wie dem Militärverlag oder auch von Universitäten und Verbänden herausgegeben. So waren sie ins Institutionengefüge der DDR eingebunden. Besonders Publikumszeitschriften wurden für den politischen Auftrag der SED eingespannt: Sogar in Kindertiteln wie der Vorschulzeitschrift BUMMI wurde etwa mit Zeichnungen von lachenden Kindern neben Panzern für das System geworben (Meyen 2003: 140). Doch trotz permanent transportierter politischer Botschaften wurden in der DDR nie genug Zeitschriften gedruckt, um den tatsächlichen Bedarf zu decken: 1986 schätzte die Post, dass die Auflage vieler Titel nur zwei Drittel des Bedarfs deckte (ebd.: 137f.). Dabei waren die Auflagen der Publikumszeitschriften sehr hoch: Durchschnittlich lagen sie bei 403.500 Exemplaren, in der Bundesrepublik waren es 66.500 Exemplare (Haller 1994a: 14). Konkurrenz machten sich die Zeitschriften untereinander nicht. »Für die allermeisten Themen- und Fachgebiete gab es in der DDR nur ein einziges Organ« (Meyen 2003: 137).

2. Wandel der Rahmenbedingungen von 1989 bis 1991

Nicht nur die politische Klasse der DDR wurde von der Dynamik und Vehemenz der Wende überrascht. Unter dem Druck der sich überschlagenden politischen Entwicklung waren auch die Redaktionen sehr bald zu tiefgreifenden Entscheidungen gezwungen. Insbesondere die knappen Papierreserven und der Beschluss der SED vom 10. Januar 1990, sich als Herausgeber von allen Regionalzeitungen zu trennen und sie in Volkseigentum zu überführen, ließ die Chefredakteure der SED-Bezirksblätter nach geeigneten Investoren und Hilfe seitens westdeutscher Verlage suchen. Die Grundlage für die Umstrukturierung der ostdeutschen Presselandschaft wurde mit dem »Beschluss über die Gewährleistung der Meinungs-, Informations- und Medienfreiheit« der DDR-Volkskammer vom 5. Februar 1990 geschaffen (Nölte 1991: 66). Mit dem Volkskammerbeschluss wurde die Lizenzpflicht durch eine Registrierung ersetzt und damit die Gründung neuer Pressepublikationen in Ostdeutschland ermöglicht. Der Beschluss beseitigte zudem das Vertriebsmonopol der DDR-Post. Ein ins Leben gerufener Medienkontrollrat sollte Vorschläge für die grundlegende Neugestaltung des ostdeutschen Mediensystems erarbeiten. Doch zu einem abschließenden Mediengesetz kam es bis zur Wiedervereinigung nicht mehr. Damit bestand bis Oktober 1990 in vielerlei Hinsicht ein regelungsfreier Raum.

In diesem erklärten sich bis Ende Januar 1990 sämtliche Bezirkszeitungen für unabhängig und wechselten ihre Chefredakteure. Die SED-PDS strich ab 1. April 1990 allen Presseerzeugnissen die Subventionen. Die folgende Suche nach Investoren verlief bei den Zeitungen zügig, mit ihren riesigen Verbreitungsgebieten und Auflagen, die wie im Fall der Chemnitzer FREIEN PRESSE bis über 600.000 Exemplare erreichte, waren sie begehrt. Im Schnitt erhielt jeder Verleger fünf Offerten, manche das Dreifache. »Bis Mitte Mai 1990 gab es laut Angaben des Medienministeriums 26 DDR-Zeitungen, die bereits mit westdeutschen Verlagen kooperierten oder Kooperationen bzw. Fusionen anstrebten« (Pürer/Raabe 1996: 421). Die Zeitungen gerieten damit in Konflikt mit den Plänen der DDR-Regierung und nachfolgend der Bundesregierung: Diese sahen einen staatlich gelenkten Verkauf durch die Treuhandanstalt vor, so dass der ostdeutsche Pressemarkt weniger durch das freie Spiel der Marktkräfte gebildet wurde, sondern stärker durch Entscheidungen einer Behörde. Dabei ging die Treuhand gemäß ihren gesetzlichen Vorgaben nach rein ökonomischen Zielen – Kaufpreis, geplante Investitionen, Beschäftigungsplanung – vor (Treuhand 1994: 998f.).

Für die Veräußerung kamen so nur finanzstarke westdeutsche Großverlage infrage. Aus kartellrechtlicher Sicht bedeutete dies nichts anderes als die Privatisierung regionaler Zeitungsmonopole – ein Umstand, den schon zu dieser Zeit viele Medienwissenschaftler als »vertane Chance« zur Dezentralisierung kritisierten (Rager 1992: 25). Zudem wurden die auflagenstärksten Regionalzeitungen, die FREIE PRESSE in Chemnitz und die MITTELDEUTSCHE ZEITUNG in Halle, sowie der Berliner Verlag an der Treuhand vorbei veräußert, noch bevor das eigentliche Privatisierungsverfahren eröffnet worden war. Neue Eigentümerin der FREIEN PRESSE wurde die Medienunion (Ludwigshafen), der Kölner Verlag DuMont-Schauberg übernahm die Mitteldeutsche Zeitung.

Im November 1990 wurden zehn SED-Regionalzeitungen inklusive der zugehörigen Druckereien und Immobilien zum Verkauf ausgeschrieben (Treuhand 1994: 996). Für sie wurden 84 Angebote von 37 interessierten Unternehmen abgegeben (ebd.: 998), ab Sommer 1991 wurden die ersten Verkaufsverträge abgeschlossen (Schneider 1992a: 18). Insgesamt beliefen sich die Investitionszusagen auf 1,3 Milliarden DM und überstiegen so den Gesamtkaufpreis von etwa 850 Millionen DM (Treuhand 1994: 999). Die Privatisierung der Zeitungen war damit eines der ökonomisch erfolgreichsten Kapitel der Treuhandgeschichte.

Die westdeutschen Großverlage hatten sich verpflichtet, die Marktmacht der erworbenen SED-Regionalblätter nicht zum Nachteil der Mitbewerber auszunutzen (Good-Will-Klausel) oder mittels einer Verdrängungsstrategie ein Monopol anzustreben (Bundesministerium des Innern 1992: 7). Diese von der Treuhand aufgestellte Bedingung wurde mehrfach gebrochen – und kaum kontrolliert (Schneider 1998: 179).

Sehr problematisch gestaltete sich die Privatisierung der SED-Zeitungen in Thüringen, wo die ostdeutsche Unabhängigkeitsbewegung der SED-Zeitungen ihren Anfang nahm. Am 15. Januar 1990 erklärte sich das Erfurter Bezirksorgan DAS VOLK offiziell zur ersten unabhängigen Tageszeitung der DDR und benannte sich um in THÜRINGER ALLGEMEINE (Schneider 1992a: 26). In den folgenden Tagen trennten sich auch die anderen Regionalzeitungen in der DDR von der SED. Der

Essener WAZ-Konzern beteiligte sich im Frühjahr 1990 an der THÜRINGER ALLGEMEINEN mit 50 Prozent und zu 40 Prozent an den OSTTHÜRINGER NACHRICHTEN (OTN) in Gera. Auf diese Weise beherrschte die WAZ auf einen Schlag den Thüringer Zeitungsmarkt (Monopolkommission 1991: 309f.). Da die Treuhand zumindest bei den OTN eine mehrheitliche Beteiligung verhindern wollte, griff die WAZ zu einem in der Pressegeschichte einmaligen Mittel: Am 1. Juli 1991 gründete sie in Gera die OSTTHÜRINGER ZEITUNG (OTZ) und übernahm fast sämtliche Mitarbeiter der zur leeren Hülle degenerierten OTN. Durch diesen kartellrechtlichen Kunstgriff bezogen die Leser dieselbe Zeitung nur unter anderem Titel. Die Treuhand eröffnete ein Kartellverfahren, das auch als »Ostthüringer Zeitungskrieg« bekannt wurde. Im Ergebnis wurde die OTZ zu 20 Prozent in die Hände der Mitarbeiter, zu 40 Prozent an die MAINZER ALLGEMEINE ZEITUNG und zu 40 Prozent an die WAZ übertragen. Diesen Kompromiss hat die WAZ aber nie umgesetzt, wie das Kartellamt vier Jahre später bemerkte. Nach mehrjährigen juristischen Auseinandersetzungen wurde ein Bayreuther Privatinvestor als zweiter Gesellschafter neben der WAZ eingesetzt, der nun 40 Prozent an der OSTTHÜRINGER ZEITUNG hält (Bundeskartellamt 2003: 15).

In Mecklenburg-Vorpommern annullierte die Treuhand sämtliche Verträge, die die Zeitungen eigenmächtig mit westdeutschen Verlagen abgeschlossen hatten. So erklärte die Treuhand die Kooperation der FREIEN ERDE mit dem Bauer-Konzern für ungültig. Stattdessen erhielten drei Verlage zu je gleichem Anteil den Zuschlag: die AUGSBURGER ALLGEMEINE, die SCHWÄBISCHE ZEITUNG und die KIELER NACHRICHTEN. Damit kamen erstmals mittelständische Verlage zum Zug. Die SCHWERINER VOLKSZEITUNG ging in den Besitz des bis dahin genuinen Zeitschriftenverlags Burda (Monopolkommission 1991: 315).

In Brandenburg kam mit der SAARBRÜCKER ZEITUNG nur bei der LAUSITZER RUNDSCHAU der Verlag zum Zug, der bereits Kooperationspartner war. Bei der MÄRKISCHEN ALLGEMEINEN und der MÄRKISCHEN ODERZEITUNG ergaben die Treuhand-Entscheidungen Besitzerwechsel (Reichert 2000: 187). Die MÄRKISCHE ODERZEITUNG hatte mit dem Heinrich-Bauer-Verlag kooperiert und wurde an die FRANKFURTER ALLGEMEINE ZEITUNG verkauft. Die MÄRKISCHE ALLGEMEINE kooperierte mit der NORDWEST-ZEITUNG Oldenburg und ging an die Südwestpresse Ulm. Diese verkaufte 1991 die Hälfte der Anteile an die STUTTGARTER ZEITUNG (Held/Simeon 1994: 355-360).

In Sachsen bekamen die Großverlage den Zuschlag, die auch zuvor mit den Zeitungen kooperiert hatten, mit Ausnahme der SÄCHSISCHEN

ZEITUNG: Der bisherige Kooperationspartner Gruner+Jahr bekam eine Mehrheitsbeteiligung von 60 Prozent. Nachdem die SPD Restitutionsansprüche auf mehrere Zeitungen, darunter die LEIPZIGER VOLKSZEITUNG (LVZ), die MAGDEBURGER VOLKSSTIMME und eben die SÄCHSISCHE ZEITUNG gestellt hatte, überließ die Treuhand ihr eine stille Beteiligung an Letzterer und übernahm im Sinne einer Entschädigung den anteiligen Kaufpreis von 75 Millionen DM (Schneider 1998: 42).

Keine Rolle spielten die Treuhand-Entscheidungen für Berlin. Der bereits vor der Eröffnung des offiziellen Verkaufsprozesses abgewickelte Verkauf des Berliner Verlags an den britischen Verleger Maxwell sowie Gruner+Jahr wurde von der Treuhand anerkannt. Die andere Zeitung im Besitz der ehemaligen SED, das NEUE DEUTSCHLAND, wurde nicht veräußert, für die Zeitungen der Blockparteien war die Treuhand nicht zuständig (Held/Simeon 1994: 27).

Die Zeitschriften standen nach der Verabschiedung des Volkskammergesetzes zur Privatisierung und Reorganisation des volkseigenen Vermögens vom 17. Juni 1990 nahezu vollständig unter der Verwaltung der Treuhandanstalt (Links 2009: 31). Viele Zeitschriften wurden direkt eingestellt, andere als Teile von Verlagen an westdeutsche Eigentümer veräußert, wie die Zeitschriften des Berliner Verlags und die des Verlags für die Frau. Allerdings war nur in seltenen Fällen beim Kauf die Weiterführung der Titel tatsächlich das Ziel der Verlage: So kauften Gruner+Jahr und Maxwell den Berliner Verlag in erster Linie, um damit in den Besitz der Zeitungen zu gelangen. »Zahlreiche Aufkäufe von Verlagen [...] durch westdeutsche Unternehmen verfolgten (von vornherein oder später) das Ziel der Stilllegung – sei es, weil der fragliche Titel nicht zu halten war, sei es aus medienfremden Gründen (Immobilienspekulation)« (Haller 1994a: 53). Diese Verlagsstrategie wirkte sich langfristig in Form eines Angebotsdefizits auf dem ostdeutschen Markt aus.

Der Druck zur Lösung von der Partei war bei den Blockparteizeitungen der DDR geringer als bei den SED-Zeitungen. Nur in sieben der 14 Redaktionen übernahm 1990 ein neuer Chef das Amt (Schneider 1992a: 29). Die Blockparteien verkauften ihre Blätter – sofern sie nicht eingestellt wurden – an westdeutsche Großverlage (Springer, FAZ, WAZ, Bauer). Doch die neuen Eigentümer unternahmen oft wenig, um ihre Erwerbungen zu erhalten: Die Chancen dafür waren angesichts der Dominanz der ehemaligen SED-Bezirkszeitungen gering. Ein entscheidender Wettbewerbsnachteil war die fehlende lokale Verwurzelung. Der Aufbau von Lokalredaktionen war aus Kostengründen unmöglich, so dass die Blockparteienzeitungen die Zahl ihrer Ausgaben reduzierten und diese meist nur in der Hauptstadt ihres Verbreitungsgebiets erschienen – oft der erste Schritt zur Insolvenz. Die THÜRINGISCHE LANDESZEITUNG besteht als einziges unabhängiges Blatt mit eigenem Mantel bis heute. Bis Ende 1993 wurden alle anderen Blockparteizeitungen der DDR eingestellt oder aufgekauft und fusionierten (Medienbericht 1994: 25).[1]

Die einstigen Zentralorgane der DDR-Parteien und Massenorganisationen hatten nach der Wende von Anfang an einen schweren Stand. Bereits 1990 setzte bei den Zeitungen ein teils rapider Auflagenschwund ein. Allein die JUNGE WELT verlor zwischen Januar und März 1990 200.000 Abonnements (Grubitzsch 1990: 151). Konnten sich DDR-Bürger bis 1989 aufgrund des geringen Preises und Umfangs der Zeitungen mehrere Blätter pro Haushalt leisten, wurde das Modell der Zweitzeitung neben der Regionalzeitung bald obsolet.

Gleichzeitig veränderten sich neben den Redaktionsspitzen auch die Zeitungstitel, was Ausdruck einer grundlegenden Neuorientierung der Zeitungen war. Mit Redaktionsstatuten versuchten die Mitarbeiter, ihre journalistischen Ansprüche neu zu formulieren, ihre wirtschaftliche Orientierung, Parteiunabhängigkeit und Verpflichtung gegenüber der öffentlichen Aufgabe zu betonen (Grubitzsch 1990: 152). »Übereinstimmend formulierten die Redaktionen ihr Selbst- und Aufgabenverständnis dahingehend neu, die Leser künftig objektiv, sachkundig und allein der Wahrheit verpflichtet zu informieren und so zur pluralistischen Meinungsbildung beizutragen« (Schneider 1998: 72).

Dass in den ostdeutschen Verlagshäusern damit eine neue Zeitrechnung begann, wurde bei fast allen Zeitungen mit der Nullsetzung der Jahrgangsnummerierung deutlich gemacht. Diese ideologische Kehrtwende wurde von konkurrierenden Zeitungen oft als »Etikettenschwindel« kritisiert, da man bezweifelte, dass jahrzehntelang eingeübte Selbstzensur und Gewöhnung an Tabus und unkritische Berichterstattung von heute auf morgen abgestellt wurden. Tatsächlich vollzogen viele

1 In Mecklenburg-Vorpommern bestehen nur noch die NORDDEUTSCHEN NEUESTEN NACHRICHTEN, die 1991 als Rostocker Lokalausgabe der SCHWERINER VOLKSZEITUNG angegliedert wurden. In Sachsen erscheinen die DRESDNER NEUESTEN NACHRICHTEN heute als Lokalteil der LVZ. In Sachsen-Anhalt hat das NAUMBURGER TAGEBLATT den Mantel der MITTELDEUTSCHEN ZEITUNG übernommen. Ebenfalls noch existent sind die POTSDAMER NEUESTEN NACHRICHTEN (ehemals BRANDENBURGISCHE NEUESTE NACHRICHTEN). Nachdem der Heinrich-Bauer-Verlag versucht hatte, die Zeitung mit eigener Vollredaktion als Heimatzeitung zu positionieren, musste die Zeitung nach dem Verkauf an den TAGESSPIEGEL 1992 aus finanziellen Gründen die eigene Mantelredaktion schließen und das Verbreitungsgebiet auf Potsdam und Umgebung beschränken.

Redaktionen den nach außen hin als radikal demonstrierten Wandel im Inneren in mehreren und kleineren Schritten (Grubitzsch 1990: 144).

Zugleich führte die politische Wende im Herbst 1989 auf dem ostdeutschen Pressemarkt zunächst zu einer Vielfalt an Zeitungen und Zeitschriften, die es nie zuvor und nicht mehr danach gegeben hat. Ein erster spürbarer Zuwachs setzte im Frühjahr 1990 ein. Insgesamt entstanden zu dieser Zeit 17 neue Regionalzeitungsverlage und 27 neue Ausgaben, hinzu kamen noch einmal 23 Ausgaben, die von Verlagen aus den alten Bundesländern in den Osten exportiert wurden. Das Gesamtangebot an lokaler Berichterstattung stieg dadurch von 273 auf 302 Ausgaben (Schütz 1993: 293-295). In Ausnahmefällen handelte es sich um Neugründungen aus der Bürgerrechtsbewegung, meist aber um die Expansion westdeutscher Verlage, die im Wesentlichen auf drei Wegen erfolgte (Röper/Pätzold 1993: 22):

- Überregionale Titel boten ihre westdeutschen Ausgaben auch im Osten an; andere Verlage, vor allem in Grenznähe, gründeten zusätzliche Lokalausgaben in den neuen Ländern.
- Zahlreiche, vor allem mittelständische Verlage bauten neue und eigenständige Zeitungen in Ostdeutschland auf.
- Die großen westdeutschen Verlage verzichteten auf Neugründungen und suchten die Kooperation mit ostdeutschen Verlagen, beabsichtigten damit mittelfristig jedoch eine Beteiligung oder Übernahme.

Diese Dynamik auf dem Zeitungsmarkt hielt ein Jahr lang an und erreichte ihren Höhepunkt Mitte 1991 mit insgesamt 56 Ausgaben neu gegründeter Verlage. Neben diesen lokalen und regionalen Zeitungsgründungen gab es auch Versuche, überregionale Titel zu lancieren – darunter eine DDR-TAZ, die Wochenzeitung DAS BLATT mit einer Startauflage von 250.000 Exemplaren oder DIE ANDERE als Wochenzeitung in Berlin, Leipzig, Eisenach, Magdeburg und Potsdam (Grubitzsch 1990: 146; Ko 2004: 103). Die Auflage der importierten Tageszeitungen (inklusive Kaufzeitungen) aus dem Westen und den Neugründungen im Osten lag im Jahr 1991 bei 2,2 Millionen Exemplaren – bei einer Gesamtauflage ostdeutscher Zeitungen von zu diesem Zeitpunkt 7,5 Millionen – ein Anteil von fast 30 Prozent (Röper/Pätzold 1993: 28).

Das Angebot neu gegründeter Titel war allerdings regional sehr ungleich verteilt: Ende 1990 belief sich der Marktanteil neuer Zeitungen in Mecklenburg-Vorpommern auf gerade einmal 1,9 Prozent. Das ambitionierteste Projekt im Norden war das GREIFSWALDER TAGEBLATT (Schneider 1998: 55). Von den ehemaligen SED-Bezirkszeitungen gingen kurz nach der Wende nur wenige Versuche aus, mit neuen Lokalausgaben das eigene Verbreitungsgebiet zu erweitern – darunter der USEDOM KURIER, den der NORDKURIER bis heute herausgibt. Auch in Brandenburg kam es nur zu drei Neugründungen, von denen letztlich nur der ORANIENBURGER GENERALANZEIGER überlebte. Außerdem waren mehrere Versuche Berliner Zeitungen, mit neuen Regionalausgaben in das Umland vorzustoßen, zu beobachten.

Thüringen erlebte in den ersten Monaten des Einheitsjahres 1990 einen Gründungsboom. Insgesamt 24 Titel aus zwölf Verlagen kamen auf dem Zeitungsmarkt neu hinzu (Schütz 1991a: 119f.). Damit konnte das Bundesland den mit Abstand größten Zuwachs vorweisen. Zusammen mit den alten Zeitungen erreichte es mit 73 Lokalausgaben das größte Angebot an lokaler Berichterstattung in den neuen Bundesländern. Die Neugründungen erzielten Ende 1990 eine Auflage von über 200.000 Stück und einen Marktanteil von 19,8 Prozent – in ganz Ostdeutschland betrug er lediglich die Hälfte (Treuhand 1994: 1011). Mit zeitweise sieben parallel erscheinenden Tageszeitungen war Eisenach, eine Kleinstadt mit damals kaum mehr als 50.000 Einwohnern, nach Berlin die Zeitungshochburg in Ostdeutschland (Interview Lochthofen).

In Sachsen-Anhalt war die Zeitungszahl sehr ungleich verteilt. Die westdeutschen Verlage konzentrierten – bis auf die BILD-Zeitung, die Ausgaben in den Großstädten Halle und Magdeburg gründete – ihre Nebenausgaben fast ausschließlich auf die Landkreise nahe der deutsch-deutschen Grenze. Die Gebiete im Osten Sachsen-Anhalts profitierten kaum von der zunehmenden publizistischen Vielfalt.

In Berlin kam es infolge der Wende-Veränderungen zu keinen Neugründungen. Gleichwohl veränderte sich der Zeitungsmarkt der Stadt komplett, da Titel aus West und Ost mit der Maueröffnung aufeinander prallten. Die Westberliner Tageszeitungen versuchten mit hohem Aufwand, ihr Erscheinungsgebiet nach Osten hin auszuweiten. Vor allem die BERLINER MORGENPOST intensivierte die Berichterstattung über den Osten der Stadt (Kapitza 1997: 192). Im ersten Quartal 1990 verkauften die Westberliner Tageszeitungen täglich 300.000 Exemplare im Ostteil der Stadt (Bobke 1994: 239). Umgekehrt gelang es den Ostberliner Blättern kaum, ihre Auflage im Westen zu steigern. Aufgrund des hohen Preises, der technischen Rückständigkeit, des geringen Umfangs und der weiterhin sozialistisch geprägten Berichterstattung blieb das Interesse gering, so dass Schütz von einem einseitigen Prozess der Medienausbreitung von West nach Ost spricht (1990: 30).

Neben Berlin wurde vor allem in Sachsen die Boulevardpresse zum Schwerpunkt ausgebaut. Seit März 1990 erschienen Ausgaben der BILD-Zeitung in Dresden, Chemnitz und Leipzig – mehr als in jedem anderen ostdeutschen Bundesland. Ab Juni 1990 gab Gruner+Jahr außerdem eine MORGENPOST-Ausgabe für Dresden heraus, ein Jahr später folgte auch eine für Chemnitz, im März 1992 für Leipzig (Schneider 1998: 57).

Auch auf dem Zeitschriftenmarkt gab es eine Gründungswelle: Das DDR-Medienministerium erfasste allein von Januar bis September 1990 205 neue Zeitschriften (Haller 1994a: 67f.). Viele der Neugründungen waren Verbands- und Vereinszeitschriften, Amtsblätter oder Werk- und Kundenzeitschriften. Daneben »boten die Stadtmagazine den zweiten wichtigen, neu entstandenen Zeitschriftentyp« (ebd.). Diese hatten in der DDR fast völlig gefehlt. Die meisten Zeitschriften wurden von Laien gegründet und erschienen nur kurz, da sowohl die Mittel als auch das Know-how langfristig nicht ausreichten. Unter den professionellen Neugründungen waren für den ostdeutschen Markt konzipierte Titel westdeutscher Verlage. Die erste Zeitschrift dieses Typs war SUPER TV, die der Gong-Verlag und Burda herausbrachten. Gleichzeitig druckten die Verlage günstigere Ableger westdeutscher Zeitschriften. Doch auch die Mehrzahl dieser Titel bestand nur kurz, da sie nicht den Nerv der ostdeutschen Leserschaft trafen und so nur geringe Auflagen erreichten.

3. Die Entwicklung der ostdeutschen Presse von 1991 bis 2009

Der ostdeutsche Zeitungsfrühling war kurz: Schon ein halbes Jahr nach dem Mauerfall begann ein Zeitungssterben. Bis August 1992 hatte sich die Zahl der neuen Lokalausgaben auf 33 fast halbiert (Schütz 1993: 293-295). Von 22 neuen Verlagen im Sommer 1991 zählte Schütz ein Jahr später nur noch 15. Nirgendwo war es ihnen gelungen, sich aus der nachrangigen Wettbewerbsposition gegenüber der ehemaligen SED-Presse zu lösen – Ende 1990 betrug ihr Marktanteil im Osten nur 8,8 Prozent. Obwohl man mit hohen Investitionen und Verlusten gerechnet hatte, blieb der erwartete und notwendige Aufwärtstrend aus. Die etablierten Zeitungen hatten einen zu großen Vorsprung an Auflage, Größe und festen Leser-Blatt-Bindungen. Die beherrschende Rolle der ehemaligen SED-Bezirkszeitungen und ein Preiskampf drückten die Neugründungen allmählich aus dem Markt. Seit 1995 hat es auf dem lokalen und überregionalen Pressemarkt kaum Neuzugänge gegeben.

Tabelle 1: Zeitungen in Ostdeutschland

Zeitung (Sitz)	Verkaufte Auflage			Eigentümer
	2009 (IVW 3/1991)	**1991** (IVW 3/2009)	**Veränderung in %**	
Altmark Zeitung (Salzwedel)	17.946	38.400	-53,3	Dirk Ippen
Dresdner Neueste Nachrichten	26.046	24.700	+5,4	Leipziger Volkszeitung
Freie Presse (Chemnitz)	291.370	572.000	-49,0	Medien Union
Lausitzer Rundschau (Cottbus)	97.615	231.500	-57,8	Saarbrücker Zeitung
Leipziger Volkszeitung	220.876	345.000	-35,9	Madsack
Märkische Allgemeine (Potsdam)	145.412	265.000	-45,1	FAZ-Verlag
Märkische Oderzeitung (Frankfurt/Oder)	89.146	170.000	-47,5	Südwest-Presse Ulm, Stuttgarter Zeitung (je 50%)
Mitteldeutsche Zeitung (Halle)	220.959	510.000	-56,7	DuMont Schauberg
Nordkurier (Neubrandenburg)	90.498	158.100	-42,7	Augsburger Allgemeine, Schwäbische Zeitung, Kieler Nachrichten (je 33%)
Oranienburger Generalanzeiger	23.636	k.A.	k.A.	Dirk Ippen
Ostsee-Zeitung (Rostock)	157.550	232.100	-32,1	Lübecker Nachrichten
Potsdamer Neuste Nachrichten	10.981	16.700	-34,2	Tagesspiegel
Sächsische Zeitung (Dresden)	265.047	492.800	-46,2	Gruner+Jahr (60%), ddvg (40%)
Schweriner Volkszeitung[a)]	96.687	168.500	-42,6	sh:z-Zeitungsgruppe
Serbske Nowiny (Bautzen)	1600[b)]	1500	-6,7	Domowina-Verlag
Südthüringer Presse (Suhl)[c)]	109.243	135.600	-19,4	Süddeutsche Zeitungsverlag (70%), ddvg (30%)
Vogtland-Anzeiger (Plauen)	7759	17.100	-54,6	Wilfried Hub (bis 2004 Frankenpost)
Volksstimme (Magdeburg)	198.953	356.800	-44,2	Bauer-Verlag
Zeitungsgruppe Thüringen[d)]	316.481	602.000	-47,4	WAZ-Mediengruppe
Gesamt (ohne Berlin)	**2.387.805**	**4.337.800**	**-45,0**	
Berliner Kurier (Berlin)	130.757	127.700	+2,4	DuMont Schauberg
Berliner Zeitung (Berlin)	159.194	286.600	-44,5	DuMont Schauberg
Junge Welt (Berlin)	k. A.	125.000	k.A.	LPG junge Welt eG
Neues Deutschland (Berlin)	40.309	100.000	-59,7	Communio Beteiligungsgenossenschaft eG, Die Linke über FEVAC GmbH (je 50%)
Gesamt (mit Berlin)	**2.718.065**	**4.977.100**	**-59,7**	

a) inklusive Norddeutsche Neueste Nachrichten (Rostock); b) Druckauflage Mo-Do nach Verlagsangabe; c) Freies Wort Suhl, Südthüringer Zeitung (100% Verlagsgruppe Suhl), Meininger Tageblatt (je 50% Freies Wort/Suhler Verlagsgesellschaft und Mediengruppe Oberfranken); Auflage 1991 nur Freies Wort; d) TA, OTZ (40% Unternehmer Harald von Seefried, Bayreuth), TLZ

Für die Presselandschaft bedeutete das Ausscheiden der Neugründungen die Dominanz großer Verlagshäuser. Eine mittelständische Verlegerstruktur wie in den Altbundesländern konnte sich nicht etablieren. Die Privatisierungspolitik der Treuhand wird als Hauptursache für die Konzentrationswelle angesehen (Rager 1992: 24f.). Insgesamt betrug 1996 der Marktanteil der damals fünf größten West-Verlage Springer, WAZ, Verlagsgruppe Süddeutscher Verlag, DuMont Schauberg und Verlagsgruppe Stuttgarter Zeitung im Osten 48,7 Prozent – jedes zweite Zeitungsexemplar im Osten stammte von ihnen (Schneider 1998: 136). Damit war ihr Anteil viel höher als in Westdeutschland (41,1 Prozent). »Im wichtigsten Segment des Marktes, der Abonnementpresse, ist das Konzentrationsgefälle besonders krass: Hier stammten im Herbst 1996 drei von vier in Ostdeutschland verkauften Exemplare aus einem der zehn größten Zeitungsverlage; im alten Bundesgebiet waren es zur selben Zeit deutlich weniger: etwa 38 Prozent« (Schneider 1998: 143). Eine Konzentrationsberechnung für den Markt der Straßenverkaufszeitungen ist anders als für Westdeutschland nicht sinnvoll, da neben Springer mit der BILD-Zeitung nur Gruner+Jahr noch in diesem Segment tätig geblieben ist. Einschließlich BILD stammte jede fünfte in Ostdeutschland verkaufte Tageszeitung zu dieser Zeit aus dem Springer-Verlag.

Wider Erwarten entwickelte sich der Zeitungsmarkt nach einem heftigen Einbruch der Auflagen bis 1991 weiter negativ. Seit 1996 haben ostdeutsche Zeitungen etwa doppelt so stark an Auflage verloren wie westdeutsche (Stürzebecher 2008: 91). Die anhaltende Dynamik der Auflagenerosion ist vor allem den größeren wirtschaftlichen und sozialen Probleme im Osten sowie der extremen demografischen Entwicklung geschuldet. Daher ist die einst hohe Auflagendichte in Ostdeutschland unter das westdeutsche Niveau gefallen. Kamen 1996 noch 396 Zeitungsexemplare auf 1000 Einwohner, waren es zehn Jahre später nur 287 (Stürzebecher/Möhring 2008: 95). In den alten Bundesländern sank die Auflagendichte langsamer und erreichte 2006 den Wert 319.

Sehr schwierig gestaltete sich der Markt überregionaler Tageszeitungen. So brach die Nachfrage nach den acht DDR-Titeln dramatisch ein. »In nur fünf Monaten seit der Jahreswende 1990 haben sie die Hälfte ihrer Leser verloren« (Nölte 1991: 94). In diese Lücke stießen die im Osten nahezu unbekannten Straßenverkaufszeitungen wie die BILD-Zeitung oder der NEUE PRESSE EXPRESS in Halle. Ableger deutscher Kaufzeitungen in vielen ostdeutschen Großstädten und fünf neue publizistische Einheiten konnten sich aufgrund des großen Überangebots nicht halten, so dass sich langfristig nur die BILD mit sieben Ost-Ausgaben etablierte (Schneider 1998: 59). Der von Burda als überregionale Boulevardzeitung konzipierte Titel SUPER! ZEITUNG, der im Mai 1991 mit hohen Ambitionen gestartet wurde, musste nach 14 Monaten eingestellt werden. Auch die reißerische Boulevardzeitung SUPER OSSI gab Ende März 1991 nach wenigen Wochen auf (Schütz 1991a: 111). An die Millionenauflagen der DDR-Titel konnte die überregionale Tagespresse nicht anknüpfen. Insbesondere die Verleger der Qualitätspresse mussten feststellen, dass für anspruchsvolle Zeitungen im Osten die bürgerliche Leserschaft fehlte. Bis 1999 stagnierte ihre Auflage bei 66.800 Exemplaren (Keller 2000: 70).

Eine besondere Entwicklung nahmen die Anzeigenblätter. Schon kurz nach der Wende verlegte jede ehemalige Bezirkszeitung ein eigenes Anzeigenblatt. Die Regionalzeitungen wollten so den Markt frühzeitig besetzen, um weitere Neugründungen zu verhindern. 1993 verteilten sie bereits 190 Millionen Exemplare in Ostdeutschland, ein Jahr später waren es 297 Millionen. Nach dieser stürmischen Markteroberung pegelte sich die Auflage bis 2000 bei etwa 280 Millionen Stück ein (BVDA 2009: 3). Damit gelang es den Großverlagen, ihre Marktdominanz auch auf das Segment der Anzeigenblätter zu übertragen.

Der Konzentrationsgrad der Presse befindet sich in Ostdeutschland seit Jahren auf einem hohen Niveau, das deutlich über dem in den alten Bundesländern liegt. Insgesamt 61 der 86 ostdeutschen Verwaltungseinheiten zählt Schütz als Einzeitungskreise – das entspricht einem Anteil von 71 Prozent (2009: 476). Bezogen auf Gesamtdeutschland waren es 2008 nur 57,9 Prozent. In 23 Kreisen der neuen Länder besteht die Wahl zwischen zwei Zeitungen, nur in Sachsen existiert noch je ein Kreis mit drei bzw. vier verschiedenen Zeitungen (Schütz 2009: 476). Indessen herrscht ein Nord-Süd-Gefälle bei der Verteilung der Einzeitungskreise. Während in Mecklenburg-Vorpommern fast überall Zeitungsmonopole zu finden sind, weist allein Thüringen elf Zweizeitungskreise auf (ebd.). In Ostdeutschland lag die Zeitungsdichte demnach bei 1,32 und damit 0,2 Punkte unter dem gesamtdeutschen Wert (1,52).

Trotz wirtschaftlicher Probleme einzelner Ausgaben gibt es für einen Rückzug aus der Fläche und die Aufgabe von Ausgaben in nachrangiger Wettbewerbsposition aber keine Anhaltspunkte. Allerdings bedeutet die bisherige Stabilität nicht, dass die Konzentration auf Kosten der lokalen Zeitungsdichte beendet ist. Sollte beispielsweise die Thüringische Landeszeitung, die in ihrem gesamten Verbreitungsgebiet in nachrangiger Wettbewerbsposition erscheint, eingestellt werden, würde der Anteil der Einzeitungskreise bereits auf 81 Prozent ansteigen. Zeitungseinstellungen oder -fusionen sind in den vergangenen zehn Jahren jedoch nicht erfolgt. Der Konzentrationsprozess zeigte sich vielmehr unterschwellig und in Formen, die vom Wettbewerbsrecht nicht erfasst werden:

- Kooperationen: Beispielsweise Mantelkooperationen von NORDKURIER und SCHWERINER VOLKSZEITUNG oder LÜBECKER NACHRICHTEN und OSTSEE-ZEITUNG, die Übernahme des Mantels des Berliner TAGESSPIEGELS durch die POTSDAMER NEUESTEN NACHRICHTEN, die Zusammenarbeit beider Blätter in der Landesberichterstattung Brandenburg sowie die Zusammenlegung von Lokalredaktionen bei der Suhler Verlagsgruppe. In Berlin sorgte vor allem die Fusion von Verlag und Redaktion bei BERLINER MORGENPOST und DIE WELT (beide Springer-Verlag) für Aufsehen (Interviews Schumacher, Ehlers)
- Intensivierung der Verflechtung: Die Zeitungsgruppe Thüringen hat beispielsweise ihren Anteil an der THÜRINGER ALLGEMEINEN und der TLZ auf 100 Prozent erhöht. Die Verflechtung erfolgt zunehmend auch crossmedial (Anzeigenblätter, im Internet) und in Nebengeschäften wie der Brieflogistik (Interview Schrotthofer).

Nicht alle Versuche der Zusammenarbeit konnten realisiert werden. So versuchte die Verlagsgruppe Holtzbrinck 2002 von Gruner+Jahr, den Berliner Verlag zu übernehmen (Bundeskartellamt 2002: 3) und verlagsseitig mit dem TAGESSPIEGEL zu verschmelzen. Damit wären zwei der drei Berliner Regionalzeitungen in einer Hand gewesen, was sowohl auf dem Anzeigenmarkt als auch auf dem Lesermarkt zu starken Verschiebungen geführt und Holtzbrinck mit einem Anteil von 61,4 Prozent zum Marktführer gemacht hätte (Bundeskartellamt 2002: 22). Die Übernahme wurde daher vom Bundeskartellamt untersagt.

Am hohen Konzentrationsgrad der ostdeutschen Zeitungsstruktur, der nur direkte Beteiligungsverhältnisse widerspiegelt, hat sich dadurch aber wenig geändert. Seit Mitte der 90er-Jahre bis heute sind keine Markteintritte mehr erfolgt. Die Zahl der Verlage als Herausgeber in Ostdeutschland ist seit 1999 von 30 nur deshalb auf 37 (ohne Berlin) gestiegen, weil zwei Zeitungen – der NORDKURIER und die SÄCHSISCHE ZEITUNG – ihre Lokalredaktionen in eigenständige Regionalgesellschaften ausgelagert haben (Schütz 2009: 463-465). »Konzentrationsvorgänge, dies belegen alle bisherigen Erfahrungen, sind unumkehrbar«, da die Marktzutrittsbarrieren fast unüberwindbar sind – dies gilt für Ostdeutschland besonders wegen der Übermacht sehr weniger Zeitungsanbieter (Schneider 1998: 146). Sie können sich allenfalls gegenseitig Konkurrenz liefern, was aber in vergangenen 20 Jahren äußerst selten vorgekommen ist und in solch einem Fall anschließend in einer einvernehmlichen Gebietsabsteckung endete.

Die Auswirkungen der Pressekonzentration und der jüngsten Entwicklungen lassen sich in vier Punkten zusammenfassen:

- Bis heute sind die 15 ehemaligen regionalen SED-Zeitungen marktbeherrschend. Über 90 Prozent der Auflage mit lokaler Berichterstattung entfallen auf diese Titel.
- Ihre Besitzer sind mit Ausnahme von NORDKURIER und MÄRKISCHE ODERZEITUNG westdeutsche Großverlage. In den anderen beiden Fällen kamen auch kleinere Verlage zum Zug.
- Der Typ der großen Regionalzeitung mit hoher Auflage und mehreren lokalen Ausgaben ist dominant. Selbstständige Lokal- oder Heimatzeitungen haben sich – anders als in Westdeutschland – bis heute nicht etablieren können.
- Einzeitungskreise sind mit 71 Prozent im Osten die Regel. Der Tageszeitungsmarkt ist extrem wettbewerbsarm, mit Tendenz zu kooperativem Marktverhalten der Zeitungsverlage.

Die fünf größten Regionalzeitungsverlage – allesamt im Besitz westdeutscher Pressekonzerne – erzielen in Ostdeutschland einen Marktanteil von 53,2 Prozent. Drei unter ihnen erreichen ihre Position zudem mit nur einem einzigen Zeitungstitel – als größte die FREIE PRESSE (Medien Union), die mit ihren 291.370 Exemplaren fast zwölf Prozent der gesamten regionalen Zeitungsauflage der neuen Bundesländer auf sich vereint. Was die Größenvorteile anbelangt, sind die ostdeutschen Verlage den westdeutschen einige Schritte voraus. »Die Pressestruktur im Osten Deutschlands ist – rein wirtschaftlich gesehen – die überlegene Form. Sie ist heute schon effizienter, bequemer und vor allem zukunftsträchtiger« (Schneider 1995: 54).

3.1 Zeitungen in Berlin

In Berlin stieg das Angebot an Presseerzeugnissen durch die Zusammenführung der Märkte in Ost und West rasant an: Zählt Schütz für Westberlin 1989 noch sechs publizistische Einheiten mit zwölf Ausgaben und einer Gesamtauflage von 712.700 Exemplaren, gab es 1991 im gesamten Berliner Stadtgebiet 14 publizistische Einheiten, 31 Ausgaben und eine Auflage von über zwei Millionen Exemplaren (2009: 456). Charakteristisch für die Hauptstadt ist, dass neben regionalen Abonnementzeitungen auch regional geprägte Kaufzeitungen sowie überregionale Zeitungen erscheinen. Dies führte zu einem hohen Wettbewerbsdruck, vergleichsweise geringen Copy-Preisen und Anzeigenmargen.

Dieser Wettbewerbsdruck startete 1990 eine Phase der Pressekonzentration. Durch die Fusion von DER MORGEN und BERLINER ALLGEMEINE, vormals als NATIONAL-ZEITUNG das Zentralorgan der NDPD, verschwand letztere vom Markt. Bis 1994 wurden bis auf NEUES DEUTSCHLAND und JUNGE WELT sämtliche überregionalen Titel der ehemaligen DDR eingestellt. Auch die JUNGE WELT war 1995 insolvent, wurde aber von den Mitarbeitern aufgefangen und nach dem Vorbild der TAZ genossenschaftlich fortgeführt (Kapitza 1997: 167).

Im Bereich der regionalen Abonnement-Titel hielt sich die BERLINER ZEITUNG, mit dem SPANDAUER VOLKSBLATT verschwand 1992 ein West-Titel vom Markt. Alle drei 1989 vorhandenen Kaufzeitungen überlebten, die 1991 erfolgten Neugründungen SUPER OSSI und SUPER! ZEITUNG wurden dagegen wieder eingestellt. Vor allem die Gründung der SUPER! ZEITUNG sorgte für massives Aufsehen. Das Joint Venture des US-Verlegers Murdoch mit dem Burda-Verlag war als direkte Konkurrenz zu BILD konzipiert. Mit einer »aggressiven publizistischen Ausrichtung« rückte SUPER schnell in den Fokus der Öffentlichkeit (Schneider 1999: 608) und konnte eine Auflage von über 500.000 Exemplaren in ganz Ostdeutschland gewinnen (Held/Simeon 1995: 65). In Berlin blieb das Blatt bei 15.000 Exemplaren stehen, was auch eine eigene Berlin-Ausgabe ab dem 4. Mai 1992 nicht änderte. Mit aggressiven Schlagzeilen ruinierte sich das Blatt frühzeitig seinen Ruf und konnte sich somit nach der Einschätzung Beteiligter nicht am Anzeigenmarkt durchsetzen. Im Juni 1992 wurde die Zeitung eingestellt.

Weiterhin versuchten die Berliner Tageszeitungen, neben der jeweils neuen Stadthälfte auch das Umland zu erobern. Bis 1992 unterhielten verschiedene Berliner Blätter eigene Büros oder Ausgaben für Brandenburg oder einzelne Städte. Held und Simeon sprechen von einer »klassischen Testphase« (1994: 88), nach der sich die Verlage bis 1994 wieder aus Brandenburg zurückzogen. Die Marktbereinigung hatte bis 1995 zu einem gesunkenen, aber weiterhin hohen Angebot in Berlin geführt, auch, weil der Axel-Springer-Verlag 1993 die Redaktion der WELT nach Berlin verlegte. 1995 existierten in Berlin noch neun publizistische Einheiten mit 30 Ausgaben und etwa 1,5 Millionen verkauften Exemplaren.

Seitdem hat es in Berlin keine erfolgreiche Neugründung mehr gegeben. Das Gratisblatt 15 UHR AKTUELL (1998-2000) scheiterte mangels Wirtschaftlichkeit (Haas 2005: 113). Ende 2000 zog der Axel-Springer-

Verlag die zur Fußball-Weltmeisterschaft gestartete B.Z. SPORT zurück. Einzig die 2004 gegründete Tabloid-Ausgabe der WELT, WELT KOMPAKT, existiert bis heute. 2004 zählte Schütz zehn publizistische Einheiten, 26 Ausgaben und eine Gesamtauflage von 1,2 Millionen Exemplaren (2009: 456).[2]

Die weitere Entwicklung in Berlin ist von Bemühungen um auszuweitende Verbreitungsgebiete, publizistische Bedeutung und Sparmaßnahmen geprägt. So versuchten um 1997 BERLINER ZEITUNG und TAGESSPIEGEL zu überregionalen Qualitätsblättern aufzusteigen. Beide scheiterten. Nach Ansicht der befragten Experten verhindern zu geringe Einnahmen im umkämpften Berliner Markt weitere Expansionen. Dabei wird auch auf den untersagten verlagsseitigen Zusammenschluss von TAGESSPIEGEL und BERLINER ZEITUNG hingewiesen. Denn dem Axel-Springer-Verlag gelang es auf der anderen Seite, durch die Zusammenlegung von MORGENPOST und WELT in großem Umfang Stellen und damit Kosten einzusparen (Grimberg 2002: 21). Von Sparmaßnahmen waren nach 2001 alle Verlage betroffen, besonders offensiv diskutiert wurden die Folgen an der BERLINER ZEITUNG, die durch den Investor Mecom harten finanziellen Einschnitten unterworfen war. Die aktuelle Situation des Berliner Zeitungsmarktes gilt als stabil. Große Veränderungen werden in näherer Zukunft nicht erwartet.

3.2 Zeitungen in Brandenburg

Weder für 1991 noch für 2009 kann in Brandenburg von einer wirklichen Pressevielfalt gesprochen werden. Seit 1993 haben durchgehend weniger als 35 Prozent der Brandenburger Zugriff auf mehr als eine Regionalzeitung (Schütz 2009: 479). Dominiert wurde und wird die Zeitungslandschaft dabei von den drei Platzhirschen MÄRKISCHE ALLGEMEINE, LAUSITZER RUNDSCHAU und MÄRKISCHE ODERZEITUNG, die bereits bis 1989, teils unter anderem Namen, als SED-Bezirkszeitungen den Markt bestimmten.

Nach der Friedlichen Revolution wurden alle drei Verlage privatisiert und im Zuge der Treuhand-Entscheidung an westdeutsche Großverlage verkauft. Seit 1991 gehört die LAUSITZER RUNDSCHAU über die SAAR-

[2] Die Zahlen für 2008 können aufgrund aktueller Entwicklungen nicht in den Vergleich einbezogen werden. Da der Axel-Springer-Verlag 2008 die BILD-Zeitung nach Berlin verlegte, werden seitdem sämtliche BILD-Ausgaben zu Berlin gerechnet.

BRÜCKER ZEITUNG zum Holtzbrinck-Konzern, die MÄRKISCHE ALLGEMEINE zum Verlag der FRANKFURTER ALLGEMEINEN ZEITUNG, die MÄRKISCHE ODERZEITUNG gehört zu je 50 Prozent der Südwest-Presse Ulm und der Stuttgarter Verlagsgesellschaft. Von den beiden Zeitungen der Blockparteien überlebten nur die BRANDENBURGISCHEN NEUESTEN NACHRICHTEN, die zunächst an den Heinrich-Bauer-Verlag verkauft wurde. Die MÄRKISCHE UNION, eine Unterausgabe der UNION DRESDEN, verschwand schnell vom Markt.

Hinzu kommen für Brandenburg drei Neugründungen: Der ORANIENBURGER GENERALANZEIGER der Ippen-Gruppe, das OBERBARNIMER KREISBLATT als Neugründung des DELMENHORSTER TAGEBLATTS sowie der COTTBUSSER GENERAL-ANZEIGER, der als einzige Neugründung der neuen Bundesländer komplett auf die Unterstützung westdeutscher Verlage verzichtete (Pürer/Raabe 2007: 229). GENERAL-ANZEIGER und KREISBLATT entstanden bereits im Frühjahr 1990 als Wochenblätter, die im Herbst in Tageszeitungen umgewandelt wurden. Während der ORANIENBURGER GENERALANZEIGER einen eigenen Mantel produzierte, kaufte das OBERBARNIMER KREISBLATT den speziell für Neugründungen produzierten Mantel der MÄRKISCHEN ALLGEMEINEN. Im Sommer 1990 kam der GENERAL-ANZEIGER hinzu, womit sich laut Schütz für 1991 sechs publizistische Einheiten mit 50 redaktionellen Ausgaben und einer Gesamtauflage von 743.400 Exemplaren ausmachen lassen (2009: 456).

Hinzu kommen aber vor allem in der Nachwendezeit verschiedene Ausgaben Berliner Tageszeitungen für Brandenburg. Vor allem in Potsdam und Frankfurt (Oder) lancierten TAGESSPIEGEL, BERLINER MORGENPOST und SPANDAUER VOLKSBLATT eigene Büros und Ausgaben (Held/Simeon 1994: 47). Hinzu kommt das Engagement der Berliner Kauf-Titel BILD, B.Z. und BERLINER KURIER, die teilweise mit eigenen Ausgaben für Brandenburg operierten (Schütz 1992: 280f.).

Bereits 1991 setzte auch in Brandenburg die Phase der Pressekonzentration ein: 1991 wurde der COTTBUSSER GENERALANZEIGER eingestellt, 1992 folgte das OBERBARNIMER KREISBLATT (Pürer/Raabe 2007: 229). Im gleichen Jahr trafen Sparmaßnahmen die redaktionelle Eigenständigkeit der überlebenden Blockparteizeitung. Nachdem der Heinrich-Bauer-Verlag die BRANDENBURGISCHEN NEUESTEN NACHRICHTEN aus kartellrechtlichen Gründen verkaufen musste, schloss der neue Eigentümer, der Berliner TAGESSPIEGEL, die erst 1990 aufgebaute Mantelredaktion. Mit der Umbenennung in POTSDAMER NEUESTE NACHRICHTEN (PNN) wurde das Verbreitungsgebiet, das zuvor den gesamten ehemaligen Bezirk Potsdam umfasst hatte, auf die Landeshauptstadt Potsdam und Umgebung reduziert. Den Mantel bezogen die PNN ab sofort von der SYKER KREISZEITUNG (Pürer/Raabe 2007: 236). Der nächste Konzentrationsschub folgte 1994. In dem Jahr musste der ORANIENBURGER GENERALANZEIGER ebenfalls aus finanziellen Gründen den eigenen Mantel aufgeben und bezieht diesen seitdem auch von der SYKER KREISZEITUNG. Parallel wurden die POTSDAMER NEUESTEN NACHRICHTEN völlig neu gestaltet. Das bisher eigenständige Blatt wurde in Mantel, Format und Layout des TAGESSPIEGELS eingepasst (Schneider 1998: 99).

Die ehemaligen Bezirkszeitungen überlebten diese Phase der Marktbereinigung relativ unbeschadet. Etwa Mitte der 90er-Jahre legte die LAUSITZER RUNDSCHAU ihre Ausgaben für Cottbus Stadt und Land zusammen, gleiches tat die MÄRKISCHE ALLGEMEINE mit den jeweiligen Ausgaben für Potsdam und Brandenburg (Havel). Sonst gab es keine strukturellen Änderungen bei den drei Marktführern. Da sich zudem die meisten Berliner Verlage bis 1994 aus Brandenburg zurückzogen (Schneider 1998: 58), hatten vor allem LAUSITZER RUNDSCHAU und MÄRKISCHE ODERZEITUNG in ihren Kernverbreitungsgebieten wenig oder gar keine Konkurrenz. Die RUNDSCHAU musste sich nach 1994 nur in ihren sächsischen Ausgaben Weißwasser und Hoyerswerda der Konkurrenz der SÄCHSISCHEN ZEITUNG sowie in Jessen der Konkurrenz der MITTELDEUTSCHEN ZEITUNG erwehren. Die MÄRKISCHE ODERZEITUNG hatte abgesehen von den ins Umland ausstrahlenden Berliner Tageszeitungen keine weitere Tageszeitung im Verbreitungsgebiet zu fürchten. Einzig die MÄRKISCHE ALLGEMEINE hat mit PNN und ORANIENBURGER GENERALANZEIGER direkte Wettbewerber (Schütz 2004: 1009f.; Schneider 1998: 258-261).

Von 1991 bis 1995 halbierte sich die Zahl der publizistischen Einheiten von sechs auf drei, die Zahl der Ausgaben sank um sieben auf 43. Auch die Auflage fiel in den vier Jahren drastisch, sie lag 1995 bei 585.000 Exemplaren. Seitdem ist die Brandenburger Pressestruktur stabil. Einzige Neugründung war 2004 die Zielgruppenzeitung 20 CENT LAUSITZ der LAUSITZER RUNDSCHAU, die allerdings Anfang 2009 wieder geschlossen wurde. Weiterhin wurde 2001 von der LAUSITZER RUNDSCHAU die Ausgabe Jessen (Sachsen-Anhalt) eingestellt.

Schütz zählt für 2008 noch vier publizistische Einheiten mit 40 redaktionellen Ausgaben und einer Auflage von 353.400 Exemplaren (2009: 456). Da hiervon aber noch die Einstellung von 20 CENT LAUSITZ abzuziehen ist, ergibt sich für Brandenburg 2008 eine Verschlechterung des publizistischen Angebots im Vergleich zu 1989. Problematisch dabei ist vor allem, dass 2008 nur noch jeder vierte Brandenburger die Wahl zwischen mindestens zwei regionalen Zeitungen hatte. Von 18 Kreisen und kreisfreien Städten gab es in 13 ein Zeitungsmonopol (ebd.: 476). Die Dominanz der ehemaligen SED-Bezirkszeitungen hat damit in weiten Teilen des Bundeslandes bis heute Bestand. Einzig im Verbreitungsgebiet des ORANIENBURGER GENERALANZEIGERS ist die strikt lokal orientierte Neugründung als Wettbewerber hinzugekommen.

3.3 Zeitungen in Mecklenburg-Vorpommern

Die Situation der Zeitungslandschaft ist in Mecklenburg-Vorpommern stärker als anderswo durch Monopolstrukturen geprägt. Nahezu die gesamte Bevölkerung des Bundeslandes lebte bereits kurz nach der Wiedervereinigung in Einzeitungskreisen. Neugründungen aus Westdeutschland oder der Bürgerbewegung konnten sich gegen die Zeitungen aus der SED-Hinterlassenschaft nicht lange behaupten. Die Pressestruktur verzeichnete von Beginn an eine Ausdünnung des Angebots. Von 51 Ausgaben im Jahr 1989 blieben 1991 nur noch 39, fünf Jahre später hatte sich die Zahl bei 35 stabilisiert (Schütz 2005b: 238). Damit hatte das Bundesland jede fünfte Lokalausgabe verloren und verfügte – weit abgeschlagen – über die wenigsten Lokalteile im Osten. Der mangelnde Wettbewerb in Mecklenburg-Vorpommern war vor allem das Ergebnis gezielter Konkurrenzvermeidung. Die ehemaligen SED-Bezirkszeitungen hielten (und halten) sich weitgehend an ihre alten Verbreitungsgebiete (Interview Seidel).

Drei Zeitungen dominieren den Tageszeitungsmarkt: die SCHWERINER VOLKSZEITUNG (SVZ) im westlichen Mecklenburg mit Sitz in Schwerin, der NORDKURIER im Osten des Landes (Neubrandenburg) sowie die OSTSEE-ZEITUNG (Rostock) mit einem an der Ostseeküste entlang gestreckten Verbreitungsgebiet. Insgesamt bringen sie täglich 33 Lokalausgaben in Mecklenburg-Vorpommern heraus – zudem erscheint der NORDKURIER mit zwei Ausgaben (PRENZLAUER ZEITUNG, UCKERMARK KURIER) und die SVZ mit dem PRIGNITZER im angrenzenden nördlichen Brandenburg (Schütz 2005a: 238). Dieser »Grenzübertritt« geht auf die Struktur der ehemaligen DDR-Bezirke zurück. Entsprechend des allgemeinen Trends in Ostdeutschland sind die Auflagen seit

1990 kontinuierlich gesunken. Zuletzt kamen die drei Regionaltitel auf eine gemeinsame Auflage von 344.735 Exemplaren (IVW III/2009). Das entspricht einem Rückgang von 38 Prozent gegenüber 1991. Bezogen auf das Jahr 2000 haben die Zeitungen ein Viertel ihrer Auflage eingebüßt. Dabei konnte sich die OSTSEE-ZEITUNG mit einem Rückgang von 20 Prozent seit 2000 – nach der SÜDTHÜRINGER PRESSE – am besten unter den ostdeutschen Titeln behaupten.

Im Zuge der Zeitungskrise ist auch die Eigentümerstruktur der Mecklenburger Zeitungen stärker in Bewegung geraten als anderswo. Der Burda-Verlag verkaufte 2005 seine Anteile am Zeitungsverlag Schwerin an die SH:Z-Verlagsgruppe aus Flensburg. Im Frühjahr 2009 veräußerte der Springer-Verlag eine 50-prozentige Beteiligung an der OSTSEE-ZEITUNG an die LÜBECKER NACHRICHTEN, die damit zum alleinigen Gesellschafter aufstieg. Der NORDKURIER wiederum hat 2008 seine Lokalredaktionen in vier eigenständige Regionalgesellschaften ausgelagert. Jüngste Veränderungen in der Zeitungslandschaft betreffen insbesondere das Verhältnis der Verlage zueinander. Die OSTSEE-ZEITUNG und die LÜBECKER NACHRICHTEN haben seit 2006 die Verlagsbereiche gebündelt sowie Teile des Zeitungsmantels zusammengelegt und ausgelagert. Seit Oktober 2008 wird auch der Mantel der SVZ in einer ausgelagerten Gesellschaft produziert, seit April 2009 beliefert sie zusätzlich den NORDKURIER. Hintergrund dieser Auslagerung ist neben Einsparungen auch die Neuprofilierung der Zeitungen, die sich stärker auf ihre lokale und regionale Kompetenz konzentrieren wollen und die überregionale Berichterstattung daher nachrangig behandeln (Interview Schumacher).

Nur in drei von 18 Regionen können Leser noch zwischen zwei Zeitungen mit lokaler Berichterstattung wählen. In allen Fällen betrifft dies das Verbreitungsgebiet der OSTSEE-ZEITUNG: Im Westen erscheinen die LÜBECKER NACHRICHTEN mit einer eigenen Ausgabe für Grevesmühlen, auf der Insel Usedom konkurriert der NORDKURIER mit einer eigenen Lokalausgabe. Publizistische Vielfalt besteht im Grunde aber nur in Rostock, wo die NORDDEUTSCHEN NEUESTEN NACHRICHTEN (eine Lokalausgabe der SVZ) mit der OSTSEE-ZEITUNG im Wettbewerb stehen. Die LÜBECKER NACHRICHTEN haben ihre Lokalredaktion in Grevesmühlen 2009 mit der der OSTSEE-ZEITUNG zusammengelegt und der Usedom Kurier verkauft nur eine Auflage von wenigen Hundert Exemplaren (Interview Ehlers). Damit sind 17 von 18 Kreisen und kreisfreien Städten faktisch Einzeitungskreise. Das ist die niedrigste Zeitungsdichte in ganz Ostdeutschland (Schütz 2009: 480). Der einzige verbliebene Wettbewerber der ehemaligen Bezirkszeitungen ist die BILD. Mit zuletzt 102.442 (IVW III/2009) erreichte sie mehr Leser als der NORDKURIER.

Darüber hinaus weist Mecklenburg-Vorpommern die höchste Auflagendichte an Anzeigenblättern in den neuen Bundesländern auf. Die Gesamtauflage der insgesamt 35 Titel betrug zuletzt 2,7 Millionen – damit kommen rechnerisch auf jeden Einwohner etwa 1,6 Exemplare (BVDA 2009: 2). Die Anzeigenblätter befinden sich jedoch – bezogen auf die Auflage – zu 80 Prozent in der Hand der drei Regionalzeitungen.

Dieser hohe Konzentrationsgrad und die zunehmende Verflechtung auf dem Zeitungsmarkt haben erhebliche Sorgen in der Öffentlichkeit über die publizistische Vielfalt in Mecklenburg-Vorpommern ausgelöst und den Landtag veranlasst, sich intensiv mit der Entwicklung der Verlage zu beschäftigen.[3] Eine aus diesem Grund in Auftrag gegebene Studie stellte zwar Qualitätsdefizite bei den Zeitungen fest, kam aber hinsichtlich befürchteter Vielfaltsverluste durch Sparmaßnahmen der Verlage zu ambivalenten Befunden (Grittmann 2009).[4] Die Landesregierung wurde vom Landtag deshalb beauftragt, jährlich – erstmals geschehen 2009 – einen Medienbericht vorzulegen (Landtag Mecklenburg-Vorpommern 2009).[5]

3.4 Zeitungen in Thüringen

Infolge der zahlreichen Zeitungsneugründungen herrschte in Thüringen in den ersten Nachwendejahren ein scharfer Wettbewerb zwischen neuen und alten Zeitungsverlagen. Mit ihrem erheblichen Vorsprung an Auflage und der starken Leser-Blatt-Bindung gelang es den alten SED-

3 U.a. Plenarprotokoll 5/45 des MV-Landtages vom 2.7.2008; Innenausschuss: Protokoll Nr. 73 vom 16.11.2005; Nr. 44 vom 16.7.2008; Nr. 48 vom 16.10.2008; Drucksache 5/107 vom 20.10.2008.

4 So haben die Zeitungen zwar ihren Umfang erweitert, aber der Anteil der Agenturmeldungen betrug zwischen 50 und 62 Prozent. Die Studie konstatierte eine Verflachung journalistischer Qualitätsstandards: Berichte und Meldungen dominieren, aufwendige Genres wie Interview, Feature, Reportage kommen kaum noch vor. Damit stützt die Studie Befunde, dass monopolistische Strukturen der publizistischen Qualität abträglich sind.

5 Die Landesverbände der Gewerkschaften Verdi und DJV haben 2008 die Initiative »Unser Land braucht seine Zeitungen« gegründet und fordern vom Landtag eine Novellierung der Pressegesetzgebung. Ziel ist u.a. eine Verankerung der inneren Pressefreiheit z.B. durch Redaktionsstatute und die Auflockerung des Tendenzschutzes (Verdi/DJV 2008).

Titeln nach ihrer erfolgreichen Restrukturierung jedoch, die neuen Wettbewerber zurückzudrängen. Im Oktober 1996 stammten noch neun der 61 Ausgaben nicht von einem der DDR-Traditionstitel (Schneider 1998: 105). Besonders wichtig dafür war auch der rasche Aufbau eigener Vertriebsstrukturen, der in Thüringen schneller als anderswo in Ostdeutschland erfolgte.

Alle ehemaligen Parteizeitungen führten einen harten Unterbietungswettbewerb gegen neu gegründete Titel – in 13 Fällen verlangten sie Dumpingpreise von unter zehn DM pro Monatsabonnement ihrer Lokalausgaben (Schneider 1998: 95). Ein besonders drastisches Beispiel war Eisenach. Hier konnte die THÜRINGER ALLGEMEINE (TA) nur per Gerichtsurteil dazu veranlasst werden, eine Preissenkung auf 8,90 DM zurückzunehmen. In Monopolgebieten verlangte die TA von ihren Lesern dagegen 15 DM. Die harten Methoden im Wettbewerb – aggressive Abwerbung von Lesern, Anzeigenkunden und Zustellern oder das Entfernen der Konkurrenzzeitungen aus den Briefkästen – mündeten in häufigen juristischen Auseinandersetzungen (ebd.: 116).

Die Wettbewerbsstruktur in Thüringen wurde auch durch langwierige Auseinandersetzungen der ehemaligen SED-Titel untereinander geprägt. Besonders heftig verlief der Zeitungskrieg zwischen dem FREIEN WORT auf der einen und der TA und der OTZ auf der anderen Seite, die zwischen 1992 und 1996 mit günstigeren Ausgaben in das Verbreitungsgebiet des jeweiligen Konkurrenten eindrangen. Da die Ausdehnungsversuche wirtschaftlich scheiterten, wurden sie – bis auf eine Ausgabe der TA in Ilmenau – beendet (Breidt 1999: 40). Seit dem Ende des Zeitungskriegs hat sich die Presselandschaft in Thüringen nur marginal verändert. Man praktiziert eine Strategie der Konkurrenzvermeidung.[6]

Ergebnis dieser Marktbereinigung war eine von den ehemaligen SED-Bezirkszeitungen dominierte Presselandschaft. Wer sich über das lokale Geschehen informieren wollte, war wieder auf die ehemaligen SED-Bezirksorgane angewiesen. Von der kurzen Blüte der Zeitungslandschaft war nichts mehr übrig: Nachdem die Zahl der Lokalausgaben von 54 im Jahr 1989 auf 73 zwei Jahre später gestiegen war, fiel sie bis 1993 mit 49 Ausgaben hinter den Ausgangswert zurück (Schütz 1997: 665).

---

[6] Selbst in Ilmenau, dem einzigen Gebiet in Thüringen, in dem noch ein echtes publizistisches Konkurrenzverhältnis besteht, haben die Zeitungen FREIES WORT und TA mittlerweile ihre Preise auf einheitlich 19,20 Euro im Monat angeglichen.

Heute wird die Zeitungslandschaft von Thüringen von zwei großen Verlagsgruppen bestimmt: der zum WAZ-Konzern gehörigen Zeitungsgruppe Thüringen (ZGT)[7] und der Verlagsgruppe Suhl. Die ZGT bringt im Norden und Westen des Landes die THÜRINGER ALLGEMEINE heraus, in Mittel- und Westthüringen die THÜRINGISCHE LANDESZEITUNG und im Osten die OSTTHÜRINGER ZEITUNG. Südlich des Rennsteigs mit Zentrum Suhl erscheint das FREIE WORT als Hauptzeitung der Verlagsgruppe Suhl. Zum FREIEN WORT hinzuzurechnen sind außerdem die SÜDTHÜRINGER ZEITUNG (STZ) in Schmalkalden und Bad Salzungen und das MEININGER TAGEBLATT im Altkreis Meiningen.[8] Im Landkreis Altenburg erscheint die OSTERLÄNDER VOLKSZEITUNG, eine Lokalausgabe der LEIPZIGER VOLKSZEITUNG. Damit besteht in Thüringen eine im Osten Deutschlands einmalige Vielfalt an Zeitungstiteln, die sich auch in der mit 47 hohen Zahl an Lokalausgaben widerspiegelt (Schütz 2009: 458). Dennoch erscheint in der Hälfte der Kreise nur eine Zeitung – was deutlich über ostdeutschem Niveau ist, aber nur gesamtdeutscher Schnitt. Zugleich ist mit der marktbeherrschenden Stellung zweier Verlagsgruppen die Konzentration so hoch wie nirgends sonst in den neuen Bundesländern.

In elf der 23 Kreise und kreisfreien Städte besteht die Auswahl zwischen zwei verschiedenen Zeitungen mit Vollredaktion. Doch diese Vielfalt ist eine »Scheinvielfalt«, die fast ausschließlich der Existenz der TLZ geschuldet ist, die in ihrem gesamten Verbreitungsgebiet mit Titeln der eigenen Zeitungsgruppe konkurriert. Der einzige »echte« Zweizeitungskreis ist der Ilm-Kreis südlich von Erfurt. Dort erscheinen TA und das FREIE WORT mit eigenen Lokalausgaben. Auch das MEININGER TAGEBLATT bzw. die SÜDTHÜRINGER ZEITUNG stehen in keinem echten Konkurrenzverhältnis zum FREIEN WORT, auch wenn sie noch – dem Namen nach – getrennt voneinander jeweils Ausgaben in Meiningen bzw. Bad Salzungen und Schmalkalden herausbringen. Das FREIE WORT hat seine Lokalredaktion in Meiningen mit der des TAGESBLATTES fusioniert, so dass beide Zeitungen mit einem gemeinsamen

[7] Die Zeitungen in Thüringen sind eng miteinander verflochten. Das zentrale Gelenk, über das die WAZ ihre Zeitungen in Thüringen kontrolliert und die verlegerischen Dienstleistungen koordiniert, ist die ZGT. Diese Konstruktion entspricht dem so genannten WAZ-Modell, demzufolge Druck, Vertrieb, Anzeigen und Einkauf für die Zeitungen zentral organisiert werden, während sie redaktionell unabhängig bleiben. Das Modell ist allerdings zuletzt unter Druck geraten: Die Zusammenarbeit in einigen Lokalredaktionen – vor allem der TLZ – wurde verstärkt, Beilagen werden gemeinsam produziert.

[8] Von den zahlreichen Versuchen westdeutscher Verlage, neue Titel in Thüringen zu etablieren, bestehen heute nur noch das MEININGER TAGEBLATT und die STZ.

Lokalteil erscheinen. Auch die Lokalteile der STZ und des FREIEN WORTES in Bad Salzungen und Schmalkalden sind identisch (Interview Wessels). In Thüringen erscheint mit dem ALLGEMEINEN ANZEIGER das auflagenstärkste sonntägliche Anzeigenblatt in Deutschland. Der von der ZGT herausgegebene Titel erreicht mit zwei Ausgaben pro Woche eine Auflage von etwa 1,8 Millionen (Interview Schrotthofer).

Der Tageszeitungsmarkt in Thüringen ist seit Jahren gesättigt. Zuletzt erreichten die Zeitungen der ZGT, der Verlagsgruppe Suhl und die OSTERLÄNDER VOLKSZEITUNG eine Gesamtauflage von rund 440.000 Exemplaren (IVW III/2009). Neun Jahre zuvor verkauften sie mehr als 600.000 Zeitungen täglich – ein Rückgang von knapp 30 Prozent. Im Vergleich zu den Spitzenauflagen der Vorwendezeit büßten sie gut die Hälfte ein. Kein ostdeutsches Bundesland hat seit Mitte der 90er mehr Leser verloren als Thüringen: Wurden 1996 noch 399 Zeitungen pro 1000 Einwohner verkauft, waren es zehn Jahre später nur 273 – ein Minus von 31,6 Prozent (Stürzebecher/Möhring 2008: 95). Der mit Abstand auflagenstärkste Titel ist die TA, die eine geschätzte Auflage von 180.000 Exemplaren und damit einen Anteil von 41 Prozent erreicht. Für die OTZ als zweitgrößte Zeitung weist Schütz 2008 eine Auflage von 108.600 Exemplaren aus, bei der TLZ als kleinstem Titel der Verlagsgruppe sind es 41.100 (Schütz 2009: 462).[9] Die ZGT ist die größte regionale Zeitungsgruppe in den neuen Ländern. In keinem anderen ostdeutschen Bundesland erreicht ein Verlag oder eine Verlagsgruppe einen nur annähernd so hohen Marktanteil.

3.5 Zeitungen in Sachsen

Auch die sächsische Zeitungslandschaft wird von den ehemaligen SED-Zeitungen dominiert. Neben der FREIEN PRESSE, der SÄCHSISCHEN ZEITUNG und der LEIPZIGER VOLKSZEITUNG gibt es mit dem VOGTLAND-ANZEIGER nur noch eine von ihnen unabhängige Tageszeitung. Allerdings halten die Boulevardzeitungen – die MORGENPOST mit Ausgaben für Dresden und Chemnitz sowie die BILD mit Ausgaben für Dresden, Chemnitz und Leipzig – mit 25,4 Prozent einen hohen Anteil an der Gesamtauflage. Ein sächsischer Sonderfall ist die in Bautzen erscheinende sorbisch-sprachige Zeitung SERBSKE NOWINY der sorbi-

[9] Bei den letzten beiden Werten handelt es sich vermutlich um geschätzte Werte, da keine offiziellen Angaben dazu vorliegen.

schen Minderheit. Sie macht mit einer Auflage von 2000 allerdings nicht einmal 0,2 Prozent der Gesamtauflage aus.

Analog zur Gesamtentwicklung in der DDR hat die Auflage in Sachsen kontinuierlich abgenommen. Heute stehen mit 1,1 Millionen Zeitungsexemplaren 43,4 Prozent weniger zur Verfügung als 1989.[10] Seit dem Jahrtausendwechsel sind alle Zeitungsarten von dem Auflagenrückgang gleichermaßen betroffen. Sowohl Lokal- und Regionalzeitungen als auch Boulevardblätter haben seitdem knapp 29 Prozent ihrer Auflage verloren. Die Zahl der publizistischen Einheiten ist mit acht gegenüber 1989 stabil geblieben, hat im Vergleich zu 1991 allerdings um 42,9 Prozent abgenommen. Heute erscheinen im Freistaat sowohl weniger redaktionelle Ausgaben als 1989 (-14 Prozent) als auch 1991 (-26 Prozent).

Marktzutritte gab es seit Anfang der 90er-Jahre nicht mehr. Die letzten Veränderungen betrafen vor allem Besitzverhältnisse. Im September 2004 verkaufte die FRANKENPOST den VOGTLAND-ANZEIGER an die Chemnitzer WVD-Gruppe, die bis dahin in erster Linie Anzeigenblätter vertrieben hatte (epd medien 2004: 17). Nachdem die Zeitung im April 2005 Insolvenz angemeldet hatte, gab sie im August desselben Jahres bekannt, dass Wilfried Hub – ehemaliger Chefredakteur der FREIEN PRESSE – die Sanierung der Zeitung übernehmen werde (epd medien 2005: 17). Ihren Mantel erhält der VOGTLAND-ANZEIGER weiterhin von seiner ursprünglichen Mutter, der FRANKENPOST in Plauen, und erscheint mit einer Auflage von 13.800 (IVW IV/2009). Am 1. Januar 2005 gründeten die Döbelner Verlags GmbH, der Verlag des DÖBELNER ANZEIGERS, und die Dresdener Druck- und Verlags GmbH, Verlegerin der SÄCHSISCHEN ZEITUNG, die Döbelner Verlags GmbH und Co. Der DÖBELNER ANZEIGER, der bisher mit dem Mantel des HELLWEGER ANZEIGERS erschienen war, übernahm fortan den überregionalen Teil der SÄCHSISCHEN ZEITUNG. Ein Jahr später übernahm die SÄCHSISCHE ZEITUNG den Döbelner Verlag komplett (Mundus 2007: 33). Mit dem DÖBELNER ANZEIGER verschwand die vorletzte unabhängige Neugründung vom sächsischen Markt.

Mit der SÄCHSISCHEN ZEITUNG, den DRESDNER NEUESTEN NACHRICHTEN, der BILD und der MORGENPOST erscheinen in Dresden vier verschiedene Zeitungen. In Chemnitz stehen den Lesern mit der FREIEN PRESSE, BILD und der MORGENPOST drei Blätter mit lokalen Nachrichten zur Auswahl. Abgesehen von diesen hohen Kennzahlen für die Zeitungsdichte hat sich die publizistische Vielfalt seit der Wende

---

10 Eigene Berechnung auf der Grundlage von Schütz (1991a: 116) und IVW IV/2009.

auch in Sachsen verringert. 2008 trat im Freistaat eine Kreisgebietsreform in Kraft, die die Zahl der Gebietskörperschaften auf zehn Landkreise und drei kreisfreie Städte verringerte. Durch die Zusammenlegung alter Kreise, in denen zwei unterschiedliche Zeitungen erschienen, sind faktische Mehr-Zeitungskreise entstanden, in denen die Konkurrenz allerdings nicht ausgetragen wird (Schütz 2009: 473), da die Blätter sich weiterhin in ihrem angestammten Gebiet bewegen. Eine Betrachtung der Zeitungsdichte auf Grundlage der alten Strukturen ist deshalb aussagekräftiger. In 19 der ehemals 29 sächsischen Gebietskörperschaften erscheint heute nur noch eine Zeitung mit lokalen Informationen (Schütz 2005b: 1046-1055). Die Besitzverhältnisse in Sachsen sind hochkonzentriert. Die fünf größten Verlagsgruppen (Rheinpfalz/Südwestpresse, Madsack, Gruner+Jahr, Axel Springer AG und die ddvg) halten 98 Prozent an der Gesamtauflage. Im Vergleich zu 2008 hat sich dieses Verhältnis deutlich verschoben. Madsack übernahm zum 1. Februar 2009 die Anteile, die der Springer Konzern an der LVZ und den DRESDNER NEUESTEN NACHRICHTEN hielt. Lägen diese Anteile noch immer bei der Springer AG, wäre sie Marktführer im Freistaat.

3.6 Zeitungen in Sachsen-Anhalt

Wie in den anderen ostdeutschen Bundesländern gibt es auch in Sachsen-Anhalt kaum Lesealternativen zu den ehemaligen SED-Zeitungen. Neben der MAGDEBURGER VOLKSSTIMME und der MITTELDEUTSCHEN ZEITUNG konnte sich nur die ALTMARK ZEITUNG im nördlichen Bundeslandgebiet halten. Mit einer Auflage von 17.800 (IVW IV/2009) konkurriert sie mit der VOLKSSTIMME. BILD erscheint mit einer Auflage von 118.400 in Halle und Magdeburg. Insgesamt werden in Sachsen-Anhalt täglich 568.500 Zeitungen verkauft.

Diese Auflage verteilt sich auf 44 unterschiedliche redaktionelle Ausgaben. Die Zahl der Lokalteile hat damit gegenüber 1989 um 17 Prozent, im Vergleich zu 1991 um 24,1 Prozent, abgenommen. Die Zahl der publizistischen Einheiten – es gibt vier verschiedene Mantelteile – ist verglichen mit 1989 unverändert. Gegenüber 1991 lässt sich allerdings ein Rückgang von 66,7 Prozent verzeichnen. Dieser enorme Verlust, der auch weit über dem Niveau des Rückgangs der redaktionellen Ausgaben liegt, erklärt sich damit, dass insgesamt acht westdeutsche Verlage nach der Wende in den Gebieten nahe der ehemaligen innerdeutschen Grenze Nebenausgaben ihrer Titel mit unterschiedlichen Mänteln auf den Markt brachten. Die Einstellung dieser Titel bedeutete prozentual einen enormen Rückgang an überregionalen Informationen in Sachsen-Anhalt.

Abgesehen von der Einstellung des Lokalteils für Jessen durch die in Brandenburg erscheinende LAUSITZER RUNDSCHAU Anfang des Jahrtausends, veränderte sich ab Mitte der 90er-Jahre der sachsen-anhaltinische Markt kaum. Die wirtschaftliche Konzentration ist noch ausgeprägter als in Sachsen. Die fünf größten Verlagsgruppen vereinen fast 99 Prozent der Auflage auf sich. Allein die größten drei – DuMont-Schauberg, Bauer und die Axel Springer AG – halten knapp 95 Prozent.

Die Zahl der Gebietskörperschaften in Sachsen-Anhalt wurde 2007 von vormals 24 auf elf Kreise und drei kreisfreie Städte verringert. Innerhalb dieser neuen Kreise gibt es nun zwar Konkurrenzsituationen – doch wie schon in Sachsen wurde diese Konkurrenz kaum ausgetragen. Stattdessen zeigt sich auf Grundlage der alten Kreisstrukturen ein publizistisch hochkonzentriertes Gebiet: Nur in einem Viertel der alten Kreise können die Bürger aus mehreren Zeitungen mit lokalen Informationen wählen. Selbst in den Großstädten Magdeburg und Halle ist die BILD die einzige Lesealternative zur ehemaligen SED-Zeitung.[11]

3.7 Zeitschriften

»Aus dem Osten kam nur der GUTE RAT« betitelte die WELT 1999 einen Artikel über die Zeitschriften in den neuen Bundesländern (Simon 1999). Dieser Titel stellt sich allerdings bei genauerer Lektüre des Artikels selbst als unzutreffend heraus, weist die Autorin doch auf weiterhin bestehende Magazine wie die Illustrierte DAS MAGAZIN und die Satirezeitschrift EULENSPIEGEL hin. Heute ist der Zeitschriftenmarkt breiter und differenzierter als die spärliche bisher verfasste Literatur erahnen lässt. Insgesamt gibt es in den neuen Ländern einschließlich Berlin[12] 552 Zeitschriften, die in 337 Verlagen erscheinen. Dabei machen Fachzeitschriften etwas über zwei Drittel der gesamten ostdeutschen Publikatio-

[11] Eigene Berechnungen auf Grundlage von Media Daten (2009: 33-43) und den Aussagen der Interviewpartner.

[12] Der gesamte Berliner Zeitschriftenmarkt wird hier zu den ostdeutschen Zeitschriften gezählt, da sich zwanzig Jahre nach dem Mauerfall nicht sinnvoll differenzieren lässt, welche Berliner Zeitschriften ostdeutsch sind und welche nicht und eine starke Durchmischung des Ost- und Westberliner Markts stattgefunden hat.

nen aus. Mit 178 Stück erscheinen etwa acht Prozent der deutschen Publikumszeitschriften in den neuen Ländern einschließlich Berlin.

Nach dem Mauerfall mussten die ehemaligen DDR-Zeitschriften quasi bei Null anfangen: Ihre Auflagen waren ausnahmslos sehr stark eingebrochen, manchmal auf ein Zehntel ihrer vorherigen Werte, technische Ausstattung und Erscheinungsbild veraltet (Haller 1994a: 48). Inhaltlich standen die Zeitschriften für ein System, dessen sich die Bürger gerade entledigt hatten (Köcher 2004: 10). In die Erneuerung der Titel musste stark investiert werden – wozu die Zeitschriften selbst nicht fähig waren. In dieser ohnehin schwierigen Lage konkurrierten alle nicht-regionalen Titel mit etablierten Zeitschriften aus finanzkräftigen westdeutschen Verlagen, die ab Frühjahr 1990 nach Ostdeutschland eingeführt wurden, und Titeln, die diese Verlage für den ostdeutschen Markt konzipiert hatten – mit bunteren, frischeren, auffälligeren Zeitschriften. All das hat dazu geführt, dass etwa 60 Prozent der ehemaligen DDR-Titel in den ersten Jahren nach dem Mauerfall eingestellt wurden.

Die verbleibenden Zeitschriften erschienen mit geringen Auflagen weiter, auch Neugründungen hatten – sofern sie nicht aus großen westdeutschen Verlagshäusern stammten – geringe bis sehr geringe Auflagen. Daran hat sich bis Anfang 2010 wenig verändert: Der ostdeutsche Zeitschriftenmarkt wird inzwischen von solchen Publikationen dominiert. Die durchschnittliche Druckauflage ostdeutscher Zeitschriften liegt bei etwa 47.000 Exemplaren pro Erscheinungstag.[13] Das ist ausgesprochen wenig gemessen daran, dass schon die durchschnittliche verkaufte Auflage der IVW-geprüften Publikumszeitschriften 2006 bei 158.796 Exemplaren lag (Vogel 2006b: 384) – und von deutlich höheren Druckauflagen auszugehen ist. 61 Prozent der ostdeutschen Zeitschriften erscheinen sogar mit Druckauflagen von unter 16.000 Exemplaren.

Als Standort dominiert Berlin den ostdeutschen Markt: Hier erscheinen mit 404 Titeln über 70 Prozent der ostdeutschen Zeitschriften. Die meisten anderen Publikationen erscheinen in Leipzig (46) und Dresden (20). In keiner weiteren ostdeutschen Stadt gibt es mehr als neun Titel. Die auflagenstärkste Zeitschriftengattung ist mit etwa fünf Millionen gedruckten Exemplaren pro Erscheinungstag das nach dem Mauerfall gegründete Segment der Stadt- und Veranstaltungsmagazine. Auf die 62 Publikationen der Gattung entfallen etwa 20 Prozent der ostdeutschen Zeitschriften. Sie kommt als einzige in allen ostdeutschen Bundesländern vor. Mit etwa 40 Prozent der gedruckten Stadtillustrierten domi-

[13] Nur ein knappes Viertel der ostdeutschen Zeitschriften ist IVW-geprüft, so dass außenvalidierte Daten für die verbreitete und verkaufte Auflage nicht vorliegen.

niert der UMM Stadtillustrierten Verlag diesen Markt (eigene Berechnungen auf der Basis von Baumgartner 2009; Finsterwald 2007; Finsterwald 2009; IVW und diversen Webseiten der ostdeutschen Verlage). Den Magazinen kommt zu Gute, dass sie vielerorts neben den ehemaligen SED-Bezirkszeitungen als Einzige lokal berichten. »Der KREUZER profitiert enorm von der Monopol-Stellung der LVZ. Wir haben einen publizistischen Einfluss, den so ein Magazin in der Regel nicht hat. Wir haben viel mehr Politik als andere«, sagt der Geschäftsführer des Leipziger Stadtmagazins KREUZER, Egbert Pietsch im Interview.

Die zweihöchste Auflage erreichten Kinderzeitschriften: Dies ist nur damit zu erklären, dass der Egmont Ehapa Verlag in Berlin angesiedelt ist. Auf diesen entfallen 1,7 Millionen von 1,9 Millionen Titel dieses Segments. Die meisten der ehemaligen DDR-Kinderzeitschriften, die vor dem Mauerfall hohe Auflagen erreicht hatten, gibt es dagegen inzwischen nicht mehr: Von vormals zehn Titeln erscheinen nur noch das Vorschulmagazin BUMMI und die Comic-Zeitschrift MOSAIK, die übrigen wurden bereits Anfang der 1990er-Jahre eingestellt (Finsterwald 2007; Finsterwald 2009; Haller/Weßler 1994b).

Nahezu alle weiteren Zeitschriftengattungen, die in den alten Bundesländern häufig vorkommen, sind in den neuen Ländern Nischenprodukte: So gibt es in Ostdeutschland außer der Neugründung des Ringier-Verlags CICERO keine klassischen Nachrichtenmagazine, es werden nur zwei Frauenzeitschriften verlegt, MEINE GESCHICHTE und MEIN ERLEBNIS aus dem Publica Verlag in Berlin.

Die Zeitschriften mit hoher publizistischer Bedeutung sind untypisch für den ostdeutschen Zeitschriftenmarkt: Sie unterscheiden sich von der Mehrheit der Titel durch hohe Auflagen und dadurch, dass sie zu Zeitschriftengattungen gehören, die sonst in den neuen Bundesländern kaum oder gar nicht vertreten sind. Die höchste Reichweite unter allen ostdeutschen Zeitschriften erreicht die wöchentlich erscheinende SUPER ILLU, die 1990 von der Sebaldus-Gruppe und Burda aus der Taufe gehoben wurde und zur Gattung der aktuellen Zeitschriften und Magazinen zählt. Sie hatte im ersten Quartal 2009 eine durchschnittliche verkaufte Auflage von 490.000 Exemplaren (IVW I/2009) und erreichte etwa 2,88 Millionen Leser in Ostdeutschland einschließlich Berlin (Ag.Ma II/2009). Die Zeitschrift ist neben SUPER TV die einzige von mehreren für den ostdeutschen Markt konzipierten Neugründungen westdeutscher Verlage, die noch existiert.

Ebenfalls im Haus Burda erscheint die einzige ehemalige DDR-Zeitschrift, die inzwischen den größten Teil ihrer Hefte in den alten

Bundesländern verkauft: Das Verbrauchermagazin GUTER RAT setzt zwei Drittel der Exemplare der verbreiteten Auflage in den alten Ländern ab. Die Zeitschrift erschien vor dem Mauerfall im Leipziger Verlag für die Frau als »Zentralorgan der Mangelwirtschaft« und druckte Tipps zum Alltagsleben, Bastel- und Bauanleitungen. Sie wurde 1991 als Teil des Leipziger Verlags für die Frau an die Sebaldus/Gong-Gruppe verkauft. »Bei GUTER RAT war man zögerlich, man hat sich gefragt, ob das klappt – wie das schon klingt, GUTER RAT, so altbacken. Man hat am wenigsten an GUTER RAT geglaubt von den Blättern, die man übernommen hat«, sagt der derzeitige Chefredakteur Werner Zedler im Interview. Doch während alle weiteren Zeitschriften des Verlags, wie die in der DDR hochauflagigen Frauenzeitschriften SIBYLLE, PRAMO und MODISCHE MASCHEN bis 1994 eingestellt wurden (Haller/Weßler 1994b), sicherte dem GUTEN RAT eine treue Leserschaft in Ostdeutschland die Existenz. Seit 1998 erscheint die Zeitschrift auch in den alten Bundesländern und hat seitdem ihren Marktanteil dort kontinuierlich ausgebaut. Seit 2002 gehört die Zeitschrift zur Super Illu Verlag GmbH & Co. KG, die Teil der Burda-Medienholding ist (Wahl 2002).

Die dritte Zeitschrift aus den neuen Bundesländern mit hoher publizistischer Bedeutung, der gratis verteilte Jugendtitel SPIESSER, wurde 1994 als Schülerzeitung in Dresden gegründet. Nach mehreren Expansionsschüben ab 2004 erscheint die Zeitschrift sechs Mal pro Jahr mit jeweils 800.000 Exemplaren, die bundesweit verteilt werden. Der Titel, der sich vornehmlich an Schüler der gymnasialen Oberstufe richtet, hebt sich durch eine differenzierte Berichterstattung über Politik, Gesellschaft und Schule von anderen deutschen Jugendzeitschriften ab.

3.8 Redaktionelle Entwicklung

Nach der Wende war die Entlassung der Chefredakteure eine logische Konsequenz ihrer politischen Nähe zur Partei (Schneider 1998: 62). Das NEUE DEUTSCHLAND nahm beim Wechsel der Chefredakteure eine Vorreiterrolle ein (Harbers 2003: 330). Bereits am 18. Oktober 1989 meldete sich der bisherige Chefredakteur Herbert Naumann krank, am 2. November trat er offiziell zurück. Am 14. November wurde der bisherige Wissenschaftsredakteur Wolfgang Spickermann zum Nachfolger gewählt. Der Machtverlust der SED ist dabei deutlich: Denn den SED-

Kandidaten Harald Wessel hatte die Redaktion abgelehnt (Ciesla/Külow 2009: 210-212).

Im November begannen auch die Bezirkszeitungen, ihre Redaktionsspitzen auszutauschen. Den Anfang machte am 3. November – noch vor dem Fall der Mauer – die FREIE PRESSE. Die MAGDEBURGER VOLKSSTIMME war am 15. Januar 1990 das letzte SED-Blatt, das seinen Chefredakteur auswechselte. Ersetzt wurden die bisherigen Chefredakteure meist durch Redakteure des Hauses. Diese »Krenz/Schabowski-Fraktion« (Held/Simeon 1994: 25) gehörte zumeist noch zu den Partei-Genossen, galt aber als unbelastet.

Besonders bei den ehemaligen SED-Zeitungen gab es innerhalb der Redaktionen hingegen kaum personelle Veränderungen (Schneider 1999: 618). Einige Redakteure gaben den Beruf nach der Wende zwar auf, die meisten blieben »jedoch auf ihrem Posten und vollzogen in kürzester Zeit eine Kehrtwendung« (Streul 1996: 445). Ein Grund dafür waren die Bedingungen der Treuhand, die von den neuen Eigentümern der Zeitungen Beschäftigungsgarantien verlangten (Reichert 2000: 187). Ende 1992 waren 61 Prozent der Journalisten schon vor der Wende bei einer Zeitung angestellt gewesen. 22 Prozent stammten aus der DDR, stiegen aber erst nach 1990 in den Beruf ein und nur 17 Prozent kamen aus dem Westen (Schneider/Schönbach/Stürzebecher 1993: 358).

Dies bot den Verlagen auch Vorteile. »Als Betroffene haben sie ihren Kollegen aus dem Westen voraus, die Umstellungsschwierigkeiten verstehen und authentisch darstellen zu können. Sie wählen oft die richtigen Themen und drücken sich in einer den Ostdeutschen verständlichen Sprache aus« (Streul 1996: 461). Eine Ausnahme bildeten die Ostberliner Tageszeitungen. Die BERLINER ZEITUNG tauschte im Februar 1990 durch Vorruhestandregelungen Teile der Redaktion aus und hoffte, mit den westdeutschen Redakteuren ein Publikum in ganz Berlin zu erreichen (Bobke 1994: 183f.).

Mit der Einstellung von Quereinsteigern anstatt etablierter DDR-Journalisten setzen die Neugründungen meist »auch personell auf einen Neuanfang« (Möhring 2001: 51). Doch auch hier gab es Ausnahmen: Der DÖBELNER ANZEIGER und das NEUE TORGAUER KREISBLATT stellten vor allem alte Redakteure der LEIPZIGER VOLKSZEITUNG ein. Anders als die meisten Neugründungen konnten sich diese beiden Zeitungen am Markt etablieren (Schneider 1998: 153).

Entlassungen gab es hauptsächlich bei den überregionalen Zeitungen. Das NEUE DEUTSCHLAND beschäftigte 1994 von einst 220 Redakteuren nur noch 60 (Held/Simeon 1994: 62). In Folge der starken Überbesetzungen der DDR-Redaktionen entließen auch die Zeitschriften. Die Fachzeitschrift BAUERNZEITUNG beschäftigte 1989 bei geringerem Umfang drei Mal so viele Mitarbeiter wie 2010 (Interview Herklotz).

Innerhalb der Redaktionen gab es in der Wendezeit zwei Trends. Zum einen habe eine Aufbruchstimmung geherrscht, die Kollegen seien engagiert gewesen und hätten gesamtdeutsche Themen umsetzten wollen. Andere Kollegen seien mit der Situation überfordert gewesen, so die Redaktionsleiterin der Beilage FF DABEI, ehemals die auflagenstärkste Zeitschrift der DDR und heute Beilage zur Programmzeitschrift TV TODAY, Tanja Queling im Interview. Viele der älteren Mitarbeiter hätten selbst gekündigt, andere wurden – häufig bei hohen Abfindungen – entlassen.

Die Entwicklung der FF DABEI, als Teil des Berliner Verlags an Gruner+Jahr und Maxwell verkauft, war typisch für ostdeutsche Titel, die von westdeutschen Verlagen gekauft wurden: In der Redaktion gab es zwar nicht viele neue Mitarbeiter, aber die Geschäftsführung wechselte häufig, allein unter der Eigentümerschaft von Gruner+Jahr drei Mal, und später, weil der Deutschen Supplement-Verlag die Zeitschrift kaufte. Die Geschäftsführung setzte dabei vor allem eigene Vorstellungen um und hörte wenig auf die Mitarbeiter aus der ehemaligen DDR, so die Beschreibung Quelings. So hatten die Mitarbeiter wenig Mitspracherechte – sie und die Leser mussten sich immer wieder auf ein neues Heft einstellen.

Mit den alten DDR-Journalisten verblieben auch ehemalige Inoffizielle Mitarbeiter (IM) der Staatssicherheit (Stasi) in den Redaktionen. Die Zahl der IMs in den Redaktionen war laut einer Studie von Kluge/Birkefeld/Müller (1997) allerdings gering. »Die prinzipielle Loyalität der meisten Journalisten gegenüber Partei und Staat« (ebd.: 88) habe ihren Einsatz unnötig gemacht. Nach der Wende gab es in den meisten Verlagen keine generellen Überprüfungen auf Stasi-Tätigkeit, vorrangiges Ziel der neuen Eigentümer war die Weiterführung der Zeitungen. Meist wurde den Redakteuren eine Abstanderklärung vorgelegt, in der sie unterschrieben, keine Kontakte zur Stasi unterhalten zu haben (Reichert 1999: 86). Die Untersuchung von Kluge/Birkefeld/Müller ergab, dass z.B. die BERLINER ZEITUNG fünf IMs hatte, der NEUE TAG Frankfurt (Oder) sieben (1997: 105). 2008 kam es bei der BERLINER ZEITUNG zu insgesamt vier weiteren aufgedeckten Stasi-Fällen, von denen zwei die Zeitung verlassen mussten (Grimberg 2008: 18). Die Zeitung nutzte dies, um 2008 noch einmal sämtliche Mitarbeiter zu überprüfen (Schenz/von Bullion 2008: 17; Banse/Müller 2008: 4).

Der auffälligste Stasi-Fall war bei der MÄRKISCHEN ALLGEMEINEN zu beobachten. Dort war Peter Mugay 1991 als Chefredakteur eingestellt worden, obwohl es vorher bereits Hinweise auf Stasi-Tätigkeit gegeben hatte.

> »Als Mitglied der frei gewählten Volkskammer musste er sich einer Stasi-Überprüfung unterziehen und wurde wegen verschiedener Verdachtsmomente aufgefordert, sein Mandat niederzulegen [...] Die Anschuldigungen hielten das Verlagshaus FAZ nicht davon ab, Mugay als Chefredakteur der ›MÄRKISCHEN ALLGEMEINEN‹ einzustellen. Erst als im Januar 1995 in der Gauck-Behörde Unterlagen aufgefunden wurden, die keine Zweifel an Mugays Stasi-Tätigkeit ließen, trennte sich die ›MÄRKISCHE ALLGEMEINE‹ von ihrem Chefredakteur« (Streul 1996: 459f.).

Personelle Aufstockungen nach dem Mauerfall waren selten zu beobachten. Stattdessen ist vor allem die Zeit ab 1999 von Sparmaßnahmen, Personalkürzungen und redaktioneller Verdichtung gekennzeichnet. Mehrere Redaktionen stellten ihre internen Arbeitsabläufe auf Newsdesks um, strichen frei werdende Stellen oder kürzten bestehende Redakteursstellen. Eine der spektakulärsten Maßnahme war die Zusammenlegung von WELT und MORGENPOST 2001 zu einer newsdeskbasierten Gemeinschaftsredaktion, die letztlich auf 110 bisher beschäftigte Redakteure verzichtete (Herkel 2002: 8).

3.9 Publizistische Entwicklung

3.9.1 Publizistische Entwicklung der Zeitungen

Die Zeitungen der DDR waren »in den Augen der meisten Leser als Sprachrohr des alten Systems diskreditiert« (Schneider 1992a: 22). Entscheidend für ihre Zukunft war daher ihre innere Umstellung und Demokratisierung. »Wir wollten die Zeitung nicht mehr am Leser vorbei schreiben, sondern mit und für den Leser machen. Und der zweite Grundsatz war, dass wir in erster Linie berichten und informieren wollen, damit sich die Leserschaft eine eigene Meinung bilden kann«, erinnert sich der Chefredakteur der OTZ, Ulrich Erzigkeit, im Interview. Damit verbunden war ab Frühjahr 1990 eine Erweiterung der Zeitungsumfänge von durchschnittlich acht auf zwölf bis 16 Seiten (Schneider 1992b: 62f.). Sie kam einer ausführlicheren Lokalberichterstattung zugute, die in der DDR täglich nur eine Zeitungsseite ausgemacht hatte. Bis Mitte der 1990er wurde der Umfang lokaler Berichterstattung auf fast vier Seiten täglich ausgebaut (Pürer/Raabe 2007: 149). Beschleunigt wurde dieser Prozess durch Neugründungen eines Zeitungstyps, der zuvor nahezu unbekannt war: lokal orientierte Heimatzeitungen. In Gebieten mit Wettbewerb war die Lokalberichterstattung im Schnitt zwei Seiten umfangreicher als bei Zeitungen in Alleinanbieterposition (Schneider/Möhring/Stürzebecher 2000: 151). Neugründungen hatten umfangreichere Lokalteile als alteingesessene Blätter. Diese kompensierten das durch ein ausgedehntes Ratgeber- und Serviceangebot (Stürzebecher 2002: 47). Die Orientierungsfunktion der Zeitung war wegen des gesellschaftlichen Umbruchs der Wende ein zentrales Element der inhaltlichen Umstellung. Er ist auch heute noch ein wichtiger Aspekt, wurde aber etwas zurückgefahren (Interview Kaczmarek). In der Wendezeit verbesserten die ehemaligen SED-Bezirkszeitungen darüber hinaus in kürzester Zeit ihre Attraktivität. So gelangen ihnen eine schnelle Rehabilitation und die langfristige Bindung ihrer Leserschaft.

Mit Auftreten der Neugründungen imitierten sie zunehmend den Stil westdeutscher Zeitungen und übernahmen deren journalistische Standards. »Ostdeutsche Zeitungen schaffen es nahezu vorbildlich, Nachrichten beinahe unbewertet zu übermitteln, sie erfüllen inzwischen die journalistische Norm der Trennung von Nachricht und Meinung« (Möhring 2001: 164). Die Schattenseite dieser Entwicklung war Konfliktscheue bei der Kommentierung, die weniger kritisch ausfiel als bei westdeutschen Titeln. Außerdem bestanden bedingt durch verinnerlichte Handlungs- und Verhaltensmuster aus der DDR-Berufspraxis laut einer Inhaltsanalyse ostdeutscher Zeitungen Defizite in der Themenstruktur, die stärker als im Westen auf Obrigkeitsentscheidungen fixiert gewesen ist: »Mehr als die Hälfte aller Akteure und inzwischen auch mehr als ein Drittel der Betroffenen sind Vertreter der exekutiven Organe« (ebd.: 161). Bereiche der Zivilgesellschaft wurden vielfach ausgeblendet. Insgesamt aber hat eine Anpassung an westdeutsche Berichterstattungsmuster stattgefunden. »Es spielt heute für den Inhalt der Zeitungen eine geringere Rolle, ob es sich um einen Titel der ehemaligen SED-Zeitungen handelt oder um eine Neugründung, sie sind sich inzwischen sehr viel ähnlicher geworden« (Möhring 2001: 173). Dass ihnen viele Leser treu blieben, lag auch daran, dass ein Drittel der neugegründeten Ausgaben ihren Mantel aus dem alten Bundesgebiet bezog, die deshalb von den Lesern als »Westprodukt« wahrgenommen wurden.[14] Reformdruck ging gerade unmittelbar nach der Wende auch von den Lesern aus. Um neues Vertrauen zu gewinnen, wurden umfangreiche Leserbriefseiten in die Zeitungen gehoben.

Eine wichtige inhaltliche Konstante vieler Verlage ist in den vergangenen 20 Jahren der Fokus auf regionale und lokale Berichterstattung geblieben. Eine Zeitung »vor Ort« zu machen, ist ostdeutschen Verlegern heute so wichtig wie nie. Sie wollen so die Leser-Blatt-Bindung festigen und den Auflagenschwund bremsen. Dafür stärken sie regionale und lokale Berichte und forcieren den Einsatz angepasster Titelseiten (Interview Hufmann). Möglich wurde dieser aufwendige Prozess durch Newsdesks, zentrale redaktionelle Produktionsräume, die viele Regionalzeitungen unlängst eingeführt haben. Es lassen sich aber weiter eigenständige Profile einzelner Titel ausmachen. Die TLZ beispielsweise profiliert sich klar als Regionalzeitung und behandelt nationale oder internationale Politik nachrangig. Sie bietet so eine publizistische Alternative zu den Konkurrenztiteln TA und OTZ (Interview Kaczmarek).

Komplementär zum Fokus auf das Lokale wird überregionale Berichterstattung immer mehr ausgelagert. Die Verlage reduzieren angesichts der kostengetriebenen Verflechtungs- und Kooperationstendenzen die Definition von publizistischer Vielfalt immer stärker auf lokale Vielfalt. Die Südthüringer Zeitungen beispielsweise beziehen einen Großteil der überregionalen Inhalte seit 2010 von den STUTTGARTER NACHRICHTEN (Interview Wessels).[15] Durch solche Entwicklungen wird freilich unterschlagen, dass Vielfalt überregionaler Berichterstattung aus demokratiepraktischer Perspektive von Bedeutung ist. Angaben der Zeitungen zufolge hat man auf die monopolistische Angebotsstruktur inhaltlich reagiert, indem die Verlage versuchen, das gesamte Meinungsspektrum abzubilden und binnenplural zu sein (Interview Seidel). Ob das Konzept »Zeitung für alle« angesichts fehlender Redaktionsstatute, die eine innere Pressefreiheit gewährleisten könnten, der Realität entspricht, wurde bislang nicht empirisch nachgewiesen.

Der Fokus auf lokale Berichterstattung ist nicht nur eine Sparmaßnahme, sondern auch eine Reaktion auf das Internet – denn im Lokalen ist die Tageszeitung bis dato unangefochtener Nachrichtenanbieter.

---

[14] Eine Ausnahme ist der »ostdeutsche« Mantel, den die MÄRKISCHE ALLGEMEINE 1991 mit einer eigenen Vollredaktion aufgebaut hatte, um Zeitungsneugründungen in den neuen Ländern mit regionalisierter Berichterstattung zu beliefern.

[15] Die Verlagsgesellschaft Süddeutsche Zeitung – Haupteigentümer der Verlagsgruppe Suhl – wurde 2008 von der Südwestdeutschen Medienholding in Stuttgart übernommen.

Dieses Alleinstellungsmerkmal wollen die Verlage nun intensiver ausnutzen.

Allerdings gibt es auch Gegenbeispiele von Zeitungen, die auf eine eigene umfangreiche überregionale Berichterstattung Wert legen. Besonders deutlich ist dies bei den Berliner Regionalzeitungen BERLINER ZEITUNG und TAGESSPIEGEL, die sich beide als Metropolenzeitung mit überregionalem Anspruch definieren. Dazu verstehen sich die in Berlin herausgegebenen überregionalen Abonnementzeitungen durchweg als Blätter mit dem Schwerpunkt der Politik-Berichterstattung.

Eine weitere konzeptionelle Veränderung aller Zeitungen ist die stärkere Orientierung an der Zielgruppe Familie, um mehr junge Menschen zu interessieren. In Ostdeutschland einzigartig ist so die tägliche Kindernachrichtenseite, auf der die TLZ seit zwei Jahren aktuelles Tagesgeschehen aufbereitet. Das Modell einer eigenständigen Zeitung für junge Leser, wie es die LAUSITZER RUNDSCHAU mit der Neugründung 20 CENT probierte, scheiterte dagegen laut den befragten Experten an fehlenden Refinanzierungsmöglichkeiten.

3.9.2 Publizistische Entwicklung der Zeitschriften

Es ist aufgrund der Heterogenität und des geringen Forschungsstands zu ostdeutschen Zeitschriften nahezu unmöglich, allgemeine publizistische Tendenzen auszumachen. Allerdings waren kräftige inhaltliche Veränderungen bei allen ehemaligen DDR-Zeitschriften unumgänglich. Teils wurden diese wie beim EULENSPIEGEL, der bereits im Frühjahr 1990 eine Abrechnung mit der DDR druckte, von der Redaktion gesteuert, teils wurden sie angeregt durch neue, westdeutsche Eigentümer, wie bei der FF DABEI. Sie veränderte ihr Konzept nach dem Mauerfall mindestens fünf Mal kräftig, wie die derzeitige Redaktionsleiterin und Zeitzeugin Tanja Queling im Interview erläutert: »Da sollte es erst mal reißerischer werden, nicht mehr diese brave FF DABEI [...], dann sollte es von den Schlagzeilen und Inhalten her anders werden, es sollte plötzlich auch Reportagen geben. Dann kam ein Wechsel, 1992, da hat Gruner+Jahr eine Ost- und eine West-Ausgabe gemacht.«

Weiter ergab eine Einzelfalluntersuchung von sieben ehemaligen DDR-Titeln und fünf Neugründungen, dass die Mehrheit der ehemaligen DDR-Titel sich heute auf einen gesamtdeutschen Markt hin orientiert (eigene Recherche auf Basis der Interviews Zedler, Deutschländer,

Wagner, Queling, Nowak, Buchmann, Herklotz). Dies taten sie mit unterschiedlich starker Konsequenz: Während die Verbraucherzeitschrift GUTER RAT insbesondere nach der Markteinführung in den alten Bundesländern 1998 ihr redaktionelles Konzept überarbeitete, veränderten die Redaktionen von Kinderzeitschriften wie dem BUMMI, der Satirezeitschrift EULENSPIEGEL und Special-Interest-Titeln wie der FLIEGERREVUE ihre Inhalte zaghaft. Die meisten ostdeutschen Zeitschriften – abgesehen von den Stadtmagazinen – orientieren sich spätestens seit dem Jahrtausendwechsel auf einen gesamtdeutschen Markt: »Inhaltlich sind wir mindestens seit zehn bis 15 Jahren gesamtdeutsch ausgerichtet – im Grunde, seit es nur noch eine deutsche Politik gibt«, sagt etwa der langjährige, 2009 ausgeschiedene Chefredakteur und Geschäftsführer der Satirezeitschrift EULENSPIEGEL, Jürgen Nowak im Interview. Ähnliches gilt für die FLIEGERREVUE, die seit Mitte der 1990er-Jahre über Luft- und Raumfahrt-Entwicklungen auch in der westlichen Welt berichtet, oder die Zeitschrift MAGAZIN, die abgesehen von den Schauplätzen ihrer Beiträge ebenfalls seit der Übernahme durch neue Eigentümer 2001 nicht mehr aus einem spezifisch ostdeutschen Blickwinkel berichtet.

Andere nach dem Mauerfall gegründete ostdeutsche Zeitschriften wurden für einen regionalen Markt konzipiert: Die Leserschaft der Stadtmagazine ist regional begrenzt – entsprechend regional sind diese Titel inhaltlich orientiert (Interview Pietsch). Ein Teil der Titel versteht sich als publizistische Alternative zu den Lokalzeitungen, ein anderer druckt vorrangig Ratgeberartikel und Veranstaltungshinweise. Auch die reichweitenstärkste ostdeutsche Zeitschrift SUPER ILLU orientiert sich speziell an den Bedürfnissen der Leser in den neuen Bundesländern, druckt also viele Ratgeberthemen und Unterhaltung (Interview Wolff). Die Themenmischung entwickelte sich dabei von einer in den frühen 1990er-Jahren gleichwertigen Themenmischung aus Politik, DDR-Politik und Unterhaltung hin zu einer Dominanz der unterhaltenden Berichterstattung. »Die gesellschaftlich-vergleichende Dimension verschwindet, die private nimmt immer mehr zu« (Böckmann 2005: 86).

3.10 Wirtschaftliche Entwicklung

Die ökonomische Situation der Zeitungs- und Zeitschriftenverlage in Ostdeutschland war nach der Wende durch vier Faktoren bestimmt: der

Umstellung auf marktwirtschaftliche Strukturen, der Abhängigkeit vom schwachen Werbemarkt sowie dem anhaltenden Leserschwund bei gleichzeitig niedrigen Vertriebspreisen. Nach dem Wegfall der staatlichen Subventionen am 1. April 1990 fehlten der SED-Presse und den Zeitschriften auf einen Schlag bis zu 40 Prozent ihrer Einnahmen (Interview Erzigkeit). Ein Defizit, das kurzfristig nur durch erhöhte Vertriebspreise ausgeglichen werden konnte. Zweite zentrale Maßnahme aller Publikationen war die Ausweitung der Anzeigenseiten. Im Schnitt verzeichneten die Zeitungen eine Vervierfachung des Anzeigenaufkommens (Schneider 1992b: 69). Einer ersten Umsatzerhebung zufolge erzielten ostdeutsche Tageszeitungsverlage 1991 bereits 916 Millionen DM durch Anzeigen. Zusammen mit 603 Millionen aus dem Vertrieb erreichten sie einen Gesamtumsatz von 1,5 Milliarden DM (Kuk 1992: 92). Die Erlöse verhielten sich im Verhältnis 60 zu 40. Wenn man nach der Auflagengröße trennt, wird die enorme Marktmacht der ehemaligen SED-Bezirkszeitungen deutlich: So betrug der Gesamterlös aller Zeitungen mit einer Auflage von unter 50.000 Exemplaren nur rund 150 Millionen DM gegenüber einem 1,6 Milliarden-Umsatz der Zeitungen mit einer Auflage über 125.000 Exemplaren (Kuk 1993: 72).

Viele Zeitschriften, insbesondere diejenigen, die nicht von westdeutschen Verlagen gekauft worden waren, hatten weniger Erfolg: Ihnen fehlte das Know-how, um Anzeigen zu akquirieren, außerdem waren sie in den alten Bundesländern kaum bekannt und somit nicht attraktiv für Anzeigenkunden – ein Effekt, der durch die stark eingebrochenen Auflagen noch verstärkt wurde (Interview Stumpe).

3.10.1 Wirtschaftliche Entwicklung der Zeitungen

Ökonomisch gesehen bietet Mecklenburg-Vorpommern das schwierigste Umfeld für Zeitungen im Osten: Das Land leidet stärker als alle anderen unter der demografischen Entwicklung, hoher Arbeitslosigkeit, einem geringen Durchschnittsverdienst und einem schwach ausgeprägten Einzelhandel. Der Vertrieb war daher besonders wichtig, so dass der durchschnittliche Bezugspreis für eine Regionalzeitung schon 1995 mit 18,58 DM fast drei DM über dem ostdeutschen Mittelwert lag (Schneider 1998: 185). Ein Wettbewerb – auch über den Vertriebspreis – war hier nahezu ausgeblieben. Damit zahlten die Bürger im strukturschwächsten Bundesland die höchsten Preise. In Thüringen hingegen blieben die Vertriebspreise auf dem mit Abstand niedrigsten Niveau in den neuen Bundesländern. Nur 13,37 DM mussten die Leser im Freistaat 1995 im Schnitt für ein Monatsabonnement zahlen – etwa 40 Prozent weniger als in Mecklenburg-Vorpommern (ebd.).

Gleich mehrere Faktoren (hohe First-Copy-Costs, Fixkostendegression, Anzeigen-Auflagen-Spirale) begünstigten ein Marktversagen, das fast alle neu gegründeten Zeitungen in Ostdeutschland zur Einstellung zwang. Aufgrund weiträumig fehlender Konkurrenz kann von einem funktionierenden Markt nicht die Rede sein. Auch die Entscheidungen der Treuhand trugen wesentlich dazu bei, dass diese Wettbewerbsstrukturen als Erbe längst vergangener DDR-Zeiten fast unverändert in die Nachwendezeit übertragen wurden (Schneider 1998: 210).

Die ökonomischen Differenzen zwischen Ost- und Westverlagen sind auch heute noch eklatant. Die ostdeutschen Regionalzeitungen erzielten 2008 Einnahmen von 834 Millionen Euro – davon waren 344 Millionen Anzeigen-, 490 Millionen Euro Vertriebserlöse (Keller 2009: 33f.). Zum Umsatz aller Regionalzeitungen in Deutschland tragen sie gerade einmal zwölf Prozent bei, obwohl hier gut ein Fünftel der Bevölkerung wohnt. Pro Monatsstück beträgt der Umsatz 27,94 Euro, etwa 70 Prozent des westdeutschen Niveaus. Vor allem auf dem Werbemarkt hinken die ostdeutschen Verlage – mit wachsendem Abstand – hinterher: 2008 erreichten sie beim Werbeumsatz je Monatsstück 54 Prozent des Westniveaus (Keller 2009: 34). Die sich darin widerspiegelnde Anzeigenmisere wurde vor allem durch überdurchschnittliche Abo-Preiserhöhungen aufgefangen – mit dem Ergebnis, dass die Annäherung beim Niveau der Vertriebsumsätze viel weiter fortgeschritten ist. Die Zeitungen kosten in den neuen Bundesländern im Schnitt 19,68 Euro (Keller 2009: 90). Damit erreichen die sie bereits 86,6 Prozent des Westniveaus – gegenüber 76 Prozent neun Jahre zuvor.

Vom stark gestiegenen Werbeaufkommen in den 90er-Jahren konnten die Zeitungen kaum profitieren. Verglichen mit dem Jahr 1993 sind die Werbeerlöse bis 2008 um fast 40 Prozent gefallen, während der Vertrieb um 50 Prozent zugenommen hat (Keller 2009: 73). In Berlin wurde beispielsweise vor allem in der zweiten Hälfte der 90er-Jahre ein Preiskampf auf dem Anzeigenmarkt ausgetragen, um das eigene Verbreitungsgebiet auszuweiten (Christ 1998: 15).

Seit der Jahrtausendwende stagnieren aber auch die Einnahmen aus dem Zeitungsverkauf, weil die Preiserhöhungen gerade einmal die Auflagenverluste auffangen. Angesichts der niedrigeren Kaufkraft der Menschen im Osten wird der Spielraum für Erhöhungen jedoch immer kleiner. 2008 fielen die Preiserhöhungen im Osten erstmals nicht mehr wesentlich höher aus als im Westen. »Das spricht dafür, dass – nach Jahren deutlich überdurchschnittlicher Zuschläge – die Grenzen des Möglichen erreicht sind, auch weil die wirtschaftliche Situation in den meisten Regionen schwieriger ist« (Keller 2008: 23).

Angesichts der Anzeigenkrise sind die Leser zum wichtigsten ökonomischen Standbein der Verlage geworden. Das Zeitungsmarketing hat an Bedeutung gewonnen; nicht nur, um neue Leser zu gewinnen und alte zu halten, sondern auch im Bereich des Cross-Selling: Lesern werden Reisen, Bucheditionen, Tickets, hauseigene Briefmarken, Telefontarife, Kundenkarten und Rabattaktionen angeboten, um zusätzliche Einnahmen zu generieren (DNV 2004: 94). Diese Zusatzgeschäfte haben noch einen geringen, aber wachsenden Umsatzanteil – insbesondere im Postgeschäft sehen die Verlage Potenzial (Vogel 2006a: 7). Den Aufbau eigener Postdienstleister forcieren mehrere Zeitungsverlage.

Über die Herausgabe von Anzeigenblättern versuchen alle Zeitungen ihren regionalen Werbemarkt stärker zu erschließen. Außerdem wird so das dichte und teure Zustellnetz effizienter genutzt. Immer wichtiger ist in diesem Zusammenhang die Direktwerbeverteilung für Beilagenkunden geworden. Um Kosten zu senken, haben die Verlage zuletzt verstärkt zu Sparmaßnahmen gegriffen (Kündigungen, Auslagerung und Zusammenlegung von Redaktionen, Ausstieg aus der Tarifbindung).

3.10.2 Wirtschaftliche Entwicklung der Zeitschriften

Die ökonomische Entwicklung der ostdeutschen Zeitschriften bestimmen mehrere Faktoren: Zum Mauerfall war der Investitionsbedarf bei allen ehemaligen DDR-Zeitschriften extrem hoch und aus eigener Kraft kaum zu decken (Grubitzsch 1990: 151f.) – westdeutsche Verlage, die die Zeitschriften erwarben, mussten viel investieren, wollten sie die Titel am Markt halten. Dies geschah aber nur in Ausnahmefällen. Meist setzten die Verlage darauf, die ostdeutschen Leser für ihre eigenen, in der Bundesrepublik etablierten Titel zu gewinnen. Um dies zu erreichen, wurden zum einen die westdeutschen Titel schnell in die ostdeutschen Vertriebswege eingeschleust, zum anderen wurden günstige Ableger von West-Titeln wie NEUES WOHNEN (entspricht: SCHÖNER WOHNEN) aus dem Haus Gruner+Jahr oder eine günstigere Version der Zeitschrift ELTERN namens MEIN KIND UND ICH entwickelt, die zum halben Preis des Originals verkauft wurde (Pürer/Raabe 1994: 465). Inhaltlich hatten viele Titel den Anspruch, Ratgeber für die Ostdeutschen bei der Anpassung an die soziale Marktwirtschaft zu sein.

Zu den Strategien gehörte es ebenfalls, den westdeutschen Heften Beilagen für den ostdeutschen Markt beizufügen, um Leser zu ködern und an die westdeutschen Zeitschriften zu gewöhnen. Die meisten ehemaligen DDR-Zeitschriften dagegen wurden bis Mitte der 1990er-Jahre eingestellt. So auch viele der Neugründungen von westdeutschen Verlagen für den ostdeutschen Markt: Ihre Auflagen waren, mit Ausnahme der SUPER ILLU, kontinuierlich so stark gesunken, dass die Titel sich nicht rentierten (Lindner 1993: 137). Auch viele der Ost-Ableger von westdeutschen Titeln existierten nicht mehr.

Es waren nicht nur wirtschaftliche Faktoren, die bestimmten, ob ein Titel weiter bestand, wie eine Einzelfalluntersuchung des vorliegenden Forschungsprojekts gezeigt hat: Häufig war es das Engagement einzelner Personen wie Redaktionsmitgliedern, die den Bestand einer Zeitschrift sicherten. Bis Mitte der 1990er-Jahre verringerte sich auch die Dominanz der westdeutschen Verlage auf dem ostdeutschen Markt, da sie ihre neu erworbenen oder gegründeten Titel einstellten oder verkauften. Ab dem Jahrtausendwechsel veränderte sich der ostdeutsche Zeitschriftenmarkt kaum noch. Während die deutschen Zeitschriften insgesamt von der Wirtschaftskrise stark betroffen waren – ihre Umsätze gingen von 2008 auf 2009 um 9,4 Prozent zurück (Pfannenmüller 2009) – erreichten solche Entwicklungen ostdeutsche Zeitschriften nur abgeschwächt und verzögert. Das liegt hauptsächlich daran, dass sie beispielsweise auf dem Werbemarkt nie gute Bedingungen erlebt hatten.

Es erscheinen in Ostdeutschland kaum Titel, die zu den Zeitschriftengattungen mit den höchsten Werbeeinnahmen gehören, also den Frauenzeitschriften, Nachrichten- und Wirtschaftsmagazinen, der Programmpresse sowie aktuellen Illustrierten und Motorpresse (Debus 1994: 288; Heffler 1996: 286). Weiter existieren in den neuen Ländern kaum Vertreter der Branchen, die besonders viel Geld in Werbekampagnen investierten, wie die Autobranche, Handelsorganisationen, Massenmedien, Süßwaren und Pharmazie (Debus 1994: 286). Wollten Anzeigenakquisiteure der ostdeutschen Zeitschriften in den 1990er-Jahren Anzeigen aus diesen Branchen für sich gewinnen, so mussten sie entweder westdeutsche Akquisiteure beschäftigen, wie es etwa der EULENSPIEGEL tat (Interview Nowak), oder aber weite Wege in Kauf nehmen – die Mittel dazu fehlten jedoch vielen Titeln.

Wie hoch die Anzeigeneinnahmen in Ostdeutschland sind, ist aufgrund des unzureichenden Forschungsstands nicht bekannt. Auch die Tausenderkontaktpreise liegen nur für einen geringen Teil der Zeitschriften vor. Insgesamt sind die Anzeigenpreise bei den ostdeutschen Fachzeitschriften mit durchschnittlich 577 Euro pro 1000 gedruckte Exemplare deutlich höher als die der Publikumszeitschriften mit 128 Euro (eigene Berechnungen auf der Basis von Baumgartner 2009; Finsterwald 2007; Finsterwald 2009; diversen Webseiten ostdeutscher Verlage). Für Fachzeitschriften ist es möglich, höhere Anzeigenpreise zu verlangen, weil sie stärker auf eine bestimmte, genau definierte Zielgruppe ausgerichtet sind. Hier unterscheiden sich die neuen Bundesländer nicht von den alten. Anzeigenverkäufer in Ostdeutschland haben aber mit anderen Schwierigkeiten zu kämpfen: Es wirkt zum einen als Nachteil, dass keine der großen deutschen Anzeigenagenturen ihren Sitz in Ostdeutschland hat. Zugleich wird der ostdeutsche Zeitschriftenmarkt von Zeitschriften mit geringen bis sehr geringen Auflagen bestimmt, die unterhalb des Bedarfs der großen Werbeagenturen liegen.

3.11 Nutzungsverhalten

Als im November 1989 die Mauer fiel und in kurzer Zeit eine Vielzahl neuer Medien den ostdeutschen Printmarkt eroberte, gingen viele Verleger – im Osten wie im Westen – davon aus, dass sich die Leser in geschlossenen Reihen von den alten Zeitungen ab und den neuen zuwenden würden. Diese Annahme erwies sich als Trugschluss: Die bereits konstatierte Kontinuität der Pressestruktur lässt sich auch für das Nutzungsverhalten der ostdeutschen Bevölkerung feststellen.

Die Mediennutzung der Ostdeutschen ist vergleichsweise gut erforscht. Mit der Langzeitstudie Massenkommunikation (Reitze 2006) und weiteren Einzelstudien stehen detaillierte Befunde zur Verfügung. Wie sich die ostdeutsche Bevölkerung auf die ungewohnte Meinungs- und Medienvielfalt einstellte, untersuchte das Allensbacher Institut das erste Mal im Sommer 1990. Es stellte schon zu diesem frühen Zeitpunkt fest, dass die ehemaligen DDR-Bürger zu ihren Tageszeitungen standen und deutliche Unterschiede im Nutzungsverhalten zwischen Ost und West existierten (Hansen 1991: 15). In der DDR war die Pressenutzung mit durchschnittlich ein bis zwei Zeitungen und zusätzlich etwa drei Zeitschriften vergleichsweise hoch gewesen (Stiehler 1990:

94). Auch 1990 lasen acht von zehn Bürgern im Osten regelmäßig eine Tageszeitung, im Westen nur jeder siebente (Gärtner 1995: 78). Auffällig ist, dass zu diesem Zeitpunkt etwa jeder dritte befragte Ostdeutsche (West: 14 Prozent) zu seiner Abonnementzeitung einen Boulevardtitel gelesen hat. Die Lesedauer in den neuen Bundesländern war mit 33 Minuten um fünf Minuten höher als in Westdeutschland.

Insgesamt konstatierten die Studien eine stärkere Medienbindung in den neuen Bundesländern und eine höhere Reichweite. Und »die Besonderheiten haben sich als außerordentlich stabil erwiesen« (Stiehler 2002: 73). Beispielsweise verteilte sich die Zeitungslektüre im Osten über den ganzen Tag, der Westdeutsche hatte sein Blatt bis zehn Uhr ausgelesen – die Zeitung hatte im Osten also einen stärkeren Freizeitwert (Pürer/Raabe 2007: 251). Inhaltlich bevorzugte man den politischen Teil – zumindest anfangs – gegenüber dem Lokalteil, der hingegen in den Altbundesländern am intensivsten gelesen wurde (Kiefer 1992: 251-261). Deutliche Unterschiede wurden auch in der Bewertung der Zeitungen ausgemacht (Gärtner 1995: 84). Die regionale Abo-Zeitung genoss zwar im Osten die höchste mediale Glaubwürdigkeit, doch lag sie mit 50 Prozent (Zustimmung zu der Aussage »berichtet wahrheitsgetreu«) gut 15 Prozentpunkte unter dem Wert für Westdeutschland. Diese Skepsis der Leser resultierte vermutlich aus dem jahrzehntelangen Misstrauen gegenüber der staatlich kontrollierten und mitunter manipulierten Berichterstattung der DDR-Presse.

Insbesondere die westdeutschen Zeitschriften profitierten unmittelbar nach der Wende von der großen Neugier der Ostdeutschen auf westdeutsche Produkte und einem erhöhten politischen Interesse (Lindner 1993: 141). Die Leser griffen sowohl zu als anspruchsvoll geltenden Medien wie der ZEIT und dem SPIEGEL (Schmitt-Beck 1992: 377), als auch zu anderen Zeitschriftengattungen. Besonders hohe Reichweiten erzielten Special-Interest-Titel für Automobile – zeitweise lagen die Reichweiten bei über 60 Prozent (Köcher 2004: 12) – und Jugendtitel. Von den ehemaligen DDR-Zeitschriften hingegen wandten sich viele Ostdeutsche ab: Sie galten als Repräsentanten des politischen Systems, dessen sich viele Bürger entledigen wollten, und wirkten oft altmodisch. Damit wurden sie für die Leser uninteressant. Weiter sank die Anzahl an Presseerzeugnissen, weil sich die Leser bereits ab Herbst 1990 wieder von westdeutschen Titeln abwandten (Lindner 1993: 134). Denn erstens wurden diese nach Aufhebung der Zensur nicht mehr benötigt, um unverfälschte Informationen zu erhalten (Stiehler 1990: 94).

Zum anderen bildete sich eine spezifisch ostdeutsche Identität und Mentalität heraus, mit der man kaum gerechnet hatte (Stiehler 2002: 88). »Bis heute fühlen sich weite Teile der ostdeutschen Bevölkerung in diesem Wirtschafts- und Gesellschaftssystem [der Bundesrepublik] nicht zu Hause« (Köcher 2004: 30). Vor allem die ehemalige DDR-Tagespresse hatte nach der Wende den Vorteil, dass sie diese Mentalität besser verstand und wusste, welche Erwartungen die ehemaligen DDR-Bürger an Zeitungen hatten. Die ostdeutsche Mentalität drückte sich auch in der Ablehnung fast aller neuen Presseangebote aus, was besonders überregionale Titel betraf. In Berlin führte dies zu einer klaren Spaltung des Markts. Die Westberliner Tageszeitungen werden nahezu ausschließlich im Westen der Stadt gelesen, umgekehrt gelingt es Ostberliner Titeln kaum, in den Westen vorzustoßen. Einzig die BERLINER ZEITUNG, die in den vergangenen 20 Jahren stärker als andere Blätter Aussehen wie Inhalt geändert hat, setzt etwa ein Drittel ihrer Auflage in der »anderen« Hälfte der Stadt ab (Herkel 2009: 16). Eine weitere Ausnahme ist die JUNGE WELT, die nach Eigenangaben etwa die Hälfte ihrer Auflage außerhalb der ehemaligen DDR verkauft.

Obwohl es an Studien über die Unterschiede und Gemeinsamkeiten im Mediennutzungsverhalten der Ostdeutschen nicht mangelt, sind Erklärungsversuche rar. Als häufigste Ursache werden die langfristigen Folgen einer anders vollzogenen Sozialisation in der DDR angeführt (Stiehler 2002: 75). Es ist darüber hinaus kaum möglich, einzelne Ursachen zu benennen. Vielmehr handelt es sich um ein ganzes Faktorenbündel. Drei Bereiche sind wesentlich (Stiehler 2002: 75f.):

- kulturelle Traditionen: Das ostdeutsche Freizeitverhalten ist häuslicher ausgerichtet. Dies erklärt die stärkere lokale Verwurzelung, längere Mediennutzung und die Bindung an die alten SED-Zeitungen.
- soziale Milieus: Durch das Wirtschaftssystem der DDR existiert nur eine kleine Unternehmerschicht, während das Kleinbürgertum mit schwach ausgeprägtem Karrieredenken dominiert. Daraus lässt sich womöglich das Desinteresse an überregionalen Zeitungen ableiten.
- Lebenslagen: Einkommens- und Kaufkraftunterschiede nehmen tendenziell zwar ab, sind aber bis heute sichtbar. Daher sind die Ostdeutschen preissensibler. Auch wegen der extrem niedrig gehaltenen Vertriebspreise der DDR-Presse hat die Bevölkerung bis heute eine »andere Vorstellung von einem fairen, vertretbaren Preis für Zeitungen« (Köcher 2004: 61).

Eine abweichende Sozialisation, die Gewöhnung an ein anderes Medienangebot sowie die Ausbildung einer spezifisch ostdeutschen Mentalität scheinen die wichtigsten Gründe für die Abweichungen ostdeutschen Mediennutzungsverhaltens zu sein. Allerdings ist fraglich, ob die in den 90er-Jahren festgestellten Befunde noch heute uneingeschränkt gültig sind. Schließlich wurden inzwischen viele Mediennutzer in einem wiedervereinigten Deutschland anders sozialisiert. Für das Fortbestehen ostdeutscher Nutzungsmuster spricht die abweichende Lebenssituation – etwa bei der verfügbaren Arbeit oder der Kaufkraft. Köcher stellt fest, »ostdeutsche Leser interessieren sich unterdurchschnittlich für innen- und außenpolitische Berichte, politische Kommentare und den Wirtschaftsteil, überdurchschnittlich dagegen für Berichte aus der Region, für Anzeigen und Prozessberichterstattung« (2004: 45).

Die einst höhere Reichweite der Zeitungen im Osten ist in den vergangenen 20 Jahren deutlich zurückgegangen und hat sich dem Niveau der alten Bundesländer angepasst. Griffen 1990 fast 80 Prozent der Ostdeutschen zur Tageszeitung, waren es fünfzehn Jahre später nur noch 53 Prozent, etwa so viele wie im Westen (Reitze 2006: 32). Renate Köcher vermutet, dass die Reichweiten weiterhin überproportional abnehmen und sich eine neue, negative Schere zwischen Ost und West öffnen wird (2004: 44). Besonders groß ist der Ost-West-Unterschied bei überregionalen Zeitungen: Im Westen erreichen sie heute 6,4 Prozent der Bevölkerung, im Osten nur 2,9 Prozent (Goldbeck 2005: 158). Die Langzeitstudie Massenkommunikation 2005 zeigt, dass die Nutzung der Tageszeitung in Ost und West stabil geblieben ist. Die durchschnittliche Lesedauer beträgt im Osten 30 Minuten am Tag (1990: 33 Minuten), drei Minuten mehr als in den Altbundesländern. Die Hauptmotivationen sind Information (98 Prozent), »Mitreden können« und »Spaß« (Ridder 2005: 429). Nach dem Radio bleibt die Zeitung das beliebteste Medium am Morgen, der Hauptnutzungsphase, und hat vor Fernsehen und Radio den Status als wichtigstes Informationsmedium verteidigen können. Verloren hat sie bei den politisch Desinteressierten, von denen nur jeder Dritte regelmäßig Zeitung liest (Eimeren 2001: 643).

Dennoch sticht die Zeitung aus einem sich dramatisch ändernden Medienumfeld heraus: Während die Mediennutzungszeit in den vergangenen Jahrzehnten kontinuierlich auf zuletzt zehn Stunden gestiegen ist, stagnierte die Zuwendung zur Zeitung, die nicht an der Ausweitung der Mediennutzungsdauer partizipieren konnte. So ist sie der größte Verlierer unter den Massenmedien – in den neuen wie alten Bundesländern.

Erstmals seit dem Aufkommen des Fernsehens haben Zeitungen mit dem Internet ein Konkurrenzmedium erhalten. Zeitbudgets werden anders aufgeteilt, die Medien verändern ihre Funktionen und die Menschen die Art und den Zweck der Nutzung. Mit seinem Aktualitätsvorsprung profiliert sich das Internet stark als Informationsmedium, wenn auch mit großer Unterhaltungskomponente – es »dürfte damit vor allem bei jungen Leuten der Tageszeitung als rationalem Informationsmedium Konkurrenz machen« (Reitze 2006: 33). In welchem Rahmen eine Substitution der Tageszeitung durch das Internet erfolgt, ist noch offen. Danach gefragt, wie sehr sie die Tageszeitung vermissen würden, antworteten 1990 noch 63 Prozent mit »stark« oder »sehr stark«, bis 2005 sank der Wert auf 46 Prozent (Reitze 2006: 27).

Vor allem junge Leser in Ostdeutschland haben sich in den vergangenen beiden Jahrzehnten von der Zeitung abgewandt. Griffen 1990 noch 51 Prozent der 14- bis 19-Jährigen zur Zeitung, waren es 2005 nur noch 20 Prozent (Reitze 2006: 209). In keiner anderen Altersgruppe war der Rückgang ähnlich dramatisch. Die Reichweite verhält sich annähernd proportional zum Alter: Je älter die Leser, desto höher die Reichweite und desto niedriger der Reichweitenverlust gegenüber 1990.

Auch die Zeitschriftennutzung in den neuen Ländern bleibt verschieden: In Folge einer anderen Sozialisation in der DDR und der wirtschaftlichen und sozialen Entwicklung kam es im Osten zur Entpolitisierung von Teilen der Bevölkerung, was sich in einer geringeren Nachfrage nach politischen Titeln niederschlägt (Köcher 2004: 18-22). Zugleich bleibt eine hohe Skepsis gegenüber westdeutschen Zeitschriften, was sich in der Ablehnung ganzer Zeitschriftengattungen zeigt. Das geringere durchschnittliche Einkommen bewirkt zudem, dass häufiger Niedrigpreistitel gekauft werden (Burmeister/Daheim 2004: 178). Insgesamt ist die Mediennutzung pragmatischer: Zeitschriften werden hochselektiv genutzt, etwa, um Informationen über besondere Interessen oder Hobbys und Entscheidungshilfen für den Alltag zu finden.

3.12 Aktivitäten der Verlage im Internet

Das Internet ist inzwischen zu einem ernstzunehmenden Konkurrenten für die Zeitungen in Ostdeutschland herangewachsen. Doch hinsichtlich der Online-Strategien der Verlage gibt es keine einheitlichen Entwicklungslinien. Während einige bereits 1995 online waren,[16] waren andere erst weit nach 2000 mit eigenen Online-Angeboten präsent.

16 Die SCHWERINER VOLKSZEITUNG war 1995 die erste deutsche Regionalzeitung mit eigenem Online-Angebot.

Ein Ziel der Verlage in der Anfangszeit war Werbung für das Printprodukt. Es wurde experimentiert, die Homepage als neuen Vertriebsweg für den Inhalt der Zeitung aufzubauen (Riefler 1996: 180f.). »Die ersten strategischen Grundsätze der frühen Online-Aktivität vieler Tageszeitungsverlage waren, neu entstandene Leser- und Anzeigenmärkte frühzeitig zu besetzen und Erfahrungen mit dem neuen Medium zu sammeln«, so Machill/Beiler (2006: 3). Roth spricht angesichts dieser Experimentierfreude von einem »Trial-and-Error«-Verfahren der Verlage (2005: 162). Ziel war nicht publizistischer Ehrgeiz, sondern die Sicherung der Anzeigenmärkte gegen »potenzielle Konkurrenz Branchenfremder« (Roth 2004: 53). Auch die etwa 2000 beginnende Abwanderung der Rubrikanzeigen in Richtung Online war ein Motiv.

Die Geschäftsführer und Chefredakteure räumen der Internetpräsenz in den für diesen Beitrag geführten Interviews eine hohe Relevanz ein. Einige Chefredakteure sehen es aber als schwierigen Spagat an, die eigene Zeitung mit einem Internetangebot nicht überflüssig zu machen. Alle Zeitungen verfügen zwar heute über einen Internetauftritt, die Online-Redaktionen sind aber meist klein und darauf beschränkt, Printbeiträge einzupflegen. Andere Zeitungshäuser verfolgen ambitionierte Crossmedia-Strategien. Mit der steigenden Verbreitung des Internets (Eimeren/Frees 2009: 335) haben viele Verlage seit 2008 erneut in ihre Online-Auftritte investiert. Dabei geht der Trend hin zu ständiger Aktualisierung, mehr Bildern, Videos und User-Beteiligung über Kommentare oder Abstimmungen. Teilweise existieren auch Kooperationen mit anderen Medien, beispielsweise zwischen POTSDAMER NEUESTEN NACHRICHTEN und Potsdam TV oder zwischen LEIPZIGER VOLKSZEITUNG und MITTELDEUTSCHEM RUNDFUNK.

Die Zeitungsgruppe Thüringen versucht im Internet, mobile Dienste und Print zu bündeln: Es sollen weiter hochwertige Informationen verkauft werden – nur mit anderen Vertriebswegen. Besonders offensiv versuchen WELT und BERLINER MORGENPOST, mit Hilfe des Internets ihre Reichweite zu erhöhen: Sie verfahren seit 2006 nach dem Prinzip »Online first«, publizieren also alle Nachrichten zuerst online (BDZV 2006). Weitere Redaktionen wie die LAUSITZER RUNDSCHAU rücken davon ab, den Online-Auftritt als reine Fortsetzung der gedruckten Zeitung zu sehen und etablieren eigenständige Web-Produkte.

Allerdings fehlt noch ein gewinnbringendes Geschäftsmodell. Langfristig planen die Verlage, ihre Produkte on- wie offline stärker zu vernetzen und die Positionierung als Medienhäuser. So soll der Aufbau einer einheitlichen Medienmarke, ein Marken- und Inhaltstransfer, erfolgen (Roth 2005: 254f.). Allerdings sind die Leser nicht gewillt, für Inhalte im Netz zu zahlen, das Anzeigenaufkommen ist noch zu gering. Von einer anfangs verfolgten Strategie, die Zeitung eins zu eins online zu stellen, sind die Verlage zurückgewichen. Analysen, Interviews und Exklusiv-Geschichten bleiben der Zeitung vorbehalten. Das kostenpflichtige Printprodukt soll gegenüber Online einen Mehrwert bieten.

3.13 Aktuelle Trends

Vor wenigen Jahren begann die ostdeutsche Presse, sich aus ihrer lange anhaltenden strukturellen Erstarrung zu lösen. Einfache Presseverlage verwandeln sich in komplexe Medienhäuser. Dieser Prozess ist eine Folge der strukturellen Verwerfungen der Zeitungsbranche seit Beginn der Wirtschafts- und Werbekrise 2001 und als Versuch zu verstehen, wirtschaftlich unabhängiger vom schwächelnden Produkt Tageszeitung zu werden und andere Absatzmärkte als neue Standbeine zu besetzen. Damit vollzieht sich ein notwendiger Anpassungsprozess an die rasante Veränderung des Nutzungsverhaltens und die Zunahme von Vertriebswegen durch das Internet und mobile Endgeräte. »Sehr intensiv sind die Verlage in allen Bereichen tätig, für die sie ihre regionale Kompetenz als Logistik-Unternehmen einsetzen können« (Vogel 2006a: 5). Die wichtigsten Erlösfelder sind bislang pressenahe Produkte und Nebengeschäfte: Anzeigenblätter, Postdienste, Druck und Contentvermarktung. Daran wird sich vermutlich auch künftig wenig ändern, weil hier die Kernkompetenzen der Verlage synergetisch genutzt werden können.

Mit dem Internet haben Zeitungen und Zeitschriften seit der Jahrtausendwende zudem – wenngleich nur intermediär – einen neuen ernsthaften Konkurrenten bekommen. In den Leitfadeninterviews mit Verlagsverantwortlichen wurde das Internet als größte Bedrohung benannt, aber zugleich auch als Chance beschrieben, neue Geschäftsfelder zu erschließen. Im Zuge einer crossmedialen Strategie haben einige Zeitungverlage Anteile an Anzeigenblättern und Radiosendern erworben. »Eine Tageszeitung kann auf Dauer nur überleben, wenn sie die Vertriebswege bis zum Leser kontrolliert, um ihm weitere Serviceleistungen anzubieten«, so Nordkurier-Geschäftsführer Lutz Schumacher im Interview. »Vom gedruckten Wort allein werden wir alle auf Dauer nicht mehr existieren können« (w&v 2009: 1). Ein weiterer Trend sind zunehmende Kooperationen zwischen einzelnen Zeitungen – sowohl verlagsintern als auch zwischen den Zeitungshäusern. Ein Beispiel dafür ist der Verlag DuMont-Schauberg. Dieser plant, in Zukunft für die MITTELDEUTSCHE ZEITUNG, die BERLINER ZEITUNG, die FRANKFURTER RUNDSCHAU und den KÖLNER STADTANZEIGER eine gemeinsame Politikredaktion in Berlin und eine gemeinsame Wirtschaftsredaktion in Frankfurt am Main einzurichten und für sie jeweils einen eigenen Verlag zu gründen (Interview Ewert).

Ein weiteres Problem sind die anhaltenden Wanderungsbewegungen. Zahlreiche Regionen Ostdeutschlands sind vom Bevölkerungsrückgang betroffen. Vor allem Mecklenburg-Vorpommern und weite Teile Brandenburgs trifft die Abwanderung. Andere Regionen registrieren sogar steigende Bevölkerungszahlen, wie das Berliner Umland. Hinzu kommen lokale Wanderungsbewegungen von der Stadt ins grüne Umland (Amt für Statistik 2008: 9).

4. Fazit und Ausblick

Mit dem Fall der Mauer war die Bevölkerung mit einer Fülle an neuen Printmedien konfrontiert, die in der Themen- und der Meinungsvielfalt, aber auch der Professionalität und Aufmachung das bislang gewohnte Angebot weit überstiegen. Über 100 Tages- und Wochenblätter wurden neu gegründet, die meisten von westdeutschen Verlagen (Schütz 1991b: 7). Als Höhepunkt brachten im ersten Halbjahr 1991 56 Verlage zusammen 358 Ausgaben heraus. Die Vielfalt war jedoch von kurzer Dauer, bereits 1990 hatte das Zeitungssterben begonnen. Während fast alle Zeitungsneugründungen, Blockparteizeitungen und überregionalen DDR-Titel vom Markt verschwanden, konnten sich die ehemaligen SED-Bezirksorgane behaupten. Westdeutsche Großverlage haben sie über die Treuhand kaufen und die alten Monopole wiederherstellen können. »Durch ihre schiere Größe, die im Westen des Bundesgebietes nur wenige Parallelen hat, tragen sie eher zur Zeitungseinfalt als zur Zeitungsvielfalt in den neuen Ländern bei« (ebd.: 9). Es war ein Geburtsfehler des ostdeutschen Pressesystems, die alten Strukturen nicht aufzubrechen und zu pluralisieren. Trotz ihrer Dominanz kämpften die ehemaligen SED-Regionalzeitungen mit hohen Auflagenverlusten.

Selbst Neugründungen wie 20 CENT, die vom lokalen Monopolisten als zusätzliches Angebot geschaffen wurden, konnten sich nicht etablieren. Denn neben sinkenden Auflagen prägt auch die wirtschaftliche

Schwäche vieler Regionen die Zeitungslandschaft. Vor allem in Mecklenburg-Vorpommern und weiten Teilen Brandenburgs prägen hohe Arbeitslosigkeit, eine fehlende Mittelschicht und eine nicht ausreichende Anzahl an mittelständischen Betrieben das Bild. Auch die Arbeitslosenquote in Sachsen-Anhalt ist hoch. In armen und strukturschwachen Landkreisen wie der Uckermark fehlt den Lesern das nötige Einkommen, den Zeitungen fehlen die Werbekunden.

Neugründungen versuchten vor allem mit einer stark ausgebauten Lokalberichterstattung, Leser zu gewinnen. Doch sie konnten sich nicht durchsetzen: Die Bindung der Leser zu den etablierten Zeitungen war stärker als erwartet, der harte Preiskampf und der noch schwache Werbemarkt verursachten hohe Verluste. Bis 1996 wurde die Mehrzahl der Zeitungsneugründungen wieder eingestellt. Der daraus resultierende dramatische Konzentrationsprozess ist seit Mitte der 90er-Jahre auf hohem Niveau zum Stillstand gekommen. Wie Schütz (1991b: 4) bereits feststellte, ist »das Marktverhalten in aller Regel nicht auf Expansion gerichtet, sondern auf die Behauptung einer wirtschaftlich vorteilhaften Erst- oder Alleinanbieterposition« .

Den früheren DDR-Zeitschriften erging es hingegen anders als den SED-Bezirkszeitungen: Sie wurden von vielen ihrer ehemaligen Leser als Repräsentanten des mit der friedlichen Revolution überwundenen Gesellschaftssystems abgelehnt und überlebten nur in wenigen Fällen die daraus resultierenden Auflagenverluste. Die verbleibenden Zeitschriften und Neugründungen waren harter Konkurrenz durch die etablierten Zeitschriften aus den alten Bundesländern ausgesetzt. Sie waren nur in Ausnahmefällen im Eigentum finanzstarker Verlage, die es schafften, die Titel in den neuen Bundesländern stabil am Markt zu halten oder gar am westdeutschen Markt zu etablieren. Dies gelang im Grunde nur Burda mit dem Verbrauchermagazin GUTER RAT. Die Folge ist ein ostdeutscher Zeitschriftenmarkt, auf dem hauptsächlich Titel mit geringen bis sehr geringen Auflagen existieren. Das größte Segment sind die lokal verbreiteten Stadt- und Veranstaltungsmagazine, die oft kostenfrei erscheinen. Derzeit ist keine Änderung dieser Situation in Sicht.

Auch das Kaufverhalten der ostdeutschen Leser unterscheidet sich von dem der westdeutschen. Im Osten werden anteilsmäßig weniger Boulevardzeitungen verkauft als in Westdeutschland, die Zeitungsdichte ist geringer und die Auflagen- und Verlagskonzentration ist deutlich höher. Die überwiegend westdeutschen überregionalen Tageszeitungen haben sich bis heute im Osten nicht durchsetzen können und verkaufen etwa 42.000 Exemplare[17] – ähnlich sieht es mit vielen westdeutschen Zeitschriften aus, die in Ostdeutschland kaum Leser erreichen. Die BILD-Zeitung konnte sich als einzige Kaufzeitung überregional und mit einem Marktanteil von knapp neun Prozent behaupten – deutschlandweit beträgt der Anteil der Kaufzeitungen im Tageszeitungssegment über 30 Prozent (Keller 2009: 78). Am erfolgreichsten verlief die Entwicklung der vorher im Osten unbekannten Anzeigenblätter.

Die krisengeschüttelten Regionalzeitungen kompensierten ihren Auflagenrückgang, indem sie die Vertriebspreise erhöhten. Ostdeutsche Zeitungen kosteten 2008 im Schnitt 19,68 Euro und erreichen damit 86,6 Prozent des Westniveaus. Die Anzeigenschwäche ist das größte Problem der ostdeutschen Zeitungen: Seit 1996 sind die Umsätze rückläufig. 2008 wurden mit Werbung 344 Millionen Euro erwirtschaftet, über den Vertrieb 490 Millionen Euro. Der Vertriebsanteil an der Gesamtbilanz stieg seit Anfang der 90er-Jahre von 40 auf fast 60 Prozent.

Die Pressemärkte in Ost und West blieben auch hinsichtlich des Nutzungsverhaltens gespalten. Die Medienbindung, Reichweite und Lesedauer in den neuen Ländern ist höher als in den alten Bundesländern. Im Schnitt lasen die Ostdeutschen 2005 täglich 30 Minuten Zeitung. Die Reichweite betrug 53 Prozent. Seit 1990 ist sie aber stark rückläufig und passt sich dem Westniveau an. Bei den ostdeutschen Jugendlichen lag die Reichweite 2005 bei 20 Prozent. Die Zeitung wird für sie zunehmend verzichtbar. Seit dem Aufkommen des Internets wandelt sich das Nutzungsverhalten rasant. Die Verlage gehen zwar nicht von einer Substitution bzw. dem Verschwinden der Zeitungen aus, passen sich aber mit speziellen Internetangeboten an die Entwicklung an. Ihr Ziel ist eine Transformation vom Zeitungs- zum Medienhaus, das Print und Online stärker vernetzt und die neuen mobilen Vertriebswege nutzt, um verloren gegangene Reichweite zurückzugewinnen.

Die sinkenden Auflagen setzen die Zeitungen unter Druck. Noch fehlen innovative Konzepte, weshalb in der Debatte auch über staatliche Subventionierung, Einführung von Stiftungsmodellen oder Gebühren ähnlich der Rundfunkgebühr nachgedacht wird (Weichert/Kramp 2009: 7). Die Mehrheit der von für diesen Beitrag Befragten lehnt direkte Subventionen ab, weil sie Unabhängigkeit der Presse gefährdeten.

Wegen der schwierigen Lage in den neuen Bundesländern ist der Druck hier noch größer. Die befragten Chefredakteure und Geschäftsführer haben sich für die Jahre übereinstimmend vorgenommen, die

[17] Überregionale Zeitungen (ohne Kaufzeitungen) erzielen in den Altbundesländern eine Auflage von rund 1,6 Millionen Exemplaren (Keller 2008: 68).

regionale und lokale Kompetenz vom Print- auf das Online-Produkt zu übertragen. Im Lokalen und Regionalen sehen die Zeitungsmacher ihre Zukunftsperspektive. Manche Blätter – wie der NORDKURIER oder die SCHWERINER VOLKSZEITUNG – ziehen sich aus der eigenständigen überregionalen Berichterstattung zurück. Insgesamt sehen sich die Verlage besser für die Zukunft gerüstet als es die Situation der Zeitungen prima facie erwarten lässt: Sie wandeln sich zu Medienhäusern, geben auflagenstarke Anzeigenblätter heraus und beteiligen sich zunehmend am lokalen Rundfunk, dem Postvertrieb und anderen mediennahen Dienstleistungsbereichen (Pergande 2005: 38). Die Zeitung wird als ein Produkt unter mehreren verstanden. Die Verlage werden sich als »Contentmanager im lokalen Raum betätigen und Lokalinformationen dadurch auch anderweitig verkaufen können« (Roth 2005: 172).

Die Verleger prognostizieren einen Konzentrationsprozess bzw. eine verstärkte Zusammenarbeit der Zeitungen. Dadurch droht in der ohnehin hochkonzentrierten Zeitungslandschaft ein weiterer Verlust an publizistischer Vielfalt. In den nächsten zehn Jahren erwartet die Mehrzahl der befragten Verlagsvertreter, dass die Zeitung weiter an Reichweite und damit ihren Charakter als Massenmedium verlieren wird. Es ist wahrscheinlich, dass sich die noch bestehenden Unterschiede zwischen Ost und West unter dem Druck des Internets und des sich verändernden Nutzungsverhaltens in den kommenden Jahren verringern werden und sich doch noch ein gesamtdeutscher Pressemarkt herausbildet.

Literatur

Amt für Statistik Berlin-Brandenburg (2008): *Bevölkerungsprognose des Landes Brandenburg 2007-2030.* Online unter http://www.statistik-berlin- brandenburg.de/publikationen/Stat_Berichte/2008/Prognose2008_monitor.pdf (aufgerufen am 1.3.2010).

Autorenkollektiv der Sektion Journalistik der Karl-Marx-Universität Leipzig (1988) *Das journalistische System der Deutschen Demokratischen Republik im Überblick.* Lehrheft. 3., überarbeitete und erweitere Auflage. Leipzig: Karl-Marx-Universität.

Banse Dirk/Müller, Uwe (2008): Neue Stasi-Fälle bei der »BERLINER ZEITUNG«. In: *DIE WELT* vom 22.8., S. 4.

Baumgartner, Petra (2009): *Zimpel 4. Fachzeitschriften Bände I und II.* München: Verlag Dieter Zimpel.

BDZV – Bundesverband der Deutschen Zeitungsverleger (2006): »WELT« / »BERLINER MORGENPOST« eröffnen integrierten Newsroom. In: *BDZV Intern,*

Nr. 29. Online unter: http://www.bdzv.de/bdzv_intern+M5399a4ec3b1.html (aufgerufen am 1.3.2010).

Bobke, Justus W. (1994): *Ost-Berliner Tageszeitungen im Zeichen des politischen Umbruchs am Ende der DDR (1989/90).* Unveröffentlichte Dissertation. Kiel: Universität.

Böckmann, Miriam (2005): *Die Zeitschrift SUPERILLU 1990-2002 – das Wechselspiel von Publikum, Medienbotschaft und Redaktion.* Unveröffentlichte Diplomarbeit. Leipzig: Universität.

Breidt, Stephan (1999): *Vielfalt versus Einfalt. Eine Rekonstruktion der Entwicklung der Regional- und Lokalzeitungen in Ostthüringen 1989 bis 1997.* Unveröffentlichte Diplomarbeit. Leipzig: Universität.

Bundeskartellamt (2002): *Beschluss B 6 – 22121 – U – 98/02.* Online unter: http://www.bundeskartellamt.de/wDeutsch/download/pdf/Fusion/Fusion02/B6_98_02.pdf (aufgerufen 18.2.2010).

Bundeskartellamt (2003): *Beschluss B6 – 51 – 02.* Online unter: http://cms.bundeskartellamt.de/wDeutsch/download/pdf/Kartell/Kartell04/B6_51_02.pdf (aufgerufen am 8.1.2010).

Bundesministerium des Innern (1992): *Die Situation der Lokalpresse in den neuen Ländern, Stellungnahme des Bundesinnenministers vom 24.8.1992.* Az.: SM 10 – 344 242-2/0.

Burmeister, Klaus/Daheim, Cornelia (2004): *Demographische Entwicklung – Konsequenzen für Medien und Werbung.* In: *Media Perspektiven,* Heft 4, S. 176-183.

BVDA – Bundesverband Deutscher Anzeigenblätter (2009): *Anzeigenblätter in Deutschland. Übersicht 2009 und Marktentwicklung.* Online unter: http://www.bvda.de/uploads/tx_bvda/ABMarkt_2009_01.jpg (aufgerufen am 3.12.2009).

Christ, Peter (1998): Berliner Zeitungskrieg. In: *DIE WOCHE,* Nr. 27, S. 15.

Ciesla, Burghard/Külow, Dirk (2009): *Zwischen den Zeilen. Geschichte der Zeitung »NEUES DEUTSCHLAND«.* Berlin: Neues Berlin.

Debus, Mechthild (1994): *Segmentierung der Zielgruppen.* Der Werbemarkt 1993. In: *Media Perspektiven,* Heft 6, S. 286-296.

DNV – Der neue Vertrieb (2004): Zeitungsmarketing. Wie die Verantwortlichen des Nordkurier am Markt der Zukunft feilen. In: *DNV*, Heft 19, S. 94-96.

Eggert, Hans (1991): »Sonnabend in Berlin und unsere tägliche Arbeit«, Berliner Zeitung 6.11.89. In: Claus, Werner (Hrsg.): *Medien-Wende – Wende-Medien? Dokumentation des Wandels im DDR-Journalismus. Oktober 89 bis Oktober 90.* Berlin: Vistas, S. 194-196.

Eimeren, Birgit van/Frees, Beate (2009): Der Internetnutzer 2009 – multimedial und total vernetzt? In: *Media Perspektiven,* Heft 7, S. 334-348.

Eimeren, Birgit von/Ridder, Christa-Maria (2001): Trends in der Nutzung und Bewertung der Medien 1970 bis 2000. In: *Media Perspektiven,* Heft 11, S. 538-547.

epd medien (2004): Frankenpost Verlag verkauft »Vogtland-Anzeiger«. In: *epd medien*, Heft 73, S. 17.

epd medien (2005): Sächsische Tageszeitung »Vogtland Anzeiger« wechselt Eigentümer. In: *epd medien,* Heft 61, S. 17.

Finsterwald, Ingrid (2007): *Zimpel 2. Publikumszeitschriften Bände I und II.* München: Dieter Zimpel.

Finsterwald, Ingrid (2009): *Zimpel 2. Publikumszeitschriften Bände I und II.* München: Dieter Zimpel.

Gärtner, Hans-Dieter/Dahlem, Stefan (1995): Informationsverhalten der Zeitungsleser »hüben und drüben«. In: Haller, Michael (Hrsg.): *Presse Ost – Presse West. Journalismus im vereinten Deutschland.* Berlin: Vistas, S. 75-93.

Goldbeck, Kerstin (2005): Leistungsdaten für die Zeitung. In: BDZV (Hrsg.): *Zeitungen 2005.* Berlin: ZV Zeitungs-Verlag, S. 154-167.

Grimberg, Steffen (2002): Monokultur im Blätterwald. In: *DIE TAGESZEITUNG* vom 27.6., S. 21.

Grimberg, Steffen (2008): Abwärtstrend. In: *M – Menschen machen Medien,* Heft 8/9, S. 18-19.

Grittmann, Elke (2009): *Vereinheitlichung statt Vielfalt? Eine Inhaltsanalyse zur Qualität der Tageszeitungen in Mecklenburg-Vorpommern und Schleswig-Holstein.* Unveröffentlichter Zwischenbericht. Hamburg: Universität.

Grubitzsch, Jürgen (1990): Presselandschaft der DDR im Umbruch. Ausgangspunkte, erste Ergebnisse und Perspektiven. In: *Media Perspektiven,* Heft 3, S. 140-155.

Haas, Marcus (2005): *»Die geschenkte Zeitung«. Bestandsaufnahme und Studien zu einem neuen Pressetyp in Europa.* Münster: Lit.

Haller, Michael (1994a): *Entwicklungschancen und strukturelle Probleme der Zeitschriftenpresse in den neuen Bundesländern.* Forschungsbericht für den Bundesminister des Innern Band I: Der Zeitschriftenmarkt Ost. Universität: Leipzig.

Haller, Michael/Weßler, Hartmut (1994b): *Zeitschriftendatenbank Ostdeutschland (ZDB). Steckbriefe der Zeitschriften der Marke Ost.* Anlagenband I zum Forschungsbericht für den Bundesminister des Innern, Leipzig: Leipzig.

Hansen, Jochen (1991): Medianutzung in Ostdeutschland. Institut für Demoskopie Allensbach. In: *Allensbacher Berichte,* Heft 15, S. 1-18.

Harbers, Dorothee (2003): *Die Bezirkspresse der DDR (unter besonderer Berücksichtigung der SED-Bezirkszeitungen). Lokalzeitungen im Spannungsfeld zwischen Parteiauftrag und Leserinteresse.* Marburg: Tectum.

Heffler, Michael (1996): Moderates Wachstum und konsolidierte Marktanteile der klassischen Werbeträger. Der Werbemarkt 1995. In: *Media Perspektiven,* Heft 6, S. 286-293.

Held, Barbara/Simeon, Thomas (1994): *Die zweite Stunde Null. Berliner Tageszeitungen nach der Wende (1989 – 1994). Marktstrukturen, Verlagsstrategien, publizistische Leistungen.* Berlin: Wissenschafts-Verlag Spiess.

Herkel, Günter (2002): *Zur Krise auf dem Berliner Zeitungsmarkt.* In: *epd medien,* Heft 91, S. 7-10.

Herkel, Günter (2009): Hauptstadtblüte und märkischer Sand. In: *M – Menschen machen Medien,* Heft 10, S. 16-18.

Kapitza, Arne (1997): *Transformation der ostdeutschen Presse. »BERLINER ZEITUNG«, »JUNGE WELT« und »SONNTAG/FREITAG« im Prozess der deutschen Vereinigung.* Opladen: Westdeutscher Verlag.

Keller, Dieter (2000): Zur wirtschaftlichen Lage der deutschen Zeitungen. In: BDZV (Hrsg.): *Zeitungen 2000.* Bonn: ZV Zeitungs-Verlag, S. 20-93.

Keller, Dieter (2008): Zur wirtschaftlichen Lage der deutschen Zeitungen. In: BDZV (Hrsg.): *Zeitungen 2008.* Bonn: ZV Zeitungs-Verlag, S. 66-91.

Keller, Dieter (2009): Schwierige Zeiten – Zur wirtschaftlichen Lage der deutschen Zeitungen. In: BDZV (Hrsg.): *Zeitungen 2009.* Bonn: ZV Zeitungs-Verlag S. 30-108.

Kiefer, Marie-Luise/Berg, Klaus (1992): *Massenkommunikation. Eine Langzeitstudie zur Mediennutzung und Medienbewertung.* Schriftenreihe Media Perspektiven, Band 12. Baden-Baden: Nomos.

Kluge, Ulrich/Birkefeld, Steffen/Müller, Silvia (1997): *Willfährige Propagandisten. MfS und Bezirksparteizeitungen: »BERLINER ZEITUNG«, »SÄCHSISCHE ZEITUNG«, »NEUER TAG«.* Stuttgart: Steiner.

Ko, Hong-Sook (2004): *Bürgerbewegungen und Öffentlichkeit. Zeitungsneugründungen durch Bürgerbewegungen nach dem politischen Umbruch in Ostdeutschland; eine Untersuchung am Beispiel der Zeitungen* DIE ANDERE *(Berlin),* DIE LEIPZIGER ANDERE ZEITUNG *(Leipzig) und* DIE ANDERE ZEITUNG *(Magdeburg).* Unveröffentlichte Dissertation. Leipzig: Universität.

Köcher, Renate (2004): *Die Entwicklung der Zeitschriftennutzung in den neuen Ländern.* Berlin: Verband Deutscher Zeitschriftenverleger.

Kuk, Alexander von (1992): Zur wirtschaftlichen Lage der Zeitungen. In: BDZV (Hrsg.): *Zeitungen '92,* Bonn: ZV Zeitungs-Verlag S. 79-128.

Kuk, Alexander von (1993): Zur wirtschaftlichen Lage der deutschen Zeitungen. In: BDZV (Hrsg.): *Zeitungen '93.* Bonn: ZV Zeitungs-Verlag, S. 56-84.

Landtag Mecklenburg-Vorpommern (2009): *Bericht zur Entwicklung der Medienlandschaft in Mecklenburg-Vorpommern.* Drs. 5/2824.

Lindner, Bernd (1993): Annäherung an westliche Lektüremuster. Daten zum Leseverhalten Jugendlicher in den neuen Bundesländern. In: *Media Perspektiven,* Heft 3, S. 134-142.

Links, Christoph (2009): *Das Schicksal der DDR-Verlage. Die Privatisierung und ihre Konsequenzen.* Berlin: Ch. Links.

Machill, Marcel/Beiler, Markus (2006): *Online-Auftritte von Tageszeitungen. Welche Strategien verfolgen die Verlage im Internet?* Berlin: Friedrich-Ebert-Stiftung.

Media Daten (2009): *Handbuch der deutschen Werbeträger. Deutschland 1/09.* Mainz: Media-Daten-Verlags-Gesellschaft.

Medienbericht (1994): *Bericht der Bundesregierung über die Lage der Medien in der BRD 1994.* Medienbericht 1994. Drs. 12/8587.

Meyen, Michael (2003): *Denver Clan und Neues Deutschland. Mediennutzung in der DDR.* Berlin: Ch. Links.

Möhring, Wiebke (2001): *Die Lokalberichterstattung in den neuen Bundesländern. Orientierung im gesellschaftlichen Wandel.* Reihe Medien-Skripten, Band 36. München: Reinhard Fischer.

Monopolkommission (1991): *9. Hauptgutachten der Monopolkommission 1990/1991*, vorgelegt am 13.7.1992. Deutscher Bundestag, Drs. 12/3031, S. 306-316.

Mundus, Jana (2007): *Zeitungsgestaltung in der lokalen Konkurrenzsituation – Untersuchung am Beispiel des Zwei-Zeitungskreises Döbeln.* Unveröffentlichte Diplomarbeit. Leipzig: Universität.

Nölte, Joachim (1991): Chronik medienpolitischer Ereignisse in der DDR. In: Claus, Werner/Bentzien, Hans (Hrsg.): *Medien-Wende – Wende-Medien? Dokumentation des Wandels im DDR-Journalismus.* Berlin: Vistas, S. 17-116.

Pergande, Frank (2005): Alles bestens! In Schwerin erklären Verleger Politikern die Pressefreiheit. In: *FRANKFURTER ALLGEMEINE ZEITUNG* vom 18.11., S. 38.

Pfannenmüller, Judith (2009): *VDZ-Umfrage: Zeitschriften verlieren 9,4 Prozent Umsatz.* Online unter: http://www.wuv.de/nachrichten/medien/vdz_umfrage_zeitschriften_verlieren_9_4_prozent_umsatz (aufgerufen am 1.4.2010).

Pürer, Heinz/Raabe, Johannes (1994): *Medien in Deutschland. Band 1: Presse.* München: Ölschläger.

Pürer, Heinz/Raabe, Johannes (1996): *Medien in Deutschland. Band 1: Presse.* 2., korrigierte Auflage. Konstanz: UVK.

Pürer, Heinz/Raabe, Johannes (2007): *Presse in Deutschland.* 3., völlig überarb. und erw. Aufl. Konstanz: UVK.

Rager, Günther (1992): *Publizistische Vielfalt zwischen Markt und Politik. Mehr Medien – mehr Inhalte?* Düsseldorf: Econ.

Reichert, Steffen (1999): Mehr Hürden als erwartet. In: *message,* Heft 2, S. 84-90.

Reichert, Steffen (2000): *Transformationsprozesse. Der Umbau der LVZ.* Münster: Lit.

Reitze, Helmut (2006): *Massenkommunikation VII. Eine Langzeitstudie zur Mediennutzung und Medienbewertung 1964 - 2005.* Schriftenreihe Media Perspektiven, Band 19. Baden-Baden: Nomos.

Ridder, Christa-Maria/Engel, Bernhard (2005): Massenkommunikation 2005: Images und Funktionen der Massenmedien im Vergleich. In: *Media Perspektiven,* Heft 9, S. 422-448.

Riefler, Katja (1996): Zeitungen online auf einen Blick. In: BDZV (Hrsg.): *Zeitungen '96.* Bonn: ZV Zeitungs-Verlag, S. 180-201.

Röper, Horst/Pätzold, Ulrich (1993): *Medienkonzentration in Deutschland.* Düsseldorf: Europäisches Medieninstitut.

Roth, Judith (2004): *Hassliebe Print-Online – Internetstrategien lokaler und regionaler Tageszeitungsverlage. Eine Momentaufnahme im Jahr 2000.* Marburg: Tectum.

Roth, Judith (2005): *Internetstrategien von Lokal- und Regionalzeitungen.* Wiesbaden: VS Verlag.

Schenz, Viola/von Bullion, Constanze (2008): Stunde der Prüfung. In: *SÜDDEUTSCHE ZEITUNG* vom 1.4., S. 17.

Schmitt-Beck, Rüdiger/Schrott, Peter (1992): Dimensionen der Mediennutzung in West- und Ostdeutschland. Eine vergleichende Untersuchung zu Rezeptionsmustern von Tageszeitungen und Fernsehen. In: *Media Perspektiven,* Heft 6, S. 376-392.

Schneider, Beate (1992a): *Strukturen, Anpassungsprobleme und Entwicklungschancen der Presse auf dem Gebiet der neuen Bundesländer (einschließlich des Gebiets des früheren Berlin-Ost).* Band 1. Unveröffentlichter Forschungsbericht für den Bundesminister des Innern in 5 Bänden. Hannover: Hochschule für Musik und Theater.

Schneider, Beate (1992b): *Strukturen, Anpassungsprobleme und Entwicklungschancen der Presse auf dem Gebiet der neuen Bundesländer (einschließlich des Gebiets des früheren Berlin-Ost).* Band 2. Unveröffentlichter Forschungsbericht für den Bundesminister des Innern in 5 Bänden. Hannover: Hochschule für Musik und Theater.

Schneider, Beate (1995): Nach allen Regeln der Zunft: Zeitungswettbewerb in Deutschland. In: Haller, Michael (Hrsg.): *Presse Ost – Presse West. Journalismus im vereinten Deutschland.* Berlin: Vistas, S. 53-63.

Schneider, Beate (1998*): Wenn das Blatt sich wendet: Die Tagespresse in den neuen Bundesländern.* Baden-Baden: Nomos.

Schneider, Beate (1999): Massenmedien im Prozess der deutschen Vereinigung. In: Wilke, Jürgen (Hrsg.): *Mediengeschichte der Bundesrepublik Deutschland.* Köln: Böhlau, S. 602-629.

Schneider, Beate/Möhring, Wiebke/Stürzebecher, Dieter (2000): *Ortsbestimmung. Lokaljournalismus in den neuen Ländern.* Konstanz: UVK.

Schneider, Beate/Schönbach, Klaus/Stürzebecher, Dieter (1993): Journalisten im vereinigten Deutschland – Strukturen, Arbeitsweisen und Einstellungen im Ost-West-Vergleich. In: *Publizistik, 38. Jg.,* Heft 3, S. 353-382.

Schütz, Walter J. (1990): Grenzübergang: Zur Erweiterung des Zeitungsangebots in der DDR. In: BDZV (Hrsg.): *Zeitungen '90.* Bonn: ZV Zeitungs-Verlag, S. 30-49.

Schütz, Walter J. (1991a): Der Zeitungsmarkt in den neuen Ländern. In: BDZV (Hrsg.): *Zeitungen '91.* Bonn: ZV Zeitungs-Verlag, S. 105-146.

Schütz, Walter J. (1991b): Die Sicht des Kommunikationswissenschaftlers. In: Deutscher Industrie- und Handelstag (Hrsg.): *Wettbewerb der Printmedien. Marktstruktur der Tagespresse nach der Wiedervereinigung.* Frankfurt: Deutscher Industrie- und Handelstag, S. 6-11.

Schütz, Walter J. (1992): Zur Entwicklung des Zeitungsmarktes in den neuen Ländern 1989 – 1992. In: BDZV (Hrsg.): *Zeitungen '92.* Bonn: ZV Zeitungs-Verlag, S. 270-296.

Schütz, Walter J. (1993): Zeitungen 1993. In: BDZV (Hrsg.): *Zeitungen '93.* Bonn: ZV Zeitungs-Verlag, S. 293-295.

Schütz, Walter J. (1997): Deutsche Tagespresse 1997. In: *Media Perspektiven,* Heft 12, S. 663-694.

Schütz, Walter J. (2004): *Zeitungen in Deutschland. Zeitungsatlas 2004.* Berlin: Vistas.

Schütz, Walter J. (2005a): Redaktionelle und verlegerische Struktur der deutschen Tagespresse. In: *Media Perspektiven,* Heft 5, S. 233-242.

Schütz, Walter J. (2005b): *Zeitungen in Deutschland – Verlage und ihr publizistisches Angebot, 1949-2004. Teil 2, 1989-2004.* Berlin: Vistas.

Schütz, Walter J. (2009): Redaktionelle und verlegerische Struktur der deutschen Tagespresse. In: *Media Perspektiven,* Heft 9, S. 454-493.

Simon, Ulrike (1999): *Aus dem Osten kam nur der »GUTE RAT«.* Online unter: http://www.welt.de/print-welt/article590159/Aus_dem_Osten_kam_nur_der_Gute_Rat.html (aufgerufen am 5.3.2010).

Stiehler, Hans-Jörg (1990). Medienwelt im Umbruch. Ansätze und Ergebnisse empirischer Medienforschung in der DDR. In: *Media Perspektiven,* Heft 2, S. 91-103.

Stiehler, Hans-Jörg (2002): Der Osten tickt anders!? Befunde zur Mediennutzung in den neuen Bundesländern. In: Hömberg, Walter (Hrsg.): *Deutschland – einig Medienland? Erfahrungen und Analysen.* Münster: Lit, S. 73-98.

Streul, Irene Charlotte (1996): Die Medien. In: Niedermayer, Oskar (Hrsg.): *Intermediäre Strukturen in Ostdeutschland. Beiträge zu den Berichten der Kommission für die Erforschung des sozialen und politischen Wandels in den neuen Bundesländern.* Opladen: Leske + Budrich, S. 443-463.

Stürzebecher, Dieter (2002): Deutschland – uneinig Medienland? Die Tagespresse im Prozess der gesellschaftlichen Integration. In: Hömberg, Walter (Hrsg.): *Deutschland – einig Medienland? Erfahrungen und Analysen.* Münster: Lit, S. 39-72.

Stürzebecher, Dieter/Möhring, Wiebke (2008): Lokale Tagespresse: Publizistischer Wettbewerb stärkt Zeitungen. In: *Media Perspektiven,* Heft 2, S. 91-101.

Treuhandanstalt (Hrsg.) (1994): *Dokumentation 1990-1994, Bd. 6.* Berlin: Treuhandanstalt.

Verdi/DJV Mecklenburg-Vorpommern (2008): *Außerordentlicher Presse-Tag 23.2.2008.* Dokumentation. Rostock. Online unter: http://www.qualitaet-und-vielfalt-sichern.de/debatte/dokumentation_zur_lage_der_presse_im_nordosten_vorgestellt/data/dokumentation_presse-tag.pdf (aufgerufen am 5.12.2009).

Vogel, Andreas (2006a): *Neue Erlösfelder für Zeitungsverlage durch Nebengeschäfte.* Berlin: Friedrich-Ebert-Stiftung. Online unter: http://library.fes.de/pdf-files/stabsabteilung/04391.pdf (aufgerufen am 10.8.2009).

Vogel, Andreas (2006b): Stagnation auf hohem Niveau. Daten zum Markt und zur Konzentration der Publikumspresse in Deutschland im I. Quartal 2006. In: *Media Perspektiven,* Heft 7, S. 380-398.

w&v – Werben und Verkaufen (2009): *Kurierverlag kauft Pin Mail Stralsund.* Online unter: http://www.wuv.de/layout/set/print/nachrichten/medien/kurierverlag_kauft_pin_ mail_stralsund (aufgerufen am 30.10.2009).

Wahl, Torsten (2002): Welche Waschmaschine brauche ich? In: *BERLINER ZEITUNG* vom 12.4. Online unter: http://www.berlinonline.de/berliner-zeitung/archiv/.bin/dump.fcgi/2002/0412/media/0007/index.html (aufgerufen am 20.1.2010).

Weichert, Stephan/Kramp, Leif (2009): *Das Verschwinden der Zeitung. Internationale Trends und medienpolitische Problemfelder.* Berlin: Friedrich-Ebert-Stiftung.

Wilke, Jürgen (1992): Der Pressevertrieb in den neuen Ländern. In: Mahle, Walter A. (Hrsg.): *Pressemarkt Ost. Nationale und internationale Perspektiven.* AKM-Studien, Band 38. München: Ölschläger S. 51-64.

Interviews

Albath, Dr. Andreas: ehem. Geschäftsführer Berliner Verlag, Berlin; 22.10.2009, telefonisch

Bommarius, Christian: leitender Redakteur BERLINER ZEITUNG, Berlin; 24.11.2009, persönlich

Buchmann, Lutz: Chefredakteur FLIEGERREVUE, Ahrensfelde; 29.10.2009, persönlich

Buschheuer, Hans-Peter: ehem. CvD SUPER-ZEITUNG und B.Z., Berlin, Chefredakteur Berliner Kurier; 29.10.2009, persönlich

Cleven, Thoralf: stellv. Chefredakteur OSTSEE-ZEITUNG, Rostock; 29.10.2009, telefonisch

Detjen, Claus: ehem. Geschäftsführer und Chefredakteur MÄRKISCHE ODERZEITUNG, Frankfurt (Oder); 22.11.2009, telefonisch

Deutschländer, Chris: Verlagsleiter Seitenstraßen Verlag (DAS MAGAZIN), Berlin; 15.10.2009, persönlich

Dyrlich, Benedikt: Chefredakteur SERBSKE NOWINY, Bautzen; 9.11.2009, telefonisch

Ehlers, Thomas: Geschäftsführer der OSTSEE-ZEITUNG und der LÜBECKER NACHRICHTEN, Lübeck; 26.10.2009, telefonisch

Eichstädt, Lutz: ehem. Chefredakteur CAPITAL aus den neuen Bundesländern, Berlin; 29.10.2009, persönlich

Erbach, Michael: Chefredakteur POTSDAMER NEUESTE NACHRICHTEN, Potsdam; 6.1.2010, persönlich

Ermert, Markus: stellv. Chefredakteur FREIES WORT, Suhl; 5.11.2009, telefonisch

Erzigkeit, Ullrich: Chefredakteur OSTTHÜRINGER ZEITUNG; Gera/Löbichau, 22.10.2009, telefonisch

Ewert, Franz Peter: ehem. stellv. Chefredakteur MITTELDEUTSCHE ZEITUNG, Halle; 6.10.2009, persönlich

Haring, Frank: Herausgeber SPIESSER, Dresden; 22.10.2009, persönlich

Herbst, Peter Stefan: ehem. Chefredakteur LAUSITZER RUNDSCHAU, Cottbus; ehem. Gründungschefredakteur von 20 CENT, Cottbus; 25.11.2009, telefonisch

Herklotz, Wolfgang: stellv. Chefredakteur BAUERNZEITUNG, Berlin; 15.1.2010, telefonisch

Hielscher, Michael: Chefredakteur ORANIENBURGER GENERALANZEIGER, Oranienburg; 13.11.2009, telefonisch

Hochstein, Hartwig: ehem. Chefredakteur LEIPZIGER VOLKSZEITUNG, Leipzig; 16.10.2009, persönlich

Hub, Wilfried: ehem. Chefredakteur FREIE PRESSE, Chemnitz; Herausgeber VOGTLAND-ANZEIGER, Plauen; 20.10.2009, telefonisch

Hufmann, Matthias: kommissarischer Chefredakteur SCHWERINER VOLKSZEITUNG, Schwerin; 15.10.2009, telefonisch

Jahn, Kristin: Redaktionsleiterin DENTALZEITUNG, Leipzig; 20.1.2010, persönlich

Kaczmarek, Hartmut: stellv. Chefredakteur THÜRINGISCHE LANDESZEITUNG, Weimar; 12.10.2009, telefonisch

Kittel, Olaf: stellv. Chefredakteur SÄCHSISCHE ZEITUNG, Dresden; 6.10.2009, telefonisch

Kleditzsch, Torsten: Chefredakteur FREIE PRESSE, Chemnitz; 3.11.2009, persönlich

Krigar, Martin: ehem. Chefredakteur ORANIENBURGER GENERALANZEIGER, Oranienburg; 3.11.2009, telefonisch

Liebenberg, Thomas: Redaktionsleiter Leipzig BILD-Zeitung; 17.11.2009, persönlich

Lochthofen, Sergej: Chefredakteur THÜRINGER ALLGEMEINE; 20.10.2009, persönlich

Lüdecke, Frank: ehem. Geschäftsführer LAUSITZER RUNDSCHAU, Cottbus; Sprecher Geschäftsführung DER TAGESSPIEGEL, Berlin; 4.12.2009, telefonisch

Mangelsdorf, Frank: ehem. Redakteur DER MORGEN, DIE WELT, DER TAGESSPIEGEL, BERLINER MORGENPOST; Chefredakteur MÄRKISCHE ODERZEITUNG, Frankfurt (Oder); 24.11.2009, persönlich

Meinhold, Dr. Joachim: ehem. Sprecher Geschäftsführung DER TAGESSPIEGEL, Berlin; 8.1.2010, telefonisch

Nowak, Jürgen: ehem. Herausgeber und Chefredakteur EULENSPIEGEL, Berlin; 27.11.2009, telefonisch

Oschmann, Reiner: ehem. Chefredakteur NEUES DEUTSCHLAND; Berlin, 15.11.2009, schriftlich

Pietsch, Egbert: Herausgeber KREUZER, Leipzig; 20.11.2009, persönlich

Queling, Tanja: Redaktionsleiterin FF DABEI, Berlin; 22.12.2009, telefonisch

Rath, Marc: ehem. Redaktionsleiter VOLKSSTIMME, Magdeburg; Chefredakteur ALTMARK ZEITUNG, 22.11.2009, telefonisch

Raue, Paul-Josef: ehem. Chefredakteur VOLKSSTIMME, Magdeburg; 17.11.2009, telefonisch

Rediske, Michael: ehem. Chefredakteur, DIE TAGESZEITUNG, Berlin; Geschäftsführer Journalistenverband Berlin/Brandenburg; Berlin, 5.1.2010, telefonisch

Regge, Thomas: Geschäftsführer der Verlagsgruppe Hof/Coburg/Suhl, Hof; 5.11.2009, telefonisch

Schneider, Michael: stellv. Chefredakteur LEIPZIGER VOLKSZEITUNG, Leipzig; 14.10.2009, persönlich

Schölzel, Dr. Arnold: Chefredakteur JUNGE WELT, Berlin; 11.11.2009, telefonisch

Schrotthofer, Klaus: Geschäftsführer Zeitungsgruppe Thüringen, Erfurt; 20.10.2009, persönlich

Schütz, Prof. Walter J.: Zeitungsexperte und Pressestatistiker, Bonn; 1.10.2009, telefonisch

Schütze, Wolfgang: ehem. Chefredakteur SÄCHSISCHE ZEITUNG, Dresden; 16.10.2009, telefonisch

Schulz, Dieter: ehem. Chefredakteur LAUSITZER RUNDSCHAU, Cottbus; ehem. Geschäftsführender Redakteur der Entwicklungs- und Gründungsredaktion 20 CENT, Cottbus; 16.11.2009, persönlich

Schumacher, Lutz: Geschäftsführer NORDKURIER, Neubrandenburg; 17.11.2009, telefonisch

Seidel, Michael: Chefredakteur NORDKURIER, Neubrandenburg; 22.10.2009, telefonisch

Sell, Jens: stellv. Vorsitzender Journalistenverband Berlin/Brandenburg, Berlin; Redakteur MÄRKISCHE ODERZEITUNG, Frankfurt (Oder); 4.11.2009, telefonisch

Soika, Dieter: ehem. Chefredakteur FREIE PRESSE, Chemnitz; 5.11.2009, telefonisch

Stumpe, Dr. Rainer: Geschäftsführer Leipziger Verlagsgesellschaft GmbH, Leipzig; 21.1.2010, persönlich

Vogel, Dr. habil. Andreas: Leiter Wissenschaftliches Institut für Presseforschung, Köln; 12.1.2010, telefonisch

Wagner, Ulrike: Chefredakteurin BUMMI, Rastatt; 6.11.2009, telefonisch

Weißenberg, Peter: ehem. stellv. Chefredakteur SÄCHSISCHE ZEITUNG, Dresden; 29.10.2009, telefonisch

Wessels, Herbert: Chefredakteur FREIES WORT, Suhl; 21.10.2009, persönlich

Wolff, Jürgen: Chefredakteur SUPER ILLU, Berlin; 23.11.2009, persönlich

Zedler, Werner: Chefredakteur GUTER RAT, Berlin; 23.11.2009, persönlich

Zimmermann, Dr. Monika: ehem. Chefredakteurin MITTELDEUTSCHE ZEITUNG; 5.11.2009, telefonisch

IV. Entwicklung der Rundfunklandschaft

Inga Hoff / Anne Holzschuh / Victoria Lewandowski / Teresa Peters

Öffentlich-rechtlicher Rundfunk in Ostdeutschland

Der Fall der Mauer leitete neben zahlreichen anderen bedeutsamen Veränderungen auch die Neuordnung des Rundfunksystems ein. Aus dem Prozess des Umbruchs heraus begann sich der Rundfunk in der Deutschen Demokratischen Republik (DDR) zu reformieren. Alte Strukturen zwischen Staat, Partei und Rundfunk wurden endgültig zerstört. Mit der Wiedervereinigung wurden der staatliche DEUTSCHE FERNSEHFUNK und der RUNDFUNK DER DDR[1] bis Ende 1991 abgewickelt und in neue Strukturen überführt oder eingestellt.

Es entstanden zwei neue öffentlich-rechtliche Rundfunkanstalten: der MITTELDEUTSCHE RUNDFUNK (MDR) sowie der OSTDEUTSCHE RUNDFUNK BRANDENBURG (ORB). Mecklenburg-Vorpommern schloss sich dem NORDDEUTSCHEN RUNDFUNK an. Der SENDER FREIES BERLIN (SFB) erweiterte sein Sendegebiet um den ehemaligen Ostteil Berlins. Der ORB fusionierte 2003 mit dem SFB zum RUNDFUNK BERLIN-BRANDENBURG (RBB). Das DEUTSCHLANDRADIO entstand aus den Sendern RIAS, DEUTSCHLANDFUNK und DEUTSCHLANDSENDER KULTUR. Der Auftrag des ZDF wurde auf die neuen Länder erweitert.

Dem öffentlich-rechtlichen Rundfunk kam eine besondere Verantwortung zu, einen Beitrag zur deutsch-deutschen Vereinigung leisten

1 Der Begriff »Rundfunk« wird im Weiteren im Sinne des Oberbegriffs für die elektronischen Medien Hörfunk und Fernsehen verwendet. Im offiziellen Sprachgebrauch der DDR bezeichnete »Rundfunk« dagegen lediglich den DDR-Hörfunk im Gegensatz zum DDR-Fernsehfunk.

und Ostdeutschland zu integrieren. Im Folgenden soll beleuchtet werden, auf welche Weise die Integrationsaufgabe in den vergangenen 20 Jahren realisiert wurde. Dazu kamen neben einer umfangreichen Literatur-, Dokumenten- und Archivrecherche Leitfadeninterviews zum Einsatz. Es wurden insgesamt 38 Interviews mit damaligen und aktuellen Akteuren von Medienpolitik und öffentlich-rechtlichen Rundfunksendern geführt.

1. Die Abwicklung des DDR-Rundfunks

»Medienpolitik in Ostdeutschland war Trickbetrug.«
(Roland Tichy)

1.1 Der Umbruch im DDR-Rundfunkwesen

Der Rundfunk der DDR war zentralistisch organisiert mit einer deutlichen Trennung zwischen Hörfunk und Fernsehen. Er unterstand dem »Staatlichen Rundfunkkomitee beim Ministerrat der DDR«, das von der Abteilung Agitation des Zentralkomitees der »Sozialistischen Einheitspartei Deutschlands« (SED) gelenkt wurde. Insofern waren Medien als »Instrument der Partei zur Durchsetzung ihrer revolutionären Politik« zu verstehen (Stein 2000: 34). Die DDR verfügte über zwei Fernsehvollprogramme DDR I und DDR II, sechs Radiohauptprogramme und diverse Regionalprogramme im Hörfunk (Wille 2003: 134).

Mit dem Rücktritt der Staatlichen Komitees für Rundfunk und für Fernsehen am 11. November 1989 lösten sich diese Strukturen auf (Odermann 1990: 377). Doch die Neustrukturierung der Medienlandschaft vollzog sich langsamer als gedacht. Zähe Verhandlungen und gegensätzliche Interessen der Beteiligten erschwerten den reibungslosen Ablauf. Insgesamt waren es vor allem westdeutsche Protagonisten, die Entscheidungen trafen und Entscheidungen beeinflussen konnten.

Der Stichtag für die Abwicklung des DDR-Rundfunks war bereits mit dem Einigungsvertrag per 31. Dezember 1991 vorgegeben. Monika Künzel, damalige DS-KULTUR-Chefredakteurin, beschreibt die Zeit der Rundfunkneuordnung als unvorhersehbar: »Es stand nichts fest. Fest stand nur, dass sich morgen wieder alles und zwar alles ändern kann« (Interview Künzel). Ebenso unvorhersehbar war es zunächst, welche Rundfunksender Gewinner oder Verlierer der medienpolitischen Entwicklungen im Zuge der Wiedervereinigung werden würden.

1.2 Gesetzliche Grundlagen für den Übergang

Die Volkskammer der DDR verabschiedete am 5. Februar 1990 einen Medienbeschluss. Die Leitlinien sollten die Gewährleistung der Meinungs-, Informations- und Medienfreiheit garantieren. Dieser Medienbeschluss ebnete fortan den Weg für eine grundlegende Veränderung der Medien in den neuen Bundesländern. »Das einstige Propagandainstrument [sollte] in freie Medien« umgewandelt werden, um »den Forderungen der Revolution zu entsprechen« (Lojewski/Zerdick 2000: 37). Aussagen über eine eventuelle Föderalisierung des Rundfunks wurden nicht getroffen. Der am 13. Februar 1990 gebildete Medienkontrollrat sowie Hörfunk- und Fernsehräte überwachten die Einhaltung des Medienbeschlusses. Da ein eigenes Mediengesetz wegen Zeitmangels nicht mehr von der Volkskammer der DDR verabschiedet werden konnte, blieb der Medienbeschluss bis zur Wiedervereinigung gültig (ebd.: 50).

Bei den ersten freien, demokratischen Volkskammerwahlen seit Bestehen der DDR am 18. März 1990 ging die CDU[2] als Wahlsieger hervor. Lothar de Maizière (CDU) wurde neuer DDR-Ministerpräsident und bildete ein Kabinett mit Sozialdemokraten und Liberalen. Die westlichen Politiker in Regierung und Ländern verstärkten ihre Bemühungen um die Rundfunklandschaft der DDR sofort nach den Wahlen im März (ebd.: 66). Dadurch wurden die Föderalisierung von Rundfunk und Fernsehen sowie der Aufbau des dualen Rundfunksystems nach bundesdeutschem Vorbild vorangetrieben.

Mit dem »Ländereinführungsgesetz« am 22. Juli 1990 wurden nicht nur die ostdeutschen Bundesländer Brandenburg, Thüringen, Sachsen, Sachsen-Anhalt und Mecklenburg-Vorpommern wiederhergestellt, sondern die entscheidenden Weichen für die neue Rundfunkordnung gestellt. Unter liberalisierten Bedingungen blieb der DDR-Rundfunk zunächst erhalten. Da sich die zentralstaatliche Konzentration auf die DDR-Hauptstadt Berlin auch im Medienbereich widerspiegelte, entwickelte sich die Regionalisierung des Fernsehprogramms wiederum langsamer. Lediglich in einigen Bezirksstädten gab es Studios, die regionale Programmbestandteile produzierten. Der DDR-Fernseh-Generalintendant Hans Bentzien plädierte für einen zentralistischen DEUTSCHEN FERNSEHFUNK (DFF), der »als gemeinsames Programm aller ostdeutschen Bundesländer innerhalb der ARD« (Lojewski/Zerdick 2000: 39) erhalten bleiben sollte. Dies wurde nicht umgesetzt. Am 1. Juli 1990

2 Sieger der Volkskammerwahl war das Wahlbündnis »Allianz für Deutschland«, bestehend aus CDU, neu gegründeter DSU und Demokratischem Aufbruch.

wurden die Landessender innerhalb des DFF gegründet. Auf auseinander geschalteten Frequenzen des zweiten DFF-Programms sendeten diese ab dem 13. August 1990 täglich ein mehrstündiges Regionalprogramm. Der Einfluss der Bundesrepublik auf die Neuordnung des DDR-Mediensystems wuchs seit Sommer 1990 weiter ebd.: 66-68).

Eine zusätzlich vom Medienministerium gebildete, vorwiegend aus westdeutschen Medienberatern zusammengesetzte Kommission und die Regierung de Mazières legten schon im Juni 1990 einen ersten Entwurf für ein »Rundfunküberleitungsgesetz« vor. Das Gesetz sollte den Übergang in föderale Rundfunkstrukturen gestalten. Doch da der Einigungsprozess bereits im Gange war, stand von Beginn an fest, dass es sich lediglich um ein Übergangsgesetz handelt. Bereits am 3. Oktober 1990 verlor das »Rundfunküberleitungsgesetz« seine Gültigkeit (Wille 2003: 138). Denn am 31. August 1990 unterzeichneten die Bundesrepublik Deutschland und die DDR den Vertrag zur Wiederherstellung der staatlichen Einheit Deutschlands. Der Einigungsvertrags (EinigVtr) enthielt Artikel 36, einen speziellen Rundfunkartikel. Dieser schrieb vor, dass »der Rundfunk der DDR und der Deutsche Fernsehfunk als gemeinschaftliche staatsunabhängige rechtsfähige Einrichtung weitergeführt« wird. Diese Bestimmung diente also dazu, die Sendeanstalten der DDR von außen aufzubrechen, in ein demokratisches und föderales Rundfunksystem zu überführen und in ein vereinigtes Deutschland zu integrieren (Dietl 2000: 19). Der Vertrag bezog sich lediglich auf die neuen Bundesländer. Eine gesamtdeutsche Rundfunkneuordnung wurde damit ausgeschlossen, obwohl zu dieser Zeit auch über Reformen innerhalb der ARD diskutiert wurde.

Auftrag der so genannten »Einrichtung« war die Bildung eines staatsfernen, autonomen und dezentralen Rundfunks, eines Rundfunks der unabhängig von jeglicher Partei und dem Staat steht und demzufolge auch unabhängig agiert. Die Grundlage eines einheitlichen dualen Rundfunksystems in der Bundesrepublik bildete der »Staatsvertrag über den Rundfunk im vereinten Deutschland«, der am 1. Januar 1992 in Kraft trat.

1.3 Rudolf Mühlfenzls »Einrichtung«

Der außerordentlich knapp bemessene Zeitraum von nur 16 Monaten, vom 31. August 1990 bis zum 31. Dezember 1991, führte zu einem extremen Zeitdruck in der Abwicklung einerseits und in der Schaffung von neuen Rundfunkstrukturen andererseits (Wille 2003: 139). Es mussten der Rundfunkstaatsvertrag und alle zugehörigen Staatsverträge der öffentlich-rechtlichen Rundfunksender erneuert sowie sämtliche Verordnungen und Gesetze über den Privatrundfunk ausgearbeitet werden. Roland Tichy, medienpolitischer Berater des Rundfunkbeauftragten der »Einrichtung«, begründet verpasste grundlegende Reformchancen: »Sie müssen sich vorstellen, Sie sitzen in einer abstürzenden Maschine und sollen noch irgendwo etwas anderes retten. Da kriegt man Allmachtsphantasien. Unter dieser Guillotine der Zeit!« (Interview Tichy). Roland Tichy im Interview weiter: »Medienpolitik in Ostdeutschland war Trickbetrug. Sie mussten wie ein Trickbetrüger eine Lücke finden, wo Sie Ihre Interessen reinbringen. Wir haben ganz viele Geschäfte gemacht [...] mit einem Handschlag, mit einem Augenzwinkern, mit ein Paar Finten, wo man gar keine andere Möglichkeit hatte.« Die Akteure versuchten insgesamt, die Rundfunkneuordnung für sich zu nutzen und schlossen dafür regelrechte »Deals« untereinander ab.

Als Rundfunkbeauftragter für die neuen Bundesländer, der der »Einrichtung« vorstand und entsprechend für die Abwicklung des DDR-Rundfunks zuständig war, wurde am 15. Oktober 1990 Rudolf Mühlfenzl, damals Präsident der Bayerischen Landeszentrale für neue Medien und davor langjähriger Chefredakteur des BAYERISCHEN RUNDFUNKS, gewählt. Günther von Lojewski, ehemaliger Intendant von SENDER FREIES BERLIN, hatte diesen dem Bundeskanzleramt auf Anfrage vorgeschlagen (Interview Lojewski). Artikel 36 EinigVtr schrieb vor, »der Rundfunkbeauftragte wird auf Vorschlag des Ministerpräsidenten der DDR von der Volkskammer gewählt. Kommt eine Wahl nicht zustande, wird der Rundfunkbeauftragte von den Landessprechern der in Art. 1 Abs. 1 genannten Länder und dem Oberbürgermeister von Berlin mit Mehrheit gewählt«. Ministerpräsident de Maizière erklärte auf der letzten Volkskammer-Sitzung am 28. September 1990 kurz und unmissverständlich, dass er keinen Vorschlag für den Posten des Rundfunkbeauftragten unterbreiten wolle und somit auf die im Artikel 36 EinigVtr vorgesehene zweite Möglichkeit verweise (Törne 1996: 301-303): Wahl durch die Landessprecher der neuen Bundesländer und dem Ost-Berliner Oberbürgermeister Tino Schwierzina (Lojewski/Zerdick 2000: 241; Wille 2003: 139). Da die Ministerpräsidenten der neuen Bundesländer zu diesem Zeitpunkt noch gar nicht gewählt worden waren, erfolgte die Wahl Mühlfenzls zwar von ernannten, aber »formal nicht wahlberechtigten Vertretern der Landesbevollmächtigten«

(Törne 1996: 302). Dieses Vorgehen wurde heftig kritisiert. Ob eine Absprache zur Wahl des Rundfunkbeauftragten vorlag, lässt sich nicht eindeutig ermitteln, doch es gab Stimmen, die von Manipulation zugunsten des gewählten Mühlfenzls sprechen. Zudem wurde nicht über einen Gegenkandidaten abgestimmt.

Mit zwölf, ausschließlich westdeutschen, Medienexperten übernahm das CSU-Mitglied Mühlfenzl die Abwicklung des DDR-Rundfunks und war Herr über einen Sendebetrieb, der größer als der WESTDEUTSCHE RUNDFUNK (WDR) und das ZWEITE DEUTSCHE FERNSEHEN (ZDF) zusammen war. Die Bundesregierung suchte für dieses Amt jemanden, der »die Medienszene gut kennt, jemand, der Prügel gewohnt ist und der nichts mehr werden will – denn wenn er den Job erledigt hat, [...] ist seine Karriere ohnehin beendet« (Mühlfenzl in Lojewski/Zerdick 2000: 239).

Zu den Hauptaufgaben des Rundfunkbeauftragten zählte die Gewährleistung der Programmversorgung, die »Einrichtung« in Anstalten des öffentlichen Rechts zu überführen und bis zum 31. Dezember 1991 aufzulösen. Da die DDR-Rundfunkanstalten personell überbesetzt waren und die Programme reduziert werden sollten, wurde bis September 1991 die Zahl der Mitarbeiter in drei Wellen von 14.000 auf 5.300 Beschäftigte gesenkt, wobei die Programmversorgung bis zur Auflösung der Einrichtung aufrechterhalten werden musste. Schätzungsweise wurden rund 3000 Mitarbeiter von den neu gegründeten öffentlich-rechtlichen Anstalten übernommen (Törne 1996: 306-308). Per Fragebogen überprüfte Mühlfenzl, ob Mitarbeiter des ehemaligen DDR-Rundfunks für das Ministerium für Staatssicherheit gearbeitet hatten (ebd.).

Dass vor allem westdeutsche Journalisten im Osten Führungspositionen übernahmen und Journalisten aus der DDR ersetzten, stieß bei Vielen auf Unmut. Für Mühlfenzl und seinen Beraterstab zählten »nur parteipolitische und privatwirtschaftliche Nützlichkeitserwägungen«, kritisierte Jörg Hildebrandt (1991). Es hagelte Vorwürfe wegen seines uneingeschränkten und bedingungslosen Führungsstils. Doch bei aller Kritik ist es dem Rundfunkbeauftragten zu verdanken, dass sich die Bundesländer bis Ende 1991 mit dem Rundfunk auseinandersetzten und Regelungen gefunden wurden. Auch sorgte Mühlfenzl für eine rasche Zusammenführung des DFF mit den westdeutschen öffentlich-rechtlichen Fernsehprogrammen. Er erreichte ebenfalls, dass die westdeutschen Programme in den neuen Bundesländern gezielt ausgestrahlt werden konnten. Auch hätte es »ohne das Arrangement von Mühlfenzel

[kein] DS KULTUR [gegeben]. Es hätte [...] letztlich auch nicht die Überführung von DT64 zum MDR gegeben« so Hannelore Steer, damalige stellvertretende Intendantin des ehemaligen DDR-Rundfunks. Wie im Einigungsvertrag vorgesehen, wurden am 31. Dezember 1991 um Mitternacht die letzten in der Einrichtung verbliebenen Programme abgeschaltet.

2. MITTELDEUTSCHER RUNDFUNK (MDR)

2.1 Gründung und Organisation des MDR

In den sich später zum MDR zusammenschließenden Bundesländern Sachsen, Sachsen-Anhalt und Thüringen gab es noch zu Anfang des Jahres 1991 unterschiedliche Pläne zur Gründung öffentlich-rechtlicher Rundfunkanstalten: Der Versuch, die drei Länder zum MITTELDEUTSCHEN RUNDFUNK zusammenzuschließen, stieß bei Thüringen auf Widerwillen, das bereits mit Hessen Kooperationsgespräche über einen Hessisch-Thüringischen Rundfunk geführt hatte. Als jedoch bei den Landtagswahlen am 20. Januar 1991 in Hessen die SPD an die Macht kam, war die hessisch-thüringische Lösung für den CDU-geführten Freistaat nicht mehr attraktiv, er wendete sich Sachsen und Sachsen-Anhalt zu (Kresse 1992: 53). Im Februar des Jahres fassten die Ministerpräsidenten der drei Länder den Beschluss, eine gemeinsame Rundfunkanstalt zu gründen, am 30. Mai 1991 unterzeichneten die CDU-Ministerpräsidenten Kurt Biedenkopf (Sachsen), Gerhard Gies (Sachsen-Anhalt) und Josef Duchac (Thüringen) in Erfurt den Staatsvertrag über den MDR. Die Länderparlamente in Thüringen, Sachsen-Anhalt und Sachsen ratifizierten den Staatsvertrag im Juni 1991 (Funkkorrespondenz 1991: 6).

Die neue Anstalt sah sich schon in ihrer Gründungsphase harter Kritik ausgesetzt (Hoffmann-Riem 1991: 609; Ott 1991; Funkkorrespondenz 1991: 6). Bemängelt wurden unter anderem die fehlende Staatsferne des Rundfunks, und damit zusammenhängend die Besetzung von Rundfunkbeirat und Rundfunkrat sowie die Personalpolitik des MDR.

Hinsichtlich der verfassungsrechtlich vorgeschriebenen Staatsferne des öffentlich-rechtlichen Rundfunks kritisierten Oppositionelle aus den Landtagen und Juristen in erster Linie den MDR-Staatsvertrag und dessen Regelungen zur Besetzung von Rundfunkrat und Rundfunkbeirat.

Der später auf Vorschlag der SPD zum Verfassungsrichter ernannte Wolfgang Hoffmann-Riem spricht im Fall des MDR von einem »ungenierten Parteienzugriff« (Hoffmann-Riem 1991: 606) auf den Sender. Insbesondere der Paragraph 45 des MDR-Staatsvertrags, der die Zusammensetzung des Rundfunkbeirats regelt, sei verfassungswidrig.

Der Rundfunkbeirat war ein Gremium, das bis zur erstmaligen Konstituierung des MDR-Rundfunkrats am 4. November 1991 die Aufgaben von Rundfunk- und Verwaltungsrat übernahm. Er war zuständig für die Wahl des Gründungsintendanten und für die Bestätigung der Gründungsfunkhausdirektoren und konnte so gerade in der Anfangsphase der Sendeanstalt zukunftsweisende Entscheidungen treffen (Brinkmann 1994: 165).

Kritiker stellen die Notwendigkeit dieses Zwischengremiums infrage, begründet wurde und wird die Schaffung des Rundfunkbeirats mit der Situation in Ostdeutschland kurz nach der Wende. »Weil die Verbände, die den Rundfunkrat beschicken, nicht so formiert waren, wie das im Westen war. Dort gab es feste Strukturen in den Verbänden, da wusste man, wenn man die anfragt, dann würden die auch einen Vertreter benennen können. Das war im Osten aber nicht so«, sagt Helmuth Neupert, der 1991 Medienreferent in der sächsischen Staatskanzlei war.

Neben der Staatsnähe des Zwischengremiums wurde in der Gründungsphase auch kritisiert, dass der Großteil der Führungskräfte im MDR aus den Rundfunkanstalten in Westdeutschland zum MDR gekommen ist (Interview Dyrlich). Dies wurde von den Verantwortlichen begründet mit der Erfahrung, die diese Mitarbeiter aus westdeutschen ARD-Anstalten im Gegensatz zu den Kollegen vom ehemaligen DDR-Rundfunk hätten (Interview Struve).

Sieben der acht Direktoren des MDR sowie der Intendant des Senders stammten aus Westdeutschland. Lediglich der Betriebsdirektor kam aus Ostdeutschland. Diese Personallösungen wurden von Intendant Udo Reiter verteidigt, gleichzeitig betonte er, die Posten der stellvertretenden Direktoren mit Ostdeutschen besetzen zu wollen, so dass auch ehemalige DDR-Journalisten ein angemessenes Mitspracherecht hätten. Die von Reiter angesprochene Tandem-Lösung aus Ost- und Westdeutschen wurde in fünf der acht Direktionen durchgehalten (ARD 1992: 265f.). Fast zwanzig Jahre nach der Gründung der Sendeanstalt ist die Hälfte der Direktorenposten mit Ostdeutschen besetzt.

Neben dem Ost-West-Problem zog sich durch die Besetzung der Direktorenposten auch das Problem der Parteinähe: Unter den acht Gründungsdirektoren fanden sich sechs, die der CDU zugerechnet wurden, während es jeweils lediglich einen FDP- bzw. SPD-nahen Vertreter gab (Funkkorrespondenz 1991: 8). Die Wahl der Direktoren erfolgte im Rundfunkbeirat jeweils gegen die Stimmen der SPD-Vertreter. Hierbei ist zu beachten, dass die SPD auch gegen eine Direktorin aus der eigenen Partei war, da sie sich explizit für ostdeutsche Journalisten in den Führungspositionen des MDR ausgesprochen hat (Interview Dyrlich).

Entgegen der allgemeinen und in der Presse diskutierten Wahrnehmung, der MDR sei von westdeutschen Mitarbeitern überschwemmt, weist der MDR-Geschäftsbericht 1992 einen Anteil von 90,7 Prozent ostdeutscher Angestellter aus. Der Anteil der Westdeutschen liegt dagegen bei 9,3 Prozent (MDR 1992: 27).

Der MDR hat seinen Unternehmenssitz in Leipzig, in Halle ist die Hörfunkdirektion angesiedelt und in Erfurt sitzt die MDR-Werbung GmbH. Die Organe des MDR sind der Intendant, der Rundfunkrat sowie der Verwaltungsrat. Der Rundfunkrat setzt sich zusammen aus Vertretern von Parteien, der Landesregierungen aus Sachsen, Sachsen-Anhalt und Thüringen und weiteren gesellschaftlichen Gruppen und kontrolliert das Programm. Der Verwaltungsrat besteht aus sieben Mitgliedern und hat zur Aufgabe, die Geschäftsführung des Intendanten zu kontrollieren. Innerhalb des MDR sind acht Direktoren dem Intendanten zur Seite gestellt, die jeweils die Verantwortung für einen Bereich des MDR tragen. Fernsehdirektor und Hörfunkdirektor verantworten das TV- bzw. Radioprogramm des Senders. Die juristische Direktorin ist verantwortlich für die festangestellten Mitarbeiter des MDR und vertritt den Sender in Rechtsfragen. Die Betriebsdirektorin leitet die technischen Belange des MDR, der Verwaltungsdirektor kontrolliert die Finanzen des Senders und ist verantwortlich für die freien Mitarbeiter im MDR. Hinzu kommen die drei Direktoren bzw. Direktorinnen der Landesfunkhäuser in Dresden (Landesfunkhaus Sachsen), Magdeburg (Sachsen-Anhalt) und Erfurt (Thüringen). Sie sind jeweils für das aus ihrem Landesfunkhaus gesendete Hörfunk- und Fernsehprogramm verantwortlich.

2.2 Das Fernsehprogramm des MDR

Mit der Gründung des MDR war für die zuständigen Redakteure klar, dass das Dritte Programm des MDR als Vollprogramm gestaltet werden würde – im Gegensatz zu den Dritten Programmen der Anstalten in Westdeutschland, die sich zum Zeitpunkt ihrer Gründung mehr als Spartenprogramme verstanden und den Fokus im Programm auf Kultur und Bildung gelegt hatten (Interview Frey-Vor). Entsprechend wurden im Fernsehbereich des MITTELDEUTSCHEN RUNDFUNKS Programmbereiche geschaffen, innerhalb derer sich ein Vollprogramm für die Zuschauer produzieren ließ.

Im Programmbereich Politik/Zeitgeschichte/Sport werden die Ausgaben der aktuellen Nachrichtensendung des MDR, »MDR aktuell«, produziert. Auch die ARD-aktuell-Redaktion, die aktuelle Nachrichten aus dem MDR-Sendegebiet an die Nachrichtensendungen des Gemeinschaftsprogramms der ARD zuliefert, ist in diesem Programmbereich angesiedelt, ebenso wie die Sportsendung »Sport im Osten« und verschiedene Verbrauchermagazine. Im Programmbereich Familien-/Tagesprogramm werden unter anderem die Nachmittagsmagazine des MDR Fernsehens, »Dabei ab Zwei« und »Hier ab Vier«, produziert. Auch das werktäglich zum ARD-Fernsehprogramm zugelieferte Boulevard-Magazin »Brisant« gehört zum Programmbereich Familien-/Tagesprogramm. Der Programmbereich Kultur/Wissenschaft produziert Magazine, deren Themenspektrum von Wissen über Kultur bis hin zu Gesundheit reicht. Eine wichtige Rolle innerhalb des MDR-Fernsehprogramms spielt der Programmbereich Unterhaltung, der Formate wie die Talkshow »Riverboat« produziert und für das ARD-Programm die »Feste der Volksmusik« zuliefert (Interview Struve).

Im Programmbereich Fernsehfilm, Serie und Kinder werden hauptsächlich die Serien produziert, die für die ARD zugeliefert werden, also beispielsweise »In aller Freundschaft« oder »Familie Dr. Kleist«. Für die ARD werden in diesem Programmbereich auch die Leipziger Ausgaben der Kriminalfilmreihe »Tatort« sowie die Hallenser »Polizeiruf-110«-Folgen produziert. Für den KINDERKANAL von ARD und ZDF, den der MDR federführend betreut, wird die Serie »Schloss Einstein« hergestellt.

Die in der ARD zusammengeschlossenen Landesrundfunkanstalten haben jeweils einen Pflichtanteil zum Gesamtprogramm zuzuliefern. Dieser Pflichtanteil richtet sich nach dem Gebührenaufkommen der einzelnen Sendegebiete (Marmor 1994: 5). Zwischen dem 1. Januar 2007 und dem 31. Dezember 2008 lag der Pflichtanteil des MDR mit einem Anteil von 11,05 Prozent im mittleren Bereich der ARD-Anstalten (ARD 2008: 435).

Der MDR ist gleichberechtigt in allen ARD-Gremien vertreten und liefert, wie alle anderen ARD-Anstalten auch, an die Sender ARTE,

PHOENIX und 3SAT zu. Dem MDR wurde die Federführung sowohl für den 1997 gestarteten KINDERKANAL von ARD und ZDF als auch für die Berichterstattung innerhalb der ARD von den Olympischen Winterspielen 2010 in Vancouver übertragen. Auch trägt der Fernsehdirektor des MDR dauerhaft die Verantwortung für die Koordination der Gemeinschaftssendungen im Bereich Spielfilm (ARD 2008: 302).

Diese Einbindung in die Strukturen verlief jedoch in der Gründungsphase des MDR nicht ohne »Verteilungskämpfe« innerhalb der Senderfamilie ab (Interview Pattberg; Interview Struve). Die Auslandsstudios der ARD, die unter den Rundfunkanstalten aufgeteilt sind, mussten neu verteilt werden bzw. Sender mussten einige ihrer Studios an ORB und MDR abgeben, was dazu führte, dass »Redaktionen den Verteilungskampf viel erbitterter führen mussten als vorher. Denn das Gemeinschaftsprogramm blieb bestehen in seinen Sendestunden, zumindest in seinen interessanten Sendestunden, und da mussten mehr Mitglieder ihren Stempel darauf setzen können« (Interview Struve). Dieser Verteilungskampf ist aus Sicht verantwortlicher Redakteure beim MDR bis heute nicht komplett gelöst (Interview Pattberg).

Für die Journalisten beim MDR, die ihre Themen im ARD-Programm unterbringen wollten, war es nicht immer einfach, von der Relevanz eines ostdeutschen Themas zu überzeugen. Schwierig war für den MDR auch die Etablierung ganzer Sendungen in der ARD – so war nicht von Anfang an selbstverständlich, dass der MDR ein Politmagazin wie »Fakt« würde senden können. Der MDR forderte zwar schon bei der Vorstellung seines Programmkonzepts im November 1991 ein eigenes politisches Magazin in der ARD mit der Konsequenz, dass die anderen Anstalten Sendezeiten für ihre Magazine zurückgeben sollten (Brunnen-Wagenführ 1991: 638). Dieses Konzept konnte aber erst Mitte 1992 verwirklicht werden. Der Sendestart von »Brisant« war ebenfalls von Skepsis auf Seiten der ARD geprägt, Anfang 1994 ging das ARD-Boulevardmagazin auf Sendung (Interview Struve).

Auch wird zum ARD-Gemeinschaftsprogramm Fiktion wie der »Tatort« aus Leipzig, der »Polizeiruf 110« aus Halle oder die Krankenhausserie »In aller Freundschaft« zugeliefert. Hinzu kommen diverse Einzelproduktionen wie Spielfilme oder Dokumentationen.

Nachdem die Zuschauer jahrelang die Programme des DDR-Fernsehens konsumiert hatten, musste im MDR-Fernsehen ein neues Programm angeboten werden. Dieses sollte bekannte und bewährte Elemente nicht grundlos abschaffen, aber gleichzeitig eine für das Publikum gut sichtbare Neuerung darstellen. Die Haltung, nicht alle Fernsehformate des DDR-Fernsehens abzuschaffen und durch neue zu ersetzen, begründete MDR-Intendant Udo Reiter: »Man hat den Leuten hier in den letzten zwei Jahren soviel an Neuerungen zugemutet, dass man nicht mutwillig auf Gebieten, wo das gar nicht erforderlich ist, das auch noch machen sollte. Konkret: Was erhaltbar ist, was beliebt und bekannt ist, das übernehmen wir und führen es weiter« (1992: 83).

So haben sich – gerade aus dem Bereich Unterhaltung – einige Elemente im MDR-Fernsehen auch nach der Wende gehalten, die ihren Ursprung in der DDR hatten. Hierzu gehört neben kompletten Sendungen, die teilweise bis heute ausgestrahlt werden, auch die Anfangszeit der Hauptausgabe der MDR-Nachrichtensendung »MDR aktuell«, die um 19:30 Uhr täglich gesendet wird und damit die Anfangszeit der DDR-Nachrichtensendung »Aktuelle Kamera« übernommen hat.

Die einzige Sendung, die im Programmbereich Politik/Zeitgeschichte/Sport aus der DDR übernommen wurde, ist die »Umschau«, die zweiwöchentlich dienstags abends im Wechsel mit »Exakt« im MDR Fernsehen läuft und Verbraucherthemen behandelt. Am 18. Mai 1961 ging die »Umschau« im DDR-Fernsehen als Wissenschaftsmagazin auf Sendung, nach der Wende wurde der Charakter des Magazins weg von der Wissenschaftssendung hin zum Verbrauchermagazin gewandelt. Aus dem Programmbereich Unterhaltung sind gleich mehrere Sendungen aus dem DDR-Fernsehen ins Programm des MDR übernommen worden. Das einzige Format, das heute noch läuft, ist »Außenseiter – Spitzenreiter« mit dem Untertitel »Kundendienst für Neugierige«. Seit dem 18. Juni 1972 präsentiert der Moderator Hans-Joachim Wolfram in seiner Show Menschen, die ein ungewöhnliches Hobby oder seltene Begabungen haben.

Die Kindersendung »Unser Sandmännchen« wurde nach der Wende ebenfalls vom MDR übernommen, nachdem es scharfe Proteste gegen eine mögliche Absetzung der Sendung gegeben hatte. Die Krimiserie »Polizeiruf 110« wurde am 27. Juni 1971 zum ersten Mal gesendet. Nach dem Mauerfall kamen westdeutsche Polizisten in die ostdeutschen Ermittlerteams, die Serie wurde schon 1991 in der ARD ausgestrahlt. Seit der Wiedervereinigung wird »Polizeiruf 110« im Wechsel mit dem »Tatort« ausgestrahlt. Zu den Sendungen, die nach der Wende übernommen wurden, aber inzwischen eingestellt worden sind, zählt auch »Ein Kessel Buntes«. Die Unterhaltungsshow lief von 1972 bis 1992, nach der Wende nicht nur im MDR-Fernsehen, sondern auch im Samstagabend-Programm der ARD. Doch das Interesse der Zuschauer am »Kessel Buntes« ließ nach, und so wurde die letzte Ausgabe der Show am 19.

Dezember 1992 ausgestrahlt. Auch die Sendungen »Achims Hitparade«, »Du und Dein Garten« und »Glück muss man haben« wurden nach dem Ende der DDR weiter ausgestrahlt, nach unterschiedlich langen Laufzeiten aber schließlich abgesetzt.

Der MDR als eine Mehrländeranstalt wird im MDR-Staatsvertrag dazu verpflichtet, auch regionale Informationen für seine Zuschauer und Hörer bereitzustellen: Bereits in § 2 des MDR-Staatsvertrags, der unter dem Titel »Regionale Gliederung« steht, wird festgelegt, dass es in jedem der drei Bundesländer ein Landesfunkhaus geben muss. Den Landesfunkhäusern wiederum sind Regionalstudios in den einzelnen Bundesländern zugeordnet. Regionalstudios des MDR befinden sich für Sachsen-Anhalt in Halle, Magdeburg, Stendal und Dessau, für Sachsen in Leipzig, Dresden, Chemnitz und Bautzen und für Thüringen in Heiligenstadt, Gera, Suhl und Erfurt.

In jedem der Landesfunkhäuser wird täglich ein halbstündiges Ländermagazin produziert, das die Zuschauer über das Geschehen im Bundesland informiert. Um 19 Uhr laufen in den jeweiligen Bundesländern der »Sachsenspiegel«, »Sachsen-Anhalt heute« und das »Thüringen Journal«. Dabei wird auch innerhalb der Sendungen darauf geachtet, einen Regionalproporz der einzelnen Gebiete des Bundeslands einzuhalten. Hinzu kommt die wöchentlich ausgestrahlte politische Talkshow »Fakt ist…!«, die abwechselnd aus Dresden, Leipzig, Erfurt und Magdeburg gesendet wird sowie weitere wöchentliche Formate.

Obwohl sich das Programm des MDR-Fernsehens zu Beginn seiner Ausstrahlung großer Kritik ausgesetzt sah mit dem Tenor, der Sender ginge nicht ausreichend auf die Bedürfnisse des ostdeutschen Publikums ein (dpa 1992), hat sich das Programm in der Zuschauergunst bald durchsetzen können. Die Aufrechterhaltung von bewährten DFF-Sendungen erlaubte eine Gewöhnung der Fernsehnutzer an das neue Programmangebot. Dazu haben auch die Beibehaltung einer klaren Programmleiste und die Übernahme von ostdeutschen Sehgewohnheiten beigetragen.

Der MDR ist seit 1997 Marktführer unter den Dritten Programmen der ARD, er hat regelmäßig rund neun Prozent Marktanteil (Kenntemich 2007). Da die ostdeutschen Fernsehzuschauer großen Wert auf Informationen aus ihrem Bundesland legen, haben hier die Dritten Programme der ARD einen Vorteil gegenüber den national ausgestrahlten Programmen von ARD und ZDF. Dies spiegelt sich in einer vergleichsweise hohen Sehdauer wider: Die Dritten Programme werden im Osten täglich rund elf Minuten länger genutzt als im Westen (Stiehler 2005: 128).

2.3 Die Hörfunkprogramme des MDR

Der MDR veranstaltet neben den landesweit ausgestrahlten Radioprogrammen MDR 1 RADIO SACHSEN, MDR 1 RADIO SACHSEN-ANHALT und MDR 1 RADIO THÜRINGEN fünf Hörfunkprogramme: das Kulturradio MDR FIGARO, das Nachrichtenradio MDR INFO, den Jugendsender JUMP und die Nachfolgewelle des Jugendradios DT64, MDR SPUTNIK. Außerdem ist das Programm MDR KLASSIK über das Internet oder über Digitalradios zu empfangen.

Die Radioprogramme MDR 1 RADIO THÜRINGEN, MDR 1 RADIO SACHSEN und MDR 1 RADIO SACHSEN-ANHALT werden für die jeweiligen Bundesländer in den zuständigen Landesfunkhäusern produziert und von dort gesendet. Die Sender spielen Oldies und Schlagermusik und berichten in Nachrichten und Wortbeiträgen über Aktuelles aus dem jeweiligen Bundesland und dessen unterschiedlichen Regionen. Die Landesprogramme teilen ihr Programm mehrfach am Tag und senden Nachrichten aus den einzelnen Regionen der Länder. Auch für das landesweite Programm werden Beiträge aus den Regionalstudios zugeliefert. Im Regionalstudio Bautzen des Landesfunkhauses Sachsen wird mehrere Stunden am Tag ein sorbisches Programm gesendet.

MDR INFO ist seit MDR-Sendestart der Nachrichtensender des MITTELDEUTSCHEN RUNDFUNKS. Das Programm von MDR INFO beruht auf einem festen Sendeschema mit Nachrichten zu jeder Viertelstunde sowie dazwischen Börsen-, Sport- und Wirtschaftsnachrichten. Die Meldungen und Beiträge auf MDR INFO formieren sich zu jeweils einem Drittel aus Regional-, Deutschland- und Weltnachrichten.

MDR FIGARO ist das Kulturradio des MDR. Der Nachfolgesender von MDR KULTUR sendet sein Programm seit dem 1. Mai 2004. Im Unterschied zu seinem Vorgänger-Sender MDR KULTUR umschließt der Kulturbegriff von FIGARO nicht nur klassische Musik, Kunst und Theater, sondern auch Zeitgeist, Mode und Alltagskultur. Ziel dabei ist, »mehr jüngere kulturinteressierte Hörer an[zu]sprechen« (ARD 2005: 213). Der Name FIGARO war dabei den MDR-KULTUR-Hörern nicht unbekannt: Die Journale am Morgen und am Nachmittag trugen bereits bei MDR KULTUR den Titel FIGARO.

JUMP produziert ein Radioprogramm mit hohem Musikanteil. Das Programm ist seit dem 1. Januar 2000 auf der UKW-Frequenzkette des vorherigen und zum 31.12.1999 abgesetzten MDR-Jugendsenders MDR LIFE auf Sendung (ARD 2001: 219). Mit dem Programm soll der Musikgeschmack einer breiten Masse getroffen werden. Um die Zielgruppe bestmöglich zu erreichen, setzt der Sender zusätzlich auf das Internet und da speziell auf das Web 2.0: Die Ende 2008 gestarteten so genannte »JUMP Community« ist die Internetgemeinschaft der JUMP-Hörer. Hier können die Hörer sich untereinander austauschen. Aus dieser Internetplattform ziehen die Macher des Radiosenders auch neue Ideen für Themen, da genau beobachtet werden kann, was die Hörer beschäftigt.

Bei MDR SPUTNIK handelt es sich um den Nachfolgesender des DDR-Jugendradios DT64, das der MDR nach der Wende übernommen hat. Das Programm, das sich an junge Zuhörer richtet, kann nur in Sachsen-Anhalt über UKW empfangen werden, in den anderen Bundesländern des MDR-Sendegebietes ist ein Empfang über Satellit, im Kabel oder als Livestream im Internet möglich.

MDR Klassik sendet seit 2002 digital und ist über das Internet oder über Digital Audio Broadcasting (DAB) zu empfangen. Lediglich im Frühprogramm wird das Programm selbst produziert und im Studio von einem Moderator moderiert. Außerhalb dieses Programms läuft eine computergenerierte Musikmischung.

Die Radiosender des MDR haben im Jahr 2008 einen weitesten Hörerkreis von 76,7 Prozent erreicht, was bedeutet, dass mehr als drei Viertel der in der Media Analyse befragten Personen in den der Befragung vorangegangenen zwei Wochen eines der Programme des MDR eingeschaltet hatten. Damit liegt der MDR im ARD-Mittelfeld (ARD 2009: 386-390).

Die Marktanteile der einzelnen MDR-Hörfunkprogramme sind – mit Ausnahme des Marktanteils von MDR LIFE – über die Entwicklung des MDR hinweg relativ stabil geblieben. Am beliebtesten bei den Hörern sind so regelmäßig die MDR-1-Programme in ihren jeweiligen Bundesländern und JUMP, das sich an ein sehr breites Publikum richtet und ein weites Feld in der Musik abdeckt. Auch das zu Anfang seiner MDR-Zeit über Mittelwelle gesendete Jugendprogramm SPUTNIK kann sich mittlerweile bei 1,5 Prozent Marktanteil halten und das Kulturradio MDR FIGARO hat einen Marktanteil von 2,1 Prozent (ARD 2009: 387).

Für die Zukunft ist das Ziel des MITTELDEUTSCHEN RUNDFUNKS, die Arbeitsabläufe der Redakteure effizienter zu gestalten. Dies soll unter anderem geschehen, indem die Bereiche Hörfunk, Fernsehen und

Online stärker miteinander kooperieren und so gegenseitig auf vorhandenes Material und Informationen zurückgreifen. Als weitere Entwicklung sehen die Verantwortlichen des Senders eine stärkere Einbindung des Zuschauers, gerade in Bezug auf die Auswahl von Themen (Interview Kenntemich; Interview Röse).

3. Der NORDDEUTSCHE RUNDFUNK (NDR) und Mecklenburg-Vorpommern

Vor allem westdeutsche Politiker setzten ihre Vorstellungen bei der Neuordnung der Rundfunklandschaft in den neuen Bundesländern durch. Mecklenburg-Vorpommern wurde nach der Landtagswahl am 14. Oktober 1990 von einer Koalition aus CDU und FDP regiert. Ministerpräsident wurde Alfred Gomolka von der CDU.

Das neu entstandene norddeutsche Bundesland war aus rundfunkpolitischer Sicht hart umworben, so dass ein Wettstreit zwischen dem SFB und NDR begann. Der NDR wollte Mecklenburg-Vorpommern als vierten Partner gewinnen. Der Intendant des SFB, Günther von Lojewski, bevorzugte eine Mehrländeranstalt aus Berlin, Brandenburg sowie Mecklenburg-Vorpommern, eine Nordostdeutsche Rundfunkanstalt (NORA). Ministerpräsident Gomolka favorisierte diese Dreiländeranstalt ebenfalls. Kritiker gehen von parteipolitischen Beweggründen aus, denn Gomolka habe unter dem »Druck der Bonner CDU-Zentrale Berlin und Brandenburg sein Jawort gegeben« (Meyn 1991: 2). Die FDP-Fraktion im Landtag Mecklenburg-Vorpommerns war dagegen einem Zusammenschluss mit dem NDR zugeneigt, da jener für eine leistungs- und finanzstarke Rundfunkanstalt stand (Gollert 2002: 37).

Abschreckend wirkte für die FDP zudem die finanzielle Situation des SFB. Er war auf den ARD-Finanzausgleich angewiesen und mit Altschulden belastet. Zudem befürchtete die FDP die erneute Dominanz der Metropole Berlin (Scheringer 2002: 40).

Der NDR warb aktiv um Mecklenburg-Vorpommern, nicht nur bei den Fraktionen im Landtag, sondern auch in der Öffentlichkeit. So seien die »landsmannschaftliche Zusammengehörigkeit« (Plog 2003: 265), die norddeutsche kulturelle und sprachliche Verbundenheit der Küstenländer ausschlaggebend für die Bestrebungen, Mecklenburg-Vorpommern in den NDR zu integrieren, gewesen. Eine Vier-Länder-Anstalt versprach dem NDR zum einen Finanzstärke, zum anderen konnte so im Zuge der Rundfunkneuordnung die Konkurrenz durch einen anderen öffentlich-rechtlichen Sender im norddeutschen Raum vermieden werden. Trotz des Einsatzes des NDR und der ablehnenden Haltung der FDP-Fraktion gegenüber der NORA gingen die politischen Verhandlungen zwischen Brandenburg, Berlin und Mecklenburg-Vorpommern zur Gründung einer gemeinsamen Dreiländeranstalt weiter voran. Der bereits ausgehandelte und am 25. Juni 1991 von Brandenburg und Berlin unterzeichnete Staatsvertrag über die NORA sah eine dezentrale Organisation vor.

Doch Gomolka unterzeichnete diesen nicht, er musste dem Druck der FDP und der Opposition nachgeben. Letztendlich trat Mecklenburg-Vorpommern am 17./18. Dezember 1991 dem NDR -Staatsvertrag bei. Der heutige Intendant des NDR, Lutz Marmor, ist als Geschäftsführer für die Rundfunkanstalt verantwortlich. Dieser wird vom Rundfunkrat gewählt, der die Interessen der Allgemeinheit vertritt und die Einhaltung der Programmanforderungen überwacht. Das Kontrollorgan hat insgesamt höchstens 58 Mitglieder. Elf davon kommen, zur Stärkung der regionalen Struktur des NDR, aus Mecklenburg-Vorpommern und bilden den Landesrundfunkrat für das Bundesland. Der Rundfunkrat ist für die Wahl der zwölf Verwaltungsratsmitglieder, welche die Geschäftsführung des Intendanten überwachen, verantwortlich. Niedersachsen hat im Rundfunkrat sechs Stimmen, Mecklenburg-Vorpommern, Hamburg und Schleswig-Holstein bekamen auf Grund der geringeren Bevölkerungszahl jeweils zwei Stimmen.

Ab dem 1. Januar 1992 versorgten die Hörfunkprogramme und das Fernsehprogramm des NDR das Beitrittsland. Das im Juni 1990 gegründete RADIO MECKLENBURG-VORPOMMERN (RMV) wurde als NDR 1 RADIO MV weitergeführt. Der NDR investierte 200 Millionen DM in ein Landesfunkhaus in Schwerin sowie Regionalstudios in Rostock, Greifswald und Neubrandenburg (Herres 2002: 31). Von den 320 Angestellten des RMV und des Landessenders Mecklenburg-Vorpommern (im März 1990 eingeführtes Regionalprogramm des DEUTSCHEN FERNSEHFUNKS) wurden 256 Mitarbeiter vom NDR fest angestellt, nachdem anhand von Fragebögen bzw. Gesprächen die Zugehörigkeit zum Ministerium für Staatssicherheit und die Nähe zum DDR-System ausgeschlossen worden waren (NDR 1993: 20f.). Leitende Positionen wurden anfangs mit westdeutschen Journalisten besetzt (Meyn 1993: 20). Dies änderte sich allmählich. So führt heute beispielsweise die Stralsunderin Elke Haferburg das Landesfunkhaus in Schwerin.

Das ganztägige Hörfunkprogramm NDR 1 RADIO MV ist als »Nachbarschaftsradio« (Riemer 2002: 57) konzipiert. Demnach soll regionale Berichterstattung die Hörerbindung sichern. So gab es aus den Regionalstudios Neubrandenburg, Rostock und Greifswald regelmäßige Fensterschalten, wobei die subregionale Berichterstattung von NDR 1 RADIO MV kontinuierlich ausgebaut wurde. Heute gliedern wochentags sieben Magazine mit Veranstaltungs-, Rechts- oder Freizeittipps, Sportnotizen, Andacht und Landfunk das Tages- bzw. Abendprogramm von NDR 1 RADIO MV. Achtmal pro Tag wird das Programm zur regionalen Berichterstattung aus den jeweiligen Studios auseinandergeschaltet (ARD 2010). Hervorzuheben ist die monatliche Hörfunksendung »Pomerania«, eine Kooperation mit einer Radiostation in Stettin. Dabei werden einmal monatlich eine deutsche Sendung im Programm von NDR 1 RADIO MV und eine polnische Sendung pro Monat in Westpommern gesendet (Schneggenburger 2003: 59).

Zudem gibt es Sendungen in plattdeutscher Sprache. So zum Beispiel »De Woch up Platt«, der plattdeutsche Wochenrückblick. Anfangs zeichnete sich das Musikprogramm von NDR 1 RADIO MV vor allem durch Schlager aus. Mit einer Programmreform im Jahr 2000 wurde die Musikfarbe auf eine jüngere Zielgruppe zugeschnitten. Seitdem werden vor allem Titel der vergangenen 30 Jahre sowie Oldies aus den 60er- und 70er-Jahren gespielt (Interview Haferburg). Für die übrigen Hörfunkprogramme des NDR liefern das Landesfunkhaus und die Regionalstudios aus Mecklenburg-Vorpommern regelmäßig Beiträge. 1994 lag der Marktanteil von NDR 1 RADIO MV bei 66,8 Prozent (NDR 1994: 47). Ein Jahr zuvor kam mit ANTENNE MV der erste private Konkurrent mit regionalem Programm auf den Markt, weitere Programme folgten. In den Folgejahren (ab 1995) ging der Marktanteil von NDR 1 RADIO MV daraufhin kontinuierlich zurück. 2000 hatte das NDR-Programm einen Marktanteil von 23,7 Prozent in Mecklenburg-Vorpommern und musste damit seine Vormachtstellung an ANTENNE MV abgeben. Nach umfangreichen Programmumstrukturierungen konnte NDR 1 RADIO MV seinen Marktanteil erneut ausbauen und war 2008 wieder der meistgehörte Sender des Bundeslands (NDR 2008: 61).

Für das Gesamtprogramm des NDR-Fernsehens erstellt das Landesfunkhaus Mecklenburg-Vorpommern ein eigenes regionales Fensterprogramm, das »Nordmagazin«. Dieses beschäftigt sich täglich von 19:30 Uhr bis 20:00 Uhr mit aktuellen Themen und beliefert die Zuschauer mit Regionalinformationen, Nachrichten, Reportagen und Berichten aus Mecklenburg-Vorpommern. Die Beiträge kommen zudem aus Greifswald, Rostock sowie Neubrandenburg. Außerdem gibt es im Fernsehprogramm des NDR Fensterschalten für besondere Ereignisse in den einzelnen Bundesländern. So wurden beispielsweise während der Kommunalwahlen 2009 in Mecklenburg-Vorpommern spezielle Sendungen nur für dieses Bundesland erstellt. Das Landesfunkhaus Schwerin produziert u.a. die Sendungen »Hanseblick«, »Streiflichter aus Mecklenburg-Vorpommern«, »Entdeckerlust« sowie die »Nordstory« und bietet damit Informationen aus Mecklenburg-Vorpommern für das gesamte NDR-Fernsehprogramm. Auch Sondersendungen werden für das Zentralprogramm hergestellt (Interview Haferburg).

Einige wenige Formate des DDR-Fernsehens wurden vom NDR weitergeführt. So die Unterhaltungsshow »Bi uns tu Hus – Die norddeutsche Hitparade« (bis 2001) und das Gesundheitsmagazin »Visite«. Nach Protesten nahm der NDR ab 20. Januar 1992 auch das »Sandmännchen«[3] für die Kinder ins Frühabendprogramm auf (Herres 2002: 31).

Für das Gesamtprogramm des NDR hat Mecklenburg-Vorpommern die gleichen Anteile wie beispielsweise Schleswig-Holstein zu erbringen, auch der jährliche Etat beider Länder ist vergleichbar (Interview Haferburg). Das »Nordmagazin« ist das erfolgreichste regionale Nachrichtenmagazin innerhalb der ARD. 2009 lag der Marktanteil bei 30,2 Prozent (NDR 2010). Dieser Erfolg kommt sicherlich auch daher, dass es keine Konkurrenzfernsehsender mit Regionalprogrammen in Mecklenburg-Vorpommern gibt (Pergarde 2006: 45). Elke Haferburg, Landesfunkhausleiterin in Mecklenburg-Vorpommern, führt den Erfolg auf die regionale Kompetenz der Studios in Rostock, Greifswald, Neubrandenburg und Schwerin zurück (NDR 2010).

Durch den Beitritt Mecklenburg-Vorpommerns wurde zum einen das Gewicht des NDR innerhalb der ARD gestärkt, zum anderen wurde mit dem neuen Partner das Gebührenaufkommen des NDR erhöht (Lojewski/Zerdick 2000: 128). Jobst Plog zog nach zehn Jahren NDR in Ostdeutschland das Fazit, »Mecklenburg-Vorpommern ist ein selbstverständlicher und gleichberechtigter Partner« und »der NDR ist östlicher geworden« (Fernseh-Informationen 2002: 27). Jürgen Hingst, Chef des Bereichs »Hörfunk aktuell« in Schwerin, relativiert diese Aussage allerdings. Für ihn ist eher »der östliche Teil des NDR westlicher geworden«. Innerhalb des gesamten NDR gebe es noch »Defizite« bezogen auf das Interesse am »neuen« Partner, wohingegen die Integration der Mitar-

3 Da der KINDERKANAL (KIKA) den Abendgruß (Sandmann) täglich ausstrahlt, beendete der NDR 2001 die Ausstrahlung des Sandmanns (Interview Haferburg).

beiter aus Ost und West innerhalb der Redaktionen in Mecklenburg-Vorpommern weitgehend abgeschlossen sei (Interview Hingst).

4. Der SENDER FREIES BERLIN (SFB) nach der Wende

Durch das Landesrundfunkgesetz am 12. November 1953 als Anstalt des öffentlichen Rechts gegründet, trat der SFB im Jahr darauf der ARD bei. Mit seiner Insellage hatte der SFB bis zur Wiedervereinigung einen Sonderstatus genossen. Er profitierte vom ARD-Finanzausgleich, der von den größeren ARD-Anstalten getragen wurde. Dies änderte sich jedoch nach der Wende. Nachdem sich abzeichnete, dass es nicht zur Gründung einer »Nordostdeutschen Rundfunkanstalt«[4] kommen und auch eine Zweiländeranstalt aus Berlin und Brandenburg nicht existieren würde (Brandenburg gründete den ORB), stand der SFB genauso in der Kritik wie andere kleine Anstalten (Schulte 1999: 89).

Ab dem 1. Januar 1992 galt der SFB offiziell als Landesrundfunkanstalt für ganz Berlin. Allerdings hatte der SFB sein Programm bereits nach dem Mauerfall auf die Ostbezirke ausgedehnt. Nach dem 9. November 1989 unterstützte die Anstalt außerdem den Rundfunk der DDR, vor allem die Bezirksstudios, sowohl mit finanziellen, als auch materiellen Mitteln (Interview Lojewski). Der SFB hatte als einzige ARD-Anstalt lediglich ein Kontrollorgan, den Rundfunkrat. Zu dessen wichtigsten Aufgaben zählten die Wahl des Intendanten, die Überwachung der Programmgestaltung sowie die Feststellung des Wirtschaftsplans. Der Rundfunkrat bestand aus 31 Mitgliedern. Davon wurden acht Mitglieder durch das Berliner Abgeordnetenhaus gewählt, die übrigen wurden von gesellschaftlichen Gruppen entsandt.

Beim SFB war der Verwaltungsrat kein eigenständiges Organ, sondern ein Ausschuss des Rundfunkrats. Dieser hatte die Aufgabe, den Wirtschaftsplan zu prüfen. Die Programmdirektionen für Hörfunk und Fernsehen, das Justitiariat, eine Verwaltungs- und eine technische Direktion unterstanden dem Intendanten. Der SFB hatte 1994 1340 fest angestellte Mitarbeiter (ARD 1994b: 111). Auf Grund wirtschaftlicher Probleme entließ der SFB von 1992 bis 2002 ca. 400 Angestellte.

[4] Ziel des SFB-Intendanten, Günther von Lojewski, und des damaligen regierenden Bürgermeisters von Berlin, Eberhard Diepgen, war anfangs das so genannte »3+1 Modell«, welches einer Mehrländeranstalt aus Berlin, Brandenburg und Mecklenburg-Vorpommern sowie Sachsen-Anhalt entsprach.

1990 wurden alle Hörfunkprogramme des SFB erheblich umstrukturiert (SFB 1990: 7). Dadurch sollten die Wellen deutlicher voneinander abgegrenzt werden (Tabelle 1).

Tabelle 1: Hörfunkprogramme des SFB

SFB 1	»Die Berlin-Welle mit Herz« legte von allen SFB-Programmen den größten Wert auf regionale Berichterstattung aus den einzelnen Bezirken. Am 1. Januar 1992 wurde SFB 1 in BERLIN 88,8 umbenannt und berichtete in drei vierstündigen Magazinstrecken vom kulturellen, wirtschaftlichen, politischen und sportlichen Leben in der Hauptstadt. Das Programm ist für die Zielgruppe der 40- bis 59-Jährigen ausgelegt, die Musikfarbe prägen Poptitel und Schlager (SFB 2000: 15). Aus BERLIN 88,8 wurde 1999 88ACHT! – DAS STADTRADIO.
SFB 2	Die Informations- und Servicewelle des SFB war tagsüber durch kurze Magazinbeiträge strukturiert, am Abend liefen längere Hintergrundberichte. SFB 2 ging 1993 in der Info- und Servicewelle RADIO B ZWEI auf.
SFB 3	Die Klassik- und Kulturwelle spielte anspruchsvolle Musik aller Zeiten, Genres und Stile. Hinzu kamen aktuelle Informationen aus Kultur, Gesellschaft und Politik sowie Literatur, Hörspiele und Features (SFB 1990: 7). SFB 3 wurde 1997 von RADIO KULTUR abgelöst.
SFB 4	RADIO 4U wurde als Jugendwelle am 30. April 1990 eingeführt. Die Musik von RADIO 4U zeichnete sich durch aktuelle Rock- und Pophits aus. Ergänzt wurde das Programm durch Informationen aus Politik, Kultur, Sport und Lifestyle sowie durch Hörerspiele. RADIO 4U wurde am 1. März 1993 in FRITZ umbenannt.
RADIO MULTIKULTI	Das Programm startete am 18. September 1994 als europaweit einzigartiger Modellversuch. Ziel des SFB war es, mit RADIO MULTIKULTI zur Integration von Ausländern in Deutschland beizutragen. Das multikulturelle Programm sendete in Deutsch und weiteren 18 Sprachen und beinhaltete Informationen aus aller Welt, Weltmusik sowie Service für die ausländischen Communities Berlins (SFB 1994: 16). Das Programm wurde Ende 2008 wegen finanzieller Probleme des RBB eingestellt.

Bereits 1992 wurden SFB und ORB durch den Staatsvertrag über die Zusammenarbeit zwischen Berlin und Brandenburg im Bereich des Rundfunks zu Kooperationen verpflichtet. Damit sollte das Überleben der finanzschwachen Sender gewährleistet werden. Wegen befürchteter Einschränkung der Rundfunkfreiheit legten ORB und SFB im September 1992 eine Verfassungsbeschwerde gegen den Staatsvertrag vor dem Bundesverfassungsgericht ein. Diese wurde allerdings nicht zur Entscheidung angenommen (SFB 2003b: 10). 1993 begann die Kooperation beider Sender, welche kontinuierlich ausgebaut wurde. Seit 1997 organisierten die Rundfunkanstalten nur noch jeweils eine »Landeswelle« (ORB

ANTENNE BRANDENBURG, SFB 88ACHT! – DAS STADTRADIO) in Eigenregie. Alle anderen Hörfunkprogramme, bis auf RADIO MULTIKULTI, entstanden in Kooperation (Tabelle 2), die allerdings nicht immer reibungslos verlief (Herkel 2000: 6). Das regionale Fernsehprogramm strahlten ORB und SFB getrennt voneinander aus.

Tabelle 2: Hörfunkkooperationsprogramme von SFB und ORB

FRITZ	Die Jugendwelle ging am 1. März 1993 auf Sendung. Das Kommunikations- und Aktionsradio spielt aktuelle Musik, Service, Talk, Comedy und initiierte Mitmach-Aktionen. Der Jugendsender, unter Federführung des ORB, gilt als Vorreiter bei der Online-Berichterstattung. 1994 war FRITZ eines der ersten Radioprogramme mit eigener Homepage (ORB 1999: 48).
RADIO B ZWEI	Das Informations- und Serviceprogramm wurde am 22. Februar 1993 gegründet und löste SFB 2 ab. Der SFB verantwortete das Programm. Musikalisch orientierte sich das Programm für 25- bis 50-Jährige an melodiebetonten, vorwiegend englischsprachigen Popformaten der letzten 25 Jahre. Die Welle ging am 29. August 1997 in RADIO EINS über.
INFORADIO	Das Wortprogramm ging am 28. August 1995 als eine Kooperation von SFB und ORB auf Sendung. Das Nachrichten- und Informationsprogramm wurde bis 1997 unter jährlich wechselnder Federführung betrieben. Ab 1997 lag die Verantwortung beim SFB. Alle 20 Minuten sendet das reine Wortprogramm Nachrichten und strahlt dazwischen rund um die Uhr aktuelle Berichte aus (ARD 2001: 55).
RADIO KULTUR	Das Programm wurde am 3. Oktober 1997 in Kooperation von SFB (Federführung) und ORB als Nachfolger von SFB 3 und einzelnen Sendungen von RADIO BRANDENBURG gegründet. Das anspruchsvolle Kulturprogramm deckte Themen aus Weltpolitik, Theater, Literatur und Kunst ab. Dabei spielte die Hochkultur genauso wie die Szenekultur in Berlin und Brandenburg eine Rolle (Karst 2001: 82).
RADIO 3	Die Kulturwelle begann ebenfalls am 3. Oktober 1997 den Programmbetrieb. Der auf klassische Musik orientierte Sender wurde gemeinsam vom NDR, SFB und dem ORB produziert. Gespielt wurden klassische Musik aller Gattungen, aktuelle Kulturberichte, Literatur, Hörspiele, Feature, Beiträge aus Religion und Gesellschaft sowie Nachrichten. Ende 2000 stieg der SFB aus der Kooperation aus. ORB und NDR setzten das Programm fort (ORB 2000: 63).
RADIO EINS	Der Nachfolgesender von RADIO BRANDENBURG und RADIO B ZWEI war ab 29. August 1997 ein Kooperationsprogramm von SFB und ORB (Federführung). Das formatierte Begleitprogramm widmet sich aktueller Berichterstattung aus Politik, Gesellschaft und Service. Zielgruppe von RADIO EINS sind die 25- bis 45-Jährigen, anspruchsvollen Hörer.

Der Berliner Hörfunkmarkt gilt seit Mitte der 1990er als einer der am härtesten umkämpften in Deutschland. Bis 1997 war die Anzahl der

Sender auf 25 angewachsen (Pricelius 1997: 32). Das erfolgreichste SFB-Hörfunkprogramm war 88ACHT! – DAS STADTRADIO. 2002 erlangte es einen Marktanteil von 10,8 Prozent im Berliner Sendegebiet (ARD 2003: 351). INFORADIO konnte seinen Erfolg kontinuierlich ausbauen. Im Jahr vor der Fusion zum RBB, 2002, lag der Marktanteil bei 3,1 Prozent. Das Jugendradio FRITZ stieg sehr erfolgreich in den Berliner Hörfunkmarkt ein, der Marktanteil verringerte sich allerdings von 5,8 Prozent im Jahr 1996 auf 4,6 Prozent 2002 (ebd.).

Das ebenfalls in Zusammenarbeit mit dem ORB produzierte RADIO EINS konnte anfangs auf Grund zu geringer Hörerzahlen nicht in der Media Analyse ausgewiesen werden. 1999 lag der Marktanteil bei 2,9 Prozent (ARD 2000: 437), dieser konnte bis 2002 fast verdoppelt werden. Die Kulturwellen erreichten kaum Marktanteile über ein Prozent, was letztendlich auch eine Ursache für einen Kooperationsstreit zwischen SFB und ORB war. Das Integrationsprogramm RADIO MULTIKULTI verzeichnete seit seinem Bestehen nur einen sehr geringen Marktanteil von ca. 0,5 Prozent (ARD 2003: 351).

Die Mediennutzung zwischen Ostberlin und Westberlin war von großen Unterschieden geprägt, das zeichnete sich selbst Jahre nach der Wiedervereinigung noch in der Programmakzeptanz der SFB-Programme in den jeweiligen Bezirken ab. Die Ostberliner nutzten die vom SFB geführten Programme deutlich weniger. Vom ORB verantwortete Kooperationsprogramme (z.B. FRITZ) hingegen waren in Ostberlin überdurchschnittlich erfolgreich. Stolte und Rosenbauer führen die Unterschiede darauf zurück, dass bei den Ostdeutschen »ein größerer Bedarf an Unterhaltung herrscht. Differenzierte Informationssendungen von ARD und ZDF sind bei den Zuschauern im Osten weniger erfolgreich als im Westen« (Stolte/Rosenbauer 1995: 358f.). Die Ursachen dafür sehen Rosenbauer und Stolte in der ökonomischen Situation der Ostdeutschen sowie in der individuellen sozialen und psychologischen Befindlichkeit, die sich noch wesentlich von der im Westen unterscheidet (ebd.).

Bis 1992 strahlten SFB, NDR und RADIO BREMEN ein gemeinsames Drittes Fernsehprogramm (N3) aus. Ab 1. Oktober 1992 sendete der SFB sein eigenes Regionalfernsehprogramm (B1, später SFB1). Der SFB gestaltete anfangs zwischen 10:00 Uhr und 18:30 Uhr ein gemeinsames Programm mit dem MDR, woran sich auch der ORB beteiligte (ARD 1993: 93). Im Vorabendprogramm zeigte B1 eigenständige Produktionen. Den Kern bildete das Nachrichtenmagazin die »Abendschau« (19:30 Uhr) mit Informationen aus Politik, Wirtschaft, Sport, Kultur.

Dabei stand der regionale Bezug im Mittelpunkt. Ab 1999 wurden Früh- und Tagesausgaben der Nachrichtensendung eingeführt. Werktäglich wurde die »Abendschau« damit elfmal ausgestrahlt (SFB 1999: 32).

Im Jahr 2000 war B1 ein 24-Stunden-Programm mit mehreren Eigenproduktionen wie »Alex« (aktuelle Live-Show), »Berliner Platz« (aktuelle Live-Diskussionssendung), »QuiVive« (Gesundheitsmagazin), »Wochenmarkt« (Wirtschaftsmagazin) oder »Muwie« (Filmmagazin). Ab 6. Januar 2003 startete die erste tägliche gemeinsame Sendung von ORB-Fernsehen und B1, das »Berlin-Brandenburg-Wetter«. Auch andere Sendungen wurden in Kooperation hergestellt, beispielsweise von der Grünen Woche oder der Berlinale (ORB 2002: 19).

Das SFB-Fernsehen zeichnete sich durch sein deutliches »Westberliner Profil« (Heim 2008: 6) aus. Der »Wechsel zum Fernsehen für ganz Berlin war bis 2003 zaghaft unterwegs, aber noch längst nicht sichtbar vollzogen« (ebd.).

1994 betrug der Anteil für das ARD-Gemeinschaftsprogramm 6,0 Prozent (ARD 1994b: 111). Von 1997 bis 2001 beteiligte sich der SFB mit 4,25 Prozent daran, wobei die Reduzierung auf eine finanzielle Entlastung des angeschlagenen Senders abzielte (Schulte 1999: 122). Der SFB lieferte unter anderem das investigative Politmagazin »Kontraste«, die »Presseschau« sowie die Satiresendung »Scheibenwischer« für das ARD-Programm zu. Das Fernsehprogramm des SFB erzielte 2002 einen Marktanteil von 6,4 Prozent und lag damit im Mittelfeld der Dritten Programme der ARD (SFB 2003a: 91), wobei das erfolgreichste Format des SFB die »Abendschau« war. 2000 hatte die »Abendschau« einen Marktanteil von 27,7 Prozent. Dabei war auch diese Sendung im ehemaligen Westberlin wesentlich erfolgreicher als in Ostberlin (Schättle 2001: 55).

Die Integration von Ost und West bezogen auf die Nutzungsgewohnheiten der Bevölkerung ist dem SFB nur unzureichend gelungen. Der langjährige SFB-Intendant, Günther von Lojewski, macht sich in diesem Zusammenhang den Vorwurf, dass der SFB hätte mehr tun müssen, um »eine Welle des Aufeinander-zu-Bewegens in Gang zu setzten« (Interview Lojewski).

Trotz Finanzausgleich – 1991 bekam der SFB 96,5 Millionen DM – war die Anstalt überschuldet. Das Eigenkapital lag im selben Jahr bei minus 154 Millionen DM (ARD 1992: 336). Die meisten Aufwendungen wurden für Personalausgaben getätigt. Die Ausweitung des Sendegebietes um Ostberlin brachte dem SFB zwar eine schlagartige Steigerung des Gebühreneinkommens. 1991 betrugen die Einnahmen des SFB aus

Rundfunkgebühren 154,9 Millionen DM, ein Jahr später lagen diese bei 287,3 Millionen DM und hatten sich somit fast verdoppelt. Allerdings wurde aus diesem Grund der ARD-Finanzausgleich gesenkt. 1992 erhielt der SFB lediglich 26,2 Millionen DM (ARD 1993: 270), ab 1997 wurden 10 Millionen DM ausgezahlt, kurz vor der Fusion wurde dieser Betrag noch einmal fast halbiert (ARD 2003: 298). In diesem Zeitraum ist es dem SFB trotzdem gelungen, seinen Haushalt zu konsolidieren und rund 140 Millionen Euro Schulden abzubauen. Einsparungen wurden durch Auslagerungen von Produktionen und Stellenabbau realisiert. Zudem konnte durch Verwaltungs- und Programmkooperationen mit dem ORB eine weitere Kostenminderung erreicht werden (Schulte 1999: 125).

5. Der OSTDEUTSCHE RUNDFUNK BRANDENBURG (ORB)

Nachdem die Idee der NORA erst im Juni 1991 verworfen wurde, blieb nicht mehr viel Zeit, eine eigenständige Rundfunkanstalt in Brandenburg zu gründen. Eine Zweiländeranstalt mit dem SFB wurde vorerst abgelehnt, da Brandenburg nicht die »Spardose« des überschuldeten, »als dominant gefürchteten« (Schneider 1999: 615) Berliner Senders werden wollte. Zudem fürchtete die brandenburgische Regierung ein personelles sowie programmliches Übergewicht Berlins. Diese Vorbehalte führt Schulte (1999: 96) auf die unterschiedliche Mentalität beider Länder zurück – Brandenburg als dünn besiedeltes Flächenland, Berlin als verdichteter Stadtstaat. Vor allem der Vorsitzende der brandenburgischen SPD-Fraktion, Wolfgang Birthler, setzte sich für eine eigenständige Rundfunkanstalt ein, um eine brandenburgische Identität aufzubauen (Interview Birthler). Dabei wurde er von Jürgen Büssow, dem medienpolitischen Sprecher der SPD-Landtagsfraktion Nordrhein-Westfalens beraten.

Aufgrund der Unentschlossenheit des Ministerpräsidenten Mecklenburg-Vorpommerns bezüglich einer gemeinsamen Anstalt hatte die Brandenburger Landesregierung schon im Mai 1991 vorsorglich den früheren WDR-Intendanten Friedrich Wilhelm von Sell zum Gründungsbeauftragten für den öffentlich-rechtlichen Rundfunk in Brandenburg berufen (Rosenbauer 1992: 34). Am 6. November 1991 trat das Gesetz über den »Rundfunk Brandenburg« in Kraft. Der Landtag beschloss am 19. Dezember 1991 den endgültigen Namen der neuen Landesrundfunkanstalt, OSTDEUTSCHER RUNDFUNK BRANDENBURG (ORB).

Die vorherigen Bezeichnungen »Ostdeutscher Rundfunk« (ODR) und »Rundfunk Brandenburg« (RBr) wurden somit verworfen. Der ORB wurde also in kürzester Zeit, in nur zehn Wochen Vorbereitungszeit, »aus dem Boden gestampft« (ebd.: 33), am 1. Januar 1992 ging er auf Sendung.

Als »schlanke Anstalt« war der ORB so organisiert, dass mit möglichst wenig Personal ein umfangreiches Programm gestaltet werden konnte. Der ORB setzte dabei auf die Auslagerung von Verwaltungs- und Dienstleistungsbereichen (ebd.). Am 8. November 1991 wählte der Rundfunkrat des ORB Hansjürgen Rosenbauer, ehemaliger Leiter der WDR-Hauptabteilung Kultur und Wissenschaft, zum Intendanten, der die Programmgestaltung verantwortete und als Repräsentant der Rundfunkanstalt fungierte. Der Rundfunkrat als wichtigstes Kontrollgremium der Rundfunkanstalt setzte sich aus 20 Vertretern von Institutionen und gesellschaftlichen Gruppen Brandenburgs zusammen. Diese waren u.a. für die Wahl des Intendanten und die Vertretung der Interessen der Allgemeinheit verantwortlich. Zudem entsandte jede Fraktion im Landtag einen Vertreter. Der siebenköpfige Verwaltungsrat des ORB wurde vom Rundfunkrat gewählt und überwachte die wirtschaftlichen Tätigkeiten der Anstalt sowie die Arbeit des Intendanten.

Noch vor Sendebeginn wurden Ende 1991 550 von 660 vorgesehenen Planstellen mit 95 Prozent ostdeutschen Mitarbeitern besetzt (ebd.: 39). Auch die 1500 regelmäßigen freien Mitarbeiter des ORB stammten überwiegend aus der ehemaligen DDR (Meyn 1993: 19).

Auf Vorschlag des Rundfunkrates wurden anfangs alle festangestellten ORB-Mitarbeiter per Fragebogen von der Behörde des Bundesbeauftragten für die Unterlagen des Staatssicherheitsdienstes der ehemaligen DDR (Gauck-, heute Birthler-Behörde) überprüft. Fälle, bei denen Mitarbeiter für das Ministerium für Staatsicherheit tätig waren, wurden von einer Kommission geprüft. Nicht immer wurden die Betroffenen entlassen, allerdings wurden diese von Programm prägenden sowie leitenden Aufgaben ausgeschlossen (Interview Steer).

Typisch für das »Modell Brandenburg« bzw. das der »schlanken Anstalt« waren flache Hierarchien, die schnelle Entscheidungen und unmittelbare Verantwortung ermöglichten. Der ORB hatte seinen Sitz in Potsdam-Babelsberg. Zudem verfügte er über Regionalstudios in Cottbus und Frankfurt (Oder). Zum Sendebeginn betrieb der ORB aufgrund seiner wirtschaftlichen Voraussetzungen lediglich die drei Hörfunkprogramme ANTENNE BRANDENBURG, RADIO BRANDENBURG und ROCK

RADIO B (Tabelle 3). Durch die Kooperation mit dem SFB konnte das Angebot ausgebaut werden.

Tabelle 3: Hörfunkprogramme des ORB

ANTENNE BRANDENBURG	1990 ging das Programm aus den Bezirkssendern Potsdam, Cottbus sowie Frankfurt (Oder) des Rundfunks der DDR hervor und war seit 1. Januar 1992 die Landeswelle des ORB. Sie ist als Mehrheitsprogramm (Familienprogramm) mit Service, Unterhaltung, Information und populärer Musik aus Pop und Schlagern ausgerichtet. Das Programm ist vor allem von regionalen Informationen geprägt, wobei die Regionalnachrichten »zur halben Stunde« kontinuierlich ausgebaut wurden (ARD 2001: 223). Mit Gründung des ORB wurden bei Antenne Brandenburg täglich regionale Fensterprogramme aus Cottbus, Frankfurt (Oder) und Potsdam ausgestrahlt.
RADIO BRANDENBURG	Das aktuelle und alternative Informations- und Kulturprogramm wurde Ende 1991 für Hörer zwischen 25 und 50 Jahren konzipiert. Es galt als Einschaltprogramm mit unkonventioneller Musikmischung. Das Programm bestand aus Politik- und Kulturthemen, zudem wurden Hörspiele, Features, Wissenschafts- und Literatursendungen gesendet. Das Kulturprogramm war »als Stimme des Ostens geschätzt« (Köhler 1997: 51). Am 29. August 1997 wurde RADIO BRANDENBURG zu RADIO EINS.
ROCK RADIO B	Die Jugendwelle sollte als Nachfolger für das DDR-Jugendradio DT64 dienen (Rosenbauer 1992: 40). Zielgruppe waren die 15- bis 25-Jährigen. Ab Mitte 1992 wurde mit der Redaktion der Jugendwelle des SFB, RADIO 4U, zusammengearbeitet (ARD 1993: 134). Am 1. März 1993 ging ROCK RADIO B in FRITZ über.
sorbisch/ wendisches Programm	Das BRAMBORSKE SERBSKE RADIJO wird im Cottbuser Studio produziert. Wöchentlich werden 6,5 Stunden Radioprogramm in niedersorbisch/ wendischer Sprache produziert (Mittagssendungen werden abends wiederholt), da der ORB laut Gesetz zur Pflege der sorbischen Sprache und Kultur verpflichtet war.

1992 war ANTENNE BRANDENBURG laut Media Analyse der meistgehörte Sender im Raum Brandenburg und erreichte 47,6 Prozent der gestrigen Hörer (ARD 1993: 129). Allerdings waren zu dieser Zeit in Brandenburg noch keine Privatsender zugelassen (epd 1992). 1999/ 2000 erlangte ANTENNE BRANDENBURG nur noch einen Marktanteil von 10,3 Prozent und verlor damit den Spitzenplatz in der Region an den privaten Konkurrenten BB RADIO (ARD 2000: 436). Um dieser Entwicklung entgegenzuwirken, wurde vor allem das Musikprogramm auf jüngere Zuhörer zugeschnitten, die regionale Berichterstattung wurde ausgebaut. Seit 2003 ist ANTENNE BRANDENBURG wieder Marktführer in Brandenburg (RBB 2003). Das Jugendradio FRITZ verzeichnete in

Brandenburg bis zur Fusion zum RBB Marktanteile zwischen 4,5 und 7,8 Prozent. INFORADIO dagegen konnte seinen Marktanteil nicht über 1,8 Prozent ausbauen, aber auch die Kulturprogramme und RADIO EINS fanden in Brandenburg wenig Anklang (ARD 2003: 351).

Hansjürgen Rosenbauer setzte ein eigenes ORB-Fernsehprogramm durch. Er wollte nicht »Juniorpartner des SFB in einem Dritten Programm« (Keilacker 2003: 13) sein, sondern ein eigenes »dicht an den Menschen orientiertes Informationsprogramm« (Rosenbauer 2003: 275) aufbauen, um die brandenburgische Identität zu stärken. Anfangs wurde das Programm hauptsächlich mit dem ARD-Satellitenprogramm EINS PLUS gefüllt. Die Nachrichtensendung »Brandenburg Journal«, später »Brandenburg aktuell«, war eine der ersten Eigenproduktionen des ORB, die anfangs dreimal, ab 1997 fünfmal täglich (Hauptsendung 19:30 Uhr) über aktuelle Ereignisse der Region berichtete (ORB 1997: 8).

Im Mai 1992 trat die erste Fernsehprogrammreform des ORB in Kraft. So gestaltete der ORB ab 4. Mai 1992 ein eigenes Vollprogramm. Auch Sendungen, die bereits im DDR-Fernsehen erfolgreich waren bzw. nach dem Mauerfall eingeführt wurden, kamen wieder ins Programm. Beispielsweise das Umweltmagazin »Ozon«, »Außenseiter – Spitzenreiter«, das Frauenmagazin »Ungeschminkt« und das »Sandmännchen«.

Das regionale »Heimatjournal« berichtete wöchentlich aus verschiedenen Gegenden des Landes. Zudem wurden eine monatliche Sendung in niedersorbisch/wendischer Sprache »Łužyca« und die deutsch-polnische Sendung »Kowalski trifft Schmidt« eingeführt. Der für das ARD-Gemeinschaftsprogramm hergestellte ORB-Anteil steigerte sich kontinuierlich, wenn auch in geringem Maße. 1994 produzierte der ORB zwei Prozent, 1995 2,5 Prozent und ab 1999 2,75 Prozent für das Gemeinschaftsprogramm der ARD.

Anfangs gestaltete sich die Zuschauerbindung beim »Fernsehen Brandenburg« problematisch. Der Geschäftsbericht des ORB aus dem Jahr 1992 stellte fest, dass viele Zuschauer von der Übernahme des EINS-PLUS-Materials enttäuscht waren (ORB 1992: 11). Mit der zunehmenden Selbstgestaltung des Dritten Programms seitens des ORB verbesserte sich die Zuschauerakzeptanz allerdings. Im Dezember 1992 erzielte das »Fernsehen Brandenburg« einen Marktanteil von 5,2 Prozent und konnte sich mit anderen Dritten Programmen der ARD messen. 2002 lag der Marktanteil des ORB-Fernsehens bei 6,8 Prozent (ARD 2003: 357). Vor allem Sendungen mit regionalem Profil waren bei den Zuschauern beliebt. 2001 erlangte »Brandenburg aktuell« einen durchschnittlichen Marktanteil von 18,2 Prozent, 2002 lag dieser bei 21,8 Prozent (ORB 2001: 27).

Ziel der ORB-Programme war es, eine eigene brandenburgische Identität aufzubauen. Dies sei, so der ehemalige Regierungssprecher Brandenburgs, Erhard Thomas, dem ORB vor allem durch ANTENNE BRANDENBURG gelungen (Interview Erhard). Obwohl der Gründungsbeauftragte von Sell einen Finanzausgleich anstrebte, lehnte der Intendant des ORB, Hansjürgen Rosenbauer, die Inanspruchnahme des Finanzausgleichs ab. Aus dem ARD-Jahrbuch von 1991 geht hervor, dass die ARD bereits damals das Modell einer »schlanken kleinen Anstalt« ablehnte und auf Kooperationen drängte. Bezüglich eines Finanzausgleichs zugunsten des ORB hieß es, »solche Forderungen können bei der derzeitigen Finanzausstattung der alten ARD, aber auch im Hinblick auf den vorgesehenen Solidarbeitrag für die neuen Anstalten nicht erfüllt werden« (ARD 1991: 105).

Die ARD gewährte dem ORB allerdings innerhalb des Finanzhilfeabkommens vom 23. Juni 1992 einen einmaligen zinslosen Kredit, welcher sich auf 25 Millionen DM belief. Zudem wurden dem ORB Erleichterungen bei den Anteilen an Gemeinschaftseinrichtungen zugesagt, was insofern einem indirekten Finanzausgleich auf Sachebene entsprach (ARD 1993: 117). Mit der Fusion zum RBB wurde das Finanzdarlehen der ARD für den ORB als »erledigt betrachtet« (Rosenbauer 2003: 277); es wurde nie zurückgezahlt.

Des Weiteren erhielt der ORB in den ersten Sendejahren eine Aufbaufinanzierung für die Rundfunkversorgung in den neuen Bundesländern. Dafür überwiesen die Rundfunkanstalten im alten Bundesgebiet von jedem Teilnehmerbetrag 1 DM an ORB, MDR, SFB (für Ostberlin) und NDR (für Mecklenburg-Vorpommern) als besonderen Solidarbeitrag für die neuen Bundesländer. Außerdem erhielt der ORB 1992 49,3 Millionen DM und 1993 10 Millionen DM vom Anteil des Auseinandersetzungsguthabens der »Einrichtung« (ARD 1993: 118; ARD 1994a: 167). Der ORB war allerdings von überdurchschnittlich hohen Gebührenausfällen betroffen. So waren 1992 in Brandenburg 13,8 Prozent der Bevölkerung von der Gebührenpflicht beim Fernsehen befreit, wobei dieser Wert deutlich über dem Bundesdurchschnitt von 8,6 Prozent lag (ORB 1992: 59). Zudem musste der ORB ab 1999 sinkende Werbeerträge verkraften (ORB 1999: 39).

Aus dem Zukunftsgutachten »ORB 2010«, welches 1999 in Auftrag gegeben wurde, ging hervor, dass der ORB in eine wirtschaftlich prekäre Situation driftete (WELT ONLINE 2001). 1998 verzeichnete der ORB ein

Jahresdefizit von 8,6 Millionen DM (ARD 1999: 196), 2000 lag dieses sogar bei 30,7 Millionen DM (ARD 2001: 199). Eine Fusion mit dem ebenfalls wirtschaftlich schwachen SFB war demzufolge unumgänglich.

6. Die Fusion von SFB und ORB zum RUNDFUNK BERLIN-BRANDENBURG (RBB)

Am 1. Mai 2003 gingen ORB und SFB in einer gemeinsamen Rundfunkanstalt, dem RBB auf. Die Fusionspartner waren von Grund auf verschieden. Der ORB als schlanke, innovative Anstalt eines Flächenlandes, dessen Aufgabe es war, aus ländlichen Gebieten und städtischen Zentren eine Einheit herzustellen (Schiller 2003: 26) stand einer »überdimensionierten und eingerosteten« (Münch 2003: 21) Metropolenanstalt mit 50-jähriger Geschichte gegenüber. Über eine Fusion wurde bereits Mitte der 90er-Jahre nachgedacht, allerdings bremste das gescheiterte Referendum über das Zusammengehen der Bundesländer Berlin und Brandenburg die Überlegungen. Vor allem Klaus-Rüdiger Landowsky von der Berliner regierungsführenden CDU-Fraktion lehnte ein Zusammengehen mit dem ORB als Sender der »roten Socken« (Fernseh-Information 2003: 9) ab. Schließlich brachte der Machtwechsel im Berliner Senat die Veränderung in der Rundfunkordnung Berlins und Brandenburgs voran. Die große Koalition aus SPD und CDU musste nach Neuwahlen am 21. Oktober 2001 einer rot-roten Regierung weichen. Diese setzt sich unter Berlins neuem regierenden Bürgermeister, Klaus Wowereit (SPD), maßgeblich für eine zügige Fusion mit dem ORB ein. Dieser unterzeichnete zusammen mit dem brandenburgischen Ministerpräsidenten, Matthias Platzeck (SPD), am 25. November 2002 den RBB-Staatsvertrag. Durch die Fusion wurde erhofft, Einsparungen vorzunehmen, da Doppelstrukturen abgebaut werden konnten. Zudem wurden eine Aufwertung des Gewichtes innerhalb der ARD (SFB 2003b: 23) und ein Zusammenwachsen von Ost und West, aber auch von Hauptstadt und Land angestrebt.

Dagmar Reim wurde als erste Frau an die Spitze einer öffentlich-rechtlichen Rundfunkanstalt zur Intendantin des neuen RUNDFUNKS BERLIN-BRANDENBURG gewählt. Im Rundfunkrat dürfen laut Staatsvertrag prinzipiell keine Mitglieder von Parlamenten, so auch der Landesparlamente, sitzen. Allerdings wird diese Regelung dadurch relativiert, dass die Landesparlamente insgesamt sieben Personen des öffentlichen Lebens bestimmen können, die dem jeweiligen Parlament zwar nicht angehören müssen, es aber durchaus können. So hat das wichtigste Kontrollgremium 30 Mitglieder aus verschiedenen gesellschaftlichen Gruppen und wählt den Intendanten bzw. überwacht die Einhaltung der Programmgrundsätze. Die acht Mitglieder des Verwaltungsrats kontrollieren die Geschäftsführung des Intendanten und beraten diesen bei finanziellen Entscheidungen.

Die neue Rundfunkanstalt übernahm anfangs alle festangestellten Mitarbeiter des ORB (ca. 720 feste Mitarbeiter) und des SFB (ca. 1043 feste Mitarbeiter). Im Mai 2003 hatte der RBB 1763 Planstellen (RBB 2006: 59). Bis 2009 mussten fast 300 davon abgebaut werden (Funkkorrespondenz 2005: 12), um Personalkosten einzusparen und Doppelstrukturen abzubauen.

Der RBB bekam einen Doppelsitz in Potsdam und Berlin, um keines der beiden Länder zu benachteiligen. Des Weiteren betreibt der RBB Regionalstudios in Cottbus und Frankfurt (Oder) sowie Regionalbüros in Prenzlau und Perleberg. Seit 1. Mai 2009 hat der RBB eine multimediale Programmdirektion. Diese ersetzt nun Fernseh- und Hörfunkdirektion. Der Konvergenzprozess soll für Effizienz sorgen, indem Fernseh-, Hörfunk- und Online-Redaktionen vermehrt zusammen arbeiten. Zum anderen sollen durch die Neustrukturierung Kosten eingespart werden (Nothelle 2009: 16).

Anfangs änderte sich für die Rezipienten von ORB und SFB nichts am Programm. Das bisherige Programmangebot von acht Hörfunkwellen und zwei Dritten Fernsehprogrammen wurde zunächst weitergeführt. Erst am 29. Februar 2004 wurden beide Fernsehprogramme zusammengelegt. Seitdem wird es lediglich am Vorabend subregionalisiert, also auseinandergeschaltet. In Berlin ist von 19:30 Uhr bis 20:00 Uhr die »Abendschau« empfangbar. In Brandenburg wird zur gleichen Zeit die Nachrichtensendung »Brandenburg aktuell« ausgestrahlt (RBB 2006: 11). Fünf Ausgaben der Nachrichtensendung »rbb aktuell« strukturieren das Programm von 13:00 Uhr bis 22:00 Uhr. Nach der Übernahme der Tagesschau um 20:00 Uhr folgen Ratgebersendungen, politische Streitgespräche, Dokumentationen, Reportagen, politische Magazine oder populäre Unterhaltung. Den späten Abend füllen Sendungen aus Wissenschaft, Zeitgeschichte, Sport, Film sowie Satire und Kabarett, wobei der RBB sowohl Sendungen des SFB als auch des ORB weitergeführt hat. Eine Fusion auf »Augenhöhe«, wie sie der ORB anstrebte, ist somit geglückt (Interview Steer).

Am ARD-Gesamtprogramm beteiligte sich der RBB anfangs mit sieben Prozent. Dazu gehörten Unterhaltungsformate wie der »Musikantendampfer« oder »Krömer – Die internationale Show«, das Berlin-Magazin »Kontraste« sowie der »Scheibenwischer«. Bis Ende 2008 produzierte der RBB das satirische Kulturmagazin »Polylux« (vormals vom ORB hergestellt) für die ARD. Dieses musste allerdings wegen Finanzproblemen eingestellt werden. Infolgedessen ging auch die Beteiligung des RBB am ARD-Gesamtprogramm ab 2006 auf 6,85 Prozent zurück (RBB 2006: 78). Dem Fusionsziel, einen Bedeutungszuwachs innerhalb der ARD zu erreichen, wird diese Entwicklung allerdings nicht gerecht.

Der RBB erstellt Produktionen für PHOENIX, ARTE, 3SAT und den KINDERKANAL (u.a. das Sandmännchen in Koproduktion mit dem MDR). Zudem obliegt dem RBB die administrative Verantwortung für das ARD-Hauptstadtstudio in Berlin-Mitte, er ist zuständig für den ARD-Teletext und für das Play-Out-Center, worüber die digitalen Zusatzkanäle der ARD verbreitet werden. Auf dem Gelände des RBB in Potsdam-Babelsberg ist außerdem ein Standort des Deutschen Rundfunkarchivs angesiedelt, das die Dokumente des DDR-Rundfunks umfasst.

Die Akzeptanz des RBB-Fernsehprogramms ist kontinuierlich gestiegen und liegt nun über dem damaligen Marktanteil von ORB- und SFB-Fernsehen. 2008 lag der durchschnittliche Marktanteil des RBB-Fernsehens bei 6,4 Prozent, wobei die »Abendschau« mit einem Marktanteil von 24,8 Prozent die erfolgreichste Sendung war. Der Marktanteil von »Brandenburg aktuell« lag 2008 bei 19,9 Prozent (RBB 2009a). 2009 hatte die »Abendschau« einen Marktanteil von 25,1 Prozent und belegte damit den zweiten Platz unter den regionalen Nachrichtensendungen der ARD hinter dem »Nordmagazin« (RBB 2010).

ORB und SFB betrieben zum Zeitpunkt der Fusion vier gemeinsame Hörfunkprogramme, FRITZ, RADIO EINS, INFORADIO und RADIO KULTUR. Diese wurden vorerst beibehalten und kontinuierlich weiterentwickelt. Wegen der geringen Akzeptanz gingen RADIO 3 (ORB und NDR) und RADIO KULTUR (SFB und ORB) nach der Fusion in einem neuen Programm auf: KULTURRADIO setzt seit 1. Dezember 2003 vor allem auf klassische Musik und zeichnet sich durch ein neuartiges Programmschema aus. Tagsüber werden kürzere Informationsbeiträge gesendet, am Wochenende und abends bleiben lange monothematische Sendungen im Programm. Das Tagesbegleitprogramm mit vier großflächigen Magazinen zeichnet sich durch Informationen aus Kulturleben, Theater, Konzerten und Literatur aus.

Auch der Berliner Sender 88ACHT! – DAS STADTRADIO wurde umstrukturiert und in RADIOBERLIN 88,8 umbenannt. Die verschiedenen Hörfunksendungen des RBB werden an beiden Standorten des RBB produziert. Aus Babelsberg kommen RADIO EINS, FRITZ sowie ANTENNE BRANDENBURG. In Berlin werden bzw. wurden RADIOBERLIN 88,8, INFORADIO, RADIO MULTIKULTI und KULTURRADIO produziert. Alle Hörfunkwellen des RBB erreichten 2009 einen Gesamtmarktanteil von über 30 Prozent in Berlin und Brandenburg. ANTENNE BRANDENBURG ist der meistgehörte Sender in Brandenburg mit einem Marktanteil von 25,5 Prozent im Jahr 2009. INFORADIO verzeichnete seit der Fusion einen kontinuierlichen Zuwachs am Marktanteil. Mit 3,8 Prozent (MABB 2010) in Berlin im Jahr 2009 ist es das erfolgreichste dieser Sparte innerhalb der ARD. Vor allem RADIO EINS konnte nach langen Anlaufschwierigkeiten Erfolge verbuchen. Seit 2005 verzeichnet das Programm höhere Marktanteile in Berlin-Brandenburg als der Jugendsender FRITZ. Auch KULTURRADIO konnte seine Akzeptanz langsam verbessern. RADIOBERLIN 88,8, schaffte es, 2009 einen Marktanteil von 12,0 Prozent zu sichern und damit den ersten Platz des am härtesten umkämpften Radiomarktes Europas zu belegen (ebd.).

Der SFB war bis zur Fusion zum RBB vom ARD-Finanzausgleich abhängig und auch der ORB war schlussendlich am finanziellen Limit angelangt. Diese Ausgangslage wirkte sich konsequenter Weise auf die Finanzkraft des RBB aus. Bis 2007 profitierte der RBB vom Finanzausgleich der ARD. 2003 waren dies knapp 5 Millionen Euro (ARD 2004: 320), 2006 3,2 Millionen Euro (ARD 2008: 364). Danach wurde die Unterstützung eingestellt.

Ausfälle in der Rundfunkwerbung haben in den vergangenen Jahren dafür gesorgt, dass der Schwerpunkt der Einnahmen der Rundfunkanstalten aus den Gebühren kam. In Berlin und Brandenburg sind allerdings verhältnismäßig viele Menschen von der Rundfunkgebühr befreit. Ergibt sich im Bundesdurchschnitt eine Gebührenbefreiung von 9 Prozent der Rundfunkteilnehmer, sind in der Region Berlin-Brandenburg 14,5 Prozent davon betroffen (RBB 2008). Die Tendenz ist steigend. Zudem gibt es gerade in einigen Stadtteilen Berlins überproportional viele Schwarzseher und Forderungsausfälle (Gebühren, die trotz Zahlungspflicht nicht eingehen). Hinzu kommen Abwanderungen aus der Region. Aus diesem Grund musste der RBB von 2005 bis 2009 35 Millionen Euro einsparen (RBB 2006: 75). Im Zuge dessen baute der RBB von 2003 bis 2008 rund 300 Stellen ab (Funkkorrespondenz 2005: 12).

In der Gebührenperiode 2009 bis 2012 rechnet der RBB durch Gebührenverluste mit Einbußen von 54 Millionen Euro (RBB 2008).

Auch in anderen ostdeutschen Bundesländern sind die Gebühreneinnahmen im Gegensatz zu den westdeutschen Bundesländern überproportional zurückgegangen. Ursächlich dafür ist der hohe Anteil von ALG-2-Empfängern in den neuen Bundesländern. Das erkannten auch die Kommission zur Ermittlung des Finanzbedarfs der Rundfunkanstalten (KEF) sowie die Ministerpräsidenten der Länder an und bescheinigten dem RBB wegen dieser Ursachen eine strukturelle Benachteiligung. Zudem forderten sie die ARD bis 2012 zu Liquiditätshilfe und zu eventuellen Ausgleichszahlungen auf. Daraufhin einigten sich die Intendanten der ARD, dem RBB einen zinslosen Kredit über 20 Millionen Euro zur Verfügung zu stellen, welcher in zwei Raten von WDR, SWR, MDR, BR und NDR gezahlt wird. Ab 2016 soll der RBB die Summe zurückzahlen (RBB 2009b). Zudem senkte die ARD für den RBB ab 2009 noch einmal die Zulieferungsrate für das Gemeinschaftsprogramm von 6,85 Prozent auf 6,6 Prozent.

Die finanziellen Defizite des RBB wirkten sich direkt auf das Programm aus. So gab die Geschäftsführung des RBB am 21. Mai 2008 die Einstellung von RADIO MULTIKULTI und der für die ARD produzierten Sendung »Polylux« zum 31. Dezember 2008 bekannt. Als Ersatz für RADIO MULTIKULTI wurde ab 2009 das Integrationsprogramm FUNKHAUS EUROPA des WDR auf dessen ehemaliger Frequenz ausgestrahlt (RBB 2008), wobei der RBB die Kosten dafür trägt. Im Juli 2009 gab Intendantin Dagmar Reim bekannt, dass die bisherigen Sparmaßnahmen nicht ausreichen würden. Der RBB rechnet mit einem zusätzlichen Defizit von 22 Millionen Euro bis 2012. Ursächlich dafür sind finanzielle Ausfälle bei Werbeerlösen durch die Wirtschaftskrise. Außerdem muss der RBB für die Satellitenausstrahlung für die Jahre 2001 bis 2008 insgesamt zehn Millionen Euro Umsatzsteuer nachzahlen. Deshalb prüft der RBB derzeit Möglichkeiten der Zusammenarbeit im Programm-, Verwaltungs- und Technikbereich mit anderen ARD-Anstalten, vor allem dem MDR bzw. HESSISCHEN RUNDFUNK (RBB 2009C). Ein weiterer Stellenabbau um gut 200 Arbeitsplätze (die altersbedingt frei werden) ist bis 2016 anvisiert (epd medien 2009: 7).

7. Das DEUTSCHLANDRADIO als Produkt der Wiedervereinigung

»So scheinbar grundverschiedene Programme zusammenzuführen,
war ein Harakiri in der Rundfunklandschaft.
Dass es am Ende gelungen ist, gehört zu den glücklichen Fügungen.«
(Monika Künzel)

Das DEUTSCHLANDRADIO (DRADIO) ist die signifikanteste Neuinstallation in der neueren deutschen Rundfunkgeschichte. Es resultierte aus der Umstrukturierung des Mediensystems im Zuge der Wiedervereinigung. Das DEUTSCHLANDRADIO sollte als nationaler Hörfunk einen Beitrag zum innerdeutschen Zusammenwachsen leisten. Im nationalen Hörfunk selbst gingen der DDR-Reformsender DEUTSCHLANDSENDER KULTUR (DS KULTUR) sowie die beiden Sender RIAS BERLIN (Rundfunk im Amerikanischen Sektor) und der DEUTSCHLANDFUNK (DLF) auf, deren Aufträge mit der Wiedervereinigung de facto obsolet geworden waren. Zum ersten Mal in Deutschland fusionierten zuvor selbstständige Rundfunksender. Dies stellte die Medienpolitik, aber auch das DEUTSCHLANDRADIO vor besondere Herausforderungen.

7.1 Die Installation des nationalen Hörfunks

Mit der Wiedervereinigung stellte sich die Frage, was mit den Sendern RIAS und DLF geschehen sollte. Der Bundesrundfunksender DLF hatte den Auftrag, den Gedanken an die Wiedervereinigung aufrecht zu erhalten. RIAS war eine Rundfunkanstalt mit Sitz in West-Berlin, die von der US-amerikanischen Militärregierung gegründet worden war, um die Bürger der DDR mit Informationen aus dem Westen zu versorgen. Die ARD und der Verband privater Rundfunkanstalten hatten mit der sich abzeichnenden Wiedervereinigung ihre Einstellung gefordert (Kujas 2000: 37). Bereits im Sommer 1990 einigten sich die Bundesländer jedoch auf die Gründung eines »nationalen Hörfunks« zur Weiterführung von RIAS und DLF (Jenke 2004: 46). Der damalige RIAS-Intendant Drück sagte dazu: »Die Politik hatte nicht den Mut, auch mal Extrempositionen einzunehmen, zu sagen, DEUTSCHLANDFUNK (DLF) und RIAS sind überholt: Wir stellen sie ein« (zitiert nach Lojewski/Zerdick 2002: 381). Die grundlegende Frage nach der Notwendigkeit eines nationalen Hörfunks wurde nicht diskutiert.

Das ZDF bot an, RIAS und DLF als Hörfunkstandbein anzugliedern. Der damalige Intendant Stolte erklärt, mit der Wiedervereinigung sah er die »Chance, aus einer Idee, die seit langer Zeit existierte, eine praktische Strategie zu machen.« Schon lange wollte das ZDF Hörfunk veranstalten. Der Plan, RIAS und/oder DLF zu übernehmen, platzte jedoch nach langen Verhandlungen ebenso wie die Angliederung von DS KULTUR.

DS KULTUR war im Mai 1990 als neuer Sender entstanden, der aus dem staatlich kontrollierten Rundfunk der DDR hervorging. Er wurde mit der Deutschen Einheit zunächst in die »Einrichtung« überführt. Erst nachdem das ZDF im Frühjahr 1991 die Idee geäußert hatte, den Sender als Hörfunkstandbein anzugliedern, wurde DS KULTUR Gegenstand der medienpolitischen Diskussionen (Interview Tichy). Schließlich wurde im Sommer 1991 entschieden, DS KULTUR neben RIAS und DLF im nationalen Hörfunk weiterzuführen. Roland Tichy, in der »Einrichtung« zuständig für die Überführung von DS KULTUR, beschreibt den nationalen Hörfunk in diesem Zusammenhang als »Hilfskonstruktion, um die Leute irgendwo anzubinden. Die erste Hilfskonstruktion, die nicht getragen hatte, war der Hörfunk des ZDF. Und die zweite Hilfskonstruktion war nationaler Hörfunk mit ostdeutscher Beteiligung.«

Die Installation des nationalen Hörfunks war das Ergebnis langer Verhandlungen unterschiedlicher Akteure. Bund, Länder, die Vorgängersender, ARD und ZDF wirkten auf die Entstehung ein. Da es dabei zu Interessengegensätzen kam, resultierten die Entscheidungen in diversen Kompromissen. Diese Kompromisse wurden im »Staatsvertrag über die Körperschaft des öffentlichen Rechts DEUTSCHLANDRADIO« (DLR-StV) und dem »Staatsvertrag zwischen der Bundesrepublik Deutschland und den Ländern über die Überleitung von Rechten und Pflichten des DEUTSCHLANDFUNK und RIAS BERLIN auf die Körperschaft des öffentlichen Rechts DEUTSCHLANDRADIO« festgeschrieben. Für die Überführung von DS KULTUR gab es keine spezielle gesetzliche Regelung. Hier wurde lediglich Artikel 36 des Einigungsvertrags als Grundlage für die Überführung herangezogen.

7.2 Die Besonderheiten des nationalen Hörfunks

Für Rudolf Scharping, den damaligen Vorsitzenden der Rundfunkkommission der Länder, war die Gründung des nationalen Hörfunks »ein Stück Verwirklichung deutscher Einheit« (epd 1993b: 10). Der

FDP-Medienpolitiker Hans-Joachim Otto bezeichnete das Konstrukt dagegen als »schwabbeligen Zwitter« (Kamman 1992: 7).

Das DEUTSCHLANDRADIO wurde als Körperschaft des öffentlichen Rechts gegründet. Durch die Rechtsform der Körperschaft konnten ARD und ZDF als Mitglieder und Träger der Einrichtung beispielsweise über ihre Mitgliedschaft im Verwaltungsrat Einfluss nehmen. Die Organisation des nationalen Hörfunks folgte jedoch dem Aufbau einer Anstalt. Das DEUTSCHLANDRADIO besitzt somit die Organe des Intendanten, des Verwaltungs- und Hörfunkrates.

Die Finanzierung des nationalen Hörfunks stützt sich nach § 29 DLR-StV auf Rundfunkgebühren. Werbung und Sponsoring sind ausgeschlossen. Im Gründungsstaatsvertrag ist dabei vorgesehen, dass das DEUTSCHLANDRADIO seinen Finanzbedarf nicht selbstständig, sondern über ARD und ZDF anmeldet. Der Gründungsstaatsvertrag verpflichtet das DEUTSCHLANDRADIO außerdem zur Zusammenarbeit mit ARD und ZDF (§ 5 Abs. 2 DLR-StV).

Das DEUTSCHLANDRADIO verfügt über einen Doppelsitz in Berlin und Köln. Von diesen beiden Städten aus wurden ab 1994 die zwei Programme DEUTSCHLANDFUNK und DEUTSCHLANDRADIO BERLIN, das aus DS KULTUR und RIAS hervorging, verbreitet. Das DEUTSCHLANDRADIO zeichnete sich bei der Installation vor allem durch einen *Doppelkörper* aus. Aus Köln wird mit dem DEUTSCHLANDFUNK ein informationsorientiertes Programm gesendet. Komplementär dazu sollte der Fokus des DEUTSCHLANDRADIO BERLIN auf Kultur liegen. Während der DEUTSCHLANDFUNK seine Tradition weitestgehend erhalten konnte, wurde das Programm des DEUTSCHLANDRADIO BERLIN de facto gesplittet. Vormittags sendete es ein populäres Magazinprogramm ähnlich dem RIAS, nachmittags war es als kulturorientiertes Einschaltprogramm konzipiert, das in der Tradition von DS KULTUR stand (Elitz 1995: 10). Bei der Programmorganisation des DEUTSCHLANDRADIO BERLIN kam es in der Anfangszeit zu ungewöhnlichen Entscheidungen. Beispielsweise wurde selbst die Leitung von Sendungen gesplittet, wie sich die ehemalige Chefredakteurin von DS KULTUR, Monika Künzel, erinnert: »Das klingt heute absurd, der Chefredakteur von RIAS, Herr Buschschlüter, [...] hat eine Sendung verantwortet von 0 bis 14 Uhr und ich von 14 bis 0 Uhr.«

Im Staatsvertrag wurde ein *Integrationsauftrag* des DEUTSCHLANDRADIOS festgeschrieben: »Die Sendungen sollen dabei vor allem die Zusammengehörigkeit im vereinten Deutschland fördern sowie der gesamtgesellschaftlichen Integration in Frieden und Freiheit [...] dienen«

(§ 6 DLR-StV). Mit der Fusion der Vorgängersender erfolgte auch eine personelle Fusion von Mitarbeitern aus Ost und West. Intendant Ernst Elitz bezeichnete das *Personal* daher als »Spiegel der Einheit«. »Zwei unterschiedliche, ja sogar in Ost und West gegeneinander sozialisierte Personengruppen stießen aufeinander und mussten sich unter psychischen Schmerzen arrangieren« (Elitz 1995: 5). Dieses Arrangement wurde durch den drohenden Personalabbau verschärft. Den Sendebetrieb nahm das DEUTSCHLANDRADIO am 1. April 1994 mit 950 Mitarbeitern auf. Innerhalb von drei Jahren musste die Planstellenzahl laut § 35 des Gründungsstaatsvertrages auf höchstens 710 reduziert werden. Dabei sollten vor allem Vorruhestandsvereinbarungen genutzt werden. Der Abbau erfolgte schließlich vorwiegend nach Alters- und Sozialkriterien. Er nahm damit wenig Rücksicht auf die Funktionsprozesse der Häuser (Elitz 1995: 6).

Obwohl das DEUTSCHLANDRADIO als nationaler Hörfunk konzipiert war, hatte er von Beginn an Probleme, die gesamte Nation technisch überhaupt zu erreichen. Für seine Verbreitung standen ihm lediglich die terrestrischen Frequenzen der Vorgängersender zu. Vor allem der Widerstand der Bundesländer Baden-Württemberg und Bayern verhinderte die Festschreibung eines Vorrangs des DEUTSCHLANDRADIOS bei der Frequenzvergabe im Staatsvertrag (Stammler 2004: 52). Zum Sendestart besaß der nationale Hörfunk 36 UKW-Frequenzen. Damit konnte nur rund ein Viertel der Bundesbürger erreicht werden (Elitz 1995: 6).

Insgesamt war das Konstrukt des DEUTSCHLANDRADIOS nach seiner Installation zahlreicher Kritik ausgesetzt. So kritisiert der Medienrechtler Kauffmann beispielsweise, dass die staatliche Seite von Beginn an einen erheblichen Einfluss in den Aufsichtsgremien des DEUTSCHLANDRADIOS hatte. Dies verstoße sogar gegen das Gebot der Staatsferne (Kauffmann 1997: 192). Außerdem wurde vor allem auf den Widerspruch aufmerksam gemacht, der in der Ausrichtung des DEUTSCHLANDRADIOS als nationaler Hörfunk und seiner unzureichenden technischen Verbreitung bestehe (Kujas 2000: 102).

Gründungsintendant Elitz gab zu: »Das Ergebnis war ein politischer und medienpolitischer Kompromiss« (1995: 1). Außerdem habe die politische Kompromissfindung so viel Zeit in Anspruch genommen, dass die Fusion ohne ausreichenden Vorlauf »quasi aus dem Stand heraus« erfolgen musste (ebd.: 14). »Viele drängende Probleme, die eigentlich vor der Fusion hätten geklärt werden müssen, konnten erst mit mehreren Monaten Verzögerung angenommen werden« (ebd.: 183). Die Ausgangslage des DEUTSCHLANDRADIOS war daher insgesamt problematisch. Aus der neuen Konstruktion eine akzeptierte Einrichtung zu schaffen, war für das DEUTSCHLANDRADIO eine »äußerst schwierige, mental schwierige, personell schwierige und auch programmlich schwierig zu lösende Aufgabe« (Interview Künzel).

7.3 Die Entwicklung des DEUTSCHLANDRADIOS

Bereits kurz nach dem Sendestart wurden ein neues Programm – sowie Betriebskonzept für das DEUTSCHLANDRADIO entwickelt und ab 1995 umgesetzt (Jenke 2004: 31). Im Zuge dieses Betriebskonzepts wurden die traditionellen Wortnachrichten für beide Programme nun zentral in Köln produziert. Seit 2005 heißt das DEUTSCHLANDRADIO BERLIN »DEUTSCHLANDRADIO KULTUR« (DRADIO KULTUR). Das DEUTSCHLANDRADIO hat sich inzwischen fest im deutschen Rundfunksystem etabliert. Es bietet eine Ergänzung zum föderalen Hörfunk der ARD und dem national ausgestrahlten TV-Programm des ZDF.

Das Programm des DEUTSCHLANDRADIOS wurde kontinuierlich weiterentwickelt. Vor allem das Programm von DEUTSCHLANDRADIO KULTUR (ehemals DRADIO BERLIN) wurde homogener. Sowohl DEUTSCHLANDFUNK als auch DEUTSCHLANDRADIO KULTUR zeichnen sich durch ein anspruchsvolles Programm mit hohem Wort- und Informationsanteil aus. Damit heben sie sich vor allem von privaten Programmen ab. Seit 1996 ist der Wortanteil beider Programme gestiegen. 2008 betrug er beim DEUTSCHLANDRADIO KULTUR 77 Prozent, beim DEUTSCHLANDFUNK 82 Prozent (DEUTSCHLANDRADIO 2008: 39).

Seit 2010 veranstaltet das DEUTSCHLANDRADIO sogar ein drittes Programm, das ausschließlich digital verbreitet wird. Dieses trägt den Namen »DEUTSCHLANDRADIO WISSEN« (DRADIO WISSEN). Dessen Inhalt wird hauptsächlich in Köln produziert, jedoch sind beide Häuser an der Programmgestaltung beteiligt. Dabei werden mit DRADIO WISSEN nach Aussagen des DRADIO-Programmdirektors Müchler vor allem zwei Ziele verfolgt. Zum einen sollen jüngere Nutzer für den nationalen Hörfunk gewonnen werden. Zum anderen soll DRADIO Wissen die Hörer für die digitale Zukunft des Radios sensibilisieren und so die Akzeptanz von Projekten wie zum Beispiel DAB erhöhen.

Seit 1997 ist das DEUTSCHLANDRADIO ein eigenständiger Gebührengläubiger. Es meldet seinen Finanzbedarf selbstständig bei der KEF an. Der Jahresabschluss des DEUTSCHLANDRADIOS variierte in den vergangenen 16 Jahren stark. Insgesamt hatte das DEUTSCHLANDRADIO 2008 nach Angaben des ARD-Jahrbuchs 2008 Einnahmen in Höhe von rund 203 Millionen Euro. Dies entspricht ungefähr den Einnahmen einer kleineren Landesrundfunkanstalt. Das DEUTSCHLANDRADIO wird auch weiterhin Anstrengungen unternehmen müssen, um einen ausgeglichenen Jahresabschluss zu erreichen. Jenke ist überzeugt, der nationale Hörfunk müsse auf »Arbeitsverdichtung, multifunktionalen Einsatz der Mitarbeiter und Auslagerung an andere Anbieter setzen« (2004: 34). Die Personalentwicklung des DEUTSCHLANDRADIOS zeigt bereits eine personelle Reduktion. 2008 hatte das DEUTSCHLANDRADIO nach eigenen Angaben nur noch 658 festangestellte Mitarbeiter.

Das DEUTSCHLANDRADIO bemühte sich von Beginn an um eine Erweiterung seiner UKW-Frequenzen. Problematisch ist dabei jedoch, dass die freiwerdenden Frequenzen zumeist von geringer Leistung sind und ihr Betrieb vergleichsweise teuer ist. Die UKW-Frequenzen wurden bis 2008 auf 305 ausgebaut. Damit werden rund 70 Prozent der Fläche Deutschlands abgedeckt (DEUTSCHLANDRADIO 2008: 36). »Die Ministerpräsidenten haben damals dem nationalen Hörfunk versprochen, dass er überall hörbar gemacht werde. Das Versprechen ist nicht eingehalten worden« (Interview Müchler). In Zukunft soll das UKW-Netz weiter mit ungefähr fünf Sendern pro Jahr ausgebaut werden. Große Hoffnungen werden aber vor allem auf die Einführung von DAB als Standard gelegt (DEUTSCHLANDRADIO 2008: 37).

7.4 Die Behandlung Ostdeutschlands und die Nutzung des DEUTSCHLANDRADIOS

Genau wie in den alten besitzt das DEUTSCHLANDRADIO in allen neuen Bundesländern jeweils einen Korrespondenten in der Landeshauptstadt. Diese sind in einem Studio der ARD oder des ZDF untergebracht. Darüber hinaus kann das DEUTSCHLANDRADIO auf Material der Landesrundfunkanstalten zurückgreifen, mit denen es programmlich kooperiert. Ursprünglich war vorgesehen, dass das DEUTSCHLANDRADIO seine Berichterstattung aus den Ländern vollständig von den Landesrundfunkanstalten übernimmt. Dies ließ sich auf Grund der regionalen Ausrichtung der Beiträge der Landesrundfunkanstalten für den nationalen Hörfunk jedoch nicht realisieren.

Die Arbeit der DEUTSCHLANDRADIO-Korrespondenten in den neuen Bundesländern kennzeichnet bis heute vor allem, dass viele ostdeutsche Bundesländer so genannte »Angebotsländer« sind. »Eher selten finden hier Pressekonferenzen statt, die per se bundesweites Interesse auslösen« (Interview Arlt) und somit automatisch auf der Agenda der Planer stehen. Die Korrespondenten sind daher vermehrt gezwungen, eigene Themenideen zu entwickeln und den Redaktionen anzubieten. Formal sind die Berichterstattungsstrukturen des DEUTSCHLANDRADIOS in Ost und West jedoch identisch. Zudem gilt dieses Charakteristikum nicht nur für den nationalen Hörfunk.

Ostdeutschland nahm in den ersten Jahren des DEUTSCHLANDRADIOS aufgrund der historischen Situation noch eine besondere Rolle innerhalb der innerdeutschen Integration ein, »aber nicht durch Anordnung, sondern durch einen ganz normalen journalistischen Instinkt«, wie Programmdirektor Müchler erläutert. Dies wurde jedoch von Beginn an als zeitlich begrenzt angesehen. So sendete der DEUTSCHLANDFUNK anfangs auch ein spezielles »Ost-West-Magazin« (Interview Müchler). Spezielle personelle Integrationsmaßnahmen innerhalb des Medienunternehmens waren nicht nötig, da das DEUTSCHLANDRADIO bereits als gesamtdeutscher Sender nach der Wiedervereinigung entstanden war. Seit der Wiedervereinigung wurde die besondere Rolle der Ost-West-Integration langsam im allgemeinen, gesamtgesellschaftlichen Integrationsauftrag aufgelöst. Die spezielle Form der (Ost-West)-Integrationsaufgabe wird beim DEUTSCHLANDRADIO inzwischen als weitestgehend abgeschlossen angesehen, wie auch Programmdirektor Günther Müchler erklärt: »Heute hat sich das vollständig normalisiert [...] Wir berichten von dort, wo etwas Interessantes passiert. Deshalb ist Ostdeutschland weder benachteiligt noch bevorzugt in unserer Berichterstattung.«

Auch das »Ost-West-Magazin« wurde nach einigen Jahren wieder eingestellt. »Es gab überhaupt keine Berechtigung mehr für so einen Sendeplatz. Wir gehen davon aus, dass Deutschland inzwischen ein ziemlich normales Land geworden ist und da braucht es keine Reservate mehr für irgendeinen geographischen Teil des Landes« (Interview Müchler). Inzwischen tritt eine europäische Komponente in Bezug auf den Integrationsauftrag vermehrt in den Vordergrund (Elitz 2004: 176).

Da es keine offiziellen Vorgaben dazu gibt, wie über Ostdeutschland berichtet werden soll, ist die Form der Erfüllung des Integrationsauftrages auch von persönlichen Einstellungen der jeweiligen Redakteure abhängig. Die DEUTSCHLANDRADIO-Korrespondentin in Magdeburg etwa, Susanne Arlt, sieht ihren persönlichen Programmauftrag durchaus noch – wenngleich von ihr überspitzt formuliert – darin, »die Mauer in den Köpfen wegzukriegen«.

Die *Nutzung* des DEUTSCHLANDRADIOS ist nicht exakt zu analysieren. Als Problem erweist sich dabei, dass die Media Analyse bei ihren Erhebungen von einer flächendeckenden Verbreitung des Programms ausgeht. Dies ist beim DEUTSCHLANDRADIO nicht gegeben. Mit der Ausweitung der UKW-Frequenzen hat sich in den vergangenen Jahren auch der erfasste weiteste Hörerkreis der DRADIO-Programme erweitert, wie in den Aufstellungen der ARD-Jahrbücher deutlich wird. Bei DRADIO KULTUR stieg der weiteste Hörerkreis von 1 Prozent 1995 auf 4,3 Prozent 2008. Beim DLF war eine Steigerung von 4,8 auf 8,9 Prozent im gleichen Zeitraum zu beobachten. Untypisch für den öffentlich-rechtlichen Rundfunk verzeichnet der nationale Hörfunk in den neuen Bundesländern keine geringeren Nutzungswerte, sondern sogar höhere als in den alten. Bei der Media Analyse 2009/II erreichte der DLF in den alten Bundesländern laut DEUTSCHLANDRADIO 1,9 Prozent, in den neuen Bundesländern 3,2 Prozent tägliche Hörer. Beim DEUTSCHLANDRADIO KULTUR lag der Anteil in den neuen Bundesländern mit 1 Prozent deutlich über dem Wert in den alten Bundesländern mit 0,5 Prozent. Für Programmdirektor Günther Müchler konstatieren diese Nutzungswerte die Besonderheit des DEUTSCHLANDRADIOS als »Integrationssender«. Da das DRADIO in den neuen Bundesländern allerdings über eine bessere UKW-Verbreitung als in den alten Ländern verfügt, könnte dieser Umstand die Nutzungsdaten verzerren. Es bleibt abzuwarten, wie sich die Nutzungsdaten bei einer flächendeckenden Versorgung in Ost und West entwickeln. Die technische Versorgungssituation zu verbessern, wird insgesamt die Hauptherausforderung des DEUTSCHLANDRADIOS für die nahe Zukunft darstellen.

8. Das ZWEITE DEUTSCHE FERNSEHEN (ZDF)

»Es ist eben nicht leicht, es allen recht zu machen.«
(Klaus Bresser)

Fast drei Jahrzehnte nach der Gründung des ZDF sorgte die deutsche Wiedervereinigung für einen signifikanten Einschnitt in der Entwicklung der Anstalt. Anders als das DEUTSCHLANDRADIO, das später bereits als gesamtdeutsche Körperschaft entstand, musste das ZDF seine Strukturen an die veränderte Realität anpassen und sich als gesamtdeutscher Fernsehveranstalter neu positionieren. Das ZDF sprach Ostdeutschland zeitweise in diversen Formen einen Sonderstatus zu, um die Integration zu fördern. Die Anstalt musste jedoch die Erfahrung machen, dass »dieser hehre Anspruch als neues Angebot vom ostdeutschen Publikum nur bedingt angenommen wurde« (Lilienthal 1999: 430).

8.1 Die allgemeinen Veränderungen im Zuge der Einheit

Das ZDF sah mit der Wiedervereinigung die Chance, seine Position im deutschen Rundfunkmarkt durch die Angliederung eines Hörfunkstandbeins zu stärken. Es hätte damit zu einem der finanzkräftigsten Rundfunkmedien in Europa aufsteigen können. Dieser Plan scheiterte jedoch nach langen Verhandlungen am Votum der Medienpolitik – und vor allem dem großen Widerstand der ARD (Interview Tichy).

Dennoch hatte die Wiedervereinigung große Auswirkungen auf das ZDF. Eine Anpassung der gesetzlichen Grundlagen wurde nötig. Insgesamt kam es zu keiner grundlegenden Umgestaltung des ZDF-Staatsvertrags. Trotzdem gab es zahlreiche Diskussionen um den neuen Staatsvertrag, bei denen sowohl Länder- als auch parteipolitische Interessen vertreten wurden (Funkkorrespondenz 1990: 10). Im neuen ZDF-Staatsvertrag, der Teil des 1992 in Kraft getretenen Rundfunkstaatsvertrags war, wurde der Auftrag des ZDF, die Wiedervereinigung zu fördern, durch einen *Integrationsauftrag* ersetzt. So lautet es in § 5 Abs. 3 des ZDF-StV: »Die Sendungen sollen dabei vor allem die Zusammengehörigkeit im vereinten Deutschland fördern sowie der gesamtgesellschaftlichen Integration in Frieden und Freiheit und der Verständigung unter den Völkern dienen.«

Im Staatsvertrag hatten sich die Politiker schließlich auf eine leichte Änderung der Gremienzusammensetzung geeinigt, die vor allem die erweiterte föderale Trägerschaft der Anstalt widerspiegelte. Der ZDF-Fernsehrat verfügte zukünftig über 77 anstelle von bisher 66 Mitgliedern (§ 21 ZDF-StV). Die Mitgliederanzahl im Verwaltungsrat wurde von 9 auf 14 erhöht (§ 24 ZDF-StV). Der Gebührenschlüssel blieb trotz zahlreicher Diskussionen unverändert. Im Rundfunkfinanzierungsstaatsvertrag wurden die neuen Länder stufenweise hinsichtlich des Gebührenaufkommens integriert.

Bereits vor der Wiedervereinigung begann das ZDF mit der Einrichtung von Korrespondentenstellen in den neuen Ländern. Diese sollten provisorisch die Berichterstattung aus Ostdeutschland garantieren, bevor die Stellen zum 1. Oktober 1992 in Landesstudios umgewandelt werden sollten (Wilhelm 2003: 56). Insgesamt stellte das ZDF rund 200 Mitarbeiter aus dem ehemaligen DEUTSCHEN FERNSEHFUNK ein. Dabei handelt es sich vorwiegend um Mitarbeiter für Produktion und Technik. Die Integration der Mitarbeiter in das ZDF erfolgte in den ersten drei Jahren vor allem durch so genannte »Tandem-Teams«, in denen ost- und westdeutsche Mitarbeiter zusammen arbeiteten (Interview Stolte).

Das ZDF gewann den Wettlauf gegen die ARD darum, wer als Erster in Ostdeutschland terrestrisch aufgeschaltet wurde. Ab dem 2. Dezember 1990 wurde das ZDF in Ostdeutschland verbreitet. Später musste der Empfang jedoch weiter verbessert werden (ZDF 1991: 36). Während die privaten Sender für eine flächendeckende Verbreitung gezwungen waren, in Satellitentechnik zu investieren, verzichtete das ZDF zunächst darauf. »Aus Gründen des verantwortungsvollen Umgangs mit Gebührengeldern habe ich gesagt, wir sparen das Geld [...] Das war ein Fehler«, gibt der ehemalige Intendant Stolte heute zu. Es stellte sich heraus, dass Satellitenschüsseln sehr beliebt wurden. Als das ZDF schließlich im Sommer 1993 über Satellit verbreitet wurde, hatten sich die privaten Anbieter bereits in den neuen Bundesländern etabliert.

Auch wenn der ARD-Vorsitzende Hartwig Kelm meinte, für das ZDF hätte sich lediglich »das Gebiet für die Einsammlung der Kollekte« erweitert (zitiert nach Lojewski 2002: 106), hatten die Strukturveränderungen des ZDF im Zuge der Wiedervereinigung weitergehende finanzielle Auswirkungen. Es entstanden zusätzliche Kosten durch die Errichtung von Korrespondentenstellen und später der Landesstudios, direkte Aufwendungen für die Berichterstattung, zusätzliche Rechte- und Programmverteilungskosten sowie anteilige Gebühreneinzugskosten. Bis zum Ende des Jahres gab das ZDF nach eigenen Berechnungen rund 100 Millionen DM für »das neue Verbreitungsgebiet« aus (ZDF 1991: 47). Für 1992 waren noch einmal Mittel in Höhe von 100 Millionen DM vorgesehen. Dabei waren die Kosten für die Errichtung und den Ausbau der Landesstudios nicht eingeschlossen. Den vermehrten Ausgaben des ZDF standen jedoch ab 1992 Gebühreneinnahmen in Höhe von 209 Millionen DM (die sich später noch steigerten) aus den neuen Ländern entgegen (ebd.).

8.2 Die Integration Ostdeutschlands

Schon im alten ZDF-Staatsvertrag war in § 2 festgelegt, dass das ZDF ein »umfassendes Bild der deutsche Wirklichkeit« vermitteln solle. Dies bezog das ZDF bereits auf das Gebiet der DDR (Interview Stolte). Es sendete beispielsweise »Kennzeichen D« und installierte eigene ständige Korrespondenten in Ost-Berlin. Die Wiedervereinigung war dennoch ein entscheidender Einschnitt. »Auch wenn die frühere DDR rechtlich nie als Ausland galt, journalistisch war sie es. Jetzt sind die fünf neuen Länder Teil des geeinten Deutschlands« (Braun 1991: 81).

Wie bei keinem anderen überregionalen Medium nach der Wiedervereinigung hatte Ostdeutschland beim ZDF sogar einen gewissen Sonderstatus, der rudimentär bis heute erhalten ist. Das ZDF initiierte kurz nach der Wiedervereinigung ein zusätzliches Volontariatsprogramm speziell für Ostdeutsche. Es engagierte sich beim Denkmalschutz in Ostdeutschland und unterstützte die finanziell angeschlagene DEFA. Die Förderung Ostdeutschlands wurde besonders verstärkt, als das ZDF Anfang der 90er-Jahre erkennen musste, dass seine Nutzung in Ostdeutschland unter den Werten der alten Bundesländer zurückblieb. Dabei war die Anstalt 1990 nach Umfragen noch das beliebteste Programm der DDR-Bürger gewesen (Gerhard 1991: 253). Das ZDF reagierte darauf. Es schickte Sendungen auf Touren durch die neuen Bundesländer, initiierte spezielle Marketingmaßnahmen und für Personalentscheidungen galt Mitte der 90er-Jahre häufig »In dubio pro Ossi« (Fornoff 2004). Außerdem institutionalisierte das ZDF das Amt des Ostbeauftragten. Dessen Aufgabe ist es, auf die personelle und programmliche Integration Ostdeutschlands beim ZDF zu achten. Spezielle »Ost-Quoten« beim ZDF gibt es jedoch nicht (Interview Bernd).

Der Sonderstatus Ostdeutschlands wurde im Laufe der Jahre reduziert, das Verhältnis zu Ostdeutschland weitestgehend normalisiert. Bis heute gibt es jedoch das Magazin »blickpunkt« und das Amt des Ostbeauftragten. Stefan Kelch, seit 1991 ZDF-Korrespondent in Dresden, erklärt, das Verhältnis des ZDF zu den neuen Ländern sei heute geprägt von »einerseits dem Bemühen, Ostdeutschland nicht zu vergessen und den Besonderheiten gerecht zu werden, andererseits dem Bemühen, Ostdeutschland genauso zu betrachten wie Westdeutschland«.

8.2.1 Das ZDF in den neuen Bundesländern: die Landesstudios

Ende 1992 lösten Landesstudios die Korrespondentenstellen in den neuen Bundesländern ab. Damit entsprechen die Strukturen des ZDF in den neuen Ländern formal denen der alten. Zunächst hatte das ZDF nach Angaben seines Jahrbuchs 1992 insgesamt 44 Mitarbeiter in den neuen Landesstudios. Bis 2008 wurde diese Zahl auf 38 Mitarbeiter reduziert. Diese Personalverdichtung ist jedoch ein allgemeiner Trend des ZDF und anderer öffentlich-rechtlicher Sender. Insgesamt ist zu beobachten, dass die Landesstudios in den neuen Ländern mit fünf bis zehn Studiomitarbeitern relativ klein sind. Sie teilen dieses Schicksal jedoch mit den Studios kleinerer alter Bundesländer. Um den Nachteil auszugleichen, dass sie jedoch oft größere Gebiete abzudecken haben, führte das ZDF 2008 eine so genannte »easyLINK« (ein Teamfahrzeug mit Schnittmöglichkeit sowie der Möglichkeit einer schnellen, ferngesteuerten Übertragung von Videomaterial auf Satellitensysteme) speziell für die neuen Bundesländer ein (Interview Theveßen). Diese soll Mobilität und Flexibilität der Studios erhöhen.

Thematisch hat sich die Berichterstattung der Korrespondenten aus den neuen Landesstudios gewandelt. Stefan Kelch, Korrespondent im Landesstudio Sachsen, hat diese Entwicklung selbst erfahren. Kurz nach der Wiedervereinigung wurde fast jedes Thema abgenommen, heute hat sich die Themenauswahl auch in Ostdeutschland normalisiert. »Es gab am Anfang eine unglaubliche Neugier, fast einen Voyeurismus. Anfang der 90er-Jahre konnte man darüber staunen, da haben wir Beiträge gemacht über die erste Dialyse-Station in Dresden; Computer, die an einer Schule ankommen oder ein Bürohaus wird eingeweiht. Das sind Dinge, die heute niemals mehr stattfinden würden« (Interview Kelch).

Gleichzeitig steigen vermehrt ostdeutsche Redakteure zu Studioleitern in den neuen Bundesländern auf. Gab es anfangs nur westdeutsche Studioleiter, kommen heute zumindest zwei von fünf Studioleitern der ostdeutschen Landesstudios aus den neuen Bundesländern. Die Mehrheit der Korrespondenten in diesen Landesstudios kommt bereits aus Ostdeutschland. »Es hat sich schon so verlagert, dass heute der westdeutsche Reporter in den ostdeutschen Studios die Ausnahme ist. Und der Trend geht dahin, wenn jetzt etwas frei wird, geht es eher darum, es mit einem Ostdeutschen zu besetzen« (Interview Bernd). Bei den Führungspositionen ist in Zukunft eine weitere Angleichung zu erwarten (Wuschig 2005: 178).

Ein Problem für das ZDF besteht bis heute darin, dass die Präsenz vor Ort von den Bundesbürgern kaum wahrgenommen wird (Interview Kelch). Das ZDF versuchte daher mit unterschiedlichen Maßnahmen, seine Präsenz in den neuen Bundesländern zu steigern. Bis heute gibt es Ost-Touren einiger Sendungen und »Wetten, dass...?« wird regelmäßig in Ostdeutschland produziert.

8.2.2 Die neuen Bundesländer im ZDF: der Umgang mit Ostdeutschland

Die Form der Berichterstattung aus und über Ostdeutschland hat sich seit der Wiedervereinigung deutlich gewandelt. Vor allem anhand der Aufsätze in den ZDF-Jahrbüchern lässt sich der *Wandel* rekonstruieren.

1990 widmete das ZDF nach eigenen Angaben einen erheblichen Teil seiner Sendezeit der Berichterstattung über die DDR und die neuen Länder (Braun 1991: 81). Ein Großteil der Reportagen der Innenpolitik fokussierte sich auf das Zusammenwachsen Deutschlands, neue Sendeplätze speziell für den Osten wurden geschaffen (ebd.). Vor allem der Sonntagmittag ist seit der Wende für die Berichterstattung aus Ostdeutschland vorgesehen. Zunächst begann das ZDF zu dieser Sendezeit mit der Reihe »DDR vor der Wahl«. Nach den ersten freien Volkskammerwahlen wurde daraus »DDR auf dem Weg« und nach der Wiedervereinigung der »blickpunkt«. Das ZDF sendete zahlreiche Sondersendungen zur Zeit des Umbruchs. Die Nachrichten- und Sondersendungen erreichten dabei überdurchschnittlich hohe Einschaltquoten mit fast einem Drittel über dem Durchschnitt (Gerhard 1991: 252). Auf die Übernahme von speziellen DDR-Programmen verzichtete das ZDF. Es setzte stattdessen auf die Entwicklung gesamtdeutscher Produktionen (Interview Stolte).

Dadurch, dass die deutliche Mehrheit der ZDF-Redakteure aus den alten Ländern stammte, hatte das ZDF zunächst teilweise Schwierigkeiten bei der Berichterstattung über die Lebensrealität in der DDR und den neuen Bundesländern. So verwendeten Redakteure den Plattenbau beispielsweise als Symbol für eine elende Wohnsituation in der DDR, während »die Platte für DDR-Bürger die Erfüllung der Wohnträume war« (Bellut 1996: 86). Das ZDF erkannte die Deutsche Einheit als »besondere Herausforderung«: »Berichterstattung über die neuen Länder hat besonders mit Lernen, Recherchieren und Nachfragen zu tun. Die

Maßstäbe des Systems der alten Bundesrepublik taugen nicht unbedingt zur Klassifizierung der Ereignisse in den neuen Ländern« (ebd).

Unter dem Motto »Förderung der Integration durch Identifikation« stellte das ZDF für den Unterhaltungsbereich Menschen mit hohem Bekanntheitsgrad in der DDR ein (Interview Stolte). Dazu gehörten Gunther Emmerlich, Wolfgang Stumph und Wolfgang Lippert.

Es kam jedoch zu zahlreichen kritischen Zuschriften, in denen sich Zuschauer über die »Ostlastigkeit« des ZDF beschwerten. Auf die Phase der »Ostlastigkeit« folgte somit die Phase der »Ostabstinenz« im ZDF-Programm (Bresser 1993: 42). Als sich jedoch unterschiedliche Nutzungswerte in Ost und West manifestierten, erfolgte eine erneute Hinwendung zu den neuen Bundesländern. »Fast alle mussten die deutsch-deutsche Problematik 1993 neu entdecken« (Friedrichs 1994: 111). 1994 begann schließlich die Phase der endgültigen Normalisierung. Die Themen in den neuen Bundesländern »wurden gemessen an solchen aus den alten Bundesländern – verworfen oder akzeptiert« (Wilhelm 1995: 127). Dennoch gaben 1994 bei der Oststudie der ARD/ZDF-Medienkommission noch 72 Prozent der Ostdeutschen an, dass das ZDF – wie die ARD – ein »Westsender« geblieben sei.

Heute hat sich die Berichterstattung über alte und neue Bundesländer weitestgehend angenähert. Ob ein Thema aus den alten oder neuen Bundesländern stammt, ist in diesem Sinne kein entscheidendes Kriterium für die Nachrichtenauswahl (Interview Theveßen; Bernd). Allerdings, so gibt der stellvertretende Chefredakteur und Leiter der Hauptredaktion Aktuelles im ZDF, Elmar Theveßen, an, falle es aufgrund weniger ostdeutscher Mitarbeiter in den Redaktionen noch immer schwerer, die Bedeutung von Personen und Ereignissen in den neuen Ländern richtig einzuschätzen. Dabei seien jedoch die ostdeutschen Redakteure oftmals selbst weniger an einer Arbeit in Mainz interessiert, wie der derzeitige Ostbeauftragte, Hermann Bernd, aus Erfahrung weiß.

Die Entwicklung des Verhältnisses des ZDF zu Ostdeutschland spiegelt sich im »blickpunkt« wider. Er ist das einzige Magazin über ostdeutsche Themen, das im deutschen Rundfunk national ausgestrahlt wird. Er wurde 1990 eingeführt, Ende 1992 wieder abgesetzt und 1993 zurück ins Programm geholt. Zunächst sollte der »blickpunkt« Ost- und Westdeutsche gleichermaßen über die neuen Bundesländer informieren. Nach seiner Wiedereinführung wiederum sollte er vor allem die Identifikation ostdeutscher Zuschauer im Programm des ZDF stärken. Danach entwickelte sich die Sendung langsam zu einem »Ost-West-Magazin« (Interview Raue). Themen aus Ost- und Westdeutschland werden nach

Angaben des Redaktionsleiters Stefan Raue aufgegriffen, aber vor allem in Ostdeutschland widergespiegelt. Der »blickpunkt« trägt zur Erfüllung des Integrationsauftrages des ZDF bei. Er erreicht ost- und westdeutsche Zuschauer, in Marktanteilen gemessen, annähernd gleich. 2008 kam die Sendung auf 8,6 Prozent Marktanteil in Gesamtdeutschland (ZDF-Medienforschung, AGF/GfK-Fernsehforschung).

Das Medienforschungsinstitut Media Tenor warf den »tonangebenden« deutschen Medien inklusive des ZDF 2010 hinsichtlich der Betrachtung der neuen Bundesländer eine »unveränderte Wahrnehmung 2. Klasse« (Media Tenor 2010) vor. Die Medienwissenschaftler Früh und Stiehler untersuchten 2002 die Berichterstattung der marktanteilsstärksten Sender über Ostdeutschland. Dabei kamen sie zu dem Ergebnis, dass die alten Bundesländer im Gesamtprogramm bei keinem anderen Sender so stark dominierten wie beim ZDF (12-mal so viel wie die neuen Länder). Im Bereich der hard news kamen sie allerdings zu dem Ergebnis, dass das ZDF Ostdeutschland am zweithäufigsten unter den Vollprogrammen berücksichtige. Westdeutschland war dabei 4,7-mal so präsent wie Ostdeutschland im Informationsprogramm des ZDF (Früh/Stiehler 2002: 59). Spätere Inhaltsanalysen der Hauptnachrichtensendungen der großen Vollprogramme nach dem Kategorienschema der Arbeitsgemeinschaft der Landesmedienanstalten kamen zu dem Ergebnis, dass die öffentlich-rechtlichen Sender im Gegensatz zu den privaten Anbietern »ausgewogen« über Ostdeutschland berichten (Ruhrmann 2007: 13). Eine Vernachlässigung Ostdeutschlands zumindest in den ZDF-Nachrichten kann damit nicht bestätigt werden.

8.2.3 Das ZDF und die neuen Bundesländer: die Nutzung

Seit 1996 liegt das ZDF fast durchgängig in der Rangfolge der Marktanteile in Ostdeutschland auf Rang drei – hinter RTL als Marktführer und der ARD. Lediglich 2005 war das ZDF Zweiter hinter RTL. Die großen TV-Veranstalter sind weiter zusammengerückt. Sie haben dabei alle an Marktanteil verloren. 2009 erreichte das ZDF 10,7 Prozent Marktanteil. Damit verfügt das ZDF in Ostdeutschland weiterhin über geringere Marktanteile als in den alten Bundesländern, wo ein Marktanteil von (13,9 Prozent) zu verzeichnen ist (ZDF-Medienforschung/AGF, GfK-Fernsehforschung).

Betrachtet man jedoch die Entwicklung der Marktanteile des ZDF im Ost-West-Vergleich, so ist zu konstatieren, dass die Differenz tendenziell leicht sinkt. Zu dieser Annäherung kommt es, da das ZDF – wie die anderen reichweitenstärksten Vollprogramme – im Westen stärker an Marktanteilen verliert als im Osten. Auch nach einer Langzeituntersuchung von Seven One Media haben sich die Programmpräferenzen ostdeutscher und westdeutscher Zuschauer »insgesamt seit der Wiedervereinigung immer mehr angeglichen« (Halefeldt 2006: 12).

Wie lange das ZDF Ostdeutschland zumindest noch einen gewissen Sonderstatus gewährt, ist derzeit nicht abzuschätzen. Diese Frage beschäftigt auch das ZDF. Entwickelt es sich wie bisher, so nimmt der Status Ostdeutschlands in Zukunft weiter ab. Da zahlreiche Studien eine Ursache für das unterschiedliche Rezeptionsverhalten ost- und westdeutscher Zuschauer in divergierenden Formatpräferenzen, soziostrukturellen und soziökonomischen Bedingungen begründet sehen, (z.B. Früh/Stiehler 2002; Wuschig 2005) liegt es nicht primär im Einflussbereich des ZDF, seinen Zuschaueranteil in den neuen Ländern zu steigern, ohne seinen Informationsanteil zu senken.

Dass das ZDF in den vergangenen Jahren den Sonderstaus Ostdeutschlands reduziert hat, ist nicht kritisch zu bewerten, da sich (und solange sich) Nutzungswerte in Ost und West genauso annähern wie strukturelle Merkmale in Ost und West. Die zukünftig größte Herausforderung wird für die Anstalt voraussichtlich darin liegen, jüngere Zuschauer zu gewinnen und dauerhaft an sich zu binden. 2007 betrug das Durchschnittsalter der ZDF-Zuschauer 61 Jahre (Kaumanns/Siegenheim/Sjurts 2008: 437). Der Integrationsauftrag verlagert sich damit zwanzig Jahre nach der Wiedervereinigung vermehrt darauf, junge Rezipienten in Ost *und* West zu erreichen.

9. Die DEUTSCHE WELLE (DW)

»Insgesamt waren wir der Gewinner der Wiedervereinigung.«
(Dieter Weirich)

9.1 Die Veränderungen bei der DW im Zuge der Einheit

Die DEUTSCHE WELLE, Auslandsrundfunk der Bundesrepublik Deutschland, profitierte hinsichtlich von Übernahmen im Vergleich zu ARD und ZDF insgesamt zunächst am stärksten von der Rundfunkneuordnung im Zuge der Wiedervereinigung. Für den damaligen Intendanten Dieter Weirich sei sehr schnell klar gewesen, dass die Wiedervereinigung »große Auswirkungen« haben werde und eine schnelle »politische Offensive« (DEUTSCHE WELLE 2009a: 24) angebracht sei.

Die DW übernahm bereits mit dem 3. Oktober 1990 Technik, 21 Mitarbeiter und Kurzwelle-Frequenzen des DDR-Auslandsrundfunks RADIO BERLIN INTERNATIONAL (Witte 1999: 1133). 1992 erhielt der deutsche Auslandsrundfunk das Fernsehprogramm des RIAS, RIAS-TV. Geregelt wurde im selben Jahr auch, dass die DW 220 Mitarbeiter von RIAS-TV übernimmt (Lintörfer 1992: 9). Im Mai begann der Auslandsrundfunk dann mit seinem Fernsehprogramm »DW-TV«. Der frühere CvD von RIAS-TV BERLIN, Stefan Raue, erläutert: »Das war für die DEUTSCHE WELLE ein Glücksfall, quasi einen funktionierenden kleinen Sender mit überschaubarem Personal, steuerfinanziert [...] praktisch adaptieren zu können.« Das Bundesland Berlin hatte sein Veto gegen die Übernahme zurückgezogen, nachdem Intendant Weirich Berlin eine Standortgarantie zugesichert hatte. Damit konnte die DW ihr Programm wie ihre größten internationalen Konkurrenten schließlich auch über das Fernsehen verbreiten.

Ab 1994 führte die DEUTSCHE WELLE elf Fremdsprachenprogramme des DLF weiter. Damit wurde die häufig kritisierte »Doppelarbeit«, die Produktion von Auslandssendungen von DLF und DW, beendet. »Die große Flurbereinigung, von der DW schon längst gewünscht, fiel ihr nun dank der Wiedervereinigung fast in den Schoß« (Witte 1999: 1133).

Wie RIAS und DLF bekam auch die DEUTSCHE WELLE Sondermittel des Bundes für spezielle Programmaktivitäten im Zuge der Wiedervereinigung – durch eine »lobbyistische Aktion« (Interview Weirich) des Intendanten. Diese beliefen sich auf 2,8 Millionen DM. Außerdem erhielt der deutsche Auslandsrundfunk rund 10 Millionen DM, um frühere sowjetische Störsender zur Verbreitung des DW-Programms nach Asien umzurüsten. Die Schattenseiten der Unterstützung seitens der Politik zeigten sich jedoch in »kleinkarierte[n] Einwirkungsversuchen« (DEUTSCHE WELLE 2009a: 25).

Das Interesse des Auslands am wiedervereinigten Deutschland stieg temporär. Die DW selbst verlor mit der Wiedervereinigung und dem Ende des Kalten Krieges an ideologischer Ausrichtung (ebd.). Bereits im Frühjahr 1990 wurde eine Novellierung des Bundesrundfunkgesetzes erlassen. Sie erhielt im Wesentlichen nur Regelungen zur Modifikation der Aufsichtsgremien. Der Rundfunkrat wurde von 11 auf 17 Mitglieder erweitert, die Anzahl der staatlichen Vertreter in beiden Gremien gesenkt. Der Vorwurf der Staatsnähe zahlreicher Gremienvertreter konnte damit jedoch nicht ausgeräumt werden (Pieper 2000: 58). Im Dezember 1993 folgte das Rundfunkneuordnungsgesetz. Für die DW beinhaltete es vor allem Regelungen zur Überführung von RIAS-TV und den DLF-Programmen. Außerdem wurde die DW mit der Neuordnung zur einzigen deutschen Anstalt nach Bundesrecht.

Die *Bundesmittel* der DEUTSCHEN WELLE wurden im Zuge der Wiedervereinigung zeitweise mehr als verdoppelt. Sie stiegen nach Angaben der ARD-Jahrbücher von 291 Millionen DM 1989 auf 623 Millionen. 1991. Allerdings bedeutete die Neuordnung des Rundfunks für die DEUTSCHE WELLE auch eine erhebliche Erweiterung des Personalbestandes in kurzer Zeit – vor allem durch die Übernahmen von RIAS-TV und DLF. Intendant Weirich hatte zuvor versucht, die Zahl der zu übernehmenden Mitarbeiter möglichst gering zu halten (Lintörfer 1992: 9). Der Personalbestand stieg von 1432 Mitarbeitern 1992 auf 2136 zu Jahresbeginn 1994. Für Intendant Weirich konstituierte dies »ungeachtet der neugewonnenen Entwicklungschancen« eine »schwere unternehmenspolitische Herausforderung« (epd 1993a: 11).

9.2 Die Integration Ostdeutschlands

Während die Rundfunkneuordnung zu signifikanten Einschnitten in der Entwicklung führte, wurde die Integration Ostdeutschlands selbst mit geringen Modifikationen in der Struktur der DEUTSCHEN WELLE vollzogen. Aufgrund der Ausrichtung der DW als Auslandsrundfunk besaßen Ostdeutschland und dessen Integration keine so hohe Bedeutung wie beim DEUTSCHLANDRADIO oder dem ZDF. Die Integration ostdeutscher Zuschauer war keine spezielle Aufgabe des deutschen Auslandsrundfunks. Nach der Wiedervereinigung wurde zunächst für das Ausland vermehrt über die Deutsche Einheit und das Zusammenwachsen berichtet, Live-Sendungen wurden in Ostdeutschland veranstaltet. Dies wurde jedoch bald wieder eingestellt (Interview Weirich).

Um aus den neuen Bundesländern zu berichten, griff die DW (wie heute noch) nach Aussagen des ehemaligen Intendanten Weirich und des Unternehmenssprechers Johannes Hoffmann auf Freelancer zurück, die vor Ort arbeiten, bediente sich am Agentur-Material, konnte bei Bedarf Redakteure aus Köln/Bonn oder Berlin in die neuen Bundesländer schicken oder TV-Material von ARD und ZDF, Hörfunkmaterial und

Korrespondentennetz der ARD nutzen. Sie weitete ihre Berichterstattungsstrukturen aus den alten Bundesländern damit auf die neuen Bundesländer aus. Da die Aufsichtsgremien der DW – im Gegensatz zum ZDF – kein Spiegelbild der föderalen Struktur Deutschlands sind, waren Anpassungen der Besetzung im Zuge der Wiedervereinigung nicht notwendig.

9.3 Die Entwicklung der DW nach der Wiedervereinigung

Auf die Expansion im Zuge der Wiedervereinigung folgte für die DEUTSCHE WELLE ein starker Spar- und Personalabbauprozess. Heute besitzt sie noch rund 1500 festangestellte Mitarbeiter (Huber 2009: 61). Die finanziellen Zugeständnisse, die die Politik der DEUTSCHEN WELLE im Umbruch gemacht hatte, wurden in den darauffolgenden Jahren reduziert, die Bundesmittel gekürzt. Die DW leidet besonders seit Ende der 90er-Jahre unter den finanziellen Einschnitten. Sie bedrohen für Rundfunkökonomen sogar ihre »Arbeitsfähigkeit« (Kops 2008: 37).

Die DW wird seit ihrer Errichtung 1953 durch Bundesmittel finanziert, allerdings erfolgte die juristische Festschreibung dessen erst mit dem DEUTSCHE-WELLE-Gesetz 1997. Die Finanzierung durch den Bund ist bis heute verfassungsrechtlich umstritten. Nach Witte stellt die bisherige Finanzierungsregelung einen »nicht ungefährlich[en]« (1999: 1116) Aspekt für die Autonomie der DW dar. Der staatliche und parteipolitische Einfluss kommt darüber hinaus auch in den Aufsichtsgremien der DEUTSCHEN WELLE zum Vorschein, vor allem bei personalpolitischen Entscheidungen. Die Besetzungsregelung der Aufsichtsgremien hat sich seit 1990 nicht entscheidend verändert. Nach der Rundfunkrechtlerin Pieper widerspricht sie weiterhin dem Einmischungsverbot des Staates und ist verfassungswidrig (2000: 162).

Für Ostdeutschland betreibt die DW aufgrund ihres Auftrags für das Ausland keine Medienforschung. Ihre weltweite Rezipientenzahl hat die DEUTSCHE WELLE nach eigener Medienforschung seit der Wiedervereinigung bedeutend vergrößert. Erreichte sie 1990 mit ihren Hörfunk-Programmen ca. 30 Millionen regelmäßige Hörer weltweit, waren es 2009 insgesamt rund 86 Millionen Erwachsene, die mindestens einmal pro Woche ein Angebot der DW (Hörfunk, TV oder/und Online) nutzen (DEUTSCHE WELLE 2009b).

Die Digitalisierung und neue multimediale Verbreitungsmöglichkeiten haben die DEUTSCHE WELLE in den vergangenen Jahren vor neue Möglichkeiten, aber auch Herausforderungen gestellt. Der deutsche Auslandsrundfunk hat es schwer, mit vergleichsweise geringen finanziellen Mitteln auf dem internationalen Medienmarkt wettbewerbsfähig zu bleiben (Nünning 2009: 3). Fast zwanzig Jahre nach der Wiedervereinigung, aus der die DEUTSCHE WELLE als großer Gewinner hervorging, scheint sie nun am Scheideweg ihrer zukünftigen Entwicklung. Bereits 2009 äußerte sich der Medienpolitiker Hans-Joachim Otto: »Die DEUTSCHE WELLE ist unterfinanziert. Wir müssen uns klar entscheiden: entweder aufstocken oder einstellen« (zitiert nach Huber 2009: 61). Bisher gibt es jedoch kein Substitutionsangebot, das das Profil des deutschen Auslandsrundfunks, seine Glaubwürdigkeit und Professionalität, ersetzen könnte. Ihre traditionelle Kern-Bedeutung als »Stimme der Freiheit« zeigt die DEUTSCHE WELLE weiterhin vor allem in Ländern mit eingeschränkter Pressefreiheit. (DEUTSCHE WELLE 2006: 4) Daran hat auch die Wiedervereinigung nichts geändert.

10. Fazit

Die Medienneuordnung im Zuge der Wiedervereinigung führte zu signifikanten Einschnitten in der deutschen Rundfunklandschaft. Diese zeigten sich vor allem in den neuen Bundesländern, wo aus dem Staatsrundfunk der DDR ein an den Grundrechten ausgerichtetes Rundfunksystem installiert wurde. Aber auch im Westen hatte die Umstrukturierung zu Veränderungen und Anpassungen des öffentlich-rechtlichen Rundfunks geführt.

Anstatt mit der Neuordnung eine innovative Reform des öffentlich-rechtlichen Rundfunkssystems zu schaffen, wurden allerdings weitestgehend westdeutsche Strukturen auf die neuen Bundesländer übertragen. Viele Medienwissenschaftler betrachten die Neuordnung daher als »verpasste Chance« (Wuschig 2005: 141). Es wäre allerdings utopisch gewesen, von der Neuordnung zu erwarten, dass sie *alle* Probleme auf einen Schlag lösen könnte, die sich in jahrzehntelanger bundesrepublikanischer Geschichte gezeigt hatten. Aufgrund des hohen Regelungs- und schnellen Handlungsbedarfs wurde vor allem auf mehr oder weniger bewährte westdeutsche Medienstrukturen gesetzt. »Auch im Osten nichts Neues«, schrieb Wille (2003: 143). Lediglich die Installation des

DEUTSCHLANDRADIOS war eine bedeutende Neuerung im deutschen Mediensystem, wenngleich sie zunächst das Ergebnis eines medienpolitischen Kompromisses darstellte.

Vor allem die Chance, die Aufsichtsgremien des öffentlich-rechtlichen Rundfunks entscheidend zu reformieren und den staatlichen und parteipolitischen Einfluss zu senken, wurde größtenteils nicht ergriffen. Der parteipolitische Einfluss wurde nicht nur nicht reformiert, sondern besonders bei der Gründung des MDR, aber auch des DEUTSCHLANDRADIOS in ihren Konstruktionen sogar neu manifestiert. Unterschiedliche Aspekte sprechen bei den öffentlich-rechtlichen Rundfunksendern gegen das höchstrichterliche Urteil der Staats- und Parteiferne. Dass hier Handlungsbedarf besteht, zeigte sich zuletzt bei den Diskussionen um die vom Verwaltungsrat verweigerte Vertragsverlängerung des ZDF-Chefredakteurs Nikolaus Brender.

Bei der Umstrukturierung des Rundfunksystems wurde deutlich, dass sowohl Bundesländer, Parteien und auch Rundfunksender weitestgehend opportunistisch agierten, um ihre Interessen durchzusetzen. Vor allem die Bundesländer nutzten ihr Veto bei den Staatsverträgen, wenn Standortinteressen tangiert waren.

Bei allen drei überregionalen, öffentlich-rechtlichen Rundfunksendern – DEUTSCHLANDRADIO, ZWEITES DEUTSCHES FERNSEHEN und DEUTSCHE WELLE – nahm die besondere Bedeutung Ostdeutschlands und der Ost-West-Integration in den vergangenen Jahren ab. Während das DEUTSCHLANDRADIO bereits als gesamtdeutsche Körperschaft 1994 entstand, erweiterten das ZDF und die DW im Zuge der Wiedervereinigung ihre Strukturen auch auf die neuen Bundesländer.

Die Integration Ostdeutschlands erfolgte bei den einzelnen Rundfunksendern erwartungsgemäß unterschiedlich. Während die nationalen Sender DRADIO und ZDF beispielsweise vor allem auf gesamtdeutsche Formate setzten, produzierten die Landesrundfunkanstalten der ARD ein regionales Programm, das eine ostdeutsche Identifikation verstärkte.

Bis heute zeigt sich in Ostdeutschland ein anderes Rezeptionsverhalten als in den alten Bundesländern. Während die öffentlich-rechtlichen Vollprogramme auf Akzeptanzprobleme in den neuen Ländern stießen, hatten die Dritten Programme, allen voran der MDR, großen Erfolg mit ihrer Programmstrategie. Insgesamt haben sich die Nutzungswerte des öffentlich-rechtlichen Rundfunks in Ost und West in den vergangenen Jahren seit der Wiedervereinigung jedoch leicht angenähert.

Die Integration Ostdeutschlands gehört heute nicht mehr zu den größten Aufgaben des öffentlich-rechtlichen Rundfunks. Vermehrt treten andere Herausforderungen in den Vordergrund. In einem zunehmend konkurrenzstarken Medienmarkt müssen sie sich mit ihrem Programmprofil weiterhin von privaten Anbietern absetzen. Ihre finanzielle Situation ist angespannt. Da in Zukunft keine großzügigere Ausstattung des öffentlich-rechtlichen Rundfunks in Deutschland zu erwarten ist und im Gegenzug Einnahmerückgänge bei den Rundfunkgebühren vorauszusehen sind, werden die Sender weiterhin sparen müssen.

Davon ist der RBB bereits besonders betroffen. Dem Trend von Personalverdichtung und Outsourcing, der sich zeigt, könnte damit erneut Vorschub geleistet werden. Kooperationen unter den Sendern werden an Bedeutung gewinnen. Die größte Herausforderung für den öffentlich-rechtlichen Rundfunk stellt jedoch eine Verjüngung der Zuschauerstruktur dar. Das Publikum der meisten öffentlich-rechtlichen Sender ist im Durchschnitt älter als 60. Die Zukunftsfähigkeit des öffentlich-rechtlichen Rundfunks wird daher entscheidend davon abhängen, wie er jüngere Zuschauer gewinnen und dauerhaft an sich binden kann. Ein Ausbau des Online-Angebots und digitaler Programme ist dabei bisher eine weitestgehend gemeinsame Strategie.

Darüber hinaus könnte auch ein entscheidender Faktor für die Glaubwürdigkeit und den Erfolg der öffentlich-rechtlichen Sender sein, inwiefern es gelingt, Zuschauer durch eine Modifikation der bisherigen Regelungen von der parteipolitischen und staatlichen Unabhängigkeit des öffentlich-rechtlichen Rundfunks zu überzeugen.

Insgesamt zeigen diese Probleme, die sich im Osten genauso finden wie im Westen, dass sich die bedeutendsten Herausforderungen des öffentlich-rechtlichen Rundfunks 20 Jahre nach der Wiedervereinigung nicht mehr nach Ost und West aufgliedern lassen.

Literatur

ARD – ARBEITSGEMEINSCHAFT DER ÖFFENTLICH-RECHTLICHEN RUNDFUNKANSTALTEN DER BUNDESREPUBLIK DEUTSCHLAND (2010): *ABC der ARD*. Online unter: http://db.ard.de/abc/main.index_abc (aufgerufen am 30.1.2010).

ARD – ARBEITSGEMEINSCHAFT DER ÖFFENTLICH-RECHTLICHEN RUNDFUNKANSTALTEN DER BUNDESREPUBLIK DEUTSCHLAND (1991-2009): ARD-*Jahrbuch 1991-2009*. Hamburg: Hans-Bredow-Institut.

ARD – ARBEITSGEMEINSCHAFT DER ÖFFENTLICH-RECHTLICHEN RUNDFUNKANSTALTEN DER BUNDESREPUBLIK DEUTSCHLAND (1994b): *ABC der ARD.* Hamburg: Hans-Bredow-Institut.

Bellut, Thomas (1996): Die »Platte« in unseren Köpfen bröckelt. Die Wende macht auch auf dem Bildschirm Fortschritte. In: ZDF (Hrsg.): *ZDF-Jahrbuch 1995.* Mainz: ZDF, S. 86-87.

Braun, Joachim (1991): Zwei Gesellschaften – ein Volk. In: ZDF (Hrsg.): *ZDF-Jahrbuch 1990.* Mainz: ZDF, S. 80-83.

Bresser, Klaus (1993): Tage des ZDF. In: Reimers, Karl-Friedrich (Hrsg.): *Forschen – Lehren – Weiterbilden für Medienberufe in Europa. Leipziger Universitätsbeiträge zur Kommunikations- und Medienwissenschaft. Band 2.* Leipzig: Universität, S. 37-48.

Brinkmann, Michael (1994): *Das neue Recht des MITTELDEUTSCHEN RUNDFUNKS.* Frankfurt am Main: Peter Lang.

Brunnen-Wagenführ, Andrea (1991): MDR: Fernsehbeginn mit Nikolaiglocken. Fernsehdirektor Henning Röhl über Programmpläne zum Start Sylvester 1991. In: *Fernseh-Information,* Heft 21, S. 637-641.

dpa – Deutsche Presseagentur (1992): Schlechte Noten für den MDR. In: *FRANKFURTER RUNDSCHAU* vom 16.1.

DEUTSCHE WELLE (2006): *Aufgabenplanung 2007-2010.* Online unter: http://www.dw-world.de/popups/popup_pdf/0,,2849366,00.pdf (aufgerufen am 14.2.2010).

DEUTSCHE WELLE (2009a): Schachzug am Rosenmontag. In: DEUTSCHE WELLE (Hrsg.): *Weltzeit – Das Magazin der DEUTSCHEN WELLE.* Köln: DEUTSCHE WELLE, S. 24-25.

DEUTSCHE WELLE (2009b): *DEUTSCHE WELLE erreicht jede Woche 86 Millionen Menschen. Pressemitteilung vom 13.2.* Online unter: http://www.dw-world.de/dw/article/0,,4025708,00.html (aufgerufen am 8.2.2010).

DEUTSCHLANDRADIO (Hrsg.) (2008): *Bericht über programmliche Leistungen und Perspektiven des nationalen Hörfunks DEUTSCHLANDRADIO KULTUR und DEUTSCHLANDFUNK. 2008-2010.* Köln: DEUTSCHLANDRADIO.

Dietl, Sylvia (2000): Die Rundfunkneuordnung – eine Skizze aus wissenschaftlicher Perspektive. In: Tichy, Roland/Dietl, Sylvia (Hrsg.): *Deutschland einig Rundfunkland?* München: Reinhard Fischer, S. 17-29.

Elitz, Ernst (1995): *Chancen und Probleme einer Fusionierung von Rundfunkanstalten. Das Beispiel DEUTSCHLANDRADIO.* Reihe Arbeitspapiere des Instituts für Rundfunkökonomie an der Universität zu Köln, Heft 34. Köln: Institut für Rundfunkökonomie.

Elitz, Ernst (2004): Zehn Jahre DEUTSCHLANDRADIO. Nationaler Hörfunk für alle Länder. In: ZDF (Hrsg.): *ZDF-Jahrbuch 2003.* Mainz: ZDF, S. 175-177.

epd (1992): »ANTENNE BRANDENBURG« ist meistgehörter Sender rund um Berlin. In: *epd,* Heft 54.

epd (1993a): DEUTSCHE WELLE will Aktivitäten kräftig steigern. In: *epd,* Heft 51, S. 11.

epd (1993b): Staatsverträge über Nationalen Hörfunk in Berlin unterzeichnet. In: *epd,* Heft 47, S. 10.

epd medien (2009): RBB erwartet bis 2012 neues Defizit von 22 Millionen Euro. In: *epd medien,* Heft 54, S. 7-8.

Fernseh-Informationen (2002): 10 Jahre NDR als Ost-West-Vier-Länder-Sender. In: *Fernseh-Informationen*, Heft 5, S. 27.

Fernseh-Informationen (2003): Ein Stück Brandenburg. In: *Fernseh-Informationen*, Heft 5, S. 8-18.

Fornoff, Matthias (2004): Go East! In: ZDF (Hrsg.): *ZDF-Jahrbuch 2003.* Mainz: ZDF. Online unter: http://www.zdf-jahrbuch.de/2003/programmarbeit/fornoff.html (aufgerufen am 8.1.2010).

Friedrichs, Barbara (1994): Von den Schwierigkeiten, »ein Volk« zu werden. In: ZDF (Hrsg.): *ZDF-Jahrbuch 1993.* Mainz: ZDF, S. 110-111.

Früh, Werner/Stiehler, Hans-Jörg (2002): *Fernsehen in Ostdeutschland. Eine Untersuchung zwischen Programmangebot und Rezeption.* Berlin: Vistas.

Funkkorrespondenz (1990): Südlastig. SPD-Länder wollen verstärktes ZDF-Engagement. In: *Funkkorrespondenz,* Heft 30, S. 10.

Funkkorrespondenz (1991): Westdeutsche Führungsetage. Direktorenposten beim MDR: Intendant Udo Reiter setzt seine Liste durch. In: *Funkkorrespondenz,* Heft 34, S. 7-9.

Funkkorrespondenz (1991): Landesparlamente ratifizieren MDR-Staatsvertrag. In: *Funkkorrespondenz,* Heft 26, S. 6.

Funkkorrespondenz (2005): RBB spart bis 2008 rund 35 Millionen Euro ein. In: *Funkkorrespondenz,* Heft 23, S. 12.

Gerhard, Heinz (1991): Annäherung im Fernsehen: von West nach Ost – von Ost nach West. In: Zweites Deutsches Fernsehen (Hrsg.) (1991): *ZDF-Jahrbuch 1990.* Mainz: ZDF, S. 251-253.

Gollert, Klaus (2002): Spannende Zeiten. In: Plog, Jobst (Hrsg.): *10 Jahre NDR in Mecklenburg-Vorpommern.* Hamburg: NDR, S. 36-37.

Halefeldt, Elke (2006): Was zusammenwächst. Langzeitstudie zum Fernsehverhalten in Ost- und Westdeutschland. In: *Funkkorrespondenz,* Heft 18, S. 12-15.

Heim, Gabriel (2008): Mark und Metropole. Wie der RBB zum Zwei-Länder-Sender zusammenwuchs. In: *epd medien,* Heft 17, S. 6-9.

Herkel, Günter (2000): Offene Messer – Die Hörfunkkooperation von SFB und ORB ist gescheitert. In: *epd medien,* Heft 23, S. 5-9.

Herres, Volker (2002): Wie alles anfing: Von der Grenzöffnung bis zum Sendestart. In: Plog, Jobst (Hrsg.): *10 Jahre NDR in Mecklenburg-Vorpommern.* Hamburg: NDR, S. 18-33.

Hildebrandt, Jürgen (1991): Ein Mann ohne Maulkorb. In: *WOCHENPOST* vom 26.6.

Hoffmann-Riem, Wolfgang (1991): Rundfunk in neuen Ländern mit alten Schwächen: Der ungenierte Parteienzugriff. In: *Archiv für Presserecht, 22. Jg.,* Heft 3, S. 606-611.

Huber, Joachim (2009): Mediale Visitenkarte Deutschlands in der Welt. In: *Parlament* vom 24.2., S. 61.

Jenke, Manfred (Hrsg.) (2004): *Bundesweit und werbefrei. Zehn Jahre DEUTSCHLANDRADIO.* Berlin: Vistas.

Kammann, Uwe (1992): Bund-Land-Fluß. Zum Länder-Beschluß über den nationalen Hörfunk. In: *epd,* Heft 21, S. 7-8.

Karst, Karl (2001): Auf der Spurensuche nach neuen Rezepten – Radio-Kulturprogramme im Aufbruch. In: ARD (Hrsg.): *ARD-Jahrbuch 2001.* Hamburg: Hans-Bredow-Institut, S. 77-88.

Kauffmann, Ulrich (1997): *Der nationale Hörfunk im vereinten Deutschland. Rechtsgrundlagen, Organisation, Programmauftrag und Finanzierung.* München: Beck.

Kaumanns, Ralf/Siegenheim, Veit/Sjurts, Insa (Hrsg.) (2008): *Auslaufmodell Fernsehen? Perspektiven des TV in der digitalen Medienwelt.* Wiesbaden: Gabler.

Keilacker, Margarete (2003): »Ein Stück Brandenburg«. Hansjürgen Rosenbauer zu Erfolgen und Problemen des ORB. In: *Fernseh-Informationen,* Heft 5, S. 9-13.

Kenntemich, Wolfgang (2007): *Die Funktion der Nachrichten im öffentlich-rechtlichen Rundfunk.* Vortrag vom 13.04.2007. Online unter: www.uni-leipzig.de/journalistik2/uploads/tx_usertoschunidep/Vortrag_Nachrichten_kurz.ppt (aufgerufen am 28.1.2010).

Köhler, Otto (1997): Und in diesem Sender bin ich Intendant. In: *DIE ZEIT,* Nr. 17 vom 18.4., S. 51.

Kops, Manfred (2008): *Die Globalisierung als Herausforderung für den deutschen Auslandsrundfunk.* Arbeitspapiere des Instituts für Rundfunkökonomie an der Universität zu Köln, Heft 240: Köln: Institut für Rundfunkökonomie.

Kresse, Hermann (1992): *Die Rundfunkordnung in den neuen Bundesländern.* Stuttgart: Schäffer-Poeschel.

Krüger, Udo Michael/Zapf-Schramm, Thomas (2009): Politikthematisierung und Alltagskultivierung im Infoangebot. Programmanalyse 2008 von ARD/DAS ERSTE, ZDF, RTL, SAT.1 UND PROSIEBEN. In: *Media Perspektiven,* Heft 4, S. 201-222.

Kujas, Silke (2000): *DEUTSCHLANDRADIO. Entwicklung, Programmauftrag, Struktur.* Köln: Edition DEUTSCHLANDRADIO.

Lilienthal, Volker (1999): Die Rolle des ZDF. Kontraste – Konkurrenz – Kooperation. In: Schwarzkopf, Dietrich (Hrsg.): *Rundfunkpolitik in Deutschland. Wettbewerb und Öffentlichkeit. Band 1.* München: Deutscher Taschenbuchverlag, S. 408-435.

Lintörfer, Ulrich (1992): Nachfrage auf dem Drahtseil. RIAS-TV in der Auslands-Vorbereitung. In: *epd,* Heft 12, S. 8-10.

Lojewski, Günther von (2002): Die Wende im Rundfunk. Der Intendant des SENDERS FREIES BERLIN blickt zurück. In: Hömberg, Walter (Hrsg.): *Deutschland – einig Medienland? Erfahrungen und Analysen.* Münster: Lit, S. 99-120.

Lojewski, Günther von/Zerdick, Axel (2000): *Rundfunkwende. Der Umbruch des deutschen Rundfunksystems seit 1989 aus Sicht der Akteure.* Berlin: Vistas.

MABB – Medienanstalt Berlin-Brandenburg (2010): *ma 2009 Radio II Programm – Sonderbericht für die Medien Anstalt Berlin/Brandenburg.* Online unter: http://www.mabb.de/fileadmin/user_upload/pdf/ma_2009_Radio_II_Charts_zur_Ver%C3%B6ffentlichung.pdf (aufgerufen am 14.2.2010).

Marmor, Lutz (1994): *Kooperationen in der ARD.* Reihe Arbeitspapiere des Instituts für Rundfunkökonomie an der Universität zu Köln, Nr. 17. Köln: Universität.

MDR – MITTELDEUTSCHER RUNDFUNK (1992): *Geschäftsbericht 1992.* Leipzig: MDR.

Media Tenor (2010): *Ostdeutschland: unveränderte Wahrnehmung 2. Klasse. Newsletter vom 12.3.* Online unter: http://www.mediatenor.de/newsletters.php?id_news=687 (aufgerufen am 4.4.2010).

Meyn, Hermann (1991): Bei wem es funkt, entscheidet Kohl. In: *DEUTSCHES ALLGEMEINES SONNTAGSBLATT,* Nr. 8 vom 22.2., S. 2.

Meyn, Hermann (1993): Gemeinsame Wellen. In: *journalist,* Heft 4, S. 18-20.

Münch, Markus (2003): Der große Unbekannte. In: *Insight,* Heft 5, S. 18-21.

NDR – NORDDEUTSCHER RUNDFUNK (1993-2008): *Geschäftsbericht 1993-2008.* Hamburg: NDR.

NDR – NORDDEUTSCHER RUNDFUNK (2010): *NDR-Nordmagazin erneut Deutschlands erfolgreichstes Fernseh-Regionalprogramm.* NDR-Presseinformation vom 4.1.

Nothelle, Claudia (2009): Sehen, hören, anklicken. In: *epd medien,* Heft 83, S. 16-18.

Nünning, Volker (2009): Eine Menge Überzeugungskraft. Intendant Erik Bettermann will die DEUTSCHE WELLE für die Zukunft aufstellen. In: *Funkkorrespondenz,* Heft 22, S. 3.

Odermann, Heinz (1990): Der Umbruch und die Mediengesetzgebung in der DDR. In: Hans-Bredow-Institut für Rundfunk und Fernsehen (Hrsg.): *Rundfunk und Fernsehen. 38. Jahrgang 1990. Forum der Medienwissenschaften und Medienpraxis.* Baden-Baden: Nomos, S. 377-387.

ORB – OSTDEUTSCHER RUNDFUNK BRANDENBURG (1992-2002): *ORB-Jahresbericht 1992-2002.* Potsdam: ORB.

Ott, Klaus (1991): »Wo wir Einfluß nehmen können, machen wir das«. In: *FRANKFURTER RUNDSCHAU* vom 22.8.

Pergade (2006): Küstenwache. In: *FRANKFURTER ALLGEMEINE ZEITUNG* vom 18.2.

Pieper, Frauke (2000): *Der deutsche Auslandsrundfunk. Historische Entwicklung, verfassungsrechtliche Stellung, Funktionsbereich, Organisation und Finanzierung.* München: Verlag C. H. Beck.

Plog, Jobst (2003): NDR: In norddeutscher Verbundenheit. In: Frey-Vor, Gerlinde/Steinmetz, Rüdiger (Hrsg.): *Rundfunk in Ostdeutschland. Erinnerungen – Analysen – Meinungen.* Konstanz: UVK, S. 265-268.

Pricelius, Christian (1997): *Vier Wellen – Ein Programm? Das Jugendradio FRITZ, ANTENNE BRANDENBURG, R.S.2 und ENERGY im exemplarischen Programmstrukturvergleich. Grundlagen und Anwendung der Begriffe Vollprogramm, Konvergenz und systemübergreifender Programmvergleich.* München: Löw und Vorderwüllbecke.

RBB – RUNDFUNK BERLIN-BRANDENBURG (2003): *Media-Analyse 2003/II: Gute Ergebnisse für den RBB-Hörfunkmarkt.* RBB-Presseinformation 51/2003 vom 22.7.

RBB – RUNDFUNK BERLIN-BRANDENBURG (2008): *RBB RADIO MULTIKULTI endet am 31.12.2008 – WDR FUNKHAUS EUROPA ersetzt am 1.1.2009 im RBB RADIO MULTIKULTI – RBB gibt »Polylux« im ERSTEN auf.* RBB-Presseinformation 78/2008 vom 21.5.

RBB – RUNDFUNK BERLIN-BRANDENBURG (2009a): *RBB-Fernsehen erzieht bestes Ergebnis seit Gründung.* RBB-Presseinformation 2/2009 vom 5.1.

RBB – RUNDFUNK BERLIN-BRANDENBURG (2009b): *RBB erhält Darlehen von der ARD.* RBB-Presseinformation 41/2009 vom 1.4.

RBB – RUNDFUNK BERLIN-BRANDENBURG (2009c): *RBB will verstärkt mit anderen ARD-Sendern kooperieren.* RBB-Presseinformation 64/2009 vom 10.7.

RBB – RUNDFUNK BERLIN-BRANDENBURG (2010): *260.000 Zuschauer gucken täglich die »Abendschau«.* RBB-Presseinformation 1/2010 vom 4.1.

RBB – RUNDFUNK BERLIN-BRANDENBURG (Hrsg.) (2006): Der RUNDFUNK BERLIN-BRANDENBURG. *Ein Sender auf neuen Wegen. Bilanz einer Fusion.* Berlin: RBB.

Reiter, Udo (1992): Die Drei-Länder-Anstalt der ARD in Leipzig. In: Baier, Hans (Hrsg.): *Medienstadt Leipzig. Tradition & Perspektiven.* Berlin: Vistas, S. 77-83.

Riemer, Dietmar (2002): Von RMV zu NDR 1 RADIO MV – eine Erfolgsgeschichte. In: Plog, Jobst (Hrsg.): *10 Jahre NDR in Mecklenburg-Vorpommern.* Hamburg: NDR, S. 57-58.

Rosenbauer, Hansjürgen (1992): Modell Brandenburg. Zur Entstehungsgeschichte des ORB. In: ARD (Hrsg.): *ARD-Jahrbuch 1992.* Hamburg: Hans-Bredow-Institut, S. 33-41.

Rosenbauer, Hansjürgen (2003): ORB: Im Schatten der Hauptstadt Profil entwickeln mit geringen Mitteln. In Frey-Vor, Gerlinde/Steinmetz, Rüdiger (Hrsg): *Rundfunk in Ostdeutschland. Erinnerungen – Analysen – Meinungen.* Konstanz: UVK, S. 275-282.

Ruhrmann, Georg (2007): Angst, Schaden und Aggression. Verzerren private TV-Nachrichten das Bild Ostdeutschlands? In: *Fernseh-Informationen,* Heft 6, S. 13-15.

Schättle, Horst (2001): Auf dem Weg zum Hauptstadtsender. Der SFB seit der Wiedervereinigung. In: ARD: *ARD-Jahrbuch 2001.* Hamburg: Hans-Bredow-Institut, S. 53-59.

Scheringer, Johann (2002): Das Beste im Norden? In: Plog, Jobst (Hrsg.): *10 Jahre NDR in Mecklenburg-Vorpommern.* Hamburg: NDR, S. 39-41.

Schiller, Dietmar (2003): Tempo! Tempo! Der Zusammenschluss von ORB und SFB zum RBB. In: ARD (Hrsg.): *ARD-Jahrbuch 2003.* Hamburg: Hans-Bredow-Institut, S. 24-33.

Schneggenburger, Claus (2003): Miteinander Grenzen überwinden – Grenzüberschreitende Angebote der Landesrundfunkanstalten in Kooperation mit ausländischen Sendern. In: ARD (Hrsg.): *ARD-Jahrbuch 2003.* Hamburg: Hans-Bredow-Institut, S. 56-60.

Schneider, Beate (1999): Massenmedien im Prozess der deutschen Vereinigung. In: Wilke, Jürgen (Hrsg.): *Mediengeschichte der Bundesrepublik Deutschland.* Köln: Böhlau, S. 602-629.

Schulte, Karl-Sebastian (1999): *Positionen und Perspektiven des öffentlich-rechtlichen Rundfunks in der Hauptstadtregion. Eine kritische Bestandsaufnahme der Landesrundfunkanstalten SFB und ORB.* Berlin: Verlag für Wissenschaft und Forschung.

SFB – SENDER FREIES BERLIN (1990-2002): *Geschäftsbericht 1990-2002.* Berlin: SFB.

SFB – SENDER FREIES BERLIN (2003a): *Mehr als ein halbes Leben. 50 Jahre SENDER FREIES BERLIN.* Berlin: SFB.

SFB – SENDER FREIES BERLIN (2003b): Der Weg zum RUNDFUNK BERLIN BRANDENBURG. Eine Dokumentation. Berlin: SFB.

Stammler, Jenke (2004): Der lange Weg zur Gründung. In: Jenke, Manfred (Hrsg.): *Bundesweit und werbefrei. Zehn Jahre DEUTSCHLANDRADIO.* Berlin: Vistas, S. 43-54.

Stein, Reiner (2000): *Vom Fernsehen und Radio der DDR zur ARD. Die Entwicklung und Neuordnung des Rundfunkwesens in den neuen Bundesländern.* Marburg: Tectum.

Stiehler, Hans-Jörg (2005): Der geteilte Himmel. Fernsehnutzung in Ost und West. In: Jäckel, Michael/Brosius, Hans (Hrsg.): *Nach dem Feuerwerk. 20 Jahre duales Fernsehen in Deutschland.* München: Nomos, S. 125-139.

Stolte, Dieter/Rosenbauer, Hansjürgen (1995): Die doppelte Öffentlichkeit. Zur Ost-Studie der ARD/ZDF-Medienkommission. In: *Media Perspektiven,* Heft 8, S. 358-361.

Törne, Lars von (1996): Mühlfenzl oder Eine westdeutsche Medienpolitik nach Gutsherrenart. In: Dümcke, Wolfgang/Vilmar, Fritz (Hrsg.): *Kolonialisierung der DDR – Kritische Analysen und Alternativen des Einigungsprozesses.* Münster: Agenda, S. 299-317.

WELT ONLINE (2001): ORB-Papier weist hohen Einsparbedarf aus-Ostdeutscher Rundfunk beschleunigt die Fusion mit dem SFB. In: *WELT ONLINE* vom 27.8. Online unter: http://www.welt.de/print-welt/article470298/ORB_Papier_weist_hohen_Einsparbedarf_aus.html (aufgerufen am 30.1.2010).

Wilhelm, Klaus (1995): »Sing, mei Sachse, sing…«. Alltagsarbeit in einem neuen Bundesland. In: ZDF (Hrsg.): *ZDF-Jahrbuch 1994.* Mainz: ZDF, S. 127-129.

Wilhelm, Klaus (2003): Gründung des ZDF–Studios Leipzig. In: Frey-Vor, Gerlinde/Steinmetz, Rüdiger (Hrsg.): *Rundfunk in Ostdeutschland. Erinnerungen – Analysen – Meinungen.* UVK: Konstanz, S. 55-74.

Wille, Karola (2003): Vom Werden der Rundfunkordnung in den neuen Bundesländern. In: Frey-Vor, Gerlinde/Steinmetz, Rüdiger (Hrsg.): *Rundfunk in Ostdeutschland.* Konstanz: UVK. S.133-144.

Witte, Barthold C. (1999): Auslandsrundfunk. In: Schwartzkopf, Dietrich (Hrsg.): *Rundfunkpolitik in Deutschland. Wettbewerb und Öffentlichkeit. Band 2.* München: Deutscher Taschenbuch-Verlag, S. 1102-1139.

Wuschig, Ilona (2005): *Anspruch ohne Wirklichkeit. 15 Jahre Medien in Ostdeutschland.* Münster: Lit.

ZDF – ZWEITES DEUTSCHES FERNSEHEN (Hrsg.) (1992-2009): *ZDF-Jahrbuch 1991-2008*. Mainz: ZDF.

Interviews

Arlt, Gabriele: Betriebsdirektorin MDR, Leipzig; 25.11.2009, persönlich

Arlt, Susanne: DRADIO-Korrespondentin Sachsen-Anhalt, Magdeburg; 15.12.2009, telefonisch

Bernd, Hermann: ZDF-Ostbeauftragter, Mainz; 5.10.2009, persönlich

Birthler, Wolfgang: ehem. medienpolitischer Sprecher SPD-Fraktion Brandenburg, Potsdam; 27.10.2009, telefonisch

Dyrlich, Benedikt: ehem. medienpolitischer Sprecher SPD-Fraktion Sachsen, Dresden; 22.10.2009, persönlich

Erhard, Thomas: ehem. Medienbeauftragter des brandenburgischen Ministerpräsidenten, Potsdam; 7.10.2009, persönlich

Foht, Udo: Programmchef Bereich Unterhaltung, MDR FERNSEHEN, Leipzig; 4.11.2009, persönlich

Frey-Vor, Dr. Gerlinde: Leiterin Markt- und Medienforschung, MDR, Leipzig; 29.10.2009, persönlich

Goldbeck, Walter: ehem. Vorsitzender FDP-Fraktion Mecklenburg-Vorpommern, Schwerin; 8.10.2009, persönlich

Haferburg, Elke: Leiterin NDR-Landesfunkhaus Schwerin; 8.10.2009, persönlich

Hilker, Heiko: Mitglied MDR-Rundfunkrat, Leipzig; 16.11.2009, persönlich

Hingst, Jürgen: Chef »Hörfunk aktuell« NDR-Landesfunkhaus Schwerin; 8.10.2009, persönlich

Jakubowski, Doris: Leiterin RBB-Regionalstudio Cottbus; 22.10.2009, persönlich

Kelch, Stefan: ZDF-Korrespondent Sachsen, Dresden; 28.12.2009, telefonisch

Kenntemich, Prof. Wolfgang: Chefredakteur Fernsehen, MDR, Leipzig; 5.11.2009, persönlich

Künzel, Dr. Monika: ehem. Chefredakteurin DS KULTUR, Berlin; 19.11.2009, persönlich

Lojewski, Prof. von Günther: ehem. Intendant SFB, Berlin; 14.12.2009, telefonisch

Lüdecke, Elke: Direktorin MDR-Landesfunkhaus Sachsen-Anhalt, Magdeburg; 27.10.2009, persönlich

Maas, Georg: Hauptabteilungsleiter Neue Medien MDR, Leipzig; 8.12.2009, persönlich

Müchler, Dr. Günther: DRADIO-Programmdirektor, Berlin; 18.11.2009, telefonisch

Neupert, Dr. Helmuth: ehem. Medienreferent der sächsischen Staatskanzlei, Dresden; 22.10.2009, persönlich

Pattberg, Gabriele: ehem. Leiterin ARD-AKTUELL-Redaktion, MDR; 8.10.2009, persönlich

Raue, Stefan: Redaktionsleiter ZDF-»blickpunkt«, Mainz; 23.10.2009, persönlich

Rehberg, Eckard: ehem. CDU-Fraktionsvorsitzender Mecklenburg-Vorpommern, Schwerin; 9.10.2009, telefonisch

Rentsch, Dr. Detlef: Wellenchef MDR FIGARO, Halle; 29.12.2009, persönlich

Röse, Dagmar: Leiterin MDR-Regionalstudio Dessau; 8.10.2009, persönlich

Rosenbauer, Prof. Dr. Hansjürgen: ehem. Intendant ORB, Potsdam; 14.10.2009, persönlich

Rothkegel, Thomas: ehem. Rundfunkreferent Berliner Senat; 15.10.2009, persönlich

Schiewack, Michael: Wellenchef JUMP; ehem. Wellenchef MDR SPUTNIK, Halle; 28.10.2009, persönlich

Schulte, Carsten: Referent Programmgeschäftsführung KINDERKANAL, Erfurt; 10.12.2009, telefonisch

Schwiesau, Dietz: Redaktionsleiter Nachrichten/Zeitgeschehen MDR 1 RADIO SACHSEN-ANHALT, Magdeburg; 27.10.2009, persönlich

Steer, Hannelore: ehem. Hörfunkdirektorin und stellv. Intendantin RBB, Potsdam/Berlin; 7.10.2009, persönlich

Stolte, Prof. Dr. Dieter: ehem. ZDF-Intendant, Mainz; 9.10.2009, persönlich

Struve, Prof. Dr. Günter: ehem. Programmchef ERSTES DEUTSCHES FERNSEHEN, München; 2.12.2009, persönlich

Theveßen, Elmar: stellv. ZDF-Chefredakteur, Mainz; 4.1.2010, persönlich

Tichy, Roland: ehem. medienpolitischer Berater des Rundfunkbeauftragten; 16.10.2009, persönlich

Vierling, Andreas: Leiter Fernsehproduktionsbetrieb MDR, Leipzig; 13.1.2010, persönlich

Weirich, Prof. Dieter: ehem. DW-Intendant, Köln; 6.10.2009, persönlich

Claudia Reiser/Nadja Storz

Die privatkommerzielle Hörfunklandschaft in Ostdeutschland

Der Hörfunk in der DDR war Teil des Machtapparates. An einen freien Wettbewerb von privaten Anbietern war nicht zu denken. Nach der Wiedervereinigung startete der private Hörfunk in den neuen Ländern verzögert (Schwarz 1990: 215). Der föderalen Medienordnung folgend setzten die Länder unterschiedliche Prioritäten. Konzentrationsbedenken bestimmten die Diskussion z.B. in Sachsen und Thüringen, wo westdeutsche Verlagshäuser wie Holtzbrinck und Burda auf den Radiomarkt drängten. Mecklenburg-Vorpommern setzte auf ein komplexes Modell regionaler Mitbestimmung. Es dauerte bis Juli 1992, bis mit dem sächsischen PSR der erste kommerzielle Sender in den neuen Ländern den Betrieb aufnahm.

Diese Entwicklung und die Folgen sind Gegenstand dieser Auseinandersetzung. In explorativer Quellenanalyse wurden historische Dokumente und gesetzliche Grundlagen ausgewertet. Einschätzungen von Akteuren unterstützen die Erkenntnisse. Primäre methodische Herangehensweise waren 27 Leitfadeninterviews mit aktuellen und ehemaligen Geschäftsführern der Hörfunksender und Verantwortlichen der Landesmedienanstalten.

1. Berlin und Brandenburg

20 Jahre privater Hörfunk in der wiedervereinigten Hauptstadt verliefen wechselhaft. Namen von Sendern, die in Westberlin vor der Wiedervereinigung von Bedeutung waren, verschwanden. Auf der Frequenz des ersten West-Berliner Privatradios HUNDERT,6 sendet heute das alternative Musikradio MOTOR FM. FAZ BUSINESS RADIO, NEWS TALK RADIO,

BERLIN AKTUELL: Auf der Frequenz 93,6 wechselten in den 90er-Jahren Nachrichtenradios einander ab. Keines davon hat bis heute überlebt.

Den Westberlinern war das Konzept des privaten Hörfunks seit 1987 vertraut (AK 1986: 10). Und auch die Ostberliner kannten die Angebote. Die westliche Medienkultur sei integraler Bestandteil des DDR-Alltags gewesen, schlussfolgert Stiehler (1990: 98). In einem späteren Interview bestätigte das HUNDERT,6-Chefredakteur Georg Gafron: »Das Programm war bemüht, die Inhalte auf die Bedürfnisse der Hörer der damaligen DDR, vor allem in Brandenburg abzustellen« (Gafron 1991: 53).

Kennzeichnend für die Neuordnung der Berliner und Brandenburger Radiolandschaft war der Umgang mit bestehenden Strukturen. Zum einen sahen sich die etablierten kommerziellen Angebote einer dichteren Konkurrenz gegenüber.[1] Schnell entwickelte sich nach 1990 eine vielfältige Landschaft (Niemiec 1993: 40). Zum anderen hätten mit Auflösung der so genannten Einrichtung[2] zum 31. Dezember 1991 Regeln für die Frequenzvergabe an Private feststehen müssen (Kresse 1992: 31). Die Verhandlungen über einen gemeinsamen Medienstaatsvertrag zwischen Berlin und Brandenburg dauerten darüber hinaus (Kotte 1992).[3] Zwar stand fest, dass RIAS in das öffentlich-rechtliche System überführt werden würde (Drück 1991: 37). Aber für RIAS II gab es keine Lösung. Weil die Finanzierung des Bundes Ende 1992 auslaufen würde (AK 1992: 5), suchte die Anstalt für Kabelkommunikation Berlin (AK)[4] nach einer Regelung für den »Fortbestand von RIAS II«. Schließlich müsse »im Interesse der Mitarbeiter zügig die Frage der künftigen Nutzung geklärt werden« (AK 1992: 3). Trotz ausstehender Mediengesetzgebung schrieb die AK Berlin 1991 die Frequenzen von RIAS II und BERLINER RUNDFUNK, für den es ebenfalls keine öffentlich-rechtliche Lösung gab, aus (AK 1991: 1). Die Begründung zur Vergabe der Frequenzen an die jeweiligen Anbieter[5] macht die Prioritäten der

---

1 Das links-alternative RADIO 100 ging in das kommerzielle Jugendradio ENERGY über. HUNDERT,6 verlor seit Anfang der 90er-Jahre an Hörern. 2005 gab der Sender auf.

2 Der ehemalige Rundfunk der DDR wurde nach der Wiedervereinigung gemäß § 36 Einigungsstaatsvertrag in die so genannte Einrichtung überführt und unter Leitung des Rundfunkbeauftragten Rudolf Mühlfenzl abgewickelt.

3 Der gemeinsame Staatsvertrag für Berlin und Brandenburg trat am 7. Mai 1992 in Kraft.

4 Die AK ist die Vorgängereinrichtung der Medienanstalt Berlin-Brandenburg (MABB).

5 Den BERLINER RUNDFUNK übernahm das Anbieterkonsortium NEUER BERLINER RUNDFUNK, bestehend aus dem Kölner DuMont-Verlag und der MÄRKISCHEN ALLGEMEINEN ZEITUNG, einer Tochter der Stuttgarter Zeitungsgruppe. Den Zuschlag für RIAS II bekam die Radio Information Audio-Service-Zwei GmbH i.G. unter Hauptgesellschafter und früherem RIAS-Intendanten Peter Schiwy.

Neuordnung deutlich: Integration diente als Argument für die Privatisierung des DDR-Senders BERLINER RUNDFUNK, »weil es die bisher vorwiegend an ein jüngeres Publikum gerichteten und mit dem Schwerpunkt im früheren Westteil Berlins verankerten privaten Veranstalter um einen ergänzt, der besonders solche Hörer berücksichtigen will, die im Ostteil Berlins und im Brandenburger Umland leben, ohne darüber den Ansatz zur Integration von Ost und West zu vernachlässigen« (AK 1992: 11).

Das Fortführen journalistischer Qualität diente als Auflage für den RIAS II Nachfolger RS2 (Mikos 1992: 30). So forderte die Lizenz: »Der Veranstalter hat zugesagt, wesentliche Programmelemente von RIAS II zu erhalten, insbesondere den gegenüber anderen Sendern überdurchschnittlichen Anteil an journalistischen Informationen« (AK 1992: 4).

Der Entwicklung des Berlin-Brandenburger Medienmarkts liegen auch technische Hinterlassenschaften des DDR-Hörfunks zugrunde. Infolge der zentralen Hörfunkorganisation der DDR war das terrestrische Netz in den neuen Ländern schwach. Nur Berlin verfügte über starke Frequenzen (Kresse 1992: 93). Das prägte die Mediengesetzgebung, da der Gesetzgeber das Modell des Außenpluralismus manifestierte (§ 19 Abs. 1 MStV). Der rechtliche Rahmen gibt den Vielfaltsanspruch bei der Vergabe freier Frequenzen vor, erläutert MABB-Justiziarin Ingeborg Zahrnt: »Die Idee ist, dass der Zuhörer wählen kann und eine echte Alternative findet und nicht innerhalb eines Programms ausgewogenen Mainstream.«

Bereits 1993 gab es 17 öffentlich-rechtliche und private Hörfunkangebote, zehn davon befanden sich im Wettbewerb um Werbezeiten (Ott 1993a: 45). Der »Radiokrieg« sei vorbei, sagt Claudio Funke, Chef des BERLINER RUNDFUNKS. Berlin befinde sich in der Kannibalisierung des Radiomarktes (FRANKFURTER RUNDSCHAU 1993: 8).

Im Jahr 2009 gab es in Berlin-Brandenburg 37 von der Medienanstalt Berlin-Brandenburg (MABB) lizenzierte private Hörfunkangebote. Mit den sechs Wellen des RBB und den Angeboten von DEUTSCHLANDRADIO KULTUR und DEUTSCHLANDFUNK war die Vielfalt auf keinem Radiomarkt in Deutschland ausgeprägter (ALM 2009: 217). Neben Vollprogrammen wie BERLINER RUNDUNK, RTL BERLIN, BB RADIO oder RS2 prägen Spartensender den Markt. So steht JAZZRADIO neben dem R&B-Format JAM FM, der Rockwelle STAR FM, dem so genannten Wohlfühlradio PARADISO oder dem alternativen Musikradio MOTOR FM. JAZZRADIO-Programmdirektor John Allitt beurteilt den Mark trotz der Vielzahl als nicht vielfältig genug: »Es gibt drei, vier Sender auf diesem

Markt, wenn man deren Playlisten vergleicht, dann stimmen da 80 Prozent der Lieder überein.« Anders sieht das RADIO-PARADISO-Chef Mathias Gülzow: »Das ist eine ständige Schlacht, die da im Gange ist.« Im Bewerbungsverfahren muss die MABB die Wirtschaftlichkeit prüfen (§ 27 Abs. 4 S. 3 MStV). Ausschlaggebend für die Vergabe einer Lizenz ist der inhaltliche Vielfaltsbeitrag, erklärt Justiziarin Zahrnt: »Auf dem Zeitungsmarkt wollen sie ja auch nicht nur eine Zeitung, die ein bisschen BILD und ein bisschen SPIEGEL ist.«

Die Bilanz nach 20 Jahren Medienfreiheit in Gesamt-Berlin ist durchwachsen. Während der Ostsender BERLINER RUNDFUNK zu einem der Marktführer wurde, haben andere, wie Radio-Pionier HUNDERT,6 aufgegeben. Aus Sicht der MABB scheiterte das Konzept, weil der Markt an Vielfalt gewann. Für ein informationsstarkes und deshalb teures Privatradio sei es zu eng geworden. Der Jugendsender ENERGY versucht sich derzeit einem zweifachen Konkurrenzdruck anzupassen. Einerseits treten ENERGY, FRITZ, KISS FM und JAM FM im Radio gegeneinander an, gewachsen ist aber auch die Sorge vor einem Wechsel der jungen Hörer zu anderen Medien, vor allem dem Internet. Programmchef Martin Liss versucht, der Entwicklung mit einem höheren Wortanteil zu begegnen: »Heute wird es als selbstverständlich angesehen, dass die Musik auf die Zielgruppe passt. Wichtiger sind eigentlich die Dinge, die zwischen den Musiktiteln passieren. Der Inhalt, der journalistische Anspruch.«

Lange sei journalistische Qualität vernachlässig worden, urteilt Lothar Wichert, der seit 1994 im Auftrag der MABB Senderanalysen durchführt. Mehr Wort bei ENERGY könne »ein wichtiger, kleiner innovativer Schritt« (Wichert 2009: 22) sein. Die Reform reagiere auf die sinkende Zahl junger Hörer,[6] so ENERGY-Chef Liss: »Das ist der einzige Weg, um mit so einem Medium noch Relevanz zu haben.«

2. Mecklenburg-Vorpommern

2003, zehn Jahre nach Gründung des privaten Hörfunks in Mecklenburg-Vorpommern, fiel die Bilanz der Landesrundfunkzentrale Meck-

6 Dieses Ergebnis belegt auch die Arbeitsgemeinschaft der Landesmedienanstalten in ihrem Jahrbuch 2008 (ALM 2009: 184-187): Der Untersuchung zufolge sank die Zahl der Jugendlichen zwischen 14 und 19 Jahren, die täglich ihr Radio einschalten zwischen 2000 und 2008 von 78,3 Prozent auf 67,6 Prozent bzw. von 144 auf 97 Minuten/Tag.

lenburg-Vorpommern (LRZ) ernüchternd aus. Die privaten Sender ANTENNE MV und HITRADIO OSTSEEWELLE erfüllten »gerade noch den Anspruch von Vollprogrammen« (Herkel 2009: 16). Sechs Jahre später bilanzierte die LRZ erneut. Von »höherem Wortanteil« und »Vielfaltsbeitrag« ist die Rede (LRZ 2009: 84).

Nach der Wiedervereinigung entwickelte sich der private Rundfunk in Mecklenburg-Vorpommern langsam. Nirgendwo in Deutschland seien weniger Sender zu empfangen, bemerkte 1993 die NEUE ZEIT (Willmzig 1993: 19). So gebe es »im Norden noch Täler der Ahnungslosen«. Die späte Entwicklung des privaten Hörfunks ist auch Folge der gesetzlichen Rahmenbedingungen. Es wurde ein binnenplurales Modell installiert (§ 17 Abs. 2 RGMV). Mehrheitsgesellschafter wurden ausgeschlossen, um Konzentration zu verhindern und regionale Unternehmer bekamen Vorrang (§ 12 RGMV). Bei ANTENNE MV waren anfangs mehr als 30 Gesellschafter[7] beteiligt. »Je mehr Gesellschafter, umso schwerer ist die Diskussion. Ein Unternehmen, das so aufgestellt ist, funktioniert bestenfalls unter Schönwetterbedingungen«, urteilt LRZ-Direktor Uwe Hornauer heute.

Der zweite private Sender, OSTSEEWELLE, sendete ab 1995. Die Gesellschafter verfügten über größere Anteile, als es bei ANTENNE MV der Fall gewesen war. So konnte eine Investition von Mehrheitsgesellschafter Burda den Sender Anfang der 2000er-Jahre vor dem wirtschaftlichen Ende bewahren: »Hätte es nicht die großen Gesellschafter gegeben, hätte die OSTSEEWELLE gar nicht so lange überlebt«, erklärt Geschäftsführer Tino Sperke. Im Zuge von Markteinbrüchen bei ANTENNE MV wurde das Gesetz 2010 angepasst. Binnenpluralität gilt weiterhin (§ 22 Abs. 2 RundfG M-V). Die Vorgaben zur kleinteiligen und regionalen Veranstaltervielfalt entfielen (§ 16 RundfG M-V). Mit Erlaubnis der LRZ wird es künftig einen Mehrheitsgesellschafter mit 50 Prozent Anteilen geben, »damit dieser Sender entscheidungsfähiger am Markt operieren kann«.

2009 waren in Mecklenburg-Vorpommern fünf private Hörfunkveranstalter lizenziert (LRZ 2009: 44). Neben dem bundesweiten KLASSIK RADIO sendeten landesweit HIT-RADIO ANTENNE MECKLENBURG-VORPOMMERN und OSTSEEWELLE HIT-RADIO MECKLENBURG-VORPOMMERN. Das nicht-kommerzielle LOHRO und das kommerzielle LOKAL-

---

7 Beispiele für Anteilseigner: 9 Prozent OSTSEE ZEITUNG (darüber Axel Springer), 8 Prozent NORDKURIER, 8 Prozent RADIO SCHLESWIG-HOLSTEIN (RSH), 6 Prozent Wochenzeitung MECKLENBURG VORPOMMERN, 3 Prozent GREIFSWALDER TAGEBLATT sowie Vereine und das Mecklenburger Staatstheater.

RADIO FDZ sind lokal zu empfangen. Die Struktur entspricht dem binnenpluralen Modell. Gibt es weniger als drei landesweite Vollprogramme, besteht keine Grundlage für die außenplurale Alternative (§ 17 Abs. 3 RundfG M-V).

Mit Blick auf die technische Weiterentwicklung sei die Zahl der Sendelizenzen jedoch kein Gradmesser für Meinungsvielfalt mehr, argumentiert Hubert Gersdorf. Die Digitalisierung habe zu einer Vervielfachung der Übertragungsmöglichkeiten geführt (LRZ 2009: 26). Auch der Gesetzgeber plädiert für eine Novelle des Rundfunkgesetzes, wonach die Begrenzung von Lizenzen für einen Veranstalter aufgehoben werden soll. Es gehe darum, im Rahmen des binnenpluralen Modells ein vielfältiges Angebot zu schaffen, argumentiert die LRZ: »Wir haben KLASSIKRADIO lizenziert und sind in kleinen Räumen dazu übergegangen, die Pluralität auf die Weise herzustellen, dass wir dort auf Spartensender eingegangen sind.«

Bisher agieren OSTSEEWELLE, ANTENNE MV und die Angebote des NDR landesweit als Konkurrenten. Musikalisch weichen die Privaten kaum voneinander ab, der Wortanteil liegt bei beiden und beim öffentlich-rechtlichen Sender NDR 1 ca. bei einem Drittel (LRZ 2009: 48). Mit unterschiedlicher Aufbereitung steht die Region im Vordergrund. Den Vorwurf, keine Vielfalt abzubilden, weist OSTSEEWELLE-Geschäftsführer Tino Sperke als »lächerlich« zurück. »Wer richtig hört, wird sehen, dass sich ganz klare Unterschiede feststellen lassen. Da ticken diese Sender nicht gleich und klingen auch nicht gleich.«

3. Sachsen

»Es gibt meines Erachtens kaum eine größere Chaoslizenzierung als in Sachsen«, beschreibt ENERGY-SACHSEN-Geschäftsführer Christopher Franzen die Vorgänge innerhalb der privaten Hörfunklandschaft im Freistaat nach der Wende. In dem Bundesland entstand binnen kurzer Zeit eine überdurchschnittlich hohe Konkurrenz (ALM 2005: 359). Dies ist unter anderem dem Umstand geschuldet, dass Sachsen als einziges ostdeutsches Flächenland von Beginn an neben landesweiten Privatradios auch die Einrichtung von kommerziellem Lokalfunk vorgesehen hatte (§ 3 Abs. 1 S. 1 SächsPRG). Dadurch wurde bereits in den ersten beiden Jahren nach Etablierung der Sächsischen Landesmedienanstalt

(SLM) eine Vielzahl an Sendern zugelassen. Die ersten Schritte Sachsens auf dem Privatradiomarkt verliefen jedoch nicht reibungslos.

Die Ära des privaten Hörfunks wurde in Sachsen unter Zeitdruck eingeleitet: Die SLM hatte es sich zur Aufgabe gemacht, ihr erstes Privatradio bereits zum 1. Juli 1992 auf Sendung zu schicken, obwohl die Voraussetzungen für eine Ausschreibung erst zum Jahresbeginn geschaffen worden waren. Bei der Vergabe hatte sie sich bemüht, eigene Wege zu gehen und sich keiner Erwartungshaltung zu beugen – so wurde der Favorit Holtzbrinck, welcher seine Beziehungen zur Landesregierung ausgespielt und politischen Einfluss auf die Versammlung der Anstalt ausgeübt hatte, nicht gewählt (Ott 1992: 36f.). Doch der überstürzte Programmstart des stattdessen ausgewählten RADIO PSR – das Angebot musste binnen sechs Wochen auf Sendung gehen – erfüllte weder die Erwartungen der SLM noch die Lizenzauflagen (Kasselt 1992). In den Medien wurde das Programm als »Dudelfunk« rezensiert (Husemann 1992). Diesen Mangel versuchte die SLM durch eine zweite Ausschreibung auszugleichen.

Hier kam, entgegen der zunächst geäußerten Bedenken seitens der SLM, der Holtzbrinck-Konzern mit ANTENNE SACHSEN zum Zuge, was an der Hörfunklandschaft wenig änderte: Auch dieser Sender setzte auf ein formatiertes Programm mit den Schwerpunkten Musik und Service. Da ANTENNE SACHSEN alsbald Inhalte von RADIO BROCKEN übernahm, dem Holtzbrinck-Angebot aus Sachsen-Anhalt, wurde gar ein Lizenzentzug erwogen, aber nicht realisiert (Mayer 2003: 149f.).

Die folgenden Frequenzvergaben – darunter befanden sich nun auch zahlreiche lokale Programme – wandelten das Bild kaum. Vielfalt wurde trotz Ausschreibungen mit deutlichen Strukturvorgaben nicht erzielt, die lizenzierten Angebote konzentrierten sich auf massenattraktive Formate für die junge Hörerschaft (SLM 1994: 1). Weder ein Wortprogramm mit Schwerpunkt Wirtschaft noch ein Volksmusiksender konnten realisiert werden (SLM 2002; NEUE ZEIT 1994a: 7). Eine Sonderposition nahmen vorübergehend RADIOROPA mit einem Spartenprogramm Information und der Auslandsdienst der BRITISH BROADCASTING CORPORATION (BBC) und RADIO FRANCE INTERNATIONAL (RFI) ein. Bei BBC/RFI handelt es sich in ihren Heimatländern um keine privat-kommerziellen Sender. Als Auslandsdienst unterstehen sie in Deutschland jedoch dem Zuständigkeitsbereich der hiesigen Landesmedienanstalten und werden daher in die private Hörfunklandschaft integriert. RADIOROPA wurde aufgrund wirtschaftlicher Probleme 1999, nach nur vier Jahren Sendebetrieb, an die Gesellschafter von PSR veräußert und komplett umgestaltet (Interview Linnenbach). Auf den Frequenzen sendet heute R.SA, ein weiteres Formatradio. BBC/RFI stellten Ende 2008 nach acht Jahren ihr Programm in Sachsen wieder ein. Die BBC zog sich zu diesem Zeitpunkt zusehends aus dem europäischen und aufgrund geringer Hörerresonanz insbesondere aus dem deutschen und sächsischen Markt zurück. RFI konnte in der Folge alleine nicht mehr für die Leitungskosten aufkommen und entschied sich für eine Rückgabe der Frequenzen an die SLM (Sachweh 2008).

SLM-Präsident Kurt-Ulrich Mayer spricht von unrealistischen Vorstellungen, mit denen an die Gestaltung der sächsischen Radiolandschaft herangegangen wurde. Er selbst hat nach eigenen Angaben einige »unselige Lizenzierungen« an den Markt angepasst (SLM 2008: 19f.). Auflagen wurden gesenkt – beispielsweise vorgeschriebene Wortanteile von bis zu 70 Prozent – und neue Bedingungen geschaffen, um die Sender wirtschaftlich tragfähiger zu machen.

Dies führte zu einer Konsolidierung im Bereich der Gesellschafter und zum so genannten Funkhausmodell. Die großen Sender schlossen sich unter zwei Dächern zusammen: auf der einen Seite die PSR-Gruppe mit RADIO PSR, R.SA und ENERGY, auf der anderen Seite RTL mit seinem HITRADIO und der Stadtradiokette SLP sowie dem VOGTLANDRADIO. Erwin Linnenbach, Sprecher der Geschäftsführung bei Regiocast[8], sieht darin beispielsweise die einzige Möglichkeit, einen Jugendsender wie ENERGY in dem demographisch überalterten Bundesland zu erhalten. Er spricht von »Vielfalt durch Konzentration«: Nur durch einen Zusammenschluss mehrerer Sender könne Diversifikation stattfinden, da eine Konkurrenz im eigenen Hause vermieden würde. Ein Konzept, das bei Kurt-Ulrich Mayer von der SLM auf Zuspruch stößt: »So lange die juristische Trennung der Programme bestehen bleibt und es um die Ausschöpfung von Synergien geht, sollen die Privatsender gern dieses wirtschaftliche Potenzial nutzen. Der öffentlich-rechtliche Rundfunk tut dies ja schließlich auch« (SLM 2008: 19f.).

Eine vorherrschende Meinungsmacht auf dem sächsischen Hörfunkmarkt durch Synergienutzung beispielsweise bei den Nachrichten fürchtet Mayer nicht. »Das ist eine sehr oberflächliche Beurteilung [...] Ich habe Printmedien, ich habe Internet, ich habe Fernsehen [...] und habe Hörfunksender [...] Soviel Meinungsvielfalt [...] gab es noch nie in der Geschichte Deutschlands. Deswegen wäre das etwas gewagt hier heute davon zu reden, dass etwas auf Kosten des Vielfaltsangebotes

8 Regiocast ist eine Radioholding, die deutschlandweit Beteiligungen an mehreren Privatradios hält, unter anderem an der PSR-Gruppe.

geht […] Das ist ja gekünstelt.« Daher hält Mayer es auch für vertretbar, dass der Großteil der sächsischen Privatradios nach seiner Aussage »reine Musiksender« sind.

Zuletzt schrumpfte die Anzahl an Angeboten im Bundesland. Weil das Landesmediengesetz eine Digitalisierung des Hörfunks bis zum Jahr 2015 vorsieht (§ 4 Abs. 6 S. 2 SächsPRG), werden frei gewordene Frequenzen wie die von BBC und RFI nicht neu ausgeschrieben. So gibt es in Sachsen über UKW heute die vier landesweiten Sender PSR, R.SA, APOLLO und HITRADIO RTL-SACHSEN, zwei Lokalhörfunkketten, welche über das gesamte Bundesland hinweg vernetzt operieren, namentlich ENERGY SACHEN und die Stadtradiokette der SLP, sowie vier autarke Regionalsender (VOGTLAND RADIO, ELSTERWELLE, RADIO WSW und RADIO ERZGEBIRGE 107,7).

4. Sachsen-Anhalt

Sachsen-Anhalts Privatradiostart war mit einem Novum verbunden. Das Bundesland schrieb beide für den Privatfunk zur Verfügung stehenden UKW-Frequenzen gleichzeitig aus (Leue 1992). Dabei kamen ähnliche Gesellschafter wie im Nachbarland Sachsen zum Zuge: das schleswig-holsteinische RADIO R.SH, das in Sachsen an PSR beteiligt ist, sowie der Holtzbrinck-Konzern, jeweils gemeinsam mit diversen einheimischen Kleingesellschaftern.

Die zwei Privatsender, RADIO SAW mit Beteiligung von R.SH, sowie das damals anteilig zu Holtzbrinck gehörende RADIO BROCKEN, positionierten sich unterschiedlich. Während RADIO SAW sich mit einem Hot-AC-Format auf eine jüngere Zielgruppe orientierte, wählte RADIO BROCKEN eine ältere Ausrichtung mit Oldies und Schlagern (JUNGE WELT 1993). Jedoch konnte sich RADIO BROCKEN vor allem auf dem Werbemarkt mit dieser Programmgestaltung nicht durchsetzen. Das Format wurde daraufhin Ende der 90er-Jahre verjüngt und wiederholt Namenswechseln unterzogen. Doch auch mit der Neupositionierung blieb der gewünschte Erfolg aus, woraufhin man zum bewährten Namen sowie zur ursprünglichen Zielgruppe zurückkehrte. Rainer Schomburg, ehemaliger Vorsitzender des Landesrundfunkausschusses, ist überzeugt, RADIO BROCKEN war »der Zeit voraus. Weil heute die ältere Generation wieder eine eigenständige Werbezielgruppe ist. Aber damals halt nicht.«

In dieser Zeit der Umformatierungen bei RADIO BROCKEN entstand eine Besonderheit der sachsen-anhaltischen Privatradiolandschaft: Beide Veranstalter erhielten je einen Zweitsender im DAB-Netz. Sachsen-Anhalt hatte eine Vorreiterrolle hinsichtlich der Digitalisierung des Hörfunks eingenommen; das Bundesland startete 1999 als erstes in Deutschland den DAB-Regelbetrieb (MSA 2005: 21). Bei der Vergabe der digitalen Lizenzen war es nach Aussage der Justiziarin der Medienanstalt Sachsen-Anhalt (MSA), Verena Schneider, »politischer Wille«, dass die bereits operierenden Veranstalter bevorzugt werden. So erhielt RADIO SAW den Schwestersender MAGIC! – DIE DAB-ANTENNE, RADIO BROCKEN (damals ANTENNE SACHSEN-ANHALT) veranstaltete ROCKLAND.

Da sich die DAB-Technik auf dem Markt nicht durchsetzen konnte, wurde den Betreibern im Jahr 2000 im Rahmen eines Pilotprojektes genehmigt, aus ihren analogen Sendernetzen Stützfrequenzen herauszulösen und diese zur Veranstaltung der Schwestersender zu verwenden. Das Pilotprojekt wurde zweimalig verlängert, anschließend kam es zu einer Änderung des Landesmediengesetzes in Sachsen-Anhalt (§ 17 Abs. 1 S. 5 MedienG LSA), die es den Veranstaltern fortan erlaubte, »auf ihren bereits zugewiesenen UKW-Kapazitäten ohne Ausschreibung Änderungen vorzunehmen, wenn es denn auf der einen Seite der Meinungsvielfalt dient oder die Digitalisierung des Hörfunks dadurch mittelbar oder unmittelbar gefördert wird«, erklärt Holger Radusch, Mitarbeiter der Rechtsabteilung der MSA.

Somit können die sachsen-anhaltischen Radiobetreiber ihre Frequenzen seit 2005 für weitere Programme verwenden und betreiben seitdem regulär analoge Zweitsender. Die Angebote werden lediglich im Simulcast-Betrieb[9] noch digital verbreitet. MAGIC! – DIE DAB-ANTENNE sendet heute unter dem Namen 89.0 RTL ein jung ausgerichtetes Formatradio (ALM 2008: 362), das Konzept von ROCKLAND blieb unverändert.

Aufgrund von Frequenzmangel konnten bislang keine weiteren Sender lizenziert werden. Es blieb bei zwei Veranstaltern, die den analogen Privathörfunkmarkt unter sich aufteilen. Das ursprünglich verfolgte binnenpluralistische Modell wurde nach Angaben von MSA-Justiziarin Schneider mit der Zeit »aufgeweicht […] Das heißt also jede Lizenz, die jetzt neu erlassen wird, hängt schon nicht mehr an diesen alten Kriterien, die für die beiden Hauptprogramme jetzt noch gültig sind.«

---

9 Simulcast-Betrieb bedeutet das gleichzeitige Ausstrahlen eines Programms über mehrere Übertragungswege, in diesem Fall über DAB sowie UKW.

Generell sind die Sender in Sachsen-Anhalt im Vergleich zu den mitteldeutschen Nachbarländern frei in ihrem Handeln. Inhaltliche Lizenzauflagen gibt es nicht, die an die Bewerbungskonzepte angelehnte Erwartungshaltung wurde von Seiten der MSA mit der Zeit heruntergefahren. War eine Regionalisierung der Nachrichten anfänglich Zulassungsvoraussetzung, so wird es den Sendern heute nur noch als Ausgestaltungsmöglichkeit angeboten (Interview Schneider).

Die zu Beginn sehr kleinteiligen Gesellschafterstrukturen durften im Laufe der Zeit qua Gesetz einer Konsolidierung unterzogen werden, so dass die Gesellschaft von RADIO BROCKEN und 89.0 RTL heute mehrheitlich von der RTL-Gruppe getragen wird, obgleich die großen Medienkonzerne anfangs vom Markt ausgeschlossen werden sollten. Die Vielfalt sieht Schneider in ihrem Bundesland dennoch nicht bedroht: »Wenn Sie ein Land haben, das so klein und so wirtschaftsschwach ist, dass mit Mühen zwei Hörfunksender [zwei Veranstalter] überleben können, dann bringt es nicht viel, auf Vielfalt zu drängen, wenn die sich dann gegenseitig kannibalisieren. Da muss man auch ein bisschen Vielfalt vielleicht unter dem Gesichtspunkt der Realitätsnähe betrachten. Und ehrlich gesagt finde ich, solange man einen starken öffentlich-rechtlichen Hörfunk hat, hat man Vielfalt.«

5. Thüringen

»Bewerbungskonzepte sind wie Fingerübungen am Klavier. Wer so dumm ist und da nicht das Blaue vom Himmel schreibt, der hat kein Anrecht, in so eine Gesellschaft einzutreten. Also darauf können Sie sich überhaupt nicht verlassen.« Hört man die Worte des ehemaligen Direktors der Thüringischen Landesmedienanstalt (TLM), Victor Henle, so verwundert es nicht, dass es in dem Bundesland zu erheblichen Problemen in Folge der Privatradiolizenzierungen kam.

Die erste Ausschreibung fand in Thüringen im Frühjahr 1992 statt. Aufgrund des oben genannten Umstands wurde die Auswahl vorrangig nicht nach inhaltlichen Aspekten getroffen, stattdessen standen die Gesellschafterverhältnisse im Mittelpunkt. Doch auch bei diesen wurden augenscheinlich falsche Angaben gemacht: Der erstlizenzierte Veranstalter – genau wie in Sachsen und Sachsen-Anhalt war ein Konsortium um den Holtzbrinck-Konzern zum Zuge gekommen – besaß über Treuhandverträge und interne Verschiebungen weitaus mehr Anteile als in der Bewerbung angegeben. Da mehrfache Klärungsversuche seitens der TLM unbeantwortet blieben, stimmte diese schließlich über einen Lizenzentzug ab. Es wurde zugunsten des Westkonzerns entschieden (Ott 1993b).

Damit war jedoch der Disput zwischen der Thüringischen Landesmedienanstalt und dem Veranstalter der ANTENNE THÜRINGEN nicht zu Ende. Als die TLM eine zweite Frequenz ausschreiben wollte, versuchte der Holtzbrinck-Konzern dagegen vorzugehen. Er nutzte, wie in Sachsen, seine Beziehungen zur Landesregierung und wollte durch Gutachten die Ausschreibung verhindern:[10] Der Werbemarkt des Bundeslandes sei für zwei Privatsender nicht ausreichend (Ott 1994: 9).

Dessen unbeeindruckt – die ANTENNE habe keinen Anspruch, vor Konkurrenz geschützt zu werden (NEUE ZEIT 1994b) – vergab die TLM im Sommer 1994 die zweite landesweite Lizenz an LANDESWELLE THÜRINGEN. Für beide Sender galten hohe Auflagen: Qua Gesetz waren mindestens 30 Prozent Wortanteil innerhalb des Programms vorgeschrieben. Zusätzlich forderte die TLM den Aufbau mehrerer Regionalstudios sowie die tägliche Auseinanderschaltung in mindestens vier Regionen (Rössler/Vowe/Henle 2001: 583).

Generell führt die TLM eine strikte Aufsicht durch. In jährlichen Programmanalysen prüft sie, ob die Auflagen eingehalten werden. Da dies in den ersten Jahren bei beiden Sendern nicht der Fall war, änderte sie die Forderungen: Anstelle des 30-prozentigen Wortanteils wurde nunmehr ein Mindestanteil »informierender und beratender Wortbeiträge im Tagesprogramm« von 15 Prozent verlangt (TLM 1999: 21). So stand es den Sendern fortan zwar frei, mehr Musik zu spielen. Gleichzeitig durften jedoch die Wortstrecken nicht mehr durch Comedy, Gewinnspiele oder dergleichen gefüllt werden. Auch die Auflagen zur Regionalisierung wurden konkretisiert. Die TLM führte einen wöchentlichen Mindestumfang für die Ausstrahlung regionaler Fenster von 45 Minuten ein (TLM 2004: 23).

Ab 1999 vollzog sich in Thüringen ein ähnlicher Vorgang wie in Sachsen-Anhalt. Bei der Ausschreibung der ersten Digitalfrequenzen war eine Bevorzugung der bereits vorhandenen Landessender vorgesehen. ANTENNE THÜRINGEN erhielt eine digitale Zweitlizenz für RADIO

---

10 ANTENNE THÜRINGEN hatte »den Frankfurter Medienrechtler Reinhard Ricker prüfen lassen, ob sich eine kommerzielle Konkurrenz mit Hilfe der CDU-Regierung juristisch verhindern lasse. Welche Möglichkeiten seitens der Landesregierung bestünden, im Rahmen ihrer Rechtsaufsicht der TLR [Thüringer Landesanstalt für privaten Rundfunk; alter Name der TLM bis 1996] ›die zweite Hörfunkkette zu entziehen‹, lautet die Kernfrage« (Ott 1994: 9).

TOP 40 (TLM 2000: 16). Da durch den DAB-Betrieb kaum Hörer gewonnen werden konnten, wurde dem Veranstalter zugestanden, Stützfrequenzen aus der eigenen analogen Senderkette herauszulösen und für RADIO TOP 40 zu verwenden.

Daneben wollte die TLM zusätzliche UKW-Frequenzen zur Verfügung stellen, wogegen die LANDESWELLE jedoch klagte. Der Konflikt konnte durch einen Kompromiss abgewandt werden (TLM 2003: 17). Die TLM schrieb die regionalen Frequenzen aus und ANTENNE und LANDESWELLE erhielten zusammen die Lizenz. Als Anbietergemeinschaft betrieben sie fortan RADIO TOP 40- auch analog. Voraussetzung war, dass das Format im Simulcast-Betrieb über DAB verbreitet und die Technik im Programm beworben wird. Da sich die Digitalisierung jedoch bis heute nicht durchsetzen konnte, wurden diese Auflagen später aus der Lizenzurkunde gestrichen (TLM 2006: 19). RADIO TOP 40 ist heute nur noch analog über eine lose Städtekette zu empfangen. Die LANDESWELLE schied Ende 2006 aus wirtschaftlichen Gründen aus der Gesellschaft aus, so dass RADIO TOP 40 heute wieder eine 100-prozentige Schwester der ANTENNE THÜRINGEN ist (TLM 2007: 20f.).

Thüringen verfügt somit über drei landesweite UKW-Privatsender. Die Zielgruppen variieren etwas: RADIO TOP 40 ist ein Musikspartenprogramm mit Ausrichtung auf Jugendliche, ANTENNE THÜRINGEN bedient die jüngeren Erwachsenen mit einem AC-Format und die LANDESWELLE hat sich mit ihrem Format geringfügig älter ausgerichtet. Im Dezember erhielt zudem das bundesweit agierende KLASSIK RADIO aus Hamburg die Lizenz für eine UKW-Städtekette (TLM 2009).

Trotz dieser Lizenzierung von mittlerweile vier UKW-Sendern – ursprünglich war die TLM von nur zwei landesweiten Frequenzketten ausgegangen – ist Henle überzeugt, dass der Hörfunk in Thüringen ausschließlich binnenplural geregelt werden kann: »Eine Außenpluralität im Radiosektor wird es nie geben, weil dazu die Frequenzen gar nicht reichen. Und weil dann das wirtschaftliche Potenzial auch nicht mehr gegeben ist. Das ist bei einer zweiten Kette schon schwierig gewesen. In Thüringen und in anderen Ländern wird es nie zu einer Außenpluralität kommen.«

6. Fazit

Seit Einführung des dualen Systems vor 20 Jahren haben sich die privaten Anbieter gleichberechtigt neben den öffentlich-rechtlichen etablieren können. Gemeinschaftliches Ziel aller Bundesländer war das Erreichen von Vielfalt. Wie die Analyse zeigte, wurden dazu verschiedene Wege gewählt: möglichst breite Gesellschafterlizenzierungen oder Zwei-Veranstalter-Prinzip, Landes- oder Regionalfunk, Außen- oder Binnenpluralismus, strikte oder weiche Aufsicht.

Viele der Konzepte führten nicht zum gewünschten Erfolg. Diverse Modifikationen waren die Folge. Wollte Sachsen anfangs vielfältige Angebote etablieren, sieht SLM-Präsident Mayer alle Vorstöße in diese Richtung als gescheitert an. Heute ist er davon überzeugt, Vielfalt sei nur in Kombination mit dem öffentlich-rechtlichen Rundfunk zu erzielen. Damit ermöglicht er dem privat-kommerziellen Sektor »Narrenfreiheit«, denn die mitunter teuren Wortprogramme werden vom öffentlich-rechtlichen Hörfunk abgedeckt. Der medienpolitischen Position Sachsens schließt sich Sachsen-Anhalt an. Thüringen verfolgt als einziges Bundesland Mitteldeutschlands strikt den Binnenpluralismus und eine strenge Aufsicht. Berlin und Brandenburg sind vom Außenpluralismus auch innerhalb des Privatfunks überzeugt: Es sieht die Vielfalt bei sich realisiert. Mecklenburg-Vorpommern versucht innerhalb des binnenpluralen Modells Spartenradios zu etablieren.

Es stellt sich die Frage, ob das konsequentere Auftreten einiger Landesmedienanstalten dem vereinheitlichenden Charakter der massenattraktiven Formate entgegenwirken kann. Oder ob letztendlich der Radiohörer in den neuen Ländern bei den privat-kommerziellen Sendern lediglich eine Auswahl in Nuancen hat.

Es bleibt festzuhalten, dass die Wege zur Etablierung einer Privatradiolandschaft in Ostdeutschland höchst unterschiedlich waren, ebenso sind es die entstandenen Strukturen sowie die Selbsteinschätzungen der einzelnen Länder. Das Vielfaltsgebot unterliegt einem weiten Interpretationsspielraum. An dieser Stelle bleibt offen, ob sich die föderal bedingte Heterogenität in den Inhalten widerspiegelt.

Literatur

AK – Anstalt für Kabelkommunikation Berlin (1986): *Beschluss des Kabelrates vom 23. Dezember 1986.* Nicht-öffentliches Archiv. Berlin: AK.

AK – Anstalt für Kabelkommunikation Berlin (1991): *Beschluss des Kabelrates vom 13. September 1991*. Nicht-öffentliches Archiv. Berlin: AK.

AK – Anstalt für Kabelkommunikation Berlin (1992): *Ziel und Gegenstand der sachverständigen Beratung vom 26. Februar*. Nicht-öffentliches Archiv. Berlin: AK.

ALM – Arbeitsgemeinschaft der Landesmedienanstalten (Hrsg.) (2005): *ALM Jahrbuch 2004. Landesmedienanstalten und privater Rundfunk in Deutschland*. Berlin: Vistas.

ALM – Arbeitsgemeinschaft der Landesmedienanstalten (Hrsg.) (2008): *ALM Jahrbuch 2007. Landesmedienanstalten und privater Rundfunk in Deutschland*. Berlin: Vistas.

ALM – Arbeitsgemeinschaft der Landesmedienanstalten (Hrsg.) (2009): *ALM Jahrbuch 2008. Landesmedienanstalten und privater Hörfunk in Deutschland*. Berlin: Vistas.

Drück, Helmut (1991): Referat zur Fachkonferenz des Münchner Kreises. In: Witte, Eberhard von (Hrsg.): *Deutsche Medienstruktur 1991*. Heidelberg: v. Decker, S. 31-38.

FRANKFURTER RUNDSCHAU (1993): Katerstimmung bei Berlins Radiomachern. In: *FRANKFURTER RUNDSCHAU* vom 28.6., S. 8.

Gafron, Georg (1991): Wir in Berlin. In: Witte, Eberhard von (Hrsg.): *Deutsche Medienstruktur 1991*. Heidelberg: v. Decker, S. 51-53.

Herkel, Günter (2009): Einfalt statt Vielfalt – Qualitätsjournalismus in Mecklenburg-Vorpommern weggespart. In: *Medium Magazin*, Heft 8/9, S. 15-16.

Husemann, Ralf (1992): Die brennende Frage nach dem authentischen Sachsen. PSR, der erste Privatsender in den neuen Bundesländern, ist auf Profilsuche. In: *SÜDDEUTSCHE ZEITUNG* vom 18./19.7.

JUNGE WELT (1993): Duftnote vom Brocken. Radio Brocken duftet nach deutschem Schlager, viel Freizeit und wenig Problemen. In: *JUNGE WELT* vom 2.1.

Kasselt, Rainer (1992): »Antenne Sachsen« sollte kein zweites PSR werden. Interview mit Direktor Detlef Kühn (LMA). In: *SÄCHSISCHE ZEITUNG* vom 26.11.

Kotte, Hans-Hermann (1992): Das »Volkskammerprinzip«. Zum Medienstaatsvertrag zwischen Berlin und Brandenburg. In: *DIE TAGESZEITUNG* vom 4.2.

Kresse, Hermann (1992): *Die Rundfunkordnung in den neuen Bundesländern*. Stuttgart: Schäffer.

Leue, Gunnar (1992): Rennen um Hörergunst. In: *JUNGE WELT* vom 22.9.

LRZ – Landesrundfunkzentrale Mecklenburg-Vorpommern (2009): *15 Jahre privater Rundfunk in Mecklenburg-Vorpommern*. Schwerin: Vistas.

Mayer, Kurt-Ulrich (2003): Vielfalt zwischen Fantasie und Wirklichkeit: Höhen und Tiefen privater Programmentwicklung. In: Frey-Vor, Gerlinde/Steinmetz, Rüdiger (Hrsg.): *Rundfunk in Ostdeutschland. Erinnerungen – Analysen – Meinungen*. Konstanz: UVK, S. 145-158.

MedienG LSA – Mediengesetz des Landes Sachsen-Anhalt vom 18. November 2004 (GVBl. LSA S. 778) zuletzt geändert durch Art. 2 des Gesetzes vom 8. Februar 2007 (GVBl. LSA S. 18).

Mikos, Lothar (1992): Väterliche Zuneigung. In: *journalist*, Heft 6, S. 30-31.

MSA – Medienanstalt Sachsen-Anhalt (2005): *Medienanstalt Sachsen-Anhalt.* Infobroschüre Stand Mai 2005. Halle: MSA.

MStV – Staatsvertrag über die Zusammenarbeit zwischen Berlin und Brandenburg im Bereich des Rundfunks vom 29. Februar 1992 (GVBl. Berlin, S. 150/GVBl. Brandenburg I, S. 142) zuletzt geändert durch Art. 1 Vierter ÄndStV vom 20.1.2009 (GVBl. Berlin, S. 251/GVBl. Brandenburg I, S. 67).

NEUE ZEIT (1994a): Antenne Thüringen fürchtet Konkurrenz. TLR erneuerte Beschluss für die Ausschreibung der zweiten privaten Hörfunkkette. In: *NEUE ZEIT* vom 21.2., S. 7.

NEUE ZEIT (1994b): Frequenzen für Sachsen. In: *NEUE ZEIT* vom 22.3.

Niemiec, Pior (1993): Sag mir, wo die Sender sind – Zur Rundfunksituation in Berlin und Brandeburg. In: *Medium Magazin,* Heft 1, S. 40-42.

Ott, Klaus (1992): Flop der Konzerne. In: *journalist*, Heft 6, S. 36-38.

Ott, Klaus (1993a): Direkte Antenne. In: *journalist*, Heft 4, S. 45.

Ott, Klaus (1993b): Eine Frage von Partnerschaft. Wenn jemand ein Radio gründen will…, muss er die richtigen Leute kennen. Das Beispiel Thüringen. In: *SÜDDEUTSCHE ZEITUNG* vom 23.11.

Ott, Klaus (1994): Mit Beziehungen Konkurrenz verhindern. Antenne Thüringen spielt mit wirtschaftlichen Argumenten die politische Karte aus. In: *FRANKFURTER RUNDSCHAU* vom 17.2., S. 9.

Rössler, Patrick/Vowe, Gerhard/Henle, Victor (Hrsg.) (2001): *Das Geräusch der Provinz – Radio in der Region. Festschrift 10 Jahre TLM.* München: KoPäd.

RGMV – Rundfunkgesetz für das Land Mecklenburg-Vorpommern vom 9. Juli 1991 (GVOBl. M-V 1991, S. 194).

RundfG M-V – Rundfunkgesetz für das Land Mecklenburg-Vorpommern vom 20. November 2003 (GVOBl. M-V 2003, S. 510).

SächsPRG – Gesetz über den privaten Rundfunk und neue Medien in Sachsen vom 9. Januar 2001 (SächsGVBl. S. 69, 684) zuletzt geändert durch Gesetz vom 16. April 2009 (SächsGVBl. Nr. 5, S. 130).

Sachweh, Ulrike (2008): *Zur Einstellung der UKW-Frequenzen in Sachsen* vom 31.10. Online unter: http://www.rfi.fr/actude/articles/106/article_671.asp (aufgerufen am 18.4.2010).

Schwarz, Jürgen (1990): Revolutionäre Öffentlichkeit – Das Fernsehen und die Demokratisierung im Osten. In: Hall, Peter Christian (Hrsg.): *Mainzer Tage der Fernsehkritik.* Band 23. Main: ZDF, S. 215-216.

SLM – Sächsische Landesanstalt für privaten Rundfunk und neue Medien (1994): *Zur Vergabe von Frequenzen in Sachsen – Ahrendt im Verwaltungsrat der SLM.* Pressemitteilung vom 26.10. Dresden: SLM.

SLM – Sächsische Landesanstalt für privaten Rundfunk und neue Medien (2002): *Sitzung des Medienrates der SLM vom 13. Mai 2002.* Pressemitteilung vom 13.5. Leipzig: SLM.

SLM – Sächsische Landesanstalt für privaten Rundfunk und neue Medien (2008): *Privater Rundfunk in Sachsen. Programme und ihre Anbieter von Hörfunk und Fernsehen.* zusammengestellt von Stefan Förster. Berlin: Vistas.

Stiehler, Hans-Jörg (1990): Medienwelt im Umbruch – Ansätze und Ergebnisse empirischer Medienforschung in der DDR. In: *Media Perspektiven,* Heft 2, S. 95-98.

TLM – Thüringer Landesmedienanstalt (1999): *Geschäftsbericht der Thüringer Landesmedienanstalt 1998.* Arnstadt: TLM.

TLM – Thüringer Landesmedienanstalt (2000): *Geschäftsbericht der Thüringer Landesmedienanstalt 1999.* Arnstadt: TLM.

TLM – Thüringer Landesmedienanstalt (2003): *Geschäftsbericht der Thüringer Landesmedienanstalt 2002.* Arnstadt: TLM.

TLM – Thüringer Landesmedienanstalt (2004): *Geschäftsbericht der Thüringer Landesmedienanstalt 2003.* Erfurt: TLM.

TLM – Thüringer Landesmedienanstalt (2006): *Geschäftsbericht der Thüringer Landesmedienanstalt 2005.* Erfurt: TLM.

TLM – Thüringer Landesmedienanstalt (2007): *Geschäftsbericht der Thüringer Landesmedienanstalt 2006.* Erfurt: TLM.

TLM – Thüringer Landesmedienanstalt (2009): *Themen und Beschlüsse der TLM-Versammlung vom 8. Dezember.* Pressemitteilung vom 9.12.

Wichert, Lothar (2009): *Radioprofile in Berlin-Brandenburg 2008.* Berlin: Vistas.

Willmzig, Klaus (1993): Auch letztes Tal der Ahnungslosen bald erreicht. In: NEUE ZEIT vom 15.04., S. 19.

Interviews

Adams, Juliane: Geschäftsführerin, RADIO COTTBUS, Cottbus; 20.10.2009, telefonisch

Allit, John: Geschäftsführer, JAZZ RADIO, Berlin; 2.11.2009, persönlich

Demski, Walter: Bereichsleiter Programm, MSA, Halle; 21.12.2009, persönlich

Franzen, Christopher: Geschäftsführer, ENERGY SACHSEN, Leipzig; 26.10.2009, telefonisch

Freitag, Steffen: Geschäftsführer, HITRADIO RTL-SACHSEN, Dresden; 27.10.2009, telefonisch

Gülzow, Matthias: Geschäftsführer RADIO PARADISO/JAM FM, Berlin; 7.10.2009, persönlich

Häutemann, Michael: Chefredakteur, FAZ BUSINESS RADIO, Berlin; 2.11.2009, persönlich

Henle, Dr. Victor: ehem. Direktor, TLM, Erfurt; 10.12.2009, telefonisch

Hoffmann, Marcus: Geschäftsführer, RADIO FDZ, Ostseebad Prerow; 20.10.2009, telefonisch

Hopp, Olaf: Geschäftsführer, RADIO BROCKEN und 89,0 RTL, Halle; 20.10.2009, telefonisch

Hornauer, Dr. Uwe: Direktor, LRZ, Schwerin; 17.12.2009, telefonisch

Kratz, Hans-Jürgen: Geschäftsführer, ANTENNE THÜRINGEN und RADIO TOP 40, Weimar; 22.10.2009, telefonisch

Kühne, Marcus: Geschäftsführer, MOTOR FM, Berlin; 8.12.2009, persönlich

Linnenbach, Erwin: Sprecher der Geschäftsführung, Regiocast, Leipzig; 16.11.2009, persönlich

Liss, Martin: Geschäftsführer, ENERGY BERLIN, Berlin; 6.10.2009, persönlich

Mayer, Prof. Kurt-Ulrich: Präsident des Medienrates, SLM, Leipzig; 18.12.2009, persönlich

Müller, Klaus-Dieter: Bereichsleiter Justiziariat, SLM, Leipzig; 25.11.2009, persönlich

Noormann, Detlef: Geschäftsführer/Programmdirektor, BERLINER RUNDFUNK 91,4, Berlin; 7.10.2009, persönlich

Radusch, Holger: Mitarbeiter Bereich Recht, MSA, Halle; 21.12.2009, persönlich

Schalt, Christian: Geschäftsführer/Programmdirektor, RS2 94,3/KISS FM, Berlin; 7.10.2009, persönlich

Schneider, Verena: Bereichsleiterin Recht, MSA, Halle; 21.12.2009, persönlich

Schomburg, Reiner: ehem. Vorsitzender der Versammlung, MSA, Halle; 4.11.2009, persönlich

Sperke, Tino: Geschäftsführer OSTSEEWELLE HITRADIO MV, Rostock; 10.11.2009, telefonisch

Thoss, Claus Tilo: Geschäftsführer, VOGTLAND RADIO, Plauen; 22.10.2009, telefonisch

Wilde, Herbert: Geschäftsführer, RADIO ERZGEBIRGE 107,7, Oberwiesenthal; 27.10.2009, telefonisch

Wittke, Thorsten: Geschäftsführer/Programmdirektor SENDER KW, Königs-Wusterhausen; 6.10.2009, persönlich

Zahrnt, Ingeborg: Justiziarin, MABB, Berlin; 20.11.2009, persönlich

Melanie Beck / Marie-Christine Buntrock / Jenny Feickert / Katja Mannteufel / Melain Müller

Der privatkommerzielle Fernsehmarkt in Ostdeutschland

In diesem Kapitel wird die Entwicklung des ostdeutschen privatkommerziellen Fernsehmarktes von 1990 bis 2010 mit seinen rechtlichen, technischen und wirtschaftlichen Voraussetzungen sowie dem Programmangebot und seiner Nutzung nachvollzogen. Zudem wird dargestellt, inwiefern RTL, SAT.1 und PROSIEBEN als die drei bundesweiten Privatsender mit den höchsten Marktanteilen (Zubayr/Gerhard 2010: 109) in den neuen Bundesländern agiert haben. Neben Primär- und Sekundärlektüre, Archivarbeit in den Landesmedienanstalten und im Medienarchiv des Instituts für Kommunikations- und Medienwissenschaft der Universität Leipzig fließen Leitfadeninterviews ein. Insgesamt wurden 37 Personen befragt, dazu zählen Mitglieder der Landesmedienanstalten genauso wie die Medienakteure selbst, also Geschäftsführer und Programmverantwortliche ausgewählter Sender. Vor allem dienen die Experteninterviews der Verdichtung der Informationen sowie der Ergänzung lückenhafter Daten.

1. Die private Fernsehlandschaft nach der Wiedervereinigung

Mit dem Einigungsvertrag wurde eine neue Regelung für den Rundfunk in Ostdeutschland getroffen. So sah »Artikel 36 Rundfunk« die so genannte »Einrichtung« vor. Demnach sollten sowohl der RUNDFUNK DER DDR (Hörfunk) als auch der DEUTSCHE FERNSEHFUNK (DFF) bis 31. Dezember 1991 inhaltlich weitergeführt werden, da die neuen Bundesländer noch keine Landesregierungen besaßen, die entsprechende Mediengesetze hätten initiieren können (Wille 2003: 138). In einem Übergangsmodell sollten beide Programme des DFF in einer DFF-Länderkette zusammengefasst werden. Zudem war geplant, eine eigene Lizenz für das ZWEITE DEUTSCHE FERNSEHEN (ZDF) freizugeben sowie die ARBEITSGEMEINSCHAFT DER ÖFFENTLICH-RECHTLICHEN RUNDFUNKANSTALTEN IN DER BUNDESREPUBLIK DEUTSCHLAND (ARD) auf die Frequenz des ersten Programms des DFF zu legen. Dieser Plan wurde im Dezember 1990 umgesetzt (Mikos 1992: 115).

Im Rahmen der neuen Rundfunkordnung fielen die privatkommerziellen Sender unter die medienpolitische Hoheit der Länder (§ 1 Abs. 2 RStV) und so setzten sich die neuen Bundesländer individuell mit deren Regelung auseinander. Im Ergebnis wurden entsprechende Landesmediengesetze erlassen: das Gesetz über den privaten Rundfunk in Sachsen-Anhalt am 22. Mai 1991, das Sächsische Privatrundfunkgesetz am 27. Juni 1991, das Rundfunkgesetz für das Land Mecklenburg-Vorpommern am 9. Juli 1991 und das Thüringer Privatrundfunkgesetz am 5. August 1991. Berlin und Brandenburg folgten am 29. Februar 1992 mit dem Staatsvertrag über die Zusammenarbeit zwischen Berlin und Brandenburg im Bereich des Rundfunks (Schuler-Harms 1992: 59).

In den Gesetzen wurden neben der Organisation des privaten Rundfunks auch die begrenzten technischen Kapazitäten geregelt. Die größte Schwierigkeit bestand in der effektiven Aufteilung der schlecht ausgebauten Kabelnetze der ehemaligen DDR, die oft aus privater Initiative heraus entstanden. Deren Leistung war nicht für eine solche Vielzahl von Programmen ausgelegt. In den drei mitteldeutschen Bundesländern – Thüringen, Sachsen und Sachsen-Anhalt – regelten entweder die Landesregierung oder die oberste Landesbehörde die Zuordnung der Kapazitäten. In Mecklenburg-Vorpommern und Berlin-Brandenburg entschieden die Landesmedienanstalten über deren Vergabe (Schuler-Harms 1992: 61). Auch die großen, in Westdeutschland ansässigen Privatsender bemühten sich um Sendekapazitäten in den neuen Bundesländern.

2. Die Etablierung der marktführenden Privatsender in Ostdeutschland

Im Zuge der Entwicklung der Fernsehlandschaft kristallisierten sich zwei große Gesellschaftergruppen heraus, die den privaten TV-Markt wesentlich beeinflussten: Zum einen etablierte sich die Bertelsmann-CLT-Gruppe, zu der das Vollprogramm RTL PLUS (später RTL) gehört, zum anderen die Kirch-Springer-Gruppe, zu der u.a. die bundesweiten Sender SAT.1 und PROSIEBEN zählten. Bis zur Wende 1989 wurden diese drei großen Privatsender offiziell nur in der Bundesrepublik ausgestrahlt. In der DDR sahen drei Fünftel der Bevölkerung dennoch »Westfernsehen«[1] (Hesse 1988: 41), wenn auch größtenteils nur die öffentlich-rechtlichen Sender. Eine 1985 in Westdeutschland unter DDR-Aussiedlern durchgeführte Studie belegt, dass durchschnittlich mehr als zwei Drittel der Zuschauer regelmäßig die ARD-Nachrichten »Tagesschau« bzw. das ZDF-Magazin »Kennzeichen D« verfolgten (ebd.: 43).

Mit dem Einsetzen der Satellitentechnik Anfang der 80er-Jahre eröffnete sich eine neue Möglichkeit der Verbreitung. Deren schnelle Entwicklung führte dazu, dass immer mehr Anstalten die Übertragung über Satellitenkanäle nutzten, was wiederum einen Nachfragerückgang bei den Kabelnetzbetreibern zur Folge hatte (Dussel 2010: 264-266). Im Jahr 1994 war jeder zwölfte Haushalt technisch für den Satelliten-Direktempfang ausgestattet, 1997 bereits jeder dritte. Mit Stand von Oktober 2009 empfingen gut 45 Prozent der 35 Millionen TV-Haushalte in Deutschland ihre Programme per Satellit. Im Vergleich dazu nutzten nur noch vier Prozent den traditionellen terrestrischen Empfang (AGF/GfK-Fernsehforschung 2009, eigene Berechnung).

Gründe für die schnelle Etablierung der Satellitentechnik auf der Empfängerseite waren zum einen die kostengünstige Anschaffung der so genannten »Schüssel«, zum anderen die damit verbundene Sender- bzw. Programmvielfalt (Olden 1993: 6). Zudem ist anzunehmen, dass durch den Satellitenempfang Kabelgebühren eingespart werden sollten. Die Kombination aus Terrestrik, Kabel- und Satellitenverbreitung ermöglichte schließlich, dass 1993 insgesamt 90 Prozent der Haushalte in den neuen Bundesländern mit RTL PLUS, SAT.1 und PROSIEBEN versorgt werden konnten (Duveneck 1993: 7).

Trotz der zunehmenden Satellitennutzung wurden nach RTL 1992 im Folgejahr weitere terrestrische Frequenzen vergeben: Die Sächsische Landesanstalt für privaten Rundfunk und neue Medien (SLM) verteilte vier Frequenzen an SAT.1, RTL, VOX und an eine sächsische Fernsehgesellschaft; PROSIEBEN und N-TV erhielten keine Lizenz. Sachsen-Anhalt vergab zwei Lizenzen an SAT.1 und das Berliner Lokalfernsehen FAB. (Kleinwächter 1993: 13) Thüringen schrieb im April 1994 drei Frequenzketten aus (Funkkorrespondenz 1994: 15) und Mecklenburg-

[1] »Als Westfernsehen bezeichnete die DDR-Bevölkerung TV-Programme der bundesdeutschen, zumeist öffentlich-rechtlichen Rundfunkanstalten« (Hesse 1988: 41).

Vorpommern startete im selben Jahr einen Testversuch mit zwei terrestrischen Frequenzen für Lokalfernsehen (Altrogge/Donsbach/Böhm/Schabedoth 1999: 18).

Die Ansiedlung in Form von festen Landesstudios schien den großen Privatsendern unnötig. »Die Menschen konnten uns sehen [...], also warum sollten wir umziehen?«, erklärte der damalige RTL-Chef Helmut Thoma. Einzig in Leipzig gibt es derzeit mit dem Landesstudio Ost eine Form der lokalen Präsenz. Diese produziert laut Geschäftsführer Thomas Präkelt hauptsächlich für den Sender RTL. Weiterhin bestand für die großen privaten Anbieter die Pflicht einer regionalen Vertretung innerhalb ihres Programms durch landesweite Regionalfenster, wenn diese Frequenzen im jeweiligen Bundesland nutzten. Die Grundlage dieser Verpflichtung bildete der Rundfunkstaatsvertrag (RStV) von 1987, welcher festlegte, dass vom kommerziellen Rundfunk auch publizistische Leistungen im regionalen und lokalen Bereich zu erwarten sind (ALM 2003: 263). Die Jahresberichte der Arbeitsgemeinschaft der Landesmedienanstalten (ALM) belegen jedoch, dass sich seit 1993 keine Regionalfenster in den ostdeutschen Bundesländern etabliert haben (ALM 1994: 318-321, 327-329; ALM 1996: 311; ALM 1998: 371; ALM 2000: 311; ALM 2003: 264; ALM 2005: 260; ALM 2007: 261; ALM 2009: 120). Einzig in Brandenburg und Sachsen wurden regionale Fenster auf bundesweit verbreiteten Vollprogrammen betrieben: TV ANGERMÜNDE LOKAL (TVAL) von RTL in der Uckermark (Brandenburg) und DREHSCHEIBE DRESDEN von VOX in Sachsen (ALM 1996: 313f.; ALM 2005: 254).

Unter Betrachtung der Einschaltquote wird deutlich, dass die Zuschauerakzeptanz in den neuen Bundesländern sehr groß war. Mit dem Mehrangebot Anfang der 90er-Jahre veränderte sich das Nutzungsverhalten fast ausschließlich zugunsten der privaten Anbieter. Noch bis 1992 war die ARD quotenstärkster Sender in den neuen Bundesländern, basierend auf der statistischen Erhebung der AGF/GfK-Fernsehforschung unter Berücksichtigung der Zuschauer ab drei Jahre. Im Folgejahr wurde die ARD von RTL (21,2 Prozent) abgelöst. Auf dem zweiten Platz folgte SAT.1 (17,2 Prozent). PROSIEBEN lag an dritter Stelle (12,7 Prozent), wodurch drei Privatsender vor den öffentlich-rechtlichen Veranstaltern positioniert waren. Bis 1997 blieben die Werte der Privatsender konstant und gingen erst Ende der 90er-Jahre zurück. ARD und ZDF kamen in Ostdeutschland in den gleichen Jahren auf Quoten zwischen 14,3 und 12,8 Prozent. Ab der Jahrtausendwende sanken die Quoten der privaten Anbieter, während die Werte der öffentlich-rechtlichen Veranstalter langsam anstiegen, so dass die ARD wieder vor SAT.1 und PROSIEBEN lag (Frey-Vor/Gerhard/Mende/Mohr 2003: 179; Zubayr/Gerhard 2010: 109).

Seit 2005 fielen die Werte der großen Privatsender weiter ab. Mit Stand von Ende 2009 ist RTL zwar nach wie vor der erfolgreichste Sender in Ostdeutschland, erreichte aber nur noch 12,8 Prozent. Mit 10,9 Prozent bleibt SAT.1 nach RTL der zweitstärkste Privatsender auf dem ostdeutschen Markt. Im Gesamtvergleich liegt SAT.1 hinter der ARD (11,4 Prozent) und etwa gleichauf mit dem ZDF (10,7 Prozent). PROSIEBEN erreicht 6,4 Prozent (Zubayr/Gerhard 2010: 109).

3. Entwicklung des Lokal- und Regionalfernsehens

3.1 Thüringen

Ausgangslage für die heutige Fernsehlandschaft war nach Richter/Zippel/Herold/Krieg (1999: 10f.) die Errichtung von Kabelnetzanlagen in der DDR. Aus den damals bestehenden Ortsfunkprogrammen entwickelte sich nach der Wende der nicht-kommerzielle private Fernsehtext als einzig zulässige Form des lokalen TV-Angebots. Dessen Grundlage war das damalige Thüringer Privatrundfunkgesetz (TPRG), das regionale und lokale Werbung verbot. Die stellvertretende Direktorin der Thüringer Landesmedienanstalt (TLM) Kirsten Kramer verweist darauf, dass das Werbeverbot praktisch kaum umgesetzt werden konnte, denn für eine »Refinanzierung brauchen sie ja zwingend Werbung«. Oftmals auch als elektronisches »Schwarzes Brett« bekannt, bestand nach der Studie von Früh/Stiehler (1997: 53) ein durchschnittliches Fernsehtextprogramm aus 50 Tafeln. Mehr als die Hälfte der Tafeln war inhaltlich durch allgemeine Serviceinformationen geprägt. Ein Drittel zeichnete sich durch Einladungen, Anzeigen und Ankündigungen von Veranstaltungen aus.

Erst mit dem Thüringer Rundfunkgesetz (TRG) von 1996 setzte sich das privatkommerzielle Lokalfernsehen durch. Im März 2010 sind 16 Veranstalter lizenziert, von denen zehn Sender eine technische Reichweite[2] von über 10.000 angeschlossenen Wohneinheiten[3] haben (TLM 2010).

Die Fernsehlandschaft ist durch eine hohe Fluktuation von Sendern gekennzeichnet. Seit im Jahr 1997 die ersten Sender zugelassen wurden, konnten nur wenige Anbieter kontinuierlich ein Programm aufrecht erhalten. Von den aktuellen Sendern bestehen seit 1997 der STADT-KANAL STEINACH und der SAALE-INFO-KANAL und seit 1998 senden KABEL PLUS, TV-ALTENBURG und JENA.TV. Der für April 2010 geplante Sendestart von SALVE.TV ERFURT ist nach TV ERFURT, ERFURT.TV und PLUS.TV ERFURT ein weiterer Versuch, einen Hauptstadtsender auf Dauer zu etablieren (TLM 2010). Der ehemalige Geschäftsführer von ERFURT.TV Jörg Ropers erklärte, dass er 2005 trotz erwirtschafteter Gewinne Insolvenz anmelden musste, nachdem der Hauptgesellschafter alle ausgestellten Kredite einforderte. Das nachfolgende PLUS.TV ERFURT war Teil der PLUS.TV-Gruppe, die nach wirtschaftlichen Schwierigkeiten ebenfalls insolvent ging (ALM 2009: 127).

Neben dem Lokalangebot ist der bundesweite Spartensender CONCERT CHANNEL TV 2007 nach Angaben von Kirsten Kramer mit einer zehnjährigen Lizenz in Thüringen zugelassen worden. Dieser hat allerdings bis zum jetzigen Zeitpunkt noch kein Programm gesendet. Trotz des nicht absehbaren Sendestarts muss der Veranstalter keine Konsequenzen fürchten, da dieser eine ausschließliche Satellitenzulassung besitzt und somit keine Übertragungskapazitäten blockiert, wie Kirsten Kramer auf Anfrage erklärte.

Technische Verbreitung

Theoretisch stehen den Fernsehanbietern drei Übertragungswege zur Verfügung: terrestrisch, per Satellit und über das Kabelnetz. Die Verbreitung via Satellit ist für die lokalen Veranstalter aufgrund der hohen Gebühren für einen digitalen Satellitenkanal nicht finanzierbar, wie der ehemalige Geschäftsführer Jörg Ropers im Gespräch feststellt. Die geringe technische Reichweite der analogen Terrestrik erwies sich ebenfalls als nachteilig für die lokalen Veranstalter. In Thüringen wurden bereits 1999 nur noch 2,7 Prozent aller Haushalte mit terrestrisch verbreitetem Fernsehprogramm versorgt (TLM 1999: 26). Das 2005 gestartete Pilotprojekt »DVB-T Mitteldeutschland« (Digital Video

2 Unter der technischen Reichweite versteht man die Zahl der potenziellen Empfangshaushalte bzw. Wohneinheiten (Berger 2008: 124).

3 Eine Wohneinheit ist eine Wohnung, die ab der Überlassung des betriebsfähigen Übergabepunktes als angeschlossen gilt (Richter/Zippel/Herold/Krieg 1999: 136).

Broadcasting-Terrestrial) zur Digitalisierung der Terrestrik wurde 2008 in den Regelbetrieb überführt und die analoge terrestrische Verbreitung wurde eingestellt. Keiner der lokalen Veranstalter in Thüringen beteiligte sich an diesem Pilotprojekt. Kirsten Kramer sieht den Grund dafür in der geringen technischen Reichweite, wodurch kein Mehrwert für die Anbieter entsteht.

Folglich wird ausschließlich das Breitbandkabelnetz zur Übertragung des TV-Programms genutzt. Neben der analogen Verbreitung im Kabelnetz nutzt nur JENA.TV auch die digitale Übertragung. Im Rahmen der Digitalisierung nahm der Sender an dem Pilotprojekt DVB-C (Digital Video Broadcasting-Cable) teil. Seit 2002 ist dieses Projekt in den Regelbetrieb übergegangen und JENA.TV ist sowohl digital als auch analog empfangbar (TLM 2002: 33f.).

Wirtschaftliche Situation

Im Auftrag der Direktorenkonferenz der Landesmedienanstalten (DLM) wurde mehrfach die Wirtschaftlichkeit der Sender untersucht. In keinem der erhobenen Jahre konnten die Thüringer Veranstalter ein positives Ergebnis erzielen. Die sechs betrachteten Jahre sind nur bedingt vergleichbar, da die Erhebungsgrundlage verändert wurde.[4] Dennoch verdeutlichen die Zahlen die schlechte wirtschaftliche Lage: 1999 schlossen die Veranstalter das Jahr mit einem Defizit von insgesamt 2,1 Mio. DM ab und 2000 sogar mit 2,4 Mio. DM; das macht einen Kostendeckungsgrad[5] von 67 Prozent aus (BLM 2002: 214). Auch im Jahr 2001 ergab sich ein Minus von 740.000 Euro, im Folgejahr betrug dieses 650.000 Euro (BLM 2004: 213). In der aktuellsten Untersuchung der drei größten Sender[6] 2003 und 2004 wurde im jeweiligen Jahr ein Verlust von 200.000 Euro errechnet. Trotz des hohen Kostendeckungsgrades von 86 bzw. 84 Prozent konnte keiner der Sender einen Gewinn erwirtschaften (BLM 2006: 212).

Wolfgang Seufert, Professor für Kommunikationswissenschaft an der Friedrich-Schiller-Universität Jena, nennt im Interview mögliche Grün-

---

4 Die Ergebnisse aus den Jahren 1999 und 2000 basieren auf den 18 Thüringer Anbietern in Kabelanlagen mit einer Reichweite von unter 50.000 Wohneinheiten (BLM 2002: 209). In den Jahren 2001 und 2002 lagen der Erhebung 16 Kabelanlagen zu Grunde (BLM 2004: 209) und 2003/2004 nur die drei Sender mit einer Reichweite von über 50.000 Wohneinheiten (BLM 2006: 207f.).

5 Der Kostendeckungsgrad bezeichnet das Verhältnis von Erlösen zu Kosten. Ein Kostendeckungsgrad von über 100 Prozent bedeutet Gewinn, darunter Verlust.

6 Die drei größten Sender sind PLUS.TV K28 – DAS FERNSEHEN, PLUS.TV OSTTHÜRINGEN und ERFURT.TV.

de für die schlechte Situation: keine bzw. wenige Subventionen, eine sehr geringe Kaufkraft und die dünne Bevölkerungsdichte. Thüringen hatte 2008 mit einer Bevölkerung von 2.267.763 nur 140 Einwohner je Quadratkilometer, parallel dazu leben in der Bundesrepublik durchschnittlich 230 Einwohner pro Quadratkilometer (Statistische Ämter des Bundes und der Länder 2010). Auch der Vergleich der Kaufkraft[7] verdeutlicht, dass Thüringen mit 15.621 Euro pro Kopf unter dem bundesdeutschen Durchschnitt von 18.957 Euro pro Kopf liegt (Michael Bauer Research GmbH 2010b).

Programmangebot

Die von der TLM durchgeführten Programmanalysen zeigen, dass der Umfang des Programms im Laufe der Zeit zunahm. Am Beispiel von TV ERFURT wird deutlich, dass zwischen 1999 und 2006 die Programmdauer von zehn Stunden in vier Wochen auf mehr als 15 Stunden anstieg (Heyen/Wagner 1999: 16; Giewald/Heyen 2006: 8).

Eine inhaltliche Betrachtung belegt, dass 2002 bis zu zwei Drittel des Programms aus der aktuellen Informationssendung bestanden (Moses/Heyen 2002: 8). Daneben gab es Formate meist ohne Tages- oder Wochenbezug wie Sportsendungen, Talkshows, Szenemagazine oder auch Kino- und Kulturmagazine (Heyen/Wagner 1999: 18; Moses/Heyen 2002: 8; Giewald/Heyen 2006: 10).

Eine weitere wichtige Kenngröße in den Analysen bildet die Aktualisierungsfrequenz, mit der die Sender ihr neues Programm ausstrahlen. Demnach sind Montag und Freitag als die Tage angegeben, an denen die meisten Veranstalter ihre Inhalte aktualisieren (Moses/Heyen 2002: 9; Giewald/Heyen 2006: 10). Bereits 1999 zeichnete sich TV ERFURT durch ein Sechs-Tage-Programm aus. Das SÜDHARZER REGIONALFERNSEHEN und JENA.TV zeigten an fünf Tagen originäre, d.h. eigens erstellte Programminhalte (Heyen/Wagner 1999: 18). 2002 produzierte K28 – DAS FERNSEHEN sieben Tage pro Woche neu (Moses/Heyen 2002: 9) und 2006 sendete die PLUS.TV-Gruppe sechs Tage die Woche einen neu gestalteten Inhalt. Einzig SALVE.TV aktualisierte die Programminhalte im Jahr 2006 an sieben Tagen in der Woche (Giewald/Heyen 2006: 11). Vor den Aktualisierungen werden die Sendeinhalte in »Programmschleifen« wiederholt (Moses/Heyen 2002: 9).

[7] Die Kaufkraft bezeichnet das verfügbare Nettoeinkommen pro Einwohner und Jahr (Michael Bauer Research GmbH 2010a).

Nutzung

Das lokale Fernsehen hat eine besondere Bedeutung für die Menschen in Thüringen. Eine Studie von Wolfgang Burkhardt (2002: 114) zeigt, dass sich 96 Prozent der Befragten »sehr eng« bzw. »eng« mit ihrer Region verbunden fühlen. Diese Verbundenheit schlägt sich in dem Interesse an der lokalen Berichterstattung nieder. Über drei Viertel der Thüringer zeigen allgemein »großes« bzw. »sehr großes« Interesse an Informationen über ihren Wohnort (Burkhardt 2002: 115). Die Akzeptanz des Mediums wird zusätzlich durch die Nutzungsgewohnheiten der Thüringer unterstrichen: Neben der Tageszeitung bezieht jeder Fünfte Informationen aus dem lokalen Fernsehen. Zudem ergab die Studie, dass jeder Zweite entweder täglich oder mehrmals in der Woche lokales Fernsehen nutzt (ebd.: 121f.).

3.2 Sachsen

Sachsen ist das Bundesland mit den meisten privatkommerziellen Anbietern lokaler und regionaler Fernsehprogramme im gesamten Bundesgebiet. Mit Stand von April 2009 waren im sächsischen Freistaat 58 Anbieter lizenziert (SLM 2010a).[8] Derzeit ist die Mehrzahl der sächsischen Privatveranstalter kleinen Lokalsendern zuzuordnen, deren technische Reichweite bis zu 10.000 Haushalte beträgt. Aktuell sind dies 36 Anbieter. Ein ähnliches Verhältnis galt auch, soweit dokumentiert, für die zurückliegenden Jahre (Altrogge/Donsbach/Böhm/Schabedoth 1999: 36; ALM 2005: 260; ALM 2007: 261; ALM 2009: 120).

Diese Vielzahl der sächsischen Fernsehsender fußt auf den günstigen Ausgangsbedingungen in der unmittelbaren Nachwendezeit. Ein Grund sind die frühzeitig geschaffenen rundfunkrechtlichen Grundlagen mit dem Sächsischen Privatrundfunkgesetz von 1991. Weiterhin förderten die noch zu DDR-Zeiten errichteten privaten Kabelanlagen (ALM 1994: 145) bzw. Antennengemeinschaften (ALM 2005: 258) die Entstehung lokaler und regionaler Fernsehveranstalter.

In den Jahren seit der Wiedervereinigung hat sich die Zahl der lokalen und regionalen Sender auf hohem Niveau gehalten (ALM 1998: 373; ALM 2003: 272; ALM 2005: 260; ALM 2007: 261; ALM 2009: 120).

---

[8] Dazu zählt auch der einzige sächsische Ballungsraumsender SACHSEN FERNSEHEN, der sich mit jeweils eigenen Senderstandorten unterteilt in DRESDEN und LEIPZIG FERNSEHEN und das Chemnitzer SACHSEN FERNSEHEN (Förster 2008: 70, 72 und 74; ALM 2009: 120).

Technische Verbreitung

Die Programme werden in der Regel entweder terrestrisch oder per Kabel übertragen. Beide Verbreitungswege nutzen gegenwärtig nur FID, TELEVISION ZWICKAU und VRF. Das Gros der Veranstalter sendet ausschließlich über Kabel in eigenen Kabelanlagen (Altrogge/Donsbach/Böhm/Schabedoth 1999: 36; Seufert 2008: 12; SLM 2009a; SLM 2010b). Durch die oftmals sehr kleinen Kabelanlagen und die – zumindest im bundesdeutschen Vergleich mit 228 Einwohnern je Quadratkilometer (Statistische Ämter des Bundes und der Länder 2010) – geringe Bevölkerungsdichte (Seufert 2008: 15) sind die technischen Reichweiten der meisten Sender gering (Altrogge/Donsbach/Schabedoth 2004: 21; ALM 2009: 120). Allerdings unterscheiden sich die technischen Reichweiten der einzelnen Programme sehr stark (Altrogge/Donsbach/Böhm/Schabedoth 1999: 36; Altrogge/Donsbach/Schabedoth 2004: 22; Seufert 2008: 22): So liegt z.B. die technische Reichweite von DRESDEN FERNSEHEN bei ca. 720.000 Zuschauern (Förster 2008: 72), das REGIONALFERNSEHEN ARNSFELD erreicht etwa 1200 Einwohner.

Die per Kabel übertragenen lokalen und regionalen Fernsehprogramme werden bis auf ELSTERWELLE FERNSEHEN, FID und TVM noch ausschließlich analog verbreitet (SLM 2010b). Hintergrund sind die mit der Umstellung auf die digitale Übertragungstechnik verbundenen Einmalinvestitionen, die nur teilweise von der SLM gefördert werden (SLM 2009b: 36). Vor allem reichweitenschwache Sender wie das STADTFERNSEHEN ANNABERG-BUCHHOLZ[9] sind durch fehlende Werbeeinnahmen nicht in der Lage, diesen Betrag zu schultern. Generell favorisiert Kurt-Ulrich Mayer, Präsident des Medienrates der SLM, langfristig das Überleben ausschließlich größerer Sender ab mehr als 10.000 angeschlossene Wohneinheiten (Förster 2008: 20).

Die Digitalisierung der terrestrischen Anbieter soll laut Jürgen Schüller, Bereichsleiter Technik der SLM, voraussichtlich bis Ende 2010 abgeschlossen sein. Nachdem am 17. März 2008 im Rahmen eines Pilotprojekts das DVB-T mit zwei lokalen bzw. regionalen Sendern startete, übertragen aktuell acht lokale und regionale Anbieter digital terrestrisch (Förster 2008: 21; ALM 2009: 126; SLM 2009b: 32; SLM 2010b).

---

[9] Das STADTFERNSEHEN ANNABERG-BUCHHOLZ erreicht gut 10.000 Haushalte mit seinem Programm (Förster 2008: 96).

Wirtschaftliche Situation

Die Einnahmequelle der lokalen und regionalen sächsischen TV-Anbieter war und ist im Wesentlichen die klassische Werbung, vereinzelt auch das Sponsoring (Altrogge/Donsbach/Böhm/Schabedoth 1999: 37f.; BLM 2002: 195; BLM 2004: 191; BLM 2006: 191; BLM 2008: 280).[10] Je nach Sender kommt zu geringen Teilen die Produktion von Imagefilmen beziehungsweise der Verkauf von Sendungsmitschnitten, bspw. beim STADTFERNSEHEN ANNABERG-BUCHHOLZ hinzu. Vor allem regionale Werbung trägt mit 70 Prozent den überwiegenden Anteil zur Finanzierung der Sender bei (BLM 2008: 279f.).

Vor dem Hintergrund einer im Vergleich zu den westdeutschen Bundesländern geringen Einwohnerdichte, kleiner technischer Reichweiten sowie mangelnder Kauf- und Wirtschaftskraft ist die wirtschaftliche Lage der sächsischen TV-Anbieter als schwierig zu bezeichnen. Ingo Goschütz, Geschäftsführer des etablierten Görlitzer ERTV mit mittlerer technischer Reichweite,[11] beschreibt die Situation: »Also man lebt von der Hand in den Mund [...] Wir müssen fast zu 100 Prozent aus den Werbeeinnahmen leben und da gibt es [...] Berg- und Talfahrten.« Knapp ein Viertel der Anbieter macht Betriebsverluste (Seufert 2008: 14). Vergleicht man die Entwicklung im Zeitverlauf, fällt auf, dass sich die Situation der Sender im Erfassungszeitraum seit 1995 insgesamt stabilisiert hat und erstmals seit 2004 leichte Gewinne zu verzeichnen sind. Der Kostendeckungsgrad stieg von 69 Prozent im Jahr 1996 auf 104 Prozent im Jahr 2006 (BLM 2008: 285).

Um die Abhängigkeit von den im lokalen und regionalen Verbreitungsgebiet ansässigen Werbekunden zu begrenzen und die wirtschaftlichen Bedingungen für die Anbieter zu verbessern, wurden in der Vergangenheit verschiedene Vermarktungsverbünde (z.B. ARiS – Arbeitsgemeinschaft Regionalfernsehveranstalter in Sachsen) und Initiativen (z.B. das TV-Gemeinschaftsmagazin »7 Tage Sachsen« oder die überregionale Vermarktung durch die CityTV Kombi Ost) ins Leben gerufen (ALM 2005: 262; TV Sachsen 2010; Lokalfernsehen 2010; KabelJournal GmbH 2010; CityTV Kombi Ost 2010). Eine Veranstaltervernetzung

10 Die nachfolgenden Ausführungen beziehen sich u.a. auf statistische Erhebungen der Bayerischen Landeszentrale für neue Medien (BLM), die von 1995/1996 bis 2004 nur Anbieter mit einer technischen Reichweite ab 50.000 Haushalte erfasste. Ab 2006/2007 wurden alle Anbieter ab einer technischen Reichweite von mindestens 10.000 Haushalten erfasst. Nicht berücksichtigt wurden die TV-Sender mit einer technischen Reichweite bis 10.000 Haushalte.

11 Der Anbieter ERTV versorgt 203.000 Zuschauer mit seinem Programm (Förster 2008: 78).

zum satellitengestützten Austausch von Programmen und Werbespots wird seit 2006 durch die SLM gefördert, ebenso die Kopfstellenvernetzung durch elektronische Programmaktualisierung. Die Programmeinspeisung ins Kabelnetz wird dadurch effektiver (ALM 2007: 170; ALM 2008: 136). Ziel der Maßnahmen ist die Einnahmesteigerung bei gleichzeitiger Kostensenkung.

Programmangebot

Das Programmangebot der privaten Fernsehveranstalter in Sachsen unterscheidet sich stark voneinander und hat sich im Laufe der Jahre oft ausgehend von Bildschirmzeitungen, d.h. Fernsehtext, entwickelt (Altrogge/Donsbach/Böhm/Schabedoth 1999: 17; Förster 2008: 78; KabelJournal GmbH 2010). Heute werden meist Bewegtbildangebote mit lokalem Fernsehtext gekoppelt (Förster 2008: 70-97).

Während das Programmangebot anfangs an gemeindefinanzierten »Bürgermeisterfunk« (Liehr/Schenk 1994: 153) oder »Laienfernsehen« erinnerte, umfasste die Bandbreite von jeher auch kommerzielle, werbefinanzierte Angebote (ALM 1996: 314; ALM 1998: 373; ALM 2000: 314; ALM 2003: 270).

Strukturell galt und gilt das System der »Sendeschleife«; Programmlücken werden im Allgemeinen mit einer Bildschirmzeitung aufgefüllt. Die Themen kommen zu 71 Prozent aus dem lokalen Nahraum (Altrogge/Donsbach/Schabedoth 2004: 56) und beinhalten zuvorderst Service, gefolgt von alltäglichem Geschehen, Kunst, Kultur und Unterhaltung sowie untergeordnet Wirtschaft, Politik und Sport (Altrogge/Donsbach/Böhm/Schabedoth 1999: 28-33 und 43-47; Altrogge/Donsbach/Schabedoth 2004: 46-49, 59; Förster 2008: 70-97).

Nutzung

Die sächsischen TV-Sender können insgesamt auf eine enge Zuschauerbindung verweisen, wobei die Professionalität des Programms hierfür nicht ausschlaggebend ist. Gleichbedeutend ist die Kenntnis des Ortes und des Lebensgefühls (Altrogge/Donsbach/Schabedoth 2004: 29f., 97-110; ALM 2003: 273).

Die seit 2003 jährlich in der »Funkanalyse Sachsen«[12] erhobenen Daten belegen die durchschnittlich gute Nutzung und Akzeptanz. So sahen die sächsischen TV-Angebote im Jahr 2003 zwei Drittel der po-

[12] An der »Funkanalyse Sachsen« beteiligen sich aktuell zwölf Anbieter mit insgesamt 14 Programmen (SLM 2010a).

tenziellen Zuschauer mindestens ein Mal pro Woche; 2009 verfolgten mit 52 Prozent über die Hälfte das lokale bzw. regionale Fernsehen im Zeitraum bis zu einer Woche (Engerer Seherkreis). Im gleichen Jahr sahen innerhalb von vier Wochen (Weiterer Seherkreis) 71 Prozent die sächsischen TV-Sender (ALM 2005: 259; SLM 2010a).

3.3 Sachsen-Anhalt

Die Einführung des privatkommerziellen Fernsehens fand in Sachsen-Anhalt erst im Jahr 1997 statt. Das fünfte Gesetz zur Änderung des Gesetzes über privaten Rundfunk in Sachsen-Anhalt ermöglichte die Durchführung des Pilotprojekts »Kommerzielles Fernsehen in ausgewählten Kabelnetzen«. Die medienrechtliche Zulassung neuer lokaler Fernsehprogramme sollte die Meinungsvielfalt im lokalen Bereich stärken (ALM 1999: 254; MSA 2010). Im Herbst 1997 erhielten 19 Programmteilnehmer von der Medienanstalt Sachsen-Anhalt (MSA) eine vorerst auf zwei Jahre befristete Lizenz zur Realisierung von Fernsehproduktionen sowie Videotext- und Kabelzeitungsangeboten (ALM 1998: 257; ALM 1999: 254). Nach Ablauf dieser Zeit war es den Sendern möglich, einen Antrag auf Zulassung für den Regelbetrieb zu stellen (MSA 2010) – dies nahmen 15 Veranstalter wahr (ALM 2000: 402; ALM 2001: 328f.).

Im November 2009 sind 14 private Fernsehanbieter, die ausschließlich ein lokales Programm produzieren, lizenziert. Die Sender unterscheiden sich sowohl in der Größe des Verbreitungsgebietes als auch in dem Umfang des erstellten Programmangebots. Die technische Reichweite variiert von 320 bis 260.000 Haushalte (MSA 2010; RAN1 2010), darüber hinaus erreicht TV HALLE nach eigenen Angaben 700.000 Zuschauer via DVB-T (TV HALLE 2010). Neun Veranstalter versorgen mehr als 10.000 und fünf weniger als 10.000 Haushalte (MSA 2010). Elf Sender haben sich seit 1997 bzw. 1998 auf dem Markt etabliert (ALM 1999: 255; MSA 2010).

Im Jahr 1999 wurde der Programm- und Vermarktungsverbund »Fernsehen aus Sachsen-Anhalt« (FSA) gegründet. Der Zusammenschluss der Veranstalter zu einer »Sachsen-Anhalt-Kombi« gab den Sendern die Möglichkeit, mehrere Verbreitungsgebiete mit Werbung zu versorgen. Zudem wurde das Regionalmagazin »Regionalzeit FSA« ausgestrahlt, in dem ausgewählte Beiträge der einzelnen Anbieter zu einer Sendung aufbereitet wurden (Wiegand/Goldhammer/Zerdick 2004: 265). Die FSA besteht nach Angaben von Stefan Richter, Betreiber des Senders MDF.1, in dieser Form nicht mehr. Der Zusammenschluss beschränkt sich gegenwärtig auf eine gemeinsame Interessenvertretung.

Technische Verbreitung

Alle in Sachsen-Anhalt lizenzierten Sender strahlen ihr Programm via Kabel aus. Im April 2010 verbreiten zwei Anbieter ihr Programm zudem analog terrestrisch (RBW, RAN1) sowie TV HALLE digital terrestrisch. Nach Angaben der MSA ist 2010 eine generelle Umstellung auf DVB-T vorgesehen, da alle analog terrestrisch verbreiteten Sender ihren Betrieb mit Ablauf des Jahres 2010 einstellen müssen. Die Umstellung wird von der MSA finanziell gefördert.

Wirtschaftliche Situation

Im Auftrag der DLM wurden mehrfach Daten zur Wirtschaftlichkeit der Sender erhoben. Trotz der unterschiedlichen Erhebungsgrundlage[13] in den vier betrachteten Jahren und der damit eingeschränkten Vergleichbarkeit veranschaulichen die Zahlen die negative Entwicklung der wirtschaftlichen Lage.

Die ökonomische Situation der lokalen Anbieter war zwei Jahre nach Abschluss der Pilotphase von einer positiven Tendenz geprägt. Ausschließlich für die Sender in Sachsen-Anhalt konnte im Vergleich zu den anderen neuen Bundesländern 2001 und 2002 ein Kostendeckungsgrad von mehr als 100 Prozent ermittelt werden (BLM 2004: 210 und 213). Trotz eines Gesamtgewinns aller erhobenen Veranstalter in Sachsen-Anhalt von 0,11 Mio. Euro (2001) und 0,21 Mio. Euro (2002) bezeichneten vier der befragten Geschäftsführer die Situation als »schlecht« (ebd.: 211 und 213).

Für die zuletzt erhobenen Jahre 2003 und 2004 ergab sich ein wirtschaftlich schlechteres Bild. So konnten die Veranstalter 2003 ihre Kosten zu 89 und 2004 zu 96 Prozent decken. Nur drei der sechs Lokalprogramme erzielten 2004 ein ausgeglichenes Ergebnis bzw. einen Überschuss (BLM 2006: 196f.). Im selben Jahr wurde ein Verlust von 0,1 Mio. Euro erwirtschaftet, im Vorjahr von 0,4 Mio. Euro (ebd.: 198). Folglich bewerteten die Geschäftsführer der Sender die Rahmenbedin-

[13] Die Ergebnisse für die Jahre 2001 und 2002 basieren auf der Befragung von 15 Anbietern (BLM 2004: 209). 2003 und 2004 wurden sechs Anbieter mit einer technischen Reichweite von über 50.000 Haushalten befragt (BLM 2006: 194).

gungen ihrer Arbeit ausnahmslos als »ungünstig«, »sehr schwierig«, »katastrophal« und »aussichtslos« (ebd.: 197).

Programmangebot

Die eigenproduzierten Programminhalte der lokalen Veranstalter bestehen primär aus regionalen und lokalen Nachrichten, lokalem Wetter und Serviceinformationen und werden von den Sendern in der Regel in einem 15- bis 60-minütigen tages- oder wochenaktuellen Nachrichtenprogramm ausgestrahlt. Signifikant für alle Anbieter ist die hohe Wiederholfrequenz dieser eigenproduzierten Programminhalte (Wiegand/Goldhammer/Zerdick 2004: 98). Zudem besteht die Möglichkeit, Programmplätze an Teleshopping-Veranstalter zu verkaufen. Laut Stefan Richter ist dies auch für den Sender MDF.1 eine wichtige finanzielle Grundlage. Insbesondere kleine Anbieter mit wöchentlicher Programmaktualisierung wie z.B. TV-DITFURT nutzen nach Angaben des Geschäftsführers Joachim Löwe das Format der Bildschirmtafeln, um zusätzlich Serviceinformationen oder Werbung mit geringem personellen und finanziellen Aufwand auszustrahlen.

Nutzung

Die von der ENIGMA GfK Medien- und Marketingforschung im Jahr 2006 veröffentlichte Reichweitenanalyse veranschaulicht die Bedeutung, die das lokale Fernsehen für die Menschen in Sachsen-Anhalt hat. Diese wird durch die häufige Nutzung deutlich – im Engeren Seherkreis mit knapp zwei Dritteln und im Weiteren Seherkreis mit 81 Prozent der potenziellen Nutzer, die die lokalen Programme technisch empfangen können (ENIGMA GfK 2006: 21). Zu den Programmpräferenzen der potenziellen Zuschauer gehören vor allem Nachrichten aus Sachsen-Anhalt, gefolgt von lokalem Wetter und Lokalnachrichten (ebd.: 31). Nur 55 Prozent der befragten Zuschauer des Weiteren Seherkreises halten das Programm der Anbieter für »voll und ganz« oder »weitgehend professionell«. Dagegen empfinden 88 Prozent die Lokalsender als »glaubwürdig« und rund 80 Prozent als »aktuell« und »bürgernah« (ebd.: 35). Knapp ein Drittel bewertet ein lokales Fernsehprogramm für das jeweilige Gebiet als »unerlässlich« (ebd.: 37). Dennoch wird in der Studie deutlich, dass die Tageszeitung für 37 Prozent der potenziellen Nutzer des Lokalfernsehens das wichtigste Medium für lokale Informationen ist, gefolgt vom Radio mit 18 Prozent und dem Lokal-TV mit 15 Prozent (ebd.: 47).

3.4 Berlin und Brandenburg

Die Entwicklung des Fernsehmarktes begann bereits 1985 in Westberlin im Rahmen des Kabelpilotprojekts. Empfangbare Sender waren FAB, TD 1, 1A FERNSEHEN (später TV.BERLIN) sowie die Sender auf dem SPREEKANAL, ehemals MISCHKANAL. In der DDR gab es keine vergleichbaren lokalen Angebote.

Die rechtlichen Grundlagen für lokale Sender wurden in Berlin-Brandenburg 1992 mit dem Inkrafttreten des Medienstaatsvertrages geschaffen. In einem Gebiet wurde ein lokales Fernsehprogramm ohne gültige Lizenz angeboten, was jedoch nicht gestattet war. Dies bestätigt Susanne Grams, Referentin für Öffentlichkeitsarbeit der Medienanstalt Berlin-Brandenburg (MABB): »Ein Ungeduldiger begann nach der Öffnung der Mauer sein Programm in Brandenburg via Videorekorder in ein örtliches Kabelnetz einzuspeisen. Dies war dann der so genannte Piratenfunk.«

Vor allem in den Jahren von 1992 bis 1997 entwickelte sich die TV-Landschaft wesentlich. In Brandenburg erhielten in dieser Zeit insgesamt 21 TV-Sender eine Sendeerlaubnis, von denen allerdings elf ihren Sendebetrieb wieder einstellten bzw. sich mit anderen Sendern zusammenschlossen (ALM 1994: 318-321; ALM 1996: 364-366; ALM 1998: 438-443; ALM 2010). Im Jahr 2008 strahlten 28 Veranstalter ein Programm aus (Kerkau/Link/Wiegand 2009: 20). Anfang 2010 existieren 25 Sender, davon haben 17 eine Reichweite von über 10.000 und acht unter 10.000 Haushalte (ALM 2010; MABB 2010).

In Berlin waren in den frühen 90er-Jahren fünf private Lokalsender zu empfangen: ATT TV, FAB, PULS TV, TD 1 sowie SPREEKANAL (ALM 1994: 318-320). Heute besteht die private lokale Fernsehlandschaft in Berlin aus dem Ballungsraumsender TV.BERLIN und dem lokalen Veranstalter SPREEKANAL (Kerkau/Link/Wiegand 2009: 20). Zuletzt meldete der Sender FAB Mitte 2009 Insolvenz an. Auf dem MISCHKANAL[14] siedelten sich im Laufe der Jahre über 40 Formate an, von denen heute noch 22 eine Sendelizenz besitzen (ALM 2010).

Der Fernsehtext hat sich auch in Berlin-Brandenburg entwickelt. TV.BERLIN und 18 weitere Sender in Brandenburg nutzen diese Mög-

[14] Der MISCH- bzw. SPREEKANAL ist der einzige Kanal in Deutschland, den mehrere eigenständige Veranstalter gemeinsam zur Programmverbreitung nutzen. Die Ausstrahlung der oft monothematischen Sendungen der Anbieter erfolgt nach einem festgelegten Ablauf (Kerkau/Link/Wiegand 2009: 177).

lichkeit zur Werbe- und Informationsverbreitung (Kerkau/Link/Wiegand 2009: 27 und 51).

Technische Verbreitung

Die Programme der lokalen TV-Veranstalter in Berlin und Brandenburg werden fast ausschließlich über Kabel verbreitet. Lediglich TV.BERLIN (Kerkau/Link/Wiegand 2009: 50) und POTSDAM TV nutzen derzeit DVB-T (BFN 2009). Über die Finanzierung und Förderung der Umstellung wird in der MABB gegenwärtig entschieden.

Wirtschaftliche Situation

Die wirtschaftliche Situation ist angespannt, nur wenige Sender können ihre laufenden Kosten decken. Die Erträge lagen 1999[15] bei 9,8 Mio. DM, die Aufwandskosten hingegen bei 46,2 Mio. DM, was einem Kostendeckungsgrad von nur 21 Prozent entspricht (BLM 2002: 155). Im letzterhobenen Jahr 2006 erwirtschafteten die Lokalsender insgesamt 9,9 Mio. Euro, wobei sich die Aufwandskosten auf 11 Mio. Euro reduziert hatten. Demnach ist mit einem Kostendeckungsgrad von 90 Prozent durchaus eine Verbesserung der finanziellen Situation zu verzeichnen, jedoch schafft es weiterhin kaum ein Sender, schwarze Zahlen zu schreiben (BLM 2008: 193).

Grund für die schlechte wirtschaftliche Lage sind u.a. Probleme in der Refinanzierung durch Werbung. Laut Susanne Grams kann die Medienanstalt die lokalen Sender nur eingeschränkt fördern, Förderungen der TV-Anstalten an sich sind ausgeschlossen.[16] Die Unterstützung erfolgt bspw. in Form von Workshops an der EMS (Electronic Media School) sowie durch das Vernetzungsprojekt »TV-Tankstelle«, eine Internetplattform, mittels der die TV-Produktionen für alle Betreiber zugänglich gemacht werden. Auch der Brandenburgische Fernsehnetz e.V. trägt zur Verbesserung der Situation der lokalen TV-Sender durch Koordination nach innen und Interessenvertretung nach außen bei.

15 Die Ergebnisse für das Jahr 1999 basieren auf der Befragung von 27 Anbietern in Kabelanlagen mit einer Reichweite von unter 50.000 Wohneinheiten (BLM 2002: 150). 2006 wurden 19 Anbieter mit einer technischen Reichweite von über 10.000 Haushalten befragt (BLM 2008: 190).

16 Gesetzliche Grundlage hierfür bilden § 1 und 2 der Förderrichtlinien der Medienanstalt Berlin-Brandenburg vom 4. September 2009 (MABB 2009).

Programmangebot

Das Programm der TV-Sender besteht aus täglichen Regionalmagazinen, die sowohl aktuelle Nachrichtenbeiträge als auch andere Magazin-Teile enthalten wie z.B. Ratgeber oder Gesundheits-Magazine (Kerkau/Link/Wiegand 2009: 22). Mit Stand von 2009 produzierten insgesamt 14 der damals noch 28 Sender ein eigenständiges Nachrichtenmagazin, acht sendeten Nachrichtenblöcke gefolgt von losen Beiträgen, fünf Sender wiesen keine feste Programmstruktur auf (ebd.: 23). Die Sendeleistung des Lokalfernsehens in Berlin und Brandenburg betrug im Durchschnitt 120 Minuten (Kerkau/Link/Wiegand 2009: 28). Die häufigste Darstellungsform im gesamten Programm war die Werbung mit 30 Prozent, an zweiter Stelle standen die Filmberichte mit 22 Prozent. Der Fernsehtext nahm dagegen nur 3 Prozent des Programms ein.

Unterschiede treten besonders bei der Aktualisierungsfrequenz der Programminhalte auf: Nur die Nachrichten von TV.BERLIN werden zu jeder vollen Stunde neu moderiert (ebd.: 50). Zwei Sender aktualisieren die Programminhalte sechs Mal, fünf Sender fünf Mal, ein Sender drei Mal, sechs Sender zwei Mal und neun Sender ein Mal in der Woche. Vier haben keine festen Aktualisierungsfrequenzen (ebd.: 25). Charakteristisch ist der besonders hohe regionale Bezug der Beiträge, dessen Anteil bei TV.BERLIN 64 Prozent und bei den brandenburgischen Sendern bis zu 99,8 Prozent beträgt (ebd.: 34).

Nutzung

Die örtlichen Medien dienen vor allem der Informationsbeschaffung über Ereignisse in der Region. Knapp über die Hälfte der Bevölkerung mit Zugang zu Lokalfernsehen sieht dies als wichtige Informationsquelle über Aktuelles aus ihrer Region (Hartung 2008: 8). In der Gesamtheit erreicht das Lokalfernsehen ca. 550.000 Haushalte bzw. ca. 1,5 Mio. Zuschauer, was einem WSK[17] von 34 Prozent entspricht (ebd.: 6). Von diesem WSK nutzen 51,2 Prozent das Fernsehen noch vor dem Radio (45,5 Prozent), den Anzeigenblättern (19,5 Prozent) und dem Internet (12,9 Prozent). Die Nutzer des WSK bewerten das Lokal-TV zu 71,6 Prozent als wichtigstes Medium für lokale Informationen. Damit liegt das Fernsehen noch vor den Tageszeitungen mit 65,2 Prozent. (ebd.: 9)

17 Der Weiteste Seherkreis (WSK) erfasst alle Nutzer innerhalb von zwei Wochen (Burkhardt 2002: 39).

3.5 Mecklenburg-Vorpommern

Mecklenburg-Vorpommern hat im Jahr 2000 als letztes der neuen Bundesländer die rechtlichen Voraussetzungen für lokales und regionales Fernsehen geschaffen (ALM 2003: 272). Bis zu diesem Zeitpunkt war lediglich landesweiter Rundfunk vorgesehen (§ 10 RGMV) oder Rundfunk zu Versuchszwecken (§ 14 Abs. 2 RGMV). Lokales Fernsehen konnte nur über die rechtliche Nische des so genannten »Veranstalterrundfunks«[18] betrieben werden (Altrogge/Donsbach/Böhm/Schabedoth 1999: 18). Die Übertragung in die bestehenden Kabelanlagen war nicht erlaubt (ebd.; Förster 2009: 22-24).

Nach 2000 haben sich mit Stand von Dezember 2008 in Mecklenburg-Vorpommern insgesamt 15 Veranstalter von lokalem und regionalem Fernsehen angesiedelt, sechs davon mit Reichweiten unter 10.000 Haushalten (ALM 2009: 120).[19]

Technische Verbreitung

Die Übertragung der Programme erfolgt sowohl terrestrisch als auch über die zu DDR-Zeiten entstandenen Kabelanlagen (Altrogge/Donsbach/Böhm/Schabedoth 1999: 18; KabelConnect 2010). Hinsichtlich der Übertragungstechnik wurde im Jahr 2005 zunächst das Antennenfernsehen flächendeckend auf DVB-T umgestellt (MMV 2010a). Die Analog-Digital-Umstellung im Bereich des Kabels »soll in wenigen Jahren abgeschlossen sein« (MMV 2010b). Eine endgültige Frist dafür gibt es laut Uwe Hornauer, Direktor der Medienanstalt Mecklenburg-Vorpommern (MMV), jedoch nicht. Erklärt wird dies von Hornauer und dem Geschäftsführer von TV.ROSTOCK Thomas Böhm u.a. mit der mangelnden Kooperationsbereitschaft der großen Kabelnetzbetreiber und mit den damit verbundenen Umrüstungskosten.

Wirtschaftliche Situation

Der wirtschaftliche Erfolg der TV-Programme ist bislang ausgeblieben. Die Ursache liegt in den sozioökonomischen Gegebenheiten des Bundeslandes (Benkenstein/Stephan/Bastian 2005: 133; Seufert 2008: 46-

[18] Beim »Veranstalterrundfunk« können private Anbieter nur einzelne Sendungen ausstrahlen, allerdings muss für jede Ausstrahlung eine gesonderte Lizenz beantragt werden. Die Veranstalter erhalten keine eigene Frequenz. Die Finanzierung über Werbung ist gestattet (Altrogge/Donsbach/Böhm/Schabedoth 1999: 18).

[19] Der größte Veranstalter, TV.ROSTOCK, erreicht gegenwärtig 110.000 Haushalte, die kleinsten Sender wenige hundert (Förster 2009: 64).

48, 50-52 und 55f.).[20] Dies bestätigt auch Joachim Steinmann, ehemaliger Direktor der Landesrundfunkzentrale Mecklenburg-Vorpommern (LRZ).

Einen Lösungsansatz versprechen die Mitgliedschaft im Bundesverband Lokales Fernsehen (BLF) oder Vermarktungsverbünde wie der 2003 gegründete Landesverband Regional TV Mecklenburg-Vorpommern e.V. (ALM 2005: 262). Weiterhin unterstützt die Landesmedienanstalt die Veranstalter- und Kopfstellenvernetzung (ALM 2009: 124).

Programmangebot

Das Programmangebot war und ist hinsichtlich des zeitlichen Umfangs, seiner Struktur, der inhaltlichen und technischen Qualität sehr unterschiedlich (Benkenstein/Stephan/Bastian 2004: 1; Förster 2009: 66) und besteht aus Text- und Bewegtbildprogrammen. Das Gros der Sendeinhalte hat bei allen Veranstaltern lokalen Bezug (Benkenstein/Stephan/Bastian 2004: 131; Förster 2009: 147-265).

Die Mehrheit der Anbieter strahlt ihr Programm nach dem Prinzip der »Sendeschleife« aus mit meist stündlicher Wiederholung und wöchentlicher Aktualisierung. In der Regel bildet ein selbst produziertes Regionalmagazin mit Nachrichten und Magazinbeiträgen den Kern und wird mit Fremdprogrammen oder der Gemeinschaftsproduktion »Wirtschaftsfenster MV« ergänzt (Förster 2009: 67 und 147-265; Wirtschaftsfenster MV 2010).[21]

Nutzung

Die Nutzung und Akzeptanz der lokalen und regionalen Sender in Mecklenburg ist hoch. Laut einer Studie im Auftrag der LRZ sind die TV-Sender »außerordentlich populär«. Der Bekanntheitsgrad der privaten lokalen und regionalen Veranstalter liegt bei 98 bis 100 Prozent, der WSK schwankt zwischen 75 und 85 Prozent (ALM 2008: 135). Das große Interesse an regionalen Themen, insbesondere Nachrichten, hat sich im Zeitverlauf kaum gewandelt und besteht in Abhängigkeit zur Mediendichte und -qualität vor Ort (Benkenstein/Stephan/Bastian

[20] Die Bevölkerungsdichte liegt aktuell bei 72 Einwohnern je Quadratkilometer, damit ist Mecklenburg-Vorpommern Schlusslicht im bundesdeutschen Vergleich (Statistische Ämter des Bundes und der Länder 2010). Ebenso verhält es sich bei der Kaufkraft mit 15.174 Euro pro Kopf (Michael Bauer Research GmbH 2010b).

[21] Das Magazin »Wirtschaftsfenster MV« ist eine Gemeinschaftsproduktion des Landesverbandes Regional TV Mecklenburg-Vorpommern und der Sender TV.ROSTOCK, WISMAR.TV, GÜSTROW TV und AVEO TELEVISION (Wirtschaftsfenster MV 2010).

2004: 132).[22] Vor allem in Ein-Zeitungs-Kreisen liegen die Chancen für die Nutzung des lokalen und regionalen Fernsehens verhältnismäßig hoch (BLM 2006: 190).

4. Fazit

Die private Fernsehlandschaft der neuen Bundesländer hat sich nach der Wiedervereinigung sehr unterschiedlich entwickelt. Während Thüringen bis 1996 ausschließlich Fernsehtext verbreitete, bildete sich in Sachsen seit 1991 und in Berlin-Brandenburg ab 1992 das privatkommerzielle Lokalfernsehen heraus. Hingegen wurden in Sachsen-Anhalt erst 1997 und 2000 in Mecklenburg-Vorpommern die rechtlichen Voraussetzungen für das Lokal-TV geschaffen.

Das Programm der landesweiten Privatsender RTL, SAT.1 und PROSIEBEN erfährt seit der Wende große Resonanz in den neuen Bundesländern. Dennoch sahen die marktführenden privaten Anbieter keine Notwendigkeit in der Ansiedlung vor Ort mit Ausnahme des Landesstudios Ost. Zudem haben sich keine landesweiten Regionalfenster etabliert. Ortsnahe Informationen werden von unabhängigen regionalen und lokalen Anbietern produziert und gesendet. Die technischen Reichweiten dieser Veranstalter umfassen meist den lokalen Nahraum. Zwei Ballungsraumsender in Berlin und Sachsen erreichen die größte Anzahl potenzieller Zuschauer.

Vorwiegend werden die ostdeutschen Privatsender über Kabel verbreitet, andere Übertragungswege erweisen sich als nicht wirtschaftlich. Nur wenige nutzen bislang die Möglichkeit der digitalen Übertragung, da die Digitalisierung mit hohen Umstellungskosten verbunden ist.

Charakteristisch für die lokale und regionale Fernsehlandschaft der neuen Bundesländer ist die schlechte wirtschaftliche Lage. Diese spiegelt sich in der Fluktuation der Veranstalter sowie den jährlichen Verlusten wider. Ausschlaggebend für geringe Werbeeinnahmen sind die schlechten sozioökonomischen Bedingungen; außerdem werden die Sender wenig gefördert.

---

[22] Die Anzahl von Tageszeitungen, Anzeigenblättern oder Hörfunksendern vor Ort wirkt sich auf das Nutzungsverhalten der potenziellen Zuschauer aus. Auch die Qualität der Lokal-TV-Angebote beeinflusst das Nutzungsverhalten (Benkenstein/Stephan/Bastian 2004: 132).

Demgegenüber steht die durchgehend hohe Zuschauerakzeptanz, die die ostdeutschen Privatsender erreichen. Studien zeigen, dass der Grund für diese Akzeptanz in der regionalen Verbundenheit der Bevölkerung liegt. Infolgedessen bedient das lokale und regionale Fernsehen neben der Tageszeitung das Bedürfnis nach Informationen aus der unmittelbaren Umgebung.

Unter Betrachtung der aktuellen Situation wird sich das Bild der ostdeutschen Fernsehlandschaft voraussichtlich verändern. Im Zuge der fortschreitenden Digitalisierung und der damit verbundenen Kosten für die Veranstalter ist vor allem das Überleben der reichweitenschwächsten Anbieter nicht gesichert. Das würde bedeuten, dass sich die Zahl der Fernsehanbieter in Zukunft verringert und die lokale publizistische Vielfalt abnimmt.

Literatur

AGF/GfK-Fernsehforschung (Hrsg.) (2009): *Medien Basisdaten. Technische Reichweiten der deutschen Fernsehsender 2009.* Online unter: http://www.ard.de/intern/basisdaten/empfangssituation/technische_20reichweiten/-/id=54848/1hwge2l/index.html (aufgerufen am 21.3.2010).

ALM – Arbeitsgemeinschaft der Landesmedienanstalten in der Bundesrepublik Deutschland (Hrsg.) (1994): *Privater Rundfunk in Deutschland 1993/94. Jahrbuch der Landesmedienanstalten.* München: Fischer.

ALM – Arbeitsgemeinschaft der Landesmedienanstalten in der Bundesrepublik Deutschland (Hrsg.) (1996): *Privater Rundfunk in Deutschland 1995/1996. Jahrbuch der Landesmedienanstalten.* München: Fischer.

ALM – Arbeitsgemeinschaft der Landesmedienanstalten in der Bundesrepublik Deutschland (Hrsg.) (1998): *Privater Rundfunk in Deutschland 1997/1998. Jahrbuch der Landesmedienanstalten.* München: Fischer.

ALM – Arbeitsgemeinschaft der Landesmedienanstalten in der Bundesrepublik Deutschland (Hrsg.) (1999): *Programmbericht zur Lage und Entwicklung des Fernsehens in Deutschland 1998/99.* Berlin: Ullstein.

ALM – Arbeitsgemeinschaft der Landesmedienanstalten in der Bundesrepublik Deutschland (Hrsg.) (2000): *Privater Rundfunk in Deutschland 1999/2000. Jahrbuch der Landesmedienanstalten.* München: Fischer.

ALM – Arbeitsgemeinschaft der Landesmedienanstalten in der Bundesrepublik Deutschland (Hrsg.) (2001): *Programmbericht zur Lage und Entwicklung des Fernsehens in Deutschland 2000/01.* Konstanz: UVK.

ALM – Arbeitsgemeinschaft der Landesmedienanstalten in der Bundesrepublik Deutschland (Hrsg.) (2003): *Privater Rundfunk in Deutschland 2003. Jahrbuch der Landesmedienanstalten.* Berlin: Vistas.

ALM – Arbeitsgemeinschaft der Landesmedienanstalten in der Bundesrepublik Deutschland (Hrsg.) (2005): *ALM Jahrbuch 2004. Landesmedienanstalten und privater Rundfunk in Deutschland.* Berlin: Vistas.

ALM – Arbeitsgemeinschaft der Landesmedienanstalten in der Bundesrepublik Deutschland (Hrsg.) (2007): *ALM Jahrbuch 2006. Landesmedienanstalten und privater Rundfunk in Deutschland.* Berlin: Vistas.

ALM – Arbeitsgemeinschaft der Landesmedienanstalten in der Bundesrepublik Deutschland (Hrsg.) (2008): *ALM Jahrbuch 2007. Landesmedienanstalten und privater Rundfunk in Deutschland.* Berlin: Vistas.

ALM – Arbeitsgemeinschaft der Landesmedienanstalten in der Bundesrepublik Deutschland (Hrsg.) (2009): *ALM Jahrbuch 2008. Landesmedienanstalten und privater Rundfunk in Deutschland.* Berlin: Vistas.

ALM – Arbeitsgemeinschaft der Landesmedienanstalten in der Bundesrepublik Deutschland (Hrsg.) (2010): *Katalog – TV-Senderdatenbank.* Online unter: http://www.alm.de/programmveranstalter/listview.php?iSystem=1&iType=6&iBroadcastArea=100&sSearch= (aufgerufen am 7.4.2010).

Altrogge, Michael/Donsbach, Wolfgang/Böhm, Hans-Jörg/Schabedoth, Eva (1999): *Lokal-TV zwischen Heimat- und Regionalfernsehen. Anbieter und Nutzer des privaten Lokalfernsehens Sachsens. Eine Studie. Im Auftrag der Sächsischen Landesanstalt für privaten Rundfunk und neue Medien (SLM).* Schriftenreihe der SLM, Band 8. Berlin: Vistas.

Altrogge, Michael/Donsbach, Wolfgang/Schabedoth, Eva (2004): *Lokal-TV zwischen Programmakzeptanz und Werbemarkt. Inhalte, Nutzung und wirtschaftliche Chancen des privaten Lokalfernsehens in Sachsen. Eine Tendenzanalyse im Auftrag der Sächsischen Landesanstalt für privaten Rundfunk und neue Medien (SLM).* Schriftenreihe der SLM, Band 12. Berlin: Vistas.

Benkenstein, Martin/Stephan, Anja/Bastian, Jörn (2004): *Lokale Fernsehanalyse 2004. Analyse der lokalen Fernsehsender in Mecklenburg-Vorpommern.* Schwerin: LRZ.

Berger, Viktor J. F. (2008): *Der deutsche Fernsehmarkt.* Paderborn: Fink.

BFN – Brandenburgisches Fernsehnetz e.V. (2009): *Aktuelles.* Online unter: http://www.bfn-tv.de/aktuelles.html (aufgerufen am 11.12.2009).

BLM – Bayerische Landeszentrale für Neue Medien (2002): *Beschäftigte und wirtschaftliche Lage des Rundfunks in Deutschland 1999/2000. Studie im Auftrag der Direktorenkonferenz der Landesmedienanstalten (DLM) vom Deutschen Institut für Wirtschaftsforschung (DIW) in Kooperation mit dem Hans-Bredow-Institut und der Arbeitsgruppe Kommunikationsforschung München (AKM).* Berlin: Vistas.

BLM – Bayerische Landeszentrale für Neue Medien (2004): *Beschäftigte und wirtschaftliche Lage des Rundfunks in Deutschland 2001/2002. Studie im Auftrag der Direktorenkonferenz der Landesmedienanstalten (DLM) vom Deutschen Institut für Wirtschaftsfor-*

schung (DIW) in Kooperation mit dem Hans-Bredow-Institut und der Arbeitsgruppe Kommunikationsforschung München (AKM). Berlin: Vistas.

BLM – Bayerische Landeszentrale für Neue Medien (2006): *Beschäftigte und wirtschaftliche Lage des Rundfunks in Deutschland 2004. Studie im Auftrag der Direktorenkonferenz der Landesmedienanstalten (DLM) vom Deutschen Institut für Wirtschaftsforschung (DIW) in Kooperation mit dem Hans-Bredow-Institut und der Arbeitsgruppe Kommunikationsforschung München (AKM).* Berlin: Vistas.

BLM – Bayerische Landeszentrale für Neue Medien (2008): *Wirtschaftliche Lage des Rundfunks in Deutschland 2006/2007. Studie im Auftrag der Landesmedienanstalten Bayerische Landeszentrale für neue Medien (BLM), Landesanstalt für Kommunikation Baden-Württemberg (LFK), Medienanstalt Berlin-Brandenburg (MABB), Medienanstalt Hamburg-Schleswig-Holstein (MA HSH), Hessische Landesanstalt für Privaten Rundfunk (LPR Hessen), Landesanstalt für Medien Nordrhein-Westfalen (LfM), Landeszentrale für Medien und Kommunikation Rheinland-Pfalz (LMK), Sächsische Landesanstalt für privaten Rundfunk und neue Medien (SLM).* Berlin: Vistas.

Burkhardt, Wolfgang (2002): *Ein Medium setzt sich durch – das lokale Fernsehen in Thüringen.* TLM-Schriftenreihe, Band 14. München: KoPäd.

CityTV Kombi Ost (2010): *CityTV Kombi Ost.* Online unter: http://citytv-kombi.de/default.aspx?ID=2054 (aufgerufen am 26.3.2010).

Duveneck, Wolfgang (1993): Nun West-Ahnungslose? TV-Empfang in alten Ländern schlechter als im Osten. In: *NEUE ZEIT* vom 17.6.1993, S. 7.

Dussel, Konrad (2010): *Deutsche Rundfunkgeschichte.* Konstanz: UVK.

ENIGMA GfK Medien- und Marketingforschung (2006): *Reichweiten Analyse. Lokale Fernsehanbieter in Sachsen-Anhalt.* Online unter: http://www.lra.de/Presse/pdf/reichweitenanalyse_47.pdf (aufgerufen am 22.2.2010).

Förster, Stefan (Hrsg.) (2008): *Privater Rundfunk in Sachsen. Programme und ihre Anbieter von Hörfunk und Fernsehen. Im Auftrag der Sächsischen Landesanstalt für privaten Rundfunk und neue Medien (SLM).* Schriftenreihe der SLM, Band 16. Berlin: Vistas.

Förster, Stefan (2009): *15 Jahre privater Rundfunk in Mecklenburg-Vorpommern. Bestandsaufnahme und Programmanalyse.* Berlin: Vistas.

Frey-Vor, Gerlinde/Gerhard, Heinz/Mende, Annette/Mohr, Inge (2003): Programme und ihre Zuschauer. Die Entwicklung der Fernsehnutzung in den alten und neuen Bundesländern. In: Frey-Vor, Gerlinde/Steinmetz, Rüdiger (Hrsg.): *Rundfunk in Ostdeutschland. Erinnerungen – Analysen – Meinungen.* Konstanz: UVK, S. 175-200.

Früh, Werner/Stiehler, Hans-Jörg (1997): *Informationsquelle Fernsehtext. Inhaltliche und formale Gestaltung lokaler Fernsehtextprogramme und ihre Bedeutung für die Nahraumkommunikation in Thüringen. Eine empirische Studie.* TLM Schriftenreihe, Band 2. München: KoPäd.

Funkkorrespondenz (1994): Thüringen: Drei terrestrische Frequenz-Ketten für Privatfernsehen. In: *Funkkorrespondenz* vom 15.4., S. 15.

Giewald, Olav/Heyen, Angelika (2006): *Lokales Fernsehen in Thüringen 2006. Die Programme und ihre Strukturen – Ergebnisse einer Inhaltsanalyse aus dem November und Dezember 2006.* Online unter: http://www.tlm.de/tlm/radio_tv/aufsicht/programmanalysen/06LokTV_Bericht_final_gesamt.pdf. (aufgerufen am 31.5.2009).

Hartung, Helmut (2008): Zehn Argumente für Lokalfernsehen in Brandenburg. In: Medienanstalt Berlin-Brandenburg (Hrsg.): *Lokales Fernsehen in Brandenburg. Das Programm – Die Zuschauer – Die Werbung.* Berlin: MABB, S. 2-9.

Hesse, Kurt R. (1988): *Westmedien in der DDR.* Köln: Verlag Wissenschaft und Politik.

Heyen, Angelika/Wagner, Kathrin (1999): *Lokales Fernsehen in Thüringen 1999. Eine Programmanalyse der Thüringer Landesmedienanstalt.* TLM-Schriftenreihe, Band 9. München: KoPäd.

KabelConnect (2010): *Kabelfernsehen Mecklenburg-Vorpommern.* Online unter: http://www.kabelconnect.de/kabelanbieter-mecklenburg-vorpommern?gclid=CLv8_Jit3qACFUWU3wodPybxPg (aufgerufen am 28.3.2010).

KabelJournal GmbH (2010): *Vom Hobby zu einem mittelständischen Unternehmen.* Online unter: http://www.kabeljournal.de/index.php?id=1040 (aufgerufen am 25.3.2010).

Kerkau, Florian/Link, Christine/Wiegand, André (2009): *Programmanalyse Regional- und Lokal-TV Berlin und Brandenburg.* Schriftenreihe der MABB, Band 24. Berlin: Vistas.

Kleinwächter, Wolfang (1993): Private Fernsehsender in Ostdeutschland. In: *Das Bulletin,* Nr. 2, S. 13.

Liehr, Jürgen/Schenk, Petra (1994): Private Kabelnetze in den neuen Bundesländern und deren besondere Programmangebote. In: Arbeitsgemeinschaft der Landesmedienanstalten in der Bundesrepublik Deutschland (Hrsg.): *Privater Rundfunk in Deutschland 1993/94. Jahrbuch der Landesmedienanstalten.* München: Fischer, S. 145-158.

Lokalfernsehen (2010): *Lokalfernsehen. ARiS.* Online unter: http://www.lokalfernsehen.de/site-assistent/cms-admin/user/index.php?page_id=181 (aufgerufen am 25.3.2010).

MABB – Medienanstalt Berlin-Brandenburg (2009): *Förderrichtlinen-Richtlinien der Medienanstalt Berlin-Brandenburg zur Förderung von Projekten der Medienkompetenz vom 4. September 2009.* Online unter: http://www.mabb.de/fileadmin/user_upload/pdf/Rechtsgrundlagen_pdf/08-Förderrichtlinie.pdf (aufgerufen am 21.4.2010).

MABB – Medienanstalt Berlin-Brandenburg (2010): *Brandenburger Stadtkanäle.* Online unter: http://www.mabb.de/radio-tv/brandenburger-stadtkanaele.html#c952 (aufgerufen am 14.4.2010).

Michael Bauer Research GmbH (2010a): *Kaufkraft 2009 – Professionelle Kaufkraftdaten für Ihre Vertriebsplanung!* Online unter: http://www.mb-research.de/marktdaten-deutschland/kaufkraft.html (aufgerufen am 10.4.2010).

Michael Bauer Research GmbH (2010b): *Kaufkraft 2009 in Deutschland. Bundesländer – wichtigste Variablen.* Online unter: http://www.mb-research.de/_mbr/_Deutschland/Kaufkraft/Kaufkraft_2009/MBR-Kaufkraft_2009_Bundeslaender.pdf (aufgerufen am 10.4.2010).

Mikos, Lothar (1992): Das Mediensystem in der ehemaligen DDR im Umbruch. Vom Zentralismus zum Föderalismus. In: Bundeszentrale für politische Bildung (Hrsg.): *Privat-kommerzieller Rundfunk in Deutschland. Entwicklungen, Forderungen, Regelungen, Folgen.* Bonn: Bundeszentrale für politische Bildung, S. 103-119.

MMV – Medienanstalt Mecklenburg-Vorpommern (2010a): *Digitales Fernsehen.* Online unter: http://www.medienanstalt-mv.de/radiotv/dvbt.html (aufgerufen am 28.3.2010).

MMV – Medienanstalt Mecklenburg-Vorpommern (2010b): *Entwicklungstrends.* Online unter: http://www.medienanstalt-mv.de/radiotv/entwicklung.html (aufgerufen am 28.3.2010).

Moses, Karina/Heyen, Angelika (2002): *Lokales Fernsehen in Thüringen 2002. Die Programme und ihre Reichweite – Ergebnisse einer Inhaltsanalyse aus dem November und Dezember 2002.* Online unter: http://www.tlm.de/tlm/radio_tv/aufsicht/programmanalysen/02LokTV_Bericht_Internet_neu.pdf (aufgerufen am 10.6.2009).

MSA – Medienanstalt Sachsen-Anhalt (2010): *Rundfunkveranstalter. Kommerzielles lokales Fernsehen.* Online unter: http://www.lra.de/index.php?content=Rundfunkveranstalter&menu=Fernsehen (aufgerufen am 22.2.2010).

Olden, Christian (1993): Der Osten verändert die Fernsehlandschaft. In wenigen Jahren werden über 200 Programme auf einer »Schüssel« sein – Kabelhaushalte mit düsteren Chancen. In: NEUE ZEIT vom 3.5., S. 6.

RAN1 (2010): *RAN1 Mediadaten (Reichweite/Nutzerprofile).* Online unter: http://www.kanal8-anhalt.de/default.aspx?ID=3927 (aufgerufen am 11.4.2010).

Richter, Hartmut/Zippel, Antje/Herold, Jörg/Krieg Annekatrin (1999): *Struktur der Thüringer Kabelnetze. Ein Beispiel für die Struktur ostdeutscher Kabelnetze.* TLM-Schriftenreihe, Band 7. Online unter: http://www.tlm.de/tlm/aktuelles_service/publikationen/tlm_schriftenreihe/tlm7.pdf (aufgerufen am 2.4.2010).

RGMV – Rundfunkgesetz für das Land Mecklenburg-Vorpommern vom 9. Juli 1991 (GVOBl. M-V 1991, S. 194).

Schuler-Harms, Margarete (1992): Privatfunkregulierung in den neuen Bundesländern. In: Hans-Bredow-Institut (Hrsg.): *Das Rundfunkrecht der neuen Bundesländer. Eine kommentierte Dokumentation.* Baden-Baden: Nomos, S. 59-73.

Seufert, Wolfgang (2008): *Gegenwart und Zukunft des lokalen und regionalen Fernsehens in Ostdeutschland. Studie im Auftrag der Landesmedienanstalten, Landesrundfunkzentrale Mecklenburg-Vorpommern (LRZ), Medienanstalt Berlin-Brandenburg (mabb), Medienanstalt Sachsen-Anhalt (MSA), Sächsische Landesanstalt für privaten Rundfunk und neue Medien (SLM), Thüringer Landesmedienanstalt (TLM).* Berlin: Vistas.

SLM – Sächsische Landesanstalt für Privaten Rundfunk und Neue Medien (2009a): *Lokale Rundfunkveranstalter in Kabelanlagen Sachsens. Stand April 2009.* Leipzig: SLM.

SLM – Sächsische Landesanstalt für privaten Rundfunk und neue Medien (2009b): *Jahresbericht 2008.* Leipzig: SLM.

SLM – Sächsische Landesanstalt für privaten Rundfunk und neue Medien (2010a): *Lokal-TV voll akzeptiert.* Online unter: http://www.slm-online.de/psk/slmo/dokukategorien/dokumanagement/psfile/docfile/79/presse20094ba9ca0133cb1.pdf (aufgerufen am 21.4.2010).

SLM – Sächsische Landesanstalt für privaten Rundfunk und neue Medien (2010b): *Veranstalterübersicht – Fernsehen. Stand 13.11.2009. Ergänzung 13.4.2010.* Unveröffentlicht. Leipzig: SLM.

Statistische Ämter des Bundes und der Länder (Hrsg.) (2010): *Gebiet und Bevölkerung – Fläche und Bevölkerung.* Online unter: http://www.statistik-portal.de/Statistik-Portal/de_jb01_jahrtab1.asp (aufgerufen am 6.4.2010).

TLM – Thüringer Landesmedienanstalt (Hrsg.) (1999): *Geschäftsbericht.* Erfurt: TLM.

TLM – Thüringer Landesmedienanstalt (Hrsg.) (2002): *Geschäftsbericht.* Erfurt: TLM.

TLM – Thüringer Landesmedienanstalt (2010): *Radio + TV. Lokalfernsehen.* Online unter: http://www.tlm.de/tlm/radio_tv/lokalfernsehen/index.php (aufgerufen am 25.3.2010).

TV HALLE (2010): *Herzlich Willkommen bei TV HALLE.* Online unter: http://www.tvhalle.de/index.php?option=com_content&task=view&id=25&Itemid=32 (aufgerufen am 11.4.2010).

TV SACHSEN (2010): *Lokalfernsehen.* Online unter: http://tvsachsen.regio-tv-portal.de/default.aspx?ID=3873 (aufgerufen am 26.3.2010).

Wiegand, André/Goldhammer, Klaus/Zerdick, Axel (2004): *Optimierung der Wirtschaftlichkeit regionaler und lokaler Fernsehsender.* Schriftenreihe der Landeszentrale für private Rundfunkveranstalter, Band 23. Baden-Baden: Nomos.

Wille, Karola (2003): Vom Werden der Rundfunkordnung in den neuen Bundesländern. In: Frey-Vor, Gerlinde/Steinmetz, Rüdiger (Hrsg.): *Rundfunk in Ostdeutschland. Erinnerungen – Analysen – Meinungen.* Konstanz: UVK, S. 133-144.

Wirtschaftsfenster MV (2010): *Wirtschaftsfenster MV.* Online unter: http://www.wirtschaftsfenster-mv.de//de/impressum (aufgerufen am 8.4.2010).

Zubayr, Camille/Gerhard, Heinz (2010): Tendenzen im Zuschauerverhalten. Fernsehgewohnheiten und Fernsehreichweiten im Jahr 2009 In: *Media Perspektiven,* Heft 3, S. 106-118.

Interviews

Bielagk, Mike: Inhaber/Geschäftsführer, KabelJournal, Grünhain-Beierfeld; 29.10.2009, telefonisch

Böhm, Thomas: Inhaber/Geschäftsführer, TV.ROSTOCK, Rostock; 23.10.2009, persönlich

Doetz, Jürgen: ehem. Geschäftsführer, SAT.1, Berlin; 12.2.2010, telefonisch

Erbert, Dietrich: Geschäftsführer, LOKALFERNSEHEN SCHWARZHEIDE UND RUHLAND (LSR), Schwarzheide; 18.11.2009, telefonisch

Falkner, René: Geschäftsführer, DRESDEN FERNSEHEN, LEIPZIG FERNSEHEN, SACHSEN FERNSEHEN, Leipzig, 1.10.2009, persönlich

Frank, Armin: Inhaber/Geschäftsführer, STADTFERNSEHEN ANNABERG-BUCHHOLZ, Annaberg-Buchholz; 22.10.2009, telefonisch

Grams, Susanne: Referentin für Öffentlichkeitsarbeit und Programm, Medienanstalt Berlin-Brandenburg, Berlin; 18.11.2009, telefonisch

Goschütz, Ingo: Geschäftsführer, EURO-REGIONAL TV (ERTV), Görlitz; 14.10.2009, telefonisch

Grüning, Dr. Uwe: Vizepräsident des Medienrates, Sächsische Landesanstalt für privaten Rundfunk und neue Medien, Leipzig; 26.10.2009, persönlich

Hoffmann, Martin: ehem. Geschäftsführer, SAT.1, Berlin; 13.1.2010, telefonisch

Hornauer, Dr. Uwe: Direktor, Medienanstalt Mecklenburg-Vorpommern, Schwerin; 22.10.2009, telefonisch

Johansen, Uwe: Geschäftsführer, AVEO TELEVISION (AVEO.TV), Schwerin; 11.11.2009, telefonisch

Kock, Harald: Geschäftsführer, AVUS TV, Berlin; 18.11.2009, telefonisch

Kramer, Kirsten: stellv. Direktorin, Thüringer Landesmedienanstalt, Erfurt; 4.12.2009, telefonisch

Kühn, Detlef: ehem. Direktor, Sächsische Landesanstalt für privaten Rundfunk und neue Medien, Berlin; 10.11.2009, telefonisch

Liepelt, Prof. Klaus: Honorarprofessor für empirische Medien- und Sozialforschung, Ehrensenator, Hochschule Mittweida; 18.11.2009, telefonisch

Lotz, Dr. Rainer: ehem. Inhaber/Geschäftsführer, OSKAR TV, Fürstenwalde; 17.11.2009, telefonisch

Löwe, Joachim: Inhaber/Geschäftsführer, TV-DITFURT, Ditfurt; 11.11.2009, telefonisch

Mayer, Prof. Kurt-Ulrich: Präsident des Medienrates, Sächsische Landesanstalt für privaten Rundfunk und neue Medien, Leipzig; 18.12.2009, persönlich

Mock, Peter: Geschäftsführer, JENA.TV, Jena; 6.11.2009, persönlich

Plückhahn, Frank: Inhaber/Geschäftsführer, FERNSEHEN AM STRELASUND (FAS), GREIFSWALD TV, WOLGAST TV, Wolgast; 13.10.2009, telefonisch

Präkelt, Thomas: Geschäftsführer, RTL-Landesstudio Ost, Leipzig; 16.2.2010, telefonisch

Radusch, Holger: Abteilung Recht, Medienanstalt Sachsen-Anhalt, Halle/Saale; 23.2.2010, telefonisch

Rehm, Klaus: ehem. Geschäftsführer, PLUS.TV ERFURT, Erfurt; 30.10.2009, telefonisch

Reuter, Günter: Inhaber/Geschäftsführer, REGIONALFERNSEHEN ARNSFELD, Arnsfeld; 21.4.2010, telefonisch

Richter, Stefan: Inhaber/Geschäftsführer, MDF.1, Magdeburg; 3.11.2009, telefonisch

Ropers, Jörg: ehem. Geschäftsführer, ERFURT.TV, Erfurt; 30.10.2009, persönlich

Schietrumpf, Ralf: Geschäftsführer, TV HALLE, Halle/Saale; 5.11.2009, telefonisch

Schüller, Jürgen: Bereichsleiter Technik, Sächsische Landesanstalt für privaten Rundfunk und neue Medien, Leipzig; 22.4.2010, telefonisch

Schultze-Jena, Stephan: ehem. Geschäftsführer, JENA.TV, Jena; 6.11.2009, persönlich

Schurig, Christian: ehem. Direktor, Medienanstalt Sachsen-Anhalt, Halle/Saale; 27.10.2009, telefonisch

Seufert, Prof. Dr. Wolfgang: Professor für Kommunikationswissenschaft mit Schwerpunkt Ökonomie und Organisation der Medien, Friedrich-Schiller-Universität Jena; 27.11.2009, persönlich

Steinmann, Joachim: ehem. Direktor, Landesrundfunkzentrale Mecklenburg-Vorpommern, Schwerin; 15.10.2009, persönlich

Stiehler, Prof. Dr. Hans-Jörg: Professor für Empirische Kommunikations- und Medienforschung, Universität Leipzig; 19.10.2009, persönlich

Thoma, Helmut: ehem. Geschäftsführer, RTL, Köln; 6.1.2010, telefonisch

Wahl, Toralf: Redakteur, PEENE TV, Demmin; 27.10.2009, persönlich

Wegler, René: Inhaber/Geschäftsführer, TORGAU-TV, Torgau; 28.10.2009, persönlich

Anja Datan / Kristin Hansen / Rosa Mareike Wiemann

Bürgerrundfunk in Ostdeutschland durch Offene Kanäle und Nichtkommerzielle Lokalradios

Im deutschen Mediensystem nimmt der Bürgerrundfunk eine Sonderstellung ein. In Offenen Kanälen (OK) und Nichtkommerziellen Lokalradios (NKL) entstehen mit semi-professioneller Technik produzierte Hörfunk- und Fernsehbeiträge, die ein breites lokales Publikum erreichen – allerdings geht es im Bürgerrundfunk nicht vorrangig um journalistische Qualität, sondern um die Möglichkeit jedes Bürgers, von seiner verfassungsmäßig zugesicherten Meinungsfreiheit auf dem Weg der audiovisuellen Medien Gebrauch zu machen, im Umgang mit ihnen Kompetenz zu erlangen und vorrangig lokalpublizistisch »andere« Themen auf die Agenda zu setzen.

Gab es in Westdeutschland bereits seit den 1980er-Jahren Bürgerrundfunkeinrichtungen, so hatten die DDR-Bürger bis zur Wende nicht die Möglichkeit, selbst Beiträge für Radio oder Fernsehen zu produzieren. Erst seit Mitte der 1990er-Jahre gibt es auch in Ostdeutschland Bürgerrundfunk in verschiedenen Organisationsformen.

Den Analysen dieses Beitrags liegen insgesamt 52 Leitfadeninterviews mit Leitern und Programmverantwortlichen der OK und NKL sowie Vertretern der Landesmedienanstalten, der Wissenschaft und der Interessenverbände zu Grunde.

1. Unterscheidung der Organisationsformen Offener Kanal und Nichtkommerzielles Lokalradio

Die in Deutschland vorherrschenden Formen des Bürgerrundfunks sind NKL und OK. Gemeinsam ist ihnen die Idee, dass sie neben öffentlich-rechtlichen und privaten Rundfunksendern ein Ort sind, an dem die

Bürger ihre Meinung auch über die Wege des Rundfunks frei artikulieren können. Vor allem sollen diejenigen eine Stimme erhalten, die in traditionellen Medien keine Plattform haben (Breunig 1998: 236). Die erforderliche Technik für Hörfunk- und Fernsehbeiträge wird kostenfrei zur Verfügung gestellt. Mitarbeiter bieten den Nutzern Hilfestellung in technischen Fragen und tragen mit medienpädagogischen Projekten zur Medienkompetenzvermittlung bei. Die Bürger können sich dabei produktionstechnische und journalistische Grundfertigkeiten aneignen. Die Produktionen der Bürger werden über eigene Sender verbreitet. Sowohl die OK als auch die NKL sind auf lokaler bzw. regionaler Ebene verankert, was sich in den Inhalten der Sender als lokalpublizistische Ergänzung widerspiegeln soll. Die Sender sind gemeinnützig und nichtkommerziell organisiert.

Bei den NKL unterscheidet man zwei Formen: »Bürgerradios«, die keinem explizit politischen Programmanspruch folgen, und »Freie Radios«, die mit ihrem Programm dem links-alternativen Spektrum zuzuordnen sind. Das Programm der NKL ist strukturiert und wird durch feste Redaktionsgruppen gestaltet. Der Zugang ist formal offen, allerdings müssen sich die Interessierten in die bestehenden Strukturen einfügen. Beim OK hingegen unterliegt der Zugang lediglich gesetzlichen Beschränkungen, zum Beispiel dem Wohnort im jeweiligen Bundesland oder der Einhaltung des Jugendschutzes. Der OK hat somit, wie Kertscher es formuliert, »die radikaldemokratischste Grundlage« (2005: 28). Die Sendeabfolge wird deswegen, anders als im NKL, nicht das Programmschema geregelt. Theoretisch sollten die Einzelproduktionen nach dem Prinzip der Schlange, also nach der Reihenfolge ihres Eingangs gesendet werden. In der Praxis haben sich in den vergangenen Jahren in vielen Bundesländern feste Sendeplätze oder Programmschemata etabliert.

In Ostdeutschland sind unterschiedliche Bürgerrundfunkmodelle entstanden. In allen Bundesländern sind die Landesmedienanstalten für die Lizenzierung und Aufsicht der Bürgermedien verantwortlich und finanzieren sie maßgeblich. Tabelle 1 bietet einen Überblick über die Einrichtungen in den einzelnen Ländern.

Tabelle 1: Bürgerrundfunkeinrichtungen in Ostdeutschland

Sender	Medienform	Trägerschaft
Berlin / Brandenburg		
ALEX	OHK/OFK	MABB (100% Finanzierung)
Mecklenburg-Vorpommern		
NB-RADIOTREFF 88,0, Neubrandenburg	OHK	LRZ (100% Finanzierung)
ROK-TV, Rostock	OFK	
WELLE KUMMEROWER SEE, Malchin	OHK (Außenstelle von NB-RADIOTREFF 88,0)	Verein (Finanzierung durch LRZ und Drittmittel)
RADIO 98EINS, Greifswald	OHK (Außenstelle von NB-RADIOTREFF 88,0)	
FISCH-TV, Schwerin	OFK (Außenstelle von ROK-TV)	
LOHRO, Rostock	NKL	Verein (Finanzierung durch Drittmittel)
Sachsen		
RADIO BLAU, Leipzig	NKL (Freies Radio)	Verein (SLM übernimmt ca. 50% der Sendekosten)
RADIO T, Chemnitz	NKL (Freies Radio)	
COLORADIO, Dresden	NKL (Freies Radio)	
Sachsen-Anhalt		
OK WITTENBERG	OFK (Sendebetrieb eingestellt)	Verein (MSA übernimmt ca. 90% der Sendekosten)
OK WERNIGERODE	OFK	
OK SALZWEDEL	OFK	
OK MERSEBURG-QUERFURT	OFK	
OK MAGDEBURG	OFK	
OK WETTIN	OFK	
OK STENDAL	OFK	
OK DESSAU	OFK	
RADIO HBW/HARZ-BÖRDE-WELLE, Aschersleben	NKL (Bürgerradio)	
RADIO CORAX, Halle	NKL (Freies Radio)	
FREIES RADIO Naumburg	NKL (Freies Radio; Sendebetrieb eingestellt)	
Thüringen		
RADIO FUNKWERK, Erfurt/Weimar	OHK	TLM (100% Finanzierung)
OFFENER KANAL GERA (mit PIXELTV)	OFK (Offener Kinderfernsehkanal PIXELTV angegliedert)	
OFFENER KANAL JENA	OHK	Verein (100% Finanzierung TLM)
OFFENER KANAL NORDHAUSEN	OHK	
WARTBURGRADIO, Eisenach	OHK	
SRB, Saalfeld	OHK (seit 2009, zuvor OFK)	
OFFENER KANAL EICHSFELD	OFK (Sendebetrieb eingestellt)	
RADIO FREI, Erfurt	NKL	Verein (finanzielle Förderung durch TLM)
RADIO LOTTE, Weimar	NKL	

Abkürzungen: NKL = Nichtkommerzielles Lokalradio; OFK = Offener Fernsehkanal; OHK = Offener Hörfunkkanal; »Finanzierung« beinhaltet sowohl die Sendekosten als auch die übrigen Kosten, z.B. für Personal

2. Entwicklung des Bürgerrundfunks in den einzelnen Bundesländern

2.1 Berlin und Brandenburg

Berlin und Brandenburg sind medienpolitisch durch den »Staatsvertrag über die Zusammenarbeit Berlin und Brandenburg im Bereich des Rundfunks« (MStV) vom 29. Februar 1992 verbunden. Seit der politischen Wende Anfang der 1990er-Jahre haben sich in Brandenburg keine Bürgermedien etabliert und in der Hauptstadt Berlin, die bundesweit eines der größten Angebote an öffentlich-rechtlichen und kommerziellen Radiosendern hat (ALM 2009: 173), gibt es lediglich einen OK, der seit den Anfängen als Offener Hörfunk- und Fernsehkanal sendet. Er existiert bereits seit 1985 als OKB – OFFENER KANAL BERLIN in Westberlin und war Teil des Kabelpilotprojekts (MABB 1995: 6). Man entschied sich zunächst für einen freien Träger, betrieben durch die Vereine Berliner Bürgergemeinschaft e.V. und Offener Kanal e.V.

Finanziert wurde der OKB während der freien Trägerschaft über den »Kabelgroschen«, einem Aufschlag von 20 Pfennig auf die Rundfunkgebühr. Als sich die wechselnden Betreibervereine zerstritten, ging die Trägerverantwortung als Konsequenz im Juli 1988 direkt auf die Anstalt für Kabelkommunikation Berlin über, die spätere Medienanstalt Berlin-Brandenburg (MABB; Kertscher 2005: 79f.). Seither wird der Offene Kanal in Berlin durch die MABB vollfinanziert.

Das Bürgermedium hatte jahrelang mit einem angeschlagenen Image zu kämpfen, das durch Qualitätsdiskussionen, schwindende Nutzerzahlen und dem Vorwurf, eine Plattform für Neonazis zu bieten, ausgelöst wurde. Der derzeitige Leiter Volker Bach drückt es wie folgt aus: »Der alte OFFENE KANAL BERLIN in seiner Gesamtheit war sehr umstritten, weil er für viele nicht mehr zeitgemäß war. Es gibt den gesetzlichen Auftrag, einen Offenen Kanal zu betreiben, aber die Frage war: Wie macht man das? Es war klar, es muss eine Reform her. Es gab rückläufige Nutzerzahlen, es gab keinerlei Publikumsbindung, es gab ein schlechtes Fernsehbild, das auch qualitativ durch Schneesturmatmosphäre bestach und es gab kaum Lobby.« Als Konsequenz stimmte der Medienrat für eine Reform und es entstand 2009 ALEX – OFFENER KANAL BERLIN als erster trimedialer Bürgersender Deutschlands mit Radio-, Fernseh- und Internetangebot. Die Reform zielt auf eine Professionalisierung des Senders ab, das Image des »alten« OK soll abgelegt werden. Dazu gehören ein neuer Name, ein Corporate Design, ein aktueller Internetauftritt, ein modernes On-Air-Design und eine feste Programmstruktur. Im Zuge der Reform erhielt der OK 2009 fast 2,5 Millionen Euro und damit über 800.000 Euro mehr als noch im Vorjahr (ALM 2008: 37; ALM 2009: 387). Das OK-Fernsehen in Berlin erreicht circa 1,25 Millionen Kabelhaushalte, doch das schlechte Image der letzten Jahre erschwere es, so Volker Bach, beim Zuschauer erfolgreich zu sein. Die Produzentenzahlen sind in den letzten Jahren zwar gestiegen, so haben sich im Fernsehkanal 2006 noch 262 registrierte Nutzer engagiert, im Jahr 2009 waren es 420 (MABB 2007: 32f.; Auskunft ALEX). Anders als der langjährige Leiter Jürgen Linke, ein ehemaliger Verwaltungsbeamter, kommt Volker Bach aus der Privatfernsehbranche und sieht die Reform und die damit verbundene Professionalisierung des Senders als notwendige Maßnahme für das Fortbestehen des Mediums an. Das neue Konzept sieht das Bürgermedium als Ort der Vernetzung, als Partner von Studierenden und vom Mediennachwuchs. ALEX solle als dritte Kraft neben öffentlich-rechtlichem und privatem Rundfunk in Berlin agieren.

Leiter Volker Bach sieht die Existenz des OK in Berlin durch die Reformmaßnahmen, vor allem durch die damit verbundene Professionalisierung des Senders, gesichert. Anders sieht es mit einer Etablierung weiterer OK oder NKL aus, obwohl der Medienstaatsvertrag die Etablierung weiterer OK zumindest nicht ausschließt. Auf politischer Ebene bestehe laut MABB-Direktor Hege kein Interesse dies zu tun oder die Gesetze des Medienstaatsvertrages auf NKL auszuweiten. Die eventuelle Konkurrenzsituation zu lokalen, kommerziellen Sendern vor allem in Brandenburg beeinträchtigt die politische Lobbyarbeit für Bürgermedien und durch die Zusammenarbeit der beiden Länder kommt erschwerend dazu, dass eine politische Mehrheit in beiden Parlamenten für eine Änderung des Medienstaatsvertrags notwendig ist. Jürgen Linke, langjähriger Leiter des OKB, bezeichnet die Nicht-Etablierung von Bürgermedien in Brandenburg als politisch verantwortungslos: »Zwar hätten OK die Probleme in Brandenburg gerade im Jugendbereich nicht verhindern können, aber sie wären ein durchaus sinnvolles Angebot gewesen, gerade in Brandenburg, für junge Menschen sich zu engagieren und sich auch in gewisser Weise zu qualifizieren.«

Neben dem OK gibt es in Brandenburg und vor allem in Berlin Initiativen, die sich seit einigen Jahren für eine Lizenzierung nichtkommerzieller Radios einsetzen. Ihnen fehlt es nicht ausschließlich an monetären Hilfestellungen, vor allem mangelt es an rechtlicher Grundlage und politischer Lobby. Initiativen der letzten Jahre sind u.a. OFFENER KANAL WITTSTOCK E.V., MIKRO.FM, KLUBRADIO UNLIMITED, PIRADIO oder RADIOPILOTEN. Letztere ist ein freier Zusammenschluss von Radiointeressierten, die seit 2001 Veranstaltungen mit einem Radio begleiten. Ihnen wurde Ende 2009 ein Antrag für ein »Freies Kulturradio« auf der Veranstaltungsfrequenz 88,4 MHz von der MABB genehmigt. Ab Mai 2010 senden die RADIOPILOTEN nun mit dem FREIEN KULTURRADIO in Berlin kontinuierlich für ein Jahr. Die Lizenzierung des Radios könnte der erste Schritt in Richtung längerfristige Etablierung eines NKL sein. Es ist das erste Veranstaltungsradio, was den rechtlich möglichen Zeitraum von einem Jahr ausschöpfen darf. Denn laut § 28 Abs. 5 des Medienstaatsvertrages (MStV) kann für eine drahtlos empfangbare Hörfunkfrequenz, die nicht anderweitig genutzt wird, für die Dauer von bis zu einem Jahr ohne Ausschreibung eine Sendeerlaubnis erteilt werden.

2.2 Mecklenburg-Vorpommern

Die Basis für Bürgermedien wurde nicht gleich nach der Wende gelegt. Erst mit der Änderung des Rundfunkgesetzes 1994 wurden die OK in Rundfunkversuchen erwähnt (§§ 36-41 RundfG). Anfang 1995 traf der Medienausschusses Mecklenburg-Vorpommern (MAMV) erste Standortentscheidungen zu dem Rundfunkversuch OFFENER KANAL (LRZ 1995: 3). Der Ausschuss entschied sich aus finanziellen Gründen, schnellerer Realisationsmöglichkeit sowie strukturellen Erwägungen zunächst für einen Offenen Hörfunkkanal in Neubrandenburg (LRZ 1997: Anlage 1: 1). Der Sender NB-RADIOTREFF 88,0 ging am 20. Januar 1996 als erster OK des Landes auf Sendung.

Schon mit der Entscheidung des Landesrundfunkausschusses von 1995, einen Offenen Hörfunkkanal einzurichten, wurde für 1996 festgelegt, in Rostock einen Offenen Fernsehkanal zu installieren (LRZ 1997: 12). ROK-TV ging am 14. November 1997 auf Sendung. Die beiden OK waren zunächst auf zehn Jahre beschränkt und wurden in 100-prozentiger Trägerschaft und Finanzierung der Landesrundfunkzentrale (LRZ), der späteren Medienanstalt Mecklenburg-Vorpommern (MMV), durchgeführt. Eine Absicherung für die beiden Sender kam 2000, als der zehnjährige Rundfunkversuch vorzeitig beendet wurde und OK als Dauereinrichtung in das Landesrundfunkgesetz aufgenommen wurden.

Es dauerte bis zum 1. Juli 2003, ehe neben NB-RADIOTREFF 88,0 und ROK-TV ein weiterer Bürgersender auf Sendung ging: das RADIO WELLE KUMMEROWER SEE in Malchin. Es folgten am 7. Januar 2005 RADIO 98EINS in Greifswald und am 31. März 2005 FISCH-TV, Akronym für Fernsehen in Schwerin. Die drei Sender sind alle »Außenstellen« von NB-RADIOTREFF 88,0 bzw. ROK-TV und auf Initiative von Bürgern und Vereinen entstanden, sie wurden nicht über einen gesetzlichen Auftrag etabliert. Die Vereine sind jeweils als Nutzer in ihren »Muttersendern« registriert, die Außenstellen werden dabei von einem Verein verwaltet und ihr Programm von den Nutzern des Vereins gestaltet. Die Leiter der OK und der Außenstellen äußerten sich mehrheitlich positiv über das Konstrukt Außenstelle. Obwohl die fehlende Finanzierung des Personals über die Landesmedienanstalt nachteilig und besonders auf persönlicher Ebene erschwerend für die Mitarbeiter ist, gewährt sie eine nicht zu unterschätzende Autonomie und damit ein unabhängiges Arbeiten von ihren »Muttersendern«. Damit sind die Außenstellen vor allem verwaltungstechnisch an die OK ROK-TV und NB-RADIOTREFF 88,0 gebunden, inhaltlich bestücken die Sender ihr Programm im Rahmen ihrer Sendezeiten in Eigenverantwortung.

Am 1. Juli 2005 ging LOHRO, das einzige NKL des Landes, auf Sendung. Das vereinsgetragene Radio erfährt als einziger Bürgersender keine direkte Förderung durch die Medienanstalt. Mit der Novellierung des Rundfunkgesetzes Anfang des Jahres 2010 wurden nichtkommerzielle Sender jedoch in das Rundfunkgesetz geschrieben; damit ist die Basis für eine mögliche finanzielle Grundsicherung durch die Landesmedienanstalt für LOHRO geschaffen.

Die Vertreter der Bürgermedien sehen ihren Sender nicht als alternatives Medium, sondern fungieren als Medienkompetenzvermittler und ermöglichen die Umsetzung des Rechts auf freie Meinungsäußerung. Professionalisierungstendenzen werden in Mecklenburg-Vorpommern als Eingriff in den offenen Zugang der Sender betrachtet und daher nicht bewusst vorangetrieben, sondern als Nebenprodukt der Medienkompetenzvermittlung erachtet. Letztere besitzt einen hohen Stellenwert im Land und wurde 2007 durch eine Vereinbarung zur Förderung der Medienkompetenz zwischen der Staatskanzlei des Landes Mecklenburg-Vorpommern, dem Ministerium für Bildung, Wissenschaft und Kultur, dem Ministerium für Soziales und Gesundheit sowie der Landesmedienanstalt ausgebaut. Die Arbeit der OK soll mit dieser Rahmenvereinbarung gestärkt und verzahnt werden. Beispielsweise werden die OK in medienpädagogische Projekte wie landesweit ausgeschriebene Medienwettbewerbe eingebunden (MMV 2007; ALM 2009: 324).

Der Rückhalt für Bürgermedien in Mecklenburg-Vorpommern durch die MMV und die Regierung ist mit der Novellierung des Rundfunkgesetzes 2009 weiter gestiegen. Der Zuschuss bewegt sich in den letzten Jahren bei einer Million Euro pro Jahr. Die MMV übernimmt bei allen Außenstellen die Kosten für die Sendeleitungen sowie die technische Infrastruktur; das Personal wird über die jeweiligen Vereine akquiriert. Trotz dieser kostengünstigen Methode, Bürgermedien zu etablieren, sollen keine weiteren Außenstellen errichtet werden, so Wolfgang Remer, der bis 2009 Beauftragter für Technik, Offene Kanäle und Öffentlichkeitsarbeit in der Medienanstalt Mecklenburg-Vorpommern war. Die Zusammenarbeit zwischen den Bürgersendern und der Landesmedienanstalt wird von allen sechs Leitern als konstruktiv und unterstützend eingeschätzt. Keiner äußert in Bezug auf die politischen Entscheidungsträger Ängste, von der Landkarte der Bürgermedien zu verschwinden.

2.3 Sachsen

Schon vor der offiziellen Wiedervereinigung von Bundesrepublik und DDR gründeten sich in Sachsen zahlreiche Initiativen für NKL, einige von ihnen gingen illegal auf Sendung. Das im Jahr 1991 verabschiedete Privatmediengesetz erlaubte Bürgermedien zwar, es ging jedoch kein gesetzlicher Anspruch auf derartige Sender aus ihm hervor. Die sächsische Medienpolitik orientierte sich in den Nachwendejahren am Bürgermedienmodell Bayerns. Demnach konzentrierte sie sich auf die Einrichtung und Förderung von Ausbildungssendern.

Dennoch erlangten drei NKL-Initiativen die Möglichkeit, im Rahmen von Fensterprogrammen bei privat-kommerziellen Sendern ein Programm zu gestalten, das legal über UKW ausgestrahlt wurde: COLORADIO in Dresden 1993, RADIO BLAU in Leipzig und RADIO T in Chemnitz 1995 (die Mantelsender übernahmen hierbei die Hälfte der Sendekosten). Als Vorbilder der Sender fungierten freie Radiosender in Westdeutschland und der 1993 eingestellte Sender DT64 des ehemaligen Staatsrundfunks der DDR. Um eigene Sendelizenzen für Vollprogramme bemühten sich die Initiativen vergeblich.

Alle Sender bezeichnen sich seit Sendestart als Freie Radios und folgen den vom Bundesverband Freier Radios gesetzten Charakteristika dieser Mediengattung (Bundesverband Freier Radios 1994): So wollen sie Gegenöffentlichkeit schaffen und vorrangig Gruppierungen und Meinungen Raum zur Publikation geben, die in den privat-kommerziellen und öffentlich-rechtlichen Sendern nicht derart präsent sind. In ihrem Programm gestalten die Nutzer vorrangig Inhalte, die sich mit lokalen und/oder politischen Themen befassen.

In Hinblick auf die Qualität der Beiträge erklären alle Befragten, dass man keine allzu hohe Messlatte anlegen dürfe, um auch Laien den Zugang zum Radio zu gewährleisten. Jedoch sind alle Sender um die Aus- und Weiterbildung ihrer Nutzer bemüht: Sie bieten technische und journalistische Einführungen an, die offen für alle Interessierten sind. Bei RADIO T findet nach Angaben des Programmkoordinators Jörg Braune bereits vor der ersten »On-Air«-Sendung eines Nutzers eine grundlegende Ausbildung statt.

Unabhängig von der Ausbildung der regulären Nutzer finden medienpädagogische Aktivitäten durch die Trägervereine statt. Diese richten sich vorrangig an Kinder und Jugendliche. Die Befragten betonen, dass man diese Angebote bewusst voneinander trenne: Man sehe die Sender vorrangig als publizistische Institutionen, weniger als medienpädagogische Angebote.

Auch wenn die Vertreter der Freien Radios in Sachsen die Entwicklung ihrer Sender als »erfolgreich« beschreiben, ist diese von konstanten existenziellen Problemen geprägt. Die Sächsische Landesanstalt für privaten Rundfunk und neue Medien (SLM) übernimmt lediglich rund die Hälfte der Übertragungskosten der Freien Radios in Höhe von 35.000 Euro (diese Gelder stammen nicht aus den Einnahmen durch die einheitliche Rundfunkgebühr), in einer weiter reichenden Förderung erkennt sie nach Angaben des stellvertretenden Geschäftsführers Thomas Mädler keinen Mehrwert: So fungierten die Sender lediglich als Freizeitangebote für eine Minderheit. Die Verantwortlichen der Sender teilen diese Ansicht nicht, wie Jörg Braune, Programmkoordinator bei RADIO T in Chemnitz, erklärt: »Wir sind ein recht anerkanntes Medium in der Stadt geworden. Wir sind gut verwurzelt, aber gar nicht so sehr als Mitmach-Radio, viele kennen uns wirklich nur als Lokalradio. Weil wir da auch nicht viel Konkurrenz in der Stadt haben.«

Seit dem 17. April 2010 ist der UKW-Sendebetrieb der Freien Radios eingestellt, sie senden nun nur noch via Internetstream. Ursache hierfür ist die Weigerung des privatkommerziellen Mantelsenders APOLLO

RADIO, seinen Anteil an den Sendekosten nach dem 1. Januar 2010 weiterhin zu übernehmen. Weil die Freien Radios im Anschluss die fehlenden Gelder nicht aufbringen konnten, gerieten sie in Zahlungsverzug beim Leitungsbetreiber, der daraufhin das Signal abstellte. Die Medienanstalt hatte sich im Vorfeld der Abschaltung geweigert, die Sendekosten ihrerseits voll zu finanzieren, und auch die sächsische Regierung hatte eine entsprechende Novellierung des Mediengesetzes abgelehnt. Hierfür wurden sie von den Oppositionsparteien im Landtag und zahlreichen Lokalpolitiker und Kulturschaffenden kritisiert (DIE TAGESZEITUNG 2009; MDR 2010).

2.4 Sachsen-Anhalt

Kurz nach der Wende formierten sich in Sachsen-Anhalt in verschiedenen Orten Initiativgruppen, die eine Legalisierung von Bürgersendern anstrebten. Die Mehrzahl von ihnen verfolgte das Ziel, einen Bürgersender im Sinne eines OK einzurichten. Da das sachsen-anhaltinische Mediengesetz jedoch keine Bürgermedien vorsah, drängten die Gruppen vorerst auf eine Klärung der rechtlichen Situation. Parallel hierzu gab es auch von Seiten des Landesrundfunkausschusses (LRA, heute Medienanstalt Sachsen-Anhalt, MSA) Überlegungen zu einer flächendeckenden Einführung von Bürgermedien. Aber erst 1997 mündeten die Bemühungen in einer entsprechenden Gesetzgebung: Diese orientierte sich an der niedersächsischen Bürgermediengesetzgebung und galt als sehr bürgermedienfreundlich.

Die tatsächliche Einrichtung der Bürgermedien ging im Anschluss ohne Schwierigkeiten vonstatten: Zwischen 1997 und 2000 wurden in Sachsen-Anhalt acht Offene (Fernseh-)Kanäle und drei NKL unter Trägerschaft eigenständiger Vereine eingerichtet. Um einen reibungslosen Sendestart zu gewährleisten, wurden die Bürgersender mit einer Anschubfinanzierung durch die Medienanstalt ausgestattet. Seitdem finanziert die MSA die Sender zu 90 Prozent (diese Ausgaben bilden derzeit rund ein Drittel der verfügbaren Mittel der Anstalt), aufgrund der vereinsgetragenen Organisationsform müssen OK und NKL die restlichen zehn Prozent eigenständig aufbringen. Köhler-Terz (2005: 35) kommt in einer empirischen Analyse der technischen und personellen Ausstattung der sachsen-anhaltinischen OK zum Ergebnis, dass die

Sender in diesen Bereichen im Durchschnitt einen mittleren Entwicklungsstand aufweisen.

Die OK in Sachsen-Anhalt zeichnen sich durch eine hohe Zugangsoffenheit und das Fehlen fester Programmstrukturen aus. Entgegen bundesdeutscher Tendenzen, OK in Ausbildungssender umzuwandeln, steht dies in Sachsen-Anhalt nicht zur Debatte, erklärt Ricardo Feigel, Referent für Bürgermedien bei der MSA: »Was bei uns im Vergleich zu anderen Bundesländern noch besonders ist, ist, dass wir noch die Alte Schule realisieren. Es ist für uns sehr wichtig, dass der freie Zugang gewährleistet ist.«

Unter den NKL gibt es einen Sender, der sich als Bürgerradio bezeichnet (RADIO HBW in Aschersleben). Der Sender besitzt keine explizit politische Ausrichtung. Das zweite NKL bezeichnet sich als Freies Radio (RADIO CORAX in Halle). Nach Angaben des Gründungsmitglieds Olaf Kranz verortet es sich seit Beginn politisch links, außerdem folgt es bei seiner Berichterstattung dem Anspruch, »Gegenöffentlichkeit« zu gestalten (RADIO CORAX 2009).

Alle sachsen-anhaltinischen Bürgermedienvertreter äußern sich weitgehend zufrieden mit ihrer derzeitigen Situation: Das Verhältnis zum Hauptgeldgeber MSA sei harmonisch und die finanzielle Ausstattung ermögliche konstruktives Arbeiten. Auch bezüglich ihrer Relevanz im Sendegebiet sind die Geschäftsführer der Bürgermedien positiv gestimmt: Während Vertreter, die den Sender vorrangig als medienpädagogisches Angebot betrachten, sich im Bereich der Medienkompetenzvermittlung als erfolgreich sehen, erklären Vertreter, für die eine publizistische Funktion im Vordergrund steht, dass sie in dieser Hinsicht eine wichtige Rolle im Sendegebiet einnähmen. Letzteres führen sie auf eine gesteigerte Qualität der Beiträge zurück, zum anderen auf die allgemeine Entwicklung der Medienlandschaft im Bundesland: Viele Landkreise in Sachsen-Anhalt verfügten nur noch über eine lokale Tageszeitung, in anderen würden Lokalredaktionen verkleinert oder geschlossen. Hier stellten OK und NKL die einzige publizistische Alternative dar. So erklärt der Geschäftsführer des Bürgerradios RADIO HBW, Kay Mähnert: »Wir sind nicht nur eine lokalpublizistische Ergänzung, sondern wir übernehmen hier in der Region mittlerweile Zeitungsfunktion«.

Grundsätzlich blicken sowohl die Vertreter der Bürgersender als auch die der Landesmedienanstalt positiv den kommenden Jahren entgegen: Nach eigenen Aussagen wird die MSA OK und NKL weiterhin unterstützen. Trotzdem nennen beide Seiten auch Probleme, mit denen sie die Bürgermedien in der nahen Zukunft konfrontiert sehen. So stellt sich für die OK die Frage, ob der derzeitige Verbreitungsweg über das analoge Kabelnetz noch zeitgemäß ist.

Bogen/Domaschke/Pabst/Viehoff (2008: 150) fordern in Hinblick auf die Zukunft, dass die sachsen-anhaltinischen Bürgermedien neue Zielgruppen erschließen sollten, um dem demographischen Wandel im Land gerecht zu werden: So müsse verstärkt Öffentlichkeitsarbeit betrieben werden, die sich an ältere Menschen richte, und zudem müssten auf sie zugeschnittene Angebote bereitgestellt werden.

2.5 Thüringen

In Thüringen gibt es mit OK in anstaltseigener und vereinsgebundener Trägerschaft sowie NKL eine umfassende Bürgerrundfunklandschaft. Als erster Bürgersender wurde 1996 der OFFENE KANAL GERA gegründet. In kurzer Folge entstanden weitere OK. Den Anstoß dazu gab das 1996 novellierte Thüringer Landesrundfunkgesetz, das die Thüringer Landesmedienanstalt explizit dazu auffordert, »im Rahmen ihrer haushaltsmäßigen Möglichkeiten« (§ 35 Abs. 2 ThürLMG) OK einzurichten. Träger der OK sind gemeinnützige Vereine. Auch die Landesmedienanstalt selbst kann die Trägerschaft übernehmen und betreibt in Gera und Erfurt zwei eigene OK. NKL können in Thüringen nur im Rahmen eines Offenen Hörfunkkanals durch Vergabe fester Sendeplätze im Programm zugelassen werden (§ 1 Abs. 2 NKL-Richtlinie; vgl. TLM 1998). Seit 1999 teilen sich daher der Offene Hörfunkkanal Radio Funkwerk und die beiden Lokalradios RADIO FREI in Erfurt und RADIO LOTTE in Weimar eine Frequenz.

Als wichtige Aufgaben und Wesensmerkmale sehen die Leiter der Bürgerrundfunkeinrichtungen die Offenheit des Zugangs für die Bürger zum Medium, die Nichtkommerzialität der Mitarbeit und der Sendungen, die Möglichkeit der freien Meinungsäußerung für jedermann, die lokalpublizistische Ergänzung der bestehenden Medienangebote und die Medienkompetenzvermittlung an. Zusätzlich unterstreichen die Thüringer NKL im Gegensatz zu den OK die Idee des gemeinsamen Produzierens und Sendens im Sinne einer sozial-verantwortlichen Funktion der Einrichtung. Im Gegensatz zu den ersten westdeutschen »Freien Radios« der 1980er-Jahre verstehen sie sich nicht als politisch linke Sender. Alle Bürgerrundfunkeinrichtungen in Thüringen sind Orte der

Berufsorientierung, indem sie Praktika und Berufsausbildung für Jugendliche anbieten.

In den Gesprächen mit den Verantwortlichen wurden Probleme und Herausforderungen deutlich, die vor allem die personelle und finanzielle Ausstattung betreffen. Für das bestehende Arbeitspensum wird die Zahl der Beschäftigten von den Leitern der Bürgerrundfunkeinrichtungen durchweg als zu gering eingeschätzt. Außerdem kritisieren die Offenen Kanäle in Vereinsträgerschaft die 2007 eingeführte Bonusfinanzierung der TLM. Dabei wurde die jährliche Fördersumme um 5000 Euro auf 122.000 Euro reduziert mit der Option, durch das Einbringen von Eigenmitteln von bis zu 7500 Euro Fördergelder der Landesmedienanstalt in gleicher Höhe zu erhalten. Viele Leiter der OK schätzen das mit Blick auf den Aufwand der Projektbeantragung und die geringen Finanzmittel der Kommunen als problematisch ein.

In den Offenen Kanälen in ländlich geprägten Verbreitungsgebieten sind die Folgen des demografischen Wandels an der stagnierenden Zahl von Nutzern spürbar. Um die Bürgersender trotzdem in der thüringischen Medienlandschaft zu verankern, soll die Akzeptanz der Politik und der Bevölkerung für die OK und NKL gestärkt werden. Um das zu erreichen, sollen die Sender bekannter werden und möglichst viele Bürger die Möglichkeit erhalten, die OK und NKL zu empfangen. Die Landesmedienanstalt legt deshalb ihr Augenmerk verstärkt auf das Verbreitungsgebiet und die möglichen Zuhörer- und Zuschauerzahlen der Bürgerrundfunkeinrichtungen. Im Jahr 2009 führte das zu zwei grundlegenden Umbrüchen: Wegen des als zu klein eingeschätzten Verbreitungsgebiets hat die TLM beschlossen, den Sendebetrieb des OFFENEN KANALS EICHSFELD zum Ende des Jahres 2009 einzustellen und den SRB in Saalfeld von einem Fernseh- in einen Radiokanal umzuwandeln. Die Umstände dieses Wandels wurden in den jeweiligen Einrichtungen kritisch eingeschätzt, weil sich die Beteiligten vor Ort ungenügend in die Entscheidungen der TLM einbezogen fühlten. So bemängelt Cornelia Ehrhardt vom SRB in Saalfeld die Kommunikationspolitik der Thüringer Landesmedienanstalt, die sich nicht an die Absprache gehalten habe, ausschließlich zuvor abgestimmte Informationen an die Lokalpresse weiterzuleiten und damit in die hoheitlichen Belange des Trägervereins eingegriffen habe (TLM 2009: 251). Torsten Weber, Leiter des OFFENEN KANALS EICHSFELD, kritisiert in einer E-Mail, dass mit der Schließung des Senders das Eichsfeld in der Medienkompetenzvermittlung auf die Zeit vor der Wende zurückgeworfen werde.

Die Konzentration auf die Akzeptanz des Senders führt zu einer Diskussion um die Qualität der Programme der OK. Während im NKL in Redaktionen gearbeitet wird, ist der Urgedanke des OK, die Beiträge des Nutzers ohne Einflussnahme und Bearbeitung zu senden. Einigen Beteiligten reicht das nicht. Ihr Argument ist, dass die Botschaften des Nutzers nur dann eine Chance haben gehört oder gesehen zu werden, wenn sie qualitative Ansprüche erfüllen. In den Einrichtungen werden Seminare zu technischen und inhaltlichen Themen angeboten, um das Programm attraktiver zu gestalten. In vielen OK soll ein gut hör- und sehbares Programm nach und nach Standard des Senders und Anspruch für die Programmmacher werden.

In einigen Einrichtungen entwickeln die Mitarbeiter auch eigene Formate und Sendekonzepte, in die die Nutzer integriert werden. Das wird von den Gegnern mit Verweis auf das eigentliche Wesen des OK als freier, zugangsoffener Ort für alle Interessierten abgewiesen. Olaf Schulze vom OFFENEN KANAL NORDHAUSEN fasst das Kernproblem dieser Argumentation zusammen: »Ist das noch der Gedanke des OK? Wie soll ich denn Qualität hier steigern? Ich weiß doch gar nicht, wer kommt! Das ist schwierig.« Zudem wird kritisiert, dass es keine genaue Definition der angestrebten »Qualität« gibt.

Das Internet wird in Thüringen bereits als zusätzliche Übertragungsform geschätzt. Beiträge der Thüringer Bürgerrundfunksender werden auf einer TLM-eigenen Mediathek eingestellt und sind zeitunabhängig nutzbar. Nichtsdestotrotz sehen die Thüringer Befragten die traditionellen Verbreitungsformen als unabdingbar an. Regionale Inhalte bedürften einer regionalen Verbreitung, die im Gegensatz zur globalen Welt des Internets stehe. Finanziell befürchten sowohl die Einrichtungen als auch die TLM in Zukunft geringere Budgets.

Generell ist der Bürgerrundfunk in Thüringen auch in der Zukunft von der Akzeptanz des Gesetzgebers und der Bevölkerung abhängig. Daher fordert der Direktor der Landesmedienanstalt, Jochen Fasco, die Bekanntheit noch weiter zu steigern und die Einzigartigkeit zu betonen: »Unsere bisherigen Bürgersender müssen tagtäglich immer wieder ihre Existenz und Bedeutung und Notwendigkeit belegen. Sie müssen sehr früh herauszufinden, wo Bürgermedien ihren USP haben, ihren Unique Selling Point.«

3. Zusammenfassender Vergleich der Entwicklungen und Herausforderungen

Die Bürgermedienlandschaft in Ostdeutschland ist vielfältig. Es gibt keinen einheitlichen ostdeutschen Bürgerrundfunk. Jedes Land hat ein eigenes Modell erschaffen und auch innerhalb der Bundesländer unterscheiden sich die Einrichtungen deutlich voneinander, wie der Mediensoziologe Jan Pinseler von der Universität Lüneburg in Bezug auf die Freien Radios erklärt: »Mein Eindruck ist, dass heute die regionalen und lokalen Unterschiede zwischen den Freien Radios individuell größer sind als es die Ost-West-Unterschiede sind. Weil die Freien Radios ja immer aus einer lokalen Kultur kommen, sind sie stark davon geprägt.« Dies trifft auch auf die OK mit ihrer lokalen Verankerung und ihrem regionalspezifischen Charakter zu.

Beim Vergleich der fünf Bundesländer wird deutlich, dass eine klar formulierte rechtliche Verankerung im jeweiligen Landesmediengesetz mit einer Handlungsaufforderung an die Landesmedienanstalt die Bürgersender stärkt. In Sachsen, wo der Auftrag an die Medienanstalt unkonkret formuliert und deswegen nicht verbindlich ist, haben die Bürgersender seit ihrer Gründung existentielle Probleme. Das thüringische Gesetz fordert die Medienanstalt dagegen ausdrücklich zur Gründung von Einrichtungen auf. Auch hier gibt es zwar Probleme in der Zusammenarbeit mit der TLM, die vor allem die interne Kommunikation mit den Einrichtungen betrifft. Dennoch genießen sie politischen Rückhalt und Unterstützung durch die Medienanstalt. Das resultiert auch aus der Tatsache, dass die Bürgersender in Thüringen – anders als in Berlin, wo es eine Vielfalt an professionellen Rundfunkangeboten gibt – zur Bereicherung der Medienlandschaft beitragen.

Für die zukünftige Entwicklung der Bürgermedien wird die Finanzierung eine wesentliche Rolle spielen. Die Förderung durch Drittmittel, zum Beispiel aus Projekten der EU, ist bereits in einigen Ländern Realität geworden. Dadurch können die Einrichtungen zwar ihren Etat aufbessern, allerdings ist die Antragstellung und Betreuung der Projekte mit einem erheblichen Aufwand verbunden. Auch die zusätzliche Förderung durch Kommunen könnte durch deren schlechte wirtschaftliche Lage und den demografischen Wandel zum Problem werden: Gehen die Einnahmen der Städte und Gemeinden zurück, werden auch weniger zusätzliche Gelder für Bürgerrundfunkprojekte vorhanden sein.

In Hinblick auf die technische Zukunft spielen vor allem die Digitalisierung der Übertragungswege und das Internet eine Rolle. Während es bislang keine konkreten Pläne für die Zeit nach der UKW-Abschaltung gibt, wird das Internet bereits als Chance und Konkurrenz des Bürgerrundfunks diskutiert. Für einige Einrichtungen ist das Netz bereits heute eine sinnvolle Ergänzung und ein zusätzlicher Übertragungsweg. Als ausschließliche Verbreitung kommt das Internet für die meisten Sender allerdings nicht in Frage. Zum einen befürchten sie, dass so der lokale Charakter verloren geht und zum anderen äußern sie konkrete Ängste, von der Medienanstalt ins Internet abgeschoben zu werden und damit ihre Existenzberechtigung zu verlieren.

In Zeiten von YouTube, Facebook und Twitter liegt die Legitimation der Bürgersender nicht mehr ausschließlich in der Möglichkeit, dort das Recht auf freie Meinungsäußerung über die Wege der audiovisuellen Medien auszuüben. Für die Zukunft müssen daher andere Kriterien angewendet werden, um das Alleinstellungsmerkmal der Bürgermedien zu begründen. Bereits in den vergangenen Jahren ist deswegen die Medienkompetenzvermittlung in allen ostdeutschen Bundesländern zu einem wichtigen Arbeitsgebiet geworden: Die Nutzer sollen lernen, kompetent mit den bestehenden Medienangeboten in Rundfunk und Internet umzugehen. Dieser Aspekt wird gern unterstützt und gefördert und schafft damit einen Rückhalt durch die Landespolitik. Besonders die OK sehen die Medienkompetenzförderung auch als positiven Einfluss auf ihr Programm, das durch die verbesserte Qualität der Beiträge professioneller wirkt.

Die Attraktivität soll auch durch eine Formatierung und Strukturierung des Programms gesteigert werden. Das theoretische Konstrukt »Prinzip der Schlange« wendet kein ostdeutscher OK ausschließlich an. Durch die Identifikation mit festen Sendeplätzen sollen die Nutzer an den Sender gebunden werden und durch die Wiedererkennbarkeit des Programms erhoffen sich die Einrichtungen Steigerungen der Hörer- und Zuschauerzahlen.

Bei diesen Wandlungen müssen die Sender zwei Faktoren beachten: So ist auf der einen Seite die Orientierung an den Rezipienten wichtig, denn die Programme müssen gehört und gesehen werden, damit neue Nutzer geworben werden und Akzeptanz im Sendegebiet entsteht. Auf der anderen Seite dürfen die Sender ihre Wurzeln nicht vergessen und müssen für alle Bürger offen sein. Zu restriktive Qualitätsanforderungen können dem offenen Zugang schaden. Die Gratwanderung zwischen professionellem Qualitätsanspruch und der Zugangsoffenheit eines Bürgermediums wird in Zukunft die größte Herausforderung der Bürgersender sein – in Ost- genauso wie in Westdeutschland.

Literatur

ALM – Arbeitsgemeinschaft der Landesmedienanstalten in der Bundesrepublik Deutschland (Hrsg.) (2008): *ALM Jahrbuch 2007. Landesmedienanstalten und privater Rundfunk in Deutschland.* Berlin: Vistas.

ALM – Arbeitsgemeinschaft der Landesmedienanstalten (Hrsg.) (2009): *ALM Jahrbuch 2008. Landesmedienanstalten und privater Hörfunk in Deutschland.* Berlin: Vistas.

Bogen, Cornelia/Domaschke, Madlen/Pabst, Sabine/Viehoff, Reinhold (2008): *Senioren in sachsen-anhaltischen Bürgermedien. Eine empirische Untersuchung, wissenschaftliche Analyse und medienpolitische Evaluation der Partizipation älterer Menschen an den Bürgermedien in Sachsen-Anhalt.* Berlin: Vistas.

Breunig, Christian (1998): Offene Fernseh- und Hörfunkkanäle in Deutschland: Strukturen, Programme und Publikum der Bürgermedien. In: *Media Perspektiven,* Heft 5, S. 236-249.

Bundesverband Freier Radios (1994): *Charta des BFR.* Online unter: www.freie-radios.de/bfr/charta.htm (aufgerufen am 20.3.2010).

DIE TAGESZEITUNG (2009): *Sächsische Bürgerradios von Abschaltung bedroht.* Online unter http://www.taz.de/1/archiv/print-archiv/printressorts/digi-artikel/?ressort=fl&dig=2009%2F11%2F02%2Fa0031&cHash=96423c46a8 (aufgerufen am 23.4.2010).

Kertscher, Brigitte (2005): *Freie Meinungsäußerung und Medienkompetenz – Bürgerrundfunk in Deutschland.* Aachen: Shaker.

Köhler-Terz, Kai (2005): *Produktionsalltag der offenen Kanäle in Sachsen-Anhalt: von Urlaubsgrüßen aus Sankt Gallen bis zur politischen Bürgerarbeit.* Aachen: Shaker.

LRZ – Landesrundfunkzentrale Mecklenburg-Vorpommern (Hrsg.) (1995): *Geschäftsbericht 1994.* Schwerin: LRZ.

LRZ – Landesrundfunkzentrale Mecklenburg-Vorpommern (Hrsg.) (1997): *Geschäftsbericht 1996.* Schwerin: LRZ.

MABB – Medienanstalt Berlin-Brandenburg (Hrsg.) (1995): *10 Jahre privater Rundfunk. Entwicklung der Rundfunklandschaft in Berlin und Brandenburg.* Berlin: MABB.

MABB – Medienanstalt Berlin-Brandenburg (Hrsg.) (2007): *Geschäftsbericht 2006.* Berlin: Vistas.

MDR – MITTELDEUTSCHER RUNDFUNK (2010): *Freie Radios protestieren gegen Abschaltung.* Online unter: http://www.mdr.de/sachsen/chemnitz/7259768.html (aufgerufen am 23.4.2010).

MMV – Medienanstalt Mecklenburg-Vorpommern (2007): *Vereinbarung zur Förderung von Medienkompetenz.* Online unter: http://www.medienanstalt-mv.de/medienkompetenz/vereinbarung.html (aufgerufen am 28.1.2010).

MStV – Staatsvertrag über die Zusammenarbeit zwischen Berlin und Brandenburg im Bereich des Rundfunks vom 29. Februar 1992 in der Fassung des Vierten Staatsvertrages zur Änderung des Staatsvertrages über die Zusammenarbeit zwischen Berlin und Brandenburg im Be-

reich des Rundfunks. Online unter: http://www.mabb.de/fileadmin/user_upload/pdf/MStV_Fassung_4._Novelle.pdf (aufgerufen am 1.2.2010).

RADIO CORAX E.V. (2009): *Redaktionsstatut Radio Corax.* Online unter: http://wp.radiocorax.de/?p=140 (aufgerufen am 20.3.1010).

RundfG – Rundfunkgesetz für das Land Mecklenburg-Vorpommern (Landesrundfunkgesetz) vom 20. November 2003. Online unter: http://www.lrz-mv.de/media/legal/48/Rundfunkgesetz_2009_LARIS_neu.pdf (aufgerufen am 10.2.2010).

TLM – Thüringer Landesmedienanstalt (1998): *NKL-Richtlinie – Richtlinie der Thüringer Landesmedienanstalt (TLM) für die Zulassung von nichtkommerziellen Hörfunkprogrammen vom 1. Februar 1998.* Online unter: http://www.tlm.de/tlm/die_tlm/rechtsgrundlagen/richtlinien/nkl_richtlinie/index.php (aufgerufen am 19.1.2010).

TLM – Thüringer Landesmedienanstalt (Hrsg.) (2009). *Bürgerrundfunk in Thüringen 2008.* Online unter: http://www.tlm.de/tlm/buergerrundfunk/veranstaltungskalender/Buergerrundfunk_Thueringen_2008.pdf (aufgerufen am 15.1.2010).

ThürLMG – Thüringer Landesmediengesetz in der Fassung vom 16. Juli 2008. Online unter: http://www.tlm.de/tlm/die_tlm/rechtsgrundlagen/gesetze/thueringer_landesmediengesetz/index.php (aufgerufen am 19.1.2010).

Interviews

Bach, Volker: Leiter, ALEX – OFFENER KANAL BERLIN, Berlin; 13.10.2009, persönlich

Braune, Jörg: Programmkoordinator, RADIO T, Chemnitz; 30.10.2009, telefonisch

Bredow, Andreas: Geschäftsführer, OK STENDAL, Stendal; 3.11.2009, telefonisch

Cott, Torsten: Leiter, RADIO OKJ, Jena; 13.10.2009, persönlich

Dreesen, Philipp: Gründungsmitglied, RADIO 98EINS, Greifswald; 30.10.2009, telefonisch

Ehrhardt, Cornelia: Leiterin, SRB, Saalfeld; 28.10.2009, persönlich

Elsner, Diana: Geschäftsführerin, OFFENER KANAL MERSEBURG-QUERFURT, Merseburg; 23.10.2009, telefonisch

Fasco, Jochen: Direktor, TLM, Erfurt; 26.10.2009, telefonisch

Feigel, Ricardo: Referatsleiter Bürgermedien, MSA, Halle; 27.10.2009, telefonisch

Fischer, Marco: Leiter, WARTBURGRADIO, Eisenach; 8.12.2009, telefonisch

Gawehn, Sylvia: Leiterin, RADIO FUNKWERK, Erfurt; 27.10.2009, persönlich

Günther, Dr. Matthias: Referent für Medienkompetenz, SLM, Leipzig; 19.10.2009, persönlich

Hansen, Leonhard: ehem. Bürgermedienbeauftragter, TLM, Erfurt 25.11.2009, telefonisch

Hege, Dr. Hans: Direktor, MABB, Berlin; 25.11.2009, persönlich

Helmes, Manfred: Bürgermedienbeauftragter, ALM, Stuttgart; 19.10.2009, telefonisch

Henle, Dr. Victor: Gründungsdirektor, TLM, Erfurt, 2.12.2009, telefonisch

Jahn, Werner: Nutzer, COLORADIO, Dresden; 30.10.2009, telefonisch

Käthner, Steffen: Mitglied im Vorstand, Bundesverband Freier Radios, Marburg; 29.10.2009, telefonisch

Kirst, Wolfgang: Gründungsmitglied, OFFENER KANAL WERNIGERODE, Wernigerode; 5.11.2009, telefonisch

Kirsten, Ralph: Leiter, LOHRO, Rostock; 27.10.2009, telefonisch

Kranz, Dr. Olaf: Gründungsmitglied, RADIO CORAX, Halle; 19.11.2009, persönlich

Kürte, Ralf: Nutzer, COLORADIO, Dresden; 30.10.2009, telefonisch

Linke, Jürgen: Geschäftsführer, Bundesverband Offene Kanäle und ehemaliger Leiter OFFENER KANAL BERLIN, Berlin; 14.10.2009, persönlich

Mädler, Thomas: stellv. Geschäftsführer, SLM, Leipzig; 19.10.2009, persönlich

Mähnert, Kay: Geschäftsführer, RADIO HBW, Aschersleben; 27.10.2009, telefonisch

March, Andreas: Vorstandsvorsitzender, RADIO BLAU, Leipzig; 23.10.2009, persönlich

Martins, Bettina: Chefredakteurin, RADIO 98EINS, Greifswald; 21.10.2009, telefonisch

May, Georg: Vorsitzender, Bundesverband Bürger- und Ausbildungsmedien, Lehrte; 19.10.2009, telefonisch

Meyer, Patrick: Geschäftsführer, OFFENER KANAL WERNIGERODE, Wernigerode; 26.10.2009, telefonisch

Mößner, Annerose: Leiterin, NB-RADIOTREFF 88,0, Neubrandenburg; 5.11.2009, telefonisch

Motikat, Paul: Mitglied der Radiopiloten, Berlin; 1.11.2009, telefonisch

Müller, Steffen: Programmverantwortlicher, RADIO FREI, Erfurt; 27.10.2009, persönlich

Ötinger, Steve: Leiter, FISCH-TV, Schwerin; 29.11.2009, telefonisch

Pinkse, Bettina: Leiterin, ROK-TV, Rostock; 19.10.2009, telefonisch

Pinseler, Dr. Jan: Mediensoziologe und Kommunikationswissenschaftler, Universität Lüneburg; 29.10.2009, telefonisch

Rasch, Florian: Nutzer, COLORADIO, Dresden; 30.10.2009, telefonisch

Reinhöfer, Ute: Leiterin, OFFENER KANAL GERA, Gera; 13.10.2009, persönlich

Remer, Wolfgang: ehem. Verantwortlicher für Technik, Offene Kanäle und Medienkompetenzförderung, MMV, Schwerin; 15.10.2009, telefonisch

Rudolph, Jens: Geschäftsführer, OK WETTIN, Wettin; 27.10.2009, telefonisch

Schorb, Prof. Dr. Bernd: Professor für Medienpädagogik und Weiterbildung, Universität Leipzig; 10.11.2009, persönlich

Schulz, Silke: Leiterin, WELLE KUMMEROWER SEE, Malchin; 3.11.2009, telefonisch

Schulze, Olaf: Leiter, OK NORDHAUSEN, Nordhausen; 20.10.2009, persönlich

Schurig, Christian: ehem. Bürgermedienbeauftragter, ALM, Stuttgart; ehem. Leiter, MSA, Halle; 15.10.2009, persönlich

Seidel, Harald: ehem. medienpolitischer Sprecher, SPD Thüringen, Erfurt; 2.11.2009, persönlich

Stadali, Christian: Programmverantwortlicher, RADIO LOTTE, Weimar; 13.10.2009, persönlich

Steinmann, Joachim: ehem. Leiter, Arbeitskreis Offene Kanäle/Bürgerrundfunk; ehem. Direktor MMV, Schwerin; 6.11.2009, persönlich

Strasburger, Edith: Geschäftsführerin, OK DESSAU, Dessau; 15.12.2009, telefonisch

Tessin, Jan: Leiter, WELLE KUMMEROWER SEE, Malchin; 3.11.2009, telefonisch

Weber, Torsten: Leiter, OK EICHSFELD, Leinefelde, 20.10.2009, persönlich

Wendt, Beate: Geschäftsführerin, OK SALZWEDEL, Salzwedel, 19.10.2009, telefonisch

Westhusen, Mark: Geschäftsführer, RADIO CORAX, Halle, 12.11.2009, telefonisch

Wiengarn, Bettina: Geschäftsführerin, OK MAGDEBURG, Magdeburg, 19.10.2009, telefonisch

V. Filmwirtschaft

Christian Ippach/Hagen Mikulas

Filmproduktionsunternehmen und Förderungspolitik in Ostdeutschland

Gemäß der planwirtschaftlichten Ausrichtung erfolgte die filmische Produktion, Distribution und die Organisation des Lichtspielwesens in der DDR unter staatlicher Anleitung: quantitativ durch vorgegebene Bedarfsmengen und qualitativ im Sinne ideologisch-propagandistischer Wirkungsweisen. Der Zusammenbruch des sozialistischen Gesellschaftssystems 1989/90 erforderte es, die bestehenden Branchenstrukturen dem marktwirtschaftlichen System der Bundesrepublik Deutschland anzupassen (Selbmann 1998: 64). Anstelle eines monopolistischen Systems mit gesicherter Auftragslage und Vollbeschäftigung trat nun ein freier, effizienzorientierter und pluralistischer Markt mit selbstständigen Unternehmen. Dieser Konsolidierungsprozess lief in den ostdeutschen Bundesländern unterschiedlich ab – nicht zuletzt, weil die örtliche Ansiedlung filmwirtschaftlicher Unternehmen in Deutschland maßgeblich davon abhängt, Gelder von regionalen Förderinstitutionen und Fernsehsendern akquirieren zu können.

Ziel dieses Kapitels ist es, die Entwicklungsgeschichte der Standorte in den ostdeutschen Bundesländern nachzuvollziehen. Dazu wurden 23 Experten aus der Filmbranche (Produktion, Distribution) und -förderung anhand von Leitfadeninterviews befragt sowie literarische Quellen und statistische Daten ausgewertet.

1. Von der Plan- zur Marktwirtschaft: Strukturveränderungen durch die Wende

Die Filmproduktion in der DDR beschränkte sich fast gänzlich auf den Raum Ost-Berlin und Brandenburg. Angeleitet durch die Hauptverwaltung Film (HV) des Ministeriums für Kultur arbeitete der »ideologieproduzierende« (Heinemann 1996: 80) Volkseigene Betrieb DEFA weniger effektiv als die Branche im Westen. Während die DEFA jährlich zwischen zwölf und 15 hochwertige Unterhaltungsfilme (Trotz 1996: 16) realisierte, wurden allein 1988 insgesamt 76 Spielfilme in westdeutscher Eigen- oder internationaler Koproduktion ins Kino gebracht (Klingsporn 1990: 11). Die Ineffektivität des filmwirtschaftlichen DDR-Apparats hatte mehrere Gründe: strikt einzuhaltende Herstellungspläne und ein zeitaufwändiger Informationsaustausch zwischen den beteiligten Stellen sowie Einspielergebnisse, die den finanziellen Produktionsaufwand nicht deckten (Heinemann 1994: 180f.).

Auf Beschluss der Volkskammer gingen durch das Treuhandgesetz zur Privatisierung und Reorganisation des volkseigenen Vermögens am 17. Juni 1990 alle Eigentumsrechte der ehemaligen DEFA-Betriebe auf die Treuhand über (Trotz 1996: 27-29). In teils langwierigen Prozessen wurden diese an Investoren veräußert oder mangels Kaufbereitschaft liquidiert (Eisenhauer 1992: 132). Von 3800 Beschäftigten (1989) in der Filmproduktion (eigene Berechnungen auf Grundlage von DEFA-Stiftung 2010a; 2010b; 2010c; 2010d) arbeiteten 1996 nur noch 718 in den ehemaligen DEFA-Studios (Trotz 1996: 27-29). Alternativen sind laut den befragten Experten vor allem selbstständige Unternehmensgründungen und Anstellungen bei Fernsehsendern gewesen.

Für einen beträchtlichen Teil der 7386 Mitarbeiter des DEUTSCHEN FERNSEHFUNKS (DFF) gestaltete sich die Nachwendesituation lukrativer, da der Sendebetrieb bis 1991 aufrecht erhalten blieb und danach viele für die neugegründeten regionalen öffentlich-rechtlichen Rundfunksender weiterarbeiten konnten (Wolf 2002: 10). Als »wilde Zeit« beschreibt Yury Winterberg (LE Vision) diese Jahre vor dem Hintergrund vieler kleiner Unternehmensgründungen als Programmzulieferer. Nach Angaben der Mitteldeutschen Medienförderung (MDM) waren darunter sowohl ehemalige Filmschaffende der DDR als auch westdeutsche Existenzgründer sowie Ableger westdeutscher Filmunternehmen.[1]

1 An einer Filmstudie der TU Dresden beteiligten sich 1994 insgesamt 73 nach der Wende gegründete sächsische Produktionsunternehmen (Sächsisches Staatsministerium für Wissenschaft und Kunst 1994: 11).

1.1 Lichtspielwesen und Distribution

Nur am Rande soll hier auf das Verleih- und Kinowesen eingegangen werden. Filmtheater waren in der DDR zentralistisch in Bezirksfilmdirektionen organisiert. Nach der Wende veräußerte die Treuhand diese en bloc in größeren Einheiten. Technische Ausstattungen und Mobiliareinrichtungen waren oft sehr schlecht, was entweder teure Umbaumaßnahmen erforderte oder aufgrund mangelnder Gewinnerwartungen zu Schließungen führte (Trotz 1996: 29). Gab es im Jahr vor der Wende noch 828 ortsfeste Filmtheater, zählte die Spitzenorganisation der Filmwirtschaft (SPIO) 1992 nur noch 388 Kinos in Ostdeutschland (Klingsporn 1992: 21). Mitte der 90er-Jahre setzte langsam ein Trend zur Errichtung größerer Kinos ein. Im Jahr 2005 gab es bereits 59 Lichtspielhäuser mit mehr als fünf Leinwänden (Berauer 2006: 33).

Das Distributionswesen als dritter filmwirtschaftlicher Branchenzweig blieb infolge der Wiedervereinigung fast unverändert. Einerseits dominierten bereits davor wenige Akteure große Teile eines endlichen Marktes, andererseits ist die räumliche Nähe zu Produktionsstandorten in diesem Branchenzweig nur bedingt notwendig. Es gab eine feste westdeutsche Filmverleih-Industrie und diese musste sich strukturell auf das Beitrittsgebiet ausdehnen und konnte dann problemlos weiterarbeiten. Tatsächlich sank sogar die Zahl der Filmverleihe bzw. -vertriebe zwischen 1987 und 1991 in Gesamtdeutschland von 643 auf 500 (Hollstein 1996: 60). Dementsprechend sind bis auf wenige Ausnahmen nach 1989 in Ostdeutschland kaum neue Teilnehmer an den Markt gegangen.

1.2 Die Anfänge der ostdeutschen Filmförderung

Die Filmproduktion ist in Deutschland maßgeblich von finanziellen Förderungen verschiedener Institutionen auf Länder-, Bundes- und internationaler Ebene abhängig. Insbesondere bei Kinofilmen haben Fördergelder meist einen Anteil von bis zu 50 Prozent an den Gesamtkosten (Castendyk 2008: 54). Im Einigungsvertrag (Kapitel VIII, Artikel 35, Abs. 3) wurde die Pflicht zur Finanzierung des Films durch die Bundesländer deshalb festgeschrieben: »Die Erfüllung der kulturellen Aufgaben einschließlich ihrer Finanzierung ist zu sichern, wobei Schutz und Förderung von Kultur und Kunst den neuen Ländern und Kommunen entsprechend […] obliegen.« Zur materiellen Absicherung des kulturellen Lebens in Ostdeutschland wurde am 24. September 1990 die Stiftung Kulturfonds gegründet. Aufgabe der länderübergreifenden Fördereinrichtung war es, Künstler, Projekte und Infrastrukturen zu fördern. Zwischen 1991 und 1993 betrug das Gesamtbudget 2,6 Mio. DM, womit zum Teil auch Film- und Videoproduktionen finanziert wurden (Trotz 1996: 32). Im Jahr 1997 kündigte der Freistaat Sachsen zur Gründung einer eigenen Kulturstiftung den Staatsvertrag unter Mitnahme seiner anteiligen Mittel. Als Sachsen-Anhalt und Thüringen im Jahr 2004 folgten, stellte die Stiftung ihre Arbeit ein (DEFA-Stiftung 2010d; 2010e).

Negative Folgen für die finanzielle Entwicklung der Filmförderung hatte der Rückzug der Länder aus der Stiftung Kulturfonds allerdings nicht. Denn parallel entstanden seit 1991 in allen fünf neuen Bundesländern zunächst kulturell ausgerichtete Filmförderinstitutionen, die finanziell erheblich umfangreicher ausgestattet waren. Die Gründungsinitiativen gingen dabei maßgeblich von regionalen Produzenten und Filmverbänden aus (Interview Gehm). Im Erfahrungsaustausch mit westdeutschen Förderinstitutionen erfolgte die Gestaltung der Richtlinien mit dem Ziel, Produktion und Rezeption im Sinne kultureller Identität- und Existenzsicherung zu erhalten.

Brandenburg legte das Augenmerk vor allem auf den Erhalt seines historisch gewachsenen Standortes Babelsberg und bezuschusste vornehmlich die Herstellung von Dokumentar- und Spielfilmen. Sachsen hingegen priorisierte die Genres »des in der Region tradierten Animationsfilms« (Trotz 1996: 127). Zur Stützung der ehemaligen Mitarbeiter des DEFA-Trickfilmstudios in Dresden förderte der Freistaat Sachsen vorrangig Experimental- und Dokumentarfilme sowie die infrastrukturelle Entwicklung des Lichtspielwesens. Die Länder Thüringen und Mecklenburg-Vorpommern stellten in ihren Förderrichtlinien vor allem kulturelle beziehungsweise künstlerisch-filmästhetische Aspekte voran. Sachsen-Anhalt berücksichtigte solche in Kombination mit ökonomischen Kriterien (Interview Hertel).

Bis 1994 investierten die Länderfilmförderungen insgesamt rund 38,2 Mio. DM. Der größte Teil ging in die Förderung von Dokumentar- und Spielfilmen (Trotz 1996: 43 und 69-78).

1.3 Die Rolle des (öffentlich-rechtlichen) Rundfunks

Neben den Fördergeldern spielen für filmische Projektumsetzungen auch in kinematographischer Hinsicht besonders die öffentlich-rechtlichen TV-Sender eine Rolle. Typischerweise beträgt der Anteil von Fernsehmitteln rund 25 Prozent (Castendyk 2008: 54), so dass »die Zahlungskraft in den Sendeanstalten sitzt« (Interview Eiselt). Über die Herstellung eigener Programme, Auftragsproduktionen und Lizenzankäufe fertiger Filme hinaus beteiligen sich die Anstalten auch indirekt an Kinofilmfinanzierungen: Sie zahlen in die Fördertöpfe der Länderförderungen ein (DLM 2002: 14). Als Koproduzenten und durch so genannte Presales (Finanzierungsbeiträge in Gegenleistung für spätere Nutzungsrechte) beteiligen sie sich auch direkt (Gordon 1996: 59).

Die befragten selbstständigen Filmproduzenten sehen in der Machtfülle der Sender ein gravierendes Problem. In der Regel bestehen die Lizenzrechte der Anstalten über mehrere Jahre beziehungsweise schließen eine bestimmte Wiederholungszahl und die Nutzung im Internet mit ein. Demnach ist es Produzenten in Deutschland kaum möglich, einen größeren Kapitalstock aufzubauen, da sie an der finanziellen Auswertung des Films nicht partizipieren können (Berg/Hickethier 1994: 103). Die Sender betrachten umfassende Verwertungsrechte in der Regel als Gegenleistung für ihr finanzielles Engagement. Forderungen nach Lizenzabtretungen sind nur dann gerechtfertigt, wenn die Produzenten ihr Eigeninvestment erhöhen (Interview Seul).

Aufgrund des finanziellen Abhängigkeitsverhältnisses sehen die Befragten durchweg einen Zusammenhang zwischen dem örtlichen Vorhandensein eines Senders und einer strukturellen Ansiedlung von Produktionsunternehmen und filmtechnischen Betrieben. Maßgeblichen Einfluss auf die filmwirtschaftliche Standortentwicklung haben daher gerade die regionalen öffentlich-rechtlichen Sender.

2. Strukturfestigung zwischen 1995 und 2005

Die richtungsweisenden filmwirtschaftlichen und förderpolitischen Strukturwandelprozesse in Ostdeutschland vollzogen sich in den ersten 15 Jahren. Deshalb wird der Entwicklung zwischen 1995 und 2005 hier ein Unterpunkt gewidmet.

2.1 Berlin und Brandenburg

Der dynamischste Aufschwung ereignete sich in Ost-Berlin und dem anliegenden Brandenburg, bedingt durch die vorhandene Infrastruktur aus DDR-Zeiten und der Anziehungskraft der Metropole Berlin. In Folge der Treuhandübereignungen ehemaliger DEFA- und DFF-Betriebe arbeiteten dort in den 90er-Jahren große Studios (Studio Berlin-Babelsberg, Berliner Union Film etc.) und Fernsehproduktionszentren (Adlershof Media City, Media Park Nord) – unterstützt durch eine ausgeprägte Peripherie mit filmtechnischen Betrieben, Kopierwerken und Ausbildungsinstitutionen. Im Jahr 2000 rangierte Berlin-Brandenburg hinsichtlich der Unternehmenszahlen mit 1080 filmwirtschaftlichen Betrieben bundesweit bereits auf dem zweiten Platz hinter München (DLM 2002: 30). Laut Angaben der Bundesagentur für Arbeit lag der Beschäftigungsstand 2002 in Ost-Berlin und Brandenburg insgesamt bei 3283 (inkl. West-Berlin: 6364) Sozialversicherten. Den Löwenanteil daran hatten 2510 (5139) Angestellte in der Film- und Videoproduktion (Roth 2003: 102).

Ungeachtet vieler nicht erfasster freier Mitarbeiter und unterschiedlicher Erhebungsjahre zeigt sich im Verhältnis, dass eine bis heute bestehende kleinbetriebliche Branchenstruktur schon damals Bestand hatte. In Berlin ist aufgrund einer geringen regionalen Wirtschaftskraft von jeher der Low-Budget-Film zuhause gewesen (Interview Plewnia). Schließlich war auch die Finanzkraft des SFB und ORB begrenzt, woran auch die Fusion zum RBB nur bedingt etwas geändert hat. Während ORB/RBB zwischen 2000 und 2005 an 15 Kinospielfilmen partizipierten, kam der WDR beispielsweise auf 64 Beteiligungen (Berauer 2004: 20; 2006: 20).

2.2 Mitteldeutschland

Mit MDR-Geldern wurden im gleichen Zeitraum lediglich zehn Kinoproduktionen realisiert – fünf davon im Jahr 2005 (Berauer 2004: 20; 2006: 20). Gerade in Sachsen hatte sich die Branche stark auf Fernsehprogramme spezialisiert, weil der Markt neben der Sendeanstalt und der 1998 gegründeten MDM kein breites Spektrum möglicher Auftraggeber und Finanziers bereithielt (Schmidt 2007: 67; Arbeitsgemeinschaft Kulturwirtschaft Sachsen 2008: 37). Wie stark die infrastrukturelle Entwicklung Sachsens auf die Senderpolitik des MDR zurückzuführen ist, zeigte im Jahr 2000 die Zusammenlegung der wichtigsten Produktionseinheiten nach Leipzig. Es sollte keines der Zentralprogramme in einer der Landeshauptstädte sein, um Staatsferne zu signalisieren (Interview Seul). Aufgrund der unter 1.3 beschriebenen Effekte einer örtlichen Senderpräsenz auf Unternehmensansiedlungen kam es folglich zu einer starken Konzentration auf den Medienstandort Leipzig. Aus ökonomischer Sicht erwies sich dies als ein lohnenswerter Prozess, denn die filmwirtschaftlichen Gesamtumsätze Sachsens stiegen von 2000 bis 2005 um 62 Prozent (Arbeitsgemeinschaft Kulturwirtschaft Sachsen 2008: 37).[2] Für Unstimmigkeiten sorgte die Zentralisierung des MDR auf Leipzig besonders bei zuliefernden Unternehmen aus anderen Teilen Sachsens: zum einen wegen der für sie ohnehin schon verschlechterten Auftragslage, zum anderen durch die Ausgründung eigener Tochterfirmen durch den MDR. Da Aufträge oftmals an Töchter vergeben werden, ist es für die kleinen Produzenten sehr viel schwerer geworden. Zur Existenzsicherung mussten oftmals andere Erwerbsfelder wie Werbevideos oder Hochzeitsfilme erschlossen werden (Interview Eiselt).

Erfolgte die Standortentwicklung in Sachsen vorrangig unter marktwirtschaftlichen Gesichtspunkten, war sie in Sachsen-Anhalt Produkt förderpolitischer Lenkungsprozesse. Vor der MDM-Gründung 1998 hat dort »keine relevante Medienproduktion für die Filmwirtschaft« (Arbeitsgemeinschaft Kulturwirtschaft LSA 2006: 10) stattgefunden. Die finanzielle Beteiligung der mitteldeutschen Bundesländer an den Fördertöpfen erforderte eine relative Verteilungsgleichheit bei den Ausgaben und daher die Schaffung filmwirtschaftlicher Strukturen.[3] Neben Magdeburg entwickelte sich Halle zum Medienstandort mit Spezialisierung auf Postproduktion und Tonmischung. In den Jahren 2003 und 2004 waren in Sachsen-Anhalt bereits 43 beziehungsweise 47 Unternehmen am Markt. Zeitgleich stieg das Umsatzvolumen des Branchenzweigs von 7,9 Mio. auf 19,3 Millionen Euro (Arbeitsgemeinschaft Kulturwirtschaft LSA 2006: 73), nicht zuletzt durch die Gründung des auf Tonmischungen ausgerichteten Multimediazentrums (MMZ). Damit lag Sachsen-Anhalt zwar noch auf den hinteren Plätzen im Bundesländervergleich, aber noch vor Thüringen (2004: 10,4 Mio. Euro).

Wegen des in Erfurt ansässigen KINDERKANALS war die Auftragslage

2 Zwischen 2000 und 2005 gab es in Sachsen lediglich einen Unternehmenszuwachs von zwölf Prozent, 2007 hatten von 254 filmwirtschaftlichen Unternehmen im Bundesland 89 ihren Sitz in Leipzig (Arbeitsgemeinschaft Kulturwirtschaft Sachsen 2008: 37f.).

3 Länderfördermittel gehen für Produzenten mit der Pflicht einher, so genannte Regionaleffekte nachweisen zu müssen, d.h. sie müssen einen bestimmten Anteil des Produktionsetats für Sach- oder Dienstleistungen innerhalb der Region aufwenden.

für Programmzulieferer und Kinder- und Jugendfilmproduzenten in Thüringen schon Ende der 1990er konstant, was sich auch in den Beschäftigtenzahlen ausdrückt. Zwischen 2002 und 2005 arbeiteten immer 160 bis 180 Sozialversicherte in der Film- und Videoproduktion (Roth 2003: 102; Berauer 2004: 98; 2006: 103). Hatte sich Thüringen schon zu DDR-Zeiten mit Festivals wie dem »Goldenen Spatzen« in Gera einen Namen im Genre erworben, so gilt es spätestens nach der Gründung des ARD/ZDF-Spartensenders 1997 als Kindermedienland (Schmidt 2007: 67).

2.3 Mecklenburg-Vorpommern

Wenig entwickelt hat sich Mecklenburg-Vorpommern, bedingt durch die niedrigste Bevölkerungsdichte in Deutschland, eine geringe Kaufkraft und das Fehlen einer wirtschaftlichen Filmförderung (Seufert/Beck 2006: 100f.). Gewisse Branchenrelevanz erreichte das Flächenland lediglich durch eine überschaubare Zahl programmzuliefernder Betriebe für den NDR vornehmlich in Schwerin und Rostock, ohne dabei aber von wirklichen Medienstandorten sprechen zu können (Seufert/Beck 2006: 117 und 119). Wegen ihrer oftmals dauerhaften und ausschließlichen Tätigkeit für den Sender wären viele selbstständige Produzenten und Kameraleute im juristischen Sinne Angestellte des NDR gewesen und somit sozialversicherungspflichtig. Die Problemlösung fand sich in einer Konzernarbeitnehmerüberlassung mit der Sabelli Film und Fernsehproduktions GmbH – einer vertraglich vereinbarten Regelung zur befristeten Überstellung von Arbeitnehmern durch den Arbeitgeber an ein drittes Unternehmen. In Leiharbeit konnte der NDR nun für einen bestimmten Stundensatz Angestellte ohne rechtliche Konsequenzen abfordern, um Arbeitsspitzen jederzeit abfedern zu können (Interview von Dobschütz).

Bedingt durch die Stellung des NDR als prinzipiell einziger regionaler Auftraggeber stellte diese Praxis viele ansässige Produktionsunternehmen vor Existenzprobleme. Folge waren Entlassungen und/oder notwendige zusätzliche Arbeitstätigkeiten für Auftraggeber in anderen Bundesländern. Da eine starke Abhängigkeit vom Sender aber nach wie vor besteht, wollten sich die Betroffenen nicht näher zu diesem sensiblen Thema äußern.

3. Die Entstehung der Filmförderungsgesellschaften

Arbeiteten zunächst alle kulturell ausgerichteten Förderungen getrennt voneinander, so einigten sich die Länder Brandenburg und Berlin 1994 auf die Gründung einer gemeinsamen, ökonomischer ausgerichteten Alternative. Am 10. Oktober nahm die Filmboard Berlin-Brandenburg GmbH ihre Arbeit in Potsdam mit dem Ziel auf, film- und fernsehwirtschaftliche Strukturen zu stärken. Dadurch sollte der Film wieder vermehrt »seinen Weg ins Kino zum Publikum finden« (Medienboard 2004: 6). Die Landesinvestitionsbanken beider Länder waren einzige Gesellschafter der Filmboard GmbH (Berg-Walz 1998: 52), die in den ersten zehn Jahren ein durchschnittliches Fördervolumen von rund 33 Mio. DM pro Jahr erreichte (Medienboard 2004: 7). Bei der Mittelvergabe hat der Geschäftsführer die alleinige Entscheidungskompetenz.

Der institutionelle Kapitalstock erhöhte sich ab 1997, als auch das ZDF, SAT.1 und PRO7 zunächst 14 Mio. DM in den Fonds einzahlten. Infolge dessen erweiterte die Filmboard GmbH ihre Aktivitäten auch auf die Produktionsförderung von Fernsehfilmen als Anpassung auf die starke Wachstumsdynamik in der Region (Berg-Walz 1998: 49). Denn etwa ein Drittel der rund 900 Film- und Fernsehproduktionsfirmen im Jahr 2004 war nach 1993 gegründet worden (Medienboard 2004: 8).

Ende der 90er-Jahre erkannten auch die mitteldeutschen Bundesländer Sachsen, Sachsen-Anhalt und Thüringen die Bedeutung einer zusätzlichen wirtschaftlichen Filmförderung. Nachteile im Wettbewerb um größere Filmproduktionen gaben den Anstoß zur Gründung der MDM, welche vor allem von Sachsen vorangetrieben wurde (Interview Hertel). Die Initiative ging zunächst auf die jeweiligen Länderregierungen Ostdeutschlands zurück, neun Monate später erwarben aber auch der MDR und das ZDF weitere Gesellschaftsanteile. Mit einem anfänglichen Etat von 25 Mio. DM[4] war die MDM zu diesem Zeitpunkt finanziell die viertgrößte Filmförderung Deutschlands. Der Ausrichtungsschwerpunkt lag zunächst auf der Ansiedlung filmproduzierender Unternehmen im Sinne von Standorterweiterungen und -spezialisierungen.

Wie bereits erwähnt, orientierte sich Leipzig in Richtung Fernsehproduktionen, Halle belegte die Nische Multimedia und Postproduktion und Thüringen setzte auf das Genre des Kinder- und Jugendfilms (Schmidt 2007: 66f.). Neben den üblichen wirtschaftlichen und kulturellen Fördermaßnahmen wurde das Tätigkeitsfeld in den drei Ländern

---

4 Die Beteiligung war anfangs folgendermaßen aufgeteilt: Sachsen 7,5 Mio. DM, Sachsen-Anhalt, Thüringen und MDR jeweils 5 Mio. DM, ZDF 2,5 Mio. DM.

mit der Multimedia-Projektentwicklung und Multimedia-Produktion auch auf den Bereich der elektronischen Medien erweitert.

4. Konsolidierung durch Spezialisierung

Fördermaßnahmen, Sendeanstalten sowie natürliche Entwicklungsprozesse prägten also ab Mitte der 90er-Jahre die jeweiligen filmwirtschaftlichen Landschaften Ostdeutschlands. Ab 2005 stand nicht mehr ein genereller Strukturaufbau im Vordergrund, sondern vielmehr die Verfestigung bereits etablierter Strukturen. In Berlin stieg beispielsweise die Zahl der Sozialversicherten im Produktionssektor zwischen 2002 und 2008 von 4079 auf 5305, in Brandenburg von 1060 auf 1965 (Roth 2003; Berauer 2009: 102 und 106). Nicht zu vergessen: Die Variable der Freiberufler ist hier mengenmäßig noch nicht erfasst. Wegen der guten Auftragslage und der typischen projektgebundenen Zeitarbeitsverhältnisse in der Spielfilmproduktion ist die Konzentration aber gerade in der Region besonders hoch. In Berlin wird sehr viel produziert, was viele veranlasst, aus Weimar, Erfurt, Leipzig und Dresden dort hinzugehen (Interview Plewnia). Trotz der höchsten Beschäftigungskonzentration im Bundesgebiet reicht das Wirtschaftsvolumen von Berlin und Brandenburg (2005: 1,038 Mrd. Umsatz) aber nicht an das von Bayern (2005: 2,531 Mrd. Umsatz) heran (eigene Berechnungen auf Grundlage von DIW 2007: 38f.).

In dieser Hinsicht sehen einige der Befragten auch nach 20 Einheitsjahren deutliche Unterschiede im innerdeutschen Vergleich. Denn letztlich sind gerade die Bundesländer Sachsen, Sachsen-Anhalt, Thüringen und Mecklenburg-Vorpommern filmwirtschaftlich durch kleinere und finanzschwächere Unternehmen geprägt. Die freien ostdeutschen Produzenten haben von den relativ hohen Geldern der 80er-Jahre, die in Westdeutschland von den öffentlich-rechtlichen Sendern vor der Gründung der privaten investiert wurden, nicht profitieren und somit keine vergleichbaren Kapitalstöcke aufbauen können (Interview Winterberg).

Auch beim MDR bestätigt man tendenziell niedrigere Eigenkapitalausstattungen ostdeutscher Filmproduktionsunternehmen, führt diese aber nicht auf die erwähnten Sendergelder, sondern auf generelle Entwicklungsunterschiede zurück: Firmen, die seit 40 Jahren im Mediengeschäft sind, haben andere Reputationen, andere Bankenverbindungen, anderes Kapital und Rücklagen (Interview Seul). Unstrittig hingegen ist, dass Leipzig durch das Senderengagement als größter Studiobetrieb Mitteldeutschlands zum Vorzeigestandort in Sachsen avancierte. Im Jahr 2007 hatten von insgesamt 159 Filmherstellern im Bundesland 69 dort ihren Sitz (Arbeitsgemeinschaft Kulturwirtschaft Sachsen 2008: 38). Insgesamt verdreifachte der MDR das Investitionsvolumen für Auftragsproduktionen von 1995 bis 2009 auf 50 Millionen Euro. Nach eigenen Angaben flossen davon rund 80 Prozent an Unternehmen in Mitteldeutschland. Einige der selbstständigen Befragten prognostizieren aber, dass der Sender seine Investitionstätigkeit in den Folgejahren reduzieren könnte. Dann nämlich, wenn die GEZ-Einnahmen als Hauptgeldquelle aufgrund einer zunehmenden Anzahl gebührenbefreiter Hartz-IV-Empfänger oder arbeitsbedingter Wegzüge sinken (Interview Biermann). Gleichzeitig wird das technische Equipment für Fernsehproduktionen immer preisgünstiger und dessen Handhabung einfacher, was den Kaufpreis für Programme zusätzlich drückt (Interview Winterberg).

Künftige Erschließungen weiterer Spezialisierungswege sind daher gerade im multimedial geprägten Sachsen-Anhalt denkbar. Nach Aussagen einiger Interviewpartner könnte es sich dabei um Produktionsfelder wie den 3D-Film oder Verschmelzungen von Computerspiel und Film/ Fernsehen handeln. Darüber hinaus wirbt das Bundesland in den letzen Jahren mit Finanzierungsmodellen der Investitionsbank, die auch die Realisierung groß angelegter Filmprojekte in Sachsen-Anhalt ermöglichen sollen. Gerade im Bereich Animation strebt man zwecks größerer finanzieller Spielräume vor allem internationale Kooperationen an.

In Thüringen führte 2007 die Gründung des Kindermedienzentrums (Erfurt) binnen einer Jahresfrist zu einem Anstieg der filmwirtschaftlichen Arbeitsverhältnisse von 305 auf 422 (Berauer 2008: 105; 2009: 106). Die ökonomische Effizienz des Studiokomplexes wird jedoch von einigen befragten Experten bezweifelt. Demnach sind die Kapazitäten bei weitem nicht ausgelastet, der Leerstand Folge förderpolitischer Fehlkalkulation.[5] Personal ist vor Ort kaum vorhanden, Reise-, Hotelkosten und Spesen oftmals zu hoch, so dass Unternehmen allein aus Preisgründen nicht zum Studiodreh nach Erfurt kommen (Interview Biermann). Ähnliche direkte oder indirekte politische Lenkungsprozesse

[5] Errichtet durch die Stiftung für Technologie, Innovation und Forschung Thüringen (STIFT) soll das Kindermedienzentrum weitere Unternehmensansiedlungen in Erfurt ermöglichen. Damit einher geht die Bestrebung, Verteilungsungleichheiten zwischen den mitteldeutschen Ländern hinsichtlich der Fördermittelvergaben zu korrigieren und Strukturen zur Erbringung des von der MDM geforderten Regionaleffekts zu schaffen.

gibt es in Mecklenburg-Vorpommern bis heute kaum, so dass die Filmwirtschaft dort mehr oder weniger auf sich allein gestellt ist. Ein kleiner fester Stamm programmzuliefernder Betriebe für den NDR kennzeichnet eine konstante Branche, welche gerade deshalb relativ krisensicher ist. In Bezug auf Kinofilmproduzenten bleibt das Bundesland aber vermutlich eine »dürre Steppe«, wird allerdings in den letzten Jahren als Drehort/Kulisse immer gefragter (Interview von Dobschütz).

5. Die etablierten Länderfilmförderungen

Die schwache Stellung Mecklenburg-Vorpommerns in der Kinofilmproduktion liegt auch in den geringen Fördermöglichkeiten begründet, die über die kulturelle Tätigkeit des Filmbüros Mecklenburg Vorpommern e.V. lange Zeit nicht hinausreichten. Allerdings reduzierte dieses seine Mittel zwischen 2001 und 2010 von 700.000 auf 205.000 Euro (Interview Matthiesen). Im Jahr 2008 wurde erstmals eine wirtschaftliche Filmförderung mit einem Jahresetat von 400.000 Euro installiert, deren Aufgabe aber weniger im Aufbau von Produktionsstrukturen liegt, sondern in der weltweiten Bewerbung des Bundeslandes als Drehstandort (Interview Rudolph).

Potente wirtschaftliche und kulturelle Filmförderung gibt es nur in Mitteldeutschland und Berlin. Im Jahr 2004 legte das Filmboard Berlin-Brandenburg die Geschäftsbereiche Filmförderung und Standortmarketing zur Medienboard Berlin-Brandenburg GmbH zusammen. Schwerpunktmäßig machte die Produktionsförderung abendfüllender Kino- und Fernsehfilme im Jahr 2008 knapp 80 Prozent des Jahresbudgets von 29 Millionen Euro aus. Weitere Fördergebiete sind Stoff-, Projekt- und Verleihförderungen und im Sinne des Standortmarketings auch Festival- und Nachwuchsförderungen sowie filmwirtschaftliche Weiterbildungen (Medienboard 2009).

Erheblichen Einfluss auf die Arbeit der beiden länderübergreifenden Filmförderungen in Ostdeutschland hatte der 2007 durch die Bundesregierung initiierte Deutsche Filmförderfonds (DFFF). Für die Bezuschussung deutscher Kinofilmproduktionen steht jährlich ein Etat von 60 Mio. Euro zur Verfügung (FFA 2009: 16). Davon profitierte vor allem der Filmstandort Berlin-Brandenburg, da dieser frühzeitig mit dem DFFF-Modell geworben hat und auf diese Weise in den letzten

Jahren viele große internationale Projekte entstanden sind (Interview Hertel).

Mit rund 14 Mio. Euro fiel das MDM-Fördervolumen 2009 erheblich geringer aus. Über die Hälfte der Mittel flossen in die Produktionsförderung von Kino- und Fernsehfilmen (MDM 2010). Vornehmlich Sachsen und Sachsen-Anhalt etablieren sich deswegen zunehmend als Dreh- und Produktionsstandorte, auch für internationale Koproduktionen (Schmidt 2007: 67).

6. Fazit

Die ostdeutsche Filmwirtschaft hat sich in 20 Jahren den marktwirtschaftlichen Standards des gesamten Bundesgebiets angepasst. Dem ökonomischen Neuanfang nach der Wiedervereinigung folgte zunächst eine Orientierungsphase, in der sich viele Unternehmen am Markt zu positionieren versuchten. Prozesse zur Bildung heute bestehender filmwirtschaftlicher Strukturen setzten ab Mitte der 90er-Jahre ein. Maßgeblich beeinflusst durch die öffentlich-rechtlichen Landesrundfunkanstalten und wirtschaftlichen Länderfilmförderungen entwickelten sich spezielle Medienstandorte.

Der Strukturwandel vollzog sich in der Region Berlin-Brandenburg aufgrund einer starken Investitionsbereitschaft zur Privatisierung der ehemaligen DEFA- und DFF-Betriebe und durch das Senderengagement von ORB und SFB rapide. Darüber hinaus entstand mit dem Filmboard Berlin-Brandenburg die erste wirtschaftlich-kulturelle Zweiländerfilmförderung, deren Nachfolgeeinrichtung, das Medienboard Berlin-Brandenburg, zu den finanzstärksten in ganz Deutschland gehört. Die Priorisierung der Filmproduktion hat Potsdam-Babelsberg zu einem der größten deutschen Studio-Standorte wachsen lassen.

In Sachsen, Sachsen-Anhalt und Thüringen hingegen dauerte der Findungsprozess länger und wurde maßgeblich von der Senderpolitik des MDR und der Tätigkeit der MDM geprägt. Durch aktive Einflussnahme beider Institutionen sind in Leipzig, Halle und Erfurt mittelgroße Medienstandorte mit Schwerpunkten auf Fernseh-, Post- und Kinderfilmproduktionen entstanden. Stärker als in den übrigen Teilen Ostdeutschlands wurden in Mitteldeutschland regionale Spezialisierungen angestrebt und Marktnischen gesucht. Vergleichbare Prozesse fanden in Mecklenburg-Vorpommern nicht statt, denn eine wirtschaftliche Förderung gibt es dort erst seit 2008. Als einziger großer Auftraggeber fungiert der NDR. Entsprechend existiert ein kleiner Stamm programmzuliefernder Betriebe, jedoch keine Spielfilmproduktion.

Im Gesamtüberblick bestehen heute in den einzelnen ostdeutschen Bundesländern Produktionsstrukturen mit etablierten Anbietern. Ohne externe Gelder von TV-Sendern und Förderinstitutionen wäre dies nicht möglich gewesen. Die weitere Entwicklung der Medienstandorte wird daher künftig stark von Subventionsmöglichkeiten durch diese Institutionen abhängen, aber auch von der regionalen Kaufkraft, technischen Fortschritten und damit verbundenen neuen Spezialisierungsmöglichkeiten. Gerade in Mitteldeutschland und insbesondere im technisch ausgerichteten Sachsen-Anhalt könnten solche beispielsweise im 3D-Film gefunden werden. Die starke Abhängigkeit von Sendergeldern des MDR und dessen Zahlungsbereitschaft bleibt dort allerdings erhalten, auch wenn es im MDM-Gebiet in den nächsten Jahren zwecks Finanzierungen größerer Projekte vermehrt zu internationalen Kooperationen kommen wird. Derartige länderübergreifende Produktionsnetzwerke haben in der Region Berlin-Brandenburg, vornehmlich in Potsdam-Babelsberg, schon zu positiven Effekten geführt. Deswegen und auch wegen der Finanzkraft des Medienboards ist davon auszugehen, dass sich der Standort auch künftig national und international weiter etabliert. Im filmwirtschaftlich schwach ausgeprägten Mecklenburg-Vorpommern hingegen, darüber sind sich alle dazu befragten Experten einig, bleiben die bestehenden Produktionsstrukturen in absehbarer Zeit unverändert.

Literatur

Arbeitsgemeinschaft Kulturwirtschaft Sachsen (2008): *Erster Kulturwirtschaftsbericht für den Freistaat Sachsen 2008.* Online unter: https://publikationen.sachsen.de/bdb/download.do?id=1278722 (aufgerufen am 30.3.2010).

Arbeitsgemeinschaft Kulturwirtschaft LSA (2006): *Kulturwirtschaftsbericht des Landes Sachsen-Anhalt.* Online unter: www.design-sachsen-anhalt.de/download/kwbsa06.pdf (aufgerufen am 30.3.2010).

Berauer, Wilfried (2004): *Filmstatistisches Jahrbuch 2004.* Baden-Baden: Nomos.

Berauer, Wilfried (2006): *Filmstatistisches Jahrbuch 2006.* Baden-Baden: Nomos.

Berauer, Wilfried (2008): *Filmstatistisches Jahrbuch 2008.* Baden-Baden: Nomos.

Berauer, Wilfried (2009): *Filmstatistisches Jahrbuch 2009.* Baden-Baden: Nomos.

Berg, Jan/Hickethier, Knut (1994): *Filmproduktion. Filmförderung. Filmfinanzierung.* Berlin: Sigma-Medienwissenschaft.

Berg-Walz, Benedikt (1998): Die Filmboard Berlin-Brandenburg GmbH. In: Hofmann, Wilhelm (Hrsg.): *Visuelle Politik.* Nomos, S.49-58.

Castendyk, Oliver (2008): *Die deutsche Filmförderung. Eine Evaluation.* Konstanz: UVK.

DEFA-Stiftung (2010a): *Spielfilm.* Online unter: http://www.defa.de/cms/DesktopDefault.aspx?TabID=1012 (aufgerufen am 26.2.2010).

DEFA-Stiftung (2010b): *Wochenschau/Dokumentarfilm.* Online unter: http://www.defa.de/cms/DesktopDefault.aspx?TabID=1014 (aufgerufen am 26.2.2010).

DEFA-Stiftung (2010c): *Trickfilm.* Online unter: http://www.defa.de/cms/DesktopDefault.aspx?TabID=1016 (aufgerufen am 26.2.2010).

DEFA-Stiftung (2010d): *Synchronisation.* Online unter: http://www.defa.de/cms/DesktopDefault.aspx?TabID=1015 (aufgerufen am 26.2.2010).

DEFA-Stiftung (2010e): *Veröffentlichungen – Künstlerorganisation.* Online unter: http://www.defa-stiftung.de/cms/DesktopDefault.aspx?TabID=1007 (aufgerufen am 31.3.2010).

DLM – Direktorenkonferenz der Landesmedienanstalten (2002): *Film- und Fernsehwirtschaft in Deutschland 2000/2001. Beschäftigte, wirtschaftliche Lage und Struktur der Produktionsunternehmen. Studie im Auftrag der Direktorenkonferenz der Landesmedienanstalten.* Schriftenreihe der Landesmedienanstalten, Band 26. Berlin: Vistas.

DIW – Deutsches Institut für Wirtschaftsforschung (2007): *Medien- und IKT-Wirtschaft in Brandenburg. Forschungsprojekt im Auftrag des Ministeriums für Wirtschaft des Landes Brandenburg.* In: DIW Berlin: *Politikberatung kompakt,* Heft 34. Online unter:: http://www.diw.de/documents/publikationen/73/diw_01.c.77376.de/diwkompakt_2007-034.pdf (aufgerufen am 3.3.2010).

Eisenhauer, Hans Robert (1992): *Filmförderung in Berlin und Brandenburg.* München: Ölschläger.

FFA – Filmförderungsanstalt (2009): »DFFF bis 2012 verlängert«. In: *FFA Info,* Nr. 1. Online unter: http://www.ffa.de/downloads/publikationen/ffa_intern/FFA_info_1_2009.pdf, S.16 (aufgerufen am 31.3.2010).

Gordon, Michael (1996): *Regionalwirtschaftliche Filmförderung. Kosten und Nutzen.* Wien: Michael Gordon.

Heinemann, Thomas (1994): *DEFA, Künstler und SED-Kulturpolitik. Beiträge zur Film- und Fernsehwissenschaft.* Eine Schriftenreihe der Hochschule für Film und Fernsehen ›Konrad Wolf‹ Potsdam-Babelsberg, Band 46. Berlin: Vistas.

Hollstein, Kristina (1996*): Filmwirtschaft und Filmförderung in Deutschland und Frankreich. Ein landeskundlicher Vergleich.* Potsdam: Verlag für Berlin-Brandenburg.

Klingsporn, Johannes (1990): *Filmstatistisches Taschenbuch 1990.* Wiesbaden Biebrich: Spitzenorganisation der Filmwirtschaft.

Klingsporn (1992): *Filmstatistisches Taschenbuch 1992.* Wiesbaden Biebrich: Spitzenorganisation der Filmwirtschaft.

MDM – Mitteldeutsche Medienförderung (2010): *Infomagazin Trailer 1/2010.* Online unter: http://www.mdmonline.de/index.php?option=com_docman &task=doc_download&gid=411 (aufgerufen am 29.3.2010).

Medienboard – Mitteldeutsche Medienförderung (2004): *1994-2004. 10 Jahre Filmförderung in Berlin und Brandenburg, Medienboard Berlin-Brandenburg GmbH.* Online unter: http://www.medienboard.de/WebObjects/Medienboard.woa/1/media/113?wosid=pMwMhiaF6GGK1yonltejZ0 (aufgerufen am 28.3.2010).

Medienboard (2009): *Tätigkeitsbericht 2008.* Online unter: http://www.medienboard.de/WebObjects/Medienboard.woa/media/14201 (aufgerufen am 29.3.2010).

Pätzold, Ulrich/Röper, Horst (2008): Fernsehproduktionsmarkt Deutschland 2005 und 2006. Fortschreibung der FORMATT-Studie über Konzentration und regionale Schwerpunkte der Auftragsproduktionsbranche. In: *Media Perspektiven,* Heft 3, S. 125-137.

Prodoehl, Hans Gerd (1993): Filmpolitik und Filmförderung in Deutschland. In: *Media Perspektiven,* Heft 4, S. 159-167.

Roth, Markus (2003): *Filmstatistisches Jahrbuch 2003.* Wiesbaden Biebrich: Spitzenorganisation der Filmwirtschaft.

Sächsisches Staatsministerium für Wissenschaft und Kunst (1994): *Film in Sachsen. Ausbildung, Produktion und Vertrieb.* Leipzig: Universitätsverlag.

Schmidt, Manfred (2007): Filmkultur im Auftrag der Länder. In: Reiter, Udo/Struve, Günter (Hrsg.): *ARD-Filmbuch.* Online unter: http://www.daserste.de/service/ARD-Filmbuch.pdf (aufgerufen am 23.3.2010).

Selbmann, Erich (1998): *DFF Adlershof. Wege übers Fernsehland. Zur Geschichte des DDR-Fernsehens.* Berlin: Edition Ost AG.

Seufert, Wolfgang/Beck, Klaus (2006): *Medienwirtschaft in Mecklenburg-Vorpommern. Entwicklung, Stand und Perspektiven.* Studie im Auftrag der Landesrundfunkzentrale Mecklenburg-Vorpommern. Online unter: http://www.medienanstalt-mv.de/media/publication/16/MedWirt_final_A4einzeln.pdf (aufgerufen am 18.3.2010).

Trotz, Lydia (1996): *Filmförderung in den neuen Bundesländern. Eine vergleichende Analyse.* Beiträge zur Film- und Fernsehwissenschaft, Band 48. Berlin: Vistas.

Interviews

Berg, Christian: Referent Filmförderung, Medienboard Berlin-Brandenburg GmbH, Potsdam-Babelsberg; 2.2.2010, telefonisch

Biermann, René: Geschäftsführer, adhoc Film & Fernsehproduktion GmbH, Leipzig/Dresden; 1./6.11.2009, persönlich

Bösenberg, Dr. Jost-Arend: Dokfilm Fernsehproduktion GmbH, Potsdam; 18.11.2009, telefonisch

Bursian, Manon: Direktorin, Kunststiftung des Landes Sachsen-Anhalt, Halle; 27.1.2010, telefonisch

Dobschütz, Klaus von: Geschäftsführer, Sabelli Film- und Fernsehproduktion, Schwerin; 18.12.2009, telefonisch

Eiselt, Dr. Günter: Produzent, Eiselt Film Dresden, Dresden; 6.11.2009, persönlich

Gehm, Hedda: ehem. Referentin Referat Allgemeine Kunstförderung im Sächsischen Staatsministerium für Wissenschaft und Kunst (SMWK), Dresden; 19.2.2010, telefonisch

Glaser, Ralf: Zuständiger für Filmproduktion und Technik, Filmwerkstatt Chemnitz, Chemnitz; 12.1.2010, telefonisch

Görsch, Dr. Markus: Leiter des Förderbereichs Produktion und internationale Kooperationen, Mitteldeutsche Medienförderung, Leipzig; 2.12.2009, persönlich

Grahl, Robert: Referent für Film, Soziokultur, Spartenübergreifende Projekte und EU-Förderprogramme, Kulturstiftung des Freistaates Sachsen (KdFS), Dresden; 16.2.2010, telefonisch

Heinemann, Thomas: Mitgründer und Regisseur, cinenic Filmproduktion GmbH & Co. KG, Würzburg; 17.11.2009, telefonisch

Hertel, Dr. Thomas: Referatsleiter, Referat 51 Film- und Medienkultur, Kultusministerium des Landes Sachsen-Anhalt, Magdeburg; 5.2.2010, telefonisch

Klingsporn, Johannes: Geschäftsführer, Verband der Filmverleiher e.V., Berlin; 28.9.2009, persönlich

Kukula, Ralf: Geschäftsführer/Mitbegründer, Balance Film GmbH/Filmverband Sachsen e.V., Dresden; 26.11.2009, telefonisch

Matthiesen, Sabine: Geschäftsführerin, Mecklenburg-Vorpommern Film e.V., Filmbüro MV, Wismar; 1.2.2010, persönlich

Mücke, Matthias: Pressereferent, Neue Vision Filmverleih GmbH, Berlin; 26.2.2010, persönlich

Plewnia, Maik: Geschäftsführer/Produzent, novapool production GmbH, Weimar; 17.11.2009, persönlich

Rothe-Balogh, Manja: Office Managerin, Koppmedia GmbH, Halle; 25.11.2009, telefonisch

Rudolph, Dr. Stefan: Staatssekretär, Ministerium für Wirtschaft, Arbeit und Tourismus Mecklenburg-Vorpommern, Schwerin; 22.2.2010, telefonisch

Sander-Göllert, Silke: Sachbearbeiterin Kulturelle Filmförderung, Staatskanzlei Freistaat Thüringen, Erfurt; 3.3.2010, telefonisch

Sell, Gundula: Referentin, Sächsisches Staatsministerium für Wissenschaft und Kunst (SMWK), Dresden; 12.2.2010, telefonisch

Seul, Dr. Arnold: Referent des Fernsehdirektors, MITTELDEUTSCHER RUNDFUNK, Leipzig; 17.2.2010, persönlich

Winterberg, Yury: Gesellschafter, LE Vision; Vorstandsvorsitzender Filmverband Sachsen e.V., Leipzig; 4.12.2009, persönlich

VI. Digitalisierungen

Jürn Kruse

Erfolg und Misserfolg des digitalen Rundfunks in Ostdeutschland

»Digital ist ganz egal« prangt im Mai 2002 in der Wochenzeitung DIE ZEIT: Überall in Europa seien die Träume einer digitalen Welt dahin (Krönig 2002: 34). Kurz zuvor war das Medienimperium von Leo Kirch kollabiert. Der Verfechter des Digitalfernsehens war insolvent. Nur jeder zehnte Bundesbürger schaute zu diesem Zeitpunkt als Nullen und Einsen übertragenes Fernsehen (Kind/Scheithauer 2005: 68).

Gleichzeitig kam das seit 1995 über Pilotprojekte eingeführte und besonders in einigen ostdeutschen Ländern geförderte digital-terrestrische Radio DAB (Digital Audio Broadcasting) nicht über ein Nischendasein hinaus. Der Oberste Rechnungshof (ORH) Bayerns bezifferte 2002 die verkauften DAB-Geräte auf 15.000 und listete dazu die bisherigen Aufwendungen von EU, Bund und Ländern sowie die für DAB ausgegebenen Gebührenmittel auf, die sich vom regulären Forschungsbeginn 1987 bis zum Jahr 2002 auf rund 230 Millionen Euro summiert hatten (ORH 2002: 191f.). Nach dieser Rechnung hatten die Steuer- und Gebührenzahler jeden DAB-Empfänger in Deutschland mit über 15.000 Euro bezuschusst. Trotz politischen Willens, trotz Digitalisierungsfahrplänen, die einst das Jahr 2010 als Ziel für die ganzheitliche Umstellung von analoger auf digitale Rundfunkübertragung benannt hatten (IDR 2000: 10), und trotz großer Investitionen schien die Digitalisierung im Jahr 2002 in einer Sackgasse angekommen.

Die digitale Wende kam durch ein Projekt in Ostdeutschland: die Einführung des digital-terrestrischen Fernsehens DVB-T in Berlin und Potsdam 2002/2003, wo zum ersten Mal ein Rundfunkübertragungsweg komplett digitalisiert und das analoge Signal abgeschaltet wurden. Die totgesagte Antenne erlebte eine Renaissance: Die Nutzerzahlen stiegen rasant. Andere Bundesländer folgten bald: In Mecklenburg-Vorpommern, Sachsen, Sachsen-Anhalt und Thüringen begann der Wechsel zu DVB-T Ende 2005. Drei Jahre später war der Umstieg beim ersten von drei Fernsehübertragungswegen bundesweit vollbracht (ARD/ZDF 2003; Hamann 2009: 52f.).

Und das Radio? Dessen Digitalisierung spielt sich auf vielen Wegen – vor allem im Internet – ab, nur nicht auf dem klassischen und meistgenutzten Weg: dem terrestrischen. Nicht wenige fordern die Abschaltung des einst als Ersatz für den analogen UKW-Hörfunk gedachten DAB-Systems. Doch die Landesmedienanstalten wollen den Hörfunk ohne Hörer in der neueren technischen Variante DAB+ noch nicht aufgeben.

Neben einer Fokussierung auf die Einführung der digitalen Übertragungsstandards in den neuen Bundesländern werden in diesem Kapitel politische Ziele und Entwicklungen betrachtet: Was hielt die digitale Entwicklung im Rundfunk auf? Warum scheint sie an der einen Stelle gescheitert, während sie sich an anderer Stelle durchsetzen konnte? Um die Konflikte und Bruchstellen nachvollziehen zu können, wurden Literatur und Fachmagazine der vergangenen zwei Jahrzehnte analysiert sowie acht Leitfadeninterviews mit Experten geführt: mit Vertretern des öffentlich-rechtlichen und privatwirtschaftlichen Rundfunks, von Landesmedienanstalten, der Wissenschaft und Journalisten von Fachmagazinen. Es sollte versucht werden, möglichst viele der konträren Sichtweisen und Motivationen gegenüber der Digitalisierung abzubilden.

1. Der digitale Hörfunk

1.1 Digital Audio Broadcasting (DAB): Entwicklung und Technik

Unter dem Namen »Eureka 147« begann 1987 das europäische Forschungsprojekt zur Entwicklung eines neuen Hörfunkstandards, der den analogen UKW-Funk (Ultrakurzwelle) ablösen und die Übertragung von vielen zusätzlichen Programmen ermöglichen sollte. Das Ziel: endlich kein Frequenzengpass mehr. Mit der Übertragung von Diensten wie Verkehrsinfos, Wetterinfos, An- und Abflügen und dazu gehörigen Karten bzw. Timetables für Geräte mit Displays sollte DAB den Markt erobern. Das Signal sollte darüber hinaus durch das Senden in einem Gleichwellennetz und einem besonderen Übertragungsverfahren resistenter gegen Störungen sein und die Frequenzwechsel während einer Autofahrt nicht mehr nötig sein (Breitkopf 2007: 271).

DAB wird aufgrund der (Mit-)Entwicklung und Einführung in Deutschland den Bereich des digitalen Hörfunks in diesem Beitrag einnehmen – obwohl es nicht die einzige Möglichkeit der digitalen Radioübertragung ist. Auch auf den verschiedenen Wegen des digitalen Fernsehens können Radioprogramme »huckepack« transportiert werden, genauso über das Internet. Außerdem wurde neben DAB auch ein digitales Übertragungsverfahren für den Hörfunk auf Lang-, Mittel- und Kurzwelle entwickelt: Digital Radio Mondiale.

1.2 DAB-Einführung in Deutschland

Im März 1993 entschieden die Ministerpräsidenten, DAB deutschlandweit einzuführen. Das Spektrum des analogen UKW-Hörfunks blieb im Zuge dessen jedoch unangetastet. DAB sollte landesweit im Kanal zwölf des Band III (223 bis 230 MHz) und regional bzw. lokal im L-Band (1452 bis 1467,5 MHz) Platz finden (Speck 1999: 57).

Im August 1995 starteten offiziell die ersten beiden Pilotprojekte, verteilt auf das wiedervereinigte Deutschland, in Baden-Württemberg und Berlin-Brandenburg. So symbolträchtig die Aufteilung und der Auftakt der Projekte auf der Internationalen Funkausstellung in Berlin waren, so symbolisch fiel auch der Startschuss: Es fehlten die Empfangsgeräte. Dennoch folgten bald Pilotprojekte in fast allen Bundesländern (Vowe/Will 2004: 96-99).

1.3 DAB-Einführung in Mitteldeutschland

Nachdem im Sommer 1995 die Planungen eines gemeinsamen, die drei mitteldeutschen Länder umfassenden DAB-Pilotprojekts gescheitert waren,[1] vereinbarten die Landesmedienanstalten Thüringens (TLM) und

[1] Laut TLM scheiterte das Projekt an der »ablehnende[n] Haltung« des MDR (Stepputat 1999: 18). Der MDR wiederum begründete den Ausstieg mit »konzeptionellen Mängeln des Projekts«. Eine Bruchstelle war die im Nachhinein von der Sächsischen Staatskanzlei

Sachsens (SLM) im Dezember 1995 mit der Deutschen Telekom Rahmenverträge über die Durchführung zweier DAB-Pilotprojekte. Beide Projekte wurden mit je fünf Millionen DM von den Medienanstalten gefördert (Stepputat 1999: 18f.; Funkkorrespondenz 1996: 11). In ihnen sollten die Verbreitung von Hörfunk und Diensten sowie die Versorgungsbedingungen in den Gleichwellennetzen, die Praxistauglichkeit der Geräte und die Akzeptanz der Angebote bei den Nutzern untersucht werden (Stepputat 1999: 14f.). Am 3. April 1996 folgte eine ähnliche Vereinbarung zwischen der Telekom und dem MDR, der nun im Rahmen seines »DAB-Pilotprojekts Mitteldeutschland« Übertragungskapazitäten in Sachsen und Thüringen nutzen konnte.

Die nun drei Projekte nahmen im September 1996 den Betrieb auf (Kern/Rudolph/Schüller/Stepputat/Ufer 1999: 35), ehe am 4. Juli 1997 in Sachsen-Anhalt ein viertes und letztes mitteldeutsches Pilotprojekt startete. Der mit 5,52 Millionen DM von der MSA bezuschusste Versuch endete am 31. März 1999 und führte – als einziges ostdeutsches Pilotprojekt – nahtlos in den tags darauf beginnenden Regelbetrieb im Land (Richter/Trottberger 1999: 9 und 54). In Thüringen und Sachsen waren die Testnetze bereits im November 1998 abgeschaltet worden (Kern/Rudolph/Schüller/Stepputat/Ufer 1999: 36) – und der Regelbetrieb noch nicht in Sicht. Sachsen-Anhalt war überdies das einzige mitteldeutsche Land, in dem bereits während des Tests im Band III und nicht nur im L-Band gesendet werden konnte. Das war ein Vorteil, denn das ultrahochfrequente L-Band war aufgrund seiner Ausbreitungseigenschaften für die Versorgung in der Fläche und den innerhäuslichen Empfang ungeeignet (Stepputat 1999: 41).

Doch es bemühten sich ohnehin nur wenige Thüringer und Sachsen, das schwache Signal zu empfangen. Da die drei Projekte der Landesmedienanstalten Aufschluss über die Marktchancen geben sollten, wurden die Geräte nicht an ein Testpanel verschenkt bzw. verliehen, sondern mussten von den Probanden gekauft werden. Doch nur in Sachsen-Anhalt konnte die Teilnehmerzahl (700) befriedigen (Richter/Trottberger 1999: 24). In Sachsen und Thüringen wurden lediglich 160 bzw. 200 Tester gefunden. Mit bis zu 2000 war in Thüringen gerechnet worden (Kern/Rudolph/Schüller/Stepputat/Ufer 1999: 7).

---

als unrechtmäßig eingestufte Zurückstellung von Gebührengeldern in Höhe von neun Millionen DM durch die Sächsische Landesmedienanstalt (SLM). Die SLM wollte damit die DAB-Geräteentwicklung fördern, wozu sie laut Staatskanzlei nicht berechtigt gewesen wäre. Das Geld musste dem Rundfunk-Staatsvertrag entsprechend an den MDR weitergeleitet werden. Der MDR war anschließend nicht bereit, den kompletten Betrag in das DAB-Projekt zu investieren (Funkkorrespondenz 1995: 12f.).

Immerhin sahen die wenigen Testpersonen trotz der Empfangsschwierigkeiten ein erhebliches Potenzial in DAB: Sie stimmten weitgehend überein, dass dem Hörfunkstandard die Zukunft gehöre und die Vorteile (Tonqualität, kein Frequenzwechsel, Zusatzdienste etc.) die Nachteile aufwiegen würden (Stepputat 1999: 93-99; Speck 1999: 80).

1.4 DAB-Regelbetrieb: Netz, Programm und Nutzung

Nachdem am 1. April 1999 der Regelbetrieb in Sachsen-Anhalt gestartet war, zogen Sachsen und Thüringen 2000 nach, Berlin und Brandenburg folgten 2001 und in Mecklenburg-Vorpommern ging DAB erst 2003 und das auch nur im Großraum Schwerin in den Regelbetrieb über (ALM 2005: 377). Bereits 2002 sollen 80 Prozent des Bundesgebiets mit DAB versorgt gewesen sein (ORH 2002: 192). Größere Lücken blieben nur in Niedersachsen, Schleswig-Holstein und Mecklenburg-Vorpommern bestehen. Doch mittlerweile wird diese große Sendeleistung runtergefahren und dem kleinen Hörerkreis angepasst: Im Januar 2010 wurden u.a. in Thüringen 20 von 27 Sendern abgeschaltet, in Hessen funken nur noch zwei von einst zwölf Sendern und in Sachsen sind nur noch sieben von 15 Sendeanlagen in Betrieb (Digitalradio.de 2010).

Das Programmangebot war bereits zuvor einem Aderlass unterzogen worden. Als die meisten Landesmedienanstalten die Subventionierung der Ausstrahlungskosten privater Programme stoppten, wie beispielswiese Thüringen 2005 oder Sachsen 2007, gaben viele Anbieter ihr DAB-Engagement auf (Funkkorrespondenz 2005: 26; SLM 2008: 33). Anfang 2010 sind bundesweit nur noch 24 private DAB-Programme on air, wovon lediglich neun ausschließlich digital ausgestrahlt werden, und die Öffentlich-Rechtlichen übertragen entweder gar keine (wie der Rundfunk Berlin Brandenburg und der Hessische Rundfunk) oder bereits über UKW empfangbare Programme und Sendungen. Der MDR verbreitet im Regelbetrieb lediglich MDR KLASSIK über DAB.

Dem Angebot entsprechend gestalten sich auch die Nutzerzahlen: In Bayern, dem Land mit dem mit Abstand größten DAB-Programmangebot, sollen sich 152.000 DAB-Empfänger in 5,411 Millionen Haushalten befinden (BLM 2009). Bundesweite Erhebungen existieren nicht. Michael Richter, Vorsitzender der Initiative Marketing Digital Radio (IMDR) sowie Leiter der Geschäftsstelle Digitaler Rundfunk in Mitteldeutschland, vermutet, dass deutschlandweit ca. 500.000 Geräte DAB empfangen können, was verglichen mit den geschätzten 300 Millionen UKW-Empfängern in Deutschland (Elitz 2006: 6) eine erschreckend geringe Zahl nach 15 Jahren Sendebetrieb darstellt.

1.5 Kein Ende des analogen Hörfunks – trotz DAB und gesetzlicher Vorgaben

Um eine neue Technologie einzuführen, braucht es einen sichtbaren Mehrwert oder äußeren Zwang (Matheus/Morich/Specks 2005: 142). Doch eine Zwangsabschaltung stieße mit Sicherheit bei Hörern und Programmveranstaltern auf massive Proteste und das überzeugende Angebot ist von privater Seite erst zu erwarten, wenn die Hörerzahlen und der Geräteabsatz steigen. Wie kam es zu dieser Blockade?

Zunächst war und ist der Empfang von DAB-Signalen in weiten Teilen Deutschlands »unzulänglich«, wie Michael Albrecht, Digitalrundfunkexperte und Koordinator digitales Fernsehen innerhalb der ARD, es ausdrückt. Hinzu kam, dass lange Zeit kaum Empfangsgeräte zu günstigen Preisen verfügbar waren (Bischoff 2001: 17) und Konkurrenztechnologien DAB überholten, wie z.B. WLAN-Radios[2] im stationären Gebrauch. Bei der Entwicklung von DAB war noch nicht absehbar, dass mit dem Auf- und Ausbau des Mobilfunks, der Satellitennavigation (GPS) und nicht zuletzt des Internets viele Dienste, die einst DAB zugeschrieben wurden, innerhalb kürzester Zeit von anderen Techniken besetzt würden. Und auch der UKW-Analogfunk entwickelte sich weiter: Über diesen können heute ebenso Informationen für Navigationsgeräte versendet werden und der Frequenzwechsel geschieht bei modernen Endgeräten mittlerweile auch völlig automatisch.

Dennoch sollen laut Telekommunikationsgesetz (TKG) Frequenzzuteilungen für »den UKW-Hörfunk bis spätestens 2015 widerrufen« werden (§ 63 TKG). Auch die Landesmediengesetze Sachsens und Sachsen-Anhalts, die sich einst auf die Analogabschaltung 2010 festgelegt hatten, schreiben nach entsprechenden Änderungen noch immer vor, dass ab 2015 kein analoger Rundfunk mehr senden soll (§ 34 Abs. 1 MedienG LSA; § 4 Abs. 6 SächsPRG). Die Initiative Digitaler Rundfunk hielt 2005 ebenso daran fest, die analoge Übertragung bis 2015 auslaufen zu lassen (IDR 2005: 10), allerdings nur, wenn »im Jahr 2010 die weit überwiegende Mehrzahl der Hörer Digital Radio nutzt« (IDR 2000:

---

[2] WLAN-Radios sind über kabellose Netzwerke mit dem Internet verbundene Radios.

10). Dieses Ziel wurde bereits verpasst und alle befragten Experten sind sich einig, dass kein Ende des analogen terrestrischen Hörfunks bis 2015 zu erwarten ist.

1.6 Digitalradio – ein neuer Anlauf?

Nachdem 2007 und 2009 die Kommission zur Ermittlung des Finanzbedarfs der öffentlich-rechtlichen Rundfunkanstalten der ARD und Deutschlandradio die Mittel für einen Neustart des digitalen Radios im weiterentwickelten Standard DAB+ verweigert hatte (KEF 2007: 113-122; KEF 2009), war bereits vom »Todesstoß« für DAB zu lesen (Hein 2009). Doch die Landesmedienanstalten hielten am Neustart fest und fanden bis März 2010 immerhin neun private Bewerber um Lizenzen für bundesweite DAB+-Ausstrahlungen (DLM 2010). Zusätzlich wurden in Sachsen und Sachsen-Anhalt landesweite Lizenzen zur Übertragung in einem DAB-Standard ausgeschrieben (SLM 2009; MSA 2009).

Die für diesen Beitrag befragten Fachleute sind in ihrer Meinung zur Zukunft von DAB gespalten: Die Einschätzungen reichen von einem von Hoffnung getragenen Optimismus über die Frage, ob das digitale Radio überhaupt einen eigenen Übertragungsweg benötige, bis zur Überzeugung, dass das Ende von DAB und all seinen Ablegern gekommen sei: »Selbst wenn sie viele Empfänger gratis verteilen würden, würde ich der Technologie keine große Zukunft geben«, sagt der Kommunikationswissenschaftler Hans Joachim Kleinsteuber.

2. Das digitale Fernsehen

2.1 Digital Video Broadcasting: Entwicklung und Technik

Seit 1993 hatten diverse Firmen und Forschungseinrichtungen im »DVB Project« Standards für das digitale Fernsehen über Kabel (DVB-C), Satellit (DVB-S) und Terrestrik (DVB-T) entwickelt. Sie erlauben bei der Übertragung in Analog-TV-Qualität das Senden von acht bis zehn (über Kabel und Satellit) bzw. vier (bei terrestrischer Ausstrahlung) digitalen Programmen auf dem Platz eines analogen Kanals. Die Bilder und Töne werden dabei mithilfe eines Verfahrens der Movie Picture Experts

Group (MPEG) komprimiert. Deren neuere Methoden, wie das für hochauflösendes Fernsehen (HDTV) genutzte MPEG-4, würden sogar noch mehr Platz schaffen. Darüber hinaus können digital jede Art von Dienst oder Programm (verschlüsselt oder unverschlüsselt) gesendet und Rückkanäle geschaffen werden, wie es im Breitbandkabel in den meisten Regionen bereits geschehen ist (Fischer 2009).

2.2 DVB-Einführung in Deutschland

Den ersten Schritt in die digitale Distribution unternahm der Satellitenbetreiber SES Astra, als er im Oktober 1995 den Satelliten Astra 1E in Betrieb nahm. Von nun an war Digital-TV in Haushalten mit »Schüssel« und passendem Receiver zu empfangen. Als erstes ausschließlich digitales Programm übertrug Leo Kirchs DIGITAL FERNSEHEN 1 (DF1) am 28. Juli 1996 das Formel-1-Rennen aus Hockenheim (ALM 1996: 19-26).

Tests zur digitalen Übertragung waren schon zuvor unternommen wurden – auch im Kabel. Doch der bis heute von mehr als der Hälfte der Deutschen genutzte Übertragungsweg müht sich mit der Digitalisierung. Zwar waren ab 1997 digitale Programme über das Netz zu sehen (Zervos 2003: 131), doch beschränkte sich der Nutzerkreis lange Zeit auf Pay-TV-Kunden – auch weil das digitale Free-TV-Programmangebot im Kabel lange Zeit kaum attraktiver schien als das analoge (Hamann/Scheithauer 2006: 13).

Als letzter Übertragungsweg wurde die Terrestrik digitalisiert. Aufgrund des Platzmangels musste dort bei einer Digitalaufschaltung das analoge Programm abgeschaltet werden. Ein längerer Simulcast, also die Ausstrahlung von digitalen neben analogen Signalen, war – anders als beim Kabel und Satelliten – nicht möglich (IDR 2000: 42).

2.3 Start des digitalen Antennenfernsehens DVB-T in Berlin

Berlin/Potsdam war die Pionierregion: 2002 begann dort der Umstieg auf DVB-T, der im Oktober 2003 in eine endgültige Abschaltung aller analog über Antenne empfangbaren Programme mündete. Dieser Umstellung war eine von der Medienanstalt Berlin-Brandenburg moderierte Verständigung zwischen privaten und öffentlich-rechtlichen Programmanbietern vorausgegangen. Von 2003 an waren im Großraum mehr als 20, bald darauf mehr als 30 (statt vormals elf) digitale Programme empfangbar. Der Umstieg verlief unverhofft erfolgreich: Der TV-Empfang über die Antenne stieg in der Region von acht auf heute 17 Prozent Nutzungsanteil. Andere Länder wollten nun zügig nachziehen, war und ist doch der terrestrische Rundfunk der Übertragungsweg, auf den die Landesmedienanstalten am meisten Einfluss haben (ARD/ZDF 2003: 560; Hamann 2009: 53).

2.4 DVB-T-Einführung in Ost- und Mitteldeutschland

In den drei mitteldeutschen Ländern hatten die Landesmedienanstalten, Netzbetreiber und Programmmacher zunächst geplant, als zweite deutsche Region DVB-T zu starten. Doch nachdem sich 2002 die privaten Anbieter aus dem Projekt zurückgezogen hatten und sich der Aufbau der Sendeanlagen verzögerte, lief die erste Phase des Umstiegs erst am 5. Dezember 2005 an: In den Regionen Leipzig/Halle und Erfurt/Weimar war von diesem Tag an nur noch Digitalfernsehen über die Antenne empfangbar – und Mitteldeutschland plötzlich doch noch Vorreiter: Es waren die ersten Inseln der Republik, die ohne private Anbieter den Schritt ins Digitale wagten. In einer zweiten und dritten Stufe wurden bis 2008 weitere Ballungsräume und kleinere Gemeinden erschlossen (Geschäftsstelle Digitaler Rundfunk Mitteldeutschland 2009). Auf einzelne Stufen verzichtete Mecklenburg-Vorpommern gänzlich und nahm die Digitalisierungstreppe der Terrestrik mit einem Satz: Am 6. Dezember 2005 wurde das analoge Signal landesweit ab- und DVB-T aufgeschaltet. Auch in den vier ostdeutschen Nachzügler-Ländern stieg die Fernsehnutzung über Antenne von sehr geringen Startniveaus auf heute 3,1 (Mecklenburg-Vorpommern) bis fünf Prozent (Sachsen) aller TV-Haushalte (Hamann 2009: 53).

2.5 Nutzung des Digitalfernsehens

Mittlerweile empfangen mehr als 20 Millionen Haushalte in Deutschland digitales Fernsehen – immerhin 55 Prozent der TV-Haushalte. 2005 waren es noch 25 Prozent (Hamann 2009: 46-50). Vier Faktoren zeichnen für diesen Anstieg verantwortlich:

- Die rasante und 2008 als abgeschlossen gemeldete Digitalisierung des terrestrischen Fernsehens.
- Die damit verbundene Loslösung des Begriffs Digitalfernsehen vom Pay-TV, was zuvor vor allem Kabelkunden abschreckte, die digitalen Angebote zu nutzen.
- Die digitale Übertragung der großen Privatsenderfamilien im Kabel ab 2006 (Hamann/Scheithauer 2006: 13).
- Die nahezu unbeeinflusst ablaufende Digitalisierung beim Empfang von Satelliten-Fernsehsignalen, wo ein digitaler Receiver seit zehn Jahren Standard ist und jede Auswechslung oder Neuanschaffung automatisch zu einem neuen digitalen TV-Haushalt führte. Dementsprechend soll 2012 die analoge Ausstrahlung komplett dem digitalen Satellitenstandard DVB-S weichen (ZAK 2009).

Nur das Kabel scheint von solchen Abschaltplänen noch weit entfernt: Lediglich 30 Prozent der Kabelkunden schauten 2009 digitales Kabelfernsehen. Die Gründe für das Zurückliegen des Kabels im digitalen Wettlauf sind vielfältig: Zunächst ist das analoge Programmangebot im Kabel mit über 30 Free-TV-Programmen europaweit einzigartig vielfältig. Es besteht kein Druck zu wechseln. Darüber hinaus geht mit der Digitalisierung die simple Handhabung verloren: Antennenstecker in den Fernseher gesteckt, Suchlauf, fernsehen. Das funktioniert bei den meisten Kabelanbietern nicht mehr. Auf Grund der Grundverschlüsselung privater digitaler Programme brauchen die meisten digitalen Kabelkunden eine separate Set-Top-Box, um alle Programme empfangen und entschlüsseln zu können. Zudem nehmen die meisten Kabelanbieter ein zusätzliches Entgelt für die Nutzung des digitalen Angebots: »Pay-TV light« nannte das der Digitalisierungsbericht 2006 (Hamann/Scheithauer 2006: 13).

Neue Kundenkreise und Verdienstmöglichkeiten soll nun HDTV (High Definition Television) erschließen. Dieses Fernsehen mit höherer Bildqualität wurde zwar vorher bereits von ANIXE, ARTE, PREMIERE und zwischenzeitlich PROSIEBEN und SAT.1 ausgestrahlt, doch scheint dieser Markt in Deutschland erst jetzt tiefgehend erschlossen zu werden: SES Astra liefert seit Ende 2009 über eine neue Satelliten-Plattform Programme der RTL Group und der ProSiebenSat.1 Media AG sowie seit Februar 2010 die unverschlüsselten HD-Programme von ARD und ZDF, die auch über das Kabel empfangbar sind. Auch der Pay-TV-

Anbieter SKY sendet Sportereignisse und Filme in HD, genauso wie die Telekom und Hansenet über ihre IPTV-Plattformen[3].

3. Fazit und Ausblick

Digital ist den meisten Fernsehzuschauern nicht mehr egal, zumindest dann nicht, wenn es so offensichtliche Vorteile bringt, wie bei DVB-T, dessen Einführung in den ostdeutschen Bundesländern gleich zwei Initialzündungen auslöste: zunächst beim Start im Berliner Großraum und anschließend bei der Umstellung auf die neue Technik ohne private Anbieter in Mitteldeutschland und Mecklenburg-Vorpommern. In beiden Fällen wurden die Länder für ihren Pioniergeist belohnt, wie die Übernahme des Berliner Konzepts in anderen Regionen und der spätere Einstieg der RTL Group im Leipziger und Hallenser DVB-T-Netz beweisen. Wo die Vorteile sich nicht sofort erschließen, möglicherweise sogar einige Veränderungen als Nachteile empfunden werden, wird es schwer, die Kunden vom Digitalen zu überzeugen. Das spüren die Kabelanbieter und das zeigte sich in radikaler Form beim digitalen Hörfunk DAB, dessen Einführung Sachsen und Sachsen-Anhalt voranbringen wollten. Doch während das digital-terrestrische Radio noch sehr weit davon entfernt ist, den Markt zu erobern, scheint sich der digitale Empfang über das Kabel langsam durchzusetzen. Dafür sorgen Angebote, wie HDTV und Triple Play (Fernsehen, Internet und Telefon über das Breitbandkabel), sowie äußere Umstände wie die Durchdringung des Marktes mit Flachbildfernsehern, die erst mithilfe des digitalen Bilds ihre Vorteile ausspielen können, und die Gewöhnung des Zuschauers an die Nutzung von Set-Top-Boxen.

Absehbar ist heute, dass die DSL-Leitung zum vierten Übertragungsweg heranwachsen und mit dem Breitbandkabel konkurrieren wird. Zudem könnte das bisher in Deutschland zwei Mal gescheiterte Mobile TV (Breunig 2008: 600) an Bedeutung gewinnen – wenn auch nicht über einen originären Übertragungsweg, sondern über das mobile Internet, das überdies zu einem noch wichtigeren Verbreitungsweg des Hörfunks wird. Daneben stehen wir an der Schwelle zum 3-D-Fernsehen: Die ersten Geräte sind bereits erhältlich und der Pay-TV-Sender SKY testete schon die dreidimensionale Übertragung (SKY 2010).

[3] Bei IPTV handelt es sich um auf dem Internet Protocol basierendes Fernsehen, das in Deutschland zumeist über die DSL-Leitung angeboten wird.

Das digitale Tal scheint das Fernsehen durchschritten zu haben. Im Gegensatz zum klassischen terrestrischen Hörfunk. Dort folgen die meisten Hörer nach wie vor dem Einstiegscredo: »Digital ist ganz egal«.

Literatur

ALM – Arbeitsgemeinschaft der Landesmedienanstalten (1996): *Jahrbuch der Landesmedienanstalten 1995/96.* München: Reinhard Fischer.

ALM – Arbeitsgemeinschaft der Landesmedienanstalten (2005): *ALM Jahrbuch 2004.* Berlin: Vistas.

ARD/ZDF-Projektgruppe Digital (2003): Berlin/Potsdam: Erste DVB-T-Region Deutschlands. In: *Media Perspektiven,* Heft 12, S. 558-569.

Bischoff, Jürgen (2001): Keine digitale Radioweihnacht. In: *DIE TAGESZEITUNG* vom 22.12., S. 17.

BLM – Bayerische Landeszentrale für neue Medien (2009*): Funkanalyse Bayern 2009. Kapitel 8: Radioprogrammempfang/Radiogeräteausstattung.* Online unter: http://funkanalyse.tns-infratest.com/2009 (aufgerufen am 26.1.2010).

Breitkopf, Klaus (2007): *Rundfunk. Faszination Hörfunk.* Heidelberg: Hüthig

Breunig, Christian (2008): Handy-TV vor ungewisser Zukunft. In: *Media Perspektiven*, Heft 12, S. 598-611.

Digitalradio.de (2010): *Senderstandorte in Deutschland.* Online unter: http://www.digitalradio.de/fileadmin/Gemeinsame_Dateien/PDF/Fact_Sheets/DAB-Sender_in_Deutschland.pdf (aufgerufen am 25.03.2010).

DLM – Direktorenkonferenz der Landesmedienanstalten (2010): *Neun Bewerber um Übertragungskapazitäten für bundesweites Digitalradio.* Pressemitteilung vom 15.3.

Elitz, Ernst (2006): Das Radio will kein Rundfunkmuseum sein. In: *Funkkorrespondenz*, Heft 40, S. 6-8.

Fischer, Walter (2009): *Digitale Fernseh- und Hörfunktechnik in Theorie und Praxis.* 2. Auflage. Berlin: Springer.

Funkkorrespondenz (1995): Mitteldeutsches DAB-Projekt: SLM sucht Geräte-Weiterförderer. In: *Funkkorrespondenz*, Heft 28, S. 12-13.

Funkkorrespondenz (1996): DAB-Plattform »erfreut« über KEF-Vorschläge. In: *Funkkorrespondenz*, Heft 3, S. 11-12.

Funkkorrespondenz (2005): Thüringen: Keine privaten Programme mehr über DAB. In: *Funkkorrespondenz*, Heft 11, S. 26.

Geschäftsstelle Digitaler Rundfunk Mitteldeutschland (Hrsg.) (2009): *DVB-T-Geschäftsbericht – Die Einführung von DVB-T in Mitteldeutschland.* Berlin: Vistas.

Hamann, Andreas (2009): Aktueller Stand der Digitalisierung in den deutschen TV-Haushalten. In: ZAK – Kommission für Zulassung und Aufsicht der Landesmedienanstalten (Hrsg.): *Digitalisierungsbericht 2009.* Berlin: Vistas, S. 46-55.

Hamann, Andreas/Scheithauer, Ingrid (2006): *Digitalisierungsbericht 2006. Aufbruch ins digitale Zeitalter.* Berlin: Vistas.

Hein, David (2009): *Einführung von DAB Plus ist gescheitert.* Online unter: http://www.horizont.net/aktuell/medien/pages/protected/Einfuehrung-von-DAB-Plus-ist-gescheitert--KEF-lehnt-Projektantraege-ab_85749.html (aufgerufen am 5.4.2010).

IDR – Initiative Digitaler Rundfunk (2000): *Startszenario 2000. Einführung des digitalen Rundfunks in Deutschland.* Dokumentation Nr. 481. Berlin: Bundesministerium für Wirtschaft und Arbeit.

IDR – Initiative Digitaler Rundfunk (2005): *Digitaler Hörfunk und digitales Fernsehen in Deutschland.* Online unter: http://www.bmwi.de/BMWi/Redaktion/PDF/S-T/sachstand-dig-hoerfunk-und-fernsehen,property=pdf,bereich=bmwi,sprache=de,rwb=true.pdf (aufgerufen am 27.3.2010).

KEF – Kommission zur Ermittlung des Finanzbedarfs (2007): *16. Bericht.* Online unter: http://www.kef-online.de/inhalte/bericht16/kef_16bericht.pdf (aufgerufen am 27.1.2010).

KEF – Kommission zur Ermittlung des Finanzbedarfs (2009): *Die Mittel für die vorliegenden Projektanträge der ARD und des Deutschlandradios zum Digitalen Hörfunk werden nicht freigegeben.* Pressemitteilung vom 15.7.

Kern, Roberto/Rudolph, Bernd/Schüller, Jürgen/Stepputat, Olaf/Ufer, Uwe (1999): *DAB-Pilotprojekte in Mitteldeutschland.* Online unter: http://www.slm-online.de/psk/slmo/dokukategorien/dokumanagement/psfile/file/91/bericht3c8b6f0bb027e.pdf (aufgerufen am 5.1.2010).

Kind, Joachim/Scheithauer, Ingrid (2005): *Digitalisierungsbericht 2005.* Berlin: Vistas.

Krönig, Jürgen (2002): Digital ist ganz egal. In: DIE ZEIT vom 8.5., S. 34.

Matheus, Kirsten/Morich, Rolf/Specks, Will (2005): Marktchancen von DAB und DVB-T. In: *Media Perspektiven,* Heft 4, S. 142-151.

MedienG LSA – Mediengesetz des Landes Sachsen-Anhalt (2008).

MSA – Medienanstalt Sachsen-Anhalt (2009): Ausschreibung der Medienanstalt. In: *Ministerialblatt für das Land Sachsen-Anhalt,* Nr. 30, S. 607-608.

ORH – Bayerischer Oberster Rechnungshof (2002): *Jahresbericht 2002.* Online unter: http://www.orh.bayern.de/files/Jahresberichte/2002/Jahresbericht2002.pdf (aufgerufen am 5.4.2010).

Richter, Michael/Trottberger, Johannes (Hrsg.) (1999): *Digital-Radio Sachsen-Anhalt. Projektdokumentation und Akzeptanzuntersuchung.* Berlin: Vistas.

SächsPRG – Sächsisches Privatrundfunkgesetz (2008).

SLM – Sächsische Landesanstalt für Privaten Rundfunk und Neue Medien (Hrsg.) (2008): *Jahresbericht 2008.* Leipzig: SLM.

SLM – Sächsische Landesanstalt für Privaten Rundfunk und Neue Medien (2009): *Bekanntmachung der Sächsischen Landesanstalt für privaten Rundfunk und neue Medien zur Ausschreibung einer digital-terrestrischen Übertragungskapazität vom 15. Dezember 2009.* Leipzig: SLM.

SKY Deutschland (2010): *SKY in HD-3D.* Pressemitteilung vom 14.3.

Speck, Karsten (1999): Akzeptanzuntersuchung zum Digital Radio Sachsen-Anhalt. In: Richter, Michael/Trottberger, Johannes (Hrsg.): *Digital-Radio Sachsen-Anhalt. Projektdokumentation und Akzeptanzuntersuchung.* Berlin: Vistas, S. 55-105.

Stepputat, Olaf (1999): *DAB-Pilotprojekt Thüringen. Abschlußbericht der Thüringer Landesmedienanstalt (TLM).* München: KoPäd.

TKG – Telekommunikationsgesetz (2004).

Vowe, Gerhard/Will, Andreas (2004): *Die Prognosen zum Digitalradio auf dem Prüfstand. Waren die Probleme bei der DAB-Einführung vorauszusehen?* München: KoPäd.

ZAK – Kommission für Zulassung und Aufsicht der Landesmedienanstalten (2009): *Landesmedienanstalten schlagen vor: Ende Analog-TV via Sat im Frühjahr 2012.* Pressemitteilung vom 14.12.

Zervos, Frank (2003): *Digitales Fernsehen in Deutschland.* Wiesbaden: Westdeutscher Verlag.

Interviews

Albrecht, Michael: Koordinator Digital Video Broadcasting, ARD, Potsdam; 6.11.2009, persönlich

Artymiak, Sebastian: Leiter Medientechnologie, Verband Privater Rundfunk und Telemedien e.V. (VPRT), Berlin; 26.10.2009, telefonisch

Hege, Dr. Hans: Direktor, Medienanstalt Berlin-Brandenburg (MABB); Beauftragter Plattformregulierung und Digitaler Zugang, ZAK, Berlin; 25.11.2009, persönlich

Hornauer, Dr. Uwe: Direktor, Medienanstalt Mecklenburg-Vorpommern (MMV), Schwerin; 26.10.2009, telefonisch

Kleinsteuber, Prof. em. Dr. Hans Joachim: Kommunikationswissenschaftler, Institut für Politikwissenschaft, Arbeitsstelle Medien und Politik, Universität Hamburg; 30.10.2009, telefonisch

Petzold, Ricardo: Redakteur (CvD), DIGITAL FERNSEHEN, Leipzig; 29.10.2009, persönlich

Richter, Michael: Projektleiter Digitaler Rundfunk, Medienanstalt Sachsen-Anhalt (MSA); Vorstandsvorsitzender, Initiative Marketing Digitalradio (IMDR), Halle/Saale; 11.11.2009, telefonisch

Schulze, Niels: Geschäftsbereichsleiter Technische Zentralaufgaben, MITTELDEUTSCHER RUNDFUNK (MDR), Leipzig; 24.11.2009, persönlich

Regine Reibling/Birte Knäpper/Eva Eismann

Verbreitung und Nutzung des Internets sowie journalistische Online-Angebote in Ostdeutschland

Mitte der 1990er-Jahre stellten die ersten Medien in Ostdeutschland Angebote online (Riefler 1995: 127; Schröter/Ewald 1996: 480): Verlagspräsentationen, Informationen zum Sender, den ein oder anderen Beitrag zum Herunterladen und einzelne Nachrichten. Seitdem sind 15 Jahre vergangen und das Internet ist als alltägliche Informationsquelle etabliert. Vor allem junge Nutzer, jedoch auch immer mehr Ältere wenden sich dem Medium zu (Eimeren/Frees 2009: 335). Videoportale und Netzwerke gewinnen an Bedeutung, sind besonders bei den 14- bis 19-Jährigen beliebt (Busemann/Gscheidle 2009: 358-359).

Auch technisch hat sich das Internet und haben sich damit die Online-Angebote von Verlagen, Radio- und Fernsehsendern gewandelt. So spielen zum Beispiel Audios und Videos im Internet eine immer größere Rolle (Neuberger/Nuernbergk/Rischke 2009b: 225). Außerdem sind Informationsanbieter (z.B. Weblogs) hinzugekommen, die kein klassisches Medium wie eine Zeitung oder einen Radiosender als Basis haben und Zweifel an der Notwendigkeit des professionellen Journalismus aufkommen ließen (Neuberger/Nuernbergk/Rischke 2009a: 11). In der Studie »Journalismus – neu vermessen« von Neuberger, Nuernbergk und Rischke (2009b) stellte sich jedoch heraus: Den »Kernbereich des Internetjournalismus« in Deutschland bilden immer noch die Angebote klassischer Medien; vor allem jene der Tageszeitungen erfüllen wesentliche journalistische Merkmale. Es stellt sich daher die Frage, ob das auch für Ostdeutschland zutrifft. Welche Bedeutung hat das Internet bis heute aus journalistischer Sicht in der ostdeutschen Medienlandschaft gewonnen?

Diese Frage umfasst drei Aspekte: die *Verbreitung und Nutzung des Internets* in den sechs ostdeutschen Bundesländern, die *Online-Angebote* der klassischen Medien im Internet und die Nur-Online-Angebote sowie die *Strategien und Motive* ostdeutscher Anbieter im Internet.

1. Methode

In der Analyse wurden Sekundäranalyse, Inhaltsanalyse und qualitative Interviews kombiniert. Die Sekundäranalyse diente zur Ermittlung wesentlicher Rahmenbedingungen für Online-Journalismus: Verbreitung der Technik und Anteil der Internetnutzer in den neuen Bundesländern. Dazu wurden folgende Online-Studien erneut ausgewertet: Daten des Statistischen Bundesamtes zur technischen Ausstattung der Haushalte, die ARD/ZDF-Onlinestudie, die »internet facts« der Arbeitsgemeinschaft Online Forschung (AGOF) sowie die (N)ONLINER-Atlanten.

Die Analyse der Online-Angebote und ihrer Anbieter stützte sich auf die Methoden Inhaltsanalyse und Leitfadeninterview, die aufeinander aufbauen und sich ergänzen. Nach einer Bestandsaufnahme der Print-, Rundfunk- bzw. Online-Medien in Ostdeutschland anhand von Anbieterlisten (Zimpel Online[1], Listen der Rundfunkveranstalter bei der ARD und den Landesmedienanstalten sowie Google Verzeichnis[2]) wurden die zugehörigen Internetauftritte mittels einer Inhaltsanalyse überprüft. Zentral war dabei die Frage: Welche Online-Angebote in Ostdeutschland erfüllen journalistische Kriterien? Da sich Journalismus im Internet nicht ohne Weiteres identifizieren lässt, waren mehrere Prüfkriterien notwendig. Als Orientierung diente die Untersuchung »Journalismus – neu vermessen« (Neuberger/Nuernbergk/Rischke 2009b), die vorliegende Analyse war jedoch aus forschungsökonomischen Gründen weniger umfassend. Anhand der genannten Listen wurden mehr als 600 Anbieter in Ostdeutschland ermittelt. Die in diesen Listen angegebenen Internetadressen zu Print- und Rundfunkmedien wurden vor der Inhaltsanalyse darauf geprüft, ob sie tatsächlich das Muttermedium repräsentieren (Logo oder Name des Muttermediums musste auf der Startseite zu finden sein). Angebote, die das betreibende Unternehmen darstellten und nicht zum Beispiel die Wochenzeitung oder den Radiosen-

---

1 Der Verlag Dieter Zimpel stellte vom 1. August bis 14. September 2009 einen kostenlosen Zugang zu »Zimpel Online« zur Verfügung. Wir danken dem Verlag für die Unterstützung.

2 Die Seite unter http://www.google.com/dirhp?hl=de (Stand: 26.9.2009) führt Links zu Websites nach Themengruppen und Regionen sortiert auf. Auswahlgrundlage für die Untersuchung der Nur-Online-Medien war der Inhalt der Kategorie »Nachrichten und Medien« in den neuen Bundesländern.

der, wurden von der Analyse ausgeschlossen. So wurden schließlich 544 Online-Angebote (162 Print, 199 Rundfunk- und 183 Nur-Online-Angebote) nach folgenden *sieben Kriterien* untersucht. Sobald ein Kriterium nicht erfüllt war, schied das jeweilige Online-Angebote aus. Die Reihenfolge der Prüfschritte wird analog zur Studie von Neuberger/Nuernbergk/Rischke (2009b: 210) nach der Relevanz des jeweiligen Kriteriums bemessen. So wurden schrittweise alle Online-Angebote herausgefiltert, auf die alle Kriterien journalistischer Angebote zutreffen:

- Erster Prüfschritt »Publizität«: Erreichbarkeit des Online-Angebots
- Zweiter Prüfschritt »Nutzergebühren/Registrierungspflicht«: Online-Angebote, die für eine Nutzung Gebühren oder eine Registrierung fordern, wurden aus forschungsökonomischen Gründen ausgeschlossen.
- Dritter Prüfschritt »Autonomie«: Unabhängigkeit von Vereinen, Verbänden, Parteien etc. (überprüft anhand des Impressums)
- Vierter Prüfschritt »Vollständigkeit der Beiträge«: Ausgeschlossen wurden Seiten mit ausschließlich Teasern, Terminankündigungen, Leseproben oder Vorschauen/Sendungsankündigungen.
- Fünfter Prüfschritt »Werbliche Nähe«: Überwiegend werbliche Angebote, inklusive Eigen-PR, wurden ausgeschlossen.
- Sechster Prüfschritt »Aktualität«: Die Zeitspanne zwischen dem Anlass der Berichterstattung und dem Veröffentlichungsdatum durfte sieben Tage nicht überschreiten.
- Siebter Prüfschritt »Periodizität«: Mindestens zwei Mal innerhalb von sieben Tagen musste das Angebot aktualisiert worden sein.

Die als journalistisch klassifizierten Angebote wurden auf zusätzliche Merkmale hin untersucht, wie multimediale Elemente, Formate zur Nutzerbeteiligung und kostenpflichtige Dienste. Der Untersuchungszeitraum erstreckte sich von September bis Oktober 2009. Ergänzend wurden 26 Leitfadeninterviews mit aktuellen und ehemaligen Online-Verantwortlichen geführt, um Informationen über die Online-Strategie der Anbieter zu erhalten. Neben der Situation im Herbst/Winter 2009/2010 sollte auch die Entwicklung der Angebote nachvollzogen sowie ein Blick in die Zukunft ermöglicht werden. Daher war der Leitfaden in drei zeitliche Dimensionen aufgeteilt. Thematisch wurden die vier Blöcke inhaltliche Ausrichtung, internetspezifische Potenziale, redaktionelle Organisation und Finanzierung abgefragt. Die Auswahl der Interviewpartner erfolgte nach dem Prinzip des »Theoretical Sampling« (Lamnek 2005: 384f.). Es wurde versucht, exemplarisch alle Muttermedien abzudecken, Angebote unterschiedlicher Themenschwerpunkte sowie thematischer Breite einzubeziehen, sowohl Anbieter mit besonders vielen als auch besonders wenigen internetspezifischen Anwendungen zu befragen und soweit möglich auch Anbieter in allen Bundesländer zu beachten. Bei der Auswahl der zu Befragenden ist demnach entscheidend, möglichst typische Fälle zu finden. Die Repräsentativität der Auswahl spielt dabei eine untergeordnete Rolle (im Unterschied zur quantitativen Befragung).

2. Ergebnisse

2.1 Internetnutzung in Ostdeutschland

In den neuen Bundesländern war zu jedem Zeitpunkt ein geringerer Anteil der Bevölkerung online als im Westen der Republik. Die Unterschiede beginnen schon bei einer technischen Voraussetzung für eine private Internetnutzung, dem eigenen PC. 1993 verfügten in Westdeutschland laut Statistischem Bundesamt 22,4 Prozent der Haushalte über einen PC, im Osten waren es nur 16,3 Prozent (Statistisches Bundesamt 2008). 2008 lag der Unterschied in der Durchdringung mit PCs immer noch bei etwa fünf Prozentpunkten, auch wenn das Gesamtniveau deutlich gestiegen ist: im Westen Deutschlands auf 76,3 Prozent, im Osten auf 71,5 Prozent (ebd.). Entsprechend stellte die erste bundesweite Erfassung von Internetnutzern 1997 einen »relativ geringen Anteil der Online-Nutzer in den neuen Bundesländern« von 12,5 Prozent fest (Eimeren/Oehmichen/Schröter 1997: 5). Über die gesamte Erfassungsdauer des (N)ONLINER-Atlas war die Nutzung des Internets in den ostdeutschen Bundesländern geringer als in den westdeutschen. In Brandenburg, dieses Land hat den höchsten Nutzungsanteil in ganz Ostdeutschland, sind lediglich 67,8 Prozent der Einwohner online und damit deutlich weniger als im Bundesdurchschnitt mit 72 Prozent (Initiative D21/TNS Infratest 2010).

Für einige in dieser Studie erfasste Internetanwendungen ist allein der Zugang zum Netz noch nicht ausreichend. So macht zum Beispiel »erst eine genügend große Anzahl von Breitbandanschlüssen [...] für die Online-Veranstalter die flächendeckende Integration von multimedialen Inhalten sinnvoll« (Trappel 2007: 38) Der Anteil der ostdeutschen Breitbandnutzer insgesamt stieg, von (je nach Studie) etwa 20 bis 30 Prozent 2005 auf 60 bis 70 Prozent 2008. Dabei näherten sich die Werte für Ostdeutschland langsam denen im Westen an (BAYERISCHER RUNDFUNK 2009; AGOF 2005; AGOF 2006; AGOF 2007; AGOF 2008; TNS Infratest/Initiative D21 2005; TNS Infratest/Initiative D21 2006; TNS Infratest/Initiative D21 2007; Initiative D21/TNS Infratest 2008).

Die ostdeutschen Internetnutzer sind immer noch eher jung, männlich und formal hoch gebildet. Etwa drei Viertel der ostdeutschen Internetnutzer waren 2008 weniger als 50 Jahre alt; nur 45 Prozent davon waren in den neuen Bundesländern Frauen. Die Hälfte der ostdeutschen Internetnutzer (52 Prozent) hatte zwar eine weiterführende Schule absolviert, darüber hinaus aber keine weiteren Bildungsabschlüsse erworben. Sehr niedrig war der Anteil von Nutzern des Internets mit Haupt- oder Volksschulabschluss (12 Prozent) vor allem gegenüber einem gesamtdeutschen Durchschnitt von 28 Prozent (AGOF 2008). Das Internet steht für vielfältige Anwendungen offen, die Nutzung onlinejournalistischer Angebote ist nur eine davon. Nach den Daten der AGOF von 2008 waren in Ostdeutschland E-Mails und Informationssuche per Suchmaschinen die gefragtesten Internetanwendungen, je 88 Prozent gaben an, diese Anwendungen zumindest gelegentlich zu nutzen. Die nächsten Plätze in der Rangfolge belegten Online-Shopping (64 Prozent) und Nachrichten zum Weltgeschehen (63 Prozent). Neben Kommunikationsdienst, Datenbank und Einkaufsmöglichkeit ist damit das Internet für fast zwei Drittel der ostdeutschen Nutzer also auch ein Nachrichtenmedium. Weitere abgefragte Kategorien, die zumindest teilweise journalistische Inhalte abdecken, waren »regionale und lokale Nachrichten« (56 Prozent), »Sportergebnisse, Sportberichte« (34 Prozent) sowie »Stars und Prominente« (19 Prozent; AGOF 2008).

Auch wenn die traditionell internetferneren Älteren, Frauen und geringer Gebildeten weiterhin Aufholbedarf haben, gehört also das Internet mittlerweile für die Mehrheit der Ostdeutschen zum Alltag. Da ein Großteil der Nutzer es als Informationsmedium begreift, stellt sich die Frage, ob dieser Nachfrage ein entsprechendes Angebot gegenübersteht: Welche Online-Angebote mit journalistischen Merkmalen existieren in Ostdeutschland?

2.2 Journalistische Online-Angebote in Ostdeutschland

544 Online-Angebote in den neuen Bundesländern wurden in der vorliegenden Analyse untersucht. Davon wurden insgesamt 204 und damit lediglich rund 38 Prozent als journalistisch eingestuft (Tabelle 1). Die Mehrzahl erfüllte die genannten Prüfkriterien nicht.

Tabelle 1: Ermittlung von journalistischen Online-Angeboten in Ostdeutschland

		Nach Prüfschritten						
	Basis	**1. Publizität**	**2. Nutzergebühren**	**3. Autonomie**	**4. Vollständigkeit**	**5. werbliche Nähe**	**6. Aktualität**	**7. Periodizität**
Print	**162 (100%)**	**162 (100%)**	**161 (99%)**	**154 (95%)**	**123 (76%)**	**111 (69%)**	**88 (54%)**	**74 (46%)**
Tageszeitung	43 (100%)	43 (100%)	43 (100%)	43 (100%)	43 (100%)	43 (100%)	43 (100%)	42 (98%)
Wochenzeitung	5 (100%)	5 (100%)	5 (100%)	5 (100%)	5 (100%)	5 (100%)	4 (80%)	2 (40%)
Zeitschrift	55 (100%)	55 (100%)	54 (98%)	54 (98%)	39 (71%)	31 (56%)	24 (44%)	19 (35%)
Stadtmagazin	59 (100%)	59 (100%)	59 (100%)	53 (90%)	36 (61%)	32 (54%)	17 (29%)	11 (19%)
Rundfunk	**199 (100%)**	**199 (100%)**	**199 (100%)**	**198 (99%)**	**138 (69%)**	**134 (67%)**	**106 (53%)**	**87 (44%)**
Hörfunk	84 (100%)	84 (100%)	84 (100%)	84 (100%)	54 (64%)	53 (63%)	42 (50%)	39 (46%)
Fernsehen	115 (100%)	115 (100%)	115 (100%)	114 (99%)	84 (73%)	81 (70%)	64 (56%)	48 (42%)
Nur-Online	**183 (100%)**	**183 (100%)**	**179 (98%)**	**130 (71%)**	**104 (57%)**	**99 (54%)**	**50 (27%)**	**43 (23%)**
Gesamt	**544 (100%)**	**544 (100%)**	**539 (99%)**	**482 (89%)**	**365 (67%)**	**344 (63%)**	**244 (45%)**	**204 (38%)**

Die Prozentangaben beziehen sich auf die jeweilige angegebene Basis der Zeile.

Die Online-Angebote der beiden Gruppen Print und Rundfunk scheiterten überwiegend an den Kriterien *Vollständigkeit der Beiträge* und *Aktualität.* Bei den Nur-Online-Angeboten scheiterte die Einordnung als journalistisches Angebot meist an der fehlenden *Autonomie*. Diese Auftritte waren also Vereinen, Verbänden oder anderen Interessensgruppen angeschlossen.

Auffällig ist, dass in Ostdeutschland vor allem die Online-Angebote der Tageszeitungen die definierten Kriterien erfüllen, ihre Inhalte also im Internet frei zugänglich sind, sie zeitnahe Informationen verbreiten und diese mindestens zwei Mal wöchentlich aktualisieren. Sie liegen damit deutlich vor allen anderen Medientypen, bei denen nicht einmal die Hälfte aller Online-Angebote als journalistisch klassifiziert wurde.

2.2.1 Print

162 Online-Angebote von Printmedien wurden nach den oben genannten Auswahlkriterien untersucht. Fast 55 Prozent der Online-Ableger von Printmedien schieden bei der Prüfung der Angebote aus, darunter hauptsächlich Ableger von Publikumszeitschriften sowie Stadt- und Regionalmagazinen (65 Prozent der Ableger von Publikumszeitschriften und 82 Prozent der Ableger von Stadt- und Regionalmagazinen). Die größten Hürden stellten für beide Medientypen die Kriterien der Vollständigkeit und der Aktualität dar. Publikumszeitschriften boten häufig nur Leseproben und verwiesen auf eine ausführliche Berichterstattung in der Zeitschrift. Bei Stadt- und Regionalmagazinen gab es zahlreiche E-Magazines im PDF-Format. PDF-Formate bilden das Printprodukt exakt ab und richten sich nach dem Erscheinungsrhythmus des Muttermediums (wöchentlich bis monatlich bei den untersuchten Stadtmagazinen). Eine Aktualisierung innerhalb von sieben Tagen konnte also nicht stattfinden, weshalb diese Angebote bereits beim Kriterium der Vollständigkeit ausgeschlossen wurden.

Mit knapp 57 Prozent machen die Tageszeitungen den größten Anteil des journalistischen Gesamtbestandes von Online-Angeboten der Printmuttermedien aus. Nur ein Angebot schied im Laufe der Prüfung wegen unzureichender Periodizität aus (Tabelle 1). Die Ableger der Wochenzeitungen sind unter den als journalistisch eingestuften Online-Angeboten von Printmedien die kleinste Gruppe. Sie machten jedoch bereits in der Print-Grundgesamtheit nur einen geringen Anteil aus.

2.2.2 Rundfunk

Mit Hilfe der Anbieterlisten wurden 268 Rundfunkveranstalter in Ostdeutschland ermittelt. Von diesen hatte jedoch mit 69 Anbietern etwa ein Viertel kein Online-Angebot, das augenscheinlich zum Sender oder Programm gehörte[3] (Name/Logo auf der Startseite) und auf Deutsch verfügbar war. Die schließlich 199 erfassten Online-Angebote wurden nach den sieben Prüfkriterien untersucht (Tabelle 1). Sie können mehrheitlich nicht als journalistisch bezeichnet werden. Nur 87 erfüllten die Anforderungen (44 Prozent). Viele schieden bereits beim Kriterium Vollständigkeit aus, fast ein Drittel der Angebote enthielt lediglich Überschriften, Verweise auf das Programm oder Ankündigungen zu einzelnen Sendungen. Aktuelle Beiträge enthielten nach weiterer Prüfung der verbleibenden Angebote nur 106 Online-Angebote, 19 der dann weiter untersuchten Online-Angebote wurden nicht ausreichend häufig mit neuen Inhalten versehen (»Periodizität«). Dabei gab es nur einen geringen Unterschied bei den Medientypen: Von 84 in Ostdeutschland untersuchten Radio-Online-Angeboten erfüllten 39 die Prüfkriterien (46 Prozent), von 115 Fernseh-Online-Angeboten waren es 48 und damit etwas weniger (42 Prozent).

2.2.3 Nur-Online-Angebote

Von den 183 in den genutzten Verzeichnissen als Online-Medien gelisteten Angeboten ohne Muttermedium wurden nur 43 als journalistisch klassifiziert (23 Prozent). Autonomie und Vollständigkeit sind die beiden Kriterien, an denen die meisten Angebote scheiterten (Tabelle 1). Einen Großteil der als nicht autonom ausgeschiedenen Websites machten die Angebote von Städten sowie Industrie- und Handelskammern aus.

3 Websites von einzelnen Sendungen wurden nicht untersucht.

2.3 Beschreibung und Typisierung der Angebote

2.3.1 Print

Bei der Analyse der journalistischen Angebote im Print-Bereich fiel auf, dass sich die Mehrzahl der Online-Redaktionen (45 Prozent) in Berlin befindet. Im Bereich Multimedia und Nutzerbeteiligung sind die Online-Ableger der Tageszeitungen am aktivsten (erfasst wurden: Video-, Audiobeiträge, Blogs, Videoblogs, Twitter, Community/Forum, Social Bookmarks, Nutzerplattformen auf der Website). Sie bieten durchschnittlich drei der genannten Online-Features an. 88 Prozent der untersuchten Tageszeitungen stellen Videos auf ihre Website, 52 Prozent nutzen Foren/Communities und 50 Prozent Blogs. Bei den Ablegern der Publikumszeitschriften zeigte sich eine Diskrepanz zwischen monothematischen Angeboten und solchen, die mehrere Themen behandeln. Monothematische Online-Angebote nutzen bis auf eine Ausnahme keine multimedialen Elemente oder Formate zur Nutzerbeteiligung.

Die Interviews mit den Online-Verantwortlichen lieferten ein differenziertes Bild. So gibt es auch innerhalb der Gruppe der Tageszeitungen zwei gegensätzliche Positionen, was Multimedia und das Engagement im Social Web betrifft. Jan Hollitzer, Online-Chef der THÜRINGER ALLGEMEINEN, sagt: »Wir versuchen die Technologien zu bedienen, müssen aber immer sehen, was ist Aufwand, was ist Nutzen. Man muss erst mal alles mitmachen, so ist es ja generell im Internet. Um dann nicht dazustehen und auf einmal hat man es nicht.«

Das Online-Angebot der JUNGEN WELT verzichtet bewusst auf Nutzerbeteiligung, wie Online-Redakteur Peter Steiniger deutlich macht: »Das hat vor allem qualitative Gründe, weil die Einbindung solcher Formen eine bestimmte Betreuung voraussetzt. Das heißt, man muss das begleiten, man muss auf Beschwerden oder Hinweise der Leser rund um die Uhr reagieren können. Das können wir personell auch nicht abdecken.« Steiniger ist als einziger Redakteur für das Online-Angebot zuständig und spricht an, was für alle befragten Anbieter gilt:

Die Personalausstattung der Online-Redaktionen ist extrem gering. Durchschnittlich arbeiten ein bis drei Mitarbeiter für Inhalte im Internet. Dies ist ein Grund, warum die Online-Angebote der Printmedien nicht als eigenständige Online-Marken gelten können, sondern immer noch stark vom Muttermedium abhängig sind. Das zeigt sich auch an der inhaltlichen Ausrichtung. Die Online-Angebote speisen sich hauptsächlich aus Printartikeln, die ins Internet gestellt werden. Hollitzer spricht von einer »technischen Redaktion«, eigene Recherche findet nicht statt. Allerdings betonen neun der zehn Befragten die Bedeutung der Aktualität. Dieses internetspezifische Potenzial gilt als Vorteil gegenüber dem gedruckten Medium. Mehrmals tägliche Aktualisierungen sind für fast alle Online-Ableger der Printmedien die Regel, mindestens täglich aktualisieren alle Befragten ihr Angebot. Insgesamt wird das Internet als »Komplementärmedium« (Sergej Lochthofen) oder als »flankierendes Medium« (Florian Pötzsch) gesehen – Online gilt als zweiter Vertriebsweg.

Das Online-Angebot von DER FREITAG ist eine Ausnahme. Ziel ist nach Aussage von Jörn Kabisch, eine eigenständige Online-Marke zu etablieren. Crossmedial angelegt – die Redakteure arbeiten für Print und Online gleichzeitig – setzt das Angebot auf User-Generated-Content. »Wir finden, dass das Internet den Journalismus vor allen Dingen so verändert, dass er interaktiv wird. Interaktiv heißt, dass sich der Leser an dem Prozess der Nachrichtenbildung oder Textbildung beteiligen kann und soll.«

Bis heute ist die Refinanzierung der Online-Angebote problematisch. Die Mehrzahl der zehn befragten Anbieter setzt auf Werbung als Haupteinnahmequelle – unabhängig vom Medientyp. Da die Preise für Online-Anzeigen aber deutlich unter denen im Print liegen, decken die Einnahmen bei Weitem nicht die Kosten für Technik und Redaktion. Kai Röger, Chefredakteur des Berliner Stadtmagazins ZITTY beschreibt dies folgendermaßen: »Es gibt einen Online-Anzeigenmarkt, der da suggeriert wird. Damit ist aber kein Geld zu verdienen.« Daher sind weitere Erlösquellen gefragt. 55 Prozent aller journalistischen Online-Angebote von Printmedien haben zwar einen eigenen Online-Shop, diese Einnahmen tragen aber kaum zur Refinanzierung der Online-Angebote bei. Paid Content wird aktuell kontrovers diskutiert, aber bis auf kostenpflichtige E-Paper und Archive (angeboten nur von Tageszeitungen) sehr selten eingesetzt. Die Mehrzahl der Befragten hält dieses Modell entweder für nicht durchsetzbar oder fürchtet um Klicks. »Jeder, der es in Deutschland einführt, kann sich gleich verabschieden, weil die Internetuser daran gewöhnt sind, dass sie es zum Nulltarif bekommen«, so Sergej Lochthofen.

Tendenziell werden daher Kooperationen innerhalb eines Verlages, einer Verlagsgruppe oder externe Kooperationen wichtiger. Kooperationen innerhalb einer Verlagsgruppe dienen dazu, die geschäftlichen Bereiche zu bündeln und sich eine bessere Marktposition zu sichern

(BERLINONLINE übernimmt die Online-Vermarktung für alle Titel des Berliner Verlags und das TIP-MAGAZIN); auch gemeinsame Plattformen für Rubrikenanzeigen werden für Ableger von Tageszeitungen wichtiger. Inhaltliche Kooperationen verschiedener Muttermedien wie zwischen der Zeitungsgruppe Thüringen und dem MDR dienen dazu, die Reichweite und Bekanntheit der Angebote zu steigern.

Erfolgreich wirtschaften bisher nur Angebote, die neben journalistischen Inhalten auch andere Dienstleistungen anbieten, wie die Gestaltung von Websites und den Weiterverkauf von Inhalten oder Angebote, die eine sehr eng definierte Zielgruppe haben. DIGITALFERNSEHEN.DE kann zum Beispiel zielgruppenspezifische Werbung für technikaffine Nutzer anbieten. Die JUNGE WELT finanziert ihr Online-Angebot durch das Online-Abo, das von ihrer Zielgruppe nach Aussage von Steiniger bereitwillig gezahlt wird. Die Suche nach einem erfolgreichen Geschäftsmodell ist eine der dringendsten Fragen. Lochthofen sieht die Zukunft pessimistisch: »Ich glaube, im Maßstab von Thüringen mit zwei Millionen Einwohnern ist Internet wirtschaftlich nicht machbar.« Martina Lenk kritisiert die Behäbigkeit der Verlage: »Solange ich durch die Print-Brille schaue und sage ›Ich möchte das eine Medium auf das andere rüber adaptieren‹ wird man immer auf die Nase fallen.«

2.3.2 Rundfunk

Ein Großteil der als journalistisch eingestuften Angebote des Rundfunks im Internet weist multimediale Elemente auf: 70 Prozent der Websites enthalten Videos, dabei liegen die Fernsehanbieter klar vorne (45 von 48 analysierten Online-Angeboten). Doch auch die Zahl von 16 Radioveranstaltern (von 39 untersuchten, also etwa 41 Prozent) mit Videoinhalten online ist beachtlich, schließlich produzieren diese Anbieter Videos nicht für ihr laufendes Programm, sondern müssen diese zusätzlich beschaffen. Der Anteil der Internetauftritte mit Audios liegt dagegen mit 38 Prozent insgesamt wesentlich darunter. Hier sind es die Radioveranstalter, die fast alle entweder Podcasts oder andere Inhalte zum Hören anbieten (29 von 39 untersuchten Online-Angeboten). Einen Livestream bieten insgesamt etwa 55 Prozent der Rundfunkveranstalter im Internet an (97 Prozent der Radios und etwa 21 Prozent der Fernsehsender/-programme). Eine Webcam wurde bei elf Prozent der Online-Angebote eingesetzt. Chats, Foren und Blogs spielen bei den analysierten 87 journalistischen Radio- und Fernseh-Online-Angeboten eine geringe Rolle. Nur jeweils zwischen fünf und sieben Prozent der Angebote haben diese Elemente. Eine Community oder ein Verweis auf eine solche konnte bei 17 Prozent festgestellt werden. Das Social Bookmarking wird bei 21 Prozent eingesetzt, ebenso viele Online-Angebote wiesen explizit auf die Nutzung der Inhalte mittels einer mobilen Applikation hin. Bei fast 15 Prozent der Online-Angebote wurden Informationen auch über Twitter verbreitet.

Auffallend war bei der Analyse außerdem, dass kein Rundfunkveranstalter online ein universelles Themenspektrum im klassischen Sinne anbot (also mindestens drei der Rubriken Politik, Wirtschaft, Sport, Kultur oder Lokales/Regionales). Die Sparten auf den Sender- oder Programmwebsites waren sehr vielfältig; häufig waren Bezeichnungen wie *Aktuelles, Events, Service, Musik* oder *Über uns*.

Nach den Gründen und Motiven für das Angebot im Internet gefragt, nannten die meisten der Interviewpartner eines der sieben Radio- oder Fernsehprogramme/-sender die inhaltliche Ergänzung des klassischen Mediums. Das gilt für die befragten öffentlich-rechtlichen und privaten Radio- und Fernsehanbieter in Ostdeutschland gleichermaßen. Das Internet sei ein zusätzlicher Verbreitungskanal und es gehöre mittlerweile einfach dazu, erklärt zum Beispiel Hans-Jürgen Kratz, Geschäftsführer von ANTENNE THÜRINGEN, »es ist einer der Ausspielwege für unsere Inhalte.« Ein jüngeres und auch ein zusätzliches Publikum möchten ebenfalls die meisten der befragten Rundfunkveranstalter im Internet ansprechen. Insgesamt war auffällig, dass mehrere der Befragten erklären, es gebe keine ausgewiesene Strategie für das Online-Angebot.

Die Inhalte stammen in der Regel aus dem Radio- oder Fernsehprogramm. Teilweise existieren inhaltliche Kooperationen (z.B. zwischen MDR und THÜRINGER ALLGEMEINE). Als Konkurrenz sehen viele der Anbieter andere Medien in der Region, häufig werden Print-Verlags-Angebote genannt. Das technische Potenzial nutzt nach eigenen Angaben fast keiner der befragten Rundfunkveranstalter in Ostdeutschland vollkommen aus. Lediglich Georg Maas, Leiter der Hauptabteilung Neue Medien des MDR, äußert, dass der Sender seine Infrastruktur in den vergangenen Jahren ständig verbessert habe und nun zum Beispiel einen Gesamtbestand von etwa 8000 Audios und Videos online anbiete. Einige der Befragten äußern außerdem, dass sie es nicht als problematisch empfinden, nicht jeden Trend umsetzen zu können – schließlich gebe es Anwendungen, die mehr Geld gekostet als Nutzen gebracht hätten. Dennoch äußern alle Anbieter, dass Formen der Nutzerbeteiligung ihrer Ansicht nach zugenommen haben.

Bei der redaktionellen Organisation zeigt sich, dass die Anbindung an den Rundfunk häufig noch sehr eng ist. Die öffentlich-rechtlichen Rundfunkanstalten haben eine für das Online-Angebot zuständige Abteilung. Dennoch arbeiten die Redakteure nicht immer an zentraler Stelle und nicht immer ausschließlich für das Online-Angebot, die genaue Mitarbeiterzahl ist daher schwer zu beziffern. Bei den privaten Anbietern ist in der Regel nicht mehr als ein Redakteur ausschließlich für das Angebot im Internet zuständig. Kostendeckend arbeitet online keiner der befragten Rundfunkveranstalter. Hans-Jürgen Kratz (ANTENNE THÜRINGEN) erklärt zum Beispiel, dass sich der Ticketshop des Senders im Internet nicht rentiere und zumindest für ein mittelständisches Unternehmen wie den Landessender »noch kein Geschäftsmodell erkennbar ist«. Bezahlinhalte gibt es keine bei den untersuchten Angeboten, als Service bieten viele Veranstalter gegen einen geringen Betrag einen Sendemitschnitt an.

Angaben zur bisherigen Entwicklung konnten nicht alle Befragten machen, da sie zum Teil erst seit Kurzem für den Online-Bereich im Unternehmen zuständig sind. Die Angebote sind zudem nicht immer dokumentiert worden. Auffallend ist jedoch, dass sich das Engagement im Internet in den vergangenen Jahren bei den befragten Rundfunkveranstaltern erhöht hat, als Grund nennt zum Beispiel Stefan Bohl (GREIFSWALD TV) den Wunsch, sich ein neues Geschäftsfeld zu erschließen. Als größte Herausforderung für die Zukunft formulieren die meisten der sieben befragten Rundfunkanbieter, junge Leute zu erreichen, auf eine veränderte Nutzung aufgrund neuer Geräte (IP-TV, Handys) angemessen zu reagieren, das Verständnis für das Online-Angebot auch bei den Mitarbeitern im eigenen Haus zu erhöhen und am Markt bestehen zu können.

2.3.3 Nur-Online-Angebote

Die Mehrzahl, 31 der 43 online-journalistischen Angebote ohne Muttermedium, hat ihren Redaktionssitz in Berlin – selbst der Anbieter von TOLLESTHUERINGEN.DE. Fast die Hälfte der Angebote (21) spezialisiert sich auf ein einzelnes Thema. Weitere 13 Sites sind nach Sparten unterteilt, die sich jedoch nicht mit den klassischen Tageszeitungsrubriken decken. Als universell wurden nur neun Angebote klassifiziert.

Im Durchschnitt weisen die Angebote 2,4 der neun untersuchten Web 2.0-Elemente auf. Besonders beliebt sind Social Bookmarks, die als einziges Element von der Mehrzahl der untersuchten Angebote (26) verwendet werden. Darauf folgen Foren und Videobeiträge (19 bzw. 18 Angebote). Auf eigene Informationen über den Dienst Twitter verweisen 15 Angebote. Weniger genutzt werden Weblogs (10 Angebote), Communities (9 Angebote), Audioelemente (6 Angebote) und Chatmöglichkeiten (4 Angebote). Wikis waren bei keinem der untersuchten Angebote vorhanden.

Je nach Gründungsidee und Geschichte kristallisierten sich nach den Interviews mit den Betreibern von sieben Angeboten drei grundsätzliche Typen heraus:

- Typ 1: Vier der Angebote (AREAGAMES.DE, OFFROAD-X.DE, RAP2-SOUL.DE, STADTMAGAZIN-NORDHAUSEN.DE) entstanden aus einer privaten, »ehrenamtlichen« Initiative der Betreiber, aus eigenem Interesse am Thema. Darauf folgte eine zunehmende Professionalisierung: Steigende Nutzerzahlen führten zu steigendem Interesse der Werbeindustrie, zum Abschluss von Vermarktungsverträgen und zur Einstellung weiterer (bezahlter) Mitarbeiter. Diese Anbieter haben sich also aus dem, was Neuberger »Non-profit-Anbieter« nennt, fortentwickelt zu »rezipientenorientierten Medienanbietern« (2001: 128).
- Typ 2: Der zweite Typ (90ELF.DE und NETZEITUNG.DE) besteht aus online-journalistischen Angeboten, die zwar kein Muttermedium im Internet vertreten, aber in ein zuvor existierendes Medienhaus eingebunden sind. Ein Teilziel ist es für beide befragten Anbieter, die eigene Mediengattung »im Internet abzubilden« (Interview Ahlrichs).
- Typ 3: Eine Zwischenstellung nimmt das Special-Interest-Portal CONTENTMANAGER.DE ein. Die betreibende Agentur wurde mit diesem Angebot gegründet; inzwischen unterhält sie neun thematisch verwandte Internetportale. Als einziger Anbieter will sie laut dem Verantwortlichen Oliver Zschau mit dem Internetauftritt explizit »ein Geschäft generieren«.

Die Größe der potenziellen Zielgruppe hängt mit dieser Typisierung zusammen. Angebote vom ersten Typ beschäftigen sich mit Themen, die wegen ihrer inhaltlichen (Motorrad-Offroad-Sport, Konsolen-Video-Spiele) oder räumlichen (Stadt Nordhausen) Begrenzung nur für ein kleines Spezialpublikum von Interesse sind. Typ 2 dagegen zielt auf möglichst viele Nutzer. Selbst wenn man sich (wie 90ELF.DE) inhaltlich auf eine Nische beschränkt (hier Fußball), so soll es die »größte Nische, die Sie finden können« sein (Interview Kruse). Zu diesem Ziel passt, dass gerade den beiden Anbietern in dieser Kategorie die grundsätzliche Einschränkung ihrer Nutzerschaft auf die »internetaffine« Untergruppe der jeweiligen potenziellen Publika besonders bewusst ist, so Ahlrichs und Kruse.

Die kleiner ausgelegten Angebote vom Typ 1 und 3 haben mit teilweise nur einem, maximal mit vier festen Mitarbeitern deutlich weniger Personal als frühere Studien für die deutschen Online-Medien feststellten (Trappel 2007: 182). Die Angebote vom Typ 2 liegen mit elf bzw. 13 festen redaktionellen Mitarbeitern deutlich näher an dem Mittelwert von 13,1 Personen pro Redaktion, den Trappel in seiner Studie ermittelt hat.

Unabhängig vom Typ finanzieren sich die befragten Nur-Online-Anbietern hauptsächlich durch Werbung. Nicht überall allerdings ist deren Anteil an den Einnahmen so groß wie die »90 oder 95 Prozent«, die Werbung laut Laschewski-Voigt bei AREAGAMES.DE ausmacht. Besonders die Anbieter vom Typ 2 bauen laut Ahlrichs mehr auf eine »Mischung« verschiedener Einnahmequellen, Kruse spricht von verschiedenen »Erlössäulen« – darunter E-Commerce sowie die Syndizierung von Inhalten, also der Weiterverkauf von Artikeln oder multimedialen Beiträgen an andere Medien. Auf ein zukünftiges Angebot von Premiuminhalten gegen Gebühr spekulieren Vertreter verschiedener Angebotstypen. Umgesetzt findet sich dieses Einkommensmodell jedoch aktuell nicht.

Unter diesen Umständen arbeiten weiterhin die meisten befragten Redaktionen defizitär. Ausnahme ist neben CONTENTMANAGER.DE (durch Netzwerkeffekte – für mehrere Dienste tätige Redakteure, gemeinsame Vermarktung von Werbung – rentieren sich die verschiedenen Angebote der hinter dem Angebot stehenden Agentur) die »aufs Jahr gesehen« kostendeckende Seite AREAGAMES.DE (Interview Laschewski-Voigt). Die Angebote vom Typ 1 sind aufgrund ihrer Entstehungsgeschichte als »ehrenamtliche« Angebote weniger auf diese Einnahmen angewiesen, stellen doch Betreiber wie Laschewski-Voigt aus »Spaß an der Freud« ihre Arbeitszeit gerne günstig bis kostenlos zur Verfügung.

Uneinig sind sich die Befragten darüber, ob die Wirtschaftskrise bei der Werbung den »Verlagerungsprozess von Print und TV zu Online beschleunigt« (Interview Wachsmuth), oder ob für innovative Werbeformate »in einem Krisenjahr weniger Budgets« zur Verfügung stehen (Interview Kruse). Als »sehr zurückhaltend« schätzt vor allem Ahlrichs zum Zeitpunkt des Interviews am 16.12.2009 das Verhalten der Werbewirtschaft in der Krise ein: »Wirtschaftliche Gründe« (SPIEGEL ONLINE 2009) waren mit entscheidend für die Einstellung des Redaktionsbetriebs zum Jahreswechsel 2009/10; seitdem werden nur noch automatisiert die Inhalte anderer Nachrichtenseiten zusammengestellt. Zum Zeitpunkt der Befragung produzierte aber auch NETZEITUNG.DE noch eigene Inhalte.

Alle Anbieter verlassen sich zumindest zum Teil auch auf externe Quellen. Für die Anbieter vom Typ 1 sind das in der Regel Pressemitteilungen, während es sich Redaktionen vom Typ 2 leisten können, Agenturen zu abonnieren. Hinzu kommen bei Typ 2 und 3 Kooperationen mit anderen Anbietern, mit denen Inhalte ausgetauscht werden. Eigenrecherche betreiben alle Anbieter, jene vom Typ 1 allerdings häufig in bereits veröffentlichtem Material im Internet.

Web-2.0-Anwendungen werden von allen Angebotstypen eingesetzt, haben aber einen unterschiedlich hohen Stellenwert: So haben zum Beispiel für 90ELF.DE besonders die Social Media (Twitter, Facebook oder Myspace) »einen ganz großen Stellenwert«, so Kruse, während Thomas Filges von OFFROAD-X.DE[4] das Phänomen für »etwas überbewertet« hält. Anbieter, die Social Media einsetzen, tun dies ganz selbstverständlich. Mehrere Befragte gaben an, diese »natürlich« zu nutzen.

3. Fazit und Ausblick

Die Internetnutzung ist in Ostdeutschland weit verbreitet. Etwa zwei Drittel nutzten es 2008, es hat in den vergangenen 15 Jahren erheblich an Bedeutung gewonnen. Die Mehrzahl der Nutzer sucht online nach Informationen und nach Nachrichten. Auch die für viele Anwendungen nötige Breitbandtechnik ist inzwischen weit verbreitet. Die Voraussetzungen für die Etablierung eines eigenständigen Online-Journalismus sind auf dem Publikumsmarkt also gegeben.

Auf der Anbieterseite dagegen ergab die Analyse der Online-Angebote von Print-Verlagen, Radio- und Fernsehveranstaltern und Nur-Online-Anbietern in Ostdeutschland, dass die Mehrheit, etwa zwei Drittel, zum Erhebungszeitpunkt nicht den zuvor definierten Prüfkriterien Publizität, Nutzergebühren/Registrierungspflicht, Autonomie,

4 Beim letztmaligen Aufrufen am 24. April 2010 befand sich diese Website im Umbau. Einen Relaunch hatte Betreiber Filges im Interview für den Jahresbeginn angekündigt.

Vollständigkeit der Beiträge, Werbliche Nähe, Aktualität und Periodizität standhielt. Je nach Medientyp zeigen sich zum Teil deutliche Unterschiede: Für die ostdeutschen Tageszeitungen ist ein Internetangebot mit aktuellen Informationen Standard. Beim Rundfunk nannten die Befragten redaktionell gestaltete Inhalte und Aktualität online zwar in der Regel als Ziel, die Umsetzung gelingt jedoch insgesamt bei den ostdeutschen Online-Angeboten bisher nicht. Auffallend ist, dass vor allem die Nur-Online-Angebote und solche von Stadtmagazinen mehrheitlich keine journalistischen Inhalte enthalten. Deutliche Unterschiede zeigten sich auch bei der thematischen Breite der Online-Angebote: Während die Inhalte von Print-Ablegern vielfach die klassischen Sparten aufweisen, sind sie beim Rundfunk praktisch nicht vorhanden. Die Nur-Online-Medien waren vielfach monothematisch ausgerichtet.

Die Befragung der Verantwortlichen einiger beispielhafter Online-Angebote, welche die hier definierten grundlegenden journalistischen Ansprüche erfüllen, ergab, dass diese nicht alle Erwartungen an einen eigenständigen und professionellen Online-Journalismus erfüllen. Schon Neuberger konstatiert: »Von einem Onlinejournalismus wird man berechtigterweise erst dann sprechen können, wenn statt Nachrichtenrecycling mediengerechte Inhalte speziell für das World Wide Web produziert werden« (2000: 310). Diesen Anspruch erfüllen zwar nach eigener Aussage die befragten Anbieter journalistischer Nur-Online-Medien; ihre Stärke liegt bei den technischen Möglichkeiten des Internets. Die größere Gruppe journalistischer Online-Angebote dagegen, jene mit journalistischen Muttermedien, betreibt in erster Linie Zweitverwertung vorhandenen Materials. Sie schöpfen die technischen Potenziale des Internets nicht voll aus, auch wenn sich zum Beispiel Tageszeitungen mittlerweile audiovisuelle Inhalte zu eigen machen. Für alle Anbieter gilt: Die Internetauftritte dienen häufig nicht nur journalistischen Zielen. Die Angebote journalistischer Muttermedien sollen vielfach Nutzer an diese binden und die Betreiber von Nur-Online-Medien gehen damit teilweise einem persönlichen Hobby nach.

Das mag damit zusammenhängen, dass nach Ansicht der meisten der befragten ostdeutschen Anbieter nach wie vor kein funktionierendes Geschäftsmodell für journalistische Inhalte im Internet existiert. Die überwiegende Mehrheit kann die Kosten für ihr Online-Angebot nicht decken. Möglich sind diese nur aufgrund des Muttermediums oder anderer profitabler nicht-journalistischer Einkommensquellen. Das erklärt möglicherweise die festgestellte enge Verknüpfung von Inhalten und redaktioneller Organisation zwischen Muttermedien und Online-

Angeboten. Bei den Nur-Online-Anbietern wird vor allem bei den Mitarbeitern gespart, doch auch das ist nicht immer ausreichend: Selbst ambitionierte Projekte wie NETZEITUNG.DE sind auf Dauer mit dem ursprünglichen redaktionellen Prinzip nicht profitabel. Ein professioneller, selbstständig finanzierter Online-Journalismus befindet sich also in Ostdeutschland zwar in der Entwicklung, ist aber noch nicht erreicht.

Literatur

AGOF – Arbeitsgemeinschaft Online Forschung e.V. (2005): *Nutzungsdaten Bundesland. internet facts-2005-II.* Unveröffentlichte Daten. Frankfurt/Main: AGOF.

AGOF – Arbeitsgemeinschaft Online Forschung e.V. (2006): *Nutzungsdaten Bundesland. internet facts-2006-I.* Unveröffentlichte Daten. Frankfurt/Main: AGOF.

AGOF – Arbeitsgemeinschaft Online Forschung e.V. (2007): *Nutzungsdaten Bundesland. internet facts-2007-I.* Unveröffentlichte Daten. Frankfurt/Main: AGOF.

AGOF – Arbeitsgemeinschaft Online Forschung e.V. (2008): *Nutzungsdaten Bundesland. internet facts-2008-I.* Unveröffentlichte Daten. Frankfurt/Main: AGOF.

BAYERISCHER RUNDFUNK (2009). *ARD/ZDF-Onlinestudie. Internetentwicklung und Zugangswege seit 2003.* Unveröffentlichte Daten. München: BAYERISCHER RUNDFUNK.

Busemann, Katrin/Gscheidle, Christoph (2009): Web 2.0: Communitys bei jungen Nutzern beliebt. In: *Media Perspektiven,* Heft 7, S. 356-364.

Eimeren, Birgit van/Frees, Beate (2009): Die Internetnutzer 2009 – multimedial und total vernetzt? In: *Media Perspektiven,* Heft 7, S. 334-348.

Eimeren, Birgit van /Oehmichen, Ekkehardt/Schröter, Christian (1997): *ARD-Online-Studie 1997: Onlinenutzung in Deutschland.* Online unter: http://www.ard-zdf-onlinestudie.de/fileadmin/Online97_98/Online97.pdf (aufgerufen am 24.4.2010).

Initiative D21/TNS Infratest (2010): *(N)ONLINER-Atlas 2010 – Eine Topographie des digitalen Grabens durch Deutschland.* Online unter: http://www.initiatived21.de/wp-content/uploads/2010/06/NONLINER2010.pdf (aufgerufen am 13.7.2010).

Lamnek, Siegfried (2005): *Qualitative Sozialforschung. Lehrbuch.* Weinheim: Beltz.

Neuberger, Christoph (2000): Journalismus im Internet: Auf dem Weg zur Eigenständigkeit? Ergebnisse einer Redaktionsbefragung bei Presse, Rundfunk und Nur-Onlineanbietern. In: *Media Perspektiven,* Heft 7, S. 310-318.

Neuberger, Christoph (2001): *Journalismus im Internet. Theoriekontext und empirische Exploration.* Unveröffentlichte Habilitationsschrift. Eichstätt: Universität.

Neuberger, Christoph/Nuernbergk, Christian/Rischke, Melanie (2009a): Journalismus im Internet. Zur Einführung. In: Neuberger, Christoph/Nuernbergk,

Christian/Rischke, Melanie (Hrsg.): *Journalismus im Internet. Profession – Partizipation – Technisierung.* Wiesbaden: VS Verlag, S. 9-18.

Neuberger, Christoph/Nuernbergk, Christian/Rischke, Melanie (2009b): Journalismus – neu vermessen. In: Neuberger, Christoph/Nuernbergk, Christian/ Rischke, Melanie (Hrsg.): *Journalismus im Internet. Profession – Partizipation – Technisierung.* Wiesbaden: VS Verlag, S. 197-230.

Riefler, Katja (1995): *Zeitungen online. Neue Wege zu Lesern und Anzeigenkunden.* Bonn: ZV Zeitungs-Verlag.

Schröter, Christian/Ewald, Karl (1996): Onlineangebote von Rundfunkveranstaltern in Deutschland. Öffentlich-rechtliche und private Initiativen im neuen Medium. In: *Media Perspektiven,* Heft 9, S. 478-486.

SPIEGEL ONLINE (2009): DuMont-Verlag stellt Netzeitung ein: Betriebsbedingte Kündigungen. In: *SPIEGEL ONLINE* vom 6.11. Online unter: http://www.spiegel.de/kultur/gesellschaft/0,1518,659882,00.html (aufgerufen am 3.4.2010).

Statistisches Bundesamt (2008): *Einkommens- und Verbrauchsstichprobe (EVS). Ausstattung privater Haushalte mit ausgewählten langlebigen Gebrauchsgütern am 1.1. des jeweiligen Jahres (1993, 1998, 2003).* Unveröffentlichte Daten. Wiesbaden: Statistisches Bundesamt.

TNS Infratest/Initiative D21 (2005): *(N)ONLINER-Atlas 2005 – Eine Topographie des digitalen Grabens durch Deutschland.* Online unter: http://old.initiatived21.de/fileadmin/files/NOA_Umzug/NOA_Atlanten/NONLINER-Atlas2005.pdf (aufgerufen am 11.4.2010).

TNS Infratest/Initiative D21 (2006): *(N)ONLINER-Atlas 2006 – Eine Topographie des digitalen Grabens durch Deutschland.* Online unter: http://old.initiatived21.de/fileadmin/files/NOA_Umzug/NOA_Atlanten/NONLINER-Atlas2006.pdf (aufgerufen am 11.4.2010).

TNS Infratest/Initiative D21 (2007): *(N)ONLINER-Atlas 2007 – Eine Topographie des digitalen Grabens durch Deutschland.* Online unter: http://old.initiatived21.de/fileadmin/files/NOA_Umzug/NOA_Atlanten/NONLINER-Atlas2007.pdf (aufgerufen am 11.4.2010).

Trappel, Josef (2007): *Online-Medien. Leistungsprofil eines neuen Massenmediums.* Konstanz: UVK.

Verlag Dieter Zimpel: *Zimpel Online.* Online unter: http://www.zimpel-online.de/index.php (aufgerufen zwischen dem 1.8. und 14.9.2009).

Interviews

Ahlrichs, Domenika: Chefredakteurin, NETZEITUNG.DE, Berlin; 16.12.2009, telefonisch

Bohl, Stefan: Geschäftsführer, GREIFSWALD TV, Greifswald; 3.2.2010, telefonisch

Brettschneider, Yves: Chefredakteur, INFO TV LEIPZIG, Leipzig; 9.2.2010, persönlich

Burchardt, Dirk: Online-Verantwortlicher, SCHWERINER VOLKSZEITUNG, Schwerin; 2.12.2009, telefonisch

Düspohl, Volker: Verantwortlicher der Online-Koordination, RBB, Potsdam; 12.1.2010, persönlich

Dziadek, Olaf: Chefredakteur, BERLINONLINE, Berlin; 6.11.2009, telefonisch

Filges, Thomas: Redaktionsleiter, OFFROAD-X.DE, Berlin; 15.12.2009, telefonisch

Günzel, Wieland: Online-Verantwortlicher, 90ELF.DE, Leipzig; 27.1.2010, persönlich

Herrlich, Jochen: General Manager Online, BERLINER MORGENPOST, Hamburg; 8.1.2010, telefonisch

Hollitzer, Jan: Online-Verantwortlicher, THÜRINGER ALLGEMEINE, Erfurt; 20.10.2009, persönlich

Kabisch, Jörn: stellv. Chefredakteur und Online-Verantwortlicher, DER FREITAG, Berlin; 19.11.2009, telefonisch

Kratz, Hans-Jürgen: Geschäftsführer, ANTENNE THÜRINGEN, Weimar; 18.1.2010, persönlich

Kruse, Christoph: Projektleiter, 90ELF.DE, Leipzig; 27.1.2010, persönlich

Laschewski-Voigt, Alexander: Chefredakteur, AREAGAMES.DE, Berlin; 23.11.2009, telefonisch

Lenk, Martina: ehem. Leiterin Online-Angebot SCHWERINER VOLKSZEITUNG; ehem. Geschäftsführerin MVweb; Schwerin; 28.10.2009, telefonisch

Lochthofen, Sergej: ehem. Chefredakteur, THÜRINGER ALLGEMEINE, Erfurt; 20.10.2009, persönlich

Maas, Georg: Leiter Hauptabteilung Neue Medien, MDR, Leipzig; 8.12.2009, persönlich

Pötzsch, Florian: Geschäftsführer, AUERBACH VERLAG, Leipzig; 9.12.2009, persönlich

Rasmussen, Niels: Leiter Programmbereich Online und Multimedia, NDR, Hamburg; 14.1.2010, telefonisch

Röger, Kai: Chefredakteur und Chefredakteur online, Stadtmagazin ZITTY, Berlin; 30.11.2009, telefonisch

Schramm, Lutz: ehem. verantwortlicher Redakteur, FRITZ, Potsdam; 12.1.2010, persönlich

Steiniger, Peter: Online-Verantwortlicher, JUNGE WELT, Berlin; 17.11.2009, telefonisch

Wachsmuth, Jörg: Chefredakteur, RAP2SOUL.DE, Berlin; 11.12.2009, telefonisch

Warbeck, Stefan: Chefredakteur, FRITZ, Potsdam; 12.1.2010, persönlich

Westhusen, Mark: Geschäftsführer, RADIO CORAX, Halle; 18.1.2010, persönlich

Zschau, Oliver: Chefredakteur, CONTENTMANAGER.DE, Leipzig; 19.1.2010, persönlich

VII. Journalisten, Ausbildung und Medienkompetenz

Anne-Kathrin Jeschke / Jana Rehse / Juliane Richter

Arbeitsalltag und Selbstverständnis von Journalisten in Ostdeutschland

Ostdeutsche Journalisten gehörten aufgrund ihrer Tätigkeit in der DDR lange Zeit zu einem mit Vorurteilen behafteten Berufsstand. Doch wer sind die Journalisten in Ostdeutschland heute, im Jahr 20 nach der Wiedervereinigung? Welche Einstellung haben sie zu ihrem Beruf und ihrer Arbeit, wie sieht ihr Arbeitsalltag aus und wie nutzen sie die gesetzlich verankerte Medienfreiheit?

Im Hinblick auf die deutsche Geschichte und die außergewöhnlichen Entwicklungen des ostdeutschen Journalismus der Wendejahre sind diese Fragen auch nach 20 Jahren des Bestehens der vereinigten Bundesrepublik Deutschland noch immer von Bedeutung. Bis in die Gegenwart wirkt die rund 40-jährige Trennung der beiden deutschen Staaten nach. Denn die DDR-Journalisten waren in einem Beruf tätig, der sich vor allem über staatliche Lenkung und Kontrolle definierte. Als im November 1989 die DDR und mit ihr ein ganzes Gesellschaftssystem zusammenbrach, mussten sie sich binnen kürzester Zeit von ihrer alten Arbeitsweise lösen, ihre Rolle als reine Machtinstrumente des Staates verarbeiten und unter den vollkommen gegensätzlichen Maßgaben des demokratischen Journalismus der Bundesrepublik Deutschland arbeiten. Einige dieser gelernten DDR-Journalisten sind noch heute in Ostdeutschland tätig. Erweiterung hat der Berufsstand nach der Wende durch Berufsanfänger und Journalisten aus Westdeutschland erfahren.

Ziel dieses Kapitels ist es, neben der aktuellen Charakterisierung des Berufsstandes auch der Frage nachzugehen, inwieweit ehemalige DDR-Journalisten heute in der Lage sind, einen kritischen Journalismus zu betreiben oder ob ihre Sozialisation in der DDR noch immer nachwirkt. Dazu wurden 73 Journalisten befragt, die bei Zeitungen, Hörfunk, Fernsehen, Online-Medien und Nachrichtenagenturen in Ostdeutschland arbeiten. Die Befragung hegt nicht den Anspruch einer repräsentativen Studie, vielmehr soll sie Tendenzen aufzeigen.

1. Der ostdeutsche Journalist – das unbekannte Wesen?

1.1 Sozialistischer versus demokratischer Journalismus

Jedes politisch-gesellschaftliche System wirkt sich auf die Arbeit und die Einstellungen der darin tätigen Journalisten aus. Im Falle Ostdeutschlands ergibt sich daraus die Konsequenz, dass es 20 Jahre nach der Wende Journalisten gibt, die durch zwei vollkommen gegensätzliche politisch-gesellschaftliche Systeme sozialisiert worden sind.

In der DDR arbeiteten die Journalisten in einem sozialistischen Journalismus und waren ein instrumentaler Bestandteil der Politik der Sozialistischen Einheitspartei Deutschlands (SED).

> »Der sozialistische Journalist ist Funktionär der Partei der Arbeiterklasse, einer anderen Blockpartei […] bzw. einer gesellschaftlichen Organisation und der sozialistischen Staatsmacht, der mit journalistischen Mitteln an der Leitung ideologischer Prozesse teilnimmt. Er hilft, das Vertrauen des Volkes zu Partei und Staat zu festigen.« (Autorenkollektiv der Sektion Journalistik der Karl-Marx-Universität Leipzig 1984: 111)

Beginnend bei der Auswahl vom »100-prozentigen kaderpolitischen Nachwuchs« (Stuiber 1998: 247) über die sozialismuskonforme, zentral geleitete Ausbildung der zukünftigen Journalisten an der Sektion Journalistik der Karl-Marx-Universität Leipzig (Pannen 1992: 18) bis hin zu inhaltlichen Vorgaben nahm der Staat Einfluss. Die Staatssekretäre persönlich oder in ihrem Auftrag das Zentralkomitee der SED ließen ganze Themenfelder sperren, gaben die Richtung der Argumentation sowie detaillierte Sprachformulierungen vor (Holtermann 1999: 88). Kritik selbst war nur in Ausnahmefällen zugelassen (Holzweißig 1997: 23). Offiziell gab es allerdings keine Vorzensur in der DDR.

Seine Perfektion erlangte das Mediensystem vor allem durch die Selbstzensur der Journalisten, die oft als »Schere im Kopf« (Holzweißig 1997: 125) bezeichnet wurde. Durch das ausgeklügelte System der Medienlenkung konnte die Staatsmacht so eine »Zensur ohne Zensor« (Holzweißig 1997) ausüben. Die meisten Journalisten unternahmen aus Angst vor beruflichem Abstieg nicht einmal den Versuch, gegen die amtlichen Verlautbarungen vorzugehen (Rex 1996: 3), sind in die »innere Emigration gegangen« (Holzweißig 1997: 156f.), ließen selber Themen unter den Tisch fallen (Schubert 1992: 83) oder suchten sich Nischen, um unverfängliche Themen zu bearbeiten (Bentzien 1991: 24). Die DDR-Journalisten bildeten damit eine Säule der Staatsmacht, agierten jedoch nicht als ihr Kontrolleur.

In der Bundesrepublik Deutschland konnten und können Journalisten hingegen den Gesetzen nach frei von staatlichen Einflüssen berichten. Ihnen kommen vornehmlich vier Funktionen zu: Die der Informationsvermittlung, die der Mitwirkung der Meinungsbildung, die der Kontrolle und der Kritik des politischen Systems sowie die der Artikulation (vgl. u.a. Meyn 2004: 23-29; Ruß-Mohl 2003: 23f.). Damit sollen sie den Rezipienten eine Orientierung ermöglichen, so dass die Bürger am politischen System partizipieren können.

> »Journalisten haben Schlüsselpositionen inne, wenn es um die öffentliche Meinungsbildung, über Gelöstes und Ungelöstes, Vereinbartes und Strittiges, Notwendiges oder gar Nebensächliches in der Bundesrepublik Deutschland geht. Sie entscheiden, welche Themen in welcher Aufmachung und Interpretation auf die Tagesordnung der öffentlichen Aufmerksamkeit gesetzt werden.« (Mast 1991: 86)

Der Journalismus in der Bundesrepublik zeichnet sich durch eine Unabhängigkeit gegenüber staatlichen Institutionen aus. Nehmen Journalisten diese Aufgaben wahr, bilden sie die Voraussetzung für eine funktionierende Demokratie.

Die Gegenüberstellung beider Systeme verdeutlicht eine Unvereinbarkeit der zwei Vorstellungen vom Journalismus und seinen Akteuren. Nichtsdestotrotz sind nach der Wende nur wenige der ehemaligen »Genossen Journalisten« aus dem Redaktionsbetrieb ausgeschieden. Eine Arbeitsmarktanalyse zeigt, dass drei Jahre nach der Wende die Arbeitslosigkeit unter ostdeutschen Journalisten mit 9,7 Prozent deutlich unter dem Durchschnitt der neuen Bundesländer lag (Böckelmann/Mahle 1994: 129). Weitere Untersuchungen aus dem gleichen Jahr haben ergeben, dass Ende 1992 bei Zeitungen noch 61 Prozent DDR-Journalisten arbeiteten (71 Prozent bei den ehemaligen SED-Bezirkszeitungen). Bei

Hörfunk und Fernsehen waren es 54 bzw. 57 Prozent (Schneider/Schönbach/Stürzebecher 1994: 157f.).

1.2 Merkmale und Einstellungen ostdeutscher Journalisten

Die bisher dargelegten Unterschiede der beiden beeinflussenden Systeme haben in der Forschung unter anderem zu der These geführt, dass die »Ost- und Westjournalisten – die damals und bis heute in ostdeutschen Redaktionen zusammenarbeiten – sich deutlich unterscheiden« (Wuschig 2005: 96). Bereits Anfang der 90er-Jahre wurde dieser Thematik nachgegangen. Über die westdeutschen Journalisten lagen zu dieser Zeit Untersuchungsergebnisse vor (Köcher 1985). Da es bisher aber keine genaueren Erkenntnisse über die DDR-Journalisten gab, wurde ihnen besondere Aufmerksamkeit zuteil.

Dabei gab es zwei Typen von Untersuchungen, welche sich dem ostdeutschen Journalisten mit unterschiedlichen Ansätzen näherten: Die einen versuchten mit Hilfe qualitativer Interviews nachzuvollziehen, wie die ehemaligen DDR-Journalisten den unerwarteten Wechsel in ein demokratisches System vollzogen haben. Die anderen untersuchten die Einstellungen und das Rollenverständnis der ostdeutschen Journalisten mit quantitativen Befragungen.

Zum ersten Typus zählen unter anderem die Arbeiten von Pannen (1992), Reck (1996) und Mosebach (1996). Sie kommen im Verlauf ihrer Interviews zu recht ähnlichen Ergebnissen. Pannen meint, dass die Befragten »verunsicherte Profis« (1992: 184) seien, welche sich unter den neuen Bedingungen kaum zurechtfinden würden. Dennoch sehen seine Befragten bezüglich des Berufsalltags in beiden Systemen kaum Unterschiede. Die Interviewpartner von Reck zeigen ebenfalls wenig Zweifel an ihrer beruflichen Qualifikation in der neuen politischen Situation, schließlich sei ihre Arbeit Arbeit geblieben. Auch unter den neuen Bedingungen erkennen sie Einschränkungen. Reck sieht in dieser Argumentation einen Versuch, die Vergangenheit zu entschärfen und die eigene berufliche Identität zu retten (1996: 258). Laut Mosebach relativieren, verdrängen, rechtfertigen oder beschönigen die befragten Journalisten ihr Handeln in der DDR. Vor diesem Hintergrund handele es sich bei den Einstellungen ostdeutscher Journalisten nur um eine »Berufssicherungsstrategie« (Mosebach 1996: 110).

Bei der Beurteilung des Selbstverständnisses ostdeutscher Journalisten hilft neben der Selbstauskunft auch die Einschätzung durch deren Vorgesetzte. Aus dieser speziellen Leitungsperspektive werden die ostdeutschen Journalisten Mitte der 1990er-Jahre als einfühlsamer, toleranter und teamfähiger beschrieben, während die westdeutschen Kollegen als sicherer, effizienter und hartnäckiger charakterisiert werden. Dabei wird die publizistische Leistung der ostdeutschen Journalisten schlechter eingeschätzt, vor allem was die Sicherheit im Umgang mit dem Presserecht, das selbstbewusste Herangehen an Gesprächspartner und das Hinterfragen von Informationen angeht (Mast/Weigert/Haasis 1994: 253f.).

Die Auswertung der qualitativen Untersuchungen lässt darauf schließen, dass die ehemaligen DDR-Journalisten wenige Jahre nach der Wiedervereinigung ihre frühere Berufsausübung unzureichend aufgearbeitet haben (Mosebach 1996: 6).

Die quantitativen Untersuchungen aus dem gleichen Zeitraum, die den Anspruch der Repräsentativität erfüllen, kommen jedoch zu dem Schluss, dass bei den ostdeutschen Journalisten in den ersten Jahren nach der Wende bereits ein Wandel im Selbstverständnis stattgefunden hat und sie sich ihren westdeutschen Kollegen damit angeglichen haben. Die »Sozialenquête über die Journalisten in den neuen Ländern der Bundesrepublik Deutschland« zeigt, dass die ostdeutschen Journalisten eine sehr homogene Gruppe darstellen, die sich in Einstellung und Aufgabenverständnis ähneln. Ursache dafür sei jedoch nicht ein fortbestehendes Kollektivdenken, sondern das wenig differenzierte Mediensystem und die ehemals einheitliche Ausbildung (Schneider/Schönbach/Stürzebecher 1994: 226). Einige Unterschiede zu den westdeutschen Kollegen seien zwar vorhanden, diese seien aber einerseits nicht grundsätzlich und andererseits nicht zwangsläufig als Spuren vergangener Einstellungen und Handlungsweisen zu interpretieren. »Vor diesem Hintergrund der prinzipiell anderen Ausbildung und der unterschiedlichen Rollenauffassung in der DDR hätten wir gravierendere Abweichungen finden müssen« (Schneider/Schönbach/Stürzebecher 1994: 226).

1993 führten Weischenberg/Löffelholz/Scholl (1993; 1994) eine weitere große Kommunikatorstudie durch. Auf dieser Basis stellen Scholl/Weischenberg (1998: 238) ebenfalls nur kleine Unterschiede beim Rollenverständnis ost- und westdeutscher Journalisten fest. So würden die ostdeutschen Journalisten seltener einen aktiven politischen Journalismus beabsichtigen als ihre westdeutschen Kollegen. In Bezug auf die Kommunikationsabsicht zeigen sie, dass ostdeutsche Journalisten weniger Kritik an Missständen üben wollen und weniger die Kontrolle von Politik und Gesellschaft anstreben als ihre westdeutschen Kollegen. Allerdings liegen zwischen den Antworten beider Gruppen meist nicht einmal zehn Prozentpunkte, so dass die Forscher auch hier feststellen, dass die Unterschiede zwischen ost- und westdeutschen Journalisten weniger groß ausgefallen sind als erwartet.

Nach 1995 wurde keine große Studie mehr durchgeführt, die sich explizit mit Journalisten in Ostdeutschland befasst. Die nächste größere Untersuchung über deutsche Journalisten ist die Studie »Journalisten in Deutschland«, die im Jahr 2005 von der Forschergruppe um Siegfried Weischenberg, Maja Malik und Armin Scholl (2006) durchgeführt wurde. Hierbei haben die Forscher, im Gegensatz zur ersten Auflage von 1993, nicht mehr zwischen Ost- und Westjournalisten unterschieden. Das Rollenbild zeigt, dass die aktive gesellschaftliche Rolle von Journalisten in Deutschland zunehmend in den Hintergrund gerückt ist. Sie sehen sich eher als Dienstleister denn als Kritiker und Kontrolleure (ebd.: 106f.). Die Auswertung von zur Verfügung gestellten unveröffentlichten Rohmaterials[1] der Forscher lässt für das Jahr 2005 nur geringe Unterschiede im Rollenverständnis zwischen Journalisten in Ost- und Westdeutschland erkennen: Die ostdeutschen Journalisten legen etwas mehr Wert auf soziales Engagement, das Vermitteln positiver Ideale, eine Ratgeberfunktion und sind inzwischen kritischer als ihre Westkollegen.

Der Überblick über die Literatur zeigt, dass Journalisten in Ostdeutschland als Untersuchungsgegenstand an Bedeutung verloren haben. Neuere Umfragen schließen ostdeutsche Journalisten zwar mit ein, untersuchen aber nicht deren spezifische Situation. Es besteht weiterhin die Notwendigkeit, sich mit Journalisten in Ostdeutschland auseinanderzusetzen. Das bestehende Defizit sollte durch die vorliegende Forschungsarbeit verringert werden.

2. Untersuchungsdesign

Um Auskünfte über die subjektiven Erfahrungen und Einstellungen der Journalisten in Ostdeutschland zu erhalten, wurde eine Stichprobe mittels Leitfadeninterviews befragt. Diese qualitative Vorgehensweise

1 Wir bedanken uns bei Maja Malik für die Daten.

zeichnet sich vor allem dadurch aus, dass die Befragten frei zu Wort kommen und ihre Antworten nicht in ein vorgefertigtes Fragekorsett zwängen müssen (Diekmann 2009: 537). So lassen sich tiefgründige und individuelle Antworten mit verschiedenen neuen Aspekten gewinnen. Dadurch können nicht nur aus der Literatur gewonnene Hypothesen überprüft werden. Vielmehr ergibt sich die Möglichkeit, bisher unbekannte Gesichtspunkte zu entdecken (ebd.: 537). Leitfadeninterviews sind zentriert auf bestimmte Problemstellungen, die der Interviewer einführt und auf die er immer wieder zurückkommt (Mayring 2002: 67). Da bei allen Leitfadeninterviews die gleichen Aspekte und Themen angesprochen werden, soll eine Vergleichbarkeit der Antwortreaktionen verschiedener Befragter ermöglicht werden (Diekmann 2009: 537).

2.1 Stichprobenbeschreibung

Die Gesamtzahl der in Ostdeutschland arbeitenden Journalisten kann weder über die statistischen Landesämter, die Arbeitsagenturen oder die Berufsverbände genau beziffert werden. Erschwerend kommt hinzu, dass es keine einheitliche Definition von Journalisten in der Bundesrepublik gibt. Studien vom Anfang der 90er-Jahre gehen von rund 4000 Personen in Ostdeutschland aus, die hauptberuflich journalistisch tätig sind. Nach der Studie von Weischenberg/Malik/Scholl (2006) kann angenommen werden, dass in Ostdeutschland rund 5700 freie und feste Journalisten hauptberuflich tätig sind.[2]

Als Grundgesamtheit der Untersuchung galten Journalisten von Regionalzeitungen, des öffentlich-rechtlichen und privaten Hörfunks und Fernsehens, von Online-Angeboten und Nachrichtenagenturen, die tagesaktuell arbeiteten. Mit der Tagesaktualität wurde auf einen zentralen Bereich des Journalismus fokussiert (vgl. ähnliches Vorgehen bei Machill/Beiler/Zenker 2008). Die Auswahl der Stichprobe für die vorliegende Studie erfolgte nach vorher festgelegten Kriterien bzw. Quoten, wobei eine möglichst große Varianz befragter Journalisten erreicht werden sollte. Die Journalisten sollten sich in Merkmalen wie dem Geschlecht, der Herkunft, dem Anstellungsverhältnis, der Zahl ihrer Be-

[2] Eigene Schätzung auf der Basis der von Maja Malik zur Verfügung gestellten Aufschlüsselung der Stichprobe: Insgesamt wurden für die Studie 1536 Journalisten in ganz Deutschland befragt (davon 183 in Ostdeutschland), die insgesamt rund 48.000 Journalisten repräsentieren sollten (also etwa 5700 in Ostdeutschland).

rufsjahre, dem Bundesland, in dem sie arbeiten und der Mediengattung unterscheiden (Tabelle 1).

Tabelle 1: Stichprobenbeschreibung der befragten Journalisten

Mediensparte	Zeitung	Hörfunk	Fernsehen	Online	Agentur	Gesamt
Stichprobe	**25**	**12**	**12**	**12**	**12**	**73**
Geschlecht						
männlich	12	6	6	8	9	**41**
weiblich	13	6	6	4	3	**32**
Arbeitsort						
Sachsen	6	2	2	4	3	**17**
Sachsen-Anhalt	4	2	2	2	2	**12**
Thüringen	5	2	2	2	2	**13**
Mecklenburg-Vorpommern	3	2	2	2	2	**11**
Brandenburg	3	2	2	1	2	**10**
Berlin	4	2	2	1	1	**10**
Alter						
21-29 Jahre	2	2	1	3	1	**9**
30-39 Jahre	7	6	6	5	3	**27**
40-49 Jahre	9	3	4	3	4	**23**
50-59 Jahre	6	1	0	1	3	**11**
60-69 Jahre	1	0	1	0	1	**3**
Herkunft						
Osten	17	6	9	7	9	**48**
Westen	8	5	3	5	3	**24**
Sonstiges	0	1	0	0	0	**1**
Anstellung						
fest	17	4	6	10	7	**44**
frei	8	8	6	2	5	**29**

Insgesamt wurden 73 Journalisten in Ostdeutschland interviewt: 25 davon sind bei Regionalzeitungen, 24 Journalisten beim öffentlich-rechtlichen und privat-kommerziellen Hörfunk und Fernsehen, 12 Journalisten bei Nachrichtenagenturen und 12 im Online-Bereich tätig. Ein besonderes Augenmerk wurde darauf gelegt, dass sich unter den Befragten sowohl Journalisten befanden, die bereits in der DDR gearbeitet haben, als auch solche, die ihre berufliche Laufbahn erst nach der Wende in den neuen Bundesländern begonnen haben und jene, die nach der Wiedervereinigung nach Ostdeutschland übergesiedelt sind.

2.2 Dimensionen der Befragung

Mit der Befragung werden insgesamt sechs verschiedene Themenblöcke abgedeckt, welche die Unterschiede und Gemeinsamkeiten von in Ostdeutschland arbeitenden Journalisten kenntlich machen sollen.

Im ersten Teil des Leitfadens werden die Journalisten nach ihren Ausbildungswegen in den Journalismus sowie nach ihrer Berufsmotivation gefragt. Mit Fragen aus diesem ihnen vertrauten Bereich, sollten die Teilnehmer zum Reden animiert und ihnen mögliche Ängste und Skepsis genommen werden.

Der zweite Themenkomplex will den Arbeitsalltag der ostdeutschen Journalisten im Jahr 2009/10 ermitteln und erste Indizien für Probleme und Mängel des Journalistenberufs in Ostdeutschland liefern. Die Journalisten sollen dabei erklären, was ihre Aufgaben sind, wie viel Zeit sie z.B. für Recherche und Organisatorisches verwenden, wie hoch im Schnitt die Anzahl ihrer wöchentlichen Arbeitsstunden ist und wie sie die Arbeitsbedingungen empfinden.

Der dritte Teil beschäftigt sich mit dem Selbstverständnis der Journalisten. Hierbei wird gefragt, wie sie ihre Aufgabe definieren, welches Bild sie von ihrem Publikum haben und wie sie den Einfluss auf ihr Publikum einschätzen. Dieser Themenkomplex schließt an Untersuchungen an, die bereits andere Forscher zum Selbstverständnis durchgeführt haben. Hierbei können Vergleiche angestellt und eine Entwicklung aufgezeigt werden.

Im Anschluss daran bewegt sich das Leitfadeninterview in den Bereich der etwas heikleren und eventuell für die Teilnehmer unangenehmen Fragen. Hierbei wollen die Forscher wissen, wie das Verhältnis zwischen Ost- und Westdeutschen thematisiert wird und welche Rolle die eigene Vergangenheit im Redaktionsalltag spielt. Ziel dieses Komplexes ist es herauszufinden, inwieweit es noch 20 Jahre nach der Wende Spannungen zwischen ost- und westdeutschen Journalisten gibt.

Der fünfte Komplex beschäftigt sich mit dem Thema Medienfreiheit. Hierbei sollen die Journalisten die Hindernisse und Einschränkungen in der täglichen Arbeit erläutern, mit denen sie regelmäßig konfrontiert werden. Die Intention dieses Fragekomplexes zielt auf die Entwicklung vom sozialistischen, von Zensur geprägten Journalismus der DDR-Zeit, zum demokratischen Journalismus.

Im letzten Themenkomplex sollen sich die Journalisten zu den aktuell größten Problemen in ihrem Berufsalltag äußern und daraus resultierend eine Prognose abgeben, wo sie die Zukunft des Journalismus sehen. Abschließend werden die Befragten gebeten, ihre Berufszufriedenheit auf einer Skala von eins bis zehn anzugeben.

Die Interviewdauer betrug in der Regel zwischen 30 und 45 Minuten. Einige Journalisten waren jedoch derart gesprächsbereit, dass Interviews teilweise mehr als 60 Minuten dauerten, andere wiederum, die während der Arbeitszeit stattfanden, waren kürzer. Die Interviews wurden von September 2009 bis Februar 2010 aus forschungsökonomischen und -pragmatischen Gründen größtenteils telefonisch, einige wenige als Face-to-Face-Interviews, durchgeführt. Zur Auswertung der Ergebnisse wurden die Gespräche mit dem Einverständnis der Teilnehmer auf Tonband aufgezeichnet und anschließend transkribiert. Die Auswertung der Leitfadeninterviews erfolgte nach der interpretativ-reduktiven Methode nach Lamnek (2005: 402-404).

3. Ergebnisse

Die Befragung hat ein dezidiertes Bild der Journalisten in Ostdeutschland ergeben – viele Angaben der Redakteure lassen auf ein einheitliches Berufsbild unter ähnlichen Bedingungen schließen, Unterschiede können häufig mit gattungsspezifischen Aspekten begründet werden.

3.1 Wege in den Journalismus

Ein großer Teil der befragten Journalisten hat eine akademische Berufsausbildung absolviert: Jene, die bereits in der DDR als Journalisten tätig waren, sind überwiegend den damals üblichen Weg des Journalistikstudiums in Leipzig gegangen. Journalisten, die erst nach der Deutschen Einheit ausgebildet wurden oder zuvor in Westdeutschland studiert haben, haben zumeist ein Fachstudium – häufig Kommunikationswissenschaften, Germanistik oder Jura – absolviert, um danach ins Volontariat zu gehen. Praktika und langjährige freie Mitarbeit sind ebenfalls in nahezu jedem Lebenslauf zu finden.

3.2 Der Arbeitsalltag ostdeutscher Journalisten

Durchweg wird der Arbeitsalltag von allen Befragten als stressig beschrieben. 50 bis 60 Arbeitsstunden pro Woche sind für die Journalisten in den neuen Bundesländern keine Seltenheit. Lediglich die Journalisten im Hörfunk und Fernsehen geben zu großen Teilen an, 40 Arbeitsstunden nicht zu überschreiten. Die einzelnen Aufgaben und Verantwortlichkeiten unterscheiden sich jedoch je nach Mediensparte enorm.

Printjournalisten in Lokalredaktionen füllen täglich meist eine komplette Seite in Eigenregie. Hinzu kommt bei drei Viertel der Lokaljournalisten, dass sie neben der Schreibarbeit selbst layouten und fotografieren. Den größten Teil ihrer Arbeit verbringen sie damit, Termine wahrzunehmen, zu recherchieren oder Texte zu verfassen. Bei rund einem Viertel der befragten Printredakteure kommt hinzu, dass sie das Internet mit Material bestücken, zwei Personen erstellen auch Webfilme. Die Printredakteure im Politikressort geben an, dass das Organisieren und Redigieren in ihrem Arbeitsalltag zunimmt. Etwa die Hälfte von ihnen schreibt selten bis überhaupt keine eigenen Texte mehr.

Die hauptsächliche Tätigkeit von Rundfunkjournalisten besteht in der Themenfindung, in der Recherche und dem Schreiben beziehungsweise Erstellen von Nachrichten und Beiträgen. Es fällt auf, dass drei Viertel von ihnen entweder in mehreren Redaktionen und/oder in mehreren Positionen arbeiten, beispielsweise als Reporter und Moderator oder als Reporter und Chef vom Dienst.

Den Agenturjournalisten sind klare, wenn auch weiträumige Aufgabenfelder gesteckt: Größtenteils als Landeskorrespondent für eines der neuen Bundesländer zuständig, verfolgen sie die dortigen Geschehnisse und berichten tagesaktuell.

Auch die Befragung der Online-Journalisten deutet auf ein klares Aufgabengebiet hin: Den Online-Auftritt von Tageszeitungen betreuen zumeist nur ein oder zwei Redakteure. So bleibt kaum Zeit, eigene Berichte zu verfassen. Stattdessen besteht die Hauptaufgabe darin, Texte der Print-Kollegen internetgerecht aufzubereiten. Dazu ist entsprechend technisches Know-how gefragt. Von klassischen journalistischen Arbeiten wie der Recherche und dem Verfassen von Beiträgen kann aber nur in den seltensten Fällen die Rede sein. Lediglich die freien Online-Journalisten oder die, die für ein reines Online-Medium arbeiten, haben hier mehr Möglichkeiten.

Alle befragten Journalisten sind sich einig, dass die Arbeitsbelastung im tagesaktuellen Bereich immens ist und durch Stellenkürzungen und

Umstrukturierungen weiter zunimmt. Eine Printjournalistin sagt: *»Die Arbeitsbelastung ist extrem hoch. Weil wir hier am Tag wirklich zehn, zwölf Stunden arbeiten und das eigentlich ohne Pause. Und das ist eigentlich fast jeden Tag so.«* Nicht selten geben Redakteure an, dass sie den Job auf einem solchen Niveau nicht allzu lange durchhalten werden. So beobachtet ein Teil der Befragten auch, dass sich der Arbeitsstress auf die eigene Gesundheit auswirkt. Dazu die Aussage eines Zeitungsredakteurs: *»Die Leute arbeiten unter einer immensen Belastung. Es gibt auch immer wieder krankheitsbedingte Ausfälle. Und das ist so über die Jahre betrachtet so ein Trend, der eben insofern Sorge macht, dass die Krankheiten immer schwerer werden.«*

Die hohe Arbeitsbelastung und die wachsenden Aufgabenfelder sind über alle Mediengattungen hinweg ein Grund dafür, dass eine intensive Recherche vernachlässigt wird. Hinzu kommt, dass investigative Recherchen, sofern angestrebt, im tagesaktuellen Geschäft für den größten Teil der befragten Journalisten nur in Ausnahmefällen möglich sind. Freie Journalisten geben außerdem an, dass es sich für das geringe Honorar kaum lohnt, aufwändige Recherchen zu betreiben.

3.3 Die Arbeitsbedingungen in ostdeutschen Redaktionen

Redakteure im Fernseh-, Hörfunk-, Print- und Agenturbereich gehen von einer relativ hohen *Berufssicherheit* aus. Besonders zuversichtlich sind die Kollegen im Rundfunk, da sie auf ihre fundierte Ausbildung und langjährige Berufserfahrung vertrauen. Existenzängste gibt es hier ganz offensichtlich nicht. Gemischt ist hingegen das Stimmungsbild bei den Online-Redakteuren: Die Bandbreite der Äußerungen reicht von (im Vergleich zur Tageszeitung) vermuteten besseren Berufschancen im Online-Bereich bis hin zu der Einstellung, dass in der heutigen Zeit im Journalismus einfach gar nichts mehr sicher sei.

Deutlich weniger Gedanken machen sich die ostdeutschen Journalisten über das Thema *Konkurrenzdruck*. Der Großteil gibt an, kaum Konkurrenzdruck zu Kollegen zu spüren, da jeder personell vollständig ausgelastet sei oder geografische Gebiete klar abgesteckt seien. Bei den festangestellten Journalisten konkurrieren nur Politikredakteure aus dem Printbereich um den limitierten Platz auf ihren Seiten. Einem noch stärkeren Konkurrenzkampf sind lediglich freie Journalisten ausgesetzt, da sie darauf angewiesen sind, ihre Themen im Medium zu platzieren.

Einen Konkurrenzkampf nach außen mit anderen Journalisten oder Redaktionen gibt es unter den Festangestellten jedoch kaum. Man beobachte zwar die Situation, aber mit einem spürbaren Konkurrenzkampf habe das nichts zu tun.

Das *Arbeitsklima* wird trotz der beschriebenen Probleme von den meisten Journalisten aller Mediengattungen als »gut« bis »sehr gut« bewertet. Die Aussagen der Interviewpartner machen deutlich, dass gerade wegen der häufig widrigen Umstände, die sich beispielsweise aus dem Zeitmangel oder durch Überstunden ergeben, versucht werde, zumindest mit den Kollegen ein möglichst konfliktfreies Verhältnis zu pflegen. *»Wir sind hier eine feste Truppe und eigentlich kommen wir gut miteinander aus. Das muss auch so sein, weil wir sind ja eigentlich mehr Zeit zusammen als mit unseren Familien und wenn man bei diesem hohen Arbeitsdruck sich auch noch gegenseitig zerfleischen würde, wäre das tödlich«*, sagt eine Printredakteurin. Gibt es dennoch Probleme, sind diese oft gerade durch den stressigen Arbeitsalltag bedingt, wie ein Rundfunkjournalist erläutert: *»Das Arbeitsklima ist gut. Jeder ist bereit, sich gegenseitig zu helfen, aber natürlich wird es dann schon einmal ruppig, wenn es richtig stressig wird. Das ist wie überall: Die Personaldecke wird immer dünner, aber die Arbeit nicht weniger.«* Die Agenturjournalisten arbeiten als Landeskorrespondenten größtenteils alleine und haben sich mit dieser Einzelkämpferposition gut arrangiert.

3.4 Idealisten versus Realisten: zur Berufsmotivation ostdeutscher Journalisten

Nahezu alle Redakteure haben sich für den Beruf entschieden, weil sie schon in der Jugend gern geschrieben haben und den Umgang mit vielen Menschen und deren Geschichten interessant finden. Besonders schätzen sie an ihrem Beruf, dass er abwechslungsreich ist. Fast alle Befragten üben ihren Beruf mit Leidenschaft aus. Zum gleichen Ergebnis kam bereits die »Sozialenquête« im Jahr 1993 (Schneider/Schönbach/Stürzebecher 1994: 204f.). Eine kleinere Gruppe gibt zudem an, dass eigene Eitelkeiten und der Selbstdarstellungsdrang sie zu dieser Berufswahl angetrieben hätten.

Die genannten Beweggründe wiegen bei den befragten Journalisten schwerer als der Stress, den der Beruf jeden Tag mit sich bringt. Eine große Anzahl gibt an, bereits vor Berufsantritt gewusst zu haben, dass ihr die Arbeit viel abverlangen werde. Darum beschweren sich Journalisten in vergleichsweise geringem Maß öffentlich über die teilweise viel zu hohe Arbeitsbelastung. So auch einer der Agenturkollegen: »*Das gehört in diesem Beruf eben generell dazu. Es gibt auch Journalisten, die machen den Beamtenjournalisten, ja, die gab's früher, die gibt es heute auch, aber dazu gehöre ich nicht. Wenn man zu einem Termin geht, der um 17:30 Uhr losgeht, wo man eigentlich Feierabend hätte, dann kann man ja nicht einfach sagen, das war's, ich geh nach Hause. Aber das ist in diesem Beruf ja wirklich normal.*«

Bei einigen wenigen Befragten haben die widrigen Umstände jedoch dazu geführt, dass sie einen Teil ihres einstigen Idealismus verloren haben. So gibt ein kleiner Teil an, dass finanzielle Aspekte inzwischen die größte Motivation darstellen: »*Das kann ich Ihnen nicht mit einem Satz, sondern mit einem Wort sagen: Geld. Ende. Motivation ist [...] richtet sich gen Null. Weil das grenzt ja hier an Ausbeutung, das muss man einfach so sagen. Es motiviert nicht mehr, es kann nicht motivieren*«, sagt ein freier Printjournalist. Frustration macht sich breit. Und das nicht nur bei Journalisten, die seit vielen Jahren im Job sind – auch sehr junge Kollegen äußern Bedenken. So gibt eine Online-Redakteurin, die Nachwuchsjournalisten schult, an, dass sie den jungen Leuten in ihren Kursen rät, diese Berufswahl sehr genau zu überdenken. Auch junge und freie Journalisten im Rundfunk, deren Volontariat keine zwei Jahre zurückliegt, betonen, dass wirtschaftliche Interessen bei ihnen einen immer höheren Stellenwert einnehmen, da man nun auch von dem Beruf leben müsse: »*Früher habe ich die tollsten Sachen gemacht. Auch wenn da die Bezahlung schlecht war, wollte ich trotzdem Qualität abliefern.*«

Bei den öffentlich-rechtlichen Anstalten verlieren die Mitarbeiter durch die administrativen und institutionellen Zwänge sowie auch durch die finanziellen Einschränkungen in den Sendeanstalten die Motivation.

3.5 Der Journalist als Dienstleister: das Rollenverständnis ostdeutscher Redakteure

Die Journalisten in Ostdeutschland haben ein vielfältiges Aufgabenverständnis und wollen sich nicht nur einer einzigen Funktion unterordnen. Der Großteil der Befragten versteht sich vorwiegend als Informationsvermittler. Dabei betonen sie, dass sie unbedingt über die reine »*Chronistenpflicht*« hinausgehen wollen, indem sie die Informationen auch einordnen und Hintergründe liefern. Medien sind in den Augen der Journalisten »*Orientierungs-*« oder »*Übersetzungshilfe*«, damit die Rezipienten nicht in der Informationsflut »*ertrinken*«. Eine Journalistin bezeichnet ihre Tätigkeit als *»eine Art Kompass-Funktion in der immer komplizierter werdenden Welt«*.

In diesem Zusammenhang wurde der Drang zur unterhaltsamen Aufbereitung der Nachrichten häufig kritisch beurteilt. Zudem führe die schnelle Informationsvermittlung oft zu einer oberflächlichen Berichterstattung, die schon fast *»fahrlässig ist«* – wie ein Journalist bemerkt.

Kritik üben oder Missstände aufdecken sehen dagegen wenige als ihre Funktion an, sie verstehen sich nicht als *»vierte Gewalt im Staat«*. Vor allem im lokalen Bereich ist die offene Kritikfunktion kaum verbreitet, da sich die Journalisten auf die weitere Zusammenarbeit mit ihren Ansprechpartnern angewiesen sehen. Lediglich Politik- und Rundfunkjournalisten rechnen die Kritikfunktion zu ihren Aufgaben. Letztere können sie in der Praxis jedoch nur selten umsetzen.

Abgesehen davon betrachten sich viele Journalisten als Dienstleister. Mit dieser Rolle konnten sich vor allem Online- und Rundfunkjournalisten identifizieren, bei denen service- und verbrauchernahe Themen einen immer höheren Stellenwert einnehmen. Dazu bemerkt ein Online-Journalist: *»Ich bin ein Dienstleister auf allen Kanälen. Bei so einem Online-Dienst gibt es ja nicht nur Nachrichten, sondern auch viel Service. Das sind so banale Dinge wie ein Routenplaner und ein Heizölkostenberechner und so Zeug bis hin zu Gewinnspielen. Da gibt es ja unglaublich viel, was man online abbilden kann. Und ja – insofern bin ich schlicht und ergreifend Dienstleister.«*

Der missionarisch-advokatorische Journalismus ist im Gegensatz dazu inzwischen fast gänzlich verschwunden. Kaum einer der Befragten sieht sich in der Rolle des *Erziehers*.

3.6 Die neuen Grenzen der Medienfreiheit

Alle Redakteure sehen in der Medienfreiheit die Möglichkeit der Berichterstattung frei von Einflüssen aus Politik, Wirtschaft und anderen Einrichtungen/Instanzen. Sie nutzen bei der Beschreibung von Medienfreiheit ähnliche Worte: *»unabhängig«*, *»frei berichten«*, *»alle Themen«*, *»schreiben, was ich will«* , *»unbeeinflusst von«* oder *»ohne Druck«* .

Der Großteil der befragten Journalisten gibt an, dass Einflüsse oder Einflussversuche auf die Medienfreiheit deutlich spürbar sind. So sagt beispielsweise ein Printredakteur: *»Uneingeschränkte Medienfreiheit – ich glaube, das wird wohl ein ewiger Traum bleiben. Letztlich ist man doch immer von irgendwelchen anderen Zwängen abhängig.«* Ähnlich äußert sich auch ein

Rundfunkjournalist: *»Man kann natürlich über alles berichten, aber es ist eben nicht über alles gleich einfach zu berichten.«* Vor 20 Jahren, kurz nach der Wende, sei die Berichterstattung viel freier gewesen.

Die größten Einflussversuche und Einflussnahmen gibt es für Journalisten in Ostdeutschland durch Wirtschaft und Politik. Rund die Hälfte der Printredakteure, zumeist aus dem Lokalen, nennt den Druck durch Anzeigenkunden. Auch die Kollegen im eigenen Haus seien daran schuld: Anzeigenberater vernachlässigen des Öfteren die Trennung von Anzeigen und redaktionellem Teil der Zeitung. Neben den Printjournalisten spüren vor allem Mitarbeiter des privat-kommerziellen Rundfunks Einschränkungen durch die Wirtschaft, denn auch sie müssen darauf achten, Werbekunden nicht zu verprellen.

Abgesehen von den ökonomischen Beeinflussungen sind politische Einflussnahmen im Redaktionsalltag vieler Journalisten in Ostdeutschland deutlich spürbar. Vor allem über die höheren Hierarchie-Ebenen, beispielsweise Ressortleiter oder Chefredakteur, versuchen politische Instanzen, Einfluss auf die Berichterstattung zu nehmen. Rundfunkjournalisten der öffentlich-rechtlichen Sendeanstalten kritisieren dabei, dass selbst Kollegen und Vorgesetzte Mitglieder von Parteien seien oder bestimmten Parteien nahe stünden. Außerdem säßen in den Aufsichtsgremien des öffentlich-rechtlichen Rundfunks gerade jene Personen, die man eigentlich kritisieren müsse. *»Also ich habe schon einmal ›Zensur‹ geschrien, als ich richtig wütend war, weil ich das dann einfach nicht senden durfte, was wir gefilmt hatten – und ich fand das aber gut, was wir hatten. Ich weiß nicht, ob wirklich Pressefreiheit damit verletzt wird. Es ist eine Selbstzensur. Es ist natürlich auch diese ›Schere im Kopf‹, die man natürlich immer wieder zitiert. Also wir wollen nicht anecken oder wir wollen, sage ich einmal, mit allen lieb Freund sein«*, sagt ein Redakteur. Direkte Versuche der Einflussnahme auf die Berichterstattung durch Politiker spüren auch viele Printredakteure, vor allem im Lokalen. Des Weiteren nehmen sie Einschränkungen durch die politische Ausrichtung der Zeitung wahr.

Die wenigsten Einschränkungen auf die Medienfreiheit spüren auffallend viele Agenturjournalisten. Sie selbst begründen das vor allem damit, dass sie im Gegensatz zu den Lokaljournalisten auf einer höheren Ebene Berichterstattung betreiben. Persönliche Kontakte, etwa zu Politikern, gibt es kaum. Grenzen und Einschränkungen in ihrer Berichterstattung sehen die Agenturjournalisten zu großen Teilen in den Gegebenheiten ihres Mediums: Zeit, Platz und Vorgaben des jeweiligen Unternehmens, was die Form der Aufbereitung angeht.

Der Großteil der Befragten ist sich dahingehend einig, dass die fehlenden Ressourcen, insbesondere die Sparzwänge der Redaktionen und die fehlende Recherchezeit, die journalistische Arbeit einschränken. Das alles führe gegebenenfalls zu einer oberflächlichen Berichterstattung. Die Medienfreiheit wird in diesen Fällen jedoch nicht beeinflusst.

Letztendlich fällt auf, dass kaum Einschränkungen vorhanden sind, die spezifisch auf die ostdeutsche Situation zurückzuführen sind. Die genannten Probleme treten in dieser Form ebenfalls bei westdeutschen Medien oder in anderen europäischen Staaten auf.

3.7 Von »dummen Ossis« und »Besserwessis«

Viele befragte Journalisten dieser Studie sind sich darüber einig, dass die Arbeit als Journalist auch in der DDR ein spannender und interessanter Beruf war. Über ideologische Hintergründe und Parteipolitik haben sie sich nach eigenen Angaben vor allem am Beginn der journalistischen Laufbahn kaum Gedanken gemacht.

Schnell jedoch bemerkten auch sie die Zensur, gingen Ärger mit dem Zentralkomitee der SED aus dem Weg und hielten sich an die Tabu-Listen für Wörter und Themen. Sie geben größtenteils zu, sich nicht gegen das Regime gewehrt zu haben, mehrere sprechen von der *»Schere im Kopf«*. Einige, noch heute in den ostdeutschen Redaktionen arbeitende Journalisten geben auch zu, sich damals gut mit dem System identifiziert zu haben.

Die Journalisten, die sowohl in der ehemaligen DDR als auch während der Wiedervereinigungs-Phase tätig waren, beschreiben die Wendezeit als *»aufregendste und tollste«* Zeit ihrer journalistischen Laufbahn. So berichtet einer der Agenturjournalisten: *»Ich wollte dann, kurz vor der Wende, weil es teilweise unerträglich wurde, dieses Geschwätz in der Redaktion anzuhören, aufhören. Es war ja alles Klassenkampf [...] Aber als dann die Wende kam, fing der Journalismus an, endlich Spaß zu machen.«*

Inzwischen spielt die persönliche Vergangenheit der DDR-Journalisten im Redaktionsalltag kaum noch eine Rolle. Wenn das Thema aufkommt, dann allenfalls in Form kleiner Anekdoten.

In ihrer *Arbeitsweise* haben sich ost- und westdeutsche Journalisten weitgehend angeglichen, lediglich kleine Unterschiede sind nach Angaben einiger Redakteure spürbar. Ein Hörfunk-Nachrichtenchef meint, dass sein Kollege, der in der DDR bereits als Journalist gearbeitet hat, heute viel kritischer sei als die anderen Kollegen. Einige wenige hingegen geben an, dass vor allem ältere Ostdeutsche in alter Manier immer noch darauf achteten, nicht anzuecken. Des Weiteren bemerken wenige Befragte, dass bestimmte Themen in ostdeutschen Redaktionen nicht gern gesehen sind bzw. dass es nicht erwünscht ist, wenn sich Westjournalisten mit ostdeutschen Themen beschäftigen. So bemerkt eine Politikredakteurin, die nach der Wende in die neuen Bundesländer gekommen ist: *»Ich bin jetzt gerade im Moment wieder an einem Stasifall dran, wo ich genau weiß, dass das hier im Haus extrem unterschiedlich gesehen und bewertet wird – und wo es natürlich auch heißt: Wieso muss das die ›Wessi‹ machen.«*

Kurz nach der Wiedervereinigung, so sind sich die Befragten einig, hatten die Journalisten aus der DDR noch größere Berührungsängste mit den Kollegen aus den alten Bundesländern: Westdeutsche seien so schnell als *»Besserwessis«* abgestempelt worden, die den *»dummen Ossis«* damals zeigen sollten, wie Journalismus funktioniere. Insgesamt aber ist die Tendenz mehr als deutlich: 20 Jahre nach der Wende verstehen sich die Journalisten – ob in der DDR sozialisiert oder in der alten Bundesrepublik – in Ostdeutschland als gesamtdeutsch.

3.8 Das Publikum als (un)bekannte Masse

Das Publikumsbild von Journalisten in Ostdeutschland ist in erster Linie eines: vage. Es scheint so, als ob viele Journalisten ihre Zielgruppe gar nicht kennen. Die Printredakteure haben dabei von ihren Lesern die ungenauesten Vorstellungen und geben oftmals an, ihre Themen dementsprechend auch nicht besonders für eine bestimmte Leserschaft aufzubereiten. Die Online-Redakteure berufen sich auf Umfragen, durch die sie einiges über die User herausfinden. Andere wiederum beschreiben ihr Publikum als eine heterogene Masse, die kaum näher zu bestimmen sei. Auch für die Agenturjournalisten ist die Frage nach den Rezipienten nicht einfach zu beantworten: Ihre Texte gehen an Medien in ganz Deutschland – die Medienkunden sind also die ersten Abnehmer und somit auch das erste Publikum, denn sie entscheiden, ob ein Beitrag veröffentlicht wird oder nicht.

Die Ausnahme bilden die Rundfunkjournalisten: Sie haben ein sehr genaues Bild von den Wünschen und Bedürfnissen ihres Publikums. Sie achten bei der Auswahl ihrer Themen fast immer darauf, dass sie damit auch das Interesse ihres Publikums wecken. Die zielgruppenspezifische

Arbeit steht im Mittelpunkt, aus dem Wunsch heraus, eine möglichst hohe Einschaltquote zu erzielen.

Gleichzeitig können die befragten Journalisten aus allen Gattungen ihren *Einfluss* auf die Rezipienten nur schwer einschätzen. Dabei wird den Medien an sich eine sehr hohe Bedeutung beigemessen, da sie für die meisten Bürger in Deutschland die wichtigste und oftmals einzige Informationsquelle sind. *»Ich meine, wo soll jemand seine Informationen hernehmen, wenn nicht aus den Medien. Die wenigsten gehen ins Rathaus zu einer Stadtratssitzung, die wenigsten gehen auf eine Pressekonferenz. Woher sollen sie es wissen, wenn nicht aus den Medien? Der Einfluss ist extrem«,* sagt eine Fernsehjournalistin.

Man sollte meinen, dass die Online-Redakteure aufgrund der Feedback-Möglichkeiten, die das Medium Internet bietet, ihren Einfluss auf das Publikum gut kontrollieren können, aber Foren- oder Kommentarfunktionen sind noch lange nicht Standard. Zur Einführung und Bearbeitung solcher Funktionen fehlt es schlichtweg an Personal. Auffallend viele Rundfunkjournalisten – und dabei vor allem die Redakteure vom Hörfunk – schätzen ihren Einfluss allerdings gering ein. *»Radio hört man natürlich hauptsächlich wegen der Musik«,* meint beispielsweise ein Journalist. Ein anderer merkt an, dass Nachrichten einfach dazugehören, *»sie sind aber kein Einschaltgrund«.* Auch die Agenturjournalisten gehen zu einem großen Teil davon aus, dass der Leser gar nicht wahrnimmt, dass der Text von Nachrichtenredakteuren abseits der verbreitenden Medien erstellt worden ist. Außer dpa seien die Kürzel der Agenturen der breiten Masse wohl kein Begriff.

3.9 Die aktuell größten Probleme im Journalismus

Eine zu große Abhängigkeit von den Werbekunden, die allgemein schlechte Wirtschaftslage und der daraus resultierende Sparzwang in ostdeutschen Redaktionen – das sind Aspekte, die nahezu von allen Journalisten als aktuell größte Probleme ihrer Branche angemerkt werden. Hinzu kommt die wachsende Arbeitsbelastung durch eine zunehmende Aufgabenfülle bei immer weniger Personal. Viele ostdeutsche Journalisten äußern die Befürchtung, dass dadurch eine Entwicklung weg vom Qualitätsjournalismus hin zum *»Aldi-Journalismus«* stattfinde.

Doch das sind längst nicht alle Probleme, die den Journalisten derzeit Sorge bereiten. Diese sind allerdings von Mediengattung zu Mediengattung verschieden. Die Zeitungen leiden stark unter dem Einbruch des Anzeigengeschäftes. Außerdem beklagen die Journalisten, dass ihre Zeitung bisher noch keine sinnvolle Strategie erarbeitet habe, wie sie die Printausgabe mit dem Internetauftritt verknüpfen und langfristig effektiv gestalten können. Dies bemerken auch die Online-Journalisten, die außerdem das Problem haben, dass noch kein praktizierbares Erlössystem für journalistische Inhalte im Internet gefunden sei.

Hörfunk- wie Fernsehjournalisten kritisieren in erster Linie die Verflachung der Medieninhalte, also die oberflächliche und boulevardisierte Berichterstattung: *»Das Weggehen vom Thematisieren von Widersprüchen und von Konflikten hin zu eher ganz geschmacksneutral Land und Leute abzubilden«*, beschreibt ein Fernsehjournalist die Situation. Nachrichtenagenturen leiden unter der schwierigen Situation der anderen Mediengattungen – denn wenn dort das Geld fehlt und statt drei beispielsweise nur noch eine Agentur abonniert wird, verschlechtert sich auch die Situation der Nachrichten-Dienstleister.

Auf die Frage, welchen Weg der Journalismus in den kommenden Jahren einschlagen wird, antworten die Journalisten meist skeptisch. Viele gehen davon aus, dass die Zahl der Journalisten abnehmen und dass es mehr Freie als Festangestellte geben wird. Von den Journalisten werden immer mehr Kompetenzen erwartet: Sie müssen technisch fit sein, verschiedene Kanäle bedienen können. Häufiger fiel diesbezüglich der Begriff *»eierlegende Wollmilchsau«*. Differenzen bestehen darüber, ob in Zukunft nun eher Generalisten oder Spezialisten gefragt sind.

Bei den Zeitungsjournalisten ist der Blick in die Zukunft abhängig von ihrem Arbeitsplatz. Lokaljournalisten glauben an einen Fortbestand der Zeitung, weil es im Lokalen bisher kaum Konkurrenzmedien gibt. Politikredakteure sind bei weitem skeptischer. Manche glauben, dass sich der Zeitungsmarkt *»gesundschrumpfen«* muss und dass die Zurückbleibenden durchaus eine längerfristige Überlebenschance haben.

Am skeptischsten blicken die Journalisten vom öffentlich-rechtlichen Rundfunk in die Zukunft. Dort ist der Druck deutlich spürbar, das Programm auch in Zukunft für die Gebührenfinanzierung zu legitimieren. Sinken die Rezipientenzahlen jedoch weiter, werde das immer schwieriger. Hörfunkjournalisten beklagen zudem vor allem den Konkurrenzdruck zum Internet, wo Musik und Nachrichten frei verfügbar sind. Sie denken häufig darüber nach, wie sich mit dem Journalismus noch Geld verdienen lässt. Eine zielgruppenspezifische Berichterstattung sei laut einiger Befragter dabei für die Zukunft der Medien und der Journalisten unerlässlich.

4. Fazit

Die Interviews mit den Befragten zeigen deutlich, dass der Prozess der Angleichung zwischen ost- und westdeutschen Journalisten in den vergangenen 20 Jahren konsequent vorangeschritten ist. Ob ein heute in Ostdeutschland arbeitender Journalist ursprünglich aus den alten oder den neuen Bundesländern kommt, spielt kaum noch eine Rolle. Die Antworten der Befragten lassen auf sehr ähnliche Auffassungen bezüglich des Rollenverständnisses, des Verständnisses von Medienfreiheit und den Bewertungen der Arbeitsbedingungen und Probleme des Arbeitsalltages schließen.

Größere Unterschiede sind zwischen den verschiedenen Mediengattungen aufgetreten. Skepsis macht sich vor allem im Printjournalismus breit. Die Diskussion über den Fortbestand der Tageszeitung wird in den befragten Redaktionen regelmäßig geführt. Eine Lösung ist nicht in Sicht. Online-Redakteure hadern hingegen mit dem Aspekt, dass sich mit dieser Art Informationsvermittlung bisher kein Geld verdienen lässt. Rundfunkjournalisten sehen nur in einer zielgruppenspezifischen Berichterstattung Hoffnung für ihre Mediensparte.

Bei allen Interviews wird deutlich, dass das Thema der zunehmend begrenzten Finanzen, welches sich in lawinenartigen Sparzwängen niederschlägt, den gesamten Medienmarkt beherrscht. Wie dabei in den kommenden Jahren noch Qualitätsjournalismus gewährleistet werden soll, stellt die meisten Befragten vor ein Rätsel.

Fest steht, dass 20 Jahre nach der Wende niemand an der Bedeutung der Medienfreiheit zweifelt oder diese in Frage stellen will. Allerdings kann nach den Aussagen der Journalisten von einer gänzlich freien Berichterstattung nicht die Rede sein, denn sie wird von institutionellen und strukturellen Zwängen eingeschränkt.

Zu Gute halten muss man den in Ostdeutschland arbeitenden Journalisten, dass sie trotz all dieser Einschränkungen und Verschlechterungen der vergangenen Jahre zu großen Teilen unglaubliche Optimisten sind, die ihre Leidenschaft für diesen Beruf bislang nicht gänzlich eingebüßt haben. Die Bitte an die Befragten, sich in einer Zufriedenheitsskala von eins (sehr niedrig) bis zehn (sehr hoch) einzuordnen, hat dies noch einmal verdeutlicht: Der weitaus größte Teil ordnet sich bei acht ein und begründet dies damit, dass die Vorteile viele Missstände wett machten.

Man sollte jedoch diejenigen nicht überhören, die über die noch immer ansteigenden und kaum mehr zu bewältigenden Anforderungen klagen. Denn obwohl sich der Berufsstand der ostdeutschen Journalisten als überaus belastbar gezeigt hat, ist die Grenze des Ertragbaren irgendwann erreicht. Die Medienkonzerne sollten sich deshalb bewusst machen, dass guter Journalismus nur mit motivierten Journalisten auf lange Sicht umsetzbar ist.

Literatur

Autorenkollektiv der Sektion Journalistik der Karl-Marx-Universität Leipzig (Hrsg.) (1984): *Wörterbuch der sozialistischen Journalistik.* Leipzig: Karl-Marx-Universität.

Bentzien, Hans (1991): Schritte zur Demokratie im Deutschen Fernsehfunk. In: *Werner, Claus: Medien-Wende, Wende-Medien? Dokumentation des Wandels im DDR-Journalismus, Oktober 89 – Oktober 90*, Berlin: Vistas, S. 245-261.

Böckelmann, Frank/Mahle, Walter A. (1994): Arbeitslosigkeit und Berufswechsel. In: Böckelmann, Frank/Mast, Claudia/Schneider, Beate (Hrsg.): *Journalismus in den neuen Ländern. Ein Berufsstand zwischen Aufbruch und Anpassung.* Konstanz: UVK, S. 17-141.

Diekmann, Andreas (2009): *Empirische Sozialforschung. Grundlagen, Methoden Anwendungen.* Reinbek bei Hamburg: Rowohlt Taschenbuch Verlag.

Holtermann, Angelika (1999): *Das geteilte Leben. Journalistenbiographien und Medienstrukturen zu DDR-Zeiten und danach.* München: Leske+Budrich.

Holzweißig, Gunter (1997): *Zensur ohne Zensor. Die SED-Informationspolitik.* Bonn: Bouvier.

Köcher, Renate (1985): *Spürhund und Missionar – eine vergleichende Untersuchung über Berufsethik und Aufgabenverständnis britischer und deutscher Journalisten.* München: Universität.

Lamnek, Siegfried (2005). *Qualitative Sozialforschung. Lehrbuch.* Weinheim: Beltz PVU.

Machill, Marcel/Beiler, Markus/Zenker, Martin (2008). *Journalistische Recherche im Internet. Bestandsaufnahme journalistischer Arbeitsweisen in Zeitungen, Hörfunk, Fernsehen und Online.* Berlin: Vistas.

Mast, Claudia (1991): Neue Bundesländer – Neuer Journalismus. Zum Wandel des journalistischen Berufs. In: Mahle, Walter A. (Hrsg.): *Medien im vereinten Deutschland. Nationale und internationale Perspektiven.* München: Ölschläger, S. 85-104.

Mast, Claudia/Weigert, Matthias/Haasis, Klaus (1994): Medien und Journalismus im Umbruch. Konzepte und Erfahrungen von Medienunternehmen, Verbänden und Redakteuren in den neuen Bundesländern. In: Böckelmann, Frank/Mast, Claudia/Schneider, Beate (Hrsg.): *Journalismus in den neuen Ländern. Ein Berufsstand zwischen Aufbruch und Anpassung.* Konstanz: UVK, S. 231-450.

Mayring, Philipp (2002): *Einführung in die qualitative Sozialforschung. Eine Anleitung zu qualitativem Denken.* 5. Auflage. Weinheim: Beltz

Meyn, Herrman (2004): *Massenmedien in Deutschland.* Konstanz: UVK.

Mosebach, Bernd (1996): *Alles bewältigt? Ehemalige Journalisten der DDR arbeiten ihre Vergangenheit auf.* Frankfurt am Main: Peter Lang.

Pannen, Stefan (1992): *Die Weiterleiter. Funktionen und Selbstverständnis ostdeutscher Journalisten.* Köln: Edition Deutschland Archiv.

Reck, Roland (Hrsg.) (1996): *Wasserträger des Regimes. Rolle und Selbstverständnis von DDR-Journalisten vor und nach der Wende 1989/1990.* Münster: Lit.

Rex, Wolfgang (1996): Ostpresse. Übersehene »Parteijournalisten« . Chefredakteure, Abgeordnete und ein bündnisgrüner Politiker diskutieren. In: *NEUES DEUTSCHLAND* vom 7./8.12., S. 3.

Ruß-Mohl, Stephan (2003): *Journalismus. Das Hand- und Lehrbuch.* Frankfurt: F.A.Z.-Institut.

Schneider, Beate/Schönbach, Klaus/Stürzebecher, Dieter (1994): Ergebnisse einer Repräsentativbefragung zur Struktur, sozialen Lage und zu den Einstellungen von Journalisten in den neuen Bundesländern. In: Böckelmann, Frank/Mast, Claudia/Schneider, Beate (Hrsg.): *Journalismus in den neuen Ländern. Ein Berufsstand zwischen Aufbruch und Anpassung.* Konstanz: UVK, S. 143-230.

Scholl, Armin/Weischenberg, Siegfried (1998): *Journalismus in der Gesellschaft. Theorie, Methodologie und Empirie.* Opladen: Westdeutscher Verlag.

Schubert, Renate (1992): *Ohne größeren Schaden? Gespräche mit Journalistinnen und Journalisten der DDR.* München: Ölschläger.

Stuiber, Heinz-Werner (1998): *Medien in Deutschland. Band 2: Rundfunk.* Konstanz: UVK.

Weischenberg, Siegfried/Löffelholz, Martin/Scholl, Armin (1993): Journalismus in Deutschland. Design und erste Befunde der Kommunikatorstudie. In: *Media Perspektiven,* Heft 1, S. 21-33.

Weischenberg, Siegfried/Löffelholz, Martin/Scholl, Armin (1994): Merkmale und Einstellungen von Journalisten. Journalismus in Deutschland II. In: *Media Perspektiven,* Heft 4, S. 154-167.

Weischenberg, Siegfried/Malik, Maja/Scholl, Armin (2006): *Die Souffleure der Mediengesellschaft. Report über die Journalisten in Deutschland.* Konstanz: UVK.

Wuschig, Ilona (2005): *Anspruch ohne Wirklichkeit. 15 Jahre Medien in Ostdeutschland.* Münster: Lit.

Tobias Winzer

Medienkompetenzprojekte der Landesmedienanstalten sowie Ausbildung an Hochschulen und Journalistenschulen in Ostdeutschland

Die friedliche Revolution und die Neuordnung des DDR-Mediensystems ab 1989 stellte nicht nur die ideologisch beeinflusste Arbeitsweise der ostdeutschen Journalisten in Frage, sondern auch das staatlich gelenkte und kontrollierte System der Journalistenausbildung und die dazugehörenden Ausbildungseinrichtungen. Die Formen der Lenkung und Kontrolle waren hier vielfältig – Grundlage der staatlichen Einflussnahme bei der Rekrutierung des journalistischen Nachwuchses bildete jedoch der gesetzliche Schutz der Berufsbezeichnung »Journalist«. »Sie durfte nur von Personen geführt werden, die sie an der Sektion Journalistik der Karl-Marx-Universität Leipzig mit dem Abschluss zum ›Diplomjournalist‹ bzw. ›Journalist mit Hochschulbildung‹ erworben hatten sowie von Absolventen der Fachschule für Journalistik des ›Verbandes der Journalisten der DDR‹« (Pürer/Raabe 1996: 360).[1] Die zentralistische Struktur der Ausbildung erleichterte dem SED-Regime deren Überwachung.

Die Neuordnung des Ausbildungssystems nach 1989 umfasste somit zum Ersten die Transformation der ideologisch gelenkten Medienausbildung an ostdeutschen Hochschulen – neben der Sektion Journalistik bot die Hochschule für Film und Fernsehen der DDR »Konrad Wolf« in Potsdam-Babelsberg eine künstlerisch-gestaltende Ausbildung an (Reimers/Tsichritzis/Wiedemann/Schneider/Sattler 1999: 2) – und zum Zweiten die Etablierung von kommunikations- und medienwissen-

[1] 1990 hatten zwei Drittel der in der DDR tätigen Journalisten (Schneider/Schönbach/Stürzebecher 1993: 362) die Leipziger »Kaderschmieden« (Grubitzsch 1990: 402) durchlaufen.

schaftlichen Fakultäten, Instituten und Seminaren an zahlreichen anderen ostdeutschen Universitäten und Fachhochschulen. Mit den ebenfalls entstandenen Journalistenschulen hat sich in Ostdeutschland in den vergangenen 20 Jahren eine Vielzahl von Ausbildungswegen für Medienberufe herausgebildet.

Zu diesen pluralistischen Ausbildungsstrukturen tragen mittlerweile auch die Medienkompetenzprojekte der in Ostdeutschland neu gegründeten Landesmedienanstalten bei. Sie sind in der Regel zugangsoffen und sollen einen breiten Bevölkerungskreis bei der Mediennutzung unterstützen. Medienausbildung ist somit 20 Jahre nach der friedlichen Revolution nicht mehr nur einer relativ kleinen Elite vorbehalten.

Die beschriebenen Themengebiete sind bislang nur marginal aus wissenschaftlicher Sicht betrachtet worden. In diesem Beitrag soll deshalb ein Überblick über die Ausbildungsangebote gegeben werden. Er fußt auf einer explorativen Quellenanalyse. Die Erkenntnisse wurden anschließend durch Einzelfallanalysen vertieft. Hauptuntersuchungsmethode hierfür waren Leitfadeninterviews mit 15 für die Ausbildungseinrichtungen verantwortlichen Personen.

1. Medienkompetenzprojekte der ostdeutschen Landesmedienanstalten

1.1 Beginn der Medienkompetenzförderung

Der Beginn der Medienkompetenzförderung durch die ostdeutschen Landesmedienanstalten lässt sich auf einen Zeitraum zwischen 1997 und 2001 datieren. Erste Pläne für eine systematische Medienkompetenzförderung wurden jedoch bereits Mitte der 90er-Jahre formuliert. So trug der damalige Direktor der Thüringer Landesmedienanstalt (TLM), Victor Henle, 1995 auf einer Veranstaltung die Idee vor, im Freistaat einen Offenen Kinder- und Jugendkanal als Ort der Medienkompetenzförderung zu etablieren. Dieser Kanal, das so genannte PIXEL-Fernsehen, ging 1998 an den Start (Kertscher 2005: 114). Bereits ein Jahr zuvor hatte die Sächsische Landesanstalt für privaten Rundfunk und neue Medien (SLM) die ersten Sächsischen Ausbildungs- und Erprobungskanäle (SAEK) auf Sendung geschickt (Ihne/Marcus 2003: 21). Dass die ersten Initiativen zur Medienkompetenzförderung Mitte der 90er-Jahre gestartet wurden, ist kein Zufall. Die Landesmedienanstalten waren nach der Aufbauphase, die vor allem von der Lizenzierung privater Rundfunkanbieter geprägt war, auf der Suche nach neuen Betätigungsfeldern. »Dann hat man gesagt, wir müssen jetzt auch was Innovatives machen, wir können nicht nur verwalten«, beschreibt der ehemalige Direktor der Medienanstalt Sachsen-Anhalt (MSA), Christian Schurig, exemplarisch die Situation. Unter seiner Leitung wurde 1998 in Halle das Medienkompetenzzentrum eröffnet (ALM 2009: 457). Der Beginn der Medienkompetenzförderung in Thüringen, Sachsen und Sachsen-Anhalt geht demnach auf Initiativen der jeweiligen Landesmedienanstalt zurück. Die gesetzliche Implementierung der Medienkompetenzförderung als Aufgabe der Landesmedienanstalt erfolgte in den genannten Ländern erst später (Landtag Sachsen-Anhalt 2000: 21; Landtag Sachsen 1998: 8; Landtag Thüringen 1996: 272).

Umgekehrt verlief die Entwicklung in Berlin und Brandenburg, für die die Medienanstalt Berlin-Brandenburg (MABB) zuständig ist, sowie in Mecklenburg-Vorpommern mit der dortigen Landesrundfunkzentrale (LRZ).[2] Diese Landesmedienanstalten starteten ihre Medienkompetenzprojekte erst nach der gesetzlichen Implementierung in den Landesmediengesetzen im Jahr 2001 bzw. 2000 (Landtag Brandenburg 2001: 3; Landtag Mecklenburg-Vorpommern 2000: 103). Bereits im Sommer 1999 hatten sich zudem die Bundesländer in § 40 Abs. 1 des Vierten Rundfunkänderungsstaatsvertrag darauf geeinigt, die Vermittlung von Medienkompetenz zur Aufgabe der Landesmedienanstalten zu machen (u.a. Landtag Thüringen 2000: 38).

Beim Aufbau der Medienkompetenzförderung griffen die ostdeutschen Landesmedienanstalten zum großen Teil auf westdeutsche Modelle zurück. Dies ist nach Aussage von Dr. Bernd Schorb, Professor für Medienpädagogik und Weiterbildung an der Universität Leipzig und in dieser Funktion an zahlreichen Medienkompetenzprojekten ostdeutscher Landesmedienanstalten beteiligt, damit zu begründen, dass die Medienpädagogik in der DDR keine Rolle spielte.

Funktional wurden die Medienkompetenzprojekte oftmals an die bereits bestehenden Offenen Kanäle angebunden. So legte das 1998 gegründete PIXEL-Fernsehen am OFFENEN KANAL GERA die Grundlage für eine regelmäßige Teilnahme von Kindern und Jugendlichen am Bürgerrundfunk (TLM 2001a: 15f.). Das ein Jahr später gestartete Projekt Rabatz hatte das Ziel, auch andere Offene Kanäle in Thüringen für die Arbeit mit Kindern und Jugendlichen zu qualifizieren (TLM 2001b:

2 Die Medienanstalt Mecklenburg-Vorpommern hieß bis Inkrafttreten der jüngsten Novellierung des Landesrundfunkgesetzes im Januar 2010 Landesrundfunkzentrale

15). In Sachsen-Anhalt diente das 1998 gegründete Medienkompetenzzentrum zunächst vor allem der Weiterbildung von Nutzern und Angestellten der Offenen Kanäle, wie der heutige Leiter des Medienkompetenzzentrums, Matthias Schmidt, sagt. In Mecklenburg-Vorpommern sollte nach Aussage von Wolfgang Remer, dem Ansprechpartner für Medienkompetenzförderung in der LRZ, die Förderung von Medienkompetenzprojekten in Ergänzung zu den beiden bestehenden Offenen Kanälen eine möglichst flächendeckende medienpädagogische Versorgung sichern. In Sachsen entschied man sich hingegen mit den SAEK bewusst für ein Gegenmodell zu den Offenen Kanälen. »Ziel ist nicht die unkontrollierte Mitteilung jedweder Befindlichkeiten der Nutzer, sondern die verantwortungsbewusste Sendung von Beiträgen von Redaktionen, die der journalistischen Bildungsarbeit und medienpädagogischen Projekten entstammen« (Nachtwey/Willers 1999: 88).

1.2 Modelle der Medienkompetenzförderung

Ein ostdeutsches Modell der Medienkompetenzförderung existiert nicht. Der Modellpluralismus ist vor allem bedingt durch die föderale Struktur der Landesmedienanstalten. Innerhalb der Bundesländer sind die Modelle der Medienkompetenzförderung zum Ersten politischer und parteipolitischer Beeinflussung unterworfen. Diese Einflussnahme geschieht einerseits über gesetzliche Regelungen in den jeweiligen Landesmediengesetzen. Hier macht der Gesetzgeber, die jeweiligen Landesparlamente, zum Teil konkrete Vorgaben zur Form der Medienkompetenzförderung (u.a. Landtag Brandenburg 2001: 3). Andererseits werden die jeweiligen Grundsatzorgane teilweise nach parteipolitischem Kalkül besetzt. Augenscheinlich werden die Möglichkeiten der politischen Beeinflussungen in den Landesmedienanstalten, deren Grundsatzorgane nach dem so genannten »Kleinen Vorstandsmodell« (Bumke 1995: 291) organisiert sind. So werden die Medienräte der SLM und MABB jeweils durch eine Zwei-Drittel-Mehrheit der Länderparlamente gewählt (ALM 2009: 388, 449), was bei entsprechenden Mehrheiten im Landtag Möglichkeiten eröffnet, die Landesmedienanstalten parteipolitisch zu instrumentalisieren.

Zum Zweiten ist die Heterogenität der Medienkompetenzförderung vor allem mit den unterschiedlichen finanziellen Mitteln der ostdeutschen Landesmedienanstalten zu begründen. Der zum großen Teil durch Rundfunkgebühren finanzierte Etat der jeweiligen Landesmedienanstalt (ALM 2009: 348) ist abhängig von der Einwohnerzahl und -struktur in dem Gebiet, für das die Landesmedienanstalt zuständig ist. So hatte 2009 die »reichste« ostdeutsche Landesmedienanstalt, die MABB, mit 8.398.815 Euro mehr als das Dreifache der Mittel zur Verfügung wie die »ärmste« ostdeutsche Landesmedienanstalt, die LRZ, mit 2.650.200 Euro (ALM 2009: 387 und 415).

1.2.1 Projekte in Eigenverantwortung versus Förderung von Projekten freier Träger

Die Modelle der Medienkompetenzförderung lassen sich aktuell in zwei verschiedene Typen aufteilen. Auf der einen Seite initiieren Landesmedienanstalten ihre Medienkompetenzprojekte selbst und betreiben diese zumeist langfristig angelegten Angebote in Eigenverantwortung. Auf der anderen Seite setzen Landesmedienanstalten auf die im jeweiligen Bundesland vorhandene Vereinsstruktur und bestreiten einen großen Teil ihrer Medienkompetenzförderung nach dem Subsidiaritätsprinzip über die finanzielle Unterstützung von Projekten freier Träger.

Die TLM und MSA fördern nach dem erstgenannten Modell. Die Thüringer Landesmedienanstalt stellt mit den bereits genannten Projekten PIXEL-Fernsehen und Rabatz sowie mit ihrem mobilen medienpädagogischen Angebot, der TLM-Medienwerkstatt, eine technische und personelle Infrastruktur zur Verfügung, die beispielsweise von Schulen und Vereinen, aber auch von Einzelpersonen kostenlos genutzt werden kann. Auch in Sachsen-Anhalt betreibt die Landesmedienanstalt ihre Medienkompetenzprojekte – in der Hauptsache sind dies das Medienkompetenzzentrum, die Medienmobile und die Veranstaltung von Elternabenden – selbst.

Dagegen betreiben die MABB und die LRZ zwar auch Projekte in Eigenregie, ein großer Teil der Medienkompetenzförderung wird jedoch über die finanzielle Unterstützung von Projekten freier Träger geleistet. Während die MABB 2007 wenigstens Förderrichtlinien formuliert hat, was unter Medienkompetenz zu verstehen sei (MABB 2009: 1), sind die Bedingungen, die die LRZ an eine Förderung knüpft, vage. »Es müssen Projekte zur Förderung der Medienkompetenz sein. Und sie müssen einen Rundfunkbezug haben«, sagt Wolfgang Remer, der Ansprechpartner für Medienkompetenzförderung bei der LRZ. Die Gelder dürfen zudem nicht zu kommerziellen Zwecken genutzt werden und müssen für die Medienerziehung von Kindern, Jugendlichen und Erwachsenen verwendet werden. Einen anderen Weg bei der Förderung von Projekten freier Träger geht die SLM. Die Landesmedienanstalt knüpft diese seit 2008 an konkrete inhaltliche Bedingungen (SLM 2009a: 40). So wurden 2009 sechs Projekte gefördert, die sich ausschließlich mit der »Mediennutzung älterer Menschen« befassten (SLM 2009b).

An der derzeitigen Praxis der Förderung von Projekten freier Träger ist zu kritisieren, dass die durch die Landesmedienanstalten geförderten Projekte in der Regel stark abhängig von der finanziellen Bezuschussung sind. Wie die Verantwortlichen für die Medienkompetenzförderung in den jeweiligen Landesmedienanstalten einräumen, werden die Projekte nach Ablauf der Förderung, die in der Regel für ein Jahr angelegt ist, meist beendet. Es ist den Landesmedienanstalten bislang nicht gelungen, nachhaltige Strukturen aufzubauen. Nach Ansicht von Schorb wäre es wünschenswert, wenn die Landesmedienanstalten stärker mit den jeweiligen freien Trägern zusammenarbeiten, diese beaufsichtigen und damit eine »Koordinierungsfunktion für ihre Projekte« übernehmen. Dazu gehöre auch, dass die Landesmedienanstalten Weiterbildungen anbieten.

Nicht eindeutig zu den beiden genannten Fördermodellen zuzuordnen sind die SAEK der SLM. Dort ist seit 2002 das SAEK-Förderwerk, eine gGmbH, Träger verschiedener Vereine, die die Kanäle betreiben. Das SAEK-Förderwerk führt das Projekt in alleiniger Zuständigkeit, wird aber von der SLM finanziell und personell unterstützt (Ihne/ Marcus 2003: 22). Die Entscheidung für den Betrieb nach dem so genannten Auftragsmodells hat vor allem arbeitsrechtliche Gründe. Die SLM hat es so vermieden, eigenes Personal einzustellen. Zudem wird durch an der gGmbH beteiligte Medienanbieter und Stiftungen (SAEK-Förderwerk 2009)[3] jährlich eine sechsstellige Summe eingeworben (Altendorfer 2007: 13).

1.2.2 Mobile medienpädagogische Angebote

Vier der fünf ostdeutschen Landesmedienanstalten bieten zurzeit mobile medienpädagogische Projekte an – vor allem mit dem Ziel, Medien-

[3] Nach Satzung des SAEK-Förderwerks (2009) verfügt die SLM jedoch immer über die Mehrheit der Geschäftsanteile.

kompetenz in Ergänzung zu zentralen Angeboten möglichst flächendeckend zu fördern. Zuletzt hat die SLM im Herbst 2009 ein so genanntes Medienmobil gestartet.

In der personellen Ausstattung ihres mobilen medienpädagogischen Angebots gehen die Landesmedienanstalten derzeit unterschiedliche Wege: Die TLM beschäftigt in der Medienwerkstatt nach Angaben von Judith Zeidler, der Leiterin des Projekts, drei Medienpädagogen. Unterstützt werden diese von drei Jahrespraktikanten mit abgeschlossenem Hochschulstudium. Insgesamt verfügt die Medienwerkstatt über drei Fahrzeuge, die mit digitalen Video- und Audioschnittplätzen, Lautsprechern, Mikrofonen, Kopfhörern, Kontrollmonitoren sowie den jeweiligen Aufnahmegeräten ausgerüstet sind (TLM 2005: 21-26).

In Sachsen wird ein Medienmobil eingesetzt. Betreut werden die Projekte von Dozenten, die auf Honorarbasis beschäftigt sind, sowie von Projektassistenten. Ihr Einsatz wird zentral durch die SLM koordiniert. Bei der MSA, die drei Medienmobile im Einsatz hat, kümmern sich drei fest angestellte Medienpädagogen (ALM 2009: 457) um die Projekte. Sie werden jeweils von so genannten Teamern unterstützt. Diese sind auf Honorarbasis beschäftigt. Mindestvoraussetzung für die Anstellung als Teamer ist ein abgeschlossenes Grundstudium im Bereich Medienpädagogik (MSA 2009). Die Teamer werden zusätzlich von der Landesmedienanstalt geschult (MSA o.J.: 14).

Die so genannten Medientrecker der LRZ sind strukturell an die beiden Offenen Kanäle in Mecklenburg-Vorpommern angebunden: der mit Fernsehtechnik ausgestattete Medientrecker an den Offenen Fernsehkanal in Rostock und der mit Radiotechnik ausgestattete Medientrecker an den Offenen Hörfunkkanal in Neubrandenburg (LRZ 2009b). Die Projekte werden nach Aussage von Remer, dem Ansprechpartner für Medienkompetenzförderung, jeweils von einem bei der LRZ fest angestellten Medienpädagogen betreut.

Nach Ansicht von Schorb stellt mobile medienpädagogische Arbeit besondere Ansprüche an die für die Projekte Verantwortlichen, da die Pädagogen flexibel auf Räumlichkeiten und Publikum reagieren müssen. Sie habe dann einen Sinn, wenn qualifizierte Leute beschäftigt werden. Demnach muss vor allem das sächsische Modell der mobilen medienpädagogischen Arbeit kritisch betrachtet werden. Es kann nur funktionieren, wenn die auf Honorarbasis beschäftigten Dozenten regelmäßig von der Landesmedienanstalt kontrolliert und geschult werden. Laut Günther ist genau das geplant. Da die mobile medienpädagogische Arbeit in Sachsen erst im Herbst 2009 gestartet wurde, kann an dieser

Stelle jedoch keine Aussage zu den Auswirkungen des Modells in der Praxis getroffen werden.

1.2.3 Zusammenarbeit mit Schulen

Bei der Medienkompetenzförderung arbeiten die ostdeutschen Landesmedienanstalten in den vergangenen Jahren vermehrt mit Schulen zusammen. Der Zuschnitt der Medienkompetenzförderung auf die Bedürfnisse von Schulen ist zum einen damit zu begründen, dass die Hauptzielgruppe der Projekte zumeist Kinder und Jugendliche sind. Eine Zusammenarbeit mit Schulen erscheint deshalb logisch. Zum anderen reagieren die Landesmedienanstalten mit den Angeboten auf einen Bedarf der Lehrer, der durch die Einbindung der Medienerziehung in viele Lehrpläne geschaffen wurde. Das Engagement der Landesmedienanstalten in Schulen ist insofern problematisch, als sie institutionsfremde Aufgaben übernehmen und dadurch originäre Aufgaben vernachlässigen. Besonders ausgeprägt ist die institutionalisierte Verzahnung zwischen Landesmedienanstalt und den jeweils zuständigen Ministerien in Thüringen und Mecklenburg-Vorpommern. Dort gibt es umfassende Vereinbarungen zwischen beiden Seiten.

So besteht in Thüringen seit dem 10. März 2008 eine »Rahmenvereinbarung zur Förderung der Medienkompetenz« unterzeichnet vom Direktor der TLM, Jochen Fasco, und von Thüringens Kultusminister, Jens Goebel (TLM 2008). Bereits seit 2001 ist zudem Medienkunde als Unterrichtskurs an allen Thüringer allgemein bildenden Schulen etabliert (TLM 2001a; Thüringer Kultusministerium o.J.: 2). Das Fach wird oftmals gebündelt über mehrere Unterrichtstage und in Projektform unterrichtet. Dabei greifen die Schulen auf die Angebote der TLM zurück.

In Mecklenburg-Vorpommern haben Vertreter des Bildungsministeriums, des Sozialministeriums und der LRZ am 28. Juni 2007 eine Rahmenvereinbarung unterzeichnet (LRZ 2007). Durch die Zusammenarbeit der drei Einrichtungen soll die Medienkompetenz in Mecklenburg-Vorpommern gestärkt werden (LRZ 2007: 1). Im Zusammenhang mit der Vereinbarung wurde 2007 ein so genannter Schulversuch gestartet. Das auf vier Jahre angelegte Pilotprojekt wurde vom Bildungsministerium zusammen mit der LRZ gestartet (LRZ 2007: 2). Mit dem Schulversuch soll die Grundlage für einen flächendeckenden Einsatz der Medienerziehung im Unterricht gelegt werden (LRZ 2009a: 2). Unter anderem haben die Schulen Kooperationsvereinbarungen mit den Medientreckern und den Offenen Kanälen abgeschlossen (LRZ 2007: 2).

Ein diffuses Bild ergibt sich in Sachsen, wo Ausbildungs- und Erprobungskanäle zur schulischen Nutzung geschaffen wurden und die SLM laut Günther die 60 an Sachsens Schulen ansässigen Schülerradios finanziell unterstützt. Trotz dieser Überschneidungen ist die Zusammenarbeit der SLM mit dem Sächsischen Kultusministerium aktuell nicht institutionalisiert. Sie beruht in der Regel auf Eigeninitiativen der Lehrer und auf langjährigen Beziehungen bestimmter Schulen zur Landesmedienanstalt.

1.3 Zukunftsperspektiven

Bei der Medienkompetenzförderung der ostdeutschen Landesmedienanstalten zeichnet sich zum Ersten eine Verschiebung der Fördermodelle ab. Während die MABB, die Projekte bislang zu einem großen Teil nach dem Subsidiaritätsprinzip unterstützt hat, in Zukunft vermehrt Projekte in eigener Verantwortung starten möchte, denkt die TLM darüber nach, die Medienkompetenzförderung zumindest teilweise an freie Träger auszugliedern. In Zukunft könnte sich aufgrund der größeren Flexibilität das Prinzip der Subsidiarität bei der Medienkompetenzförderung durchsetzen. Zugleich könnten jedoch die freien Träger stärker an die jeweilige Landesmedienanstalt gebunden werden, um eine Nachhaltigkeit der Projekte zu fördern.

Zum Zweiten rücken bei der Medienkompetenzförderung neben Kindern und Jugendlichen vermehrt Senioren als Zielgruppe ins Blickfeld der Landesmedienanstalten. Zukünftig wird man sich damit beschäftigen, mit welchen Modellen diese Zielgruppe am besten erreicht werden kann.

Zum Dritten ist davon auszugehen, dass sich die Funktion der Offenen Kanäle in den kommenden Jahren verändern wird. Nach dem Vorbild der SAEK könnte die Partizipationsfunktion an Bedeutung verlieren, zugleich die Ausbildungsfunktion an Bedeutung gewinnen. Die Offenen Kanäle wären so stärker in die Medienkompetenzförderung eingebunden. Dieser Trend ist derzeit beim Umbau des Offenen Kanals ALEX in Berlin zu beobachten.

2. Ausbildungseinrichtungen in Ostdeutschland

2.1 Kommunikations- und medienwissenschaftliche Ausbildung an Hochschulen

2.1.1 Transformationsprozesse

Die akademische Ausbildung für »mediengebundene und medienorientierte Funktionen/Berufe« (Reimers/Tsichritzis/Wiedemann/Schneider/Sattler 1999: 2) beschränkte sich in der DDR auf zwei Orte und zwei Teilbereiche des Fachs: Die journalistische Ausbildung war an der Sektion Journalistik der Leipziger Karl-Marx-Universität konzentriert, die künstlerisch-gestaltende Film- und Fernsehausbildung fand an der Hochschule für Film und Fernsehen (HFF) der DDR »Konrad Wolf« statt. Während das Fortbestehen der Kunsthochschule mit der im Einigungsvertrag festgeschriebenen Überführung auf das Land Brandenburg vom 17. Dezember 1990 (HFF 2009) und der auf ein Fortbestehen zielenden Empfehlung des Wissenschaftsrates 1992 (Lipowski 2004: 101) relativ schnell gesichert war, stand der Erhalt der Leipziger Journalistenausbildung Ende 1990 auf der Kippe und fand erst mit der Institutsneugründung am 3. Dezember 1993 ihr neues institutionelles Gewand.

Obwohl die Mitarbeiter der Sektion ab Oktober 1989 versucht hatten, die Ausbildungseinrichtung von innen heraus zu reformieren, beschloss die im Oktober 1990 gewählte Landesregierung am 11. Dezember des Jahres das Ende der Institution (Pätzold 1991: 40). An der Universität Leipzig gingen Studenten und Dozenten aus Protest in Hungerstreik (Steinmetz 1997: 9; Fickenscher 1995; Decker 1991; Johannsen 1990). Am 21. Dezember reiste zudem eine Delegation der Leipziger Journalistik nach Dresden zu Wissenschaftsminister Hans Joachim Meyer. Dieser versprach den Vertretern, den Lehrbetrieb bis zum Semesterende aufrecht zu erhalten. Ferner sollten ein Gründungsdekan und eine Gründungskommission mit der Reform der Sektion beauftragt werden.

Karl Friedrich Reimers, der am 15. April 1991 sein Amt als Dekan des »Fachbereichs Kommunikations- und Medienwissenschaften in Gründung« antrat (Kutsch 1995: 356), entwickelte gemeinsam mit der Gründungskommission das so genannte Fünf-Säulen-Modell, nach dem verschiedene kommunikations- und medienwissenschaftliche Disziplinen – Medienwissenschaft, Kommunikationswissenschaft, Empirische Kommunikations- und Medienforschung, Public Relations, Buchwissenschaft, Medienpädagogik und Journalistik – unter einem Dach vereint wurden (Reimers 2003a: 120-122; Reimers 1996: 10).

Die Leipziger Journalistikausbildung erhielt somit ein wissenschaftliches Fundament. Neben der breit angelegten Verknüpfung von Kommunikations- und Medienwissenschaft, die es zuvor in Deutschland nicht gab, gehörte die geplante Einrichtung eines Lehrstuhls für Öffentlichkeitsarbeit/PR zu den Innovationen des Konzepts. Zur dritten Innovation wurde das erste in Deutschland terrestrisch ausgestrahlte universitätseigene Ausbildungsradio (Steinmetz 2005: 8), dessen Sendestart unter dem Namen MEPHISTO 97.6 am 31. Mai 1995 bereits in der Gründungsphase des Instituts angestoßen wurde (Steinmetz 2005: 9).

2.1.2 Expansion und Differenzierung

Mit der Einrichtung des Instituts für Kommunikationswissenschaft an der TU Dresden kam es 1993 zur ersten »echten« Neugründung eines kommunikations- und medienwissenschaftlichen Instituts in Ostdeutschland. Kommunikations- und medienwissenschaftliche Studiengänge wurden anschließend auch an der Fachhochschule Mittweida (1994), an der Martin-Luther-Universität Halle-Wittenberg (1995), an der Bauhaus-Universität Weimar (1996), an der Friedrich-Schiller-Universität Jena (1997) und an der TU Ilmenau (1999) gestartet (Rothfuß 2009: 64). Beim Aufbau der kommunikations- und medienwissenschaftlichen Ausbildungseinrichtungen in Ostdeutschland griff man in der Regel zum einen auf bewährte westdeutsche Ausbildungsmodelle zurück, passte diese Modelle jedoch zum anderen den Gegebenheiten vor Ort an. Deshalb habe die Ausbildung an der TU Ilmenau eben einen technischen Einschlag, während die Ausbildung an der Bauhaus-Universität Weimar eher gestaltungsorientiert sei, sagt Patrick Rössler, Professor an der Universität Erfurt und seit 2008 Mitglied des Beirats Medien des Centrums für Hochschulentwicklung (siehe auch Ruhrmann/Kohring/Görke/Maier/Woelke 2000: 293).

Der Boom kommunikations- und medienwissenschaftlicher Studiengänge, der bis heute anhält und sich auch in stetig wachsenden Studierendenzahlen niederschlägt,[4] ist kein originär ostdeutsches Phänomen. Auch in Westdeutschland nimmt die Zahl der kommunikations- und medienwissenschaftlichen Studiengänge seit den 90er-Jahren überproportional zu (Hömberg 2005: 20). Die Expansion ist demzufolge nicht bloß mit einem politisch gewollten Aufholprozess gegenüber Westdeutschland zu begründen, sondern hat tiefer gehende, gesellschaftliche Wurzeln: Sie ist eine Reaktion auf die Veränderungen der Medienwelt und die damit zusammenhängende gestiegene Nachfrage nach Medienkompetenz (Ruhrmann 2001: 395; Ruhrmann/Kohring/Görke/Maier/Woelke 2000: 292). Die wachsende Beliebtheit kommunikations- und medienwissenschaftlicher Ausbildungsangebote bei Abiturienten hat den Expansionstrend noch verstärkt. Die Hochschulen haben die Chance mit kommunikations- und medienwissenschaftlichen Studiengängen, eine »kostenneutrale Profilbildung« zu betreiben, »mit einem Fach, dessen Image positiv besetzt ist« (Ruhrmann/Kohring/Görke/Maier/Woelke 2000: 293).

Die genannten Faktoren haben dazu geführt, dass zum Wintersemester 2009/2010 an 52 ostdeutschen Universitäten, Technischen Universitäten, Fachhochschulen, Kunsthochschulen und Akademien 136 Medienstudiengänge existierten, die in Tabelle 1 aufgelistet sind. Die Klassifizierung ist an der des Wissenschaftsrats (Wissenschaftsrat 2007: 7, 16 und 20) angelehnt. Interdisziplinäre Studiengänge wurden nach ihrem jeweiligen Schwerpunkt auf die Gruppen verteilt. Wo eine exakte Unterscheidung nicht möglich war, taucht dieser in unterschiedlichen Kategorien auf. Es wurden nur die Studiengänge berücksichtigt, die zu staatlich anerkannten Abschlüssen führen. Auslaufende Studiengänge sind nicht Bestandteil der Übersicht.

[4] Der Wissenschaftsrat (2007: 27) verweist auf eine Verdopplung der Studierendenzahl zwischen 1995/96 und 2005/06.

Tabelle 1: Medienstudiengänge in Ostdeutschland

Wissenschaftlich-theoretische und forschungsorientierte Studiengänge	
Freie Universität Berlin	Publizistik- und Kommunikationswissenschaft (Bachelor) Medien und politische Kommunikation (Master)
Humboldt-Universität Berlin	Medienwissenschaft (Master)
TU Berlin	Kommunikation und Sprache (Master)
TU Chemnitz	Medienkommunikation (Bachelor, Master)
TU Dresden	Medienforschung, Medienpraxis (Bachelor) Angewandte Medienforschung (Master)
Universität Erfurt	Kommunikationswissenschaft (Bachelor, Master)
Europa-Universität Viadrina Frankfurt (Oder)	Intercultural Communication Studies (Master) Medien Kommunikation Kultur (Master)
Ernst-Moritz-Arndt-Universität Greifswald	Kommunikationswissenschaft (Bachelor) Sprache und Kommunikation (Master)
Martin-Luther-Universität Halle-Wittenberg	Medien- und Kommunikationswissenschaften (Bachelor)
TU Ilmenau	Angewandte Medienwissenschaft (Bachelor) Media and Communication Science (Master)
Friedrich-Schiller-Universität Jena	Kommunikationswissenschaft (Bachelor) Öffentliche Kommunikation (Master)
Universität Leipzig	Kommunikations- und Medienwissenschaft (Bachelor, Master)
Otto-von-Guericke-Universität Magdeburg	Medienbildung: Visuelle Kultur und Kommunikation (Bachelor, Master)
Hochschule Merseburg (FH)	Angewandte Medien- und Kulturwissenschaft (Master)
Universität Potsdam/FH Potsdam	Europäische Medienwissenschaft (Bachelor, Master)
HFF »Konrad Wolf« Potsdam-Babelsberg	Medienwissenschaft: Analyse, Ästhetik, Publikum (Master)
Bauhaus-Universität Weimar	Medienkultur (Bachelor, Master) Europäische Medienkultur (Bachelor) European Film and Media Studies (Master)
Journalistik-Studiengänge	
Dekra Hochschule Berlin (FH)	Onlinejournalismus (Bachelor) TV-Journalismus (Bachelor)
HMKW Berlin (FH)	Journalismus und Unternehmenskommunikation (Bachelor)
Journalisten-Kolleg an der FU Berlin	Communication and Journalism (Master)
Macromedia Hochschule für Medien und Kommunikation Berlin (FH)	Journalistik (Bachelor)
Universität der Künste Berlin	Kulturjournalismus (Master)
Martin-Luther-Universität Halle-Wittenberg/ HALESMA A.N.D.	Multimedia und Autorschaft (Master)
Universität Leipzig	Journalistik (Master)
Leipzig School of Media	Crossmedia Publishing (Master) New Media Journalism (Master)
Hochschule Magdeburg-Stendal (FH)	Journalistik/Medienmanagement (Bachelor)
Fernsehakademie Mitteldeutschland/HTWK Leipzig (FH)	Fernsehjournalismus (Bachelor)

Technische Studiengänge	
Hochschule Anhalt (FH)	Medientechnik (Bachelor)
HTW Berlin (FH)	Internationaler Studiengang Medieninformatik (Bachelor, Master) Nachrichtentechnik (Bachelor)
TU Berlin	Audiokommunikation und -technologie (Master)
FH Brandenburg	Medieninformatik (Bachelor, Master)
TU Chemnitz	Informations- und Kommunikationstechnik (Bachelor) Intelligente Medien und Virtuelle Realität (Master) Informatik für Journalisten (Master)
Brandenburgische TU Cottbus	Informations- und Medientechnik (Bachelor, Master)
HTW Dresden	Informationstechnik/Kommunikationstechnik (Diplom, Bachelor)
TU Dresden	Medieninformatik (Bachelor)
FH Erfurt	Angewandte Informatik (Bachelor, Master)
Hochschule Harz (FH)	Medieninformatik (Bachelor)
FH Jena	Kommunikationstechnik/Medientechnik (Bachelor)
TU Ilmenau	Medientechnologie (Bachelor, Master)
HTWK Leipzig (FH)	Medientechnik (Bachelor) Medieninformatik (Master)
Leipzig School of Media	Content & Media Engineering (Master)
Hochschule Merseburg (FH)	Medien-, Kommunikations- und Automationssysteme (Bachelor) Technische Redaktion und Wissenskommunikation (Master)
Fernsehakademie Mitteldeutschland/ HTWK Leipzig (FH)	Fernsehkamera (Bachelor)
Hochschule Mittweida (FH)	Medientechnik (Bachelor) Industrial Management (Master) Media Engineering (Master)
FH Stralsund	Angewandte Informatik: Softwareentwicklung und Medieninformatik (Bachelor)
Bauhaus-Universität Weimar	Medieninformatik (Bachelor, Master)
Hochschule Wismar (FH)	Multimediatechnik (Bachelor) Multimediaengineering (Master)
Wirtschaftswissenschaftliche und PR-Studiengänge	
Dekra Hochschule Berlin (FH)	Wirtschaftskommunikation (Bachelor)
Design-Akademie Berlin (FH)	Marketingkommunikation (Bachelor, Master) Unternehmenskommunikation (Master)
Freie Universität Berlin	Arts and Media Administration (Master)
HMKW Berlin (FH)	Journalismus und Unternehmenskommunikation (Bachelor)
Macromedia Hochschule für Medien und Kommunikation Berlin (FH)	Medienmanagement (Bachelor) Medien- und Kommunikationsmanagement (Master)
Mediadesign Hochschule Berlin (FH)	Medienmanagement (Bachelor, Master)
SRH Hochschule Berlin (FH)	Kommunikationsmanagement (Bachelor)
Steinbeis-Hochschule Berlin	Mediamanagement (Bachelor, Master) Marketing Management (Bachelor, Master)
bbw Hochschule Berlin und Frankfurt (Oder) (FH)	Wirtschaftsingenieurwissenschaften Medien (Master)

TU Ilmenau	Medienwirtschaft (Bachelor, Master)
Leipzig School of Media	Corporate Publishing (Master)
Universität Leipzig	Communication Management (Master)
Hochschule Magdeburg-Stendal (FH)	Journalistik/Medienmanagement (Bachelor)
Hochschule Mittweida (FH)	Medienmanagement (Bachelor)
Hochschule Mittweida (FH)/AMAK	Angewandte Medienwirtschaft (Bachelor) Business Management (Bachelor) Gesundheitsmanagement (Bachelor)
University of Management and Communication Potsdam (FH)	Kommunikationsmanagement (Bachelor) Unternehmenskommunikation/Public Relation (Master)
Bauhaus-Universität Weimar	Medienmanagement (Master)
Künstlerisch-gestaltende Studiengänge	
Dekra Hochschule Berlin (FH)	Digital Design (Bachelor) Fernsehen und Film (Bachelor)
Design-Akademie Berlin (FH)	Kommunikationsdesign (Bachelor) Creative Director (Master)
Berliner Technische Kunsthochschule (FH)	Kommunikationsdesign (Bachelor)
HMKW Berlin (FH)	Grafikdesign und Visuelle Kommunikation (Bachelor)
HTW Berlin (FH)	Kommunikationsdesign (Bachelor)
Humboldt-Universität Berlin	Musik und Medien (Bachelor)
Macromedia Hochschule für Medien und Kommunikation Berlin (FH)	Digitale Medienproduktion (Bachelor) Film und Fernsehen (Bachelor) Medien und Design (Master)
Mediadesign Hochschule Berlin (FH)	Mediadesign (Bachelor)
Universität der Künste Berlin	Visuelle Kommunikation (Bachelor) Gesellschafts- und Wirtschaftskommunikation (Bachelor, Master)
Burg Giebichenstein, Hochschule für Kunst und Design Halle	Kommunikationsdesign (Bachelor) Plastik-Studienrichtung Medienkunst (Diplom)
HGB Leipzig	Medienkunst (Diplom)
Universität Leipzig	Hörfunk (Master)
Hochschule Mittweida (FH)/AMAK	Film und Fernsehen (Bachelor)
HFF »Konrad Wolf« Potsdam-Babelsberg	Film- und Fernsehproduktion (Diplom) Film- und Fernsehregie (Diplom) Kamera (Diplom)
Bauhaus-Universität Weimar	Mediengestaltung (Bachelor, Master) MediaArchitecture (Master)
Hochschule Wismar (FH)	Kommunikationsdesign und Medien (Diplom)
Pädagogische Studiengänge	
Universität Erfurt	Kinder- und Jugendmedien (Master)
Hochschule Merseburg (FH)	Kultur- und Medienpädagogik (Bachelor)
Universität Rostock	Medien & Bildung (Master)
Juristische Studiengänge	
Humboldt-Universität Berlin	Immaterialrecht und Medienrecht (Master)

Seit einigen Jahren ist parallel zur Expansion eine Differenzierung der Studiengänge zu beobachten. Diese ist eine direkte Folge der eben beschriebenen Expansion. Bei steigendem Angebot kommt es laut Rössler zu einer stärkeren Profilierung und Spezialisierung der Studiengänge, »um im Markt überleben zu können«.

Kritisiert wurde die Expansion und Differenzierung der Angebote zuletzt vom Wissenschaftsrat (2007: 13): »Angesichts boomender Märkte streben immer mehr Schulabgänger mit unklaren Motivationslagen an, ›irgendetwas mit Medien‹ zu studieren, und die Hochschulen reagieren darauf mit einem zunehmend unübersichtlich werdenden Angebot von neuen Studiengängen.«

Gemeinsame Ausbildungsstandards fehlen, was Studienanfängern zunehmend die Orientierung erschwert. Bereits 2005 sprach die damalige Vorsitzende der Deutschen Gesellschaft für Publizistik- und Kommunikationswissenschaft (DGPuK), Prof. Dr. Romy Fröhlich, von einer »Zerfledderung« des Fachgebiets (zitiert nach Wiarda 2005). Der Wissenschaftsrat (2007: 8) hat diese Entwicklung unter anderem mit einer »sorglosen Kombinatorik« verschiedener kommunikations- und medienwissenschaftlicher Disziplinen begründet. Umetikettierungen bestehender Studiengänge in kommunikations- und medienwissenschaftliche Studiengänge verwässern nach Ansicht des Gremiums zudem wissenschaftliche Standards. In Zukunft sei zu prüfen, ob bei der Einrichtung einer kommunikations- und medienwissenschaftlichen Einrichtung auch entsprechende Fachkompetenz vorhanden sei (Wissenschaftsrat 2007: 71).

Diese Aussagen gelten nicht für die Journalistik, die Bonfadelli/Jarren (2001: 9) als praxisorientierte Teilwissenschaft der Kommunikations- und Medienwissenschaft bezeichnen. Eine berufsorientierte Hochschulausbildung für angehende Journalisten durch Journalistikstudiengänge findet derzeit nur an wenigen Standorten – laut Haller (2007) an den Universitäten in München, Eichstätt, Dortmund und Leipzig – statt. Im Unterschied zur Kommunikations- und Medienwissenschaft existieren in der Journalistik gemeinsame Ausbildungsstandards: Weischenberg (1990: 57f.) definiert drei Kompetenzen des Journalismus, die in der Ausbildung geschult werden sollen (Hömberg 2002: 19f.): Fachkompetenz, Sachkompetenz und Vermittlungskompetenz. Als Alleinstellungsmerkmal der universitären Journalistenausbildung, im Vergleich zu anderen Ausbildungswegen wie Journalistenschulen, bezeichnet Weischenberg (1990: 58) das »Nachdenken über journalistisches Handeln«. Demnach hat die Journalistik laut Haller (1999: 10) einen doppelten Boden: Sie besteht zum Ersten aus einer theoretisch fundierten, empirisch verfahrenden Analyse der Bedingtheiten des journalistischen Handelns und baut darauf zum Zweiten eine normativ begründete Journalistenausbildung auf.

2.1.3 Aktueller Stand der Ausbildung

Aufgrund der dargelegten Fülle der Ausbildungseinrichtungen in Ostdeutschland und des unzureichenden Forschungsstandes in dem Untersuchungsgebiet, ist es notwendig, die Entwicklung der ostdeutschen Hochschuleinrichtungen anhand von Fallbeispielen zu analysieren. Fünf Ausbildungseinrichtungen wurden als Fallbeispiele nach der Falldefinition »Idealtyp« ausgewählt (Mayring 2002: 43). Als Hilfsmittel hierzu diente das Hochschulranking des Centrums für Hochschulentwicklung aus dem Jahr 2009. Es wurden zunächst die drei am besten bewerteten Medienfachbereiche an ostdeutschen Universitäten ausgewählt: die Fakultät Medien der Bauhaus-Universität Weimar, das Institut für Medien- und Kommunikationswissenschaft der TU Ilmenau und das Seminar Medien- und Kommunikationswissenschaft der Universität Erfurt. Zudem wurde der im CHE-Ranking am besten bewertete Medienfachbereich an ostdeutschen Fachhochschulen ausgewählt: die Fakultät Medien der Hochschule Mittweida. Das Institut für Kommunikations- und Medienwissenschaft der Universität Leipzig wurde deswegen zu den Fallbeispielen hinzugefügt, weil die Transformation der Sektion Journalistik der Karl-Marx-Universität Leipzig zum Institut für KMW der Universität Leipzig sowie dessen weitere Entwicklung für den Untersuchungsgegenstand von besonderem Interesse ist.

Ausbildungsmodelle

In den analysierten Einrichtungen wurde in den vergangenen Jahren ein Ausbildungsmodell etabliert, das die Lehre auf ein breites wissenschaftliches Fundament stellt. Wie bereits am Beispiel des Leipziger Fünf-Säulen-Modells beschrieben,[5] wurden so auch an den anderen Hochschulstandorten verschiedene Teildisziplinen unter einem kommunikations- und medienwissenschaftlichen Dach vereint. So werden am Institut für Medien- und Kommunikationswissenschaft der TU Ilmenau

---

5 Für die Leipziger Journalistik spielt das Fünf-Säulen-Modell jedoch nach der Umstellung auf Bachelor- und Masterstudiengänge keine Rolle mehr (siehe 2.1.3.2).

sozialwissenschaftliche mit technik- und wirtschaftswissenschaftlichen Inhalten verknüpft (TU Ilmenau 2009). An der Fakultät Medien der Bauhaus-Universität Weimar findet nach Aussage der für die Lehre verantwortlichen Personen eine medienwissenschaftliche Ausbildung statt, die die Medien von der technischen, der künstlerisch-gestalterischen, kulturellen und ökonomischen Seite betrachtet. An der Fakultät Medien der Hochschule Mittweida vermitteln die vorhandenen Studiengänge publizistische, medientechnische und medienökonomische Inhalte (Hochschule Mittweida 2009). Dabei ist die Verknüpfung der versammelten Richtungen das Ziel der Verantwortlichen (u.a. Bauhaus-Universität Weimar 2009: 9f.).

Um den Übergang von der Hochschule ins Berufsleben lückenloser zu gestalten, werden von allen eben genannten Institutionen in der Ausbildung Kooperationen mit der Privatwirtschaft betrieben. Entweder werden Honorarprofessoren und Lehrbeauftragte aus der »Praxis« an der Universität beschäftigt oder es findet im Rahmen von Projekten eine Zusammenarbeit mit Firmen und Unternehmen statt. An keiner Einrichtung sind die privatwirtschaftlichen Verbindungen jedoch so ausgeprägt wie an der Fakultät Medien der Hochschule Mittweida. Hier werden vier Studiengänge und eine an die Hochschule angebundene Journalistenschule über die Akademie für multimediale Ausbildung und Kommunikation an der Hochschule Mittweida (AMAK) AG, an der verschiedene Unternehmen beteiligt sind, finanziert. Von solchen Modellen nehmen die Vertreter der vier anderen Hochschuleinrichtungen bewusst Abstand, weil sie um die Unabhängigkeit der Ausbildung fürchten.

Eine praxisnahe Ausbildung soll auch durch Ausbildungsmedien sichergestellt werden. Darunter sind diejenigen massenmedialen Kommunikationsmittel zu verstehen, die den Studenten und Schülern an den jeweiligen Hochschulen zur Verfügung stehen. Ausbildungsmedien gibt es, mit Ausnahme des Seminars für Medien- und Kommunikationswissenschaft in Erfurt, an allen analysierten Ausbildungseinrichtungen. Deren Nutzung orientiert sich in der Regel an dem Ausbildungskonzept der jeweiligen Einrichtung. Am Institut für Kommunikations- und Medienwissenschaft der Universität Leipzig und an der Fakultät Medien der Hochschule Mittweida sind die Ausbildungsmedien integraler Bestandteil des Ausbildungsmodells. Sie werden von den jeweiligen Hochschulen, zum Teil in Kooperation mit privatwirtschaftlichen Partnern, betrieben (AMAK 2009b; Universität Leipzig 2009a).

Umstellung auf Bachelor- und Masterstudiengänge

Die 1999 in Bologna verabschiedete Hochschulreform und die damit angestoßene Umstellung der Magister- und Diplomstudiengänge auf Bachelor- und Masterstudiengänge hat bei den fünf genannten Ausbildungseinrichtungen unterschiedliche Spuren hinterlassen. Am Seminar für Medien- und Kommunikationswissenschaft der Universität Erfurt wird bereits seit der Gründung der Institution 1999 mit einem solchen zweistufigen Ausbildungssystem gearbeitet. Deshalb gab es dort lediglich eine Umstellung von einem Bachelor-/Mastersystem auf ein anderes. Diese gelang nach Rössler ohne größere Schwierigkeiten. Auch an der Fakultät Medien der Hochschule Mittweida gelang die Umstellung ohne Probleme. Prodekan Prof. Dr. Altendorfer begrüßt vor allem die mit der Hochschulreform angestrebte Vergleichbarkeit der Studiengänge und die Verkürzung der Ausbildungsdauer. Probleme ergeben sich aus seiner Sicht nur beim Betrieb der Ausbildungsmedien. Durch die Verkürzung der Studiendauer steige die Fluktuation in den Redaktionen.

Die anderen genannten Ausbildungseinrichtungen haben zum Ersten mit der Verkürzung der Studiendauer und einer entsprechenden Anpassung der Ausbildungsinhalte zu kämpfen. Wie viele andere Hochschuleinrichtungen befinden sie sich derzeit in einer »Phase der Korrekturen«.[6] »Wir waren am Anfang zu stark darauf aus, das, was wir bisher in einem Diplomstudiengang an Inhalten durchgebracht haben, letzten Endes auch in einen Bachelor zu packen«, sagt Prof. Dr. Andreas Ziemann, Prodekan der Fakultät Medien an der Bauhaus-Universität Weimar.

Zum Zweiten klagen die relativ kleinen Hochschulstandorte Weimar und Ilmenau über eine Abwanderung der Studenten nach der Bachelorausbildung und eine dementsprechend eher geringe Nachfrage für ihre Masterstudiengänge.

Die Leipziger Journalistik erlebte mit der Hochschulreform einen Einschnitt: Zum Ersten wurde ihr grundständiges Hochschulangebot abgeschafft. Im Unterschied zu den anderen Masterstudiengängen am Leipziger Institut für Kommunikations- und Medienwissenschaft wird als Grundlage für den Master Journalistik ein Bachelorabschluss außerhalb des Institutsangebotes empfohlen (Universität Leipzig 2009b). Damit soll die aus dem Diplomjournalistikstudiengang bewährte Verbindung der Journalistik mit einem frei wählbaren ergänzenden Haupt-

6 Die Präsidentin der Hochschulrektorenkonferenz, Prof. Dr. Margret Wintermantel, in einem Interview in der Zeit (Wintermantel im Gespräch mit Bertram und Rühling 2009).

fach erhalten werden. Die Ausbildung findet nun nicht mehr parallel, sondern hintereinander statt (Stracke-Neumann 2007). Auch das ins Studium integrierte Kurzvolontariat wurde aus dem Diplomstudiengang übernommen. Damit verlängert sich die Studiendauer im Master Journalistik um ein Jahr auf drei Jahre (Universität Leipzig 2009b). Zum Zweiten hat das von Reimers konzipierte Fünf-Säulen-Modell seit dem Start des Masters Journalistik keine wesentliche Bedeutung mehr für die Ausbildung. Anders als im Diplomstudiengang Journalistik werden die am Institut versammelten kommunikations- und medienwissenschaftlichen Disziplinen nur noch marginal in die Lehre einbezogen (Universität Leipzig 2009b).

Zukunftsperspektiven

Dieser Wettbewerb um Studenten wird in Zukunft vielerorts zur stärkeren Profilierung der Studiengänge führen. So wurde der Weimarer Masterstudiengang Medienkultur in den letzten Jahren stärker auf die Forschung ausgerichtet. Er soll nach Angaben von Prodekan Ziemann »Vorbereitung für einen Promotionsstudiengang oder für ein Ph.D.-Programm« sein. Zum Sommersemester 2010 wird der Studiengang in »Kulturwissenschaftliche Medienforschung« umbenannt. Ein Anzeichen für die Profilierung der Studiengänge ist auch die Einführung des Masterstudiengangs »Kinder- und Jugendmedien« am Erfurter Institut für Medien- und Kommunikationswissenschaft zum Wintersemester 2009/2010. Der Studiengang verbindet kommunikations- und medienwissenschaftliche mit pädagogischen Ansätzen und nutzt darüber hinaus die räumliche Nähe zu Akteuren des Kindermedienlandes Thüringen: DER KINDERKANAL, das Fraunhofer IDMT Kindermedien, die Thüringer Landesmedienanstalt (TLM) und das Kindermedienzentrum Erfurt sind Kooperationspartner des Studiengangs (Universität Erfurt 2009).

2.2 Journalistenschulen in Ostdeutschland

Um die Entwicklung der Journalistenschulen in Ostdeutschland nach 1990 darzustellen, ist es zunächst sinnvoll, Berlin als Standort für Journalistenschulen auszublenden. Dies hat zwei Gründe: Zum Ersten hatten sich bereits vor 1990 Journalistenschulen in West-Berlin etabliert, die nach 1990 weiterhin existierten. Zum Zweiten ist dort die Entstehung weiterer Journalistenschulen fast logisch, wenn man in Betracht zieht, dass Berlin beispielsweise mit dem Umzug des Regierungssitzes von Bonn zu einem der Medienzentren in Deutschland wurde. Entscheidender sind hingegen die Fragen, warum a) außerhalb Berlins in Ostdeutschland nur drei Journalistenschulen gegründet wurden und b) unter welchen Bedingungen diese am Markt agieren.

Die erste Frage kann über die Finanzierung der Journalistenschulen beantwortet werden. Journalistenschulen werden jeweils von Verlagen und Sendern oder von Vereinen, Verbänden und Institutionen getragen (von La Roche 2006: 243). Nach Ansicht von Altendorfer, Direktor der Mitteldeutschen Journalistenschule Mittweida, hängt die geringe Verbreitung von Journalistenschulen in Ostdeutschland außerhalb Berlins mit der geringen Finanzkraft der ostdeutschen Sender und Verlage zusammen.

In Ostdeutschland hat sich bislang nur der RBB von der Praxis der Hausvolontariate verabschiedet. Er lässt seinen Nachwuchs an einer Journalistenschule, der EMS Potsdam-Babelsberg, ausbilden. Träger der Schule, die seit 2001 besteht, sind mehrheitlich der RBB und die MABB (2008: 27).[7] Das Volontariat an der EMS dauert 18 Monate. Pro Jahrgang werden 16 Volontäre aufgenommen (EMS 2009d). Das Ziel des Volontariats ist die trimediale Ausbildung im Radio-, Fernseh- und Onlinejournalismus. Dabei wechselt die jeweilige medienspezifische Ausbildung in der EMS mit der Mitarbeit in verschiedenen Redaktionen von Medienunternehmen (EMS 2009a; 2009b). Insgesamt umfasst die Ausbildung 40 Wochen medienspezifisches Training in Blöcken an der EMS, 32 Wochen Redaktionstraining in verschiedenen Medienhäusern und 6,5 Wochen Urlaub (EMS 2009c).

Die beiden anderen in Ostdeutschland außerhalb Berlins bestehenden Journalistenschulen, die Hallesche Europäische Journalistenschule für Multimediale Autorschaft/Alfred Neven DuMont (HALESMA/A.N.D.) und die Mitteldeutsche Journalistenschule Mittweida, bilden in Kooperation mit einer Hochschule aus. Eine in sich geschlossene Ausbildung, den Masterstudiengang MultiMedia & Autorschaft, bietet die 2003 gegründete HALESMA/A.N.D. seit April 2007 in Kooperation mit der Martin-Luther-Universität Halle-Wittenberg an (HALESMA/A.N.D. 2009). Die Ausbildung an der 2004 (AMAK 2009a) gegründeten Mitteldeutschen Journalistenschule findet studienbegleitend statt. Wegen der räumlichen Nähe ist die Ausbildung an der Journalistenschule

[7] Zumindest fraglich ist das finanzielle Engagement der MABB vor dem Hintergrund, dass die Volontäre der EMS nach ihrer Ausbildung in der Regel bei öffentlich-rechtlichen Sendern tätig werden (MABB 2008: 28).

nach Aussage von Altendorfer vorwiegend als journalistische Vertiefung für Studenten der Fakultät Medien in Mittweida konzipiert. Es werden »journalistische Unternehmer« (von La Roche 2006: 246) ausgebildet, die als Freiberufler mit möglichst verschiedenen Medien umgehen können und mit den Medienprodukten am Markt tätig sind (Mitteldeutsche Journalistenschule 2009). Dieses Ziel soll laut Altendorfer dadurch erreicht werden, dass sich die Schüler pro Semester einem journalistischen Projekt »von der Recherche bis zum Endprodukt« widmen.

3. Fazit

Wenn zunächst die Gründungsphase der Modelle betrachtet wird, ist festzuhalten, dass die Angebote der Landesmedienanstalten, Hochschulen und Journalistenschulen in der Regel nicht aus einer Reform bereits bestehender Angebote entstanden, sondern meist Neugründungen waren. Durch die Konzentration der Hochschulausbildung auf Leipzig und Potsdam-Babelsberg verfügte jedoch kein anderer ostdeutscher Hochschulstandort über entsprechende Erfahrungen in diesem Lehrgebiet, über eine entsprechende technische Ausstattung oder entsprechendes Fachpersonal.

Gleiches gilt auch für die Journalistenschulen. Mit der »Fachschule für Journalistik« existierte vor 1989 zwar ein Ausbildungsmodell, das dem einer Journalistenschule ähnelte, doch war ein Fortbestand schon deshalb unmöglich, da der Fachschule mit dem Zusammenbruch der DDR und der Auflösung des Verbandes der Journalisten der DDR (VDJ) das Fundament entzogen wurde (Martin 2007: 28). Ein ähnliches Bild ergibt sich auch bei der Betrachtung der medienpädagogischen Arbeit in der DDR: Es gab weder Personal mit einer medienpädagogischen Ausbildung noch entsprechende Modelle, auf die die ostdeutschen Landesmedienanstalten bei der Medienkompetenzförderung hätten aufbauen können. Da entsprechende Anknüpfungspunkte fehlten, kam es oftmals zum Import westdeutscher Experten und Modelle. Die Konzepte wurden dabei jedoch nicht deckungsgleich übernommen, sondern den örtlichen Gegebenheiten angepasst.

Aus diesem Grund konnten sich die Modelle im Laufe der Zeit von ihren westdeutschen Vorbildern emanzipieren. Grundlegend dafür ist, dass bei den Reformen und Neugründungen oftmals in Deutschland einzigartige Ausbildungsmodelle geschaffen wurden – mit der Folge, dass beispielsweise die kommunikations- und medienwissenschaftliche Ausbildung an der Universität Erfurt nach Angaben des CHE-Rankings in Bezug auf die Kriterien »Forschungsreputation«, »Studienorganisation«, »Praxisbezug«, »Betreuung« und »Studiensituation insgesamt« deutschlandweit eine Spitzenposition einnimmt. Zum Teil gilt dies auch für die Modelle der Medienkompetenzförderung. Nach Ansicht von Schorb wurden in den vergangenen Jahren in Sachsen, Sachsen-Anhalt und Thüringen medienpädagogische Angebote etabliert, die in ihrer Wirkung Angebote westdeutscher Landesmedienanstalten übertreffen.

Durch die Neugründung von kommunikations- und medienwissenschaftlichen Ausbildungseinrichtungen an ostdeutschen Hochschulen, durch die Neugründung von Journalistenschulen in Ostdeutschland und durch die Einführung von Modellen zur Medienkompetenzförderung wurde das System der DDR-Medienausbildung aufgebrochen: ein zentralistisch strukturiertes Angebot, das einer relativ kleinen Elite vorbehalten war, wandelte sich zu einem pluralistischen Angebot, das bis heute für einen relativ breiten Bevölkerungskreis zugänglich ist. Dieser entstandene Modellpluralismus ist zum einen mit den an den Entstehungsprozessen beteiligten Personen und ihren unterschiedlichen Erfahrungen und Vorstellungen und zum anderen mit der föderalen Struktur der Bundesrepublik zu begründen. Gleichwohl haben die Analysen der Medienkompetenzprojekte sowie der ostdeutschen Ausbildungseinrichtungen gezeigt, dass die Modelle auf Gemeinsamkeiten fußen. Kooperationsmöglichkeiten, die sich daraus ergeben, werden bislang nur unzureichend genutzt.

Literatur

ALM – Arbeitsgemeinschaft der Landesmedienanstalten (2009): *ALM Jahrbuch 2008. Landesmedienanstalten und privater Hörfunk in Deutschland.* Berlin: Vistas.

Altendorfer, Otto (2007): Schlüssel zum Erfolg. In: *Themen + Frequenzen,* Heft 3, S. 12-13.

AMAK – Akademie für multimediale Ausbildung und Kommunikation an der Hochschule Mittweida AG (2009a): *Journalistenschule.* Online unter: http://www.amak-online.de/journalistenschule.php (aufgerufen am 26.11.2009).

AMAK – Akademie für multimediale Ausbildung und Kommunikation an der Hochschule Mittweida AG (2009b): *Unternehmen.* Online unter: http://www.amak-online.de/unternehmen.php (aufgerufen am 17.11.2009).

Baars, Wiebke (1999): *Kooperation und Kommunikation durch Landesmedienanstalten. Eine Analyse ihres Aufgaben- und Funktionsbereiches.* Baden-Baden: Nomos.

Bauhaus-Universität Weimar (2009): *Unveröffentlichter Reakkreditierungsbericht der Fakultät Medien.*

Bonfadelli, Heinz/Jarren, Otfried (2001): Zur Identität und Geschichte des Faches. In: Bonfadelli, Heinz/Jarren, Otfried (Hrsg.): *Einführung in die Publizistikwissenschaft.* Bern: Haupt, S. 5-13.

Bumke, Ulrike (1995): *Die öffentliche Aufgabe der Landesmedienanstalten.* München: Beck.

Decker, Kerstin (1991): Studentenkräfte lassen nach. In: *WIR IN LEIPZIG* vom 4.1.

Deutsche Journalistenschule (2010): *Ausbildungswege.* Online unter: http://www.djs-online.de/?page_id=80 (aufgerufen am 1.3.2010).

EMS – Electronic Media School Potsdam-Babelsberg (2009a): *Ablauf.* Online unter: http://www.ems-babelsberg.de/content/de/Volontariat/Stationen/Ablauf.html (aufgerufen am 26.11.2009).

EMS – Electronic Media School Potsdam-Babelsberg (2009b): *Stationen des Volontariats.* Online unter: http://www.ems-babelsberg.de/content/de/Volontariat/Stationen.html (aufgerufen am 26.11.2009).

EMS – Electronic Media School Potsdam-Babelsberg (2009c): *Inhalte des Volontariats.* Online unter: http://www.ems-babelsberg.de/content/de/Volontariat/Fakten/Inhalte.html (aufgerufen am 26.11.2009).

EMS – Electronic Media School Potsdam-Babelsberg (2009d): *Volontariat.* Online unter: http://www.ems-babelsberg.de/content/de/Volontariat.html (aufgerufen am 26.11.2009).

Fickenscher, Daniel (1995): Die Verwandlung des »Roten Klosters«. In: *BERLINER ZEITUNG* vom 4.10.

Grubitzsch, Jürgen (1990): Traditionen, Altlasten und Neuansätze der Leipziger Journalistenausbildung. In: *Rundfunk und Fernsehen, 38. Jg.,* Heft 3, S. 400-406.

Haller, Michael (2007): Journalistik in der BAMA-Mühle. In: *message,* Heft 4, S. 63.

Haller, Michael (1999): Die Zukunft der Journalistik. In: *Relation Leipzig,* Heft 8, S. 8-10.

HALESMA/A.N.D. – Hallesche Europäische Journalistenschule für Multimediale Autorschaft/Alfred Neven DuMont (2009): *HALESMA/A.N.D.* Online unter: http://server4.medienkomm.uni-halle.de/halesma (aufgerufen am 25.11.2009).

Herden, Tim/Preisigke, Klaus (1990): Die Leipziger Journalistenausbildung im Umbruch. In: *Media Perspektiven,* Heft 7, S. 430-437.

HFF – Hochschule für Film und Fernsehen »Konrad Wolf« des Landes Brandenburg (2009): *Geschichte der HFF. Chronik.* Online unter: http://www.hff-potsdam.de/_deutsch/hochschule/geschichte.html (aufgerufen am 14.10.2009).

Hochschule Mittweida (2009): *Mittweidaer Modell.* Online unter: https://www.me.hs-mittweida.de/index.php?eID=tx_nawsecuredl&u=0&file=fileadmin/verzeichnisfreigaben/fk06/dokumente/pdf/studium/Mittweidaer_Modell.pdf

&t=1255794092&hash=ab641d1e3b9c8aca652691c9ffd37e6c (aufgerufen am 19.10.2009).

Hömberg, Walter (2005): Zur Einführung: Wegweiser durch die Ausbildungslandschaft. In: Hömberg, Walter/Hackel-de Latour, Renate (Hrsg.): *Studienführer Journalismus, Medien, Kommunikation.* Konstanz: UVK, S. 16-22.

Hömberg, Walter (2002): Expansion und Differenzierung. Journalismus und Journalistenausbildung in den vergangenen drei Jahrzehnten. In: Altmeppen, Klaus-Dieter/Hömberg, Walter (Hrsg.): *Journalistenausbildung für eine veränderte Medienwelt. Diagnose, Institutionen, Projekte.* Wiesbaden: Westdeutscher Verlag, S. 7-13,

Ihne, Kersten/Marcus, Wolfgang (2003): Konzeption und Entwicklung des Gesamtprojektes »Sächsische Ausbildungs- und Erprobungskanäle«. In: Sächsische Landesanstalt für privaten Rundfunk und neue Medien (Hrsg.): *SAEK – Sächsische Ausbildungs- und Erprobungskanäle. Auf dem Weg zur Medienkompetenz.* Berlin: Vistas, S. 21-28.

Johannsen, Frank (1990): Hungerstreik an der Uni. In: *LEIPZIGER TAGEBLATT* vom 21.12.

Kertscher, Brigitte (2005): *Freie Meinungsäußerung und Medienkompetenz – Bürgerrundfunk in Deutschland.* Aachen: Shaker.

Kutsch, Arnulf (1995): Personalien. Karl Friedrich Reimers 60 Jahre. In: *Publizistik, 40. Jg.,* Heft 3, S. 356-364.

Landtag Brandenburg (2001): *Gesetz zu dem Zweiten Staatsvertrag zur Änderung des Staatsvertrages über die Zusammenarbeit zwischen Berlin und Brandenburg im Bereich des Rundfunks vom 5. Juni 2001.* Online unter: http://www.parldok.brandenburg.de/parladoku//gvbl/2001/7.pdf (aufgerufen am 10.3.2010).

Landtag Mecklenburg-Vorpommern (2000): Gesetz zur Änderung rundfunkrechtlicher Vorschriften im Land Mecklenburg-Vorpommern vom 21.03.2000. In: *GVBl,* Blatt 4, S. 85-124.

Landtag Sachsen (1998): *Gesetz über den privaten Rundfunk und neue Medien (Sächsisches Privatrundfunkgesetz – SächsPRG) vom 17.03.1998.* Online unter: http://edas.landtag.sachsen.de/viewer.aspx?dok_nr=199805&dok_art=GVBl&leg_per=2&pos_dok=4 (aufgerufen am 10.3.2010).

Landtag Sachsen-Anhalt (2000): *Mediengesetz des Landes Sachsen-Anhalt vom 31.07.2000.* Online unter: http://www.landtag.sachsen-anhalt.de/intra/landtag3/ltpapier/gvbl/00/G2000.29.0462.pdf#page=2 (aufgerufen am 10.3.2010).

Landtag Thüringen (2000): Vierter Staatsvertrag zur Änderung rundfunkrechtlicher Staatsverträge (Vierter Rundfunkänderungsstaatsvertrag). In: *GVBl,* Blatt 2, S. 33-48.

Landtag Thüringen (1996): Thüringer Rundfunkgesetz vom 07.12.1996. In: *GVBl,* Blatt 17, S. 271-291.

Lipowski, Egbert (2004): Curriculum vitae einer Berühmten. In: Schättler, Horst, Wiedemann, Dieter (Hrsg.): *Bewegte Bilder. Bewegte Zeiten. 50 Jahre Film- und Fernsehausbildung HFF »Konrad Wolf« Potsdam-Babelsberg.* Berlin: Vistas, S. 53-112.

LRZ – Landesrundfunkzentrale Mecklenburg-Vorpommern (2009a): *Jahresbericht 2008. Eine aktuelle Bestandsaufnahme.* Online unter: http://www.lrz-mv.de/media/publication/29/LRZ_2008_JB.pdf (aufgerufen am 6.3.2010).

LRZ – Landesrundfunkzentrale Mecklenburg-Vorpommern (2009b): *Medientrecker.* Online unter: http://www.lrz-mv.de/medienkompetenz/trecker.html (aufgerufen am 10.12.2009).

LRZ – Landesrundfunkzentrale Mecklenburg-Vorpommern (2007): *Vereinbarung zur Förderung der Medienkompetenz zwischen der Staatskanzlei des Landes Mecklenburg-Vorpommern (Stk), vertreten durch den Chef der Staatskanzlei, Herrn Staatssekretär Reinhard Meyer, dem Ministerium für Bildung, Wissenschaft und Kultur (BM), vertreten durch Herrn Minister Henry Tesch, dem Ministerium für Soziales und Gesundheit (SM), vertreten durch Herrn Minister Erwin Sellering, und der Landesrundfunkzentrale Mecklenburg-Vorpommern (LRZ), vertreten durch den Direktor, Herrn Dr. Uwe Hornauer.* Online unter: http://www.lrz-mv.de/media/downloads/Rahmenvereinbarung.pdf (aufgerufen am 10.3.2010).

Martin, Julia (2007): Der Berufsverband der Journalisten in der DDR (VDJ). In: Wilke, Jürgen (Hrsg.): *Journalisten und Journalismus in der DDR.* Köln: Böhlau, S. 7-78.

Mayring, Philipp (2002): *Einführung in die qualitative Sozialforschung.* 5. Auflage. Weinheim: Beltz.

MABB – Medienanstalt Berlin-Brandenburg (2009): *Richtlinien der Medienanstalt Berlin-Brandenburg zur Förderung von Projekten der Medienkompetenz (Förderrichtlinien) vom 04. September 2009.* Online unter: http://www.mabb.de/fileadmin/user_upload/pdf/Neue_MK-F%C3%B6rderrichtlinien_f%C3%BCr_Website.pdf (aufgerufen am 10.3.2010).

MABB – Medienanstalt Berlin-Brandenburg (2008): *Geschäftsbericht 2007. Schwerpunktthema: Lokales Fernsehen in Berlin und Brandenburg, Medienanstalt Berlin-Brandenburg.* Online unter: http://www.mabb.de/fileadmin/user_upload/pdf/mabb-GB07-100908.pdf (aufgerufen am 10.3.2010).

Mitteldeutsche Journalistenschule (2009): *Die Schule.* Online unter: http://www.mitteldeutsche-journalistenschule.de (aufgerufen am 25.11.2009).

MSA – Medienanstalt Sachsen-Anhalt (2009): *Stellenausschreibung studentische Honorarkräfte.* Online unter: http://www.msa-online.de/download/Ausschreibung_Teamer_MMB.pdf (aufgerufen am 10.3.2010).

MSA – Medienanstalt Sachsen-Anhalt (o.J.): *Jahresbericht 2005.* Online unter: http://www.msa-online.de/download/Jahresbericht_2005_E-Book.pdf (aufgerufen am 10.3.2010).

Nachtwey, Eckard/Willers, Peter (1999): *Rechtshandbuch Bürgermedien.* Kronshagen: Körner.

Pätzold, Ulrich (1991): Zirkeldenken. In: *journalist,* Heft 2, S. 38-42.

Pürer, Heinz/Raabe, Johannes (1996): *Medien in Deutschland. Band 1: Presse.* 2., korrigierte Auflage. Konstanz: UVK.

Reimers, Karl Friedrich (2003a): Von der DDR-Journalistik an der KMU zur Leipziger Kommunikations- und Medienwissenschaft ab 1991. In: Frey-Vor, Gerlinde/Steinmetz, Rüdiger (Hrsg.): *Rundfunk in Ostdeutschland. Erinnerungen – Analysen – Meinungen.* Konstanz: UVK, S. 109-131.

Reimers, Karl Friedrich (1996): *Von der DDR-Journalistik an der Karl-Marx-Universität zur Kommunikations- und Medienwissenschaft an der heutigen Universität Leipzig.* Vortrag in der Georg-August-Universität Göttingen, Institut für Wissenschaftsgeschichte, Sommersemester 1996. Leipzig: Universität.

Reimers, Karl Friedrich (1995): Die Vielfalt im Osten erkennen. Neue Baumuster und Verknüpfungen. In: *Aviso,* Heft 13, S. 6f.

Reimers, Karl Friedrich/Tsichritzis, Dennis/Wiedemann, Dieter/Schneider, Karsten/Sattler, Stephan (1999): *Medienstudiengänge an den vier Universitäten des Freistaates Thüringen, Gutachten für das Thüringer Ministerium für Wissenschaft, Forschung und Kultur, 13 gez. Seiten.*

Rothfuß, Dorothee (2009): Bildung im Osten. In: *Werben & Verkaufen,* Heft 16, S. 64f.

Ruhrmann, Georg (2001): Medienstudiengänge an Thüringer Universitäten – Bedingungen und Perspektiven. In: Rössler, Patrick/Vowe, Gerhard/Henle, Victor (Hrsg.): *Das Geräusch der Provinz – Radio in der Region. Festschrift 10 Jahre TLM. München:* KoPäd, S. 393-407.

Ruhrmann, Georg/Kohring, Matthias/Görke, Alexander/Maier, Michaela/Woelke, Jens (2000): Im Osten was Neues? Ein Beitrag zur Standortbestimmung der Kommunikations- und Medienwissenschaft. In: *Publizistik, 45. Jg.,* Heft 3, S. 283-309.

Ruß-Mohl, Stephan (1994): Für mehr Vielfalt im Osten. Kommunikationswissenschaft in den neuen Ländern. In: *Aviso,* Heft 12, S. 1f.

SAEK-Förderwerk für Rundfunk und neue Medien gGmbH (2009): *Gesellschafter.* Online unter: http://www.saek.de/psk/saek/powerslave,id,82,nodeid,82.html?PHPSESSID=1390e94f83c91a745df514192e6b709e (aufgerufen am 4.12.2009).

Schneider, Beate/Schönbach, Klaus/Stürzebecher, Dieter (1993): Journalisten im vereinigten Deutschland. Strukturen, Arbeitsweisen und Einstellungen im Ost-West-Vergleich. In: *Publizistik, 38. Jg.,* Heft 3, S. 353-382.

Schurig, Christian (2003): Medien-Wege zur Demokratie und Medienkompetenz. In: Frey-Vor, Gerlinde/Steinmetz, Rüdiger (Hrsg.): *Rundfunk in Ostdeutschland. Erinnerungen – Analysen – Meinungen.* Konstanz: UVK, S. 159-174.

SLM – Sächsische Landesanstalt für Privaten Rundfunk und Neue Medien (2009a): *Jahresbericht 2008.* Leipzig: SLM.

SLM – Sächsische Landesanstalt für Privaten Rundfunk und Neue Medien (2009b): *Medienpädagogische Förderprojekte.* Online unter: http://www.slm-online.de/psk/slmo/powerslave,id,145,nodeid,145.html (aufgerufen am 4.12.2009).

SLM – Sächsische Landesanstalt für Privaten Rundfunk und Neue Medien (2003): *SAEK – Sächsische Ausbildungs- und Erprobungskanäle. Auf dem Weg zur Medienkompetenz.* Berlin: Vistas.

Steinmetz, Rüdiger (2005): *Teuflisch gut. Vorgeschichte und zehn Jahre Programm- und Organisationsgeschichte von MEPHISTO 97.6, dem Lokalradio der Universität Leipzig.* Leipzig: Universität Leipzig.

Steinmetz, Rüdiger (1997): *Der Medienstandort Leipzig und die Universität.* In: *Relation Leipzig,* Heft, S. 8-11.

Stracke-Neumann, Susanne (2007): Leipzig ohne Grundstudium. Auch renommierte Studiengänge kommen an Bologna nicht vorbei. In: *M – Menschen machen Medien,* Heft 8/9, S. 11.

Technische Universität (TU) Ilmenau (2009): Lehrkonzept. Online unter: http://www.tu-ilmenau.de/fakmn/Lehrkonzept.9659.0.html (aufgerufen am 19.11.2009).

Thüringer Kultusministerium (o.J.): *Verwaltungsvorschrift des Thüringer Kultusministeriums zur Durchführung des Kurses Medienkunde an den Thüringer allgemein bildenden weiterführenden und berufsbildenden Schulen.* Online unter: http://www.thueringen.de/imperia/md/content/tkm/schulwesen/vorschriften/vv_medienkunde.pdf (aufgerufen am 10.3.2010).

TLM – Thüringer Landesmedienanstalt (2008): *Rahmenvereinbarung zur Förderung der Medienkompetenz im Freistaat Thüringen zwischen dem Thüringer Kultusministerium (TKM) vertreten durch Herrn Minister Prof. Dr. Jens Goebel und der Thüringer Landesmedienanstalt (TLM) vertreten durch den Direktor Herrn Jochen Fasco.* Online unter: http://www.tlm.de/tlm/medienkompetenz/RahmenvereinbarungTKMmitTLM_endg.pdf (aufgerufen am 10.3.2010).

TLM – Thüringer Landesmedienanstalt (2005): *Kamera läuft! Ton ab! Fünf Jahre mobile Medienarbeit in Thüringen. Ein Erfahrungsbericht der TLM-Medienwerkstatt.* München: KoPäd.

TLM – Thüringer Landesmedienanstalt (2001a): *PIXEL-Fernsehen. Medienpädagogische Arbeit im ersten Offenen Kinder- und Jugendkanal.* München: KoPäd.

TLM – Thüringer Landesmedienanstalt (2001b): *Kinder und Jugendliche machen Rabatz. Intensivierung der medienpädagogischen Arbeit mit Kinder und Jugendlichen in Offenen Kanälen.* München: KoPäd.

Universität Erfurt (2009): *Masterstudiengang Kinder- und Jugendmedien.* Online unter: http://www.uni-erfurt.de/kommunikationswissenschaft/ma-kjmedien (aufgerufen am 23.11.2009).

Universität Leipzig (2009a): *Lehrredaktionen.* Online unter: http://www.kmw.uni-leipzig.de/institut/lehrprojekte/lehrredaktionen (aufgerufen am 19.10.2009).

Universität Leipzig (2009b): *Masterstudiengang Journalistik.* Online unter: http://www.kmw.uni-leipzig.de/studium/studiengaenge/ma-journalistik/inhalte (aufgerufen am 19.10.2009).

Von La Roche, Walther (2006): *Einführung in den praktischen Journalismus.* 17. Auflage. Berlin: Ullstein.

Weischenberg, Siegfried (1990): *Journalismus und Kompetenz. Qualifizierung und Rekrutierung für Medienberufe.* Opladen: Westdeutscher Verlag.

Wiarda, Jan-Martin (2005): Medien-was? In: *DIE ZEIT* vom 19.5.

Wintermantel, Margret im Gespräch mit Erik Bertram und Carola Rühling (2009): Warum streiken? In: *DIE ZEIT* vom 19.11.

Wissenschaftsrat (2007): *Empfehlungen zur Weiterentwicklung der Kommunikations- und Medienwissenschaften in Deutschland.* Online unter: http://www.wissenschaftsrat.de/texte/7901-07.pdf (aufgerufen am 10.3.2010).

Wissenschaftsrat (1992): *Empfehlungen zu den Geisteswissenschaften an den Universitäten der neuen Länder.* Köln: Wissenschaftsrat.

Interviews

Altendorfer, Prof. Dr. Otto: Prodekan Fakultät Medien, Hochschule Mittweida; Direktor Mitteldeutsche Journalistenschule, Mittweida; 28.9.2009, telefonisch

Dahl, Sylvio: Geschäftsführer Electronic Media School Potsdam-Babelsberg; 1.10.2009, telefonisch

Damm, Prof. Ursula: Prodekan Fakultät Medien, Bauhaus-Universität Weimar; 7.10.2009, persönlich

Günther, Dr. Mathias: Referent für Beteiligungen und Medienkompetenz, Sächsische Landesanstalt für privaten Rundfunk und neue Medien, Leipzig; 2.10.2009, persönlich

Heinze, Anka: Referentin für Medienkompetenzprojekte sowie Aus- und Weiterbildung, Medienanstalt Berlin-Brandenburg, Berlin; 21.9.2009, telefonisch

Heyen, Angelika: Leiterin des Bereichs Programm, Medienforschung und Medienkompetenz, Thüringer Landesmedienanstalt; Erfurt, 16.9.2009, telefonisch

Reimers, Prof. Dr. Karl Friedrich: Gründungsdekan des Instituts für Kommunikations- und Medienwissenschaft der Universität Leipzig; 22.9.2009, telefonisch

Remer, Wolfgang: Ansprechpartner für Technik, Offene Kanäle und Medienkompetenzförderung, Medienanstalt Mecklenburg-Vorpommern, Schwerin; 2.10.2009, telefonisch

Rössler, Prof. Dr. Patrick: Professor für Empirische Kommunikationsforschung/Methoden, Seminar für Medien- und Kommunikationswissenschaft, Universität Erfurt; Mitglied des Beirats Medien des CHE; 6.10.2009, telefonisch

Schmidt, Matthias: Leiter Medienkompetenzzentrum, Medienanstalt Sachsen-Anhalt, Halle; 24.9.2009, telefonisch

Schorb, Prof. Dr. Bernd: Professor für Medienpädagogik und Weiterbildung, Institut für Kommunikations- und Medienwissenschaft, Universität Leipzig; 8.10.2009, persönlich

Stein, Prof. Dr. Benno: Dekan Fakultät Medien, Bauhaus-Universität Weimar; 7.10.2009, persönlich

Steinmetz, Prof. Dr. Rüdiger: Professor für Medienwissenschaft und Medienkultur, Institut für Kommunikations- und Medienwissenschaft, Universität Leipzig; 30.9.2009, persönlich

Wolling, Prof. Dr. Jens: Fachgebietsleiter Institut für Medien- und Kommunikationswissenschaft, TU Ilmenau; 23.9.2009, telefonisch

Ziemann, Prof. Dr. Andreas: Prodekan Fakultät Medien, Bauhaus-Universität Weimar; 7.10.2009, persönlich

Hinweise zu den Herausgebern

Univ.-Prof. Dr. Marcel Machill ist Professor für Journalistik mit dem Schwerpunkt internationale Mediensysteme an der Universität Leipzig. Er leitet dort den Lehrstuhl II mit den Forschungs- und Lehrschwerpunkten internationale Medienpolitik und -systeme, Online-Journalismus, Suchmaschinen, TV, Radio, Internet Governance, Medienkompetenz und journalistische Kultur(en). Von 1997 bis 1999 war Marcel Machill McCloy Scholar an der Harvard University in Cambridge, USA. Er hält akademische Grade aus drei Ländern: Bevor er nach Harvard an die John F. Kennedy School of Government kam und dort mit dem Master of Public Administration (MPA) abschloss, hat er in Paris und Dortmund Journalistik und Psychologie studiert. 1993 Diplôme an der französischen Journalistenschule Centre de Formation des Journalistes (CFJ) sowie 1994 deutsches Diplom an der Universität Dortmund. 1997 Promotion zum Dr. phil. mit einer Arbeit über die französische Medienpolitik. Marcel Machill ist ausgebildeter Rundfunkjournalist (1991/92 Volontariat bei der DEUTSCHEN WELLE in Köln und Berlin) und hat für internationale Medien gearbeitet wie EURONEWS, RADIO FRANCE INTERNATIONALE, ARD-Studio Washington, WESTDEUTSCHER RUNDFUNK, DIE ZEIT, FRANKFURTER RUNDSCHAU und TAZ. Professor Machill wirkt als Sachverständiger und Gutachter u.a. für die Europäische Kommission in Brüssel und Luxemburg und hat zahlreiche Drittmittelprojekte z.B. in Zusammenarbeit mit dem Nationalen Ethikrat, mit der Landesanstalt für Medien NRW, dem Deutsch-Französischen Jugendwerk oder der Asia-Europe Foundation geleitet. Er ist Vertrauensdozent der Studienstiftung des deutschen Volkes.

Dipl.-Medienwiss. Markus Beiler ist seit 2003 Wissenschaftlicher Mitarbeiter am Lehrstuhl für Journalistik II des Instituts für Kommunikations- und Medienwissenschaft der Universität Leipzig. Er forscht zu den Gebieten Online-Journalismus, Suchmaschinen, internationale Mediensysteme und Media Governance. Markus Beiler ist Ko-Herausgeber des Sammelbands »Die Macht der Suchmaschinen« (Herbert von Halem 2007), Ko-Autor der Mehrmethodenstudie »Journalistische Recherche im Internet« (Vistas 2008) und Ko-Autor der Aus- und Weiterbildungspublikation »Online-Recherchestrategien für Journalistinnen und Journalisten« (Landesanstalt für Medien Nordrhein-Westfalen 2009). Er hat Artikel in verschiedenen internationalen Fachzeitschriften veröffentlicht (u.a. European Journal of Communication, Journalism Studies, Journalism Practice, Media, Culture & Society). Zudem hat Markus Beiler Vorträge auf diversen internationalen Fachkonferenzen gehalten (u.a. International Communication Association, International Association for Media and Communication Research und Asian Media Information and Communication Centre). Markus Beiler leitet an der Universität Leipzig die Lehrredaktion Online. Sein weiterer Lehrschwerpunkt liegt auf der empirischen Kommunikationsforschung (Methoden und Datenanalyse). Von 1999 bis 2003 hat Markus Beiler am Institut für Journalistik und Kommunikationsforschung (IJK) der Hochschule für Musik und Theater Hannover Medienmanagement (Angewandte Medienwissenschaft) studiert. Bei der Bertelsmann Stiftung wirkte er von 2000 bis 2002 in medienpolitischen Projekten zur Ko-Regulierung des Internets mit.

Dipl.-Journ. Johannes R. Gerstner ist seit 2008 Wissenschaftlicher Mitarbeiter am Lehrstuhl für Journalistik II des Instituts für Kommunikations- und Medienwissenschaft der Universität Leipzig. Seine Forschungsinteressen liegen im Bereich Cross-Media, Web-TV und Online-Kommunikation. Johannes R. Gerstner leitet die Lehrredaktion Fernsehen und produziert zusammen mit den Studenten ein regelmäßiges Sendeformat, das lokal ausgestrahlt wird. Außerdem betreut er die Web-TV-Plattform vierzehn09. Ebenso lehrt Johannes R. Gerstner zu verschiedenen Themen aus den Bereichen Fernsehjournalismus, Fernsehplanung, medienübergreifende journalistische Arbeitsweisen, medienwissenschaftliche Methoden und Ressortjournalismus. Von 2000 bis 2008 hat Johannes R. Gerstner in Leipzig Diplomjournalistik und Soziologie studiert. Er hat am Forschungsprojekt »Journalistische Recherche im Internet« mitgearbeitet, das der Lehrstuhl für Journalistik II im Auftrag der Landesanstalt für Medien Nordrhein-Westfalen von 2006 bis 2008 durchgeführt hat. Johannes Gerstner hat auch am Entstehen des gleichnamigen Buches mitgewirkt. Zudem ist er Ko-Autor des darauf aufbauenden, 2009 als Publikation erschienenen Workshopkonzepts »Online-Recherchestrategien für Journalistinnen und Journalisten«. Johannes R. Gerstner arbeitet nebenbei als freier Fernseh- und Printjournalist, u.a. für den öffentlich-rechtlichen Rundfunk.

Hinweise zu den Autoren

Der Sammelband geht zurück auf das Dokumentations- und Forschungsprojekt »20 Jahre Medienfreiheit in Ostdeutschland«, das der Lehrstuhl für Journalistik II der Universität Leipzig vom Wintersemester 2008/09 bis zum Sommersemester 2010 durchgeführt hat, um die zwanzigjährige Entwicklung des freien Mediensystems in Ostdeutschland seit dem Mauerfall 1989/90 umfassend aufzuarbeiten. Die Dokumentations- und Forschungsarbeiten wurden unter inhaltlicher und organisatorischer Leitung der Herausgeber von 34 Absolventinnen und Absolventen der Studiengänge Diplom und Master Journalistik sowie Bachelor Kommunikations- und Medienwissenschaft durchgeführt, die als Autoren an diesem Sammelband mitgewirkt haben.